Denk/Feldbauer-Durstmüller (Hrsg.)

•

Internationale Rechnungslegung und internationales Controlling

Internationale Rechnungslegung und internationales Controlling

herausgegeben
von

Christoph Denk
Birgit Feldbauer-Durstmüller

Bibliografische Information der Deutschen Nationalbibliothek

Die Deutsche Nationalbibliothek verzeichnet diese Publikation in der Deutschen National-
bibliografie; detaillierte bibliografische Daten sind im Internet über http://dnb.d-nb.de abrufbar.

ISBN 978-3-7143-0202-8

Es wird darauf verwiesen, dass alle Angaben in diesem Fachbuch trotz sorgfältiger Bearbeitung ohne
Gewähr erfolgen und eine Haftung des Autors oder des Verlages ausgeschlossen ist.

© LINDE VERLAG WIEN Ges.m.b.H., Wien 2012
1210 Wien, Scheydgasse 24, Tel.: 01/24 630
www.lindeverlag.at

Druck: Hans Jentzsch u Co. Ges.m.b.H.
1210 Wien, Scheydgasse 31

Vorwort

Die Entwicklung des Rechnungswesens in Kontinentaleuropa führte in der Vergangenheit zu einer Gliederung in zwei Teilgebiete, die unterschiedlichen Zwecken dienen und deren Ergebnisse für verschiedene Adressaten bestimmt sind: Das externe Rechnungswesen liefert Informationen, die für die Beziehungen des Unternehmens zu Außenstehenden relevant sind und als Basis für Besteuerung, Gewinnausschüttung und zur Beurteilung der Vermögens-, Ertrags- (und Finanzlage)[1] zur Verfügung stehen. Demgegenüber dient das interne Rechnungswesen als Instrument der Unternehmensführung, indem es Informationen für Entscheidungen und zur Erfolgskontrolle bereitstellt.

Die Tendenz zur Verselbständigung des internen Rechnungswesens hat sich in jüngster Zeit jedoch nicht mehr fortgesetzt, sondern gegenläufig entwickelt. Die erstmalige Notierung eines deutschen Unternehmens – der *Daimler-Benz AG* – an der New York Stock Exchange führte zu einem weiteren Meilenstein für das externe Rechnungswesen. Spätestens seit diesem Zeitpunkt wird das Zusammenrücken des externen und des internen Rechnungswesens intensiv diskutiert. Als treibende Kräfte für die Annäherung der Rechenkreise werden einerseits Globalisierung und Konzernbildung und die damit einhergehenden komplexen Unternehmensstrukturen, die ein weltweit verständliches Kontroll-, Steuerungs- und Berichtssystem benötigen, genannt. Andererseits weisen auch österreichische Unternehmen einen deutlich gestiegenen Kapitalbedarf auf, der bewirkt, dass die Unternehmen ihre Unternehmenspolitik an den Ansprüchen und Erwartungen der internationalen Anleger ausrichten müssen. Basis für eine Annäherung bildet die Internationalisierung der externen Unternehmensrechnung auf Grundlage der Internationalen Rechnungslegungsstandards IAS/IFRS.

Bei der *Siemens AG* wurde beispielsweise im Jahr 1992 die Gewinn- und Verlustrechnung vom Gesamtkostenverfahren auf das Umsatzkostenverfahren umgestellt. Gleichzeitig trat an die Stelle der bisherigen internen Ergebnisrechnung eine Gewinn- und Verlustrechnung; sie bildet nach einigen internen Modifikationen das zentrale Informationsinstrument auf der Ebene der Konzernsteuerung.

Von vielen Fachvertretern wird dem Controlling, das sich ursprünglich aus dem internen Rechnungswesen entwickelte, neben der Informationsfunktion die Koordinationsfunktion als sehr wichtige Aufgabe attestiert. Je nach Controlling-Definition koordiniert das Controlling Führungsteilsysteme in unterschiedlichem Ausmaß – eine gemeinsame Sichtweise findet sich in der Koordination des Planungs-, Kontroll- und Informationsversorgungssystems bzw. als eine Metasichtweise des Controlling in der Rationalitätssicherung der Unternehmensführung. Das internationale Controlling ist über alle Formen der internationalen Tätigkeit hinweg einer gesteigerten Komplexität und damit einem erhöhten Koordinationsaufwand ausgesetzt.

Neben klassischen Controlling-Fragestellungen, wie bspw. der Gestaltung von Kostenrechnungs- und Kostenmanagementsystemen in international tätigen Unternehmen und Risiko- bzw. Performancethemen, spielen im internationalen Controlling auch kulturelle Aspekte eine wichtige Rolle. Bei der Gestaltung von Planungs- und Kontrollsys-

---

[1] Vgl. § 195 bzw. § 222 Abs. 2 UGB.

temen sind im internationalen Controlling u. a. der unterschiedliche kulturelle Hintergrund von Controllern und Managern sowie bei der Bereitstellung von Controlling-Daten eine kulturell bedingte spezifische Interpretation der Informationen zu berücksichtigen.

Der vorliegende Sammelband beschäftigt sich mit diesen beiden Themenkreisen „Internationale Rechnungslegung" und „Internationales Controlling" aus interdisziplinärer Sicht. Theoretiker und Praktiker haben sich dieser Fragen angenommen und versuchen ihre jeweilige Sicht einzubringen. Aus diesem Grund erfolgte auch keine Harmonisierung von Seiten der Herausgeber.

Wir hoffen, mit diesem Sammelband einen Überblick über dieses vielschichtige Gebiet gegeben zu, und freuen uns über weiterführende Diskussionen.

Christoph Denk   *Birgit Feldbauer-Durstmüller*

Inhaltsverzeichnis

Abkürzungsverzeichnis

aA	abnutzbares Anlagevermögen
abzgl.	abzüglich
AFRAC	Austrian Financial Reporting and Auditing Committee
AfS	Available-for-Sale
AG	Aktiengesellschaft
AktG	Aktiengesetz
ATX	Austrian Traded Index
AV	Anlagevermögen
BAO	Bundesabgabenordnung
BB	Betriebs-Berater (Zeitschrift)
BBK	Buchführung, Bilanzierung, Kostenrechnung (Zeitschrift)
BC	Basis for Conclusion
BCF	Brutto Cash Flow
BCS	Budget Control System
BFH	Bundesfinanzhof
BFuP	Betriebswirtschaftliche Forschung und Praxis (Zeitschrift)
BGBl	Bundesgesetzblatt
BilMoG	Bilanzrechtsmodernisierungsgesetz
BilReG	Bilanzrechtsreformgesetz
BIP	Bruttoinlandsprodukt
BRIC	Brasilien, Russland, Indien, China
BRZ	Zeitschrift für Bilanzierung und Rechnungswesen
BSC	Balanced Scorecard
BW	Buchwert
bzgl.	bezüglich
CAPM	Capital Asset Pricing Model
CBSC	Corporate Balanced Scorecard
CCUM	Cumulative-Catch-up-Methode
CD	Cost Deployment
CEO	Chief Executive Officer
CFO	Chief Financial Officer
CFO aktuell	Zeitschrift für Finance & Controlling
CFROI	Cash Flow Return on Investment
CGU	Cash Generating Unit
CM	Controller Magazin (Zeitschrift)
CODM	Chief Operating Decision Maker
COO	Chief Operating Officer
COSO	Committee of Sponsoring Organizations
CRO	Chief Risk Officer
CVA	Cash Value Added
d.s.	das sind
dAKtG	deutsches Aktiengesetz
DAX	Deutscher Aktienindex
DB	Der Betrieb (Zeitschrift)

DBA	Doppelbesteuerungsabkommen
DBW	Die Betriebswirtschaft (Zeitschrift)
DCF	Discounted Cash Flow
dEStG	deutsches Einkommensteuergesetz
dHGB	deutsches Handelsgesetzbuch
diesbzgl.	diesbezüglich
DMI	Deloitte Mittelstandsinstitut
DP	Discussion Paper
DRS	Deutscher Rechnungslegungs Standard
DStR	Deutsches Steuerrecht (Zeitschrift)
EB	erzielbarer Betrag
EBIT	earnings before interest and taxes
EBITDA	earnings before interest, taxes, depreciation and amortization
EBT	earnings before taxes
EDV	elektronische Datenverarbeitung
EK	Eigenkapital
EK-R	Eigenkapital Renditeerwartung
EPS	Earnings per share
ERP	Enterprise-Resource-Planning
EStG	Einkommensteuergesetz
EVA	Economic Value Added
EW	Endwert
f(f).	(fort-)folgende
Fam	Family, auch Family Member
FASB	Financial Accounting Standards Board
FBGS	Family-Business-Governance-System
FBR	Family Business Review
FCF	Free Cash Flow
FK	Fremdkapital
Fn	Fußnote
F-PEC	Family-Power, Experience, Culture
FRA	Forward Rate Agreement
FU	Familienunternehmen
gem.	gemäß
GK	Gesamtkapital
GLOBE	Global Leadership and Organizational Behavioral Effectiveness
GM	Gewinnmarge
GmbH	Gesellschaft mit beschränkter Haftung
GmbH & Co KG	Gesellschaft mit beschränkter Haftung & Compagnie Kommanditgesellschaft
GmbHG	Gesetz betreffend die Gesellschaften mit beschränkter Haftung
grds.	grundsätzlich
GuV	Gewinn- und Verlustrechnung
GW	Goodwill
GW–OL	Goodwill-Operating-Leverage
GW–SK	Goodwill-Sicherheitskoeffizient
H.	Heft

h.A.	herrschende Ansicht
HBR	Harvard Business Review (Zeitschrift)
HGB	Handelsgesetzbuch
hM	herrschende Meinung
hrsg.	herausgegeben
Hrsg.	Herausgeber
i.A.a.	in Anlehnung an
i.d.R.	in der Regel
i.e.S.	im engeren Sinne
i.S.d.	im Sinne der/des
i.V.m.	in Verbindung mit
i.w.S.	im weiteren Sinne
i.Z.m.	in Zusammenhang mit
IAS	International Accounting Standards
IASB	International Accounting Standards Board
ICV	Internationaler Controller Verein
idF	in der/dieser Fassung, auch in der Folge
IDV	Individualismus-Index
IDW	Institut der Wirtschaftsprüfer in Deutschland e.V.
IE	Industrial Engineering, auch Illustrative Examples
IfM	Institut für Mittelstandsforschung
IFRIC	International Financial Reporting Interpretations Committee
IFRS	International Financial Reporting Standards
IGC	International Group of Controlling
iHv	in Höhe von
IK	investiertes Kapital
IMA	Institute of Management Accountants
IMF	International Monetary Fund
insb.	insbesondere
IR	Investitionsrate
IRZ	Zeitschrift für Internationale Rechnungslegung
IT	Informationstechnologie
IWF	Internationaler Währungsfonds
Jg.	Jahrgang
JIBS	Journal of International Business Studies
JIT	just-in-time
JoFE	Journal of Financial Economics
k.A.	keine Angabe
kalk.	kalkulatorisch
KMU	Kleine und mittlere Unternehmen
KonTraG	Gesetz zur Kontrolle und Transparenz im Unternehmensbereich
KoR	Zeitschrift für internationale und kapitalmarktorientierte Rechnungslegung
KPI	Key Performance Indicator
KRP	Kostenrechnungspraxis (Zeitschrift)
KSt	Körperschaftsteuer
KStG	Körperschaftsteuergesetz

LTO	Long-Term-Orientation Index
M & A	Mergers and Acquisitions
m.w.N.	mit weiteren Nachweisen
MA	Management Accounting, auch Mitarbeiter
MAS	Management Accounting System(s), auch Masculinity-Index
max.	maximal
MBA	Master of Business Administration
MBO	Management by Objectives
MCS	Management Control System
MDAX	Midcap-Index der deutschen Börse
mE	meines Erachtens
mind.	mindestens
Mind-FCF	Mindest-Free Cashflow
MoMB	Members of Management Board
MoSB	Members of Supervisory Board
MRP	Marktrisikoprämie
MU	Mutterunternehmen
n	Gesamtstichprobenumfang
n.b.	nicht berechenbar
NBV	nicht betriebsnotwendiges Vermögen
NCI	Non Controlling Interests
NEMAX	Neuer-Markt-Aktienindex
NFU	Nicht-Familienunternehmen
NOA	Net Operating Assets
NOPAT	Net Operating Profit After Taxes
o. Jg.	ohne Jahrgang
o.S.	ohne Seite
ÖA	ökonomische Abschreibung
ÖCGK	Österreichischer Corporate Governance Kodex
OCI	other comprehensive income
OeNB	Österreichische Nationalbank
OTC	over the counter
P.	Paragraph, auch Page
PDI	Power Distance Index
PIMS	Profit Impact of Market Strategies
PiR	Praxis der internationalen Rechnungslegung (Zeitschrift)
POC	Percentage-of-Completion
POCM	Percentage-of-Completion-Methode
RÄG	Rechnungslegungsrecht-Änderungsgesetz
ReLÄG	Rechnungslegungs-Änderungsgesetz
RGW	residualer Goodwill
RHI	Radex-Heraklith Industriebeteiligungs AG
Rn	Randnummer
ROCE	Return on Capital Employed
rRGW	relativer residualer Goodwill
RSt	Rückstellung
RW	Residualwert

RWZ	Österreichische Zeitschrift für Recht und Rechnungswesen
Rz	Randziffer
S.	Seite
S&P	Standard & Poor's
SDAX	Small Cap Index der deutschen Börse
SEC	Securities and Exchange Commission
SFAS	Statement of Financial Accounting Standards
SFE	substanzieller Familieneinfluss
SFI	Substantial Family Influence
SFO	strategy-focused organization
SIC	Standing Interpretations Committee
SK	Sicherheitskoeffizient
SME	small and medium-sized entities, auch small and medium-sized enterprises
SOA	Sarbanes-Oxley Act
SOP	Start of Production
stl.	steuerlich
StuB	Steuern und Bilanzen (Zeitschrift)
SWK	Steuer- und Wirtschaftskartei (Zeitschrift)
SWOT	Strengths, Weaknesses, Opportunities, Threats
Tab.	Tabelle
TECDAX	deutschen Aktienindex Technology DAX
TEUR	Tausend Euro
tlw.	teilweise
TPM	Total Productive Maintenance
TQC	Total Quality Control
TU	Tochterunternehmen
UAI	Uncertainty Avoidance Index
UGB	Unternehmensgesetzbuch
URÄG	Unternehmensrechts-Änderungsgesetz
US	United States
USA	United States of America
US-GAAP	United States Generally Accepted Accounting Principles
UV	Umlaufvermögen
uvm.	und viele(s) mehr
UW	Unternehmenswert
VwGH	Verwaltungsgerichtshof
WACC	Weighted Average Cost of Capital
WCM	World Class Manufacturing
WiSt	Wirtschaftswissenschaftliches Studium (Zeitschrift)
WPg	Die Wirtschaftsprüfung (Zeitschrift)
WU	Wachstumsrate des Umsatzes
ZCG	Zeitschrift für Corporate Governance
ZfB	Zeitschrift für Betriebswirtschaft
ZfbF	Zeitschrift für betriebswirtschaftliche Forschung
ZfCM	Zeitschrift für Controlling & Management
ZfKE	Zeitschrift für KMU und Entrepreneurship

ZfM	Zeitschrift für Management
zfo	Zeitschrift Führung + Organisation
ZIP	Zeitschrift für Wirtschaftsrecht und Insolvenzpraxis
zit.	zitiert
ZMGE	Zahlungsmittelgenerierende Einheit
ZP	Zeitschrift für Planung und Unternehmenssteuerung
ZPMM	Zero-Profit-Margin-Methode
zuzügl.	zuzüglich

Beteiligungscontrolling und IFRS

Franz Aschl/Markus Reischl

Management Summary

Das Beteiligungscontrolling unterstützt das Management bei der Führung und Steuerung von Anteilen an juristisch selbständigen Einheiten aus Sicht des Gesamtkonzerns. Aus prozessualer Sicht begleitet es alle Phasen im Lebenszyklus einer Beteiligungsgesellschaft. Die Konzernrechnungslegung nach IFRS bietet eine breite Palette an möglichen Anknüpfungspunkten zu den Instrumenten und Aufgaben des Beteiligungscontrollings. Besonders hervorzuheben sind die Vorschriften zur Konsolidierung, welche unterschiedliche Einbeziehungsmethoden je nach Grad der möglichen Einflussnahme durch den Investor vorsehen. Aufgrund der internationalen Vergleichbarkeit und der hohen Verlässlichkeit bieten nach IFRS erstellte Finanzinformationen einen guten Ausgangspunkt für das laufende Beteiligungscontrolling.

1. Allgemeines

Das Beteiligungscontrolling ist ein verhältnismäßig neues Thema der Betriebswirtschaftslehre, das insb. von ähnlichen Themen wie „Konzerncontrolling", „Beteiligungsmanagement" oder auch „Konzernrechnungslegung" abzugrenzen ist.

In der deutschsprachigen Literatur findet sich eine Vielzahl teilweise sehr unterschiedlicher Definitionen für das Beteiligungscontrolling.[1] Das Kernelement ist die Unterstützung des Managements hinsichtlich der Führung von Beteiligungsgesellschaften aus Sicht des gesamten Konzerns. Der Begriff des Konzerncontrollings wird überwiegend sehr ähnlich definiert, im Ergebnis handelt es sich dabei um einen Spezialfall des Beteiligungscontrollings mit einem Fokus auf (Tochter-)Unternehmen, die unter einheitlicher Leitung stehen bzw. für die eine Konzernverbindung besteht.[2] Das Beteiligungscontrolling ist somit umfassender und schließt auch Anteile an sonstigen nicht zu konsolidierenden Unternehmen mit ein.

1.1. Gegenstand des Beteiligungscontrollings

1.1.1. Definition und Arten von Beteiligungen

Im Gegensatz zu anderen Controllingbereichen beschäftigt sich das Beteiligungscontrolling explizit mit der Steuerung von rechtlich selbständigen Einheiten aus Sicht des Konzerns bzw. des Investors.[3] Zielsetzung ist es, das Management bei der Führung von Beteiligungsunternehmen zu unterstützen und dafür entsprechend entscheidungsrelevante Informationen zur Verfügung zu stellen.

Die *konkrete Ausgestaltung* und auch die *Intensität des Beteiligungscontrollings* hängen von den spezifischen Merkmalen der Beteiligung, wie z.B. der Höhe des Einflusses (der sich zumeist aus der Anteilsquote ergibt), der Lebensphase und der wirtschaftlichen Lage des Unternehmens oder vom Ziel und Rollenverständnis des Investors ab.[4]

Auf Basis der angeführten Faktoren sind die Instrumente des Beteiligungscontrollings und der angestrebte Grad der Integration individuell abzuleiten. Bspw. ist bei einer reinen

---

[1] Vgl. *Burger/Ulbrich*, 2005, 85; *Littkemann*, 2009, 9 f.
[2] Vgl. *Littkemann*, 2009, 11; *Burger/Ulbrich*, 2005, 86.
[3] Vgl. *Borchers*, 2006, 234.
[4] Vgl. *Littkemann*, 2009, 85 ff.; *Pfaff/Schultze*, 2006, 124.

Finanzbeteiligung kein maßgeblicher Einfluss möglich, eine Steuerung mit operativen KPIs und eine volle Integration können daher nicht erfolgen. Anders ist die Situation bei vollkonsolidierten Unternehmen, deren Geschäfts- und Finanzpolitik beherrscht werden kann. In diesen Fällen ist die Integration umfassender, das Beteiligungscontrolling dementsprechend intensiver und operativer ausgelegt und orientiert sich nicht nur an reinen Finanzkennzahlen.

Die *konzeptionelle Abgrenzung* des Beteiligungscontrollings kann aus prozessualer oder funktionaler Sicht vorgenommen werden. Die prozessuale Betrachtung folgt dem typischen Beteiligungslebenszyklus[5] und differenziert die Aktivitäten und Controlling-Instrumente nach der jeweiligen Phase. Die funktionale Sicht stellt auf die Kernaufgaben des Beteiligungscontrollings ab und umfasst folgende Elemente:[6]

- Informationsfunktion
- Planungs- und Kontrollfunktion
- Integrations- und Koordinationsfunktion
- Service- und Beratungsfunktion

Da der Konnex zur internationalen Rechnungslegung nach IFRS vorwiegend in der bilanziellen Darstellung einzelner Beteiligungsphasen liegt, wird in der Folge schwerpunktmäßig der prozessuale Ansatz dargestellt.

1.1.2. Elemente des Beteiligungscontrollings im Zeitablauf

Der Lebenszyklus von Beteiligungen lässt sich grob in drei Phasen einteilen, nämlich die Akquisitionsphase, in der die Anschaffung stattfindet, die Beteiligungsphase und letztlich die Desinvestitionsphase, in welcher der Exit des Investors erfolgt.

Den angeführten Phasen lassen sich im Zeitablauf einzelne Aktivitäten und Aufgaben aus prozessualer Sicht zuordnen:[7]

- Akquisitionsphase
  - Strategische Ausrichtung und Zielformulierung
  - Beteiligungsscreening und Suche nach Targets
  - Due Diligence
  - Unternehmens- und Beteiligungsbewertung
  - Durchführung der Kauftransaktion
- Beteiligungsphase
  - Integration
  - Laufendes Beteiligungscontrolling
  - Beteiligungsmanagement
- Desinvestitionsphase
  - Formulierung der Exit-Strategie
  - Suche nach potenziellen Käufern
  - Beurteilung und Bewertung der Beteiligung
  - Durchführung der Verkaufstransaktion

---

[5] Vgl. Abschnitt 1.1.2.
[6] Vgl. *Borchers*, 2006, 242 ff.
[7] Vgl. *Burger/Ulbrich*, 2005, 8 ff.; *Borchers*, 2006, 242.

1.2. Aufgaben und organisatorische Einbindung des Beteiligungscontrollings

Aus dem theoretischen Blickwinkel ist das Beteiligungscontrolling zunächst vom Beteiligungsmanagement abzugrenzen, welches sich auf die betriebswirtschaftliche Verwaltung und Steuerung des Portfolios bezieht. In diesem Zusammenhang hat das Beteiligungscontrolling die Aufgabe, die Rationalität der Entscheidungen zu sichern und entsprechende Informationen zur Verfügung zu stellen.[8]

In der österreichischen Unternehmenspraxis sind in den Holdinggesellschaften erfahrungsgemäß nur mit wenigen Ausnahmen dezidiert als „Beteiligungscontrolling" bezeichnete Organisationseinheiten eingerichtet. Sofern kein größeres Beteiligungsportfolio besteht, werden dessen Aufgaben von anderen Abteilungen entsprechend deren inhaltlicher Zuständigkeit übernommen. Aber auch wenn Unternehmen spezialisierte Mitarbeiter ausschließlich mit dem Themenbereich „Beteiligungscontrolling" beschäftigt, so gibt es dennoch eine Vielzahl von fachlichen und organisatorischen Überschneidungen mit anderen Abteilungen.

Das Beteiligungscontrolling ist aufgrund des Anspruchs, Beteiligungen im gesamten Lebenszyklus zu begleiten, eine klassische Querschnittsmaterie, seine Aufgaben sind in der Praxis über mehrere Organisationseinheiten verteilt.[9] In der Folge wird versucht, die typischen Elemente des Beteiligungscontrollings[10] aus prozessualer Sicht den dazu passenden Fachabteilungen zuzuordnen.

Die *strategische Komponente* ist allgegenwärtig und erstreckt sich über alle Phasen im Lebenszyklus einer Beteiligung – beginnend von der Akquisitionsphase bis zum Desinvestment.[11] Organisatorisch werden strategische Überlegungen und Entscheidungen oft direkt in dem zuständigen Geschäftsleitungsorgan oder in spezialisierten Fachabteilungen (wie z.B. „Strategie/Unternehmensentwicklung") getroffen. Dabei kann es sich bspw. um Fragen der optimalen Zusammensetzung des Beteiligungsportfolios, mögliche Zielrichtungen einer vertikalen oder horizontalen Integration, Erzielung von Synergien, schrittweise internationale Expansion, politische Einflussmöglichkeiten oder allgemein um den „strategischen Fit" von Beteiligungen handeln.

In der *Akquisitionsphase* werden sehr häufig externe Spezialisten wie Unternehmensberater, Rechtsanwälte, Steuerberater beauftragt, um einerseits das notwendige Experten-Know-how abzudecken und andererseits die vielfach geringen internen Ressourcen in der zeit- und stressintensiven Akquisitionsphase zu ergänzen. Unternehmen, die kontinuierlich eine externe Wachstumsstrategie verfolgen, beschäftigen oftmals auch eigene M&A-Fachabteilungen oder Spezialisten für Due-Diligence-Untersuchungen und Unternehmensbewertung. Zu erwähnen ist auch die Einbindung der internen Rechtsabteilung, um schon im Vorfeld rechtliche und steuerliche Risiken zu minimieren. Insgesamt handelt es sich hier um Aktivitäten und Funktionen, die von klassischen Controlling-Abteilungen nicht im Alleingang abgedeckt werden können.

In der *Integrationsphase* kommen potenziell alle Fachabteilungen zum Zug, wobei es vorwiegend vom Rollenbild des Investors und dem angestrebten Grad der Integration ab-

---

8   Vgl. *Burger/Ulbrich*, 2005, 88 f.
9   Vgl. *Borchers*, 2006, 246.
10 Siehe dazu Abschnitt 1.1.2.
11 Vgl. *Burger/Ulbrich*, 2005, 93 f.

hängt, welche Unternehmensbereiche betroffen sind und wie schnell Maßnahmen umgesetzt werden sollen.[12] Aus dem Blickwinkel des Beteiligungscontrollings sind jedenfalls die Controlling-Abteilung und das Konzernrechnungswesen einzubinden. Unabhängig vom Integrationsgrad muss die verlässliche und vergleichbare Performance-Messung sichergestellt werden, schließlich sollen aus den Controlling-Aktivitäten auch Maßnahmen zur Performance-Steigerung abgeleitet werden.

Wesentliches Element in der Integrationsphase bildet auch das Monitoring der geplanten Synergien und Wertsteigerungspotenziale. Das Beteiligungscontrolling muss in seiner Funktion gewährleisten, dass die im Zuge des Erwerbs als wahrscheinlich angenommenen Synergien und strategischen Potenziale (die schlussendlich auch über den Kaufpreis bezahlt wurden) tatsächlich realisiert werden. Zielabweichungen, Verzögerungen und geänderte Prämissen sind transparent darzustellen und zu kommunizieren.

Ein typisches organisatorisches Problem bei der Hebung von Synergien ist die Tatsache, dass oftmals diejenigen Personen bzw. Abteilungen, die das mögliche Potenzial berechnen und in die Unternehmensbewertung einfließen lassen, bei der später erfolgenden Integrationsphase nicht mehr eingebunden sind und sich damit jeglicher Verantwortung entziehen können. Insofern macht es Sinn, die Abteilung (Beteiligungs-)Controlling bereits in der Akquisitionsphase als kritische und rationalitätssichernde Instanz mit einzubeziehen.

Durch das *laufende Beteiligungscontrolling* soll unter anderem gewährleistet werden, dass über das erworbene Unternehmen aussagekräftige und handlungsorientierte Informationen zur Verfügung gestellt werden. Relevante Informationen können sich auf alle Unternehmensfunktionen beziehen und beschränken sich idealerweise nicht auf reine Finanzdaten. Instrumente des laufenden Beteiligungscontrollings sind daher neben dem klassischen Berichtswesen auch die Steuerung von operativen KPIs (z.B. Vertriebserfolg, Kosten und Deckungsbeiträge, Auslastung, Working Capital, Produktionseffizienz), wertorientierte Konzepte, projektorientierte Ansätze (z.B. für Restrukturierungsaktivitäten) oder aber auch die Verfolgung strategischer Faktoren (z.B. F&E-Erfolg, Mitarbeiter, Kunden, Marktentwicklung, Konkurrenzsituation).[13] Die Ausgestaltung des laufenden Beteiligungscontrollings ist für jedes Unternehmen unterschiedlich zu definieren und hängt wesentlich von der strategischen Zielsetzung und dem damit verbundenen Rollenbild des Investors ab.

Die Funktion des laufenden Beteiligungscontrollings ist daher mit dem externen Rechnungswesen nicht ident, kann jedoch über effiziente Berichts- und Reportingstrukturen zumindest in Teilbereichen mit diesem gleichgeschaltet werden. Das Konzernrechnungswesen kann über die Bereitstellung regelmäßiger Berichtsdaten zur finanziellen Entwicklung wesentliche Beiträge zur Abwicklung des laufenden Beteiligungscontrollings liefern.[14] Als entscheidende Vorteile des Rechnungswesens können die strukturelle Vergleichbarkeit der Information, der Bezug zur Vermögenslage sowie die relativ gesehen höhere Verlässlichkeit angeführt werden. Diese Verlässlichkeit des externen Rechnungswesens ist typischerweise das Ergebnis aus regelmäßigen Reviews durch unabhängige Wirtschaftsprüfer, der

---

[12] Vgl. *Burger/Ulbrich*, 2005, 233 ff.
[13] Vgl. *Borchers*, 2006, 245.
[14] Vgl. *Burger/Ulbrich*, 2005, 355 ff.

Anwendung von standardisierten und einheitlichen Bilanzierungs- und Bewertungsmethoden sowie der Verwendung von stabilen Buchhaltungsprogrammen.

Die Bedeutung des externen Rechnungswesens zeigt sich insbesondere in Situationen, in denen ein Investor aufgrund seiner Beteiligungsquote nicht über den notwendigen Einfluss verfügt, sich Zugang zu den operativen Controlling-Daten, KPIs oder anderen tiefergehenden Informationen über das Unternehmen zu verschaffen. In solchen Fällen stellt das externe Rechnungswesen meist die einzige Basis zur Beurteilung der wirtschaftlichen Entwicklung dar.

Neben den klassischen Aufgaben des Controllings dürfen auch begleitende Funktionen nicht außer Acht gelassen werden. So leisten Abteilungen wie die „Interne Revision" wertvolle Beiträge zur Sicherstellung der ordnungsgemäßen und effizienten Geschäftsgebarung des Beteiligungsunternehmens. Weiters empfiehlt sich bei längerfristigen bzw. operativen Beteiligungen die Einbindung in das interne Kontrollsystem sowie in das konzernweite Risikomanagement.

Im Rahmen des Beteiligungsmanagements erfolgt die aktive Steuerung des Investments. Dazu werden häufig die entscheidenden Managementpositionen mit Vertrauensleuten des Investors besetzt oder zumindest Mitglieder in die Aufsichts- und Kontrollgremien entsandt.

Kommt es schlussendlich zu einer *Desinvestition*, so sind in dieser Phase wiederum alle bereits in der Akquisitionsphase genannten Personengruppen und Abteilungen vertreten. Die Aufgaben sind im Wesentlichen dieselben, nur eben nicht aus Käufer-, sondern aus Verkäufersicht. So ist für die Kaufpreisfindung eine Unternehmensbewertung ratsam, genauso wie eine intensive Untersuchung des Transaktionsobjekts im Rahmen einer Vendor Due Diligence, um gegen allfällige Einwendungen von Käuferseite gewappnet zu sein.[15]

1.3. Anknüpfungspunkte des Beteiligungscontrollings zur IFRS-Rechnungslegung

Wie im Abschnitt 1.2. erwähnt hat die externe Rechnungslegung aufgrund der hohen Verlässlichkeit eine große Bedeutung für das Beteiligungscontrolling. Zur Sicherstellung der internationalen Vergleichbarkeit von mehreren Beteiligungen in unterschiedlichen Ländern und Rechtskreisen bietet sich die IFRS-Bilanzierung geradezu an. Zudem weisen die IFRS-Standards eine Vielzahl an Gemeinsamkeiten und Überscheidungen mit den Elementen des Beteiligungscontrollings auf.

Zur Abbildung der *Akquisitionsphase* ist IFRS 3 (Unternehmenszusammenschlüsse) der maßgebliche Standard.[16] In diesem Zusammenhang werden wesentliche Elemente von Unternehmenserwerben wie z.B. die Kosten des Erwerbs und dessen Zusammensetzung (insb. bei variablen Kaufpreisbestandteilen, d.h. bedingten Gegenleistungen) definiert. Die notwendige Neubewertung aller übernommenen Vermögenswerte und Schulden ist eine gute Gelegenheit, sich intensiv mit dem erworbenen Unternehmen auseinanderzusetzen, und ist regelmäßig ein Ausfluss aus der Due-Diligence-Untersuchung und der anschließenden Unternehmensbewertung.

---

[15] Vgl. *Burger/Ulbrich*, 2005, 494 ff.
[16] Vgl. dazu im Detail Abschnitt 2.1.

Die beteiligungsrelevanten Standards (IAS 27, IAS 28, IAS 31 und IAS 39) regeln die bilanzielle Darstellung und die Bewertungsmethoden unterschiedlicher Investments und können mit dem typisierten *Rollenbild des Investors* in Verbindung gebracht werden. Je nach Intensität der möglichen Einflussnahme unterscheidet sich die Einbeziehung von Unternehmensanteilen in den Konzernabschluss des Investors. So werden geringe Unternehmensanteile nach IAS 39 als Finanzinstrument ausgewiesen und bewertet. Maßgebliche Beteiligungen werden gemäß IAS 28 im Rahmen der Equity-Methode zum anteiligen Eigenkapital in den Konzernabschluss aufgenommen. Je höher der Einfluss ist, desto intensiver werden die Einbeziehungsmethoden. So sind Unternehmen, deren Finanz- und Geschäftspolitik ein Investor beherrschen kann, voll zu konsolidieren. Dies bedeutet, dass die Beteiligung im Gegensatz zu den vorgenannten Methoden in den Hintergrund tritt und im Konzernabschluss stattdessen die einzelnen Vermögenswerte und Schulden des Tochterunternehmens erfasst werden.

Für das *laufende Beteiligungscontrolling* besitzt IFRS 8 (Geschäftssegmente) – unabhängig von seinem Anwendungsbereich – tendenziell die größte Relevanz. Nach diesem Standard sind Informationen zu bestimmten Geschäftätigkeiten gefordert, deren Betriebsergebnisse von der verantwortlichen Unternehmensinstanz regelmäßig im Hinblick auf ihre Ertragskraft beurteilt werden und über welche Entscheidungen getroffen werden (IFRS 8.5). Solche Geschäftssegmente können auch in reinen Unternehmensbeteiligungen bestehen.[17] Insofern bildet die Segmentberichterstattung wesentliche Strukturen des Beteiligungsportfolios ab (auch wenn die offengelegten Informationen aufgrund der Aggregationskriterien und quantitativen Schwellenwerte regelmäßig stark verdichtet sind).

Die im Rahmen der *Segmentberichterstattung* (unter bestimmten Voraussetzungen) geforderten Informationen decken einen maßgeblichen Teil der typischen Controlling-Anforderungen ab.[18] So sind neben Umsatz- und Ergebnisgrößen auch bilanzbezogene Werte und Angaben zu Produkten, Kunden und geografische Schwerpunkte vorgesehen. Erwähnenswert dabei ist, dass die intern berichteten Beträge anzugeben sind, auch wenn diese nicht zwingend nach IFRS-Vorschriften ermittelt wurden. Durch die Orientierung an der intern berichteten Organisationsstruktur und den verwendeten Ergebnisgrößen soll eine bestmögliche Wiedergabe des internen Steuerungssystems („Management Approach") nach außen hin erfolgen.

IAS 36 (Wertminderungen) ist ein weiterer Standard, der für das laufende Beteiligungscontrolling maßgeblich ist. Grundsätzlich geht es bei den sog. „Impairment Tests" um die Beurteilung, ob Vermögenswerte oder (firmenwerttragende) Unternehmenseinheiten wertgemindert sind. Oberflächlich betrachtet handelt es sich dabei um die Analyse etwaiger Negativabweichungen, da Wertsteigerungen nach IAS 36 zu keiner bilanziellen Konsequenz führen.

Wertminderungstests sind jedenfalls dann durchzuführen, wenn interne oder externe Anhaltspunkte („Triggering Events") darauf hinweisen, dass ein Vermögenswert wertgemindert sein könnte. IAS 36.12 bietet Beispiele solcher Anhaltspunkte, die in der Folge auszugsweise angeführt werden:

---

[17] Vgl. KPMG, 2010/11, 5.2.60.40.
[18] Vgl. *Lopatta*, 2008, 417 ff.

- Signifikante Veränderungen mit nachteiligen Folgen für das Unternehmen im technischen, marktbezogenen, ökonomischen oder gesetzlichen Umfeld
- Erhöhung von Marktzinssätzen oder anderen Marktrenditen, die sich auf die Berechnung des Nutzungswerts auswirken
- Niedrigere Marktkapitalisierung im Vergleich zum erfassten Buchwert des Nettovermögens
- Geplante Einstellung oder Restrukturierung eines Bereichs
- Hinweise aus dem internen Berichtswesen, dass die wirtschaftliche Ertragskraft schlechter ist oder sein wird als erwartet

Im Sinne des Beteiligungscontrollings können diese Anhaltspunkte Eingang in das konzernweite Risikomanagement finden, insb. bei der Definition von Frühwarnindikatoren. Neben der Nutzung solcher Indikatoren im Rahmen von Frühwarnsystemen dienen sie auch der Prämissenkontrolle (d.h. Beurteilung, ob die maßgeblichen, im Zuge der Akquisition als wahrscheinlich erachteten wertbegründenden Rahmenbedingungen und Zukunftsprognosen weiterhin zutreffend sind).

Firmenwerte spielen im Zusammenhang mit Impairment Tests eine besondere Rolle. Im Gegensatz zu gewöhnlichen Vermögenswerten sind Firmenwerte unabhängig von allfälligen Anhaltspunkten jährlich auf eine mögliche Wertminderung zu überprüfen (IAS 36.90). Zu diesem Zweck sind Firmenwerte zugrunde liegenden zahlungsmittelgenerierenden Einheiten (d.h. der kleinsten Gruppe von Vermögenswerten, die weitgehend unabhängig von anderen Vermögenswerten Mittelzuflüsse erzeugt) zuzuordnen. Eine zahlungsmittelgenerierende Einheit (ZMGE) kann ein Unternehmen, ein einzelner Geschäftsbetrieb, eine Gruppe von Vermögenswerten oder – im konkreten Zusammenhang – auch eine einzelne Beteiligung (sofern im Anwendungsbereich des IAS 36) sein. Eine weitere Schnittstelle zum Beteiligungscontrolling bietet sich daher bei der Definition der zahlungsmittelgenerierenden Einheiten, welche eine tiefergehende Analyse der Geschäftstätigkeiten einzelner Unternehmenseinheiten und deren Verflechtung erfordert.

Obwohl IAS 36 tendenziell dem laufenden Beteiligungscontrolling zuzuordnen ist, werden schon in der Akquisitionsphase Zuordnungsfragen determiniert. So ist nach IAS 36.80 der Firmenwert aus Unternehmenserwerben vom Übernahmetag an jeder zahlungsmittelgenerierenden Einheit zuzuordnen, die aus den *Synergien* des Unternehmenszusammenschlusses Nutzen ziehen soll. Aufgrund dieser Bestimmung ist bei der bilanziellen Abbildung von Unternehmenserwerben auf die Erkenntnisse der Due-Diligence-Untersuchungen, der Unternehmensbewertung sowie auf strategische Überlegungen zurückzugreifen. Zudem bietet diese Zuordnungsregel anlässlich des jährlichen Wertminderungstests von Firmenwerten eine Überschneidung zum Monitoring der umgesetzten bzw. noch bestehenden Synergieeffekte.

Technisch basiert der Wertminderungstest auf der Bestimmung eines unternehmensinternen Nutzungswertes, welcher über eine Discounted-Cashflow-Methode ermittelt wird. Diese Methodik verknüpft operative Planungsrechnungen aus dem Beteiligungscontrolling mit den nach IFRS-Vorschriften bemessenen Buchwerten und zeigt die weitere Abhängigkeit zwischen Rechnungswesen und Controlling.

Im internationalen Umfeld kommt in weiterer Folge der *Fremdwährungsumrechnung* eine erhebliche Bedeutung zu. Erwirbt ein Investor eine Beteiligung an einem Unternehmen, das eine abweichende funktionale Währung besitzt, so ist er in deren Lebenszyklus dem Risiko zukünftiger Währungsschwankungen ausgesetzt (Translationsrisiko).[19] Dies ergibt sich daraus, dass das Nettovermögen und damit auch der potenzielle Marktwert des Investments in der ausländischen Währung bemessen werden. Nach IAS 21.39 werden die Vermögenswerte und Schulden von Unternehmen mit abweichender funktionaler Währung mit dem jeweiligen Stichtagskurs umgerechnet, wobei alle sich ergebenden Umrechnungsdifferenzen im sonstigen Ergebnis erfasst werden. Diese Methode kommt bei vollkonsolidierten und assoziierten Unternehmen zur Anwendung.

Die Erfassung von zwischenzeitlichen Fremdwährungsdifferenzen im sonstigen Ergebnis (und damit nicht in der Gewinn- und Verlustrechnung) ist dadurch gerechtfertigt, dass solche Währungsschwankungen nicht realisiert sind und daher nur buchmäßig auftreten. Im Falle einer Veräußerung des Unternehmens kommt es jedoch zur tatsächlichen Realisierung dieser Währungseffekte. Deshalb sind gemäß IAS 21.48 im Zeitpunkt des (teilweisen) Abgangs eines ausländischen Geschäftsbetriebs die bislang im sonstigen Ergebnis erfassten Beträge in die Gewinn- und Verlustrechnung umzugliedern („Recycling").

Am Rande sei angemerkt, dass auch nicht konsolidierungsrelevante Standards Bedeutung für das Beteiligungscontrolling haben können. So ermöglicht bspw. IAS 40 (Als Finanzinvestition gehaltene Immobilien) eine erfolgswirksame Bewertung von Investments in Immobilien, die sich an der tatsächlichen Steuerung auf Marktwertbasis anlehnt.

Bei in Angriff genommenen *Exit-Strategien* kommt IFRS 5 (Zur Veräußerung gehaltene langfristige Vermögenswerte und aufgegebene Geschäftsbereiche) ins Spiel. Nach dessen Vorschriften werden die zu veräußernden Vermögenswerte und Schulden in der Bilanz isoliert ausgewiesen und ermöglichen so auch dem externen Berichtsleser einen Einblick in das potenzielle Desinvestitionsobjekt. Auch die separate Darstellung der Ergebniseffekte aus aufgegebenen Geschäftsbereichen in der Gewinn- und Verlustrechnung folgt diesem Zweck.

2. Ausgewählte fachliche Schnittstellen zwischen Beteiligungscontrolling und IFRS-Rechnungslegung

Während dem Beteiligungscontrolling im Wesentlichen die Planung, Steuerung und Kontrolle sämtlicher Beteiligungen zukommt, hat sich das Konzernrechnungswesen in erster Linie um die korrekte Anwendung der vorgegebenen Rechnungslegungsvorschriften (insb. IFRS) sowie um die fristgerechte Erstellung von Quartals-, Halbjahres- und Jahresabschlüssen für den Konzern zu kümmern. Dennoch „kämpfen" beide Bereiche in gleicher Weise mit den einhergehenden Schwierigkeiten komplexer Unternehmensstrukturen, wie der effizienten Organisation von Beteiligungen, der notwendigen Datenanforderung und Datenaufbereitung, der Vereinheitlichung von Informationsflüssen und Reportingstrukturen oder der Reduktion von Abstimmstrecken bei Auswertungs- und Analyseprozessen.

Entscheidungen im Rahmen des Beteiligungsmanagements (z.B. hinsichtlich Art des Beteiligungserwerbs, Höhe der Beteiligungsquote bzw. Zielquote, Veräußerungsanteil oder Zeitpunkt des Kontrollverlustes) haben einerseits unmittelbaren Einfluss auf die Dar-

---

[19] Vgl. *Burger/Ulbrich*, 2005, 632 ff.

stellung im externen Rechnungswesen. Andererseits können die Analysen des Beteiligungscontrollings nicht völlig unabhängig von den externen Rechnungslegungsvorschriften getroffen werden. Gerade im Bereich der Konsolidierung und bei den Abbildungsmöglichkeiten von Beteiligungen im Konzernabschluss bedarf es auch im Beteiligungscontrolling des Know-hows im Bereich internationaler Rechnungslegung. Nur mit einem tieferen Verständnis für die bilanziellen Effekte von Unternehmenstransaktionen und deren Auswirkungen auf Performance-Kennzahlen kann ein effizientes und wertorientiertes Beteiligungscontrolling erfolgen.

2.1. Darstellung von Unternehmenserwerben nach IFRS 3 (2008)

Mit der Akquisition eines Unternehmens „beginnt das Leben der Beteiligung"[20] in einem bereits bestehenden oder durch diese Akquisition zustande kommenden Unternehmensverbund.

Unternehmenserwerbe werden unter Anwendung internationaler Rechnungslegungsstandards gemäß den Vorschriften des IFRS 3 bilanziert.

2.1.1. Vorgehensweise und allgemeine Grundprinzipien zur Abbildung von Unternehmenserwerben

Als Unternehmenszusammenschlüsse im Sinne von IFRS 3 (2008) werden Transaktionen oder andere Ereignisse angesehen, durch die ein Erwerber die Beherrschung über einen Geschäftsbetrieb oder mehrere Geschäftsbetriebe erlangt (IFRS 3.A). In Übereinstimmung mit der für die Bilanzierung von Unternehmenszusammenschlüssen verpflichtend anzuwendenden „Erwerbsmethode" erfasst und bewertet der Erwerber die übertragenen Vermögenswerte und Schulden zum Erwerbszeitpunkt mit deren beizulegenden Zeitwerten und ermittelt die Bestandteile der nicht beherrschenden Anteile an dem erworbenen Unternehmen entweder zum beizulegenden Zeitwert oder zum entsprechenden Anteil des mit dem Fair Value bewerteten identifizierten Nettovermögens des erworbenen Unternehmens. Darüber hinaus wird vom Erwerber gefordert, dass er den Geschäfts- oder Firmenwert („Goodwill") oder einen Gewinn aus dem Erwerb, falls der Kauf zu einem Preis unter dem Marktwert erfolgt, bestimmt und bilanziert (IFRS 3.5).

Für jede Art des Unternehmenszusammenschlusses gelten dabei folgende *Grundprinzipien*: Der Erwerbszeitpunkt ist der Tag, an dem die Beherrschung über das erworbene Unternehmen erstmalig erlangt wird. Ab diesem Zeitpunkt hat der Erwerber, ungeachtet der prozentualen Eigentümerverhältnisse, die Vermögenswerte und Schulden des erworbenen Unternehmens voll zu konsolidieren. Außerdem müssen die identifizierten Vermögenswerte sowie übernommenen Schulden zum Zeitpunkt der Beherrschungserlangung zu ihren beizulegenden Zeitwerten erfasst werden. Die Erlangung der Beherrschung über das erworbene Unternehmen wird folglich als derart wesentliches Ereignis angesehen, dass – gleichgültig, wie die Beherrschung zustande kommt – eine vollkommene Neubewertung (mit nur wenigen Ausnahmen) gefordert wird. Hat bspw. ein Erwerber bereits vor dem Zeitpunkt, zu dem er die Beherrschung über ein Unternehmen erlangt hat, nicht beherrschende Anteile an diesem Unternehmen besessen („sukzessiver Unternehmenserwerb"), muss er diesen alten Beteiligungsanteil zum Erwerbszeitpunkt mit dem beizu-

---

[20] Vgl. *Burger/Ulbrich*, 2005, 101.

legenden Wert neu bewerten. Jeder aus diesem Bewertungsvorgang resultierende Gewinn oder Verlust soll dabei erfolgswirksam erfasst werden (IFRS 3.42).

Zur *Identifizierung eines Erwerbers* aus einem Unternehmenszusammenschluss verweist IFRS 3 auf die Beherrschungskriterien des IAS 27. Für komplexere Unternehmenstransfers, aus denen nicht eindeutig hervorgeht, welches Unternehmen die Beherrschung über den Geschäftsbetrieb des anderen Unternehmens erlangt hat, nennt IFRS 3. B13–18 zusätzliche Faktoren, die auf den wirtschaftlichen Erwerber schließen lassen können.

Nicht weniger bedeutend ist die Bestimmung des *Erwerbszeitpunktes*, da ab diesem der Erwerber in seinem konsolidierten Abschluss die Ergebnisse des erworbenen Unternehmens zeigen muss (IAS 27.26). Außerdem müssen zu diesem Stichtag das erworbene Vermögen, die übernommenen Schulden, die nicht beherrschenden Anteile und ein darüber hinaus resultierender Goodwill zum beizulegenden Zeitwert bewertet werden. Der Erwerbszeitpunkt ist dabei jener Zeitpunkt, zu dem der Erwerber tatsächlich die Kontrolle über das erworbene Unternehmen erhält. In der Regel wird dies gleichgesetzt mit dem Zeitpunkt des Vollzugs der Transaktion („Closing") und nicht bei Vertragsabschluss („Signing").

2.1.2. Bestimmung der übertragenen Gegenleistung

Mit der Bewertung der übertragenen Vermögenswerte, aller vom erworbenen Unternehmen übernommenen Schulden und der unter Umständen durch den Erwerber noch zusätzlich ausgegebenen Eigenkapitalanteile ermittelt der Erwerber zum Erwerbszeitpunkt seine *übertragene Gegenleistung*. Weichen die Buchwerte des transferierten Vermögens zu diesem Zeitpunkt von ihren jeweils beizulegenden Zeitwerten ab, sind diese Wertunterschiede ergebniswirksam zu erfassen. Diese Neubewertung ist jedoch nur dann erforderlich, wenn jene Vermögenswerte auch an einen Verkäufer bzw. den früheren Eigentümer übertragen werden. Eine Übertragung an das erworbene Unternehmen und schließlich ein Verbleib im Unternehmensverbund erfordert dagegen die Fortführung der Buchwerte (IFRS 3.38).

Beispiele für mögliche Formen der Gegenleistung sind u.a. Zahlungsmittel, ein Geschäftsbetrieb oder ein Tochterunternehmen des Erwerbers, Stamm- oder Vorzugsaktien, Optionen und Optionsscheine oder auch bedingte Gegenleistungen (IFRS 3.37). Bei Letzterer hängt die Höhe der Gegenleistung in der Regel von Bedingungen ab, die erst in der Zukunft eintreten.

Als *bedingte Gegenleistung* könnten zusätzliche Kaufpreiszahlungen, die an die zukünftige Umsatz- oder Gewinnentwicklung des erworbenen Unternehmens gekoppelt werden, dienen, sodass der Erwerber im Falle der planmäßigen Erreichung oder Überschreitung dieser Performancegrößen zu einer höheren Nachzahlung verpflichtet wäre („earn-out"). Im Falle einer Unterschreitung würde der Erwerber keine Zahlungen mehr leisten oder eine Rückzahlung bekommen. Bei der Strukturierung von Unternehmenstransaktionen ist dieses Instrument hervorragend dazu geeignet, die Unsicherheit der Zukunft und das Risiko aus dem Erwerb zu reduzieren.

Für die Einschätzung der künftigen Umsatz- bzw. Gewinnentwicklung und damit zur Bestimmung einer wirtschaftlich vernünftigen Höhe der bedingten Gegenleistung wird der Erwerber sowohl auf unternehmensinterne Planungsrechnungen aus dem Controlling als auch auf allgemeine Markt- und Industrietrends zurückgreifen. In diesem Beispiel hätte der Erwerber sofort eine Verbindlichkeit für zusätzlich zu übertragende Gegenleistungen anzusetzen, und zwar in Höhe des beizulegenden Zeitwerts der bedingten Gegenleistung, auch wenn die tatsächliche Zahlung als unwahrscheinlich angesehen wird.

Überdies hat der Erwerber einen Vermögenswert zu erfassen, wenn er, bei Eintritt der Bedingung, ein Recht auf Rückgabe der zuvor übertragenen Gegenleistung hat (IFRS 3.40). Je nachdem, ob die bedingte Gegenleistung beim erstmaligen Ansatz als Eigenkapitalinstrument oder als Vermögenswert bzw. Schuld angesetzt wurde, kann die Neubewertung der bedingten Gegenleistung entweder entfallen und jeglicher Ausgleich ist mit dem Eigenkapital zu verrechnen (bei einem Ansatz als Eigenkapitalinstrument) oder muss die Bewertung ergebniswirksam zum beizulegenden Zeitwert durchgeführt werden (Vermögenswert oder Schuld im Anwendungsbereich des IAS 39). Falls der Vermögenswert bzw. die Schuld nicht im Anwendungsbereich des IAS 39 liegt, ist die Neubewertung anhand geeigneter anderer IFRS, insb. nach IAS 37 (Rückstellungen), vorzunehmen (IFRS 3.58).

2.1.3. Umfang eines Unternehmenszusammenschlusses

Ein Erwerber muss aber auch einschätzen und eruieren, ob ein Teil der übertragenen Gegenleistung oder irgendwelche erworbenen Vermögenswerte bzw. übernommenen Schulden nicht Bestandteil des Erwerbs sein könnten und folglich nicht als Teil des Unternehmenszusammenschlusses bilanziert werden sollten. Beispiele hierfür sind Zahlungen, mit denen bereits vorher bestehende Beziehungen zwischen dem Erwerber und dem erworbenen Unternehmen ausgeglichen werden, oder Zahlungen, mit denen die Mitarbeiter oder ehemalige Eigentümer für künftige Dienste vergütet werden, oder auch an ehemalige Eigentümer geleistete Rückerstattungen für Transaktionskosten des Erwerbers (IFRS 3.52).

Ausgleichszahlungen, welche tatsächlich vorher bestehende Beziehungen zwischen Erwerber und erworbenem Unternehmen betreffen, werden nicht als Teil der übertragenen Gegenleistung behandelt, sondern sind beim Erwerber als Gewinn oder Verlust zu erfassen (IFRS 3.B52).

Außerdem sind Fälle denkbar, in denen der Verkäufer zustimmt, die mit dem Unternehmenszusammenschluss verbunden Kosten des Erwerbers zu tragen, wenn er im Gegenzug vom Erwerber für den Verkauf des Unternehmens höhere Zahlungen erhält. Diese Mehrzahlungen sind jedoch separat vom Unternehmenszusammenschluss zu erfassen, wodurch gewährleistet wird, dass ein aus dem Unternehmenserwerb resultierender Goodwill nicht einfach durch die Transaktionsgestaltung überbewertet werden kann (IFRS 3.52c).

Genauso werden alle Kosten, die der Erwerber für die Durchführung eines Unternehmenszusammenschlusses eingeht, wie z.B. Vermittlerprovisionen, Rechts- und Beratungskosten, in den Perioden als Aufwand erfasst, in denen die Kosten anfielen. Transaktionskosten sind demnach separat vom Unternehmenserwerb zu bilanzieren, da diese Kosten nicht Teil des beizulegenden Zeitwerts der an den Verkäufer übertragenen Gegenleistung sind (IFRS 3.53).

2.1.4. Ansatz und Bewertung der Bestandteile eines Unternehmenszusammenschlusses

Gemäß den Ansatzkriterien des IFRS 3 (2008) dürfen vom Erwerber nur Vermögenswerte oder übernommene Schulden angesetzt werden, die im Zuge des Unternehmenszusammenschlusses übertragen wurden. Kosten, die erst aufgrund der Transaktion entstehen, z.B. für die Restrukturierung des erworbenen Unternehmens, sind demnach keine zum Erwerbszeitpunkt ansatzfähigen Verpflichtungen. Indessen können gemäß IFRS 3.13 Vermögenswerte und Schulden zum Ansatz kommen, welche vom erworbenen Unternehmen zuvor in seinem Abschluss nicht angesetzt wurden (z.B. Ansatz von Operating-Leasing-Verhältnissen oder immateriellen Vermögenswerten wie Patenten oder Kundenbeziehungen). Aber auch die Neubewertung von bereits bilanzierten Vermögenswerten (z.B. Sachanlagen oder Vorräten) führt zu weiteren Wertverschiebungen.

Durch die Aufdeckung stiller Reserven sowie den Fair-Value-Ansatz von zusätzlich aktivierten immateriellen Vermögenswerten ist in Folgejahren mit erhöhten Abschreibungen bzw. Materialaufwendungen zu rechnen. Insbesondere die Neubewertung von Vorräten und der Ansatz von Auftragsbeständen können aufgrund ihrer meist kurzen Nutzungsdauer im Unternehmen kurzfristige Ergebnisbelastungen auslösen.[21] Die Planung und Prognose dieser Ergebnisschwankungen ist Aufgabe eines integrierten Finanzcontrollings und stellt einen analytischen Bestandteil des Beteiligungscontrollings dar.

Mit nur wenigen Ausnahmen sind diese Vermögenswerte und Schulden somit vollständig zum beizulegenden Zeitwert zu bemessen, auch wenn der Erwerb schrittweise in einzelnen Tranchen vollzogen wird oder zum Erwerbszeitpunkt weniger als 100 Prozent der Anteile am erworbenen Unternehmen übertragen werden. Jeder Minderheitenanteil am erworbenen Unternehmen kann nach IFRS 3 (2008) vom Erwerber auf zwei unterschiedliche Arten bestimmt werden, entweder zum entsprechenden Anteil des mit dem Fair Value bewerteten, identifizierten Nettovermögens des erworbenen Unternehmens („Proportionate Goodwill") oder zum beizulegenden Zeitwert („Full Goodwill"), wobei in letzterem Fall ein Anteil des resultierenden Geschäfts- oder Firmenwerts den nicht beherrschenden Anteilen zugesprochen wird. Lässt sich der Fair Value des Minderheitenanteils (unter Berücksichtigung einer Kontrollprämie) nicht auf Basis des Marktwerts der gehandelten Aktienpapiere ermitteln, muss er anhand anderer Bewertungstechniken geschätzt werden (IFRS 3.B44).

IFRS 3 beinhaltet wenige begrenzte Ausnahmen von den Ansatz- und Bewertungsgrundsätzen anderer IFRS; diese werden in der folgenden Tabelle zusammengefasst dargestellt:

Ausnahmen vom Ansatzgrundsatz	Ausnahmen vom Ansatz- oder Bewertungsgrundsatz	Ausnahmen vom Bewertungsgrundsatz
Eventualverbindlichkeiten	Steuerverbindlichkeiten	Zurückerworbene Rechte
	Vermögenswerte für Entschädigungsleistungen	Latente Steueransprüche und Anteilsbasierte Vergütungstransaktionen
	Leistungen an Arbeitnehmer	Zur Veräußerung gehaltene Vermögenswerte

Tab. 1: Ausnahmen vom Ansatz- und/oder Bewertungsgrundsatz [KPMG]

---

[21] Vgl. *Schinagl/Zaiser*, 2010, 143 ff.

Für diese im Zuge eines Unternehmenserwerbs erworbenen Vermögenswerte und übernommenen Schulden gelten dabei gesonderte Regelungen. Bspw. müssen im Rahmen
eines Unternehmenserwerbs übernommene Eventualverbindlichkeiten sogar dann angesetzt werden, wenn es unwahrscheinlich ist, dass ein Ressourcenabfluss zur Erfüllung
dieser gegenwärtigen Verpflichtung erforderlich wird (IFRS 3.23). Der Erwerber hat jedoch auch einen Vermögenswert in Höhe der Verbindlichkeit auszuweisen, wenn der
Verkäufer vertraglich dazu verpflichtet ist, den Verlust aus dieser Eventualverbindlich-
keit zu entschädigen (z.B. aufgrund von Garantiebestimmungen im Unternehmenskauf-
vertrag).

Im Übrigen werden auch konsolidierte Tochterunternehmen oder bestimmte andere
Vermögenswerte, welche nur mit der Absicht einer kurzfristigen Weiterveräußerung erworben wurden, bei Erfüllung der Kriterien des IFRS 5 gesondert als langfristige zur Veräußerung gehaltene Vermögenswerte klassifiziert. Diese sind dann gemäß IFRS 3.31 in
Übereinstimmung mit IFRS 5 zum beizulegenden Zeitwert abzüglich Veräußerungskosten zu bewerten.[22]

2.1.5. Geschäfts- oder Firmenwerte aus Unternehmenserwerben

Nachdem der beizulegende Zeitwert der übertragenen Gegenleistung ermittelt worden ist,
die nicht beherrschenden Anteile bestimmt und die erworbenen Vermögenswerte sowie
übernommenen Schulden (unter Berücksichtigung sämtlicher Ausnahmen) zu ihren Fair
Values bewertet worden sind, bleibt als die vom Erwerber zu erfassende Restgröße der
Geschäfts- oder Firmenwert („Goodwill") bzw. ein Gewinn, falls der Erwerb zu einem
Preis unter dem Marktwert stattgefunden hat. Der Geschäfts- oder Firmenwert spiegelt
demnach den künftigen wirtschaftlichen Nutzen aus anderen erworbenen Vermögenswerten wider, welche nicht einzeln identifiziert und separat angesetzt werden können
(IFRS 3.A).

Wurden die nicht beherrschenden Anteile im Zuge des Unternehmenserwerbs zum
beizulegenden Zeitwert bewertet, sind Goodwill- und Minderheitenposition erhöht um
den Betrag des ihnen zurechenbaren Geschäfts- oder Firmenwertes auszuweisen. Ein
aus einem Unternehmenszusammenschluss nach IFRS 3 erstmalig angesetzter Goodwill
darf im Gegensatz zum UGB nicht planmäßig abgeschrieben werden. Vielmehr ist er
den zahlungsmittelgenerierenden Einheiten des Erwerbers zuzuordnen, für die aus den
Synergien des Zusammenschlusses ein Nutzen erwartet wird, und mindestens einmal
jährlich, oder wann immer es Anhaltspunkte gibt, dass die Einheit wertgemindert sein
könnte, gemäß IAS 36.88 f auf eine Wertminderung hin zu überprüfen („Impairment
Test").

Hierzu ist ein Vergleich des erzielbaren Betrags (der höhere aus beizulegendem Zeitwert abzüglich Verkaufskosten und Nutzungswert) der zahlungsmittelgenerierenden Einheit mit deren Buchwert notwendig, und diese Daten können in der Regel nur mittels auf-
wendiger Barwertberechnungen auf Basis einer mittelfristigen Finanz- bzw. Cashflow-
Planung durch das interne Controlling zur Verfügung gestellt werden. Wurde ein Wertminderungsbedarf festgestellt, muss der Wertminderungsaufwand zuerst dem Geschäfts-

---

[22] Siehe dazu Abschnitt 2.3.

oder Firmenwert und dann anteilig den anderen Vermögenswerten der Einheit zugeordnet werden. Wenn ein erworbenes Tochterunternehmen mit einem nicht beherrschenden Anteil bspw. genau eine firmenwerttragende zahlungsmittelgenerierende Einheit darstellt, muss die Verteilung des Wertminderungsaufwands entsprechend der Gewinn- oder Verlustaufteilung zwischen dem Mutterunternehmen und dem Minderheitenanteil vorgenommen werden (IAS 36.C1–10).

Wird bei der Bestimmung des Geschäfts- oder Firmenwerts diagnostiziert, dass die beizulegenden Zeitwerte aller erworbenen Vermögenswerte und übernommenen Schulden die Summe der Fair Values übersteigen, welche sich aus der übertragenen Gegenleistung, aus dem Ansatz von Minderheitenanteilen sowie aus dem Fair Value jedes zu einem früheren Zeitpunkt gehaltenen Anteils des erworbenen Unternehmens zusammensetzt, erfasst der Erwerber einen Gewinn für diesen sog. *„bargain purchase"*. Jedoch darf dieser Überschuss erst nach einer abermals durchgeführten Überprüfung (*„reassessment"*) ergebniswirksam vereinnahmt werden (IFRS 3.34, 3.36).

2.1.6. Behandlung von sukzessiven Unternehmenserwerben

Für einen Unternehmenszusammenschluss, der durch einen schrittweisen Erwerb eines anderen Unternehmens zustande kommt, ermittelt sich der Geschäfts- oder Firmenwert unter Berücksichtigung des beizulegenden Zeitwerts der Eigenkapitalanteile, welche bereits vor dem Erlangen der Beherrschung vom Erwerber gehalten wurden. Bspw. könnte ein Erwerber, bevor er mit dem Kauf von 90 % der Anteile die alleinige Beherrschung über ein Unternehmen erlangt, zuvor schon mehrere Jahre 10 % der Eigenkapitalanteile gehalten haben. Hat der Erwerber diesen Beteiligungsanteil in früheren Geschäftsjahren als „available-for-sale" klassifiziert und zum beizulegenden Zeitwert gemäß IAS 39 bewertet, wurde jede Fair-Value-Änderung als nicht realisierter Gewinn oder Verlust gesondert im sonstigen Ergebnis erfasst (AfS-Rücklage). Im Zeitpunkt des Erwerbs der restlichen Anteile muss der Erwerber nun die bislang nicht realisierten Gewinne oder Verluste ergebniswirksam vereinnahmen. Für die Bestimmung des Goodwills aus diesem sukzessiven Unternehmenszusammenschluss, sind also einerseits der Fair Value des 10%igen Altanteils sowie andererseits der Fair Value der Gegenleistung für den Erwerb der restlichen Eigenkapitalanteile relevant (IFRS 3.42). Gedanklich wird mit einer solchen Vorgehensweise unterstellt, dass jeder vor dem Beherrschungszeitpunkt gehaltene Beteiligungsanteil zuerst verkauft und anschließend zum Erwerbszeitpunkt wieder zurückgekauft wird.

2.2. Darstellung der laufenden Performance von Beteiligungen nach IFRS

An die Akquisitionsphase im Lebenszyklus einer Beteiligung schließt das laufende Beteiligungscontrolling, dessen Aufgaben die Planung, die Kontrolle und die damit verbundene Informationsversorgung des Managements umfassen.[23] Bereits mit Abschluss der Akquisitionsphase sollte aber die Frage nach der Motivation und Rolle des Holding-Unternehmens in Bezug auf die neu erworbene Beteiligung geklärt sein.

---

[23]　Vgl. *Burger/Ulbrich*, 2005, 311.

Je nachdem, welche Rolle das Holding-Unternehmen im Hinblick auf die Kontrolle und Steuerung der akquirierten Beteiligung einnehmen soll (z.B. „Beteiligungsholding" mit minimalem Betreuungsaufwand und dem Ziel der Renditeerzielung sowie der reinen Vermögensverwaltung oder „Management-Holding" mit möglichst viel Einfluss auf operativer Ebene durch die weitgehende Übernahme der Controlling-Funktionen)[24], werden zum Erwerbszeitpunkt bestimmte Faktoren, wie z.B. Höhe des Beteiligungsanteils bzw. Art der Einbeziehung, festgelegt, die nicht nur im laufenden Beteiligungscontrolling, sondern auch für die Darstellung im externen Rechnungswesen weitreichende Auswirkungen auf die notwendigen Integrationsanforderungen haben.

Hinsichtlich der Technik und des Umfangs einer Integration bzw. Einbeziehung in den Konzernabschluss kann zwischen den nun folgenden Varianten unterschieden werden.

2.2.1. Vollkonsolidierung

Mit dem Ziel einer hohen Einflussnahme auf die erworbene Beteiligung, im Sinne einer „operativen Management-Holding", empfiehlt es sich, eine Beteiligungsquote von mehr als 50 % anzustreben, obwohl für eine beherrschende Einflussnahme nicht allein der Kapitalanteil zu berücksichtigen ist. Vielmehr kommt es auf die Ausgestaltung der Verträge im Hinblick auf die Beherrschungsmöglichkeit an. Kann von einer Beherrschungssituation durch das Holding-Unternehmen ausgegangen werden, handelt es sich bei der erworbenen Beteiligung um ein sog. Tochterunternehmen, das im Wege der Vollkonsolidierung mit seinen sämtlichen Vermögenswerten und Schulden in den Konzernabschluss einzubinden ist.

Nach IFRS werden Mutter- bzw. Tochtergesellschaften durch die Regelungen in IAS 27 (Konzern- und Einzelabschlüsse) definiert. Dieser Standard regelt u.a. die Darstellung von Mutter-Tochter-Beziehungen im Konzernabschluss und beschäftigt sich tiefergehend mit den Anforderungen zur korrekten Abgrenzung des Konsolidierungskreises, der Anwendung von Konsolidierungsverfahren und der speziellen Thematik des Beherrschungsverlusts.

Die Definition eines Tochterunternehmens orientiert sich am Control-Konzept des IAS 27. Beherrschung ist hiernach gegeben, wenn ein Mutterunternehmen direkt oder indirekt die Möglichkeit hat, die Finanz- und Geschäftspolitik eines anderen Unternehmens zu bestimmen (IAS 27.4). In der Regel wird dies bei einem Stimmrechtsanteil von mehr als 50 % vermutet. Eine Beherrschungssituation kann allerdings auch bei einem geringeren Kapitalanteil vorliegen, falls zwischen den Eigentümern Stimmbindungsverträge oder ähnliche Vereinbarungen getroffen werden. Im Gegensatz dazu können außergewöhnlich starke Mitwirkungs- bzw. Schutzrechte von nicht beherrschenden Anteilen eine Vollkonsolidierung trotz eines über 50 % liegenden Stimmrechtsanteils der Muttergesellschaft verhindern (IAS 27.13). Bei der Beurteilung, ob eine Beherrschungsmöglichkeit gegeben ist, sind sog. potentielle Stimmrechte („potential voting rights") zu berücksichtigen. Hat bspw. ein Unternehmen das vertraglich zugesicherte und jederzeit ausübbare Recht, zusätzliche Anteile an einem anderen Unternehmen zu erwerben (Call-

---

[24] Vgl. *Burger/Ulbrich*, 2005, 97.

Option), sind diese Rechte in aller Regel als potentielle Stimmrechte einzustufen. Allerdings darf die Ausübung dieser Rechte am Abschlussstichtag nicht von künftigen Bedingungen abhängen oder unter wirtschaftlichen Gesichtspunkten für unmöglich gelten (IAS 27.14 f.).

Nach IAS 27 sind Tochterunternehmen per Vollkonsolidierung in den Konzernabschluss einzubeziehen. Dementsprechend gehen alle Vermögenswerte und Schulden sowie alle Erträge und Aufwendungen des Tochterunternehmens in den Konzernabschluss ein.

Nach der Einheitstheorie sind alle in einem Konzern zusammengefassten Unternehmen so darzustellen, als handle es sich um ein einziges Unternehmen. In der Folge müssen die Beteiligungsansätze im Mutterunternehmen eliminiert werden (Kapitalkonsolidierung), die konzerninternen Forderungen und Schulden sowie Erträge und Aufwendungen sind gegeneinander aufzurechnen (Schuldenkonsolidierung bzw. Aufwand- und Ertragseliminierung) und die Gewinne oder Verluste aus konzerninternen Geschäftsvorfällen sind in voller Höhe zurückzudrehen (Zwischenergebniseliminierung). Darüber hinaus kann es erforderlich sein, auch konzerninterne Dividenden und Beteiligungsergebnisse zu eliminieren. Für nicht zu 100 % gehaltene Tochterunternehmen sind das Eigenkapital und der Ergebnisanteil des Konzerns zusätzlich auf die Eigentümer der Muttergesellschaft sowie auf die nicht beherrschenden Anteile am Tochterunternehmen aufzuspalten (IAS 27.18 ff.).

Mit der überarbeiteten Fassung (2008) liefert IAS 27 nun auch Bilanzierungsvorgaben bei sich ändernden Beteiligungsquoten, aber gleichbleibenden Beherrschungsverhältnissen. Diese Änderungen werden nach IAS 27 als Eigenkapitaltransaktionen bilanziert. Jeglicher Gewinn oder Verlust aus solchen Änderungen wird damit nicht ergebniswirksam erfasst. Außerdem muss jede Buchwertanpassung unmittelbar im Eigenkapital erfasst und den Eigentümern des Mutterunternehmens zugeordnet werden (IAS 27.30 f.).

Hingegen führen Transaktionen, bei denen die Eigentümer des Mutterunternehmens die Beherrschung am Tochterunternehmen verlieren, zur ergebniswirksamen Erfassung eines Gewinns oder Verlusts (IAS 27.32). Aus der Perspektive der Konzernmutter hat der Beherrschungsverlust über das frühere Tochterunternehmen zur Folge, dass sämtliche Vermögenswerte und Schulden dieses Unternehmens nicht mehr zu kontrollieren sind und damit ausgebucht gehören. Nach der vollständigen Ausbuchung aller Vermögenswerte (inklusive des zurechenbarem Goodwills), sämtlicher Schulden und der nicht beherrschenden Anteile erfasst das ehemalige Mutterunternehmen die gegebenenfalls erhaltene Gegenleistung sowie alle zurückbehaltenen Anteile zum beizulegenden Zeitwert. Die bislang im sonstigen Ergebnis erfassten Gewinne oder Verluste des Tochterunternehmens müssen je nach Ursprung entweder ergebniswirksam erfasst oder in die Gewinnrücklagen umgegliedert werden. Jede sich ergebende Differenz wird in den Gewinn oder Verlust des Mutterunternehmens eingestellt (IAS 27.34).

Die Bilanzierungsvorschriften des IAS 27 (2008) zu Quotenänderungen bei beherrschten Unternehmen durch Anteilsauf- bzw. Anteilsabstockungen sowie zum Beherrschungsverlust an Tochterunternehmen haben aufgrund der sich ergebenden Eigenkapital- und

Ergebniseffekte nicht unerheblichen Einfluss auf Akquisitions- und Desinvestitionsentscheidungen. Des Weiteren sind zurückbehaltene Anteile an früheren Tochterunternehmen, an denen nach der Transaktion noch maßgeblicher Einfluss ausgeübt werden kann, völlig neu zu bewerten. Für die Ermittlung der beizulegenden Zeitwerte dieser Beteiligungen müssen zwangsläufig die internen Daten aus dem Beteiligungscontrolling herangezogen werden.

2.2.2. Equity-Bewertung

Entscheidet sich die Konzernleitung beim Kauf eines neuen Unternehmens für die Position einer Management- bzw. Finanzholding, welche die operative Führung und Verantwortung dem erworbenen Unternehmen überlässt und nur durch die Vorgabe und Überwachung von finanziellen Zielgrößen oder die Zuteilung von Finanzmitteln indirekten Einfluss übernimmt, muss für die Ausübung der strategischen Steuerungsfunktion kein Beherrschungsverhältnis vorliegen. Für eine nur mittelbare Einflussnahme zur Hebung und Koordination von Synergien zwischen den einzelnen Unternehmen sind Beteiligungsquoten bis 50 % in der Regel ausreichend.

Nach IFRS sind für diese Arten der Beteiligungskategorie die Standards IAS 31 (Anteile an Gemeinschaftsunternehmen) und IAS 28 (Anteile an assoziierten Unternehmen) zu berücksichtigen. Sie regeln die Anforderungen für eine bilanzielle Abbildung von gemeinschaftlich geführten Unternehmen (oder Vermögenswerten) bzw. Beteiligungen, auf die der Erwerber noch einen maßgeblichen Einfluss ausüben kann.

Ein *Gemeinschaftsunternehmen* liegt im Sinne des IAS 31 vor, wenn zwei oder mehrere Partner (Unternehmen) aufgrund einer vertraglichen Vereinbarung die strategische Finanz- und Geschäftspolitik des Unternehmens gemeinsam führen und kein Partner ohne die Zustimmung des bzw. der anderen eine Entscheidung herbeiführen kann (IAS 31.3). Jegliche Arten von Mitwirkungsrechten müssen also im Vorfeld in einem Vertrag festgelegt werden.

Für die Bilanzierung solcher Gemeinschaftsunternehmen räumt IAS 31 derzeit noch ein Wahlrecht ein. Ein gemeinsam beherrschtes Unternehmen kann vom Bilanzierenden entweder mittels Quotenkonsolidierung oder über die alternativ zulässige Equity-Methode in den Konzernabschluss einbezogen werden (IAS 31.30, .38). Im Unterschied zur Vollkonsolidierung werden bei der *Quotenkonsolidierung* alle Vermögenswerte, Schulden und Ergebnisse nur anteilig – nach Maßgabe der Beteiligungsquote – in den Konzernabschluss aufgenommen. Ein im Eigenkapital ausgewiesener Anteil von nicht beherrschenden Anteilen am Unternehmen erübrigt sich deshalb.

Im Gegensatz dazu sieht die *Equity-Methode* vor, dass gemäß der sog. „one-line-consolidation" der Equity-Wert der Beteiligung in einer einzigen Bilanzposition auszuweisen ist. Dieser fließt in die Konzernbilanz zunächst mit den Anschaffungskosten ein, wobei der Beteiligungswert um die anteiligen Gesamtergebnisse seit dem Erwerb, die gegebenenfalls aufgedeckten stillen Reserven und Lasten (inklusive eines Geschäfts- oder Firmenwerts) und um sämtliche Eigenkapitaltransaktionen, wie Dividendenzahlungen oder Zuschüsse, fortzuschreiben ist (IAS 28.11). In der Gewinn- und Verlustrechnung ist das anteilige Periodenergebnis ebenfalls in nur einer Zeile separat darzustellen, wobei der Ausweis entweder innerhalb des operativen Ergebnisses oder innerhalb des Finanzergebnisses erfolgen kann. Gängige Praxis ist jedoch die Darstellung im Finanzergebnis.[25]

Für die Erfassung von *assoziierten Unternehmen* in einem IFRS-Konzernabschluss ist die Anwendung der Equity-Methode verpflichtend (IAS 28.13). Bei dieser Beteiligungskategorie wird dabei auf den maßgeblichen Einfluss abgestellt, den ein Mutterunternehmen mittelbar oder unmittelbar auf ein anderes Unternehmen ausüben kann. Unter „maßgeblichem Einfluss" versteht IAS 28 die Möglichkeit, an den finanz- und geschäftspolitischen Entscheidungen des Beteiligungsunternehmens mitzuwirken, ohne dass hierfür eine Beherrschung oder die gemeinschaftliche Führung notwendig ist (IAS 28.2). In aller Regel wird dies für Unternehmensbeteiligungen angenommen, welche mit 20 % oder mehr der Stimmrechte gehalten werden.

Das Wahlrecht bei gemeinschaftlich geführten Unternehmen zur Methode des Einbezugs in den Konzernabschluss eröffnet dahingehend bilanzpolitischen Spielraum, als bei einer Entscheidung für die Equity-Methode das Ergebnis der Beteiligung in voller Höhe enthalten ist, jedoch keine Umsätze oder Vermögenswerte und Schulden bilanziert werden. Durch diese gekürzte Darstellung verbessern sich alle Rentabilitätskennzahlen, die auf Umsatz oder Bilanzsumme berechnet werden.

2.2.3. Bilanzierung als Finanzinstrument

Beteiligungsquoten von unter 20 % spiegeln in der Regel ein geringes Interesse des Investors an der Steuerung und der operativen Führung eines Unternehmens wider. Vielmehr stehen Faktoren wie z.B. Renditemaximierung bei kalkulierbarem Risiko im Vordergrund des Anteilskaufs. Auch sollte die Handelbarkeit der Anteile gegeben sein, um im Fall von wirtschaftlichen Veränderungen oder sich (un)günstig entwickelnden Performancegrößen schnell reagieren zu können.

Nach IFRS wird diese Beteiligungskategorie gemäß IAS 39 als Finanzinstrument eingestuft und je nach Klassifizierung in Bezug auf Ansatz und Bewertung zu fortgeführten Anschaffungskosten oder zum beizulegenden Zeitwert bilanziert. Eine Einordung der Beteiligungsanteile als „erfolgswirksam zum beizulegenden Zeitwert" erfordert die Bewertung zum Fair Value und setzt in aller Regel eine veröffentlichte Kursnotierung in einem aktiven Markt voraus. Ist dieser jedoch nicht gegeben, können Bewertungsmodelle zur Ermittlung des beizulegenden Zeitwerts zum Einsatz kommen. Falls sich der Zeitwert nicht verlässlich ermitteln lässt, müssen schließlich die Anschaffungskosten der Beteiligung fortgeführt werden (IAS 39.45 f.). Vor allem beim Erwerb nicht börsennotierter Anteile (z.B. GmbH-Anteile) ist daher zumeist eine Fortführung der Anschaffungskosten angebracht. Eine Einstufung der Anteile als „zur Veräußerung verfügbar" verlangt zwar ebenfalls die Fair-Value-Bewertung, jedoch ist das Bewertungsergebnis nicht erfolgswirksam in der Gewinn- und Verlustrechnung, sondern im sonstigen Ergebnis zu erfassen (IAS 39.55).

2.3. Darstellung der Exit-Strategien nach IFRS 5

In der Desinvestitionsphase einer Unternehmung werden entsprechend den top-down vorgegebenen Unternehmens- und Geschäftsfeldstrategien Tochterunternehmen, Beteiligun-

---

[25] Vgl. *Lüdenbach*, 2008, 126.

gen, Geschäftsbereiche, Betriebsstätten oder andere Unternehmensteile für den Abgang aus dem Konzernverbund vorbereitet. Aus Sicht einer wertorientierten Unternehmenssteuerung ist eine Desinvestition immer dann vorteilhaft, wenn der Unternehmenswert samt Desinvestitionsobjekt kleiner ist als der Unternehmenswert ohne Desinvestitionsobjekt – unter Berücksichtigung des geplanten Verkaufserlöses.[26]

Zur Ermittlung dieser unterschiedlichen Unternehmenswerte kommen Unternehmensbewertungsmodelle (überwiegend die DCF-Methode) zur Anwendung, mit denen die potentiellen Auswirkungen dieser geplanten Desinvestitionsvorhaben quantifiziert werden können. Die für den Bewertungsprozess erforderlichen Daten können in aller Regel nicht vom externen Rechnungswesen allein, sondern nur durch die Einbindung des internen Controllings bereitgestellt werden. Hier bedarf es des Rückgriffs auf die interne Abgrenzung stillzulegender bzw. zu veräußernder operativer Geschäftsbereiche.

Bei der Anwendung der IFRS sind für die geplanten Desinvestitionsvorhaben eines Unternehmens die Vorschriften des IFRS 5 zu beachten. Sie regeln zum einen die bilanzielle Darstellung und Bewertung von langfristigen Vermögenswerten sowie Gruppen von Vermögenswerten (sog. „Disposal Groups"), die veräußert werden sollen. Zudem wird die bilanzielle Abbildung von Geschäftsbereichen, die das Unternehmen aufgegeben hat oder aufgeben will (sog. „Discontinued Operations"), beschrieben. Mithilfe dieser Regelungen sollen Abschlussadressaten die bilanziellen und finanziellen Auswirkungen eines geplanten Verkaufs von Vermögenswerten besser beurteilen können. Außerdem soll die separate Darstellung von aufgegebenen Geschäftsbereichen ein besseres Bild der künftigen Finanz- und Ertragslage der verbleibenden Unternehmensbereiche vermitteln.

Die Darstellungs- und Bewertungsvorschriften des IFRS 5 beziehen sich auf jene Vermögenswerte, die von einem Unternehmen unter normalen Umständen als langfristig klassifiziert und dementsprechend genutzt werden. Vermögenswerte, die als Sachgesamtheit gemeinsam in einer einzigen Transaktion an einen konzernfremden Dritten verkauft werden sollen, werden nach IFRS 5 als Veräußerungsgruppe („Disposal Groups") bezeichnet (IFRS 5.A). Eine Veräußerungsgruppe kann folglich ein betrieblicher Teilbereich, ein vollkonsolidiertes Unternehmen oder auch ein operatives Unternehmenssegment sein.

Ein langfristiger Vermögenswert oder eine Veräußerungsgruppe sind nach IFRS 5 aber nur dann als „zur Veräußerung gehalten" („held for sale") einzustufen – mit sämtlichen Folgen für den Ausweis und die Bewertung der langfristigen Vermögenswerte –, wenn sie die folgenden Kriterien kumulativ erfüllen (IFRS 5.6 ff.): Der Vermögenswert steht zur Veräußerung bereit, kann also unmittelbar verkauft werden, und der Verkauf gilt als sehr wahrscheinlich, da seitens des Managements bereits ein Verkaufsbeschluss gefasst wurde und aktiv nach einem Käufer gesucht wird. Außerdem geht das Management davon aus, dass der Verkauf innerhalb von zwölf Monaten abgewickelt werden kann, und dazu wird der Vermögenswert aktiv am Markt zu einem marktüblichen Preis angeboten. Es müssen alle eingeleiteten Maßnahmen für eine Verkaufsabsicht sprechen und Planänderungen als sehr unwahrscheinlich gelten.

Können langfristige Vermögenswerte oder Veräußerungsgruppen aufgrund angestellter Verkaufsbemühungen als „zur Veräußerung gehalten" klassifiziert werden, sind sie auf eine veräußerungsorientierte Bilanzierung gemäß IFRS 5 umzustellen. Dies bedeutet,

---

[26] Vgl. *Pfaff/Schultze*, 2006, 138 f.

dass die langfristigen Vermögenswerte bzw. die zu einer „Disposal Group" zusammengefassten Vermögenswerte und Schulden mit dem niedrigeren Wert aus dem konzernbilanziellen Buchwert und dem beizulegenden Zeitwert abzüglich Veräußerungskosten bewertet werden. Für Veräußerungsgruppen stellt dies zugleich eine Ausnahme vom Grundsatz der Einzelbewertung dar, und so können Vermögenswerte enthalten sein, die nur aufgrund der Zugehörigkeit zur Veräußerungsgruppe in den Anwendungsbereich von IFRS 5 fallen. Aufgrund einer Bewertung zum beizulegenden Zeitwert darf nach der Umstellung zu „held for sale" bei den abnutzbaren Vermögenswerten keine planmäßige Abschreibung mehr vorgenommen werden (IFRS 5.25).

Bewertungsspielraum eröffnet sich u.a. durch den Einsatz von Bewertungsverfahren für die Ermittlung des beizulegenden Zeitwerts.[27] Liegt bspw. im Zeitpunkt der Klassifizierung der Buchwert der Sachgesamtheit (z.B. Tochterunternehmen) über dem beizulegenden Zeitwert abzüglich Veräußerungskosten, besteht ein Abwertungsbedarf, der auch im Wertansatz der „Disposal Group" berücksichtigt werden muss. Diese Wertminderung kann somit bereits im Vorfeld der Veräußerung ergebniswirksam erfasst werden.

Die gemäß IFRS 5 zur Veräußerung gehaltenen langfristigen Vermögenswerte sind mit den Vermögenswerten, die einer Veräußerungsgruppe zuzuordnen sind, in einer gesonderten Aktivposition (z.B. „Assets classified as held for sale") im kurzfristigen Vermögen der Bilanz auszuweisen. Eine Saldierung von Vermögenswerten und Schulden einer Veräußerungsgruppe ist jedoch nicht gestattet. Dementsprechend werden die in einer Veräußerungsgruppe enthaltenen Schulden separat im Bereich der kurzfristigen Verbindlichkeiten (z.B. „Liabilities classified as held for sale") gezeigt (IFRS 5.38).

IFRS 5 regelt auch den Ausweis von Geschäftsbereichen, die das Unternehmen aufgegeben hat oder aufgeben will. Ein aufgegebener Geschäftsbereich („Discontinued Operations") ist also ein Unternehmensbestandteil, der veräußert, getauscht, stillgelegt oder als zur Veräußerung gehalten eingestuft wird.[28] Zudem muss es sich um einen Geschäftsbereich handeln, der – falls er bereits verkauft wurde – einen wesentlichen Geschäftszweig oder geografischen Geschäftsbereich darstellt oder der – falls er noch als zur Veräußerung gehalten wird – Teil eines einzelnen abgestimmten Veräußerungsplans eines gesonderten wesentlichen Geschäftszweigs oder geografischen Geschäftsbereichs ist oder der ein Tochterunternehmen darstellt, das ausschließlich mit der Absicht einer Weiterveräußerung erworben wurde (IFRS 5.32).

Die erweiterten Abbildungsvorschriften zu den „Discontinued Operations" sehen vor, dass im Fall einer Veräußerung des Geschäftsbereichs noch vor dem Abschlussstichtag und des damit einhergehenden Kontrollverlusts alle bis zum Zeitpunkt des Kontrollverlusts von dem Geschäftsbereich erwirtschafteten Erträge und Aufwendungen im Anhang und das daraus resultierende Ergebnis in der Gewinn- und Verlustrechnung getrennt auszuweisen sind. Wurde der aufgegebene Geschäftsbereich bis zum Abschlussstichtag hingegen nicht veräußert, sind die bilanziell erfassten Vermögenswerte und Schulden unverändert im Abschluss auszuweisen. Allerdings hat eine Klassifizierung als „held for sale" zu erfolgen, wenn der aufgegebene Geschäftsbereich im Sinne einer Veräußerungs-

---

[27] Vgl. *Küting/Wirth*, 2006, 725.
[28] Vgl. *Prechtl/Schuster*, 2010, 427.

gruppe die oben angeführten Kriterien für eine Einstufung als „zur Veräußerung gehalten" erfüllt. Das separat dargestellte Ergebnis aus aufgegebenen Geschäftsbereichen setzt sich nun aus den Erträgen und Aufwendungen bis zur Umgliederung in „held for sale", dem Aufwand aus der Umbewertung als „held for sale" sowie den Erträgen und Aufwendungen aus der weiteren Nutzung nach der Umgliederung bis zum Kontrollverlust zusammen.

Diese Form der Erfolgsspaltung führt also zur Trennung des Ergebnisses aus nicht fortgeführten Geschäftsaktivitäten vom Ergebnis aus fortzuführenden Geschäftsbereichen. Bilanzpolitischer Spielraum ist damit insofern gegeben, als durch eine frühzeitige Klassifizierung als „Discontinued Operation" das Ergebnis der fortzuführenden Geschäftsbereiche um einen verlustbringenden Unternehmensbereich entlastet werden kann. Andererseits kann ein ganzer Unternehmensbereich veräußert werden, ohne dass eine Umbewertung bzw. ein Ausweis als „zur Veräußerung gehalten" stattfinden muss. In der Folge kann es für analytische Zwecke geboten sein, die ergebnisorientierten Performance-Kennzahlen um das Ergebnis aus aufgegebenen Geschäftsbereichen zu bereinigen.[29]

3. Wechselwirkungen von Beteiligungscontrolling und IFRS

Wie bereits in Abschnitt 1.3 und 2. erläutert bestehen vielfältige fachliche und inhaltliche Überschneidungen zwischen dem Beteiligungscontrolling und dem externen Berichtswesen nach IFRS. In der Folge werden daher vorwiegend organisatorische Aspekte untersucht.

Zunächst kann die Konsolidierungsabteilung durch die Bereitstellung von relevanten und verlässlichen Finanzinformationen wesentliche Beiträge leisten. Dies gilt insofern, als die *Qualität* externer Berichte regelmäßig durch unabhängige Wirtschaftsprüfer gesichert wird und das Rechnungswesen im Gegensatz zu unternehmensspezifischen Controllinginstrumenten typischerweise auf standardisierten Bilanzierungs- und Bewertungsmethoden basiert.

Der Vorteil in der Anwendung der IFRS liegt in der internationalen und unternehmensübergreifenden *Vergleichbarkeit* der Informationen. Auf Seiten der Ersteller und Prüfer sind die IFRS weitaus bekannter als die lokalen Vorschriften eines bestimmten Landes. So ist es vielfach schwieriger, bspw. einer russischen oder südamerikanischen Gesellschaft die Vorschriften des österreichischen UGB nahezubringen.

Neben den durch IFRS ohnehin geforderten umfangreichen Daten (insb. für die Erstellung der Anhangangaben) können für interne Zwecke weitergehende Zusatzinformationen von den Beteiligungsunternehmen abgefragt werden. Insgesamt sollte es zielführend sein, alle in den Konzern einbezogenen Unternehmen auch in dessen *Reportinglandschaft* zu integrieren. Um die Vorteile der hohen Qualität des Rechnungswesens auszuschöpfen, sollten freiwillige Zusatzinformationen auf den nach IFRS ermittelten Werten basieren oder zumindest mit diesen abgestimmt und validiert werden.

Sowohl für das Beteiligungscontrolling als auch für das Konzernrechnungswesen ist die Zeitnähe der verfügbaren Finanzinformationen entscheidend. Da sich Informationen des externen Rechnungswesens ohnehin auf historische Daten beziehen, können diese bei langen Erstellungszeiträumen relativ bald für Steuerungszwecke uninteressant werden.

---

[29] Vgl. *Küting/Wirth*, 2006, 728.

Daher gilt es für Konzerngesellschaften effiziente *Fast-Close-Prozesse* umzusetzen. Dies beginnt mit einem zentral vorgegebenen Terminkalender und schließt alle Optimierungsmöglichkeiten wie Standardisierung der Bilanzierungsabläufe, IT-Unterstützung, Vereinfachung von Bewertungsmethoden, Entflechtung von gegenseitigen Abhängigkeiten und unnötigen Prozessschritten mit ein.

Gerade in puncto *IT-Unterstützung* ist hervorzuheben, dass – je nach angestrebtem Grad der Integration – auch die Vereinheitlichung der verwendeten IT-Systeme Sinn machen kann. Dies gilt einerseits für die verschiedenen in den Konzernabschluss einbezogenen Gesellschaften untereinander und andererseits auch für die fachlichen Bereiche Konsolidierung und Beteiligungscontrolling. Nur wenn beide Aspekte in einer Softwareumgebung oder zumindest basierend auf den gleichen Ist-Datenquellen abgebildet sind, kann eine größtmögliche Effizienz beider Funktionen erreicht werden.

Neben allen Nutzenpotenzialen, die das externe Rechnungswesen für die Zwecke des Beteiligungscontrollings bietet, darf auch der *Einfluss des Controllings* auf die Umsetzung von IFRS-Regelungen nicht außer Acht gelassen werden. So sind Planungsrechnungen wesentlicher Ausgangspunkt bei der Durchführung von Wertminderungstests (IAS 36). Die intern berichteten Finanzinformationen und Ergebnisgrößen spiegeln sich aufgrund des „Management Approach" auch in der Segmentberichterstattung nach IFRS 8 wider.

Aus den vorgenannten Überlegungen wird deutlich, dass das Konzernrechnungswesen nach IFRS und die Funktion des Beteiligungscontrollings inhaltlich und organisatorisch sehr nahe beieinander liegen. Diese Überschneidungen sollten im Zuge der Integration von internem und externem Rechnungswesen bestmöglich harmonisiert werden, um schlussendlich die Qualität und Effizienz der Finanzberichterstattung sowie der Controllingaktivitäten zu optimieren.

Literaturverzeichnis

Borchers, S., Beteiligungscontrolling – Ein Überblick, in: Zeitschrift für Planung & Unternehmenssteuerung 2006, 233–250.

Burger, A./Ulbrich, P., Beteiligungscontrolling, München 2005.

Fröhlich, C., Praxis der Konzernrechnungslegung, 2. Aufl., Wien 2007.

Burkard, W./Grüne, M., Konsolidierung aufgegebener Geschäftsbereiche, in: IRZ 2009, 475–481.

Freiberg, J., Aktuelle Anwendungsfragen der Bilanzierung nach IFRS 5, in: PiR 2011, 142–145.

KPMG, Insights to IFRS, 7. Aufl., 2010/11.

Lüdenbach, N., § 2 Darstellung des Abschlusses, in: Haufe IFRS-Kommentar, hrsg. von *Hoffmann, W./Lüdenbach, N.,* 6. Aufl., Freiburg 2008.

Küting, H./Wirth, J., Discontinued operations und die veräußerungsorientierte Bilanzierung nach IFRS 5 – ein Mehrwert für die Berichterstattung?, in: KoR 2006, 719–728.

Littkemann, J., Einführung in das Beteiligungscontrolling, in: Beteiligungscontrolling, Band I, hrsg. von *Littkemann, J.,* Herne 2004, 1–18.

Littkemann, J., Einführung in das Beteiligungscontrolling, in: Beteiligungscontrolling, Band I, hrsg. von *Littkemann, J.,* Herne 2004, 53–108.

Lopatta, K., IFRS und Controlling, in: Internationale Rechnungslegung und Internationales Controlling, hrsg. von *Funk, W./Rossmanith, J.,* Wiesbaden 2008, 405–423.

Pfaff, O./Schutze, W., Beteiligungscontrolling, in: Controlling und IFRS-Rechnungslegung, hrsg. von *Wagenhofer, A.,* Graz 2006, 123–142.

Prechtl, S./Schuster, L., Bilanzierung und Bewertung von discontinued operations nach IFRS 5, in: IRZ 2010, 427–430.

Schinagl, M./Zaiser, J., Kaufpreisallokation, in: CFO-Schlüssel-Know-How unter IFRS, hrsg. von *Engelbrechtsmüller, C./Losbichler, H.,* Wien 2010, 143–158.

Langfristige Auftragsfertigung (IAS 11) und Controlling

Heribert Bach/Karl Birklbauer

Management Summary

IAS 11 Fertigungsaufträge beschreibt die Voraussetzungen für die nach IFRS/IAS gebotene Erlös- und Gewinnrealisierung entsprechend dem Leistungsfortschritt im Rahmen der Durchführung von kundenspezifischen Fertigungsaufträgen. In IAS 11 sind die Bilanzierungsmethoden nicht im Detail vorgegeben, sodass bei der Umsetzung von IAS 11 in hohem Maße auf Daten und Methoden des Controllings zurückzugreifen ist. Fragen des Management Approach (unmittelbare Übernahme von Daten aus dem internen Rechnungswesen in die externe Finanzberichterstattung) sowie der Harmonisierung von interner und externer Rechnungslegung und die Funktion des Controllers als unmittelbarer Informationsdienstleister für die externe Rechnungslegung haben somit bei der Bilanzierung von Fertigungsaufträgen besondere praktische Bedeutung.

1. Einleitung und Aufgabenstellung

Mit der zunehmenden Internationalisierung der Rechnungslegung ist auch eine stärkere Verzahnung von externer Finanzberichterstattung und Controlling zu beobachten[1], sodass im Rahmen der Anwendung von internationalen Rechnungslegungsstandards vermehrt auch Aspekte der internen Unternehmensrechnung diskutiert werden. Diese Diskussion führt auch zu einer kritischen Hinterfragung der – vor allem im deutsch(sprachig)en Raum gegebenen – Zweiteilung der Rechnungslegung in eine externe und eine interne Unternehmensrechnung.[2] Diese traditionelle Zweiteilung wird bzw. wurde auf die unterschiedlichen Zielsetzungen von interner und externer Unternehmensrechnung zurückgeführt. Der externen Rechnungslegung (nach UGB bzw. dHGB) wurde als vorrangiges Ziel die Zahlungsbemessungsfunktion zugeordnet, wohingegen das interne Rechnungswesen mit der primären Zielsetzung für Steuerungs-, Planungs- und Kontrollzwecke ausgerichtet sein sollte.[3] Während in der Praxis eine strikte Trennung zwischen diesen beiden Bereichen, gerade auch in KMU, ohnedies in vielen Fällen nur mit mehr oder weniger starken Einschränkungen tatsächlich gelebt wurde und häufig im Ergebnis eine vorrangige Orientierung an den Ergebnissen der externen Rechnungslegung erfolgte, führten die zunehmende Globalisierung und die Internationalisierung in der Rechnungslegung auch in der wissenschaftlichen Auseinandersetzung im letzten Jahrzehnt zunehmend zu Forderungen einer Integration von interner und externer Rechnungslegung, auch weil die strikte Form der Trennung von interner und externer Rechnungslegung international unüblich ist.[4]

Seit jeher ist die Informationsversorgung des Managements mit ergebniszielorientierten Informationen die zentrale Aufgabe des Controllings.[5] Das Zusammenwirken von externer Finanzberichterstattung und Controlling bedingt einen beiderseitigen *Austausch von Grunddaten und Methoden* der Unternehmensrechnung:[6]

---

[1] Vgl. *Weißenberger*, 2010, 2290.
[2] Vgl. *Denk/Duller/Pesendorfer*, 2010, 219.
[3] Vgl. *Funk/Rossmanith*, 2011, 62.
[4] Vgl. *Wagenhofer*, 2006, 13.
[5] Vgl. *Horváth*, 2009, 295.
[6] Vgl. *Wagenhofer*, 2006, 3 und *Weißenberger*/Arbeitskreis „Controller und IFRS" der International Group of Controlling, 2006, 615.

- Die Daten der Finanzbuchhaltung als Kernelement der externen Rechnungslegung bilden traditionell auch eine der wesentlichen Datengrundlagen für das Controlling.[7] Auch wenn (in der traditionellen Trennung zwischen interner und externer Rechnungslegung) die Zielsetzungen der Systeme und daraus folgend die Wertansätze unterschiedlich geprägt sind, basieren diese letztlich auf den in der Finanzbuchhaltung erfassten Informationen und Werten.

- Die Übernahme von Daten und Methoden des Controllings in die Finanzberichterstattung ist Ausfluss des Management Approach (siehe dazu unten). Die Intensität der Verzahnung zwischen Controlling und externer Rechnungslegung erfolgt dabei in verschiedenen Ausprägungen:

  – Zum einen erfolgt eine unmittelbare Datenübernahme vom Controlling in die externe Rechnungslegung: Management Approach i.e.S., z.B. im Rahmen der Segmentberichterstattung nach IFRS 8, bei der Struktur und Inhalt der Rechnungslegung unmittelbar am Controlling ausgerichtet sind.

  – Zum anderen erfolgt eine mittelbare Datenübernahme aus dem Controlling in die Rechnungslegung: Das Controlling fungiert als Daten- und Methodenlieferant für die externe Finanzberichterstattung, z.B. im hier interessierenden Anwendungsbereich des IAS 11 Fertigungsaufträge.

- Gerade im Rahmen der Konvergenzbestrebungen von interner und externer Rechnungslegung kommt es aber wiederum zur unmittelbaren Verwendung von Daten aus der externen Rechnungslegung für das Controlling. Die Übernahme von Methoden und Daten der Rechnungslegung in das Controlling ist daher auch Ausfluss der zunehmenden Integration bzw. **Harmonisierung von externer und interner Rechnungslegung**.

Abb. 1: Zusammenwirkung von Controlling und externe Rechnungslegung (in Anlehnung an *Wagenhofer*, 2006, 3)

1.1. Management Approach

Der Management Approach ist vor allem Ausfluss des Grundsatzes der Relevanz und zielt auf die Bereitstellung von Rechnungslegungsinformationen an externen Berichts-

---

[7] Vgl. *Lechner/Egger/Schauer*, 2010, 823.

adressaten in einer Form, wie sie auch Entscheidungsgrundlage für die Unternehmensleitung sind.[8] Bei konsequenter Anwendung des Management Approach erhalten externe Berichtsadressaten ein Bild des Unternehmens „aus der Sichtweise des Managements".[9]

Im Zuge der Umsetzung des Management-Approach-Ansatzes werden sowohl vergangenheits- als auch zukunftsorientierte Controlling-Informationen in die externe Rechnungslegung übernommen: Planungsrechnungen (z.B. im Rahmen von Impairment-Tests nach IAS 36), Informationen aus dem laufenden Berichtswesen (z.B. Bewertung von selbst erstellten Halb- und Fertigerzeugnissen nach IAS 2) sowie Projekt- und Risikocontrolling (z.B. IAS 11 Fertigungsaufträge).[10]

Grundlage für den Management Approach sind Regelungen in den IFRS/IAS-Standards, die bspw. auf „management's best estimate" abstellen.[11] Der Gedanke der Ausgestaltung der externen Rechnungslegungsinformation nach internen Kriterien ist in IFRS 8 Geschäftssegmente (Operating Segments) wohl am konsequentesten umgesetzt, da im Rahmen von IFRS 8 nicht nur bei der Segmentabgrenzung, sondern auch bei der Bereitstellung der Segmentdaten auf das interne Berichtswesen abzustellen ist.[12]

Dagegen ist die Erstellung von Informationen durch interne Stellen, die nur für Zwecke der Bilanzierung, nicht aber für interne Steuerungszwecke verwendet werden, kein Anwendungsfall des Management Approach. Die Grenzen hierbei sind freilich fließend.[13] Letztlich wird aber deutlich, dass gerade im Zusammenhang mit der Rechnungslegung nach IFRS das Controlling zu einem der zentralen Informationsdienstleister wird, dessen Basisdaten für die ordnungsgemäße Bilanzierung nach einzelnen Standards erst ermöglicht.

1.2. Harmonisierung der Rechnungslegung

Im Rahmen des Management Approach ist die Konvergenz von interner und externer Rechnungslegung durch die Rechnungslegungsnormen getrieben (siehe dazu die Regelungen in den entsprechenden IFRS-Standards). Daneben bestehen allerdings auch noch Konvergenzbestrebungen aus der Richtung des Controllings.[14]

Motivation für die Harmonisierung der externen und der internen Rechnungslegung sind in einem hohen Maße Wirtschaftlichkeits- und Effizienzüberlegungen.[15] Die *Grün-*

---

[8]   Vgl. *Wagenhofer*, 2006, 4.
[9]   Vgl. *Wagenhofer*, 2006, 4.
[10] Vgl. *Weißenberger*, 2010, 2294.
[11] Zu einer Übersicht über die Ausrichtung einzelner IFRS-Standards am Management Approach vgl. *Weißenberger*, 2008a und 2008b.
[12] Vgl. *Hütten/Fink*, 2011, 2184.
[13] Wenn etwa die Informationen zur Bildung von Personalrückstellungen gemäß IAS 19 als Beispiele für ausschließlich bilanzbezogene Informationen genannt werden (vgl. *Weißenberger*, 2011, 548), könnte man durchaus entgegnen, dass einerseits schon alleine aufgrund der in Einzelfällen zentralen Bedeutung von Personalrückstellungen nach IAS 19 für die Entwicklung von Bilanz und Ergebnisrechnung nach IFRS (aber auch nach UGB), andererseits aber auch die zu Grunde liegenden Einzeldaten für die Pensionsrückstellung durchaus auch für die Steuerungszwecke des Controlling von Interesse sind.
[14] Vgl. *Schmitz*, 2006, 11; *Weißenberger*, 2010, 2303.
[15] Vgl. *Franz/Winkler*, 2006, 56 ff. m.w.N.

de für diese zu beobachtende Konvergenz[16] von interner und externer Rechnungslegung liegen damit insbesondere in folgenden Umständen:[17]

- Die zentrale Zielsetzung von Abschlüssen nach IFRS ist die Bereitstellung von *entscheidungsnützlichen Informationen*. Aus der Sicht des Investors kann unterstellt werden, dass eine im Abschluss veröffentlichte Information eine höhere Entscheidungsrelevanz hat, wenn sie gleichzeitig auch Entscheidungsgrundlage für die Unternehmensleitung ist.
- Die *durchgängige Analysefähigkeit* von internem und externem Reporting erleichtert durch ein einheitliches Verständnis die *Kommunikation* von Planungsrechnungen und Unternehmenskennzahlen gegenüber externen und internen Adressaten. Es ergibt sich damit auch eine höhere Nachvollziehbarkeit von internen Entscheidungen durch Außenstehende.
- Eine Konvergenz von internem und externem Reporting unterstützt auch die *Vermeidung von Zielkonflikten* im Rahmen von Anreiz- und Vergütungssystemen.
- Durch die Vermeidung von Abstimmbrücken und umfangreichen Überleitungen zwischen internem und externem Reporting, vor allem durch den Verzicht auf die laufende Verrechnung kalkulatorischer Kostenarten, sowie der Verwendung einer einheitlichen Datenbasis wird schließlich auch dem Grundsatz der *Wirtschaftlichkeit* Rechnung getragen. Es ist daher bereits aus praktischen Effizienzüberlegungen naheliegend, die Controllinginstrumente so zu gestalten, dass diese letztlich dannmöglichst durchgängig und zeitnah die für die Bilanzierung im Rahmen des Management Approach benötigten Informationen liefern können.

Wenngleich auch durchaus berechtigt weiterhin Argumente gegen eine Integration der Rechnungslegung ins Treffen geführt werden können[18], ist in der Praxis eine zunehmende Integration von interner und externer Rechnungslegung zu beobachten, welche aus meiner persönlichen Erfahrung und Betrachtungsweise jedenfalls sehr zu begrüßen ist. Auch ist dieser Trend nicht auf die Unternehmen beschränkt, die nach IFRS bilanzieren, sondern umfasst auch jene ganz überwiegende Mehrheit an (Konzern-)Abschlüssen, welche weiterhin nach den Regeln des UGB erstellt werden. Die Umstellungsprozesse in der Rechnungslegung von vorwiegend kapitalmarktorientierten Unternehmen haben sicherlich auch die wissenschaftliche Diskussion der Konvergenz von interner und externer Rechnungslegung intensiviert. Gerade im sehr häufig familien- bzw. eigentümerorientierten Mittelstand spielen die IFRS aber weiterhin eine im Ergebnis noch sehr bescheidene Rolle[19], dennoch ist auch hier eine entsprechende Entwicklung zu beobachten.

---

[16] Für Österreich siehe dazu die beiden jüngsten empirischen Studien von *Weißenberger* und *Angelkort* (vgl. *Weißenberger/Angelkort*, 2007, 12) sowie von *Denk, Duller* und *Pesendorfer* (vgl. *Denk/Duller/Pesendorfer*, 2010, 219), nach denen 76 bzw. 53 % der befragten Unternehmen (österreichische IFRS-Anwender) die Integration von interner und externer Rechnungslegung bereits abgeschlossen oder zumindest weitgehend abgeschlossen haben.

[17] Vgl. bspw. *Nobach/Zirkler*, 2006, 739; *Franz/Winkler*, 2006, 52 ff.; *Weißenberger*, 2011, 552 ff.

[18] Siehe die Beispiele bei *Weißenberger*, 2011, 553 f.

[19] Vgl. dazu eine Auswertung der im elektronischen Bundesanzeiger offengelegten Konzernabschlüsse, die für das Jahr 2009 in Deutschland zum Ergebnis kommt, dass sich nur 5,2 % der deutschen nicht kapitalmarktorientierten Unternehmen für die in diesem Falle freiwillige Erstellung eines Konzernabschlusses nach IFRS entschieden haben, während 94,8 % weiterhin nach (deutschem) HGB bilanzieren (o.V., 2011, M16).

Vor dem Hintergrund der zunehmenden Konvergenz von interner und externer Rechnungslegung wird jedoch von Literatur und Praxis vielfach eine vollständige Integration aufgrund der vielfältigen Aufgaben der internen Rechnungslegung als nicht zweckmäßig erachtet[20] bzw. beschränkt sich die Integration auf die Gesamtunternehmensebene, während auf Produktebene ein geringeres Integrationsausmaß festzustellen ist (Konzept der partiellen Integration[21]). Als primärer Konvergenzbereich bieten sich das interne Reporting (als Grundlage für die Kontrolle und Steuerung) einerseits und die externe Informationsfunktion (IFRS/IAS-Abschluss) andererseits an. Der unternehmensrechtliche Abschluss nach nationalen Grundlagen und die Steuerbilanz auf der einen Seite sowie die internen Entscheidungsrechnungen (z.B. Auftragskalkulationen) bleiben – aufgrund der spezifischen Vorschriften bzw. mit dem Argument, dass im Rahmen interner Entscheidungsrechnungen eine Flexibilität der Methoden gewahrt bleiben sollte – vielfach von der Konvergenz unberührt.[22]

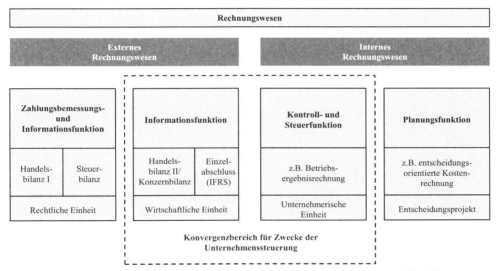

Abb. 2: Bereiche der Konvergenz von interner und externer Rechnungslegung (vgl. *Funk/Rossmanith*, 2011, 65)

2. IAS 11 Fertigungsaufträge (Construction Contracts)

2.1. Begriffe und Anwendungsbereich

IAS 11 regelt die Bewertung von kundenspezifischen Fertigungsaufträgen (construction contracts) sowie die zeitliche Verteilung von Erträgen und Aufwendungen aus diesen Fertigungsaufträgen, deren Ausführung sich über mehrere Berichtsperioden erstreckt. IAS 11 enthält besondere Vorschriften zur Erlös- und Gewinnrealisierung bei langfristi-

---

[20] Vgl. *Funk/Rossmanith*, 2011, 64 f. m.w.N.
[21] Vgl. *Weißenberger/Angelkort/Kleine*, 2011, 2159.
[22] Vgl. *Franz/Winkler*, 2006, 52.

ger Auftragsfertigung, die von den allgemeinen Vorschriften des IAS 18 Umsatzerlöse (Revenue) abweichen und es den bilanzierenden Gesellschaften – bei Vorliegen aller Anwendungsvoraussetzungen – vorschreiben, Erlöse und Gewinne aus Fertigungsaufträgen nach dem Leistungsfortschritt (Percentage-of-Completion-Methode – IAS 11.22) zu realisieren.[23]

2.1.1. Begriff

Nach IAS 11.3 ist ein *Fertigungsauftrag* ein Vertrag über die

- kundenspezifische
- Fertigung
- einzelner Gegenstände oder einer Anzahl von Gegenständen, die hinsichtlich Design, Technologie und Funktion oder hinsichtlich ihrer endgültigen Verwendung aufeinander abgestimmt oder voneinander abhängig sind.

Direkt mit Fertigungsaufträgen in Verbindung stehende Dienstleistungsverträge (z.B. Dienstleistungen von Projektleitern oder Architekten) stellen ebenfalls Fertigungsaufträge dar (IAS 11.5a).

Separate Dienstleistungsverträge, welche abgeschlossen werden, ohne mit einem Fertigungsauftrag in direkter Verbindung zu stehen, sind nach IAS 18.20 zu bilanzieren. Diese Bestimmung sieht für den Fall, dass bei einem Dienstleistungsgeschäft *ein bestimmter Erfolg geschuldet* wird und das Ergebnis des Dienstleistungsgeschäfts verlässlich geschätzt werden kann, eine Erfassung von Umsatzerlös und Gewinn nach Maßgabe des Fertigstellungsgrades vor.[24] IAS 18.21 ff. verweisen in diesem Zusammenhang auf IAS 11 und übernehmen teilweise Formulierungen aus IAS 11, sodass die h.A. von einer analogen Anwendbarkeit von IAS 11 ausgeht.[25]

Folgende Fertigungstypen sind von der Anwendung von IAS 11 *ausgenommen:*[26]

- Individualisierte Massenfertigung (z.B. in der Auto- oder Möbelindustrie), im Rahmen derer Kunden aus einer vorgegebenen Anzahl von Ausstattungselementen individuelle Modelle/Kombinationen auswählen können.[27]
- Sukzessivlieferverträge (z.B. bei Zulieferbetrieben), bei denen es (meist über eine längere Zeitspanne) zur Lieferung einer hohen Stückzahl von kundenspezifisch gefertigten Produkten kommt.[28]
- Fertigung von Produkten für den „anonymen Markt" (keine kundenspezifische Fertigung).

---

[23] Demgegenüber ist nach dem UGB eine Teilgewinnrealisierung in der Phase der Auftragsabwicklung nicht zulässig (vgl. *Müller/Stelzmüller*, 2010, 458); § 206 Abs. 3 UGB eröffnet dem Bilanzierenden bei Aufträgen, deren Ausführung sich über mehr als zwölf Monate erstreckt, lediglich das Wahlrecht zur Aktivierung angemessener Teile der Verwaltungs- und Vertriebskosten, falls eine verlässliche Kostenrechnung vorliegt und aus der weiteren Auftragsabwicklung keine Verluste drohen.
[24] Vgl. *Lüdenbach*, 2011b, 1300 ff.
[25] Vgl. *Lüdenbach*, 2011a, 864.
[26] In den genannten Fällen kommt regelmäßig IAS 2 Vorräte (Inventories) zur Anwendung.
[27] Vgl. *Lüdenbach*, 2011a, 865.
[28] In solchen Fällen ist allerdings zu beachten, dass es u.U. zu einer kundespezifischen Fertigung von Know-how und/oder Werkzeugen kommen kann. Diesfalls liegen verdeckte Leasingverhältnisse nach IFRIC 4 vor.

Die Dauer der Auftragsabwicklung ist für die Anwendung von IAS 11 kein Kriterium; es ist lediglich erforderlich, dass sich die Auftragsausführung über zumindest zwei Berichtsperioden erstreckt.[29] Im Hinblick auf die Zwischenberichterstattung nach IFRS ist somit – sofern nicht aus Wesentlichkeitsgründen davon abgewichen werden kann – auch eine unterjährige Anwendung von IAS 11 erforderlich.

2.1.2. Anwendungsbereich

Für die Anwendung von IAS 11 ist es nicht relevant, ob ein materielles oder ein immaterielles Produkt entsteht.[30] Vorrangig sind folgende Branchen vom Anwendungsbereich des IAS 11 umfasst:[31]

- Bauwirtschaft (Verträge über den Bau, die Veränderung oder den Rückbau von Gebäuden, Brücken, Straßen, Pipelines etc.)
- Maschinen- und Anlagenbau (Verträge über den Bau, die Veränderung oder den Rückbau von komplexen technischen Anlagen, Schiffen, Flugzeugen)
- Langfristige Dienstleistungsverträge, insbesondere die Entwicklung kundenspezifischer Software[32]

Schwierige Abgrenzungen ergeben sich insbesondere in der *Bauwirtschaft*. In 2008 hat der IASB mit IFRIC 15 „Vereinbarungen über die Errichtung von Immobilien" (Agreements for the Construction of Real Estate) eine Interpretation zu dieser Frage veröffentlicht:[33]

- Danach liegt ein nach IAS 11 zu bilanzierender Fertigungsauftrag dann vor, wenn der Käufer die Möglichkeit hat, vor Baubeginn die strukturellen Hauptelemente des Bauplans zu bestimmen und/oder nach Baubeginn die strukturellen Hauptelemente zu ändern.[34] Nicht entscheidend ist, ob der Käufer von dieser Möglichkeit auch tatsächlich Gebrauch macht.
- In dem Fall, dass der Käufer nur begrenzt die Möglichkeit hat, den Bauplan der Immobilien zu beeinflussen (z.B. Auswahl aus einer vom Unternehmen vorgegebenen Anzahl von Variationen oder lediglich unwesentliche Beeinflussung des Basisplans), liegt ein Vertrag über den Verkauf von Gütern vor, der nach IAS 18 zu bilanzieren ist. Innerhalb der nach IAS 18 zu bilanzierenden Fälle der Gebäudeerrichtung unterscheidet IFRIC 15 zwei Varianten:
  - Für den Fall, dass das Unternehmen keine Fertigungsmaterialien erwerben oder liefern muss, liegt ein Vertrag über die Erbringung einer Dienstleistung vor. IAS 18.20 sieht für diesen Fall wiederum die Gewinnrealisierung nach dem Fertigstellungsgrad vor, sodass im Ergebnis wieder IAS 11 zur Anwendung kommt.[35]

---

[29] Vgl. *Müller/Stelzmüller*, 2010, 452.
[30] Vgl. *Heuser/Theile*, 2009, 305.
[31] Vgl. *Petersen/Bansbach/Dornbach*, 2012, 228. Zur Bedeutung von Fertigungsaufträgen in den Jahresabschlüssen deutscher Gesellschaften vgl. *Padberg*, 2008, 118 ff.
[32] Siehe dazu IAS 18 IE.19.
[33] Zu beachten ist allerdings, dass im System der IFRS die Interpretationen (SIC/IFRIC) mit den Standards auf der gleichen Verbindlichkeitsstufe stehen.
[34] Vgl. IFRIC 15.11.
[35] Vgl. IFRIC 15.15.

– Wenn das Unternehmen dem Käufer neben Dienstleistungen auch Fertigungsmaterialien zur Verfügung stellen muss, liegt ein Vertrag über den Verkauf von Gütern vor. Der Gewinn daraus darf nach IAS 18.14 grundsätzlich erst mit der
Übergabe des Vertragsgegenstandes realisiert werden.[36] Wenn mit zunehmendem
Baufortschritt die Verfügungsmacht an der Immobilie sowie die mit der Immobilie verbundenen Chancen und Risiken übertragen werden (continuous transfer),
hat der Unternehmer gem. IFRIC 15.17 die Gewinnrealisierung nach dem Leistungsfortschritt vorzunehmen.

Die Errichtung und Veräußerung von standardisierten Immobilien fällt nicht unter
IAS 11.[37]

Zur Bedeutung und konkreten Anwendung von IAS 11 in der deutschen Bilanzierungspraxis siehe die Untersuchungen von *Padberg*[38] und *von Keitz/Schmieszek*.[39]

2.2. Percentage-of-Completion-Methode (POCM)

2.2.1. *Verlässlichkeit der Schätzung und Abrechnungsmethoden nach IAS 11*

Für Fertigungsaufträge, deren Ergebnis verlässlich schätzbar ist, sind die Auftragskosten
und Auftragserlöse entsprechend dem Leistungsfortschritt abzubilden (Percentage-of-
Completion-Methode – POCM), wobei es auf die Abrechenbarkeit oder die Abnahme
von Teilleistungen nicht ankommt (IAS 11.22 ff.).

Falls das Ergebnis des Fertigungsauftrags nicht verlässlich ermittelt werden kann,
sind die in der Periode angefallenen Auftragskosten als Aufwand und die Auftragserlöse
in Höhe der wahrscheinlich einbringbaren Auftragskosten zu erfassen (IAS 11.32 ff.).
Bei zumindest kostendeckenden Aufträgen sind damit Auftragskosten und Auftragserlöse in gleicher Höhe anzusetzen (Zero-Profit-Margin-Methode – ZPMM). Droht aus dem
Fertigungsauftrag ein Verlust, ist dieser sofort als Aufwand zu erfassen (IAS 11.36 f.).

Abbildung 3 gibt einen Überblick über die Abrechnungsmethoden für Fertigungsaufträge, wobei in der Folge die POCM näher besprochen wird.

---

[36] Vgl. IFRIC 15.16.
[37] Vgl. *Lüdenbach*, 2011a, 867.
[38] Vgl. *Padberg*, 2008, 118 ff. Nach dieser empirischen Analyse (als Grundgesamtheit dienen Jahresabschlüsse von 122 DAX-/MDAX- und SDAX-Unternehmen der Jahre 2005 und 2006) weisen
22,1 % der untersuchten Unternehmen in ihrem Jahresabschluss Fertigungsaufträge aus, wobei IAS
11 vorrangig für Bauunternehmen und Maschinenbauunternehmen relevant ist. Der Anteil der Auftragserlöse an den gesamten Umsatzerlösen erreicht bis zu 81,8 % (Hochtief AG 2006); dieses
Unternehmen weist auch mit 15,2 % den höchsten Anteil der Fertigungsaufträge mit aktivischem
Saldo an der Bilanzsumme aus. 23 der 27 betroffenen Unternehmen machen in ihrem Anhang Angaben zur Methode, nach der der Fertigstellungsgrad ermittelt wird; als vorherrschende Methode (20
Unternehmen) wurde die Ermittlung des Fertigstellungsgrads nach den tatsächlich angefallenen
Auftragskosten identifiziert.
[39] Vgl. *von Keitz/Schmieszek*, 2004, 124 ff. Diese berichten in einer Studie, in der die Konzernabschlüsse des Jahres 2002 von 60 Unternehmen (sämtliche DAX-30-Unternehmen sowie weitere
Unternehmen aus MDAX, SDAX. TECDAX und NEMAX) analysiert wurden, dass 20 Unternehmen die POC-Methode anwenden, wobei als überwiegende Methode zur Ermittlung des Fertigstellungsgrads ebenfalls die Cost-to-cost-Methode identifiziert werden konnte.

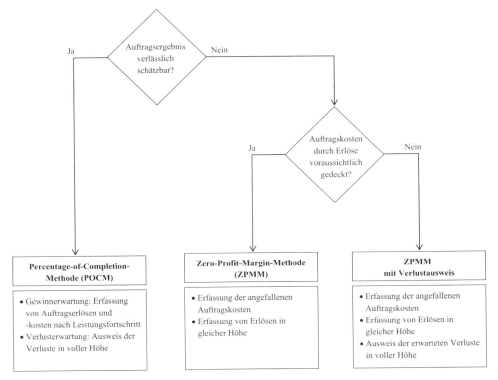

Abb. 3: Überblick über die Abrechnungsmethoden für Fertigungsaufträge nach IAS 11
(in Anlehnung an *Petersen/Bansbach/Dornbach*, 2012, 230)

Das Kriterium der *Verlässlichkeit der Schätzung* ist somit die *zentrale Voraussetzung* für eine Teilgewinnrealisierung. Aufgrund der Unbestimmtheit dieses Begriffes eröffnen sich damit für die bilanzierenden Unternehmen faktische Wahlrechte.[40] Soweit im Rahmen von Schätzungen nur Bandbreiten angegeben werden können, ist in der Bilanzierung in Anlehnung an die (noch aktuellen) Regelungen des IAS 37 der wahrscheinlichste Wert (most likely outcome) für die Bewertung heranzuziehen.[41]

Voraussetzung für das Vorliegen einer verlässlichen Schätzung sind nach IAS 11.29:[42]

- Der abgeschlossene Vertrag räumt jeder Vertragspartei durchsetzbare Rechte und Pflichten bezüglich der zu erbringenden Leistung ein, wobei Art und Bedingungen der Leistung sowie die Gegenleistung festgelegt sein müssen.

---

40 Vgl. *Lüdenbach*, 2011a, 881. Vgl. insbesondere die Ausführungen von *Lüdenbach* im Hinblick auf eine allzu „großzügige" Inanspruchnahme dieser faktischen Wahlrechte, da sich dabei z.B. beim Verstoß gegen „Branchenkonventionen" u.U. durchaus negative Rückschlüsse auf die Verlässlichkeit der Rechnungslegung sowie die Bilanzierungspraxis ganz allgemein ableiten lassen könnten.

41 Vgl. *Adler/Düring/Schmaltz*, 2002, Abschn. 16, Rz. 59.

42 Vgl. *Heuser/Theile*, 2009, 309.

- Der Auftragnehmer verfügt über ein wirksames internes Budgetierungs- und Berichtssystem.
- Es erfolgt eine regelmäßige Überprüfung und gegebenenfalls Anpassung der Auftragskosten und -erlöse sowie des Fertigstellungsgrads.[43]

Insbesondere in früheren Phasen der Auftragsausführung lassen sich die Ergebnisse eines Fertigungsauftrags oft nicht verlässlich schätzen. Diesem Umstand tragen IAS 11.33 ff. Rechnung: Bei Bestehen von Schätzungsunsicherheiten in einer frühen Auftragsphase ist danach zu unterscheiden, ob der Auftrag mit überwiegender Wahrscheinlichkeit kostendeckend ist oder nicht:

- Für kostendeckende Aufträge dürfen bis zur Möglichkeit der verlässlichen Schätzung keine (Teil-)Gewinne realisiert werden. In den frühen Auftragsphasen werden nur die Auftragserlöse in Höhe der Auftragskosten angesetzt (ZPMM). Erst bei Wegfall der Unsicherheit wird auf die POCM gewechselt, wobei die daraus resultierende Ergebnisauswirkung zur Gänze in der Periode des Methodenwechsels zu erfassen sind (Cumulative-Catch-up-Methode – CCUM).[44]
- Wahrscheinlich nicht durch Erlöse gedeckte Auftragskosten sind nach IAS 11.34 sofort als Aufwand zu erfassen.[45]

2.2.2. POCM bei Festpreisverträgen

Festpreisverträge sind nach IAS 11.3 Fertigungsaufträge, für die ein festgelegter Preis bzw. ein festgelegter Preis pro Outputeinheit vereinbart ist, wobei der Preis auch an Preisgleitklauseln gebunden sein kann.

Bei Festpreisverträgen kann bei Vorliegen folgender Umstände von einer verlässlichen Schätzbarkeit des Ergebnisses ausgegangen werden (IAS 11.23):

- Die gesamten Auftragserlöse können verlässlich ermittelt werden (IAS 11.23a).[46]
- Es ist wahrscheinlich, dass der wirtschaftliche Nutzen aus dem Vertrag dem Unternehmen zufließt (IAS 11.23b).
- Die bis zur Fertigstellung des Auftrags noch anfallenden Kosten können verlässlich bewertet werden (IAS 11.23c).
- Der am Bilanzstichtag erreichte Fertigstellungsgrad kann verlässlich ermittelt werden (IAS 11.23b).[47]
- Die dem Vertrag zurechenbaren Kosten können eindeutig bestimmt und verlässlich bewertet werden, sodass ein Vergleich der bislang entstandenen Auftragskosten mit früheren Schätzungen möglich ist.[48]

---

[43] IDW RS HFA 2, Rz. 13 fordert zur Erfüllung dieser Voraussetzung eine mitlaufende Auftragskalkulation.

[44] Vgl. *Petersen/Bansbach/Dornbach*, 2012, 232.

[45] *Lüdenbach* weist auf die Widersprüchlichkeit dieser Regelung hin, da als Anwendungsvoraussetzung dieser Regelung zunächst die Unmöglichkeit einer verlässlichen Schätzung des Ergebnisses des Fertigungsauftrags steht; im Ergebnis aber dann (bei nicht kostendeckenden Aufträgen) dennoch wiederum ein (eben nicht verlässlich schätzbares) Ergebnis zu passivieren ist (vgl. *Lüdenbach*, 2011a, 880).

[46] Zum Umfang der Auftragserlöse siehe Kapitel 2.4.1.

[47] Zu den Methoden zur Ermittlung des Fertigstellungsgrads siehe Kapitel 2.3.

[48] Zum Umfang der zuzurechnenden direkten und indirekten Kosten siehe Kapitel 2.4.2.

Bei Vorliegen dieser Voraussetzungen ist bei Festpreisverträgen eine Teilgewinnrealisierung zulässig; der Periodenerfolg wird wie folgt ermittelt:

Erwartete Auftragserlöse	x Fertigstellungsgrad	=	Periodenerlös
– Erwartete Auftragskosten	x Fertigstellungsgrad	=	– Periodenaufwand
Gesamterfolg			Periodenerfolg

2.2.3. POCM bei Cost-Plus-Verträgen

Ein Cost-Plus-Vertrag liegt dann vor, wenn der Auftragnehmer abrechenbare oder anderweitig festgelegte Kosten zuzüglich eines vereinbarten Prozentsatzes dieser Kosten oder ein festes Entgelt vergütet bekommt (IAS 11.3).

Im Falle von Cost-Plus-Verträgen geht der IASB von einer verlässlichen Schätzbarkeit des Ergebnisses des Fertigungsauftrags bei Vorliegen folgender Voraussetzungen aus:

- Es ist wahrscheinlich, dass der wirtschaftliche Nutzen aus dem Vertrag dem Unternehmen zufließt (IAS 11.24a).
- Die dem Vertrag zurechenbaren Auftragskosten können eindeutig bestimmt und verlässlich bewertet werden (IAS 11.24b).

Bei Cost-Plus-Verträgen ist es somit zum Bilanzstichtag nicht erforderlich, den Fertigstellungsgrad des Auftrags zu ermitteln. Der zu realisierende Gewinn ermittelt sich aus der auf die erbrachten Leistungseinheiten (z.B. Arbeitsstunden) entfallenden (prozentualen oder fixen) Gewinnmarge. In diesem Zusammenhang ist zu beachten, dass für die Gewinnrealisierung nur die tatsächlich abrechenbaren Leistungen herangezogen werden dürfen.

2.2.4. POCM bei Mischverträgen

Bei Fertigungsaufträgen, die sowohl Merkmale von Festpreisverträgen als auch Cost-Plus-Verträgen aufweisen (Mischverträge), sind für das Vorliegen einer verlässlichen Schätzbarkeit der Ergebnisse sowohl die Kriterien des IAS 11.23 als auch jene des IAS 11.24 zu erfüllen (IAS 11.6), was im Ergebnis darauf hinausläuft, dass die umfassenderen Kriterien der Festpreisverträge erfüllt sein müssen.[49] Derartige Mischverträge liegen z.B. bei Cost-Plus-Verträgen mit Höchstpreisvereinbarungen vor.

2.3. Methoden zur Ermittlung des Fertigstellungsgrads

Bei der Bilanzierung von Festpreisverträgen ist als Voraussetzung der Teilgewinnrealisierung der Fertigstellungsgrad verlässlich abzuschätzen. Von den IFRS werden dazu keine verbindlichen Vorgaben gemacht; in IAS 11.30 ist lediglich eine Reihe von Methoden beispielhaft aufgezählt. In der Literatur wird im Allgemeinen zwischen Methoden, die sich am Faktoreinsatz orientieren (input-orientierten Methoden), und Vorgehensweisen, bei denen der Fertigstellungsgrad aus der erbrachten Leistung abgeleitet wird (output-orientierten Methoden), unterschieden.

---

[49] Vgl. *Adler/Düring/Schmaltz*, 2002, Abschn. 16, Rz. 45.

2.3.1. Input-orientierte Methoden

Die in der Praxis gängigste Methode[50] für die Ermittlung des Fertigstellungsgrad ist die *Cost-to-Cost-Methode*, bei der sich der Fertigstellungsgrad aus den bis zum Stichtag angefallenen Kosten[51] zu den geschätzten Gesamtkosten errechnet.

Bei der Cost-to-Cost-Methode dürfen nur solche Kosten angesetzt werden, die im Sinne der Kostenrechnung bereits zu einem Verbrauch geführt haben.[52] So beeinflusst beispielsweise auf eine Baustelle angeliefertes, aber dort noch nicht verarbeitetes Baumaterial nicht den Fertigstellungsgrad.[53]

Bei der *Efford-expended-Methode* werden als Bezugsgröße nicht die Kosten, sondern andere Größen, wie z.B. Arbeitsstunden, Maschinenstunden, herangezogen.

2.3.2. Output-orientierte Methoden

Die im Rahmen der output-orientierten Methoden erfolgte Messung des Leistungsfortschrittes kann sich an folgenden Kriterien orientieren:

- Bei der *Units-of-Delivery-Methode* (auch als Units-of-Work-Methode bezeichnet) ermittelt sich der Fertigstellungsgrad aus dem gelieferten oder fertig gestellten Anteil der Gesamtleistung (z.B. Anteil der fertig asphaltierten Strecke am gesamten zu errichtenden Straßenstück).
- Die *Milestones-Methode* zieht als Kriterium für die Messung des Fertigstellungsgrads die Erreichung vereinbarter/geplanter Zwischenstufen im Rahmen der Projektumsetzung heran (z.B. abgearbeitete Milestones aus dem Projektplan).

Output-orientierte Methoden müssen dabei in sehr hohem Maße auf Erfahrungswerte zurückgreifen, insbesondere um eine angemessene Gewichtung der erbrachten Leistungen durchführen zu können. So sind beispielsweise im Straßenbau jene Streckenabschnitte, welche durch schwieriges Gelände führen, höher zu gewichten als Abschnitte in geologisch und topografisch einfachem Gelände.

2.3.3. Gemeinsame Überlegungen

Eine wesentliche Anwendungsvoraussetzung – und damit eine Herausforderung für das Controlling – ist bei den genannten Methoden die Überwachung der Relation zwischen Faktoreinsatz und Leistung (Effizienz). Im Falle einer (erwarteten) Verschlechterung des Verhältnisses zwischen Input und Output (z.B. aufgrund von Produktivitätsverschlechterungen o.Ä.) ist dies bei der Ermittlung des Fertigstellungsgrads zu berücksichtigen:[54]

- Bei input-orientierten Verfahren ist die Effizienzverschlechterung in der Schätzung der zu erwartenden Gesamtkosten bzw. des gesamten Faktoreinsatzes zu berücksichtigen.
- Bei output-orientierten Verfahren können Effizienzverschlechterungen überhaupt zu einer Nichtanwendbarkeit der Methode führen.

---

[50] Vgl. *von Keitz/Schmieszek*, 2004, 126.; *Heuser/Theile*, 2009, 311.
[51] Welche Posten davon betroffen sind, ist in Kapitel 2.4.2. dargestellt.
[52] Vgl. *Lüdenbach*, 2011a, 876.
[53] Zu den Abgrenzungskriterien bei selbst erstellten Komponenten vgl. *Lüdenbach*, 2011a, 876 ff.
[54] Vgl. dazu das Beispiel bei *Lüdenbach*, 2011a, 875 f.

2.4. Bewertung von Fertigungsaufträgen

Die Ermittlung der Aufwandserlöse und Aufwandskosten stellt eine wesentliche Grundlage für die korrekte Gewinnrealisierung dar. Gleichzeitig stellen diese Bestimmungen wesentliche Vorgaben für das Controlling dar.

2.4.1. Ermittlung von Auftragserlösen

Auftragserlöse setzen sich nach IAS 11.11 aus folgenden Komponenten zusammen:

- den ursprünglich im Vertrag vereinbarten Erlösen
- Zahlungen für später vereinbarte Abweichungen vom Auftragsumfang (variations, IAS 11.12 f.)
- Nachforderungen für nicht im Preis kalkulierte Kosten (claims, IAS 11.14)
- Prämien (incentive payments, IAS 11.15)

Im Rahmen der Bilanzierung nach IAS 11 sind die *ursprünglich im Vertrag vereinbarten Erlöse* mit dem beizulegenden Wert zu bewerten. Somit sind bei der Bewertung insbesondere folgende Umstände zu berücksichtigen:

- Erhöhungen oder Verminderungen des Erlöses aufgrund von *Preisgleitklauseln* (IAS 11.12b)
- Erlösminderungen aufgrund von *Preisnachlässen* oder *Vertragsstrafen* aufgrund eines Verzugs in der Vertragserfüllung auf Seiten des Auftragnehmers (penalties, IAS 11.12c)
- Bei der Gewährung von längerfristigen Zahlungszielen ist eine *Abzinsung* mit dem marktüblichen Zinssatz vorzunehmen.[55]
- Ebenfalls in die Auftragserlöse einzubeziehen sind *Zinsvorteile aus unverzinslichen Anzahlungen*.[56] Aufgrund der Vielzahl der praktischen Probleme im Zusammenhang mit dieser Frage empfiehlt *Lüdenbach* den Ansatz eines Zinsvorteils nur dann, wenn der Auftraggeber seine Anzahlungen nicht parallel zum Leistungsfortschritt erbringt, sondern in Vorleistung tritt und die Zinsvorteile eine wesentliche Größe erreichen.[57]

Zahlungen für später vereinbarte Abweichungen vom Auftragsumfang dürfen erst dann berücksichtigt werden, wenn es wahrscheinlich ist, dass der Kunde die Abweichung sowie den daraus resultierenden Erlös akzeptiert und der Erlös verlässlich ermittelt werden kann (IAS 11.13).

Als Grundlage für *Nachforderungen für nicht im Preis kalkulierte Kosten* kommen beispielsweise Entschädigungen wegen Verzögerungen oder fehlerhaften Angaben, die vom Auftraggeber zur verantworten sind, in Frage. In IAS 11.14 werden für den Ansatz derartiger Entschädigungen in den Auftragserlöse hohe Anforderungen gestellt.[58] Allein die Annahme des bilanzierenden Unternehmens, dass der Auftraggeber eine Nachzahlung zu leisten hat, rechtfertigt nicht die Einbeziehung der Nachzahlung in die Auftragserlöse.[59]

---

[55] Vgl. *Adler/Düring/Schmaltz*, 2002, Abschn. 16, Rz. 63.
[56] Vgl. IDW RS HFA 2, Rz. 11.
[57] Vgl. *Lüdenbach*, 2011a, 889 ff.
[58] Vgl. *Lüdenbach*, 2011a, 888 f.
[59] Vgl. *Adler/Düring/Schmaltz*, 2002, Abschn. 16, Rz. 74.

Prämien (incentive payments) dürfen gemäß IAS 11.15 nur bei ausreichendem Projektfortschritt, sodass die Erreichung der Prämie wahrscheinlich ist, und bei verlässlicher Bewertbarkeit angesetzt werden.

2.4.2. Ermittlung von Auftragskosten

Die Auftragskosten (IAS 11.16 ff.) setzen sich zusammen aus:

- den direkt mit dem Vertrag verbundenen Kosten (IAS 11.16a)
- den dem Vertrag allgemein (indirekt) zurechenbaren Kosten (IAS 11.16b)
- den sonstigen Kosten, die dem Kunden gesondert in Rechnung gestellt werden können (IAS 11.16c)
- unter eng definierten Voraussetzungen: Kosten der Auftragserlangung (precontract costs, [IAS 11.21])

In die Kosten im Sinne des IAS 11 werden aufgrund des in der IFRS-Rechnungslegung geltenden *Grundsatzes der Pagatorik* keine kalkulatorischen Kosten einbezogen.[60]

Direkte Kosten umfassen nach IAS 11.17: Fertigungsmaterial, Fertigungslöhne, Gehälter für Auftragsüberwachung, Abschreibungen oder Mieten für eingesetzte Maschinen und Anlagen, Transportkosten für Maschinen und Material zum und vom Erfüllungsort, unmittelbar zurechenbare Entwurfskosten sowie Kosten für die technische Unterstützung, Kosten für Nachbesserung und Gewährleistung, Ansprüche Dritter.

Überhöhte Kosten[61] und Leerkosten[62] sind nach IDW[63] als Auftragskosten zu erfassen, wenn sie dem Fertigungsauftrag direkt zuzuordnen sind. In den übrigen Fällen sind überhöhte Kosten und Leerkosten sofort aufwandswirksam.

Indirekt zurechenbare Kosten umfassen nach IAS 11.18 u.a. Fertigungsgemeinkosten, Versicherungskosten sowie mittelbar zurechenbare Entwurfskosten und Kosten für die technische Unterstützung.

Nach IAS 11.18 sind die indirekten Kosten auf Basis einer normalen Kapazitätsauslastung zuzurechnen.

Fremdkapitalkosten sind nach IAS 11.18 in die Auftragskosten einzubeziehen.[64] Mit der Neufassung von IAS 23 Fremdkapitalkosten (Borrowing Costs)[65] ist der Verweis in IAS 11.18 auf IAS 23 entfallen. Dies ist auch logisch zu begründen, da Gegenstand von IAS 11 nicht die Aktivierung von Kosten ist, sondern vielmehr die Höhe der ansetzbaren (Teil-)Erlöse geregelt wird. Die Einbeziehung von Fremdfinanzierungskosten hat somit allenfalls über die Bestimmung des Fertigstellungsgrads einen indirekten Einfluss auf den Gewinnausweis. IAS 23 ist auf Fertigungsaufträge i.S.d. IAS 11 direkt nicht anwendbar.[66]

Sonstige Kosten, die dem Kunden gesondert in Rechnung gestellt werden können, sind bei Vorliegen gesonderter vertraglicher Vereinbarungen den Auftragskosten zuzurechnen.

---

[60] Vgl. *Adler/Düring/Schmaltz*, 2002, Abschn. 16, Rz. 83.

[61] Z.B. unwirtschaftlicher Materialverbrauch.

[62] Z.B. planmäßige Abschreibungen auf unterausgelastete Anlagen.

[63] Vgl. IDW RS HFA 2, Rz. 6.

[64] Vgl. *Patzak/Kerscher-Preis*, 2008, Rz. 78.; IDW RS HFA 2, Rz. 7.; a.A. *Heuser/Theile*, 2009, 311; *Lüdenbach*, 2011a, 891.

[65] Verpflichtende Anwendung seit 1.1.2009.

[66] Vgl. *Hoffmann*, 2011, 393.

Kosten der Auftragserlangung[67] sind den Auftragskosten zuzurechnen, wenn sie einzeln identifiziert und verlässlich ermittelt werden können und es zudem wahrscheinlich ist, dass der Auftrag zustande kommt (IAS 11.21).

Nicht einzubeziehen sind Kosten der allgemeinen Verwaltung, Vertriebskosten, Abschreibungen auf ungenutzte Anlagen sowie Forschungs- und Entwicklungskosten (IAS 11.20).

Die Aufzählung der einzubeziehenden Kosten in IAS 11.17 ist nicht erschöpfend; im Einzelfall ist daher die Einbeziehung zusätzlicher Kosten zu prüfen.

Bei der *Ermittlung der noch künftig anfallenden Kosten* (als eine Voraussetzung für die POCM bei Festpreisverträgen) ist auf das künftig zu erwartende Preisniveau abzustellen[68]; ebenso sind Preisgleitklauseln zu berücksichtigen.[69] Produktivitätsfortschritte, Kostensenkungen und Rationalisierungen dürfen bei der Ermittlung der künftig anfallenden Kosten nur dann berücksichtigt werden, wenn mit ihrem Eintritt wahrscheinlich gerechnet werden kann. Dazu ist es regelmäßig erforderlich, dass die entsprechenden Maßnahmen bereits eingeleitet worden sind.[70]

Wenn der *Fertigungsstellungsgrad nicht nach der Cost-to-Cost-Methode* ermittelt wird, können *Abgrenzungsbuchungen* zur Anpassung der Auftragskosten erforderlich sein, um – im Sinne des Matching Priciple – zu einer korrekten Darstellung des auf die Periode entfallenden Ergebnisses zu kommen.[71]

2.5. Ausweis in Bilanz und Gewinn- und Verlustrechnung

2.5.1. Bilanzausweis

Im Rahmen von IAS 11 werden die Fertigungsaufträge hinsichtlich ihres Ausweises *einzeln* nach folgendem Schema beurteilt.

	Aktivierbare Auftragskosten
zuzügl.	realisierter Teilgewinne (kumuliert)
abzügl.	antizipierter Verluste (kumuliert)
	Umsatzerlös
abzügl.	abgerechneter Teilleistungen (progress billing)
abzügl.	erhaltene Anzahlungen
	Forderung/Verpflichtung aus Fertigungsaufträgen

Ein verbleibender positiver Saldo ist als „künftige Forderung aus Fertigungsaufträgen"[72] innerhalb der Forderungen aus Lieferungen und Leistungen auszuweisen.

---

[67] Z.B. Verkaufsprovisionen.
[68] Vgl. *Adler/Düring/Schmaltz*, 2002, Abschn. 16, Rz. 83.
[69] Vgl. *Patzak/Kerscher-Preis*, 2008, Rz. 75.
[70] Vgl. *Adler/Düring/Schmaltz*, 2002, Abschn. 16, Rz. 85.
[71] Vgl. IDW RS HFA 2, Rz. 9. sowie das Beispiel bei *Lüdenbach*, 2011a, 903.
[72] Vgl. *Heuser/Theile*, 2009, 317. Mangels konkreter Vorgaben in IAS 11 wird vom IDW die Bezeichnung „Fertigungsaufträge mit aktivischem Saldo gegenüber Kunden" vorgeschlagen (vgl. IDW RS HFA 2, Rz. 17). Die Bilanzierungspraxis folgt dieser Vorgehensweise nicht in allen Fällen; weitere gängige Postenbezeichnungen sind „Forderungen aus POC" oder „Künftige Forderungen aus Fertigungsaufträgen".

Ein *negativer Saldo* ist als „Verpflichtung aus Fertigungsaufträgen" innerhalb der Verbindlichkeiten auszuweisen.[73] Zum Teil wird in der Literatur bei einem passivischem Saldo danach differenziert, ob der Passivposten aus einem Überhang von Teilabrechnungen (in diesem Fall erfolgt der Ausweis des Passivpostens als „Verpflichtungen aus Fertigungsaufträgen" innerhalb der Verbindlichkeiten) oder aus Verlustantizipation (dann Ausweis unter den Rückstellungen) resultiert.[74]

Progress billings sind Teilrechnungen an Kunden (auch wenn es noch nicht zum Übergang von Chancen und Risiken gekommen ist – somit auch bloße Vorauszahlungsanforderungen, soweit sie den Leistungsfortschritt nicht wertmäßig übersteigen), unabhängig davon, ob sie vom Kunden bezahlt wurden oder nicht.

Im Zusammenhang mit *erhaltenen Anzahlungen* wird von Literatur und Praxis – entgegen dem Wortlaut von IAS 11.43 – eine Verrechnung mit den aktivierbaren Beträgen vertreten.[75] Geldeingänge aus Vorauszahlungsanforderungen, die den Leistungsfortschritt übersteigen, sind als Verbindlichkeiten (erhaltene Anzahlungen) zu bilanzieren und dürfen nicht verrechnet werden.[76]

Eine *Saldierung* von Forderungen und Verpflichtungen aus Fertigungsaufträgen ist *nicht zulässig*.

2.5.2. GuV-Ausweis

Keine Besonderheiten ergeben sich für den GuV-Ausweis: Auftragserlöse sind als Umsatzerlöse auszuweisen. Auftragskosten sind im Umsatzkostenverfahren als Umsatzkosten und im Gesamtkostenverfahren in den entsprechenden Kostenarten darzustellen.

Wertberichtigungen auf aktivierte Forderungen aus Fertigungsverträgen (z.B. aufgrund drohender Forderungsverluste) sind nach IAS 11.28 nicht als Erlösminderungen, sondern als Aufwand zu erfassen.[77]

2.6. Besonderheiten bei der Bewertung von Fertigungsaufträgen

2.6.1. Segmentierung und Zusammenfassung von Aufträgen

Nach IAS 11.8 ist ein Fertigungsvertrag, der mehrere Einzelleistungen enthält, in Einzelvereinbarungen aufzuteilen (zu segmentieren), wenn

- für jede Einzelleistung getrennte Angebote abgegeben wurden,
- über jede Einzelleistung getrennt verhandelt wurde und der Kunde jede Einzelleistung getrennt annehmen oder ablehnen hätte können und
- Kosten und Erlöse einer jeden Einzelleistung getrennt ermittelt werden können.

Umgekehrt sieht IAS 11.9 vor, dass mehrere Verträge zusammengefasst werden können, wenn folgende Voraussetzungen kumulativ erfüllt sind:

---

[73] Vgl. *Heuser/Theile*, 2009, 320. Das IDW empfiehlt als Postenbezeichnung „Fertigungsaufträge mit passivischem Saldo gegenüber Kunden"; auch hier finden sich in der Praxis andere Postenbezeichnungen (z.B. „Verbindlichkeiten aus POC").

[74] Vgl. *Riese*, 2009, 385 m.w.N.

[75] Vgl. *Riese*, 2009, 386 m.w.N.

[76] Vgl. IDW RS HFA 2, Rz. 17 ff.

[77] Zur differenzierten Betrachtung von Umsatz- und Aufwandsausweis in Abhängigkeit vom Zeitpunkt des Zahlungsausfalls vgl. *Lüdenbach*, 2011a, 884 f.

- Eine Gruppe von Verträgen wird als ein einziges Paket verhandelt,
- die Verträge sind so eng miteinander verbunden, dass sie Teil eines einzigen Projekts mit einer Gesamtgewinnspanne sind, und
- die Verträge gleichzeitig oder unmittelbar aneinander folgend abgearbeitet werden.

Die Zusammenfassung mehrerer Verträge erfolgt in der Praxis nur bei gleichen Vertragspartnern.[78] In der Kommentarliteratur wird es nicht als erforderlich angesehen, dass alle Teilverträge auch eine einheitliche Gewinnspanne aufweisen.[79]

2.6.2. Folgeaufträge

Unter Folgeaufträge subsumiert IAS 11.10 (nachträgliche) Erweiterungen des ursprünglichen Vertrags sowie Vertragsverlängerungen, die dem Kunden bereits beim Abschluss des ursprünglichen Vertrags optional eingeräumt wurden.[80] Folgeaufträge sind als separate Verträge zu behandeln, wenn

- sich der Auftrag hinsichtlich Design, Technologie oder Funktion wesentlich von dem ursprünglichen Vertrag unterscheidet oder
- die Vertragsparteien den Folgevertrag losgelöst vom ursprünglichen Vertrag verhandelt haben.

Von Folgeverträgen zu unterscheiden sind Nachträge, die aufgrund ihres unmittelbaren Bezugs zum ursprünglichen Auftrag nicht separierbar sind.[81]

2.6.3. Drohende Verluste

Drohende Verluste aus Fertigungsaufträgen sind gemäß IAS 11.36 sofort und in voller Höhe als Aufwand zu erfassen.

Hinsichtlich des Ausweises bestehen in der Literatur unterschiedliche Ansichten: Nach wohl überwiegender Meinung ist der Verlust von den „Fertigungsaufträgen mit aktivischem Saldo gegenüber Kunden" abzusaldieren.[82] Wenn der Verlust die aktivierbaren Forderungen aus Fertigungsaufträgen übersteigt, wird überwiegend ein Ausweis unter den „Fertigungsaufträgen mit passivischem Saldo gegenüber Kunden" verlangt.[83] Vielfach wird auch ein Ausweis unter den Rückstellungen als sachgerecht erachtet.[84]

2.6.4. Latente Steuern

Im Hinblick auf die Bilanzierung latenter Steuern ist zwischen gewinnbringenden Aufträgen und Verlustaufträgen zu unterscheiden.

- Im Steuerrecht wird der Gewinn aus langfristigen Fertigungsaufträgen erst mit deren Vollendung realisiert. *Gewinnbringende Aufträge* führen demnach aufgrund der früheren Gewinnrealisierung zu *passiven latenten Steuern*.

---

[78] Vgl. *Lüdenbach*, 2011a, 886.
[79] Vgl. *Patzak/Kerscher-Preis*, 2008, Rz. 20.
[80] Vgl. *Patzak/Kerscher-Preis*, 2008, Rz. 29.
[81] Vgl. *Patzak/Kerscher-Preis*, 2008, Rz. 31.
[82] Vgl. IDW RS HFA 2, Rz. 17; *Heuser/Theile*, 2009, 317.
[83] Vgl. *Heuser/Theile*, 2009, 320; *Riese*, 2009, 384.
[84] Vgl. *Lüdenbach*, 2011a, 902.

- Verlustaufträge führen dagegen zu keiner Steuerabgrenzung, da die Verlustantizipation (entweder durch eine außerplanmäßige Abschreibung der aktivierten Leistungen oder durch eine Drohverlustrückstellung) auch steuerlich anerkannt ist.

2.6.5. Anhangangaben

Aus IAS 11 ergeben sich folgende Angabepflichten[85]:

IAS	Angabeverpflichtung
Beschreibung Bilanzierungs- und Bewertungsmethoden	
IAS 11.3a	Methode zur Ermittlung der Auftragserlöse
IAS 11.39c	Methode zur Ermittlung des Fertigstellungsgrads
Angaben zu Bilanzposten	
IAS 11.42	Fertigungsaufträge mit aktivischem und passivischem Saldo
IAS 1.61	Wenn kurz- und langfristige Beträge zusammengefasst wurden, ist der Betrag anzugeben, vom dem erwartet wird, dass er erst nach Ablauf von mehr als zwölf Monaten realisiert oder erfüllt wird.
Angaben zu GuV-Posten	
IAS 11.39a	Höhe der in der Berichtsperiode erfassten Auftragserlöse
IAS 11.39b	Methode zur Ermittlung der Auftragserlöse
Angaben zu noch laufenden Projekten	
IAS 11.40a	Höhe kumulierter Auftragskosten und Gewinne (abzüglich etwaiger ausgewiesener Verluste für am Bilanzstichtag laufende Projekte)
IAS 11.40b	Höhe der erhaltenen Anzahlungen für am Bilanzstichtag laufende Projekte
IAS 11.40c	Höhe der Einbehalte für am Bilanzstichtag laufende Projekte
Rückstellungen, Eventualverbindlichkeiten	
IAS 11.45 i.V.m. IAS 37	Höhe der Eventualverbindlichkeiten und Eventualforderungen aus Fertigungsaufträgen

Tab. 1: Anhangangaben nach IAS 11

3. Anforderungen an das Controlling aus der Anwendung von IAS 11

Aus den bisher dargestellten Regelungen des IAS 11 ist erkennbar, dass sich aus IAS 11 besondere Anforderungen an die Planung, laufende Steuerung und Überwachung von Projekten ergeben. Diese Aufgaben werden vielfach in einem *Projekt-Controlling* zusammengefasst – mit dem Ziel der Optimierung der Projektabwicklung während der gesamten Projektlaufzeit.[86] Ohne umfassendes und umsichtig gestaltetes Projekt-Control-

---

[85] Übersicht in Anlehnung an *Lüdenbach*, 2011a, 907.
[86] Vgl. *Becker/Bogendörfer/Daniel*, 2006, 141.

ling können die für die Umsetzung von IAS 11 erforderlichen Daten nicht bereitgestellt werden.[87]

Im Einzelnen sind neben grundsätzlichen (IFRS/IAS-unabhängigen) Fragestellungen im Rahmen der Bewertung von Vorräten (z.B. Eliminierung von kalkulatorischen Kosten, Ausscheiden von Leerkosten, Erfassung von direkt zurechenbaren [Sonder-]kosten zu den Aufträgen) aus Sicht von IAS 11 bei der Ausgestaltung des Projekt-Controllings auf *Projektebene* insbesondere folgende Aspekte zu beachten:[88]

- *Aufbau einer geeigneten Controlling-Struktur:* Zur Bereitstellung aussagekräftiger Daten ist eine für die Abbildung der laufenden Projekte geeignete (Kostenstellen- und Kostenarten-)Struktur einzurichten. Darüber hinaus sind auch weitere Reporting-Erfordernisse (z.B. Zuordnung der Projekte in der Segmentberichterstattung) zu beachten.
- *Projektplanung:* Im Rahmen von Projektvorkalkulationen werden wesentliche Anwendungsvoraussetzungen der POCM (verlässliche Ermittelbarkeit der Auftragserlöse, Wahrscheinlichkeit des Nutzenzuflusses, Schätzung der noch anfallenden Kosten) dokumentiert. Darüber hinaus ist bei der Projektplanung bereits ein entsprechender Projektstrukturplan zu entwickeln, der auch zugleich den Rahmen für die Ermittlung des Fertigstellungsgrads vorgibt.[89] Weiters unterstützen Projektvorkalkulationen bei der Projektfreigabe und geben den Rahmen für die projektbegleitende Kalkulation vor.
- *Kostenermittlung und -erfassung:* In diesem Zusammenhang sind aus Sicht des IAS 11 vor allem folgende Themen zu beachten:
  - Gesonderte Erfassung von noch nicht verarbeitetem Material und sonstige Kosten, die keinen Fortschritt in der Fertigung bringen. Derartige Kosten dürfen den Fertigstellungsgrad nicht erhöhen, sodass die Zubuchung der bezogenen Güter auf den Auftrag nicht zum Zukaufszeitpunkt, sondern erst bei Verarbeitung zu erfolgen hat.
  - Identifikation von Kosten der Auftragserlangung (sie stellen zwar i.d.R. Vertriebskosten dar, sind aber von diesen getrennt zu erfassen, da sie gemäß IAS 11.21 als Auftragskosten erfasst werden dürfen)
- *Ermittlung des Fertigstellungsgrads:*
  - Finden einer geeigneten Methode für die Ermittlung des Fertigstellungsgrads: Voraussetzung für eine verlässliche Feststellung des Fertigstellungsgrads ist – zumindest bei größeren Projekten – eine entsprechende Aufteilung in Teilprojekte.
  - Bei der Feststellung des Fertigstellungsgrads müssen (bei inputorientierten Verfahren) Auftragskosten, die keinen Fortschritt in der Fertigstellung reflektieren, außer Ansatz bleiben.
- *Projektbegleitende Kalkulation und Hochrechnung:*
  - Im Zuge der laufenden Überwachung von Projekten sind zunächst auf Basis einer präzisen Erfassung der Istkosten u.a. Bewertungen für die externe Rechnungsle-

---

[87] In diesem Zusammenhang ist festzuhalten, dass die Aufgaben des Projekt-Controllings über die Bereitstellung von Daten für die Rechnungslegung hinausgehen.

[88] Technische Vorgaben für die Ausgestaltung der Kosten- und Leistungsrechnung im Rahmen der Bilanzierung von langfristigen Fertigungsaufträgen sind vor allem in IAS 11.11 ff., IAS 11.16 ff. und IAS 11.29 enthalten. Für konkrete Gestaltungshinweise zur Umsetzung von IAS 11 in SAP siehe z.B. *Scherer/Willinger*, 2008, 234 ff.

[89] Vgl. *Funk/Rossmanith*, 2011, 72.

gung zu erstellen. Darüber hinaus sind im Sinne eines Risiko-Controllings operative und finanzwirtschaftliche Risiken[90] zu beachten und das Management mit Vorschaurechnungen zu versorgen. Diese Vorschaurechnungen sind u.a. Grundlage für eine verlustfreie Bewertung der Projekte.

Die dem Controller im Rahmen des Projekt-Controllings zur Verfügung stehenden **Instrumente** können zusammenfassend wie folgt dargestellt werden:

Projektebene			Sparten-/Gesamt-unternehmensebene
Phase	**Instrumente des Projekt-Controlling**		
	Leistungsperspektive	**Werteperspektive**	
Projekt-vorbereitung	▪ Machbarkeitsstudien ▪ Projektstrukturplanung bis auf Ebene der Arbeitspakete ▪ Ablauf-/Termin- und Ressourcenplanung	▪ Angebotskalkulation ▪ Planung, Erlöse, Kosten, Zahlungen, Mittelbindung und Risiken ▪ Plan-EVA	EVA-Steuerung der Sparten / EVA-Steuerung des Gesamtunternehmens
Projekt-realisierung	▪ Kontrolle Leistungsfortschritt ▪ Meilensteinanalyse	▪ Begleitende Auftragskalkulation ▪ Kontrolle und Steuerung von Erlösen, Kosten, Zahlungen, Mittelbindung und Risiken ▪ Ist-EVA ▪ Earned Value Analyse	
Projekt-evaluierung	▪ Technischer Projektabschlussbericht ▪ Kundennutzenanalyse	▪ Nachkalkulation ▪ Kaufm. Projektabschlussbericht	

Abb. 4: Instrumente des Projekt-Controllings
(in Anlehnung an *Becker/Bogendörfer/Daniel*, 2006, 145)

Auf Projektebene stehen vor allem die Unterstützung der operativen Projektsteuerung sowie die Zurverfügungstellung von Daten für die externe Rechnungslegung im Vordergrund.

Daneben ist es aber für das Controlling von zentraler Bedeutung – und wie in Abb. 4 schon angedeutet –, nicht nur für eine laufende Steuerung und Überwachung der Einzelprojekte die entsprechenden Beiträge zu leisten, sondern vor allem auch die entsprechenden Informationen für die Steuerungsfunktionen auf *Sparten- und Gesamtunternehmensebene* zur Verfügung zu stellen.[91]

---

[90] Dazu zählen bspw. technische Risiken, Terminrisiken, Ressourcenrisiken, Kalkulationsrisiko, Finanzierungsrisiken, Bezugsrisiken, Haftungs- und Gewährleistungsrisiken, Fremdwährungsrisiken und Steuerrisiken.

[91] Vgl. *Mansch*, 2006, 110 ff.

Für den Gesamterfolg eines Unternehmens sowie dessen ausgewogene Risikostruktur sind nicht die einzelnen Projekte und deren Ergebnisse und Cash-flow-Profile entscheidend, sondern der jeweilige Wertbeitrag, den die einzelnen Projekte zum Unternehmenswert liefern können. Dazu ist aber nicht nur auf das kalkulierte Planergebnis des einzelnen Projektes abzustellen, sondern ist eine Vielzahl von projektspezifischen Faktoren in die Überlegungen und damit in das Steuerungssystem des Unternehmens einzubeziehen.

Neben langfristigen strategischen Zielvorgaben – wie etwa Einstiegsmöglichkeiten in bestimmte Märkte – sind im Sinne einer wertorientierten Unternehmenssteuerung Einzelprojekte (vereinfacht dargestellt) dann als positiv einzustufen, wenn ein Projekt seine Kapitalkosten erwirtschaften kann. Wertorientierten Steuerungskonzepten liegt als Überlegung zugrunde, dass – im Kontext des Projekt-Controllings – nicht das (absolute) Projektergebnis für die Beurteilung des „Erfolges" eines Projekts maßgeblich ist. Als wohl bekanntestes Konzept zur wertorientierten Unternehmenssteuerung sei dabei beispielhaft auf den Economic Value Added (EVA) verwiesen.[92]

Gerade die typischerweise sehr stark von IAS 11 betroffenen Branchen (vor allem Anlagenbauer und Bauunternehmen) sind durch eine Reihe von Spezifika gekennzeichnet, welche für eine wertorientierte Steuerung von Unternehmen von zentraler Bedeutung sind.[93] Anhand der nachfolgenden Beispiele zu branchentypischen Spezifika können Anforderungen an Controlling und Rechnungslegung in diesem Bereich, welche wesentlich über die unmittelbaren Informationsfunktionen für die Ergebnisrealisierung nach IAS 11 hinausgehen, dargestellt werden:

- *Hohe Wertschöpfungstiefe und Komplexität:*
  Vor allem der Anlagenbau ist sehr häufig durch eine hohe Wertschöpfungstiefe[94] geprägt, die auch zu *komplexen und heterogenen Vertragsformen* führen kann. Neben oft schwierigen Fragen zur Anwendung von IAS 11 sind damit sowohl für die Einzelprojektüberwachung als auch für die gesamtunternehmensbezogene Ergebnis- und Risikosteuerung zentrale Aufgabenstellungen verbunden. Hohe Vertragskomplexität und hohe einzelne Projektvolumina führen häufig auch zu *komplexen Finanzierungsstrukturen* und zu einem Einsatz innovativer Finanzinstrumente, welche wiederum in die Risikobeurteilung der einzelnen Projekte Einfluss finden müssen.
  Zudem sind im Controlling ausreichende Systeme zur Abbildung und Überwachung der typischen *operativen Risiken* (Angebots- und Entwicklungsrisiko bei Großpro-

---

92   In Literatur und Praxis wurden unterschiedliche Konzepte entwickelt – im Folgenden wird auf das wohl bekannteste Konzept – den Economic Value Added (EVA) von *Stern/Steward* – Bezug genommen. Der EVA entspricht – vereinfacht – einem „Übergewinn" als Differenz zwischen dem erwirtschafteten Ergebnis und den Kosten des dafür eingesetzten Kapitals. Ein Gewinn ist nach dem EVA-Konzept somit erst dann erwirtschaftet, wenn die Erträge nicht nur die Aufwendungen, sondern auch die Renditeerwartungen des Eigenkapitalgebers übersteigen. Zwar orientiert sich das EVA-Konzept am externen Rechnungswesen, was den Vorteil mit sich bringt, dass die Kennzahlen leichter kommunizierbar sind, dennoch sind Adaptierungen der Daten der externen Rechnungslegung für die Ermittlung des EVA vorgeschlagen, was die Interpretation in der Folge oftmals erschwert.

93   Vgl. *Krolle/Sommerkamp*, 2007, 33 ff.

94   Von Konzeption und Engineering bis zu Bau/Montage, Inbetriebnahme und auch Betrieb von Anlagen.

jekten, Kalkulationsrisiko, technische Risiken, Fertigungsrisiken bei fixierten Investitionskosten, Pönalerisiken etc.) einzurichten. Neben der Informationsfunktion für die externe Rechnungslegung nach IAS 11 sind damit auch weitere Bilanzierungsaspekte bzw. -standards (z.B. IAS 37 Rückstellungen, Eventualverbindlichkeiten und Eventualforderungen, ggf. IAS 39 Finanzinstrumente: Ansatz und Bewertung und IFRS 7: Finanzinstrumente: Angaben) betroffen.

Eine große Wertschöpfungstiefe erfordert sehr häufig erweiterte Projektbeurteilungsrechnungen, wenn beispielsweise Service- oder Betreiberverträge, teilweise wiederum mit spezifischen Risikostrukturen, gemeinsam mit einem nach IAS 11 zu bilanzierenden Projekt zu beurteilen sind.

Einerseits kommt es zu weiteren Wertbeiträgen aus den zusätzlichen Vertragsverhältnissen, andererseits können auch zusätzliche langfristige Mittel- und Kapazitätsbindungen die Folge sein. Häufig werden auch mit dem Zuschlag für ein bestimmtes Projekt im Anlagenbau Betreibergarantien für dessen weiteren Betrieb bzw. dessen Refinanzierungsmöglichkeiten vereinbart, so dass noch lange nach Beendigung eines Projektes Risikopositionen für den Errichter bestehen.

- *Makroökonomische Risiko- und Einflussfaktoren:*
Für die Entwicklung der Branchen spielen typischerweise makroökonomische Faktoren, wie globale und lokale *Konjunktur- und Wachstumsaussichten,* eine besonders wichtige Rolle und kommt es in diesem Zusammenhang typischerweise zu starken *Schwankungen in Auftragseingängen* und Unternehmensergebnissen. Verbunden mit den häufig langen Vorlaufdauern für Projekte ist es daher jedenfalls erforderlich, Methoden zur Prognose der konjunkturellen Zyklen sowie deren Auswirkungen auf die einzelnen Unternehmensbereiche entsprechend in das Controlling-Instrumentarium zu integrieren.

Zudem kommt es aufgrund der Internationalität vieler (unter IAS 11 fallender) Großprojekte häufig auch zu *Fremdwährungsrisiken,* welchen die Unternehmen ausgesetzt sind. Diese Fremdwährungsrisiken können sowohl absatzseitig als auch beschaffungsseitig bestehen. Wenn die Absicherung von Fremdwährungsrisiken im Anlagenbau auf Projektebene erfolgt ist, resultiert zwischen Projekt- und Gesamtunternehmensebene aus der Frage der Allokation von Währungssicherungsaufwendungen kein Konflikt. Abweichungen zwischen Projekt-Controlling und einer Betrachtung auf Gesamtunternehmensebene können sich allerdings dann ergeben, wenn zwar aus Sicht eines Projekt-Controlling offene Fremdwährungsrisiken identifiziert werden, allerdings aus Sicht des Gesamtunternehmens betriebliche Ausgleichsposten (durch innerbetriebliche Hedge-Möglichkeiten) bestehen, wenn beispielsweise einem in einer Fremdwährung vereinbarten Zahlungseingang aus einem Projekt erwartete Zahlungsausgänge aus einem Beschaffungsvorgang in Fremdwährung für ein anderes Projekt gegenüberstehen. Je nach Komplexität und Zielsetzung des Controllings kann es sich dabei anbieten, für Verrechnungszwecke im Controlling auch innerbetriebliche Hedging-Beziehungen abzubilden.

Ganz generell stellt sich in diesem Zusammenhang die Frage nach Absicherung der Fremdwährungsrisiken und deren bilanzieller Behandlung. Da die in IAS 39.88 ff. geregelten Rahmenbedingungen für die Zulässigkeit von Hedge Accounting unter anderem strenge Dokumentations- und Effizienzvoraussetzungen zum Inhalt haben, kann es dadurch zu Abweichungen zwischen Betrachtungsweise auf Ebene des (internen) Projekt-Controlling und der externen Unternehmensrechnung kommen.

● *Finanzwirtschaftliche Merkmale*
Aus finanzwirtschaftlicher Sicht ist aufgrund der typischerweise schwankenden Aufträge, vor allem aber aufgrund der Bedeutung von An- und Teilzahlungen auf die *Finanzierung* der einzelnen Projekte und die umgekehrt bestehenden, üblicherweise vom Auftragnehmer zu erbringenden Garantien besonderer Steuerungs- und Überwachungsbedarf gegeben.

Die Liquiditätssituation eines Bau- bzw. Anlagenbauunternehmens ist nur im Kontext mit dem aktuell vorliegenden Projektportfolio und den mit diesen Projekten verbundenen Zahlungsplänen zu steuern. Sehr häufig kommt es zu (scheinbaren) Liquiditätsüberhängen aus Vorfinanzierungen durch Auftraggeber, denen einerseits kurzfristig zu erbringende Leistungen gegenüberstehen, die aber andererseits auch (außerbilanzmäßig) durch entsprechende Garantien einer Gegenfinanzierung bedürfen.

Für eine wertorientierte Steuerung stellt sich dabei unter anderem die Frage, ob die z.T. wesentlichen Bestände an liquiden Mitteln, die bei langfristiger Auftragsfertigung häufig aus der Vereinnahmung von Anzahlungen resultieren, auch die Höhe des investierten Kapitals beeinflussen.[95] Aus Sicht der Projektsteuerung ist zu beachten, dass für die Projektverantwortlichen u.U. ein Anreiz besteht, hohe Anzahlungen zu vereinbaren, um auf Grundlage einer reduzierten Kapitalbindung entsprechend hohe Renditekennzahlen auszuweisen. Diese Vorgehensweise mag auf Projektebene erstrebenswert sein, kann aber auf Gesamtunternehmensebene – wenn die Anzahlungen durch Preisnachlässe „erkauft" werden und insgesamt ein Überhang liquider Mittel entsteht, der aber nicht für Investitionsprojekte zur Verfügung steht, sondern nur kurzfristig (und niedrig verzinst) veranlagt werden kann – durchaus nachteilige Folgen haben.

Es wird daher genau zu prüfen sein, welcher Anteil der aus Anzahlungen stammenden liquiden Mittel tatsächlich langfristig als freie Liquidität dem Unternehmen zur Verfügung steht und daher zu einer Reduktion des gebundenen Kapitals führt und welcher Teil dem projektspezifischen Working Capital zuzurechnen ist und keine Kürzung des gebundenen Kapitals zur Folge hat. Sehr häufig wird diesbezüglich keine einzelprojektspezifische Zuordnung möglich sein, sondern auch auf Basis von Erfahrungswerten eine bereichs- oder unternehmensbezogene Vorgehensweise erfolgen.[96] In diesem Bereich ergeben sich natürlich auch Schnittstellen zur Liquiditätsplanung bzw. zum Cash Management.

Obige Beispiele zeigen, dass die Anforderungen an das Projekt-Controlling für die langfristige Auftragsfertigung weit über die Ergebnisermittlung analog zu den Vorgaben von IAS 11 hinausgehen. Eine durchgängige wertorientierte Steuerung von der Gesamtunternehmens- bis zu Einzelprojektebene ist somit i.d.R. nicht möglich, sodass auch – auch bei methodisch durchgängigem Aufbau – Überleitungsrechnungen erforderlich werden.

---

[95] Vgl. *Krolle/Sommerkamp*, 2007, 31 ff.
[96] Vgl. dazu auch *Creutzmann*, 2007, 15 ff.

Als Lösung für diese Fragestellungen bietet sich bei einigen der angeführten Probleme ein stufenweises Reporting an, wonach auf operativer Projektebene eine Steuerung nach bisherigen, „traditionellen" Methoden erfolgt und die Anpassungen im Sinne des EVA-Konzepts erst auf einer höheren Berichtsebene stattfinden.[97]

4. Zusammenfassung und Ausblick

4.1. Aktueller Standardentwurf zur Erlösrealisierung

IASB und FASB haben es sich bereits im Jahr 2002 zum Ziel gesetzt, in einem gemeinsamen Projekt die Kriterien für die Erlösrealisierung neu zu regeln. Aus Sicht des IASB sollten mit einem neuen Rechnungslegungsstandard die bisher relevanten Standards IAS 18 und IAS 11 (inklusive der dazu ergangenen SICs und IFRICs) ersetzt und die Kriterien zur Erlösrealisierung innerhalb der IFRS/IAS vervollständigt und vereinheitlicht werden.[98]

Am 24.6.2010 wurde mit dem ED/2010/6 „Revenue from Contracts with Customers"[99] der vielbeachtete Entwurf zum neuen Standard veröffentlicht.[100] Im Ergebnis wurde die Umsatz- und Gewinnrealisierung nach dem Leistungsfortschritt im ED/2010/6 auf Fälle eingeschränkt, in denen es zu einem kontinuierlichen Kontrollübergang („continuous transfer of control") kommt[101], sodass in vielen Branchen die faktische Abschaffung der POCM erfolgen sollte.[102]

Aufgrund der zahlreichen Rückmeldungen (fast tausend Comment Letters) haben sich IASB und FASB entschlossen, einen Revised Exposure Draft (ED/2011/6) zu veröffentlichen.[103] Für die Festlegung der Zeitpunktes und des Ausmaßes der zu realisierenden Erlöse sieht der Standardentwurf ein Fünf-Stufen-Schema vor:[104]

---

[97] Vgl. in diesem Sinne auch *Weißenberger*, 2011, 555 ff. m.w.N.

[98] Vgl. IASB, Snapshot: Revenue from Contracts with Customers, November 2011.

[99] Vgl. IASB, Revenue from Contracts with Customers, Juni 2010 (ED/2010/6).

[100] Dem ED/2010/6 vorangegangen ist die Veröffentlichung des Discussion Paper (DP) „Preliminary Views on Revenue Recognition in Contract with Customers" vom 19.12.2008. Eine Zusammenfassung der wesentlichsten Aussagen im DP findet sich bei *Hommel/Schmitz/Wüstemann*, 2009, 374 ff. Als übergeordnetes (und einheitlich anzuwendendes) Kriterium für die Erlösrealisierung ist darin der Übergang der Verfügungsmacht über die gelieferten Güter oder die erbrachten Dienstleistungen an den Kunden („control") festgelegt. Die Übertragung der Verfügungsmacht kann dabei – abhängig von der Art der erbrachten Leistung – zeitpunktbezogen (z.B. beim Verkauf von Waren) oder zeitraumbezogen (z.B. bei der Erbringung von Dienstleistungen im Rahmen eines Dauerschuldverhältnisses) erfolgen.

[101] Vgl. *Wüstemann/Wüstemann*, 2010, 2039 und *Erchinger/Melcher*, 2010, 438.

[102] Zu den Auswirkungen auf den Anlagenbau und möglichen Gegenstrategien vgl. *Zaugg/Abderhalden/Schlumpf*, 2011, 120 ff. Die Einschränkung der POCM wird auch mit einem Rückgriff auf das Zivilrecht begründet, da der vom IASB geforderte Übergang der Verfügungsmacht bei Werkverträgen nach allgemeinem Zivilrecht erst bei vollständiger Abnahme erfolgt, es sei denn, es wurde eine Abnahme von Teilleistungen gesondert vereinbart (vgl. *Wüstemann/Wüstemann*, 2010, 2038 f.).

[103] Vgl. IASB, Revenue from Contracts with Customers, November 2011 (ED/2011/6). Vom IASB wurden auch Illustrative Examples sowie die Basis for Conclusions veröffentlicht. Die Kommentierungsfrist für den Entwurf hat am 13.3.2012 geendet, wobei die Anzahl der Comment Letters (ca. 350) zeigt, dass das Thema nach wie vor intensiv diskutiert wird. Nach dem aktuellen Zeitplan ist eine Anwendbarkeit der neuen Bestimmungen für Geschäftsjahre, die am oder nach dem 1.1.2015 beginnen, vorgesehen.

[104] Vgl. IASB, Snapshot: Revenue from Contracts with Customers.

1. *Identifizierung von Verträgen mit Kunden:*[105] Zunächst ist vom Anwender zu prüfen, ob ein dem Standard unterliegender Vertrag vorliegt[106] und ob gegebenenfalls mehrere Verträge zu einem Vertrag zusammenzufassen sind.

2. *Identifizierung separater Leistungsverpflichtungen innerhalb eines Vertrags:*[107] Im nächsten Schritt hat der Anwender die vereinbarten Lieferungen oder Leistungen daraufhin zu untersuchen, ob sie eigenständig („distinct") sind und damit als separate Leistungsverpflichtungen bilanziell gesondert zu behandeln sind. Jedenfalls als nicht eigenständig zu qualifizieren (und somit als einheitliche Leistungsverpflichtung zu behandeln) sind Güter und Dienstleistungen, die (i) eng voneinander abhängig sind („highly interrelated") und (ii) wesentlich verändert oder an die Kundenbedürfnisse angepasst ist („significantly modified or customised to fulfil the contract").

3. *Ermittlung des Transaktionspreises:*[108] In diesem Abschnitt des ED/2011/6 werden insbesondere Fragen zu variablen Vergütungen (inkl. Rücknahmeverpflichtung), zur Abzinsung, zu nicht monetären Gegenleistungen sowie zum Kreditrisiko behandelt.

4. *Verteilung des Transaktionspreises auf die separaten Leistungsverpflichtungen:*[109] Die Aufteilung des Transaktionspreises auf die einzelnen Leistungsverpflichtungen hat im Verhältnis der Einzelverkaufspreise der separaten Leistungsverpflichtungen zu erfolgen.

5. *Erlösrealisierung bei Erfüllung einer Leistungsverpflichtung:* ED/2011/6 sieht als zentrales Kriterium für die Erlösrealisierung – unverändert zum ED/2010/6 – den Übergang der Verfügungsmacht („control") vor.[110] Nach ED/2011/6.32 erlangt der Leistungsempfänger Kontrolle über ein Gut oder eine Dienstleistung, wenn er die Möglichkeit hat, über die Nutzung zu bestimmen, und wenn er den Nutzen aus dem Gut oder der Dienstleistung ziehen kann.[111] Dieses Kriterium ist für jede Leistungsverpflichtung separat zu prüfen. Dabei ist zwischen zeitraumbezogener Erlösrealisierung („transfer of control over time") und zeitpunktbezogener Erlösrealisierung („transfer of control at a point in time") zu unterscheiden:
   - Eine *zeitraumbezogene Erlösrealisierung*[112] ist vorzunehmen, wenn eine der beiden unten stehenden Voraussetzungen erfüllt ist:
     – – Im Zuge der Leistungserbringung wird ein Vermögensgegenstand neu geschaffen oder verbessert und der Leistungsempfänger erlangt bereits mit Leistungserbringung Verfügungsmacht über den Gegenstand. Der Übergang der Verfügungsmacht ist dabei insbesondere die Kriterien des ED/2011/6.31–33 (siehe dazu oben) sowie ED/2011/6.37 (siehe dazu weiter unten) geknüpft.

---

[105] Vgl. ED/2011/6.12 ff.
[106] Der Anwendungsbereich von ED/2011/6 ist in Par. 9 beschrieben: Insbesondere Leasing- und Versicherungsverträge sowie vertragliche Ansprüche und Verpflichtungen in Bezug auf Finanzinstrumente (IFRS 9) sind nicht Gegenstand des Standards.
[107] Vgl. ED/2011/6.23 ff.
[108] Vgl. ED/2011/6.49 ff.
[109] Vgl. ED/2011/6.70 ff.
[110] Vgl. ED/2011/6.31.
[111] Der Nutzen für den Leistungsempfänger kann nach ED/2011/6.32 in der unmittelbaren Nutzung des erworbenen Vermögensgegenstandes (z.B. im Rahmen der betrieblichen Leistungserbringung oder für den Verkauf/Tausch), aber auch in der mittelbaren Nutzung (z.B. in der Verpfändung des Vermögensgegenstandes) liegen.
[112] Vgl. ED/2011/6.35 f.

— — Für den Fall, dass der Unternehmer einen „nicht alternativ nutzbaren" Vermögensgegenstand („asset without an alternative use to the entity"[113]) erstellt, kommt es zum zeitraumbezogenen Übergang der Verfügungsmacht, wenn eine der folgenden Voraussetzungen erfüllt ist: (i) Der Leistungsempfänger zieht zeitgleich mit der Leistungserbringung durch den Unternehmer Nutzen aus der bezogenen Leistung. (ii) Für einen anderen Leistungserbringer wäre es bei einem Eintritt in den offenen Vertrag nicht erforderlich, wesentliche Teile der bisher vom Unternehmer erbrachten Leistungen neuerlich zu erbringen. (iii) Der Unternehmer hat einen Zahlungsanspruch gegenüber dem Leistungsempfänger im Ausmaß der bisher erbrachten Leistung und ist voraussichtlich in der Lage, die geschuldete Leistung zu erbringen.

— Falls eine zeitraumbezogene Erlösrealisierung nicht vorliegt, ist eine *zeitpunktbezogene Erlösrealisierung* anzunehmen, deren Zeitpunkt sich nach folgenden (nicht erschöpfend aufgezählten) Indikatoren richtet:[114]

— — Der Unternehmer hat einen Zahlungsanspruch für die erbrachte Leistung.

— — Der Leistungsempfänger hat einen Rechtsanspruch auf Übertragung des Vermögensgegenstandes.[115]

— — Der Unternehmer hat die physische Verfügungsmacht über den Vermögensgegenstand übertragen.[116]

— — Der Leistungsempfänger hat die wesentlichen Risiken und Nutzen aus dem Vermögensgegenstand.

— — Der Kunde hat den Vermögensgegenstand abgenommen.

Während die Kommentierungen zum ED/2010/6 noch von einer weitgehenden Abschaffung der POCM ausgegangen waren, hat das IASB im ED/2011/6 den Anwendungsbereich für eine zeitraumbezogene Erlösrealisierung (insbesondere bei nicht alternativ nutzbaren Vermögensgegenständen[117]) doch wieder geöffnet, sodass damit – bei entsprechender vertraglicher Gestaltung – auch künftig die POCM anwendbar sein wird.[118] Dieser Umstand wird in den Comment Letters zu ED/2011/6 sowie in der dazu bisher ergangenen Literatur überwiegend positiv bewertet. Dennoch wird es im Vergleich zur aktuellen Regelung zu erhöhten Dokumentations- und Offenlegungserfordernissen im Zusammenhang mit der Erlösrealisierung nach dem Leistungsfortschritt kommen.[119]

---

[113] Als „asset with an alternative use to the entity" sind in ED/2011/6.36 Vermögensgegenstände definiert, die ohne weiteres an andere Kunden übertragen werden könnten. In ED/2011/6.BC94 wird der Grad der Anpassung des Vermögensgegenstandes an die Kundenwünsche als Indikator dafür gesehen, ob der Vermögensgegenstand alternativ nutzbar ist oder nicht.

[114] Vgl. ED/2011/6.37.

[115] Vgl. aber Bill-and-hold-Vereinbarungen, bei denen die Erlösrealisierung u.U. unterbleibt, ED/2011/B51 ff.

[116] Eine Erlösrealisierung trotz Übertragung der physischen Verfügungsmacht hat jedoch u.U. zu unterbleiben bei Rücknahmeverpflichtungen/Put-Optionen, Konsignationsvereinbarungen oder beim Kauf auf Probe.

[117] Vgl. ED/2011/6.35(b).

[118] Vgl. *Wüstemann/Wüstemann*, 2011, 3119; *Schnarr/Usinger*, 2012, 106; *Lühn*, 2012, 15; *Kühne/Schleis*, 2012, 259 ff.; *Milla/Dam-Ratzesberger*, 2012, 40 ff. sowie *Haas/Kreher*, 2012, 114 ff.

[119] Zur Umsatzrealisierung in der Bauindustrie nach ED/2011/6 vgl. *Kursatz/Murer/Sellmann*, 2012, 17 ff., die auch u.a. auf Fragen der Behandlung von Verlustaufträgen, Kosten der Auftragserlangung sowie der Berücksichtigung des Bonitätsrisikos nach ED/2011/6 eingehen. Die neuen Angabepflichten werden von *Gruss//Wied/Reichel*, 2012, 47 ff. dargestellt.

4.2. Zusammenfassende Würdigung

IAS 11 Fertigungsaufträge legt die Voraussetzungen fest, unter denen eine – aus betriebswirtschaftlicher Sicht gebotene – Erlös- und Gewinnrealisierung von langfristigen Auftragsfertigungen nach dem Leistungsfortschritt auch in der externen Rechnungslegung abgebildet werden darf.

Nach den jüngsten Entwürfen von FASB und IASB scheint es so, dass dieses Konzept auch trotz ursprünglicher Bedenken der Standardsetter – auf Druck der Bilanzierungspraxis – weiter anwendbar bleibt.

Grundlage der Finanzberichterstattung nach IAS 11 sind in erheblichem Ausmaß Daten und Methoden des Controllings. Dabei ist der Controller bei der Ausgestaltung des Projekt-Controllings (sowohl auf Einzelprojektebene als auch in weiterer Folge auf Ebene des Sparten- bzw. Gesamtunternehmensergebnisses) mit einer Vielzahl von Schnittstellen zur externen Rechnungslegung konfrontiert. Fragen der Konvergenz des internen und externen Rechnungswesens haben i.Z.m. IAS 11 eine sehr hohe praktische Relevanz.

Vorteile einer solchen Harmonisierung der internen und externen Rechnungslegung sind vor allem die Schaffung eines einfach abstimmbaren, einheitlich ausgerichteten und damit weniger fehleranfälligen, wirtschaftlicheren und schlüssig kommunizierbaren Berichtswesens.

Der ED/2011/6 bietet allerdings aktuell ein Beispiel dafür, wo die Grenzen einer Harmonisierung der Rechnungslegung liegen: Durch Änderungen in den Rechnungslegungsbestimmungen sind in der externen Rechnungslegung u.U. Rechnungslegungsmethoden anzuwenden, die der betriebswirtschaftlich bislang als sinnvoll erachteten und für interne Steuerungsaufgaben erforderlichen Erlös- und Gewinnrealisierung nach dem Leistungsfortschritt entgegenstehen, sodass die Vorteile der Harmonisierung durch betriebswirtschaftlich nicht immer geeignete Steuerungsinformationen rückgängig gemacht werden würden.

Weitere Einschränkungen der Harmonisierung ergeben sich u.U. aus dem Verlust an „Flexibilität" und individuellen Ausgestaltungsmöglichkeiten im internen Rechnungswesen.

Zudem ist aber gerade im Anwendungsbereich von IAS 11 zu beachten, dass das Controlling im Sinne einer wertorientierten Unternehmenssteuerung mit einer Reihe weiterer Ausgestaltungsfragen, die über die für Zwecke des IAS 11 identifizierten Aufgaben weit hinausgehen, konfrontiert ist. Diese Anforderungen ergeben sich regelmäßig bereits aus den branchenspezifischen Merkmalen der Unternehmen, welche sich in einer durch komplexe Risikostrukturen gekennzeichneten wirtschaftlichen Umgebung bewegen müssen.

Die Herausforderung für das Controlling wird es sein, geeignete Teilbereiche für die Harmonisierung der Rechnungslegung zu finden[120] und die eingesetzten Controlling-Instrumente so flexibel auszugestalten, dass im Bedarfsfall verschiedene Sichten auf (einheitliche) Grunddaten ermöglicht werden[121] sowie die geänderten Anforderungen aufgrund neuer Rechnungslegungsstandards erfüllt werden können.[122]

---

[120] Vgl. *Funk/Rossmanith*, 2011, 65 und *Weißenberger/Angelkort/Kleine*, 2011, 2158.

[121] So können bspw. fallweise Entscheidungsrechnungen oder Preiskalkulationen unabhängig von den Vorgaben der Rechnungslegungsbestimmungen erfolgen. Eine Reihe von Softwarelösungen bietet bereits entsprechende Instrumente an – vgl. z.B. *Scherer/Willinger*, 2008, 55 ff.

Literaturverzeichnis

Adler, H./Düring, W./Schmaltz, K., Rechnungslegung nach Internationalen Standards, bearbeitet von *Gelhausen, H.-F./Pape, J./Schruff, W./Stolberg, K.*, Loseblattsammlung, Stuttgart 2002.

Becker, W.,/Bogendörfer, M./Daniel, K., Performance-orientiertes Projektcontrolling, in: Controlling 2006, 141–148.

Creutzmann, A., Excess Cash oder Wasting Cash im Anlagenbau?, in BewertungsPraktiker, H 2, 2007, 15–18.

Denk, C./Duller, C./Pesendorfer, D., Konvergenz der Unternehmensrechnung: State of the Art bei Österreichs börsenotierten Unternehmen, in: RWZ 2010, 219–226.

Erchinger, H./Melcher, W., Die Bilanzierung von Umsatzerlösen de lege ferenda, in: KoR 2010, 434–442 (Teil 1) und 488–493 (Teil 2).

Franz, K.-P./Winkler, C., Unternehmenssteuerung und IFRS, München 2006.

Funk, W./Rossmanith, J., Rechnungslegung und Controlling im Spannungsfeld der Globalisierung, in: Internationale Rechnungslegung und Internationales Controlling, hrsg. von *Funk, W./Rossmanith, J.*, 2. Aufl., Wiesbaden 2011.

Gruss, C./Wied, A/Reichel, Z., Bilanzielle Erfassung von Umsatzerlösen nach dem überarbeiteten Standardentwurf „Revenue from Contracts with Customers", in: KoR 2012, 42–48.

Haas, S./Kreher, T., Besonderheiten der Umsatzrealisierung bei Lizenzverträgen nach dem geänderten Standardentwurf ED/2011/6 und nach den aktuellen IFRS-Regelungen, in: KoR 2012, 114–120.

Heuser, P.J./Theile, C., IFRS-Handbuch Einzel- und Konzernabschluss, 4. Aufl., Köln 2009.

Hoffmann, W.-D., Finanzierung der Anschaffung oder Herstellung, in: IFRS-Kommentar, hrsg. von *Lüdenbach, N./Hoffmann, W.-D.*, 9. Aufl., Freiburg 2011, 387–404.

Hommel, M./Schmitz, S./Wüstemann, S., Discussion Paper „Revenue Recognition" – Misstrauensvotum gegen den FairValue, in: Betriebs-Berater 2009, 374–378.

Horváth, P., Controlling, 11. Aufl., München 2009.

Hütten, C./Fink, D., Segmentberichterstattung, in: IFRS-Kommentar, hrsg. von *Lüdenbach, N./Hoffmann, W.-D.*, 9. Aufl., Freiburg 2011, 2183–2216.

IASB, Revenue from Contracts with Customers, Juni 2010, (ED/2010/6), 2011-12-05, http://www.ifrs.org/Current+Projects/IASB+Projects/Revenue+Reco-gnitioned0610/Exposure+draft.htm.

IASB, Revenue from Contracts with Customers, November 2011, (ED/2011/6), 2011-12-05, http://www.ifrs.org/Current+Projects/IASB+Projects/Revenue+-Recognition/EDNov11/ ED.htm.

IASB, Snapshot: Revenue from Contracts with Customers, November 2011, 2011-12-05, http://www.ifrs.org/NR/rdonlyres/DE497799-E21E-4C74-9B33-07ACBA16A175/0/Snapshot_RevRec2_Nov2011.pdf.

Institut Deutscher Wirtschaftsprüfer (IDW), IDW Stellungnahme zur Rechnungslegung: Einzelfragen zur Anwendung von IFRS (IDW RS HFA 2), Stand: 2.9.2008.

---

[122] Vgl. in diesem Zusammenhang bspw. die neuen Anhangangaben nach ED/2011/6 sowie die geplante retrospektive Anwendung des neuen Standards.

Krolle, S./Sommerkamp, J.-D., Bewertung von Anlagenbauunternehmen, in: Branchenorientierte Unternehmensbewertung, hrsg. von *Drukarczyk, J./Ernst, D.*, 2. Aufl., München 2007, 31–58.

Kühne, M./Schleis, I., Geplante Neuregelung der Umsatzrealisierung nach IFRS – Erneuter Standardentwurf des IASB (ED/2011/6 „Revenue from Contracts wirth Customers", in: Die Wirtschaftsprüfung 2012, 259–263.

Kursatz, D./Murer, A./Sellmann, O., Besondere Probleme der Umsatzrealisierung in der Bauindustrie, in: IRZ, H 1, 2012, 17–22.

Lechner, K./Egger, A./Schauer, R., Einführung in die Allgemeine Betriebswirtschaftslehre, 25. Aufl., Wien 2010.

Lüdenbach, N., Fertigungsaufträge, in: IFRS-Kommentar, hrsg. von *Lüdenbach, N./Hoffmann, W.-D.*, 9. Aufl., Freiburg 2011, 861–909 (2011a).

Lüdenbach, N., Erlöse (Revenue), in: IFRS-Kommentar, hrsg. von *Lüdenbach, N./Hoffmann, W.-D.*, 9. Aufl., Freiburg 2011, 1281–1365 (2011b).

Lühn, M., Re-Exposure Draft zur Umsatzrealisation von IASB und FASB, in: PiR 2012, 8–16.

Mansch, H., Bilanzierung und Controlling im Rahmen der langfristigen Auftragsfertigung, in: Controlling und IFRS-Rechnungslegung, hrsg. von *Wagenhofer, A.*, Berlin 2006, 105–122.

Milla, A./Dam-Ratzesberger, S., IASB stellt Vorschläge zur Ertragsrealisierung erneut zur Kommentierung, in: RWZ 2012, 40–42.

Müller, N./Stelzmüller, G., Kommentierung zu § 206 Wertansätze für Gegenstände des Umlaufvermögens, in: Bilanzrecht Kommentar, hrsg. von *Hirschler, K.*, Wien 2010, 456–469.

Nobach, K./Zirkler, B., Bedeutung der IFRS für das Controlling, in: KoR 2006, 737–748.

o.V., IFRS mit Anlaufschwierigkeiten – HGB doch kein Auslaufmodell?, in: DB, H 21, 2011, M16.

Padberg, T., IFRS: Vorräte, Fertigungsaufträge, Forderungen, Berlin 2008.

Patzak, K./Kerscher-Preis, B., IAS 11 Fertigungsaufträge (Construction Contracts), in: Rechnungslegung nach International Accounting Standards (IAS), hrsg. von *Baetge, J./Wollmert, P./Kirsch, H.-J./Oser, P./Bischof, S.*, Loseblattausgabe, 7. Erg.-Lfg., Stuttgart 2008.

Petersen, K./Bansbach, F./Dornbach, E., IFRS-Praxishandbuch, 7. Aufl., München 2012.

Riese, J., Fertigungsaufträge, in: Beck'sches IFRS-Handbuch, hrsg. von *Bohl, W./Riese, J./Schlüter, J.*, 3. Aufl., München/Wien/Bern 2009, 365–394.

Scharr, C./Usinger, R., Der neue Entwurf zur Umsatzrealisierung: Revolution oder reine Evolution?, in: IRZ, H 3, 2012, 101–107.

Scherer, R./Willinger, M., Parallele Rechnungslegung mit SAP, 2. Aufl., Bonn 2008.

Schmitz, F., Optimierung und Harmonisierung des internen und externen Berichtswesens im IFRS-Umfeld, in: Accounting, H 8, 2006, 11–15.

Von Keitz, I./Schmieszek, O., Ertragserfassung – Anforderungen nach den Vorschriften des IASB und deren praktische Umsetzung, in: KoR 2004, 118–127.

Wagenhofer, A., Zusammenwirken von Controlling und Rechnungslegung nach IFRS, in: Controlling und IFRS-Rechnungslegung, hrsg. von *Wagenhofer, A.*, Berlin 2006, 1–20.

Weißenberger, B.E., Management Approach in der IFRS-Rechnungslegung (Teil 1), in: Accounting, H 4, 2008, 8–10 (2008a).

Weißenberger, B.E., Gestaltung der Controllingsysteme unter dem Management Approach, in: Accounting, H 5, 2008, 10–15 (2008b).

Weißenberger, B.E., IFRS-Rechnungslegung und Controlling, in: IFRS-Kommentar, hrsg. von *Lüdenbach, N./Hoffmann, W.-D.*, 8. Aufl., Freiburg 2010, 2289–2309.

Weißenberger, B.E., Controller und IFRS, in Internationale Rechnungslegung und Internationales Controlling, hrsg. von *Funk, W./Rossmanith, J.*, 2. Aufl., Wiesbaden 2011, 539–567.

Weißenberger, B.E./Angelkort, H., Empirische Ergebnisse aus österreichischen Unternehmen, in: Accounting, H 6, 2007, 12–15.

Weißenberger, B.E./Angelkort, H., Business Reporting für Kapitalmärkte als Treiber einer integrierten Rechnungslegung?, in: DB 2011, 2157–2161.

Weißenberger, B.E./Angelkort, H./Kleine, C., Business Reporting für Kapitalmärkte als Treiber einer integrierten Rechnungslegung?, in: DB 2011, 2157–2161.

Weißenberger, B.E./Arbeitskreis „Controller und IFRS" der International Group of Controlling, Controller und IFRS: Konsequenzen der IFRS-Finanzberichterstattung für die Controlleraufgaben, in: KoR 2006, 613–622.

Wüstemann, J./Wüstemann, S., Umsatzerlöse nach IFRS – Neuausrichtung an der Erfüllung von Verpflichtungen in ED/2010/6, in: Betriebs-Berater 2010, 2035–2040.

Wüstemann, J./Wüstemann, S., Exposure Draft ED/2011/6 „Revenue from Contracts with Customers" – Überarbeitung als Kompromiss, in: Betriebs-Berater 2011, 3117–3119.

Zaugg, D./Abderhalden, M./Schlumpf, T., Umsatzrealisierung im Anlagenbau auf dem Prüfstand, in: Der Schweizer Treuhänder 2011, 120–128.

Chief Financial Officers (CFO) im Mittelstand – eine deutsche Perspektive

Wolfgang Becker/Patrick Ulrich

Management Summary

Im Gegensatz zum Chief Executive Officer (CEO) spielt der Chief Financial Officer (CFO) bisher in Theorie und Praxis eine eher untergeordnete Rolle. Ausgehend von weitreichenden Veränderungen in der globalisierten Wirtschaft nehmen jedoch auch die Anforderungen an den CFO zu. Dies resultiert in veränderten Persönlichkeiten, Aufgabengebieten, Funktionen, Rollen und letztlich auch einer anderen organisatorischen Gestaltung des CFO-Bereichs. Der vorliegende Beitrag zeigt – fokussiert auf deutsche mittelständische Unternehmen – Veränderungen im Kontext des CFO auf Basis einer qualitativ-empirischen Erhebung unter 42 deutschen mittelständischen CFOs sowie aktuelle Forschungsperspektiven auf.

1. Einführung

Die betriebswirtschaftliche Forschung widmet sich nun seit mehreren Jahren neben der *Finanzfunktion* in Unternehmen intensiv auch dem *obersten Finanzverantwortlichen* als Personifizierung eben dieser Funktion.[1] Diese Entwicklung liegt nicht nur, aber wahrscheinlich auch in der stärkeren *Internationalisierung* der Finanzfunktion einerseits und der stärkeren *Integration* von Finanzbereich, internem Rechnungswesen und externem Rechnungswesen (unter dem Oberbegriff der *Harmonisierung*[2] des Rechnungswesens) andererseits begründet.[3] Während vor allem in der angloamerikanischen Forschung Lebensläufe, Aufgabengebiete und Funktionen des *Chief Executive Officer* (CEO) eine wichtige Rolle spielen,[4] wurden andere Mitglieder der ersten Führungsebene von Unternehmen wie der *Chief Operating Officer* (COO) oder der *Chief Financial Officer* (CFO) bisher weit seltener berücksichtigt.

Im Fall des CFO könnte dies auch am tradierten Verständnis eines Finanzverantwortlichen liegen, der mehr mit organisatorischen Fragen und dem reibungslosem Ablauf von Buchhaltung und Finanzierung beschäftigt ist als mit strategischen Fragestellungen.[5] Dem CFO wurde in Deutschland – unter der Bezeichnung *Kaufmännischer Leiter* oder *Kaufmännischer Geschäftsführer* – in der Vergangenheit die Rolle einer Art „obersten Buchhalters" zuteil, klassische Aufgabenbereiche waren für ihn Liquiditäts- und Forderungsmanagement sowie allgemein die Beschaffung finanzieller Mittel.[6]

Folgerichtig standen in der Öffentlichkeit bekannte CEOs großer Unternehmen, wie z.B. *Jack Welch* (General Electric) im Fokus der Aufmerksamkeit und wurden jahrelang zu Synonymen erfolgreicher Leadership. Der CFO konnte hingegen bisher im Schatten des CEO ein relativ ruhiges Dasein fristen, ihm wurde seitens der betriebswirtschaftlichen Forschung nur eine *moderate Aufmerksamkeit* zuteil. Wachsende Anforderungen im globalisierten Wirtschaftsumfeld machten jedoch eine Anpassung tradierter organisatorischer Strukturen und Rollenverständnisse von Aufgabenträgern notwendig.[7] Ist dies

---

[1] Vgl. *Schäffer*, 2010.
[2] Vgl. *Kunz*, 2010a, 301 ff.
[3] Vgl. *Schmude/Svatopluk*, 2008, 277.
[4] Vgl. *Friesl*, 2010, 315.
[5] Vgl. *Häfner/Hiendlmeier*, 2008, 146 ff.
[6] Vgl. *Hope*, 2006, 1 ff.
[7] Vgl. *Becker* u.a., 2011, 7 f.

schon für Großunternehmen zu konstatieren, so liegen zum CFO in mittelständischen Unternehmen bislang nur äußerst wenige Erkenntnisse vor.[8]

Als wichtige, vielleicht wichtigste theoretische Grundlage der CFO-Forschung wird mittlerweile immer häufiger der Ansatz der *Upper Echelons* von *Hambrick/Mason* aus dem Jahr 1984 verwendet.[9] Die Autoren haben hier einen Ansatz entwickelt, der beschreiben soll, wie die persönlichen Charakteristika der Mitglieder des obersten Führungskreises eines Unternehmens die Art und Weise beeinflussen, in der sie Führungsentscheidungen wahrnehmen und treffen. Diese Entscheidungen hätten letztlich wiederum einen Einfluss auf den Gesamterfolg des Unternehmens.

Der vorliegende Beitrag widmet sich vor dem geschilderten Hintergrund dem CFO im Mittelstand aus einer spezifisch *deutschen Perspektive*. Zunächst werden hierzu theoretische und begriffliche Grundlagen zum *Mittelstand* gelegt, bevor das Verständnis des CFO im bisherigen, angloamerikanischen Sinn diskutiert wird. Die deutsche Ausprägung des CFO – hier wird vor allem interessant sein, ob es so etwas wie einen CFO im deutschen Gesellschaftsrecht überhaupt gibt und welche Rechte und Pflichten eine solche *Führungskraft* aufweist – besitzt einige Spezifika, die im Detail analysiert werden müssen. Im Mittelpunkt des zentralen dritten Kapitels stehen Erkenntnisse einer eigenen *empirischen Erhebung* unter 42 CFOs mittelständischer Unternehmen aus den Jahren 2009 und 2010. In der Folge werden *aktuelle Entwicklungen* in der deutschsprachigen CFO-Forschung aufgezeigt, die das Forschungsfeld weiter erschließen und zukünftige *Forschungsbedarfe* aufzeigen. Der Beitrag schließt mit einem kurzen Fazit sowie einem Ausblick auf zukünftige Entwicklungen.

2. Grundlagen

2.1. Mittelstandsbegriff

Für die *deutsche Unternehmenslandschaft* lässt sich die weitgehend synonyme Verwendung der Begriffe *kleine und mittlere Unternehmen (KMU)*, *Mittelstand* und *Familienunternehmen* feststellen. Da diese Konstrukte jedoch letztlich unterschiedliche Betriebstypen beschreiben, ist eine solche Begriffsvermischung nicht nur falsch, sondern auch gefährlich. Schließlich soll die *Betriebswirtschaftslehre* auch den praxeologischen Anspruch erfüllen, Erkenntnisse für die Unternehmenspraxis ableitbar zu machen. Wenn jedoch Untersuchungsfeld und -objekte nicht sauber abgegrenzt werden, kann dieser Anspruch nicht erfüllt werden.[10]

In der *Literatur* finden sich – hierzu passend – folglich auch zahlreiche Definitionsansätze, die auf quantitative und/oder qualitative Unterscheidungsmerkmale abstellen und die angesprochenen Konstrukte KMU, Mittelstand und Familienunternehmen in verschiedensten Überschneidungsvarianten darstellen.[11]*Einigkeit* besteht jedoch weitgehend hinsichtlich der unterschiedlichen Betrachtungsperspektiven der Konstrukte: Das Konzept der *KMU* stellt vorrangig auf *quantitative Kriterien* ab, während die Begriffe

---

[8] Vgl. als Ausnahme bspw. *Becker* u.a., 2011.
[9] Vgl. *Hambrick/Mason*, 1984, 193 ff.
[10] Vgl. *Becker/Ulrich*, 2009, 2 ff.
[11] Vgl. *Hausch*, 2004, 28.

des *mittelständischen Unternehmens* sowie *Familienunternehmens* hauptsächlich durch qualitative Kriterien charakterisiert werden können.[12] Zur Begriffsklärung werden nachfolgend kurz *unterschiedliche Definitionsansätze* für KMU diskutiert. Im Anschluss wird die Mittelstandstypologie des Deloitte Mittelstandsinstituts an der Universität Bamberg (DMI) erläutert.

Die bedeutendste quantitative Definition von KMU liefert das Institut für Mittelstandsforschung (IfM) Bonn. Nach dieser Definition ist ein Unternehmen den KMU zuzurechnen, wenn es weniger als 500 Mitarbeiter beschäftigt und einen Jahresumsatz von höchstens 50 Mio. Euro erwirtschaftet. Zur Beschreibung mittelständischer Unternehmen berücksichtigt das IfM Bonn zusätzlich *mittelstandstypische, qualitative Kriterien*, die sich vor allem durch den Einfluss einer Unternehmerfamilie in Eigentum- und/oder Leitungsdimension des Unternehmens kennzeichnen lassen.

Unternehmens-klassifikation	Beschäftigtenzahl	Jahresumsatz (in Mio. EUR)
Kleine Unternehmen	Bis 9	< 1
Mittlere Unternehmen	10 bis 499	1 bis 50
Großunternehmen	Mehr als 499	> 50

Abb. 1: KMU-Definition des IfM Bonn [vgl. *Günterberg/Kayser*, 2004, S. 3]

Ähnliche Kriterien zur Abgrenzung von KMU verwendet auch die *Europäische Kommission*, sie ergänzt den Kanon jedoch um das Kriterium der Bilanzsumme. Demnach sind KMU definiert als Unternehmen mit bis zu 249 Mitarbeitern und einem jährlichen Umsatz von höchstens 50 Mio. Euro oder einer Jahresbilanzsumme von maximal 43 Mio. Euro.

Unternehmens-klassifikation	Beschäftigtenzahl	Jahresumsatz (in Mio. EUR)	Bilanzsumme (in Mio EUR)
Kleinstunternehmen	0 Bis 9	Bis 2 Mio. EUR	Bis 2 Mio. EUR
Kleinunternehmen	10 bis 49	Bis 10 Mio. EUR	Bis 10 Mio. EUR
Mittlere Unternehmen	50 bis 249	Bis 50 Mio. EUR	Bis 43 Mio. EUR

Abb. 2: KMU-Definition der Europäischen Kommission [vgl. Europäische Kommission, 1996, 2003]

Im Gegensatz zu KMU stellt das Konstrukt der Familienunternehmen – wie bereits erläutert – auf den Einfluss einer Familie im Unternehmen ab. Dies muss jedoch näher konkretisiert werden. Familienunternehmen sind Gegenstand eines eigenen Forschungszweigs, stellen jedoch gleichzeitig das noch am wenigsten klar definierte der drei genannten Konstrukte dar.[13] Das Spektrum reicht in diesem Zusammenhang von sehr weiten bis hin zu sehr engen Definitionen.[14] Als vielversprechender Ansatz hat sich die von *Astrachan,*

---

[12] Vgl. *Becker/Ulrich*, 2009, 2.
[13] Vgl. *Koeberle-Schmid*, 2008a, 4 f.
[14] Vgl. *Koeberle-Schmid*, 2009, 1249.

Klein und *Smyrnios* entwickelte F-PEC-Skala herausgestellt, welche den Einfluss einer Familie auf deren faktische Einflussnahme auf die drei Größen Power, Experience und Culture zurückführt.[15] Eine praxisorientierte Definition, welche auf der genannten Sicht aufbaut, definiert Familienunternehmen folgendermaßen: „zu mehr als 50 Prozent in der Hand einer oder mehrerer Familien, und Familieneigentümer üben einen maßgeblichen Einfluss aus auf Vision, Ziele, Strategien und Governance von Familie und Unternehmen".[16]

Der Begriff des *Mittelstands* ist ein spezifisch deutsches Phänomen.[17] Dieses Konstrukt stellt auf einen sowohl *soziologisch* als auch *psychologisch* abgegrenzten *Stand* „in der Mitte der Gesellschaft" ab, der sich schließlich auch in einer wirtschaftlichen Klasse oder einem Stand manifestiert, der kein Großunternehmen, aber eben auch kein Kleinst- oder Kleinunternehmen ist. Neben der *quantitativen* Perspektive spielen auch *qualitative Aspekte* wie Personenbezogenheit der Unternehmensführung, Einheit/Nähe von Eigentum und Leitung, flache Hierarchien, Flexibilität sowie eine besonders starke Unternehmenskultur eine wichtige Rolle.[18]

Im Sinne einer *anwendungsorientierten Sichtweise* hat das DMI eine sowohl quantitative als auch qualitative Definition des Mittelstands entwickelt.[19] Die *quantitativen Kriterien* von IfM Bonn und EU-Kommission wurden hierbei nach oben angepasst, da auch Unternehmen mit einer höheren Beschäftigtenzahl bzw. einem höheren Jahresumsatz in qualitativer Hinsicht typisch mittelständische Merkmale aufweisen können. Auf rein quantitativer Basis umfasst der Mittelstand somit Unternehmen mit bis zu ca. 3.000 Beschäftigten und einem jährlichen Umsatz von bis zu ca. 600 Mio. Euro. Daneben spielen jedoch in *qualitativer Hinsicht die Besitz- und Leitungsstruktur* eine wesentliche Rolle für die Zuordnung von Unternehmen zum Mittelstand.[20] Ein Unternehmen kann sich entweder in Eigentümer- oder Familien- sowie in Fremdbesitz befinden. Analog ist auch eine Leitung des Unternehmens durch den Eigentümer, die Familie oder ein Fremdmanagement möglich. Bezieht man diese Kriterien in die Definition mittelständischer Unternehmen mit ein, so muss die rein quantitative Definition des DMI modifiziert werden. Demnach sind sowohl eigentümer- und familiengeführte Unternehmen als auch managergeführte Unternehmen mit bis zu ca. 3.000 Mitarbeitern und/oder einem Jahresumsatz von bis zu ca. 600 Mio. Euro sowie Unternehmen, die beide Merkmale aufweisen, dem Mittelstand zuzurechnen.

Unternehmens-klassifikation	Beschäftigtenzahl	Jahresumsatz (in Mio. EUR)
Kleinstunternehmen	Bis ca. 30	Bis ca. 6 Mio. EUR
Kleinunternehmen	Bis ca. 300	Bis ca. 60 Mio. EUR
Mittlere Unternehmen	Bis ca. 3.000	Bis ca. 600 Mio. EUR
Große Unternehmen	Über 3.000	Über 600 Mio. EUR

Abb. 3: Quantitative Definition des DMI [vgl. *Becker/Staffel/Ulrich*, 2008, 14]

---

[15] Vgl. *Astrachan/Klein/Smyrnios*, 2005, 321 ff.
[16] Vgl. *Koeberle-Schmid*, 2008b, 150.
[17] Vgl. *Becker/Ulrich*, 2011, 1 ff.
[18] Vgl. *Damken*, 2007, 58.
[19] Vgl. *Becker/Staffel/Ulrich*, 2008, 11.
[20] Vgl. zum Grundgedanken schon *Gutenberg*, 1962, 12 f.

In Abhängigkeit von den beiden *Dimensionen Besitz* und *Leitung* hat das DMI eine Typologie mittelständischer Unternehmen entwickelt, die zwischen Eigentümer- und Familienunternehmen, fremdgeführtem Mittelstand, mischfinanzierten Unternehmen und Publikumsgesellschaften unterscheidet. *Eigentümerunternehmen* befinden sich in Besitz einer Einzelperson und werden gleichzeitig vom Eigentümer selbst geleitet. *Familienunternehmen* hingegen zeichnen sich dadurch aus, dass in mindestens einer der beiden Dimensionen „Besitzstruktur" und „Leitungsstruktur" ein unmittelbarer Einfluss der Eigentümerfamilie besteht. Befinden sich Unternehmen zwar in Besitz einer Einzelperson oder Familie, wird allerdings vollständig von einem angestellten Manager geleitet, so werden diese Unternehmen als *fremdgeführter Mittelstand* bezeichnet. Die Eigentümer- und Familienunternehmen sowie der fremdgeführte Mittelstand lassen sich zur Gruppe der Unternehmen mit Familientradition zusammenfassen. *Mischfinanzierte* Unternehmen befinden sich in Fremdbesitz oder weisen mezzanine Finanzierungsformen auf, werden im Vergleich zu Publikumsgesellschaften aber vom Eigentümer oder der Familie geführt. *Publikumsgesellschaften mit Fremdmanagement* unterscheiden sich von börsennotierten Großunternehmen ausschließlich aufgrund ihrer geringeren Größe.

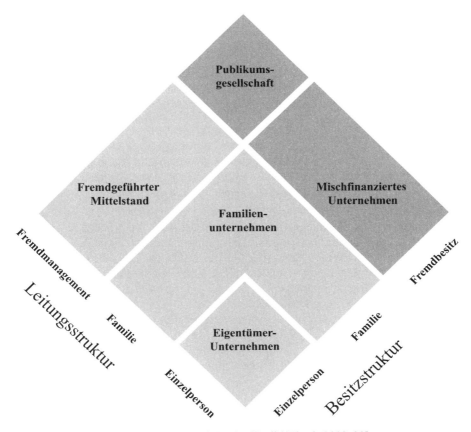

Abb. 4: Quantitative Definition des DMI [vgl. *Becker/Staffel/Ulrich*, 2008, 30]

2.2. CFO-Forschung

Grundlage des deutschen Verständnisses der *Unternehmensverfassung* ist die organisatorische Trennung von *Aufsicht* und *Leitung* in Verbindung mit dem Prinzip der kollegialen Unternehmensführung.[21] Im Gegensatz zum *angloamerikanischen System*, in dem die Rechte und Pflichten von Aufsicht und Leitung meist auf die beiden Personen des Chairman (Aufsicht) sowie CEO (Leitung) aufgetrennt, aber in einem Organ (Board) zusammengefasst wurden, befassen sich die deutschen Entsprechungen *Vorstand* (bei AG) oder *Geschäftsführung/-leitung* (bei GmbH und Personengesellschaften) alleine mit der Leitung eines Unternehmens. Ihnen ist – für bestimmte Rechtsformen wie AG sowie GmbH ab 500 Mitarbeitern grundsätzlich verpflichtend – ein Aufsichtsrat als Aufsichtsorgan zur Seite gestellt.

Im angloamerikanischen System erfolgt eine starke *Trennung der Verantwortlichkeiten* einzelner Mitglieder des *Boards* und eine entsprechende Benennung mit Begriffen wie Chief Executive Officer (CEO), Chief Operating Officer (COO) oder Chief Financial Officer (CFO). Aufgrund der starken *Kapitalmarktorientierung* angloamerikanischer Unternehmen ist der CFO in diesem Kulturkreis neben den klassischen Bereichen *Controlling* (im angloamerikanischen Bereich *Managerial* oder *Management Accounting*), *Finance* (häufig auch *Treasurership* genannt) und *Accounting* auch für *Investor Relations* zuständig. Erst in den letzten Jahren hat sich eine enge Beziehung zwischen dem CFO und der Erreichung von *Business Performance* in Unternehmen etabliert.[22]

Aufgrund des in § 77 Abs. 1 AktG festgelegten Prinzips der gemeinschaftlichen Geschäftsführung und Vertretung ist der Vorstand einer AG hingegen prinzipiell ein *Gemeinschafts- oder Kollegialorgan*. Die Zuweisung nur von bestimmten Verantwortungsbereichen an eine Person des Leitungsgremiums ist insofern weder üblich noch zulässig. Trotz allem haben sich auch in Deutschland Strukturen entwickelt, in denen es einen „Finanzexperten" gab, jedoch besaß dieser ein anderes *Rollenbild* als das eines angloamerikanischen CFO. Im deutschsprachigen Kontext war bisher vom CFO nicht oder nur in Ansätzen die Rede. Aus historischen Gründen dominiert das kontrollorientierte Bild des *Kaufmännischen Leiters* oder *Leiters der kaufmännischen Verwaltung*, der meist unterhalb des Leitungsgremiums einer Gesellschaft angesiedelt war.[23] Ein Großteil der deutschen mittelständischen Unternehmenslandschaft ist durch *technisch geprägte Unternehmen* charakterisiert, in denen kaufmännischen Aspekten historisch eine eher geringe Bedeutung beigemessen wurde. In den letzten Jahren ist jedoch auch im Mittelstand ein *Bedeutungszuwachs* kaufmännischer Themen festzustellen, der sich in einer größeren Bedeutung für den Finanzexperten niederschlägt. Letzterer wird wiederum immer häufiger auch mit dem Kürzel CFO benannt, was aus *Forschersicht* durchaus einen anstehenden *Rollenwandel* ankündigen könnte.

Forschungsaktivitäten zum CFO – im weiteren Verlauf dieses Artikels auch als CFO-Forschung beschrieben – stellen in der heutigen deutschsprachigen Controlling- und Managementforschung einen der aktuellsten Schwerpunkte dar.[24] *Utz Schäffer* plädiert bspw. auch deshalb für mehr CFO-Forschung, nicht zuletzt da das Verhältnis zwi-

---

[21] Vgl. für die AG die §§ 76 ff. AktG.
[22] Vgl. *Sutcliff/Donnellan*, 2006, 1 ff.
[23] Vgl. *Schäffer*, 2008, 353.
[24] Vgl. z.B. *Schäffer*, 2010.

schen CEO und CFO dem in der Controllingforschung häufig thematisierten Mit- oder auch Gegeneinander von Manager und Controller ähnele.[25] Im Gegensatz zu den Aufgabengebieten des Vorstandsvorsitzenden bzw. CEO gibt es jedoch zu den Aufgaben des CFO in Deutschland nur wenige aktuelle wissenschaftliche Erkenntnisse. Hier sei beispielhaft nur eine aktuellere Studie genannt: *Christian Kunz* analysiert Ressortzuständigkeiten des Finanzvorstandes von DAX- und MDAX-Konzernen. Er kommt zu dem Ergebnis, das Ressort des CFO nehme einen zunehmend integrativen Charakter an, der auch teilweise fachfremde Aufgabengebiete für den CFO beinhalte.[26]

2.2.1. Position des CFO

Die Bedeutung der *Position* des CFO in der heutigen Unternehmenspraxis sollte nicht zu gering angesetzt werden. Dies war jedoch nicht immer so. Früher war die Funktion des *Finanzchefs* eher nach innen gerichtet und durch mehr administrative Tätigkeiten geprägt.[27] Die Tätigkeit ähnelte – der Tendenz nach – der Aufgabe eines obersten Buchhalters für das Unternehmen. Der *fehlende Rückhalt* des CFO, der damals meist noch kaufmännischer Geschäftsführer oder Finanzvorstand hieß, im Unternehmen ging mit dem oftmals beschränkten Verständnis der Öffentlichkeit bezüglich der Themenbereiche Controlling, Finanzen und Rechnungswesen einher.[28] Zudem galten Kenntnisse in den genannten Bereichen als vollkommen ausreichend für die Übernahme der Position als CFO.[29] *Weitere Kenntnisse* – v.a. die im heutigen Kontext immer wieder genannten sozialen Kompetenzen – wurden von den jeweiligen Aufgabenträgern nicht oder nur in geringerem Ausmaß gefordert. *Diese enge Auslegung* der CFO-Tätigkeit erscheint in der heutigen Praxis jedoch nicht mehr angebracht.[30] Das Aufgabengebiet des CFO hat in der Gegenwart eine deutliche Aufwertung und simultane Ausbreitung erfahren.[31]

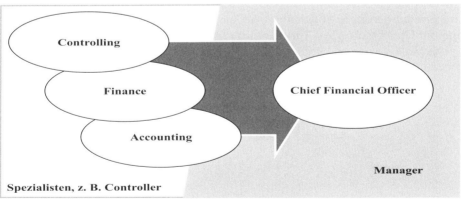

Abb. 5: Integration von Controlling, Finance und Accounting [vgl. *Becker*, 2011, 159]

[25] Vgl. *Schäffer/Schürmann*, 2010, 189 f.
[26] Vgl. *Kunz*, 2010b, 47 ff.
[27] Vgl. *Daum*, 2008, 2.
[28] Vgl. *Gison-Höfling*, 2008, 3 ff.
[29] Vgl. *Schäffer/Büttner/Zander*, 2008b, 375.
[30] Vgl. *Angel/Rampersad*, 2005, 45.
[31] Vgl. *Fabozzi/Drake/Polimeni*, 2007, 6 f.

Neben die traditionellen Bereiche Controlling, Finanzen (heute: Finance) und Rechnungswesen (heute: Accounting) treten die strategische Planung, Aufgaben im Rahmen gestiegener Compliance-Anforderungen sowie Kommunikationsaufgaben mit anderen Mitgliedern der Führungsebene, Kreditgebern, Gesellschaftern und Investoren. Häufig wird der heutige CFO als *„zweiter Mann"* in Vorstand oder Geschäftsführung gesehen. Er steht dem Vorsitzenden beratend und unterstützend zur Seite und ist dessen *Business Partner.*

Eine der Hauptaufgaben des modernen CFO ist die Verbindung einer soliden Basis aus Controlling, Finance und Accounting mit dem Ziel der *Performancesicherung und -steigerung.* Als Anreiz für den CFO bieten sich neben der gestiegenen Bedeutung im Unternehmen zusätzlich auch *erweiterte Karriereperspektiven.* So ist in jüngster Zeit im In- und Ausland zu beobachten, dass sich der CFO als möglicher Nachfolger für die Leitung eines großen Geschäftsbereichs oder auch für die Nachfolge eines ausscheidenden CEO anbietet. Der CFO ist zudem – aus Sicht der Übernahme betriebswirtschaftlicher Funktionen für das Unternehmen – als *Change Agent* das Mitglied des Exekutivgremiums, das in seiner Hauptfunktion der fortschreitenden Integration der Themenbereiche Controlling, Finance und Accounting Rechnung tragen kann.

2.2.2. Das Four-Faces-Modell des modernen CFO

Nicht nur die Aufgabengebiete des modernen CFO, sondern vor allem das *Rollenverständnis* des CFO stellen aktuelle Schwerpunkte der CFO-Forschung dar. Dieser neue Forschungsbereich ist an der Schnittstelle von Management und Controlling angesiedelt und befasst sich dezidiert mit Aspekten, die den CFO im Vergleich zu anderen Aufgabenträgern auf derselben Hierarchieebene auszeichnen. Wie *Goretzki/Weber*[32] zeigen, kommt im Gesamtgebiet von Unternehmensführung und Controlling der Berücksichtigung *psychologischer* und *soziologischer Erkenntnisse* im Kontext der Rollentheorie eine deutlich größere Bedeutung als bisher zu.

---

[32] Vgl. *Goretzki/Weber*, 2010, 163 ff.

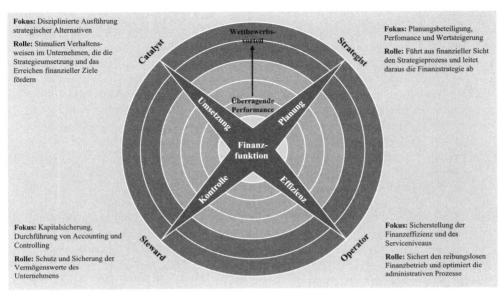

Abb. 6: Die vier Facetten des CFO-Framework [vgl. Deloitte/Economist Intelligence Unit, 2007, 4]

Von der US-amerikanischen Wirtschaftsprüfungs- und Unternehmensberatungsgesell-schaft *Deloitte* stammt ein alternatives Modell zum Rollenverständnis des modernen CFO. Dieses weist dem CFO vier mögliche Facetten im Rahmen der Ausübung seiner Aufgaben zu.

Zwei der Facetten des Modells werden aus Sicht der *Literatur* als eher *traditionell*, zwei als eher *modern* gesehen. Die Facette des *Operators*, die die Ausrichtung des CFO auf die *Verbesserung der Effizienz* in den Vordergrund stellt, spricht dem CFO die Aufgabe zu, die Finanzeffizienz und das Serviceniveau innerhalb des gesamten Unternehmens sicherzustellen. Dies ist die Sichtweise, die auch dem *traditionellen deutschen Verständnis* entspricht. Die Facette des *Steward* fokussiert die Kapitalsicherung. Eine reibungsfreie Abwicklung von Accounting und Controlling ermöglicht es dem CFO, seiner Funktion als Treuhänder der Unternehmenseigentümer nachzukommen und die Vermögenswerte des Unternehmens zu sichern.

Die beiden Facetten des *Strategist* und des *Catalyst* wurden bisher in dieser Form nicht oder nur selten als Bestandteile des Rollenbilds von CFO gesehen. Ansätze finden sich z.B. in der Wahrnehmung des CFO als sogenanntem *Business Navigator*, welcher profitables Wachstum vorantreiben soll.[33] Die Facette des Strategist teilt dem CFO die Rolle zu, für *Business Performance* und *Wertsteigerung* federführend verantwortlich zu sein. Dies äußert sich insbesondere durch die starke Beteiligung des CFO am Prozess der *operativen und strategischen Planung*.

Aus der sehr innovativen Facette des *Catalyst* ließe sich die Anforderung an CFO ableiten, nicht nur vorbereitende Aktivitäten zu übernehmen, sondern Veränderungen auch aktiv anzustoßen und somit auch in Bereiche vorzustoßen, die einst dem CEO vorbehal-

---

[33] Vgl. *Daum*, 2008, 2 ff.

ten waren. Insofern wird der CFO zum obersten Architekten des *Change Management* im Unternehmen. *Strategischen Themen* wie der *Unternehmens- und Personalentwicklung* kommt in diesem Zusammenhang große Bedeutung zu.

2.2.3. Spezifika der CFO-Position im deutschen Mittelstand

Die Position des CFO in *mittelständischen Unternehmen* muss – wie bereits erläutert – aufgrund der *Spezifika dieses Betriebstyps* als von der Ausprägung der CFO-Rolle in Großunternehmen unabhängige, eigenständige Problemstellung betrachtet werden.

In der vorliegenden Untersuchung wird in einer *typologisierenden Vorgehensweise* davon ausgegangen, dass die unterschiedliche Besitz- und Leitungskonstellation der verschiedenen Unternehmenstypen einen der Haupteinflussfaktoren auf die Tätigkeit des CFO in mittelständischen Unternehmen darstellt.

Eine Vielzahl mittelständischer Unternehmen kann als *Eigentümerunternehmen* klassifiziert werden. Diese Unternehmen besitzen hinsichtlich ihrer Leitungs- und Besitzstruktur besondere Merkmale. So kann sowohl Besitz als auch Leitung einer Einzelperson zugeordnet werden. Bezüglich dieses Unternehmenstyps sind insbesondere die Auswirkungen der vorliegenden Besitz- und Leitungsstruktur auf die Rolle des CFO von wissenschaftlichem und auch praktischem Interesse. Insofern muss untersucht werden, wie die Zusammenarbeit zwischen dem *Eigentümer* in seiner Position als *Personifizierung des obersten Leitungsorgans* und dem CFO ausgestaltet ist. Dabei wird vermutet, dass der Eigentümer eines eigentümergeführten Unternehmens an allen Entscheidungen, die finanzielle Auswirkungen auf sein Privatvermögen aufweisen, partizipieren möchte. Des Weiteren muss untersucht werden, ob und inwieweit der Alleineigentümer *Entscheidungskompetenzen* auf den angestellten CFO übertragen kann oder möchte.

Familienunternehmen weisen in Bezug auf Leitungs- und Besitzstruktur einen unmittelbaren Einfluss der Familie auf. Oberster Entscheidungsträger (z.B. als CEO) ist stets ein Familienmitglied – auch dann, wenn ein Fremdmanagement in der Geschäftsführung etabliert ist. Auch hier soll untersucht werden, welche Auswirkungen diese Leitungs- und Besitzstruktur auf Aufgaben, Funktionen und Rollen des CFO hat. Ein möglicher Untersuchungsgegenstand könnte die Frage sein, welche Weisungsgebundenheit der CFO zum einen in Bezug auf die Familienmitglieder, die aktiv oder passiv im Unternehmen agieren, und zum anderen in Bezug auf das Fremdmanagement aufweist. Darüber hinaus könnte auch eine Untersuchung des *Vertrauensverhältnisses* zwischen dem CFO und den im Unternehmen agierenden Familienmitgliedern von Bedeutung sein.

Der *fremdgeführte Mittelstand* zeichnet sich dadurch aus, dass sich das Unternehmen im Besitz einer Einzelperson oder einer Familie (mindestens zwei Personen) befindet, während die Leitung komplett an ein externes Management vergeben wurde. Aufgrund der zunehmenden Entfernung der Familie vom operativen Geschäft werden in Anlehnung an die Mittelstandsdefinition des DMI nur Unternehmen mit bis zu ca. 3.000 Mitarbeitern oder 600 Millionen Euro Umsatz zu dieser Gruppe gezählt. Größere Unternehmen mit vergleichbaren Besitz- und Leitungsstrukturen sind qualitativ eher mit Publikumsgesellschaften vergleichbar.

Für die CFO-Forschung stellt sich insbesondere die Frage, wie sich die vermutete Mittlerfunktion des CFO zwischen der Unternehmerfamilie und dem angestellten CEO/ Vorstandsvorsitzenden auf die Rolle und *Aufgabengebiete* des CFO auswirkt. Da der

CFO in solchen Unternehmen nicht nur die Belange des Unternehmens, sondern aufgrund der Besitzstruktur auch indirekt die Vermögenssituation der nicht operativ tätigen Eigentümer oder der Unternehmerfamilie treuhänderisch verantwortet, könnte sich diese spezielle Konstellation im *Aufgabenportfolio* niederschlagen.

Neben der Besitz- und Leitungsstruktur der Unternehmen werden auch die *rechtlichen Rahmenbedingungen* sowie das *Geschäftsmodell* als Einflussfaktoren identifiziert. In diesem Kontext soll das unterschiedliche *Tätigkeitsprofil* des Geschäftsführers in einer GmbH, die eine sehr mittelständische Rechtsform ist, mit dem Profil einer in Großunternehmen oft anzutreffenden AG und deren Finanzvorstand verglichen werden. In Bezug auf das Geschäftsmodell[34] besteht die Vermutung, dass Aspekte wie z.B. die *Wertschöpfungstiefe*, die *Ertragslogik* sowie die *Value Proposition* des Unternehmens das Aufgabenspektrum (Tiefe und Breite) und somit die Rolle des CFO im Mittelstand situativ verändern können.

Da nun das Forschungsfeld definiert wurde, wird im Folgenden die Forschungskonzeption näher erläutert.

3. Eigene empirische Erkenntnisse

3.1. Charakterisierung von Erhebung und Stichprobe

Zur Gewinnung neuer Erkenntnisse zu etwaigen Veränderungen von Aufgabenbereichen und Funktionen des CFO und möglichen organisatorischen Konsequenzen wurde Ende 2009/Anfang 2010 eine *persönliche Interviewaktion* unter 42 CFOs mittelständischer Unternehmen in ganz Deutschland durchgeführt. Die Interviews wurden in der Folge unter Zuhilfenahme interner und extern verfügbarer Dokumente zu *Fallstudien* verdichtet. Im vorliegenden Beitrag ist nur der Mehrfachvergleich dieser Fallstudien enthalten.

Grundlage der Interviews waren *Leitfäden*. Zu Beginn des Leitfadens wurden jeweils allgemeine Daten zum befragten Unternehmen erhoben. Die Daten wurden zunächst grundlegend im Vorfeld über die Unternehmensdatenbank *Hoppenstedt* und über die frei zugängliche Homepage des jeweiligen Unternehmens recherchiert. Zu Beginn eines jeden Gesprächs wurden diese Daten dem CFO kurz vorgestellt und so auf Aktualität und Richtigkeit geprüft. Die Unternehmensdaten dienen im Folgenden der *Charakterisierung* der Probanden. Des Weiteren werden bereits in Bezug auf die Zusammensetzung der Stichprobe erste Rückschlüsse zum Themenfeld des CFO im Mittelstand abgeleitet.

Die meisten der befragten Unternehmen werden unter der *Rechtsform* einer GmbH geführt (15 Nennungen). Zweithäufigste Rechtsform ist mit 14 Nennungen die GmbH & Co. KG, gefolgt von der Rechtsform AG (10 Nennungen). Da sowohl die GmbH & Co. KG als auch die GmbH die am häufigsten gewählten Rechtsformen im Mittelstand sind, kann geschlussfolgert werden, dass die Stichprobe den *gehobenen deutschen industriellen Mittelstand* abbildet.

---

[34] Vgl. z.B. *Stähler*, 2002, 31 ff.

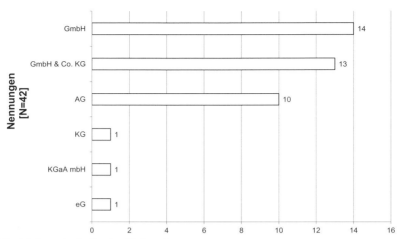

Abb. 7: Rechtsform der befragten Unternehmen

Was die *Wirtschaftsbereiche* der befragten Unternehmen angeht, so handelt es sich bei 27 der Unternehmen und damit bei mehr als der *Hälfte der Grundgesamtheit* um Unternehmen im produzierenden Gewerbe ohne Baugewerbe. Es folgt Handel, Gastgewerbe und Verkehr, dem sieben Unternehmen zuzuordnen sind. Weniger häufig sind Unternehmen, die in der Finanzierung, Vermietung oder als Unternehmensdienstleister tätig sind (fünf Nennungen). Lediglich drei Unternehmen sind dem Baugewerbe bzw. den öffentlichen und privaten Dienstleistern zuzuordnen (zwei Nennungen bzw. eine Nennung).

Ein klassischer Indikator für die *Unternehmenskomplexität* ist die Anzahl der Mitarbeiter. Kein befragtes Unternehmen hat weniger als 30 Mitarbeiter. Sieben Unternehmen weisen mindestens 30 – allerdings weniger als 300 – Beschäftigte auf. 25 der in der Stichprobe vertretenen Unternehmen beschäftigen mindestens 300 und weniger als 3.000 Mitarbeiter. Zehn befragte CFOs geben an, mindestens 3.000 Mitarbeiter in Bezug auf das gesamte Unternehmen zu zählen.

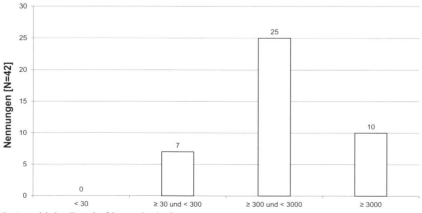

Abb. 8: Anzahl der Beschäftigten der befragten Unternehmen

In engem Zusammenhang mit der Mitarbeiterzahl steht die Frage nach dem *letzten oder durchschnittlichen Jahresumsatz*. Zwei Unternehmen der Stichprobe besitzen einen Jahresumsatz bis unter sechs Millionen Euro. 28 und damit die Mehrzahl aller 42 Befragten können einen Jahresumsatz von mindestens 60 bis unter 600 Millionen Euro aufweisen. Jeweils sechs CFO gaben einen Jahresumsatz von zwischen mindestens sechs und unter 60 Millionen Euro bzw. mindestens 600 Millionen Euro an.

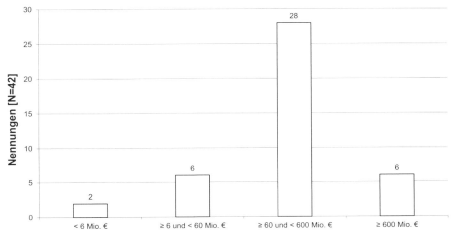

Abb. 9: Jährlicher Umsatz der befragten Unternehmen

Mittels der vorher in diesem Beitrag vorgestellten *Mittelstandsdefinition des DMI* und auf Basis der ermittelten Unternehmensdaten kann eine Einteilung aller befragten Unternehmen nach Größenklassen vorgenommen werden. Demzufolge befinden sich in der vorliegenden Stichprobe sieben Kleinunternehmen, 25 mittlere Unternehmen und zehn große Unternehmen. Es sind keine Kleinstunternehmen vertreten.

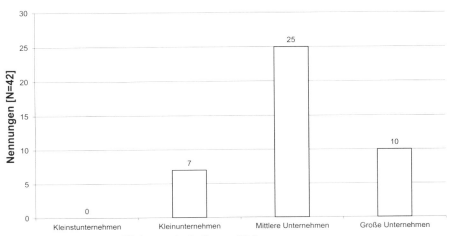

Abb. 10: Unternehmensklassifizierung der befragten UN

3.2. Ausgewählte Ergebnisse

3.2.1. Anforderungen an die Person des CFO

Schäffer/Büttner/Zander[35] befassen sich in einem Beitrag mit den Karrierewegen von CFOs in Deutschland und kommen zu dem Ergebnis, dass zumindest in Großunternehmen CFOs stärker als bisher in ihrem Berufsleben Unternehmen und Branche gewechselt haben und somit auch häufig von *außerhalb* ins Unternehmen gekommen sind. Auch wenn der Finanzbereich noch immer der Hauptaspekt der Tätigkeit des CFO sei, habe sich dessen *Kompetenzbereich* zum einen in Richtung Sales/Marketing und allgemeines Management ausgeweitet. Zum anderen sind im Hinblick auf den *Ausbildungshintergrund* vermehrt Ingenieure und Naturwissenschaftler unter den CFOs großer Unternehmen zu finden.

Zur Spiegelung der Ergebnisse im deutschen Mittelstand wurden die teilnehmenden CFOs der vorliegenden Untersuchung in einer offenen Frage nach ihrem *individuellen Ausbildungshintergrund* befragt. Die Ergebnisse werden nach primären und sekundären höheren Bildungsabschlüssen klassifiziert.

95 Prozent der Befragten verfügen über einen *höheren Bildungsabschluss* an einer Fachhochschule oder Universität. Im Rahmen sekundärer höherer Abschlüsse weisen sieben Prozent der befragten CFOs eine Promotion und zwei Prozent einen Master of Business Administration (MBA) auf. Fünf Prozent der CFO besitzen keinen höheren Bildungsabschluss. Die teilnehmenden CFOs wiesen mehrheitlich darauf hin, dass der fachlichen Ausbildung eine wichtige Bedeutung für die spätere Ausübung der CFO-Tätigkeit zukomme. Jedoch sei dies nicht der entscheidende Faktor für die Ausübung einer CFO-Tätigkeit.

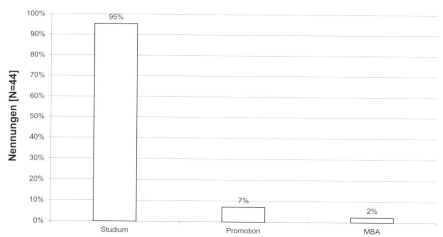

Abb. 11: Akademische Ausbildung der CFOs

Die Verteilung der *Studienrichtungen* der Untersuchungsteilnehmer zeigt mit 76 Prozent der CFOs eine Dominanz der Wirtschaftswissenschaften. Es folgen Ingenieur- und Na-

---

[35] Vgl. *Schäffer/Büttner/Zander*, 2008b, 375 ff.

turwissenschaften (sieben Prozent) sowie Rechtswissenschaften (fünf Prozent). Acht Prozent der CFOs mit Studienabschluss machen keine Angabe zur Studienrichtung. Zumindest in der vorliegenden Stichprobe ergeben sich im Unterschied zu *Schäffer/Büttner/Zander* keine Befunde einer stärkeren Ausweitung des CFO-Hintergrunds weg von der klassischen Ausbildung in Wirtschaftswissenschaften.

Studienrichtungen der befragten CFOs [N=40]

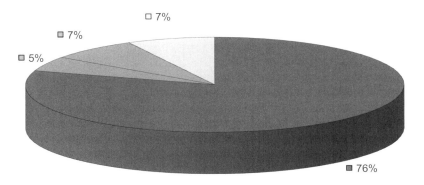

Abb. 12: Studienrichtungen der CFOs

Die sehr hohe Quote von 95 Prozent der CFOs mit *höherem Studienabschluss* in der vorliegenden Studie ist jedoch durchaus bemerkenswert. Immer wieder wurde mittelständischen Unternehmen in der Literatur ein *niedriger Akademikeranteil* auch auf Ebene der Unternehmensleitung zugewiesen. Dieser Mangel an betriebswirtschaftlichem Knowhow kann in der vorliegenden Stichprobe nicht erhärtet werden. Im Gegenteil: In den von *Schäffer/Büttner/Zander* untersuchten DAX-30-Unternehmen weisen 97 Prozent der CFOs ein Studium, 50 Prozent eine Promotion und 17 Prozent einen MBA auf. Es zeigt sich, dass die befragten mittelständischen CFOs nur in den Bereichen Promotion und MBA hinter ihren DAX-30-Kollegen zurückliegen. Insofern kann *nicht* von einem *signifikanten Qualitätsunterschied* in der akademischen Ausbildung der CFO in Großunternehmen und mittelständischen Unternehmen ausgegangen werden.

24 der befragten CFOs treffen eine Aussage zur Bedeutung des Ausbildungshintergrunds für ihre Tätigkeit als CFO. Dabei sind sich die befragten CFOs weitgehend einig, dass sowohl eine theoretisch fundierte Ausbildung als auch praktische Erfahrung in Bereichen, die der CFO-Rolle nahestehen (z.B. Steuern, Wirtschaftsprüfung, Controlling) vorteilhaft ist. Lediglich drei der 24 CFOs, die sich zu dieser Frage äußern, halten eine fundierte theoretische Ausbildung für weniger wichtig als praktische Erfahrung.

In einem weiteren Schritt wurden die teilnehmenden CFOs auch nach ihrer *persönlichen Erfahrungsdauer* als CFO befragt.

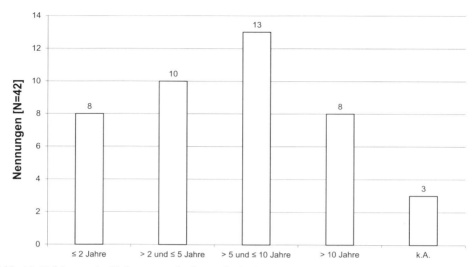

Abb. 13: Erfahrung der Befragungsteilnehmer als CFO

Es zeigt sich, dass der Großteil der befragten CFOs auf eine *längere Erfahrung* in dieser betrieblichen Funktion zurückblicken kann. Zehn Befragungsteilnehmer kommen auf eine Erfahrung zwischen mehr als zwei und höchstens fünf Jahren, 13 auf mehr als fünf bis maximal zehn Jahre, und acht CFO sind schon seit mehr als zehn Jahren in einer CFO-Position tätig. Nur acht der Befragungsteilnehmer übernehmen erst seit höchstens zwei Jahren die Position eines CFO im jeweiligen Unternehmen.

Aus den Antworten der befragten CFOs können ebenfalls Rückschlüsse auf den Zeitraum geschlossen werden, seit dem in den befragten Unternehmen eine explizite CFO-Position etabliert ist.

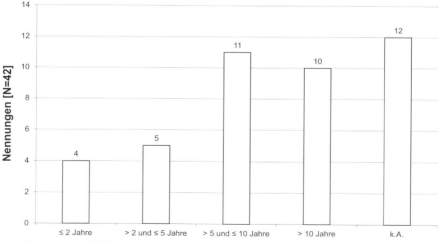

Abb. 14: Bestehen der CFO-Position auf Leitungsebene

Wie eingangs formuliert, besteht die *Vermutung*, dass *die explizite Besetzung* einer CFO-Rolle auf Ebene der Unternehmensleitung mit einer entsprechenden Wertschätzung der vom CFO – nicht nur, aber im Besonderen – verantworteten Funktionsbereiche Controlling, Finance und Accounting beruht. In 21 der befragten Unternehmen besteht die CFO-Funktion in ihrer aktuellen Ausprägung auf Ebene der Unternehmensleitung seit mehr als fünf Jahren. Nur neun der befragten Unternehmen weisen erst seit maximal fünf Jahren eine solche Institutionalisierung auf. Zwölf Unternehmen machen keine Angaben.

Die Antworten lassen darauf schließen, dass – zumindest aus der Perspektive der Institutionalisierung der CFO-Funktion – die Etablierung einer CFO-Rolle *kein absolut neues Phänomen* für die befragten Mittelständler ist. Insofern kann der Befund vieler aktueller Veröffentlichungen[36] dahingehend bestätigt werden, dass der CFO zwar ein neues Forschungsobjekt ist, in der Praxis jedoch schon seit längerem seinen wichtigen Platz gefunden hat. Der CFO hat in diesen Unternehmen schon länger *eine große Bedeutung*. Insbesondere als gleichberechtigtes, äußerst wichtiges Mitglied der Unternehmensleitung kann der CFO für Unternehmen einen großen Wertbeitrag im Sinne der Performance erwirtschaften.

38 befragte CFOs waren *Manager*, vier *Eigentümer*. Dies lässt sich unter Rückgriff auf die *Führungsstruktur* der befragten Unternehmen interpretieren. So wird die Funktion des CFO signifikant häufiger von familienfremden, angestellten Managern übernommen. Eigentümer/Gesellschafter haben – wenn sie operativ tätig sind – meist die Rolle des CEO, Vorstandsvorsitzenden oder Sprechers der Geschäftsführung inne. Diese Tätigkeit umfasst regelmäßig die Verantwortung für *Themenbereiche* wie Marketing/Vertrieb, Produktentwicklung, Strategie und Unternehmenskommunikation.

Im Rahmen der Anforderungen an die Person des CFO ist zu differenzieren zwischen *fachlichen, sozialen, persönlichen und weiteren Anforderungen.*

In Bezug auf die Anforderungen an die Person des CFO wird zunächst auf die *fachlichen Kompetenzen* eingegangen. Die wesentlichen fachlichen Anforderungen an die Person des CFO sind betriebswirtschaftliche Basis- und/oder Fachkenntnisse (n=10), Controlling-Kenntnisse (n=7), ein abgeschlossenes Hochschulstudium (n=7), eine generalistische Sichtweise des CFO (n=6) sowie Praxiserfahrung (n=6). Weiterhin sind Finanz-Kenntnisse (n=5), methodische Fähigkeiten (n=5), aktuelles juristisches Wissen (n=4) und der Umgang mit Instrumenten (n=4) wichtige Anforderungen.

---

[36] Vgl. z.B. *Bragg*, 2011.

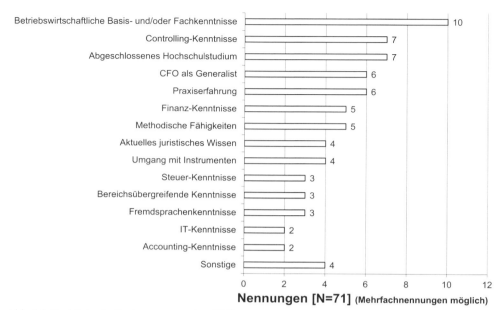

Abb. 15: Fachliche Anforderungen an den CFO

Der CFO muss also *fachliches Grundlagenwissen* in allen Bereichen aufweisen, die zu seinem *Verantwortungsbereich* gehören. Selbst wenn beispielsweise ein großer Teil der Informationstechnologie oder des Accounting delegiert werden kann, muss der CFO über die entsprechenden Kenntnisse verfügen, um eine Kontrollmöglichkeit über die operativ tätigen Mitarbeiter zu besitzen.

Neben den fachlichen Anforderungen wurden auch *soziale Anforderungen* an den CFO erfragt. Hier spielen insbesondere die Teamfähigkeit (n=12), die Durchsetzungs- und/oder Überzeugungsfähigkeit (n=11) sowie die soziale Kompetenz (n=10) eine wesentliche Rolle. Auch Kommunikationsfähigkeit (n=8) und Führungskompetenz (n=7) werden neben den sonstigen sozialen Anforderungen (n=4) als relevante Anforderungen genannt. Letztere beinhalten unter anderem Konflikt- und Kritikfähigkeit sowie Ehrgeiz.

Die sozialen Kompetenzen spielen insbesondere deshalb eine wichtige Rolle, weil dem CFO als *Bindeglied* und *Informationslieferant* zwischen Geschäftsleitung bzw. CEO und operativen Mitarbeitern eine sehr hohe Bedeutung zukommt.[37]

---

[37] Vgl. *Weber* u.a., 2009, 13.

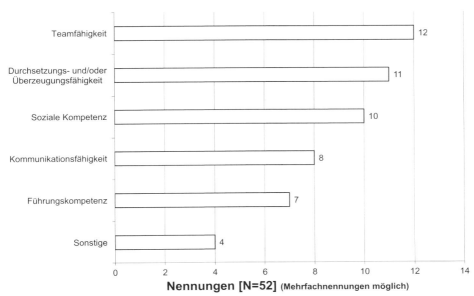

Abb. 16: Soziale Anforderungen an die Person des CFO

In einem nächsten Schritt wurden die *persönlichen Anforderungen* an den CFO mit den Befragungsteilnehmern diskutiert.

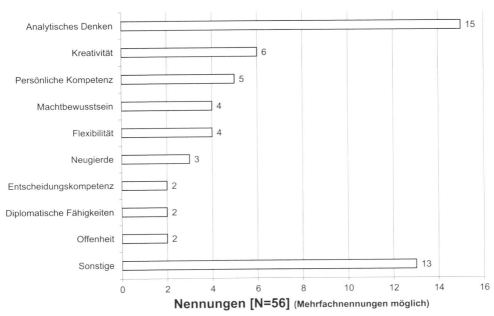

Abb. 17: Persönliche Anforderungen an den CFO

Die *wichtigste persönliche Anforderung* an den CFO stellt das analytische Denken (n=15) dar. Darüber hinaus sind Kreativität (n=6), persönliche Kompetenz (n=5), Machtbewusstsein (n=4) und Flexibilität (n=4) wesentliche persönliche Anforderungen. Ebenso zählen Neugierde (n=3), Entscheidungskompetenz (n=2), diplomatische Fähigkeiten (n=2) und Offenheit (n=2) zu den persönlichen Anforderungen an den CFO. Die sonstigen persönlichen Anforderungen (n=13) beinhalten unter anderem Umsetzungswillen, Detailbewusstsein, die Fähigkeit zu sachlich rationalem Verhalten, Empathie, Ehrlichkeit, Mobilität sowie Einfühlungsvermögen.

Abschließend wurden noch weitere Anforderungen an die Person des CFO ermittelt:

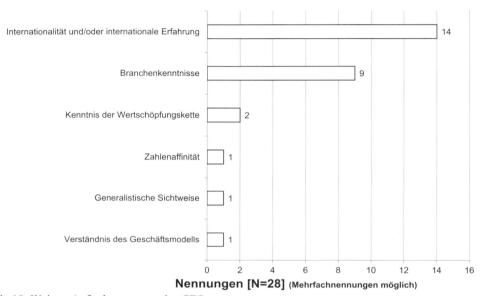

Abb. 18: Weitere Anforderungen an den CFO

Als sehr *wichtige weitere Anforderungen* an die Person des CFO sehen die Befragungsteilnehmer eine hohe Internationalität und/oder internationale Erfahrung (n=14) sowie vorhandene Branchenkenntnisse (n=9). Darüber hinaus werden die Kenntnis der Wertschöpfungskette (n=2), Zahlenaffinität (n=1), eine generalistische Sichtweise (n=1) sowie das Verständnis des Geschäftsmodells (n=1) als weitere Anforderungen an die Person des CFO als relevant erachtet.

3.2.2. Funktionen des CFO

Die *CFOs als Führungspersonen* in mittelständischen Unternehmen können auf Basis der von ihnen ausgeführten Funktionsbereiche bzw. -spektren beurteilt werden. In Abhängigkeit davon, ob sie eher übergeordnet leitende, eher spezifische oder Funktionen aus beiden Kategorien erfüllen, lassen sich Aussagen über die Führungspersönlichkeit des CFO treffen.

Da ein hoher Anteil der CFOs im Mittelstand sowohl übergeordnet leitende als auch spezifische Funktionen erfüllt, muss der typische CFO über eine *eher generalistische* und weniger ausschließlich spezialisierte Sichtweise verfügen. Dies deckt sich mit der Vermutung, dass sich der CFO von den Rollen Operator und Steward hin zum Strategist und Catalyst entwickelt haben könnte. Auch diese Frage wird im weiteren Verlauf des Artikels thematisiert.

Gestärkt wird diese Annahme durch den ebenfalls *vergleichsweise hohen Anteil* an CFOs, die ausschließlich übergeordnet leitende Funktionen wahrnehmen. Jedoch übernimmt der CFO im Mittelstand nach wie vor sehr *viele operative Aufgaben,* sodass neben übergeordnet leitenden Funktionen gleichermaßen auch spezifische Funktionen eine Rolle spielen müssten. Häufig fehlt schlichtweg die notwendige Zahl in quantitativer und/oder qualitativer Hinsicht, so dass eigentlich zu delegierende Aufgaben vom CFO zusätzlich zur Leitungsfunktion mitübernommen werden müssen.[38]

Die *hauptsächlichen Funktionen* mittelständischer CFOs liegen *klassischerweise* in den Bereichen Controlling, Finanzierung, Strategie und Planung sowie Accounting. Diese traditionellen Funktionen von Finanzvorständen sehen die CFOs im Mittelstand gleichzeitig als besonders bedeutsam innerhalb ihres Funktionsumfangs an. Zunehmend wichtiger werden für mittelständische CFOs aber auch die Themen *Personalmanagement, Informationstechnologie sowie Koordinations- und Schnittstellenaufgaben.* Darüber hinaus erfüllen CFOs im Mittelstand weitere Funktionen, die in geringerem Maße zu ihrem hauptsächlichen Funktionsumfang gehören. Darunter fallen beispielsweise weitere Managementaufgaben, Recht und Steuern, Investor Relations, Mergers und Acquisitions, Liquiditätsmanagement sowie administrative Funktionen.

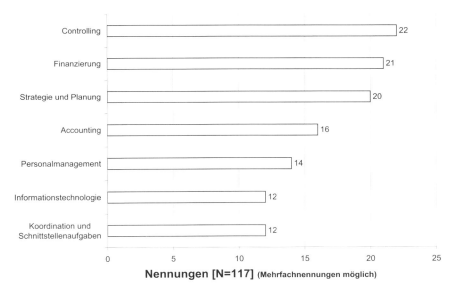

Abb. 19: Hauptsächliche Funktionen des CFO

Dieses eher *weite Funktionsspektrum* stellt neben einer generalistischen Ausbildung weitere Anforderungen an die Person des mittelständischen CFO.

---

[38] Vgl. *Winter*, 2008, 76 ff.

3.2.3. Aufgabengebiete des CFO

Der mittelständische CFO erfüllt vor allem Aufgaben in den Bereichen Controlling, Finanzierung, Personalmanagement, Accounting, Informationstechnologie sowie Strategie und Planung. Diese Erkenntnis deckt sich mit der Tatsache, dass CFOs mittelständischer Unternehmen im Wesentlichen auch Funktionen aus diesen Bereichen wahrnehmen. Gleichzeitig werden die genannten Aufgabenbereiche von den CFOs auch als die mit einer *A- oder hohen B-Priorität* innerhalb ihres gesamten Aufgabenspektrums beurteilt.

Aufgabengebiete mit geringer Priorität, die ebenfalls von CFOs ausgeführt werden, sind Administration, Tagesgeschäft, Informationsmanagement sowie die Beratung in betriebswirtschaftlichen Fragestellungen und Sonderaufgaben.

Das Aufgabenspektrum des CFO ist somit ein sehr breites, welches die Aufgabengebiete zur Erfüllung der Zwecke des unternehmerischen Handelns recht umfänglich abdeckt.

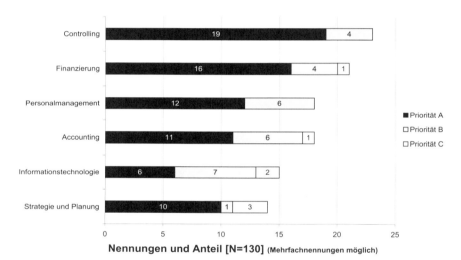

Abb. 20: Aufgabengebiete des CFO und deren Prioritäten

Den größten Anteil am Zeitbudget mittelständischer CFOs nimmt das *Tagesgeschäft* ein. Dieses beansprucht in etwa 36 Prozent der gesamten Arbeitszeit. Auch ist für die *Ergebnisverantwortung*, das *Controlling*, die Controllinginstrumente, die Abstimmung mit Vorstand und Geschäftsleitung, das Projektmanagement sowie die interne und externe Kommunikation ein hohes Zeitbudget von jeweils mehr als 20 Prozent erforderlich, sofern diese Aufgaben im CFO-Verantwortungsbereich des jeweiligen Unternehmens liegen.

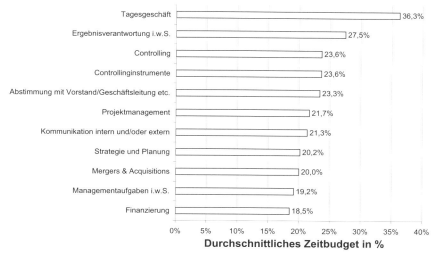

Abb. 21: Aufgabengebiete und Zeitbudget

Für *Koordinations- und Schnittstellenaufgaben* sowie das Informations-, Liquiditäts- und Versicherungsmanagement wird hingegen vergleichsweise wenig Zeit aufgewendet. Auch die Aufgabengebiete, denen seitens der CFOs eine hohe bzw. sogar sehr hohe Priorität beigemessen wird, werden in Hinblick auf das Zeitbudget teilweise vernachlässigt. So werden für Strategie und Planung 20 Prozent, für die Finanzierung 19 Prozent und für das Accounting lediglich 16 Prozent des Zeitbudgets aufgewendet. Folglich ist eine *hohe Priorität* einzelner Aufgaben *nicht gleichbedeutend* mit einem *hohen zeitlichen Arbeitseinsatz* des CFO zur Erfüllung selbiger. Vielmehr wird für das nur gering priorisierte Tagesgeschäft ein Großteil der verfügbaren Zeit aufgebracht.

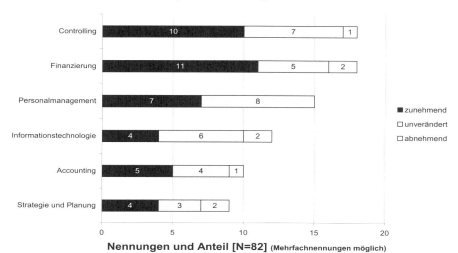

Abb. 22: Aufgabengebiete und zukünftige Prioritäten

Für die Zukunft wird insbesondere in Bezug auf die Aufgaben Controlling, Finanzierung, Personalmanagement, Strategie und Planung, Accounting sowie Informationstechnologie eine zunehmende bzw. zumindest unveränderte Priorität erwartet. Allerdings sehen einzelne CFOs bei den oben genannten Aufgabengebieten für die Zukunft eine *abnehmende Priorität*. Darüber hinaus werden auch die Bereiche Recht und Steuern sowie die Administration nach Auffassung vereinzelter CFOs an Bedeutung für den Tätigkeitsbereich des CFO verlieren.

Weiteres wichtiges Kriterium im Rahmen der Analyse der Aufgabengebiete des CFO ist der *Delegationsgrad*. Dieser beschreibt den Umfang der Abtretung von Kompetenzen an untergeordnete Stellen und somit gleichzeitig den Entscheidungs- und Ermessensspielraum auf den CFOs nachgeordneten Hierarchieebenen. Die Aufgabengebiete, die mittelständische CFO zum Großteil an die Mitarbeiter der Fachabteilungen delegieren, sind Informationstechnologie, Versicherungsmanagement, Accounting, Tagesgeschäft, Controlling, Administration im weitesten Sinne sowie Controllinginstrumente.

Die Aufgabengebiete Finanzierung, Strategie und Planung, Projektmanagement sowie Investor Relations bleiben hingegen überwiegend in der Eigenverantwortung des CFO und werden nur in geringerem Maße delegiert. Über alle Aufgabengebiete hinweg beträgt der *durchschnittliche Delegationsgrad* etwa 65 Prozent, wobei jedoch zwischen intendiertem und tatsächlichem Delegationsgrad zu differenzieren ist. So wird beispielsweise beim Tagesgeschäft ein hoher Delegationsgrad angestrebt. Allerdings kann dieser nur teilweise umgesetzt werden, sodass CFOs in der Regel doch relativ stark in das operative Tagesgeschäft eingebunden sind. In den Bereichen Controlling und Accounting kann der hohe Delegationsanspruch der mittelständischen CFOs realisiert werden, was sich in der *starken Ausprägung ausschließlich übergeordnet leitender* und weniger spezifischer Aufgaben in diesem Zusammenhang äußert.

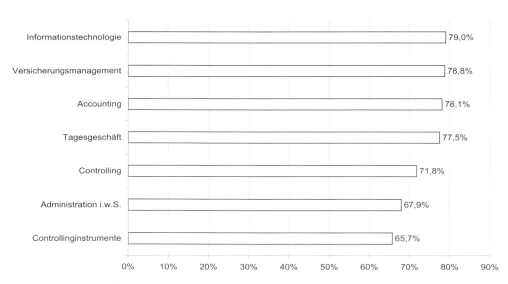

Abb. 23: Aufgabengebiete mit hohem Delegationsgrad

Die *Angemessenheit der Aufteilung* der Aufgabengebiete wird von den befragten CFOs stark unterschiedlich eingeschätzt. Bei 24 Prozent der Interviewpartner entspricht die Aufteilung der Aufgabengebiete den Intentionen, während ein gleicher prozentualer Anteil eine andere Aufteilung der Aufgabengebiete als wünschenswert ansieht. Der Großteil der befragten CFOs macht hierzu allerdings keine Angaben.

Nach Auffassung der befragten mittelständischen CFOs haben sich in der Vergangenheit die Aufgabengebiete vor allem in den Bereichen Informationstechnologie, Controlling, Personal sowie Finanzen *stark verändert*. Wesentliche Veränderungen können auch im Hinblick auf die Komplexität im CFO-Bereich festgestellt werden. Diese hat aufgrund des insgesamt ausgeweiteten Aufgabenbereichs des CFO stark zugenommen. Auch spielen aufgrund der zunehmenden Internationalisierung mittelständischer Unternehmen Standards der *internationalen Rechnungslegung wie IFRS oder US-GAAP* in höherem Maße eine Rolle für den Aufgabenbereich des CFO als dies noch vor einigen Jahren der Fall war. Nur ein geringer Teil der befragten CFOs sieht die wesentlichen Veränderungen der Vergangenheit in neuen Herausforderungen für die *Preispolitik*, Veränderungen hinsichtlich *Strategie* und *Planung*, Veränderungen in anderen Unternehmensbereichen sowie generell die Erweiterung der Aufgabengebiete des CFO.

Daneben haben nach Ansicht der Interviewpartner auch das mitunter internationalisierungsbedingte Wachstum, die Anforderungen an die Transparenz sowie der Informationsbedarf der Stakeholder im Lauf der Zeit zugenommen. Ebenfalls starken Veränderungen unterlagen in den letzten Jahren das *Risikomanagement*[39], welches zum Teil einer Neuausrichtung unterzogen wurde, sowie die Liquiditätssteuerung. Außerdem hat die Zukunftsausrichtung der Unternehmen im Allgemeinen und damit auch der Aufgabengebiete des CFO-Bereichs im Speziellen zugenommen.

3.2.4. Rollenverständnis des CFO

Um die *Rolle des Controllings* für das Gesamtunternehmen zu ermitteln, wird eine relative Betrachtung der Funktionen Controlling, Finance und Accounting durchgeführt. Diese Frage steht unter dem Oberbegriff Harmonisierung bzw. Integration des Rechnungswesens in der wissenschaftlichen Diskussion. *Kunz* befasst sich beispielsweise mit organisatorischen Aspekten eines integrierten Rechnungswesens in Großunternehmen und kommt zu der Erkenntnis, dass eine vollständige organisatorische Integration des Rechnungswesens bisher nicht angestrebt wird.[40]

Zunächst wurde die Verteilung der Aufgabengebiete Controlling, Finance und Accounting ermittelt:

---

[39]   Vgl. *Stiefl*, 2010, 21 ff.
[40]   Vgl. *Kunz*, 2010a, 321 ff.

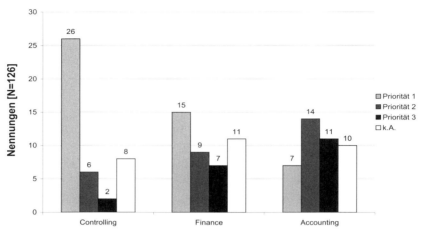

Abb. 24: Dominanz der CFA-Aufgabengebiete

Die Aufgabengebiete Controlling, Finance und Accounting lassen sich anhand ihrer Bedeutung in eine *eindeutige Reihenfolge* einordnen. Das Aufgabengebiet Controlling dominiert vor Finance und Accounting. 26 der befragten CFOs sehen Controlling, 15 Finance und sieben Accounting als dominierendes Aufgabengebiet an. Hingegen werden das Controlling von nur sechs, Finance von neun und das Accounting von 14 Interviewpartnern als lediglich zweitwichtigste Aufgabe erachtet. Eine *geringe Priorität* hat das Controlling für zwei, Finance für sieben und Accounting für elf der befragten CFOs.

Diese Erkenntnisse decken sich zum großen Teil mit den bereits vorher getroffenen Aussagen der Interviewpartner, die bestätigen, dass dem Controlling die höchste Priorität aller ausgeführten Aufgaben zukommt, gefolgt von Finance und Accounting. Insofern ist die Charakterisierung des CFO als *Repräsentant der Controlling-Funktion* im Unternehmen durchaus zuzustimmen.[41]

Der zweite Teil der Frage bezieht sich auf die *Rolle des CFO als obersten Controller* des Unternehmens. Hierbei sehen sich 22 der 42 befragten CFO als obersten Controller. 11 Interviewpartner bezeichnen sich nicht als solchen und neun der Befragungsteilnehmer machen keine Angabe, ob sie die Rolle eines obersten Controllers wahrnehmen.

Der CFO als oberster Controller übernimmt die *Gesamtverantwortung* für den Bereich Controlling. Hierbei erfüllt er hauptsächlich beratende Funktion, während die Controlling-Aufgaben von seinem Team erarbeitet werden. Dadurch kann der CFO als oberster Controller jeder Unternehmensaktivität ihre finanzielle Auswirkung zuordnen und wahrt stets die strategische Sicht auf die Unternehmenskennzahlen.

Jedoch sollte an dieser Stelle nochmals kritisch auf den – bei aller Ähnlichkeit trotzdem vorhandenen – *Unterschied* zwischen *Controller-* und *CFO-Position* hingewiesen werden. Amerikanische Studien haben gezeigt, dass insbesondere CFOs, die aus einer Controllerposition in die Geschäftsführung befördert wurden, sich dieser Tatsache meist nicht bewusst sind und versuchen, die CFO-Rolle und ihre alte Controller-Rolle simul-

---

[41] Vgl. auch *Weber* u.a., 2009.

tan zu übernehmen. In der Folge entsteht eine suboptimale Aufgabenerfüllung in beiden Bereichen.

In einem weiteren Schritt wird nach den *konkreten Aufgabengebieten* des CFO im *Bereich des Controllings* gefragt.

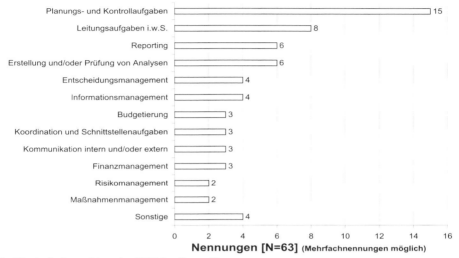

Abb. 25: Aufgabengebiete des CFO im Controlling

In erster Linie führt der CFO im Controlling *Planungs- und Kontrollaufgaben* (n=15) aus. Weiterhin spielen die Leitungsaufgaben im weitesten Sinne (n=8), das Reporting (n=6), die Erstellung und/oder Prüfung von Analysen (n=6), das Entscheidungsmanagement (n=4) sowie das Informationsmanagement (n=4) eine wesentliche Rolle für das Aufgabenspektrum des CFO im Bereich des Controllings. Daneben zählen die Budgetierung (n=3), Koordination und Schnittstellenaufgaben (n=3), die interne und/oder externe Kommunikation (n=3), das Finanzmanagement (n=3), das Risikomanagement (n=2) sowie das Maßnahmenmanagement (n=2) zu den Aufgabengebieten des CFO im Controlling. Sonstige Aufgabengebiete (n=4) im Bereich des Controllings umfassen unter anderem Mergers und Acquisitions sowie das Projektmanagement.

Sinnvollerweise wird in der Literatur zwischen der *Person* und der *Funktion* des *CFO* getrennt. Insofern ist es gerade charakteristisch für die Rolle eines CFO, dass er zwar als Person austauschbar ist, dass aber seine Funktion für das Unternehmen von größter Bedeutung ist. Der CFO ist für den *Erfolg oder Misserfolg* eines Unternehmens besonders bedeutsam.[42]

Die Sichtweise auf die Rolle des CFO sollte jedoch neben den Aufgabengebieten, die von der Organisation formuliert und zu deren Verrichtung der CFO eingesetzt wird, auch weitere *Aspekte des Umfelds* und der *Person* des CFO berücksichtigen, um zu einer umfassenden Perspektive zu gelangen.[43] So ist die Tätigkeit des CFO nicht nur durch An-

---

[42] Vgl. *Gison-Höfling*, 2008, 8.
[43] Zu den Elementen von Rollen vgl. *Goretzki/Weber*, 2010, 163 ff.

forderungen der Organisation getrieben. Der CFO ist einerseits durch seinen eigenen persönlichen, fachlichen und sozialen Hintergrund geprägt. Andererseits kann der CFO auch *selbst aktiv* darauf hinwirken, Strukturen und Prozesse innerhalb der Organisation und somit die an ihn gestellten Anforderungen zu verändern.

Für die vorliegende Studie wird das *Konstrukt der Rolle* als *komplexes soziales Phänomen* definiert und entsprechend analysiert. Die Interviewpartner wurden zunächst nach der Rolle befragt, in der sie sich selbst sehen. Zur Auswahl standen dabei zunächst die Rollen Operator, Steward, Strategist und Catalyst, wobei Mehrfachnennungen möglich waren. Nach dem bereits diskutierten Verständnis einer Rolle können CFOs *mehrere Rollen gleichzeitig* in unterschiedlicher Intensität wahrnehmen.

33 Befragungsteilnehmer geben an, die Rolle des *Strategist* inne zu haben. Dieser ist an der Planung beteiligt und zielt auf Business Performance sowie Wertsteigerung ab. Er führt aus finanzieller Sicht den Strategieprozess und leitet daraus die Finanzstrategie ab. 32 Interviewpartner sehen sich in der Rolle des Steward. Seine Aufgaben sind die Kapitalsicherung und die Durchführung von Accounting und Controlling mit dem Ziel, die Vermögenswerte des Unternehmens zu schützen und zu sichern.

Für 30 der befragten CFOs beinhaltet ihre Rolle die Funktion des *Operators*. Dieser stellt sowohl die Finanzeffizienz als auch das Serviceniveau sicher, sorgt für einen reibungslosen Finanzbetrieb und optimiert die administrativen Prozesse. 29 der Befragungsteilnehmer sehen sich in der Rolle des Catalyst, der Verhaltensweisen im Unternehmen stimuliert, die die Strategieumsetzung und das Erreichen finanzieller Ziele fördern.

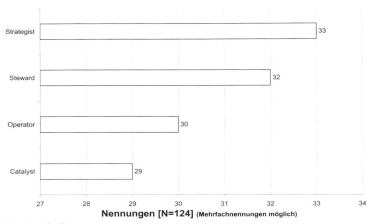

Abb. 26: Rollen des CFO

Der größte Teil der befragten CFOs erfüllt alle vier Rollen gleichzeitig (n=19). Weitere, häufig auftretende Kombinationen von CFO-Rollen bei den Befragungsteilnehmern sind Strategist/Catalyst (n=7), Operator/Steward (n=6) sowie Steward/Strategist (n=4). Die Kombination Operator/Steward/Strategist/Catalyst beschreibt den typischen mittelständischen CFO, der sowohl am strategischen Planungsprozess beteiligt als auch im operativen Bereich tätig ist. Hingegen wird durch die Kombination der Rollen Strategist und Catalyst das Wunschbild eines lediglich für (finanz-)strategische Angelegenheiten zuständigen CFO beschrieben. Durch die Einheit von Operator und Steward wird ein CFO charakterisiert, der ausschließlich operative Lenkungs- und Steuerungsaufgaben wahrnimmt.

Die Antworten der befragten CFOs müssen vor dem Hintergrund zweier Aspekte *kritisch* analysiert werden. Zum einen handelt es sich in dem vorliegenden Meinungsbild lediglich um das *Selbstbild* der befragten CFOs. Es könnte durchaus sein, dass andere Entscheidungsträger im Unternehmen (Eigentümer, CEO etc.) eine andere Wahrnehmung von der Rolle des CFO im Mittelstand haben.

Zum anderen ist auf die *mögliche soziale Erwünschtheit* der Ergebnisse hinzuweisen. Jene könnte sich dadurch ergeben haben, dass bei der Befragung ein vorgegebenes Rollenmodell verwendet wurde und die Befragten eine mögliche Ablehnung dieses Modells in einer persönlichen Interviewsituation nicht äußern wollten. Insofern ist die Tatsache, dass 19 Befragte angeben, sich in allen vier möglichen Facetten zu sehen, zumindest in ihrer Endgültigkeit abzuschwächen.

Es wird deutlich, dass die *verschiedenen CFO-Rollen* nach Aussage der befragten CFOs eine *relativ ähnliche Bedeutung* haben. Für sieben Interviewpartner hat die Rolle des Steward eine hohe Bedeutung, für jeweils sechs Befragungsteilnehmer haben die Rollen Catalyst und Strategist eine hohe Bedeutung und jeweils fünf befragte CFOs sehen beim Operator eine hohe Bedeutung bzw. eine Gleichbedeutung aller vier Rollen. Aufgrund der geringen Fallzahl und der Nennungsunterschiede kann hier keine eindeutige Einschätzung geliefert werden.

Im weiteren Verlauf der Interviews wurden die Interviewpartner nach der *Entstehung des CFO-Rollenbildes* in ihrem Unternehmen gefragt. In der Mehrzahl der Fälle ist das Rollenbild des CFO historisch gewachsen (n=11) oder situationsbedingt geprägt worden (n=7). Darüber hinaus geben jeweils vier Befragungsteilnehmer einen allgemeinen Wandel des Rollenbildes, die Schaffung des Rollenbildes durch den CFO selbst sowie keine Veränderung des Rollenbildes seit Eintritt des CFO in das Unternehmen an.

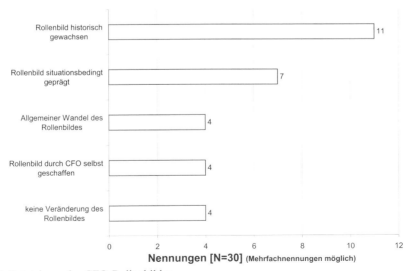

Abb. 27: Entstehung des CFO-Rollenbildes

Diese Einschätzungen lassen sich mit den bereits vorher diskutierten Aspekten der *formalen Planung* und *Unternehmensführung* in mittelständischen Unternehmen in Einklang bringen. In der Mehrzahl der befragten Unternehmen ist eine *Pfadabhängigkeit* der Entwicklung der CFO-Rolle zu betrachten. Diese ging von einem eher technisch geprägten Geschäftsmodell aus und ermöglichte es der kaufmännischen Funktion im Unternehmen nur langsam, eine größere Bedeutung und somit wachsenden Einfluss zu übernehmen.

Neben der Entstehung des aktuell existierenden Rollenbildes wurden die Interviewpartner auch danach gefragt, wie sich das *CFO-Rollenbild* in den *nächsten fünf Jahren* entwickeln werde. Die befragten CFOs gehen mehrheitlich davon aus, dass sich das Rollenbild des CFO in den nächsten fünf Jahren noch stärker hin zum Strategist entwickeln wird (n=10). Weiter werden die Entwicklung zum Catalyst (n=5), die stärkere Fokussierung auf einzelne Aufgaben (n=5), keine wesentliche Veränderung des Rollenbildes (n=5) sowie eine von internen und/oder externen Faktoren abhängige Entwicklung des CFO-Rollenbildes (n=5) genannt. Vier CFOs sehen zukünftig steigende Anforderungen an den CFO. Darüber hinaus rechnen die Befragungsteilnehmer mit einer Ausweitung des CFO-Aufgabengebietes (n=2) sowie einem Bedeutungsgewinn der Kapitalmarktorientierung (n=2). Ein ständiger Wandel des Rollenbildes, das Ersetzen des kaufmännischen Leiters durch den angelsächsischen CFO, eine stärkere Integration der Bereiche Controlling, Finance und Accounting sowie eine vereinfachte Strategiefindung werden unter anderem in den sonstigen Nennungen (n=7) zusammengefasst.

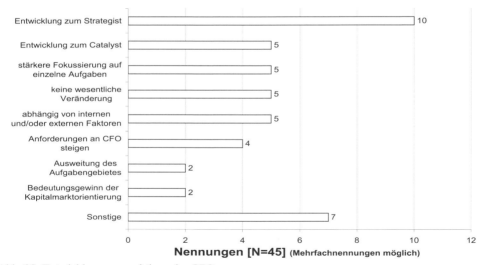

Abb. 28: Entwicklungsperspektiven des CFO

Zusammenfassend lässt sich auch an dieser Stelle der Untersuchung der Trend hin zur *stärkeren Einbindung des CFO in strategische Fragestellungen* untermauern. Insofern korrespondiert die Entwicklung des CFO mit der Entwicklung des Controllers auf nachgelagerten organisatorischen Ebenen.

Als mögliche Ursachen für diese Entwicklung des CFO-Rollenbildes sehen die Interviewpartner unter anderem *externen Druck*, Überregelungen, den zunehmenden anglo-amerikanischen Einfluss, die Einführung von ERP-Systemen zur Etablierung unternehmensweiter Standards, die Verzahnung von Strategie und Wertschöpfung im kaufmännischen Bereich sowie einen Generationenwechsel im Mittelstand. Darüber hinaus werden eine *steigende Bedeutung* und *Akzeptanz des CFO-Bereichs*, die weitere Vereinheitlichung des internen und externen Rechnungswesens sowie ein die Funktion des Strategist zukünftig erforderlich machendes, überdurchschnittlich starkes Unternehmenswachstum genannt.

4. Zusammenfassung und Ausblick

Die vorliegende Untersuchung hat in Bezug auf Aufgabengebiete, Rollenverständnis und organisatorische Gestaltung des Verantwortungsbereichs von *CFO in deutschen mittelständischen Unternehmen* sowohl konzeptionell als auch theoretisch und empirisch Neuland beschritten. Erstmalig liegen auf dem neuen Forschungsfeld der CFO-Forschung belastbare empirische Befunde vor.

Im *Bereich der Aufgabengebiete* hat sich gezeigt, dass mittelständische CFO ihren Bedeutungsgewinn mit einem sowohl in Breite als auch Tiefe anwachsenden Aufgabenportfolio erkaufen, was erhöhte Anforderungen an ihre fachlichen und sonstigen Qualifikationen stellt. Zugleich dokumentiert diese Entwicklung die steigende *Professionalisierung* im deutschen Mittelstand. Das *Rollenverständnis* des CFO bewegt sich in mittelständischen Unternehmen in allen vier Facetten Operator, Steward, Strategist und Catalyst. Eine leichte Tendenz hin zum Strategist und Catalyst kann beobachtet werden.

Nicht nur die vorliegende Untersuchung, sondern bereits einige weitere Forscher und Institutionen befassen sich mit der Rolle des modernen CFO in mittelständischen Unternehmen. Im Sinne eines Ausblicks soll nur eine weitere, im Rahmen dieses Beitrags nicht angesprochene Tendenz angeführt werden. So diskutieren bspw. *Becker/Ulrich*[44] mögliche Integrationsformen von Corporate Governance und Controlling im Sinne eines ganzheitlichen Ansatzes von Governance, Risk Management und Compliance (GRC) in den Händen eines CFO.

Die *Wechselwirkungen* zwischen Corporate Governance und Controlling werden sich vor dem Hintergrund von *Bilanzskandalen* und den nicht mehr ruhig werdenden *Finanzmärkten* sowie dem *Rollenwandel des Controllings* wahrscheinlich auch in mittelständischen Unternehmen deutlich verstärken. Falls der CFO seinen Weg zu einer integrierten Führungspersönlichkeit mit umfassenden Befugnissen weiter fortsetzt, könnte ihm im Rahmen der zukünftigen Neuausrichtung der *Corporate Governance* eine richtungweisende Rolle bezüglich der Sicherstellung eines Optimums an Effizienz und Effektivität des unternehmerischen Handelns im *Mittelstand* zukommen.

Für *Forschung und Praxis* wird vor allem das Mit- und Gegeneinander steigender Anforderungen an den CFO und dessen individueller Entwicklung spannend sein.

---

[44] Vgl. *Becker/Ulrich*, 2010, 20 ff.

Schon jetzt sind vermehrt Stimmen zu vernehmen, die das *Aufgabenspektrum* des CFO im Kontext der Internationalisierung von Controlling und Rechnungslegung als zu breit einerseits und zu komplex andererseits betrachten. In einigen deutschen Großkonzernen wurde der Aufgabenbereich des Controllings bereits vom CFO *getrennt*. Hier existiert zusätzlich ein eigener Chief Controlling Officer (CCO) im Vorstand, während sich der CFO vermehrt auf den im angloamerikanischen Bereich fokussierten Aufgabenbereich Treasurership und Investor Relations konzentriert. Ob eine solche Entwicklung auch im *deutschen Mittelstand* ankommen wird, bleibt abzuwarten.

Literaturverzeichnis

Angel, R./Rampersad, H., Improving people performance: The CFO's new frontier, in: Financial Executive 2005, Vol. 21, No. 8, 45–48.

Astrachan, J.H./Klein, S.B./Smyrnios, K.X., The F-PEC scale of family influence: Construction, validation, and further implication for theory, in: Entrepreneurship: Theory & Practice 2005, Vol. 29, 321–339.

Becker, W., Controlling: Konzepte, Methoden und Instrumente, 6. Aufl., Bamberg 2011.

Becker, W./Krämer, J./Staffel, M./Ulrich, P., Chief Financial Officers (CFO) im Mittelstand – Aufgabengebiete, Rollenverständnis und organisatorische Gestaltung, Stuttgart 2011.

Becker, W./Staffel, M./Ulrich, P., Mittelstand und Mittelstandsforschung, in: Bamberger Betriebswirtschaftliche Beiträge, Nr. 153, Bamberg 2008.

Becker, W./Ulrich, P., Mittelstand, KMU und Familienunternehmen in der Betriebswirtschaftslehre, in: Wirtschaftswissenschaftliches Studium 2009, 38. Jg., 2–7.

Becker, W./Ulrich, P., Corporate Governance und Controlling – Begriffe und Wechselwirkungen, in: Governance, Risk Management und Compliance – Innovative Konzepte und Strategien, hrsg. von *Keuper, F./Neumann, M.*, Wiesbaden 2010, 3–28.

Becker, W./Ulrich, P., Mittelstandsforschung – Begriffe, Relevanz und Konsequenzen, Stuttgart 2011.

Bragg, S.M., The new CFO financial leadership manual, 2. Aufl., Chichester 2011.

Damken, N., Corporate Governance in mittelständischen Kapitalgesellschaften: Bedeutung der Businesss Judgement Rule und der D&O-Versicherung für Manager im Mittelstand nach der Novellierung des § 93 AktG durch das UMAG, Edewecht 2007.

Daum, J.H., Die Entwicklung des CFO in europäischen Unternehmen. Auswirkungen auf und Zukunftsperspektiven für Controller und Controlling, in: Zeitschrift für Controlling und Management 2008, 52. Jg., 2–8.

Deloitte/Economist Intelligence Unit: The finance talent challenge: How leading CFO are taking charge, New York 2007.

Europäische Kommission, KMU-Definition: Empfehlung der Kommission vom 03. April 1996, in: Amtsblatt der Europäischen Gemeinschaft, L 107 vom 30. April 1996.

Europäische Kommission, KMU-Definition: Empfehlung der Kommission vom 06. Mai 2003, in: Amtsblatt der Europäischen Gemeinschaft, L 124 vom 20.05.2003, S. 36.

Fabozzi, F.J./Drake, P.P./Polimeni, R.S., The complete CFO handbook: From accounting to accountability, Hoboken 2007.

Friesl, M., Kompetenz-Management als Praxis, in: 25 Jahre ressourcen- und kompetenzorientierte Forschung, hrsg. von *Stephan, M./Kerber, W./Lingenfelder, M./Kessler, T.*, Wiesbaden 2010, 309–330.

Gison-Höfling, T., Der CFO der Zukunft – Von der Ohnmacht des Controllings zur Vollmacht durch Integrität, in: Die moderne Finanzfunktion, hrsg. von *Keuper, F./Vocelka, A./Häfner, M.*, Wiesbaden 2008, 3–16.

Goretzki, L./Weber, J., Der Wandel der Controller – Eine rollentheoretische Betrachtung am Beispiel der Hansgrohe AG, in: Zeitschrift für Controlling und Management 2010, 54. Jg., 163–169.

Günterberg, B./Kayser, G., SMEs in Germany, Facts and Figures, Institut für Mittelstandsforschung Bonn, Bonn 2004, 2010-08-30, http://www.ifm-bonn.org/ergebnis/sme-2004.pdf.

Gutenberg, E., Unternehmensführung – Organisation und Entscheidung, Wiesbaden 1962.

Häfner, M./Hiendlmeier, A., Strategien im Finanzbereich, in: Die moderne Finanzfunktion, hrsg. von *Keuper, F./Vocelka, A./Häfner, M.*, Wiesbaden 2008, 146–176.

Hambrick, D.C./Mason, P.A., Upper echelons: The organization as a reflection of its top managers, in: Academy of Management Review 1984, Vol. 9, 193–206.

Hausch, K.T., Corporate Governance im deutschen Mittelstand. Veränderungen externer Rahmenbedingungen und interner Elemente, Wiesbaden 2004.

Hope, J., Reinventing the CFO: how financial managers can transform their roles and add greater value, Boston 2006.

Koeberle-Schmid, A., Family Business Governance: Aufsichtsgremium und Familienrepräsentanz, Wiesbaden 2008.

Koeberle-Schmid, A., Das System der Family Business Governance, in: Zeitschrift für Corporate Governance 2008, 3. Jg., 149–155.

Koeberle-Schmid, A., Betriebswirtschaftliche Ausgestaltung von Aufsichtsgremien in Familienunternehmen, in: Der Betrieb 2009, 62. Jg., 1249–1255.

Kunz, C., Organisatorische Aspekte eines integrierten Rechnungswesens – Persönliche Einschätzungen von Finanzvorständen börsennotierter Konzerne, in: Die Betriebswirtschaft 2010, 70. Jg., 301–329.

Kunz, C., Ressortzuständigkeiten des Finanzvorstandes von DAX- und MDax-Konzernen, in: Zeitschrift für Controlling und Management 2010, 54. Jg., Sonderheft 2, 47–53.

Schäffer, U., Editorial: Der Rollenwandel des CFO, in: Zeitschrift für Controlling und Management 2008, 54. Jg., 353.

Schäffer, U., Der Finanzbereich im Fokus, ZfCM-Sonderheft 2/2010, Wiesbaden.

Schäffer, U./Büttner, V./Zander, K., Anforderungen an CFOs und ihre Verantwortung in der Unternehmenspraxis, in: Zeitschrift für Controlling und Management 2008, 56. Jg., 414–415.

Schäffer, U./Büttner, V./Zander, K., CFO-Karrieren im Wandel. Eine Untersuchung der Karrierewege von CFO in DAX-30-Unternehmen, in: Zeitschrift für Controlling und Management 2008, 56. Jg., 375–382.

Schäffer, U./Schürmann, C., Die Rolle des Controllers: Erbsenzähler oder interner Berater, in: Zeitschrift für Controlling und Management 2010, 189–190.

Schmude, K./Svatopluk, A., Herausforderung Treasury – Neue Strategien für einen nachhaltigen Wertbeitrag, in: Finance Transformation: Strategien, Konzepte und Instrumente, hrsg. von *Keuper, F./Neumann, F.*, Wiesbaden 2008, 271–290.

Stähler, P., Geschäftsmodelle in der digitalen Ökonomie: Merkmale, Strategien und Auswirkungen, 2. Aufl., Lohmar/Köln 2002.

Sutcliff, M.R./Donnellan, M.A., CFO insights: Delivering high performance, Chichester 2006.

Stiefl, J., Risikomanagement und Existenzsicherung, München 2010.

Weber, J. et al., Der CFO als Advanced Navigator, Weinheim 2009.

Winter, P., Der Controller als Risikomanager?, in: Die Rolle des Controllers im Mittelstand, hrsg. von *Lingnau, V.*, Lohmar/Köln 2008, 71–92.

Die Aufbereitung der Basisdaten für Klein- und Mittelunternehmen: Erleichtert der SME-Standard die Einführung einer Unternehmenssteuerung für diese Unternehmen für die wertorientierte Unternehmensführung?

Christoph Denk

Management Summary

Die vorliegende Arbeit untersucht, inwieweit der SME-Standard des IASB Erleichterungen bzw. Verbesserungen für die Unternehmenssteuerung für kleine und mittlere Unternehmen bringen kann. Als Ergebnis ist festzuhalten, dass die Anwendung des internationalen Regelwerks durchaus Vorteile bringen, auf eine Kostenrechnung bzw. ein größenangepasstes Controlling jedoch nicht gänzlich verzichtet werden kann.

1. Vorwort

„Angleichung" bzw. „Konvergenz des Rechnungswesens" sind Schlagworte, die seit Mitte der Neunziger Jahre die Diskussion in Theorie und Praxis des Rechnungswesens prägen.[1] „Von der Harmonisierung der Rechnungslegung zur Harmonisierung des Rechnungswesens" – so fasst *Haller*[2] die Entwicklungen im Rechnungswesen deutscher und österreichischer Großunternehmen zusammen. Einerseits wächst die Zahl der Unternehmen, die für ihre Konzernrechnung internationale Standards anwenden. Andererseits wird eine Aufweichung der traditionellen Aufgabenteilung zwischen dem internen und dem externen Rechnungswesen problematisiert.

Die durch *Ziegler* anlässlich der Neuorientierung des Rechnungswesens bei *Siemens* im Jahr 1993 ausgelöste Debatte führte zur Frage nach der Existenzberechtigung der Kosten- und Erlös- bzw. Leistungsrechnung (i.d.F. kurz Kostenrechnung). Es wurde befürchtet, dass „nicht nur Grundüberzeugungen, sondern die Fundamente der Kostenrechnung in Deutschland als solche ... in Frage gestellt (werden), wenn ein großes deutsches Unternehmen seine gesonderte Betriebsergebnisrechnung aufgibt und stattdessen die gesetzlich vorgeschriebene handelsrechtliche Erfolgsrechnung in der Form des Umsatzkostenverfahrens auch als zentrales internes Informations- und Steuerungsinstrument nutzt."[3]

Der radikale Ansatz zur Abschaffung einer Kostenrechnung wurde in der weiteren Auseinandersetzung jedoch deutlich relativiert. Die plakative Aussage von *Küting/Lorson* „Das multifunktionale Einheitsrechnungswesen ist nicht in Sicht."[4] soll hier stellvertretend die herrschende Ansicht skizzieren.

Viele kleine und mittlere Unternehmen haben die Trennung der Rechnungslegung nicht mitgemacht. Sie erfüllten die gesetzlichen Erfordernisse mit all ihren Erleichterungen, die die externe Unternehmensrechnung mit sich brachte. Die Steuerung des Unternehmens erfolgt vielfach mit diesen Zahlen. Kostenrechnung und Controlling werden oftmals vernachlässigt. Die Diskussion über die Konvergenz der Rechnungslegung bietet daher gerade für diese Unternehmen die Chance, Instrumente zur Steuerung des Unternehmens einzuführen. Bislang scheiterten sie jedoch an den sehr umfangreichen und für kleine Unternehmen viel zu kompliziert angelegten IAS/IFRS.

Da die kleinen und mittleren Unternehmen 99,5% aller österreichischen Unternehmen ausmachen und so das Rückgrat der heimischen Wirtschaft bilden, erscheint es be-

---

[1] Vgl. *Feldbauer-Durstmüller/Denk*, 2004, 138 f.
[2] Vgl. *Haller*, 1997, 270.
[3] *Schildbach*, 1995, 10.
[4] *Küting/Lorson*, 1998.

sonders wichtig, eine für sie angepasste Unternehmenssteuerung einzuführen. Sie beschäftigen über 1,5 Millionen Menschen und erwirtschaften einen Gesamtumsatz von knapp 260 Milliarden Euro. Dabei stellen sie 65% aller Arbeitsplätze und erwirtschaften rund 58% der Gesamterlöse.[5] Sie leisten dabei in etwa 80% der Ertragsteuern und in etwa 70% des gesamten Umsatzsteueraufkommens in Österreich.[6]

Am 8. Juli 2009 wurde ein speziell ausgelegter Standard für kleine und mittlere Unternehmen beschlossen. Controlling auf Basis des SME-Standards könnte die Arbeit der KMUs wesentlich erleichtern. Dieser Beitrag wird sich mit dieser Thematik befassen. Dabei soll spezielles Augenmerk auf die Aufbereitung der Basisdaten gelegt werden.[7]

Im folgenden 2. Kapitel wird der SME-Standard in Grundzügen vorgestellt: Dabei soll vor allem festgemacht werden, an wem sich dieser Standard orientiert, und welche Vereinfachungen er gegenüber den „Full-Standards" bringt.

Im dritten Kapitel dieser Arbeit wird auf die Besonderheiten des Mittelstandscontrolling eingegangen. Dabei soll auch ein Überblick gegeben werden, welche Controlling-Instrumente in kleinen und mittleren Unternehmen eingesetzt werden.

Im darauffolgenden 4. Kapitel wird die Wechselwirkung zwischen Controlling und internationaler Rechnungslegung dargestellt.

Im 5. Kapitel wird beschrieben, wie auf Basis des SME-Standards die Daten der Finanzbuchhaltung in einfacher Art und Weise für interne Auswertungen ausgestaltet werden können. Diese spielen vor allem in Zusammenhang mit der Entwicklung eines Planungs- und Kontrollsystems eine wesentliche Rolle.[8] Diese Zahlen sind für die Ermittlung kalkulatorischer Werte (Kapitel 6) und für Maßgrößen für die Unternehmenssteuerung (Kapitel 7) heranzuziehen.

Den Abschluss bilden Zusammenfassung und Literaturverzeichnis.

2. SME-Standard

Der Bereich der Internationalen Rechnungslegung war in der Vergangenheit vor allem für börsennotierte Unternehmen relevant. Schließlich galt als wichtiger Zweck der Vereinheitlichung des Rechnungswesens die Vergleichbarkeit von Abschlüssen für (internationale) Investoren. Durch die IAS-Verordnung sind seit 2005 alle börsennotierten Unternehmen der Europäischen Union gezwungen, ihren Konzernabschluss nach internationalen Standards (IAS/IFRS) zu erstellen.[9]

Doch schon bald entstand der Wunsch, Abschlüsse auch auf nationaler Ebene vollständig zu harmonisieren. Dadurch sind erstmals auch nicht börsennotierte Unternehmen in größerer Zahl betroffen. Es konnte diesen Unternehmen jedoch nicht zugemutet wer-

---

[5] Alle Zahlen wurden den vom Bundesministerium für Wirtschaft und Arbeit beauftragten Beiträgen der KMU Forschung Austria zum Bericht über die Situation der kleinen und mittleren Unternehmen der gewerblichen Wirtschaft 2002/03 entnommen. Vgl. zum Bericht über die Situation der kleinen und mittleren Unternehmen der gewerblichen Wirtschaft 2002/03, Wien 2004.

[6] Vgl. *Pichler/Bornett*, 2005, 119.

[7] Dieser Aufsatz baut dabei auf einer Arbeit von *Denk/Mitter* auf, die sich mit der Aufbereitung der Basisdaten aus dem Unternehmensrecht für das Controlling beschäftigt. Vgl. dazu *Denk/Mitter*, 2008, 37 ff.

[8] Vgl. dazu mit weiteren Nachweisen z.B. *Mühlböck/Feldbauer-Durstmüller*, 2011, 222.

[9] Vgl. Verordnung (EG) Nr. 1606/2002.

den, die sehr ausführlichen und komplexen IAS/IFRS vollständig zu übernehmen. Deswegen begann der IASB u.a. auf Wunsch vieler Staaten Regeln für nicht börsennotierte Unternehmen zu entwickeln:[10]

Im Juni 2004 veröffentlichte der IASB ein Diskussionspapier, in dem um Stellungnahmen gebeten wurde. Aufgrund des großen Echos sah sich der IASB bestätigt, dass ein erheblicher Bedarf für einen derartigen Standard besteht. Als Erleichterung gegenüber den vollen Standards hat der IASB jedoch die Meinung vertreten, dass eine Verringerung der Angabepflichten genügen sollte. Die Stellungnahmen forderten allerdings auch Erleichterungen bei den Ausweis- und Bewertungsvorschriften. 2005 veröffentlichte der IASB einen Fragebogen zu möglichen Ansatz- und Bewertungserleichterungen. Schließlich wurde am 15.02.2007 ein Arbeitspapier veröffentlicht. Die Kommentierungsfrist endete am 30.11.2007. Im Anschluss daran forderte der IASB potentielle Anwender auf, Probeabschlüsse auf Basis des „ED IFRS for SMEs" zu erstellen (sog. field test). Die Veröffentlichung des fertigen Standards erfolgte schließlich am 09.07.2009. Der Titel des Standards erscheint irreführend, da er nicht KMUs, sondern nicht börsennotierte Unternehmen anspricht. Der IASB hatte den Standardentwurf auch ursprünglich anders genannt, sich dann aber umbesonnen, da der Begriff der SMEs (Small ans Medium Entities) „weiträumig geläufig" sei.[11]

Der Begriff „kleine und mittlere Unternehmen" ist nicht näher definiert. Gemeint sind damit vor allem jene Unternehmen, die nicht öffentlich rechenschaftspflichtig sind. Demnach würden große nicht börsennotierte Unternehmen unter den Anwendungsbereich des Standards fallen, wohingegen kleine Unternehmen, die börsennotiert sind, sehr wohl die „full-Standards" anzuwenden haben. Als Modellunternehmen fungierte ein Unternehmen mit einem Umsatz von ca. 10 Millionen Euro und 50 Mitarbeitern.[12,13] Konzeptionell wurde der Standard als „Stand alone-Werk" aufgebaut.[14] Alle wesentlichen Regeln sollten enthalten sein. Bestimmte Sacherhalte wie Hyperinflation, Zwischen- und Segmentberichterstattung sowie die Regeln zum „Ergebnis je Aktie" wurden ausgeklammert. Für diese Fälle wären die vollen IFRS relevant. Dadurch kommt es zu einer wesentlichen Reduzierung der rund 2.400 Seiten umfassenden Vollstandards auf etwas über 250 Seiten.[15]

Mit dem Standardentwurf hat der IASB zwar formell einen eigenen Standard geschaffen. Diese Eigenständigkeit wurde jedoch erheblich eingeschränkt durch die Tatsache, dass es sich dabei nicht um eine völlige Neukonzeption, sondern im Wesentlichen um einen Extrakt aus den „full IFRS" handelte, es zahlreiche Verweise auf die Full-Standards gab und aufgrund der Tatsache, dass Regelungslücken durch die „full IFRS" zu schließen wären. Dieser „Mandatory-Fallback" sollte als Sicherheitsnetz fungieren, mit dem Nachteil, dass er von allen Anwendern die Kenntnis der vollen IFRS notwendig

---

[10] Vgl. u.a. *Bruns/Beiersdorf*, 2006, 49 ff.
[11] Vgl. IFRS-SME BC 54.
[12] Vgl. ED IFRS-SME BC 45.
[13] Die ursprüngliche Idee des IASB, nur Unternehmen mit mehr als 50 Mitarbeitern und einem Umsatz von mindestens 10 Millionen Euro als Mittelstand zu definieren, wurde jedoch fallengelassen. Trotzdem war seitens des IAS nicht an Kleinstunternehmen gedacht. Vgl. dazu u.a. *Egner*, 2008, 87.
[14] Dieses Ziel kann zumindest aus Sicht der Pflichtanwendung als vollkommen erreicht angesehen werden. Vgl. dazu z.B. *Kirsch*, 2009, 9.
[15] Dazu kommen noch in etwa 130 Seiten „basis for conclusions" und „implementation guidance".

machte. Somit wäre es zu keiner wesentlichen Erleichterung gekommen. Dieser kam, anders als im Diskussionspapier vorgesehen, nicht.[16]

Da es sich aber auch beim letztendlich beschlossenen Standard im Wesentlichen um einen Extrakt aus den „Full-IFRS" handelt, könnte bei Lücken ein sog. „implicit fall back" begründet werden.[17] Es stellt sich weiters die Frage, ob der IASB bereit wäre, eine von den „Full-Standards" abweichende Lösung zu akzeptieren, wenn eine Bilanzierungsfrage zwar in den „Full-IFRS" geregelt ist, im SME-Standard aber nicht.[18]

Da sich der SME-Standard nur an nicht kapitalmarktorientierte Unternehmen wendet, wird er von der EU-IAS-Verordnung nicht erfasst. Daher unterliegt er keinem Endorsement-Verfahren. Für die EU weite Übernahme wäre daher ein zusätzlicher Basisrechtsakt notwendig. Auf einzelstaatlicher Ebene wäre eine Anwendung jedoch denkbar.[19]

3. Besonderheiten des Mittelstandscontrollings

3.1. Allgemeine Anmerkungen

Unternehmen, die dem Mittelstand angehören, werden klassischerweise nicht von angestellten Managern, sondern von ihren Gesellschaftern geführt.[20] Sie finanzieren sich über Banken und nehmen nicht den Kapitalmarkt in Anspruch. Die Rechnungslegung ist mehr als sonst durch die Dominanz des Jahresabschlusses unter Berücksichtigung der steuerpolitischen Gestaltung als primäres Ziel der Bilanzpolitik gekennzeichnet. Zumeist wird die Identität der Unternehmens- mit der Steuerbilanz angestrebt.[21] Die Gestaltungsspielräume werden daher dem Vorsichtsprinzip entsprechend möglichst weit ausgeschöpft, um Steuerstundungseffekte entstehen zu lassen. Die Darstellung der „fair presentation" rückt dabei in den Hintergrund. Jahresabschlüsse dienen stärker der Selbstinformation.

Als ein zentraler Schwachpunkt in KMUs kann das Finanz- und Rechnungswesen bezeichnet werden.[22] Die Kapitalflussrechnung, die Investitionsrechnung und in Teilen auch die Kostenrechnung finden zu geringe Anwendung und weisen oft eine geringe Aussagekraft auf. Die Unternehmensplanung wird oftmals vernachlässigt.

Nach *Funk/Rossmanith/Eha* sind Träger eines KMU-Controllings der Unternehmer selbst und sein Steuerberater. Inhaltlich ist eine Beschränkung auf betriebswirtschaftliche Auswertungen von Buchhaltungsdaten festzustellen.[23]

Dies alleine ist zu wenig. Die betriebswirtschaftlichen Daten sind aufzubereiten und daraus einfach zu bedienende Anwendungsinstrumente, Planungsrechnungen und Simulationen abzuleiten.[24]

---

[16] Der Mandatory Fallback ist mit dem IASB-Update im Dezember 2006 aufgegeben worden.
[17] Vgl. *Bischof/Staß*, 2008, 178.
[18] Vgl. *Bischof/Staß*, 2008, 179.
[19] Vgl. *Bischof/Staß*, 2008, 189.
[20] Vgl. *Funk/Rossmanith/Eha*, 2009, 170.
[21] Vgl. *Funk/Rossmanith/Eha*, 2009, 170.
[22] Vgl. *Funk/Rossmanith/Eha*, 2009, 171 mit weiteren Nachweisen.
[23] Vgl. *Funk/Rossmanith/Eha*, 2009, 171 f.
[24] Vgl. *Funk/Rossmanith/Eha*, 2009, 172.

Das folgende Kapitel soll zeigen, welche Instrumente von kleinen und mittleren Unternehmen eingesetzt werden. Diese erstellen derzeit großteils ihren Abschluss (noch) nach nationalen Rechnungslegungsnormen.

3.2. „State of the Art" von Controlling-Instrumenten in kleinen und mittleren Unternehmen

Bevor in den folgenden Kapiteln die Wechselwirkung zwischen Controlling und Rechnungswesen behandelt wird, soll ein Überblick über aktuelle Untersuchungen zum Mittelstandscontrolling gegeben werden.

Einen Überblick über österreichische Studien zum Controlling in mittleren Unternehmen mit ausgewählten Ergebnissen gibt nachfolgende Tabelle:

Autor(en)/ Forschungsinstitution/ Untersuchungsjahr(e)/ Publikationsjahr(e)	auswertbarer **Rücklauf** absolut (relativ)	**Unternehmens- größe** im Rücklauf (MA = Mitarbeiter)	ausgewählte **Ergebnisse** (Diffusionsgrad der Instrumente)
Kropfberger, D./ Universität Klagenfurt/ 1982; 1983/ 1984; 1986	394 (57,4%) 259 (70,6%)	100% ≥ 50 MA 66,5% (n = 394) ≤ 500 MA 62,1% (n = 259) ≤ 500 MA	27,1% MU: strategische Pläne 49,2% MU: operative Pläne 69,7% GU: strategische Pläne 85,6% GU: operative Pläne (alle schriftlich ausgearbeitet)
Niedermayr, R./ WU Wien/ 1992/ 1994	292 (32,3%)	21% ≤ 100 MA (ohne Kleinstunternehmen) 49% 101–500 MA 13% 501–1.000 MA 17% > 1.000 MA	57%: Wettbewerbsvergleiche 41%: Dynamische Investitionsrechnungsverfahren 38%: Boston I-Portfolioanalyse 36%: Stärken-/Schwächenanalyse 87%: kurzfristige Erfolgsrechnung 71%: Kennzahlen(systeme) 71%: Vollkostenstellenrechnung 52%: Kapitalflussrechnung

Kropfberger, D.; Mödritscher, G./ Universität Klagenfurt/ 1994; 1995/ 1996; 1999	354 (24,9%) 159 (44,9%)	69,5% ≥ 50 MA (n = 354) 22,3% > 500 MA (n = 354)	63,9% MU: strategische Pläne 73,3% MU: operative Pläne 84,1% GU: strategische Pläne 92,4% GU: operative Pläne (alle schriftlich ausgearbeitet)
Leitner, K.-H./ Universität Wien/ 1996/ 2001	100 (58,8%)	64% > 70 MA 85% ≤ 250 MA 100% ≤ 500 MA	Finanzielle Kennzahlen waren für 80% der Studienteilnehmer sehr wichtig. > 55%: Stärken-/ Schwächenanalyse > 45%: Markt-/ Wettbewerbsanalysen < 20%: Portfoliotechnik, Produktlebenszyklusanalyse 0%: Kernkompetenzplanung
Schadenhofer, M./ WU Wien/ 1997/ 2000	363 (13,2%)	100% > 100 MA bzw. 100 Mio. ATS Jahresumsatz	Unternehmen mit 100–500 MA: 88,8%: Kostenstellenrechnung 73,1%: Abweichungsanalyse 68,1%: Kostenträgerrechnung 63,1%: Kapitalflussrechnung 58,9%: monetäre Kennzahlen 52,6%: Marktanalyse 50,4%: Kostenvergleichsanalyse 50,4%: Kundenvergleichsanalyse 6,4%: Shareholder-Value-Analysen Unternehmen > 500 MA: 12,9%: Shareholder-Value-Analysen

Keßler, A.; Frank, H./ WU Wien/ 2000; 2003	63 (16,2%)	19% 10–49 MA 65,1% 50–249 MA 15,9% ≥ 250 MA	87,1%: Soll-Ist- Vergleich 83,6%: Budgetierung 65,0%: Vollkostenstel- lenrechnung 64,6%: kurzfristige Erfolgsrechnung 59,7%: Abweichungsana- lysen
Wimmer, B./ Universität Linz/ 2004/ 2004	482 (22%)	95,5% ≥ 100 MA 43,8% 100–250 MA 51,7% > 250 MA	81,0%: strategische Planung 94,0%: operative Planung 26,2%: integrierte Planungssoftware
Heidenbauer, M./ Universität Klagenfurt/ 2007/ 2008	244 (17,1%)	35,3% 20–49 MA 51,3% 50–499 MA 13,4% ≥ 500 MA (n = 238)	82,6% MU: strategische Pläne 93,1% MU: operative Pläne 96,8% GU: operative Pläne 90,3% GU: strategische Pläne (alle zumindest „manch- mal" schriftlich ausgear- beitet)
Feldbauer-Durstmüller, B./Duller, C./Haas, T./ Universität Linz 2007/ 2010	236 (20,0%)	3,0%: 10-49 MA 66,7%: 50-249 MA 30,3%: ≥ 250 MA	84,9%MU: strategische Pläne 95,0% MU: operative Pläne 98,3% GU: operative Pläne 89,7% GU: strategische Pläne

Tab. 1: Österreichische Studien zum Controlling in mittleren Unternehmen
   [vgl. *Feldbauer-Durstmüller/Duller/Haas*, 2010, 315 f.]

In den letzten Jahren erschienen folgende empirische Studien in Deutschland zu dieser Thematik:[25]

---

[25] Eine Zusammenfassung aller Studien und eine Synopse bieten *Keuper/Brösel/Albrecht*, 2009, 62 ff. Auf die Ergebnisse der deutschen Studien soll aus Platzgründen an dieser Stelle nicht näher einge-gangen werden.

Autoren	Erscheinungsjahr	Titel, Publikationsort
Rautenstrauch/Müller	2006	Investitionscontrolling in kleinen und mittleren Unternehmen (KMU). In: ZfCM, Heft 2, S. 100–105
Schäffer/Steiners	2005	Wie nutzen Geschäftsführer und Vorstände in deutschen Industrieunternehmen ihre Kostenrechnung? In: Controlling S. 321–325
Berens/Püthe/Siemes	2005	Ausgestaltung der Controlling-Systeme im Mittelstand – Ergebnisse einer Untersuchung, in: ZfCM, Heft 3, S. 186–191
Ossadnik/Barklage/ Van Lengerich	2004	Controlling im Mittelstand, in: Controlling, S. 621–630
Frank/Reitmeyer	1999	Gestaltung und Erfolgsfaktoren der Kostenrechnung im Mittelstand, in: KRP-Sonderheft 2, S. 15–25
Legenhausen	1998	Controllinginstrumente für den Mittelstand, Wiesbaden

Tab. 2: Empirische Studien in Deutschland [vgl. dazu FN 25]

In weiterer Folge wird nun auf die aktuellste österreichische Untersuchung eingegangen: Die empirische Studie von *Feldbauer-Durstmüller/Duller/Hass* zeigt als Ergebnis, dass vor allem folgende *strategische* Instrumente von mittleren Unternehmen eingesetzt werden.

Instrument	Einsatzgrad
Kennzahlensysteme	89,4%
Investitionsrechnungsverfahren	68,8%
Stärken-/Schwächenanalyse	69,5%
Konkurrenzanalyse	70,2%
Benchmarking	45,9%
Branchenstrukturanalyse	57,5%
ABC-Analyse	53,2%
Nutzwertanalyse	23,8%
Produktlebenszyklusanalyse	31,7%
Portfolio-Technik	18,8%

Szenario-Technik	16,8%
Balanced Scorecard	5,8%
Erfahrungskurvenanalyse	14,1%
Wertkettenanalyse	12,0%
Shareholder-Value-Analysen	3,0%
Sensitivitätsanalyse	8,9%
Gap-Analyse	8,2%
PIMS-Modelle	2,0%
Realoptionsmodelle	0,0%

Tab. 3: Einsatzgrad strategischer Instrumente [vgl. *Feldbauer-Durstmüller/Duller/Haas*, 2010, 324]

Hierbei dominieren mit über 89% die aus einem Jahresabschluss abgeleiteten Kennzahlensysteme.

Nach oben beschriebener Studie werden folgende *operativen* Instrumente von mittleren Unternehmen eingesetzt:

Instrument	Einsatzgrad
Umsatz-/Absatzplanung	85,1%
Personalplanung	76,0%
Liquiditätsplanung	61,0%
kalkulatorische Erfolgsplanung	59,1%
Produktionsplanung	48,1%
Produktprogrammplanung	50,0%
bilanzielle Erfolgs- und Steuerplanung	52,6%
Beschaffungsplanung	46,1%
Planbilanz	40,3%
Lagerplanung	38,3%
F&E-Planung	22,1%
sonstige Teilpläne	7,1%

Tab. 4: Einsatzgrad operativer Instrumente [vgl. *Feldbauer-Durstmüller/Duller/Haas*, 2010, 325]

Ein großer Teil dieser Instrumente lässt sich auch hier aus Daten der Finanzbuchhaltung ableiten.

Um herauszufinden, welche Instrumente für KMUs sinnvoll sind, unterscheiden *Keuper/Brösel/Albrecht* zwischen umfeldinduzierten und unternehmensinduzierten Aspekten:

Im Rahmen der umfeldinduzierten Aspekte werden alle Elemente beleuchtet, auf die ein KMU keinen direkten Einfluss nehmen kann, die aber auf das KMU einwirken. Als

Beispiel dafür kann die Entwicklung der Märkte genannt werden: Hier haben KMUs einen Nachteil, weil sie keine Marktmacht haben. Für KMUs ist es daher umso wichtiger, Markt- und Unternehmensentwicklungen rechtzeitig zu erkennen, um adäquat darauf reagieren zu können. Durch das Controlling können die nötigen Informationen besorgt werden.

KMUs verfolgen Nischenstrategien und einen Trend zur Individualisierung von Produkten. Deshalb ergeben sich hohe Anforderungen an die Gestaltung und Kontrolle des Leistungserstellungsprozesses mittels eines Leistungsportfolios.

Schließlich sind in diesem Zusammenhang noch die Bedürfnisse der Stakeholder zu erwähnen: Fremdkapitalgeber brauchen Informationen neben dem Jahresabschluss, die mittels Controlling-Instrumenten beschafft werden könnten.

Als ein Bereich der unternehmensinduzierten Aspekte ist das Investitionsverhalten hervorzuheben: Eine Besonderheit von KMUs ist das diskontinuierliche Investitionsverhalten. Probleme bei Investitionen (die dann oft sehr hoch sind) und Finanzierung sind Gründe für Insolvenzen. Nach Studien ist ein „fehlendes Controlling" einer der Hauptgründe dafür.[26]

KMUs besitzen flache Hierarchieebenen. Die entscheidungsrelevanten Informationen sollen deshalb in übersichtlicher Struktur aufbereitet sein. Dazu ist der Einsatz einer Kostenrechnung unverzichtbar.

Schließlich kann der Bereich des Unternehmenswachstums Erwähnung finden: An bestimmten Punkten werden sog. Wachstumsschwellen erreicht, an denen eine Stagnation bzw. Unterbrechung des Wachstums festzustellen ist. Hier sind oftmals Anpassungen vorzunehmen. Dabei sind insbesondere Änderungen im Bereich der Unternehmensführung, Finanzen und Organisation vorzunehmen. Auch daraus ist die Notwendigkeit eines Controllings ableitbar.

Allen Instrumenten gemeinsam ist die Ausgangsbasis: Der Jahresabschluss des SME-Standards besteht aus einer Bilanz, einer Gewinn- und Verlustrechnung, eines Anhangs und vor allem auch aus der Kapitalfluss- und einer Eigenkapitalveränderungsrechnung.[27] Auf diese Wechselwirkung soll in Folge eingegangen werden.

4. Die Wechselwirkung zwischen Controlling und internationaler Unternehmensrechnung

Besonders international ist eine verstärkte Verzahnung zwischen internen und externen Daten feststellbar. Diese greift in zweierlei Richtungen:

Der Management Approach ist dadurch gekennzeichnet, dass der Nutzen der Abschlussinformationen dadurch erhöht wird, dass sich Daten im Jahresabschluss wiederfinden, die der Führungsebene zur Entscheidungsfindung dienen. Dadurch erweitert sich das Aufgabengebiet des Controllers: Der Controller wird zusätzlich als Informationsdienstleister – auch für die Erstellung des Jahresabschlusses – gesehen.[28,29]

---

[26] Vgl. die Studie der Creditreform bzw. jene von *Wieselhuber & Partner*. Vgl. dazu *Keuper/Brösel/Albrecht*, 2009, 59 f.

[27] Vgl. IFRS-SME 3.17.

[28] Vgl. *Weißenberger/IGC*, 2006, 342 ff.

[29] *Egner* nennt hierbei bei den „Full-Standards" u.a. die Ausgestaltung der Segmentberichterstattung, die Bemessung latenter Steuern bei Verlustvorträgen, die Durchführung eines Impairment-Tests auf Basis von Cash-Generating Units, die Auftragsfertigung nach IAS 11, die Bewertung selbstgeschaffener Vermögenswerte, die Aktivierung von Fremdkapitalkosten und die Risikoberichterstattung. Vgl. dazu *Egner*, 2008, 95 f.

Umgekehrt lassen sich Daten aus dem externen Bereich aufgrund geänderter Anforderungen leichter in den internen Bereich übernehmen. Dies ist in der „fair presentation" begründet, das fehlende imparitätische Realisationsprinzip in bekannter Ausprägung einerseits und die fehlende Maßgeblichkeit andererseits führen ebenfalls zu „richtigeren" Daten.

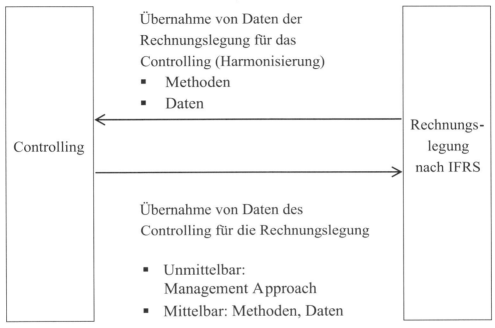

Abb. 1: Zusammenspiel Controlling und Rechnungslegung nach IFRS [vgl. *Wagenhofer*, 2009, 554]

Die enge Zusammenarbeit zwischen Bilanzierung und Controlling hat im Wort „Biltrolling" ihren Niederschlag gefunden.[30]

5. Die Finanzbuchhaltung als Ausgangsbasis für das Controlling

5.1. Grundsätzliche Bemerkungen[31]

Bevor die Zahlen für die Unternehmenssteuerung aufbereitet werden, ist es wichtig, die weitere Vorgangsweise zu planen: Dabei sollte nach *Sindl* die Unternehmensplanung durch eine vorgelagerte strategische Planung mit einer Umwelt- und Unternehmensanalyse in einen umfassenderen Kontext gesetzt werden.[32] Es sollten Detailplanungen nach Geschäftsbereichen (wie z.B. strategischen Geschäftseinheiten, Produkt- und Kundengruppen und Filialen) vorgenommen werden. Dabei sollte auch auf die Stimmigkeit

---

[30] Vgl. *Nobach/Zirkler*, 2006, 740.
[31] In Anlehnung an *Denk/Mitter*, 2008, 37 ff.
[32] Vgl. *Sindl*, 2009, 36.

bzw. die Überführbarkeit des Reportingschemas zu den Jahresabschlüssen und der unterjährigen Ist-Erfolgsrechnungen geachtet werden.[33]

Grundsätzlich kann die Integration des Rechnungswesens auch nach UGB möglich sein. Dies wird durch die Ergebnisse der Studie von *Weißenberger* und *Angelkort*[34] bestätigt, die herausfanden, dass bereits 50% der befragten Unternehmen vor der Umstellung auf IAS/IFRS ein integriertes Rechnungswesen hatten. Ähnliches hat auch *Wolfsgruber* in seiner Arbeit festgestellt: Bei 18,2% aller befragten Unternehmen beispielsweise gibt es keinen feststellbaren Unterschied zwischen pagatorischer und kalkulatorischer Abschreibung und 46,8% aller befragten Unternehmen hatten keine kalkulatorischen Zinsen in Verwendung.[35]

Hierbei sollte jedoch nicht vergessen werden, dass kleinere Unternehmen oft wenige Ressourcen für internes und externes Rechnungswesen zur Verfügung haben. Weiters gilt zu beachten, dass eine UGB-Bilanz durch die Einflüsse des Gläubigerschutzes, der Zahlungsbemessungs- und der Ausschüttungsfunktion verzerrt wird und auch die UGB-Konzernbilanz – trotz ihrer reinen Informationsfunktion – nur schwer von diesen Einflüssen befreit werden kann.[36]

Die internationalen Vorschriften sind im Vergleich zu den deutschen und österreichischen Rechnungslegungsbestimmungen viel stärker darauf ausgerichtet, entscheidungsrelevante Informationen bereitzustellen. Weil sich die oben genannten Zielsetzungen der internen und externen Unternehmensrechnung stärker annähern,[37] wird die traditionelle Zweiteilung auch insgesamt in Frage gestellt.[38]

Eine vollständige Vereinheitlichung wird jedoch von einem größeren Teil der Literatur wegen der zahlreichen Aufgaben als nicht zielführend angesehen.[39] Für eine Eingrenzung wird daher die interne Rechnungslegung in die Bereiche der „Planung" bzw. „Steuerung und Kontrolle" zerlegt. Für den zweiten Bereich lassen sich Gemeinsamkeiten mit der externen Unternehmensrechnung ausmachen.[40]

Bilanz und GuV enthalten zudem nur sehr globale Größen, die sich auf das gesamte Unternehmen beziehen. Für eine interne Steuerung der Unternehmensprozesse ist es jedoch notwendig, auf niedrigeren Ebenen (Teilbereich, Profit-Center, Abteilung, Kostenstelle, Produkt) entscheidungsrelevante Daten bereitzustellen. Damit ist ein höherer Detaillierungsgrad erforderlich.

Im Rahmen der Integration lassen sich vier wesentliche Ziele ausmachen:

An erster Stelle steht der *Kommunikationsaspekt*: Hierbei soll eine einheitliche Terminologie geschaffen werden, um die Verständlichkeit bzw. Akzeptanz zwischen internem und externem Rechnungswesen zu erhöhen. Vorschub leistet in diesem Zusammenhang der sog. Management Approach. Ein weiterer Aspekt liegt in der *Vereinheitlichung*

---

[33] Vgl. *Sindl*, 2009, 36.
[34] Vgl. *Weißenberger/Angelkort*, 2007, 28 f.
[35] Vgl. *Wolfsgruber*, 2005, 215 ff.
[36] Vgl. *Klein*, 1999, 77, ähnlich auch *Weißenberger*, 2004, 74 ff.
[37] Vgl. *Funk/Rossmanith*, 2008, 44.
[38] Vgl. *Weber/Schäffer*, 2008, 121 ff; *Küting/Lorson* erteilen der Forderung nach einem „Einheitsrechnungswesen" jedoch eine Absage. Vielmehr sei ein relevanter Harmonisierungsbereich zu finden. Vgl. *Küting/Lorson*, 1999, 47 ff.
[39] Vgl. *Weißenberger*, 2007, 198; *Kümpel*, 2002, 344.
[40] Vgl. *Küting/Lorson*, 1999, 54.

des Datenbestandes. Manuelle Schnittstellen und Modifikationsrechnungen sollten möglichst vermieden werden. Es kann jedoch zu keiner vollständigen Harmonisierung kommen.[41]

Ein weiteres Ziel liegt in den *Anreiz- und Vergütungssystemen*. Auf diese Weise wird der externe Bilanzadressat in die Lage versetzt, die Leistung bzw. Leistungsvergütung des Managements mit dem ihm vorliegenden Datenmaterial zu beurteilen bzw. einzuordnen. Letztendlich können *Systeme, Prozesse und Organisationsstrukturen* mittels eines ganzheitlichen Ansatzes betrachtet werden und Ineffizienzen im Rechnungswesen zurückgeführt werden.

Die Breite des Harmonisierungsbereichs wird durch das Ausmaß der horizontalen Integration bestimmt. Dabei ist zu unterscheiden, welche Funktionsbereiche des internen und externen Rechnungswesens einbezogen werden sollen. Eine Differenzierung bietet die Gliederung in die jeweils zugrundeliegenden Standardberichtskategorien wie z.B. Jahresabschluss, externes Quartalsreporting nach IAS 34, monatliches Management-Reporting, Business-Plan-Erstellung, Risko-Reporting, Cash-Reporting, Human-Ressource-Reporting und Information-Technologie-Reporting.[42] Die Tiefe des Harmonisierungsbereichs wird durch das Ausmaß der vertikalen Integration bestimmt. Dabei ist zu unterscheiden, bis zu welcher Hierarchie bzw. Aktivitätsebene innerhalb des Unternehmens bzw. Konzerns eine Zusammenführung von internem und externem Rechnungswesen erfolgen soll. Es wird eine partielle Integration erfolgen, wobei der Harmonisierungsbereich vor der operativen Produkt-, Prozess- und Kostenstellensteuerung endet. Dies hat den Vorteil, dass die für die Außenkommunikation wichtigen Ergebnisgrößen wie Umsatz, EBIT und EBITDA zumindest auf Konzern-, Divisions- und Geschäftsbereichsebene extern und intern abgestimmt sind, die jedoch weiterhin nachgesteuert werden können.[43]

Trotzdem kann es im Zuge der Harmonisierung mit den IAS/IFRS auch zu Problemen mit der internen Unternehmenssteuerung kommen. *Beißel/Steinke*[44] sehen diese beispielsweise in der strikten Kapitalmarktorientierung der IAS/IFRS:[45] Die Vermittlung von für Investoren relevanten Informationen kann eventuell der Unternehmenssteuerung entgegenlaufen. Weitere Problembereiche werden in den Wahlrechten und in der international in einigen Bereichen üblichen „Fair Value-Bilanzierung" geortet.[46] *Beißel/Steinke* sprechen sogar davon, dass bei einer Zunahme der Neubewertungseffekte eine erneute Trennung des externen und internen Rechnungswesens „unumgänglich" wäre.[47] Diese Problematik stellt sich beim SME-Standard jedoch nur bedingt, da in vielen Bereichen auf die Neubewertungsmethode verzichtet wird.[48]

Der IASB zeigte in den letzten Jahren eine hohe Dynamik in der Entwicklung von Standards. Controllingkollegen könnten hierbei bedingt durch sprachliche Barrieren (die

---

[41] Siehe dazu die Anmerkungen in den folgenden Absätzen.

[42] Näheres dazu vgl. *Erdmann*, 2008, 240 f.

[43] Vgl. *Erdmann*, 2008, 241.

[44] Vgl. *Beißel/Steinke*, 2004, 69.

[45] Vgl. dazu z.B. *Bitzyk/Steckel*, 2008, 7 i.V.m. F.10.

[46] Vgl. *Funk/Rossmanith*, 2008, 48 ff. und die dort zitierte Literatur.

[47] Vgl. *Beißel/Steinke*, 2004, 70.

[48] Vgl. dazu die auf den folgenden Seiten getätigten Ausführungen.

IAS/IFRS werden vom Londoner IASB in englischer Sprache entwickelt, Entwürfe von Standards sind daher regelmäßig nur in Englisch verfügbar)[49] und die hohe Komplexität einiger Bestimmungen Probleme bekommen. Gute fachliche Grundlagen sind daher Voraussetzung für eine erfolgreiche Integration.

In Folge wird die Aufbereitung der Zahlen des Jahresabschlusses näher betrachtet.

5.2. Aufbereitung der Bilanz: Anpassung der Aktivseite

Die Aktivseite der Bilanz weist die Gegenstände des Anlage- und Umlaufvermögens sowie die aktiven Rechnungsabgrenzungsposten aus. Diese Positionen lassen sich wie folgt für die interne Unternehmensrechnung anpassen:

Zuerst sind nicht betriebsnotwendige Vermögensgegenstände auszuscheiden. Insbesondere das Finanzanlagevermögen enthält viele nicht betriebsnotwendige Positionen und ist daher besonders genau zu analysieren. In einigen Lehrbüchern wird das Finanzanlagevermögen für die Datenaufbereitung gänzlich eliminiert. Dies würde jedoch zu weit gehen.[50]

Nicht in der Bilanz enthaltene, betriebsnotwendige Vermögensteile werden hinzugerechnet. Grundsätzlich sind betriebsnotwendige Vermögensgegenstände auf Tageswerte (i.d.R. Reproduktionswerte) umzuwerten. Stille Reserven sind somit aufzulösen. Hierbei ist zwischen Anlage- und Umlaufvermögen zu unterscheiden:

Nicht abnutzbares Anlagevermögen fließt mit seinem Tageswert in die Rechnung ein. Abnutzbares Anlagevermögen ist ebenfalls mit seinem Zeitwert (Tagesrestwert) anzusetzen. In der Praxis wird dabei folgendermaßen vorgegangen: Wenn ein Marktpreis verfügbar ist, sollte dieser herangezogen werden. Dies wäre beispielsweise bei Kfz mit Hilfe von Gebrauchtwagenpreislisten durchführbar. In anderen Fällen sollte ein Wiederbeschaffungswert (Neuwert) eruiert werden, der dann um eine kalkulatorische Abschreibung zu vermindern ist.[51]

Der IFRS-SME 18 regelt die Aktivierung immaterieller Vermögenswerte. Demnach dürfen – ähnlich wie nach UGB – Ausgaben für einen selbst geschaffenen immateriellen Vermögenswert nicht aktiviert werden.[52] Die erstmalige Erfassung erfolgt mit den Anschaffungskosten. Die Folgebewertung erfolgt mit den fortgeschriebenen Anschaffungskosten. IFRS-SME 18.19 unterstellt, dass sämtliche immaterielle Vermögenswerte eine zeitlich begrenzte Nutzungsdauer haben.

Als weitere Besonderheit gegenüber den full IFRS ist hier vor allem hervorzuheben, dass die Abschreibung eines Firmenwertes planmäßig vorgesehen ist.[53] Dies ist nach IFRS 3 nicht mehr möglich.[54]

---

[49] Zu den Problemen mit der Übersetzung englischer Begriffe in andere (EU-)Sprachen vgl. dazu z.B. *Küting*, 2011, 2091 ff.
[50] Vgl. *Denk/Mitter*, 2008, 50.
[51] Vgl. dazu z.B. *Denk/Mitter*, 2008, 50 f.
[52] Zu einer Ausnahme kann es bei bestimmten Entwicklungsausgaben dann kommen, wenn sie in die Anschaffungs-/Herstellungskosten eines anderen Vermögenswertes eingehen, welcher die allgemeinen Ansatzkriterien erfüllt. Vgl. IFRS-SME 18.14.
[53] Vgl. IFRS-SME 19.23.
[54] Vgl. IFRS 3.18.

Gegenüber den Regelstandards sieht der IFRS for SMEs beispielsweise nicht vor, Vermögenswerte nach der Neubewertungsmethode zu bilanzieren. Im internen Rechnungswesen ist jedoch auch in der Praxis nicht vorgesehen, jeden Vermögenswert umzuwerten. Lediglich bei bedeutenden Unterschieden zwischen Verkehrs- und Buchwert kommt es zu Anpassungen.[55]

National, aber auch international sind Sachanlagen bei erstmaliger Erfassung mit ihren Anschaffungs- bzw. Herstellungskosten anzusetzen.[56] Die Herstellungskosten umfassen international neben den Einzel- auch die Gemeinkosten.[57] Ein Aktivierungsverbot besteht für allgemeine Verwaltungskosten und nicht produktionsbezogene Gemeinkosten.[58] Fremdkapitalkosten sind stets als Periodenaufwand zu erfassen. Eine Aktivierung ist hier im Gegensatz zu den full-IFRS nicht vorgesehen.[59]

Die Folgebewertung erfolgt grundsätzlich mit den fortgeschriebenen Anschaffungs- bzw. Herstellungskosten.[60] Das Abschreibungsvolumen ist vermindert um den Restwert auf systematischer Grundlage über deren wirtschaftliche Nutzungsdauer zu verteilen.[61] Es ist diejenige Methode zu wählen, die dem erwarteten Nutzenverlauf am besten entspricht. Falls die aktuellen Einschätzungen wesentlich vom bisherigen Abschreibungsverlauf abweichen, sind die Abschreibungsbeträge für die laufende und die zukünftigen Perioden anzupassen.[62]

Die Möglichkeit einer außerplanmäßigen Abschreibung ist sowohl bei immateriellen Vermögenswerten und Sachanlagen dann in Betracht zu ziehen, wenn interne oder externe Informationsquellen für das Vorliegen einer Wertminderung vorliegen. Wie in IAS 36 ist auch hier der „erzielbare Betrag" zu ermitteln, der sich aus dem höheren Wert aus Nutzungswert bzw. beizulegendem Zeitwert abzüglich Veräußerungskosten ergibt.[63] Sollte der Grund für die außerplanmäßige Abschreibung weggefallen sein, so sind die zuvor abgeschriebenen Werte (in Gegensatz zu § 208 UGB[64]) zwingend wieder aufzuholen.[65] Die in den IAS 16 und IAS 38 als Alternative vorgesehene Neubewertungsmethode ist nicht vorgesehen.

Investitionen in Stamm- oder Vorzugsaktien ohne Inhaberkündigungsrechte sind im Falle, dass sie auf einem öffentlichen Markt gehandelt werden oder ihr beizulegender Zeitwert auf andere Art verlässlich ermittelt werden kann, zum beizulegenden Zeitwert zu bewerten, wobei Veränderungen erfolgswirksam erfasst werden. Sollte der beizulegende Zeitwert nicht verlässlich bestimmbar sein, so hat die Bewertung jedoch zu Anschaffungskosten zu erfolgen.[66]

---

[55] Vgl. dazu z.B. *Denk/Mitter*, 2008, 52 f.
[56] Vgl. § 203 bzw. 206 UGB bzw. IFRS-SME 17.9.
[57] Vgl. IFRS-SME 13.8.
[58] Vgl. IFRS-SME 17.11d.
[59] Vgl. IFRS-SME 25.2.
[60] Vgl. IFRS-SME 17.15.
[61] Vgl. IFRS-SME 17.18.
[62] Vgl. IFRS-SME 17.19 bzw. 17.23.
[63] Vgl. IFRS-SME 27.11.
[64] Vgl. dazu § 208 Abs. 1 i.V.m. Abs. 2 UGB.
[65] Vgl. IFRS-SME 27.30b.
[66] Vgl. IFRS-SME 11.14c.

Im Bereich des Anlagevermögens ergeben sich durch die Anwendung der IFRS for SMEs folgende Vorteile für die interne Unternehmensrechnung gegenüber der UGB-Bilanzierung:

Die Wahl der Nutzungsdauer und der Abschreibungsmethode bleibt in beiden Varianten grundsätzlich dem Ersteller des Jahresabschlusses überlassen. Durch die Maßgeblichkeit in der heimischen Rechnungslegung wird die Wahl jedoch im Rahmen der UGB-Bilanzierung beeinflusst: Da steuerlich grundsätzlich neben der Substanzwertabschreibung nur die lineare Abschreibungsmethode vorgesehen ist, fallen progressive und degressive Abschreibungen dann aus, wenn der Unternehmer eine Fülle von Mehr-/Weniger-Rechnungen vermeiden will. Ebenso wird der Bilanzersteller zu einer kürzeren Nutzungsdauer dann neigen, wenn dies steuerliche Vorteile mit sich bringen könnte.

In § 208 UGB ist die heimische Wertaufholung festgeschrieben. Zumeist handelt es sich hier um ein Aufwertungswahlrecht.[67] Dadurch, dass die Wertaufholung gegen Erlöse zu buchen ist, hat ein derartiger Vorgang durch die Maßgeblichkeit der Unternehmensbilanz für die steuerliche Gewinnermittlung negative steuerliche Konsequenzen. In der Praxis wird daher in vielen Fällen eine Aufwertung unterbleiben, womit stille Reserven gelegt werden.

Keine Erleichterungen gibt es durch die Bilanzierung von Zeitwerten: Sie ist nämlich im SME-Standard bei immateriellen Vermögenswerten und Sachanlagen nicht vorgesehen. Die Bewertung zu Marktwerten wäre zeitnäher und für die Unternehmenssteuerung dann brauchbarer als die Bewertung zu historischen Anschaffungs-/Herstellungskosten, wenn sie verlässlich ermittelt werden können. Durch die Abbildung der tatsächlichen wirtschaftlichen Situation könnte die Relevanz der Informationen von Steuerungs- und Kontrollrechnungen gesteigert werden. Allerdings gibt es gerade im Bereich der Neubewertung dann erhebliche Unsicherheiten, wenn es keinen tagtäglichen Marktpreis gibt. Aus diesem Grund wird die Neubewertungsmethode als verbesserte Alternative von Fachexperten verworfen.[68]

Für das betriebsnotwendige Umlaufvermögen erscheint die Höhe der Bilanzwerte in der Regel gerechtfertigt zu sein: Dadurch, dass diese Vermögensposten nur kurzfristig im Unternehmen verbleiben, ist hier kaum mit stillen Reserven zu rechnen. Für die Berechnung von Kennzahlen sind für das betriebsnotwendige Umlaufvermögen Durchschnittsbeträge zu ermitteln, die auch saisonale Bestandsschwankungen umfassen. Sie errechnen sich als arithmetisches Mittel aus Anfangs- und Planendbestand einer Periode. Rechnungsabgrenzungen sind zu analysieren und eventuell dem Umlaufvermögen zuzuschlagen.

International sind Vorräte gemäß SME-Standard mit den Anschaffungs- oder Herstellungskosten anzusetzen. Die Folgebewertung hat nach dem strengen Niederstwertprinzip zu erfolgen.[69]

Ein Fertigungsauftrag liegt vor, wenn „ein Vertrag die kundenspezifische Fertigung einzelner Gegenstände oder einer Anzahl von Gegenständen zum Inhalt hat, die hinsichtlich Design, Technologie und Funktion oder hinsichtlich ihrer Verwendung aufeinander abgestimmt oder voneinander abhängig sind."[70]

---

[67] Vgl. § 208 Abs. 1 i.V.m. Abs. 2 UGB.
[68] Vgl. z.B. *Wussow*, 2004, 133 mit weiteren Nachweisen.
[69] Vgl. IFRS-SME 13.4.
[70] IFRS-SME 23.18.

Fertigungsaufträge sind nach der „Percentage-of-Completion-Methode" zu erfassen, wenn das Ergebnis des Fertigungsauftrags verlässlich bestimmbar ist. Voraussetzung dafür ist die zuverlässige Schätzung des Fertigstellungsgrades und der bis zur Fertigstellung des Auftrags noch anfallenden Kosten und Einnahmen. Sind diese Voraussetzungen nicht erfüllt, so ist der Fertigungsauftrag nach der Completed-Contract-Methode zu erfassen.[71]

Im Bereich des Umlaufvermögens ergeben sich durch die Anwendung der IFRS for SMEs u.a. folgende Konsequenzen für die interne Unternehmensrechnung: Im Bereich der Vorräte erfolgt die Bewertung grundsätzlich gleich wie nach §§ 206 und 207 UGB nach dem strengen Niederstwertprinzip. Dadurch, dass es sich im Regelfall jedoch um Werte handelt, die lediglich kurzfristig im Unternehmen verbleiben, entsprechen die Buchwerte zumeist jedoch den Tageswerten. Nur bei Produkten mit starken Wertänderungen können sich Abweichungen in Form von stillen Reserven ergeben.

Bei Fertigungsaufträgen kommt die Percentage-of-Completion-Methode (in Folge: „PoC"-Methode) kostenrechnerischen Gestaltungen näher als die UGB-Bilanzierung. Trotzdem ist zu bedenken, dass es im Rahmen dieser Methode zahlreiche Möglichkeiten gibt, die Ergebnisse zu beeinflussen.[72] Da jedoch die Daten des Projektcontrollings übernommen werden können, oder aber umgekehrt die für die Jahresabschlusserstellung ermittelten Daten in das interne Rechnungswesen Eingang finden können, ist die Anwendung der PoC-Methode als insgesamt vorteilhaft zu beurteilen.

Der Zweck der Überleitung der Aktivseite liegt einerseits in der Ermittlung jener Vermögensteile, die für die betriebliche Leistungserstellung notwendig sind, und andererseits in der Aufdeckung und Eliminierung von Überbewertungen (stillen Lasten) und Unterbewertungen (stillen Reserven), um möglichst realistische Aussagen über die wirtschaftliche Situation des Unternehmens zu erhalten. Gerade bei kleinen Unternehmen haben diese Umwertungen jedoch stets unter Beachtung von Kosten-Nutzen-Aspekten zu erfolgen. Die vollständige Realisierung der Forderung nach aktuellen Tages- bzw. Reproduktionswerten würde einen erheblichen Aufwand bedeuten. Selbst in Großunternehmen wird vielfach mit Werten der Anlagenbuchhaltung gearbeitet, da eine Umrechnung sämtlicher Vermögensgegenstände auf aktuelle Tageswerte aufgrund der Vielzahl an Aktivposten nicht administrierbar wäre. Darüber hinaus sind die Unterschiede zwischen Wiederbeschaffungswert und historischen Anschaffungskosten meist nur bei wenigen Positionen bedeutsam. Aufgrund des im UGB vorgesehenen Vorsichtsprinzips sollten aktivseitig in der Regel auch keine Überbewertungen vorzufinden sein. Vermögensgegenstände, bei denen die Wiederbeschaffungswerte beispielsweise aufgrund kurzer Lebenszyklen und rascher technischer Veralterung unter den historischen Anschaffungswerten liegen (z.B. EDV-Anlagen), sind bei dauerhafter Wertminderung auch gemäß UGB abzuwerten.

Zusammenfassend ist daher festzuhalten, dass auch bei der Bilanzierung nach dem SME-Standard Anpassungen der Aktivseite nur dort vorgenommen werden sollen, wo Tageswerte und Buchwerte der Finanzbuchhaltung weit auseinanderklaffen. Ergibt sich

---

[71] Vgl. IFRS-SME 23.25.
[72] In dieser Arbeit soll darauf nicht näher eingegangen werden. Vgl. dazu z.B. *Wussow*, 2004, 136 ff. mit weiteren Nachweisen.

aus einer überschlägigen Berechnung und/oder groben Einschätzung der relevanten Größen, dass es sich bei den Differenzen lediglich um Bagatellwerte handelt, sollten aufwendige Korrekturen vermieden werden und stattdessen auch intern mit den Werten der Finanzbuchhaltung gearbeitet werden. Die Kosten einer Korrektur der Wertansätze würden in diesem Fall in keiner Relation zum Nutzen stehen und die Umbuchungen nur Scheingenauigkeiten produzieren. Insgesamt gesehen kommen die Ansätze nach dem SME-Standard der Unternehmenssteuerung näher als jene nach UGB.

5.3. Aufbereitung der Bilanz: Anpassung der Passivseite

Nach der Aktivseite sollte auch die Passivseite der Bilanz in brauchbare interne Werte übergeleitet werden. Sie dienen in Folge vor allem der Berechnung von Kennzahlen. In der Praxis ist eine Anpassung der Passivseite jedoch vor allem bei kleineren Unternehmen nur recht selten anzutreffen.[73] In Folge dessen handelt es sich im folgenden Kapitel lediglich um einen Vorschlag, die Aussagekraft der Kennzahlen damit zu verbessern.

Der Controller konzentriert sich hier auf das Fremdkapital. Das Eigenkapital kann danach als Restgröße zwischen Aktivseite und Fremdkapital pauschal festgesetzt werden.

Die Vorgangsweise hat der Aktivseite zu folgen, wobei hier einige zusätzliche Überlegungen zu tätigen sind: Zunächst ist nicht betriebsnotwendiges Fremdkapital auszuscheiden. Danach wäre sämtliches betriebsnotwendiges Fremdkapital auf Tageswerte umzuwerten. Rückstellungen sind grundsätzlich in der Kostenüberleitung als Fremdkapital zu belassen. Kalkulatorische Wagnisse sollen zusätzlich dann angesetzt werden, wenn die in der Bilanz enthaltenen Passivposten nicht ausreichen sollten. Die Untergliederung des Fremdkapitals könnte für Zwecke der Kennzahlenberechnung in einen verzinslichen und einen unverzinslichen Teil oder aber hinsichtlich der Fristigkeit erfolgen. Passive Rechnungsabgrenzungsposten sind zu analysieren und als Teil der Verbindlichkeiten darzustellen. In der Bilanz enthaltene unversteuerte Rücklagen sind entsprechend ihrer Herkunft in eine Eigen- und Fremdkapitalkomponente zu spalten.

Im Rahmen der Finanzinstrumente werden Schuldinstrumente mit den fortgeführten Anschaffungskosten bewertet.[74] Für alle Leistungen an Arbeitnehmer gilt der in IFRS-SME 28.3 niedergeschriebene Erfassungsgrundsatz: Demnach hat der Unternehmer die Kosten für Leistungen an Arbeitnehmer, auf die diese einen Anspruch durch die erbrachten Arbeitsleistungen erworben haben, grundsätzlich als Verbindlichkeit zu erfassen. Beträge, die direkt an Arbeitnehmer oder an einen Fonds gezahlt wurden, sind in Abzug zu bringen. Leistungsorientierte Versorgungspläne sind dann mit Hilfe des Barwerts (i.d.R. „Projected-Unit-Credit-Methode") zu erfassen.[75] Die Bewertung der sonstigen Rückstellungen erfolgt mit der bestmöglichen Schätzung der Ausgaben, die zur Erfüllung der gegenwärtigen Verpflichtung zum Bilanzstichtag erforderlich sind.[76]

Die Untergliederung der Passivseite der Bilanz erfolgt nach Eigen- und Fremdkapital und innerhalb des Fremdkapitals nach Fristigkeiten.[77]

---

[73] Vgl. *Denk/Mitter*, 2008, 53.
[74] Vgl. IFRS-SME 11.14a.
[75] Nähere Einzelheiten bietet IFRS-SME 28.
[76] Näheres dazu vgl. IFRS-SME 21.
[77] Vgl. IFRS-SME 4.4.

Im Gegensatz zur UGB-Bilanzierung werden auf der Passivseite Barwerte angesetzt. Nach § 211 UGB hingegen wird der Rückzahlungsbetrag ohne Abzinsungen passiviert. Mit Hilfe der IFRS-Bilanzierung kann daher der oben erwähnten zweiten Forderung, einer Bewertung zu Tageswerten, entsprochen werden.

Nach § 224 UGB erfolgt die Gliederung nach dem Grad der Sicherheit: Das UGB untergliedert die Fremdkapitalposten auf der Passivseite in Rückstellung und Verbindlichkeiten.[78] Fristigkeiten können bei den Verbindlichkeiten dem Anhang entnommen werden.[79] Für Rückstellungen gibt es keine konkreten Angaben im Jahresabschluss. Durch die Anwendung des IFRS for SMEs und die daraus resultierende bereits oben geschilderte klarere Wiedergabe der Daten kann das Finanz- und Unternehmenscontrolling auf eine geänderte Datenbasis zurückgreifen. Ein wesentlicher Vorteil ist der Ausweis von kurzfristigen und langfristigen Schulden. Dieser Ausweis fehlt zumindest im Bereich der Rückstellungen im UGB gänzlich. Eine Einteilung nach Fristigkeiten ist jedoch für die Berechnung von Kennzahlen unerlässlich. Durch diese Unterscheidung ist es nämlich möglich, die Berechnung von bestimmten Kennzahlen, wie beispielsweise Deckungsgrade und Liquiditätsgrade, erheblich zu vereinfachen und benötigte Nebenrechnungen können wegfallen.

5.4. Überleitung der Gewinn- und Verlustrechnung

Die nationale Gewinn- und Verlustrechnung stellt die Erträge und Aufwendungen des Unternehmens gegenüber, mit dem Ziel, ein Jahresergebnis zu ermitteln. Dieses findet sich im Bereich des Eigenkapitals wieder. Die Aufstellung der Rechnung ist entweder nach dem Gesamtkosten- oder aber nach dem Umsatzkostenverfahren aufzustellen.[80] Aus beiden Verfahren ergibt sich das gleiche Betriebsergebnis. Ein Vorteil im Umsatzkostenverfahren ist jedoch darin zu sehen, dass das Betriebsergebnis bzw. das Verhältnis der Umsatzerlöse zu den Aufwendungen aus kostenrechnerischer Sicht aussagekräftiger ist.[81]

Die international gängige Gesamtergebnisrechnung unterscheidet zwischen Erfolgskomponenten, die in den Gewinn bzw. Verlust („profit or loss") und solche, die in das übrige Ergebnis („other comprehensive income") eingehen. Letztere werden unmittelbar im Eigenkapital erfasst. Das Ergebnis der Gesamtergebnisrechnung ist daher letztendlich die Veränderung des Eigenkapitals, wobei als Zwischenergebnis auch das erfolgswirksame Jahresergebnis dargestellt wird.[82]

Obwohl sowohl national als auch international eine Trennung in Betriebsergebnis, Finanzergebnis und außerordentliches Ergebnis erfolgt, enthalten diese Positionen auch Komponenten, die die Sicht verzerren können: Dies gilt insbesondere für den Posten „sonstige betriebliche Erträge": Dort werden beispielsweise Erlöse aus Substanzverkäufen oder Rückstellungsauflösungen ausgewiesen, die das Betriebsergebnis (positiv) beeinflussen können. Deswegen sollten die Ergebnisquellen näher untersucht werden.[83]

---

78 Vgl. § 224 Abs. 3 UGB.
79 Vgl. § 237 Z 1 UGB.
80 Vgl. § 231 Abs. 1 UGB.
81 Vgl. *Klett/Pivernetz*, 2010, 18.
82 Vgl. IFRS-SME 5.
83 Vgl. *Klett/Pivernetz*, 2010, 20 f.

5.5. Kapitalflussrechnung

Hier besteht auch für das Finanz- und Unternehmenscontrolling mit Kennzahlen die Anforderung, auf diese Aufstellung aufzubauen. Abschnitt 7 sieht eine Kapitalflussrechnung für Klein und Mittelbetriebe vor.[84] Nach UGB ist eine Kapitalflussrechnung jedoch nur im Rahmen eines Konzernabschlusses verpflichtend aufzustellen. Durch diese internationalen Anforderungen ist dieses Instrumentarium fix zu integrieren. Dadurch erfolgt eine Erweiterung der Controllinginstrumente, welche sich positiv auswirken könnte.

5.6. Eigenkapitalveränderungsrechnung

Das Eigenkapital ergibt sich als Restgröße.[85] Die Eigenkapitalveränderungsrechnung zählt zu den verpflichtenden Bestandteilen des Jahresabschlusses. Im Gegensatz zu den full IFRS besteht im SME-Standard jedoch die Möglichkeit, unter bestimmten Voraussetzungen nur eine Gesamtergebnisrechnung aufzustellen.[86]

Für Zwecke der Unternehmenssteuerung sind die Daten auf Basis des SME-Standards nun zu bearbeiten. Ob und welche Vereinfachungen es bei der Ermittlung der kalkulatorischen Werte geben kann, soll das nächste Kapitel zeigen.

6. Kalkulatorische Werte

6.1. Notwendigkeit kalkulatorischer Werte[87]

In der internen Unternehmensrechnung ist jeder Werteinsatz zur betrieblichen Leistungserstellung und Aufrechterhaltung der Betriebsbereitschaft zu erfassen. Ebenso ist jeder Wertzuwachs abzubilden, der im Zusammenhang mit der betrieblichen Leistungserstellung und -verwertung steht. Da die Finanzbuchhaltung jedoch in manchen Bereichen Bilanzierungsverbote vorsieht, sind die aus der Buchhaltung übernommen Grundleistungen und Grundkosten noch um kalkulatorische Werte zu ergänzen, um den gesamten betriebsbedingten Wertzuwachs und Wertverzehr zu erfassen und ein aussagekräftiges Betriebsergebnis zu ermitteln. Die kalkulatorischen Werte werden in Form von Anders- und Zusatzleistungen auf der Leistungsseite und von Anders- und Zusatzkosten auf der Kostenseite addiert. Von besonderer Bedeutung sind v.a. die kalkulatorischen Kosten, die entweder als Opportunitätskosten die Kosten der nächstgünstigsten Verwertungsalternative oder des entgangenen Nutzens darstellen oder als Alternativkosten jene Kosten ausweisen, die hätten aufgebracht werden müssen, wenn auf den Einsatz der gewählten Faktorart verzichtet worden wäre. Nachfolgende Abbildung gibt einen Überblick.

---

[84] Vgl. IFRS-SME 7.
[85] Vgl. IFRS-SME 2.15c.
[86] Dies ist dann der Fall, wenn sich das Eigenkapital in den dargestellten Perioden nur um das Periodenergebnis, die Dividenden und um Eigenkapitaleffekte aus der Korrektur von Fehlern und aus dem Wechsel von Bilanzierungs- und Bewertungsmethoden ändert. Vgl. IFRS-SME 3.18 bzw. ausführlicher dazu vgl. *Kirsch*, 2009, 43.
[87] Die folgenden Ausführungen folgen jenen in *Denk/Mitter*, 2008, 55 ff.

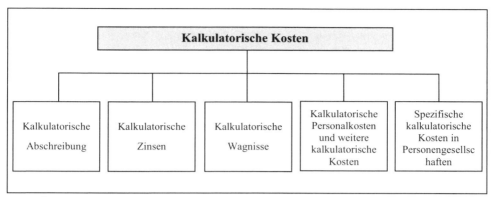

Tab. 5: Überblick über die kalkulatorischen Kosten

Nach Untersuchungen finden in der Praxis jedoch nicht sämtliche Instrumente gleichermaßen Akzeptanz.[88]

In Folge sollen daher lediglich die kalkulatorischen Abschreibungen und Zinsen einer genaueren Betrachtung unterzogen werden.

6.2. Kalkulatorische Abschreibung[89]

Eine kalkulatorische Abschreibung steht für die Wertminderung der dem Leistungserstellungs- und -verwertungsprozess dienenden, wiederholt einsetzbaren Produktionsfaktoren. Die Ursache für die Wertminderung kann technischer oder wirtschaftlicher Art sein. Als technischer Wertminderungsgrund können alle Arten des Verschleißes (inklusive jene aufgrund von Katastrophen wie Explosion oder Brand) genannt werden. Wertminderungen aufgrund technischen Fortschritts, des Fristablaufs oder Bedarfsverschiebungen auf dem Markt hingegen sind auf wirtschaftliche Gegebenheiten zurückzuführen. Im Gegensatz zur buchhalterischen Abschreibung kann bei der Berechnung der kalkulatorischen Abschreibung vom Anschaffungskostenprinzip abgewichen und können die Wertminderungen vom Tages- oder Wiederbeschaffungswert ermittelt werden. Auf diese Weise soll gewährleistet werden, dass zum Ersatzzeitpunkt auch ausreichend Mittel für die Wiederbeschaffung aus dem Umsatzprozess zurückgewonnen wurden. Zudem kann auch eine kalkulatorische Abschreibung erfolgen, wenn der Vermögensgegenstand buchhalterisch bereits vollkommen abgeschrieben wurde, jedoch noch weiter im Betrieb genutzt wird („Abschreibung unter Null"). Schließlich kann auch eine andere Abschreibungssystematik als in der Finanzbuchhaltung gewählt werden, um dem Verlauf der Wertminderung besser gerecht zu werden.

Auch die Vornahme kalkulatorischer Abschreibungen hat unter Kosten-Nutzen-Gesichtspunkten zu erfolgen. Eine 2004 zum Stand der internen Unternehmensrechnung in

---

[88] Einen Überblick gibt z.B. *Wolfsgruber*, 2011, 96. Demnach werden die kalkulatorische Abschreibung und die Berechnung der kalkulatorischen Verzinsung von der Mehrheit der Unternehmen durchgeführt. Die restlichen kalkulatorischen Instrumente wenden im Regelfall aber weniger als die Hälfte der untersuchten Unternehmen an.

[89] Vgl. dazu *Denk/Mitter*, 2008, 55 f.

österreichischen Industrieunternehmen (Umsatz > € 40 Mio.) durchgeführte empirische Studie ergab, dass selbst viele Großunternehmen (40,2%) auf eine kalkulatorische Abschreibung verzichten.[90]

Die von *Wolfsgruber* festgestellten häufigen Unterschiede zwischen Kostenrechnung und Bilanzbuchhaltung betreffen die in nachfolgender Tabelle festgelegten Kennzeichen C bis H. Bei Kennzeichen C stellt *Wolfsgruber* fest, dass sich bei knapp der Hälfte aller Unternehmen die kalkulatorische Abschreibung von der Finanzbuchhaltung durch die Nutzungsdauer unterscheidet. Dadurch, dass es im Rahmen der IAS/IFRS-Bilanzierung keine Maßgeblichkeit für das Steuerrecht gibt und im SME-Standard grundsätzlich der Vermögenswert über die tatsächliche wirtschaftliche Nutzungsdauer zu verteilen ist,[91] dürfte es in diesem Falle und auch im Rahmen des Kennzeichens „D" zu keiner Abweichung mehr kommen.[92]

Der in Kennzeichen „E" gestellten Forderung kann nicht entsprochen werden, da auch im Rahmen des SME-Standards Tageswerte grundsätzlich nicht angesetzt werden dürfen.[93] Kennzeichen „F" fordert die Aktivierung selbsterstellter immaterieller Vermögenswerte. Der jedoch lediglich von einer Minderheit von 5% aufgestellten Forderung kann der SME-Standard jedoch nicht entsprechen.[94] Die in den Kennzeichen „G" und „H" aufgestellten Anforderungen können leichter als nach UGB erfüllt werden. Die monatsgenaue Abgrenzung ist grundsätzlich auch nach UGB möglich. Da dies jedoch aus steuerlichen Gründen zu umfangreichen Mehr-/Weniger-Rechnungen führen würde, wird davon bereits in der nationalen Buchhaltung abgesehen.[95] Ebenso verhält es sich mit der Forderung, die in Kennzeichen „H" aufgestellt wird: Die lineare Abschreibung wird im österreichischen Steuerrecht verpflichtend vorgeschrieben.[96] Durch die Trennung zwischen Unternehmens- und Steuerbilanz können die oben dargestellten Unterschiede zwischen Buchhaltung und Kostenrechnung bereits im Vorfeld vermieden werden.

---

[90]   Vgl. *Wolfsgruber*, 2005, 215.
[91]   Vgl. dazu stellvertretend IFRS-SME 17.21 f (für Sachanlagen) und IFRS-SME 18.21 (für immaterielle Vermögenswerte).
[92]   Zu Abweichungen sollte es grundsätzlich auch auf Basis des UGB-Abschlusses nicht kommen, da auch § 204 Abs 1 2. Satz UGB verlangt, dass der Vermögensgegenstand auf jene Geschäftsjahre zu verteilen ist, in denen er voraussichtlich wirtschaftlich genutzt werden kann. In der Praxis kann jedoch festgestellt werden, dass die Nutzungsdauer häufig geringer geschätzt wird, um einerseits dem Vorsichtspinzip zu entsprechen, andererseits jedoch aufgrund der Maßgeblichkeit bessere Steuerwirkungen zu haben.
[93]   Vgl. dazu Kapitel 5.
[94]   Vgl. dazu Kapitel 5.2.
[95]   Vgl. dazu § 7 Abs. 2 EStG, der die Halbjahresregelung fordert.
[96]   Vgl. § 7 Abs. 1 EStG: Die Anschaffungs- bzw. Herstellungskosten sind *gleichmäßig verteilt* auf die betriebsgewöhnliche Nutzungsdauer abzusetzen.

Kenn-zeichen		Nennun-gen	Prozent
A	kein Unterschied zw. Kostenrechnungs- und Finanzbuchhaltungsabschreibung (nach HGB)	29	18,2
B	kein Unterschied zw. Kostenrechnungs- und Finanzbuchhaltungsabschreibung (nach IAS/IFRS oder US-GAAP)	35	22,0
C	kalk. Abschreibung unterscheidet sich hinsichtlich Nutzungsdauer von Finanzbuchhaltung	75	47,2
D	in der Kostenrechnung werden auch Abschreibungen unter Null vorgenommen	56	35,2
E	kalk. Abschreibung rechnet mit Tageswerten (z.B. Indexanpassung der ursprünglichen Anschaffungswerte)	43	27,0
F	in der Kostenrechnung werden auch selbst erstellte immaterielle Vermögenswerte aktiviert und gemäß der tatsächlichen Nutzungsdauer abgeschrieben	8	5,0
G	monatsgenaue Abgrenzung	53	33,3
H	Abschreibungssystematik (linear, progressiv...)	15	9,4

Tab. 6: Ausgestaltung kalkulatorischer Abschreibungen bei Großunternehmen [*Wolfsgruber*, 2005, 215 f.]

6.3. Kalkulatorische Zinsen

Kalkulatorische Zinsen bestehen aus einer Fremd- und einer Eigenkapitalkomponente. Sie werden dafür angesetzt, dass Kapital dem Unternehmen überlassen wird. Basis für die Berechnung der Zinsen ist das betriebsnotwendige (zinsberechtigte) Kapital. Die Adaptierung auf Basis des SME-Abschlusses wurde bereits dargestellt.[97]

Zur Ermittlung der kalkulatorischen Zinsen ist das betriebsnotwendige Kapital mit einem kalkulatorischen Zinssatz zu multiplizieren. Die Höhe des anzuwendenden Zinssatzes richtet sich nach dem Kapitalmarktzinssatz und kann unternehmensindividuell um einen Risikofaktor angepasst werden, ebenso kann unternehmensbezogen ein Mischzinssatz für Eigen- und Fremdkapital berechnet werden. *Coenenberg* schlägt für die Bestimmung des kalkulatorischen Zinssatzes vor, aus Vereinfachungsgründen entweder auf den Zins für Staatsanleihen ggf. zuzüglich eines Risikoaufschlages zurückzugreifen oder den Zinssatz des teuersten Kredits als „Grenzzins" zu verwenden.[98]

Kalkulatorische Zinsen gelten als Gemeinkosten, die auf jene Kostenstellen verrechnet werden, die das Kapital nutzen. Aus diesem Grund ist es sinnvoll, bereits bei der Berechnung des betriebsnotwendigen Kapitals darauf zu achten, dass dieses für einzelne Betriebsteile oder Kostenstellen gesondert ermittelt wird, um später eine pauschale

---

[97] Vgl. dazu die Ausführungen in Kapitel 5.
[98] Vgl. *Coenenberg*, 2003, 45 f.

Schlüsselung der Gemeinkosten zu verhindern. Im Fall einer vereinfachten Berechnung über das Anlagenverzeichnis wird diese kostenstellenweise Ermittlung der Zinsberechnungsbasis erleichtert.

Auch bei der Ermittlung kalkulatorischer Zinsen ist auf Kosten-Nutzen-Aspekte zu achten. Die zuvor angeführte Studie zum Stand der internen Unternehmensrechnung in Großunternehmen der österreichischen Industrie zeigte, dass sogar fast die Hälfte der Großunternehmen (47%) auf die Verwendung kalkulatorischer Zinsen verzichtet. Zudem berechnen viele die kalkulatorischen Zinsen nicht entsprechend den Vorschlägen der Literatur, sondern nehmen Vereinfachungen durch den Ansatz von Buchwerten oder durch die Vernachlässigung des oben angeführten Abzugskapitals vor. Somit muss jedes Unternehmen entscheiden, welche Anpassungen in seinem Kontext Sinn machen und welche – ohne die Entscheidungsbasis massiv zu verschlechtern – aus Kosten-Nutzen-Gesichtspunkten unterbleiben können.

		Anzahl	Prozent
A	keine kalkulatorischen Zinsen in Verwendung	72	46,8
B	es werden neben den Fremdkapitalzinsen aus der Finanzbuchhaltung kalk. Eigenkapitalzinsen verrechnet, wobei als Basis das buchmäßige Eigenkapital fungiert	7	4,5
C	es werden neben den Fremdkapitalzinsen aus der Finanzbuchhaltung kalk. Eigenkapitalzinsen verrechnet, wobei als Basis das betriebsnotwendige Vermögen zu Bilanzwerten abzüglich Fremdkapital dient	7	4,5
D	es werden neben den Fremdkapitalzinsen aus der Finanzbuchhaltung kalk. Eigenkapitalzinsen verrechnet, wobei als Basis das betriebsnotwendige Vermögen zu aktuellen Verkehrswerten abzüglich Fremdkapital dient	10	6,5
E	es werden kalk. Zinsen mit einem „Einheitszinssatz" (z.B. Mischzinssatz aus Eigen- und Fremdkapital) auf Basis des gesamten gebundenen Kapitals ermittelt	34	22,1
F	es werden kalk. Zinsen mit einem „Einheitszinssatz" (z.B. Mischzinssatz aus Eigen- und Fremdkapital) auf Basis des gesamten, zu aktuellen Verkehrswerten bewerteten, gebundenen Kapitals errechnet	26	16,9

Tab. 7: Ausgestaltung kalkulatorischer Zinsen bei Großunternehmen [*Wolfsgruber*, 2005, 217]

7. Auswirkungen der geänderten Rechnungslegungsgrundlagen auf spezifische wertorientierte Kennzahlen

7.1. Veränderung bei der Ableitung eines Discounted Cashflows

Im Rahmen der Anpassungsrechnung wird das im Externen Rechnungswesen ermittelte Periodenergebnis um nicht zahlungswirksame Ergebnisgrößen korrigiert. Aufgrund der in der Regel niedrigeren Abschreibungen fällt diese Position geringer ins Gewicht. Anders verhält es sich bei den Zuschreibungen: Dadurch, dass regelmäßig Zuschreibungen durchzuführen sind, wenn der Grund für die Wertminderung weggefallen ist, wird es hier öfter zu Korrekturen kommen müssen als nach UGB. Geringer wird auch die Position „Zunahme/Abnahme von Rückstellungen" sein: Aufwandsrückstellungen sind verboten, insgesamt sind Rückstellungen zumeist geringer als nach UGB zu dotieren. Dies ergibt sich u.a. durch die zwingende Abzinsung langfristiger Rückstellungen.[99] Durch die Periodisierung der langfristigen Fertigungsaufträge wird der Posten der „Sonstigen nicht zahlungswirksamen Erträge und Aufwendungen" stärker verändert als nach UGB. Durch die Aktivierungspflicht für aktive latente Steuern, höhere Herstellungskosten und die Bilanzierung von langfristigen Fertigungserlösen als Forderungen wird es auf der Aktivseite bei Anwendung des SME-Standards ein höheres Veränderungspotential geben als nach UGB. Insgesamt gesehen wird der Cashflow aus betrieblicher Tätigkeit tendenziell eher höher ausgewiesen werden als auf UGB-Basis.[100] Der Free-Cashflow wird aufgrund der höheren Umsatzrealisation, einer niedrigeren Abschreibungssumme und Investitionsrate ins Umlaufvermögen nach Literaturansicht tendenziell höher sein.[101]

Der Zinssatz, aus dem sich die Cashflows abzinsen lassen, besteht im Regelfall aus einem Mischzinssatz aus Eigen- und Fremdkapitalkosten in Form eines WACCs.[102] Aufgrund der bereits in den Kapiteln zuvor beschriebenen Auswirkungen des SME-Standards auf die Bilanzierung ergibt sich im Regelfall eine Verbesserung der Eigenkapitalquote. Aufgrund der höheren Risikoübernahme und der damit verbundenen höheren Renditeforderungen der Shareholder wird der WACC langfristig höher ausfallen als bei der UGB-Rechnungslegung.[103]

Insgesamt wird aufgrund oben dargelegter Umstände ein tendenziell höherer Discounted Cashflow erwartet. Dadurch lässt sich auch ein realitätsnäherer Ausweis des Unternehmenswertes erhoffen.[104]

7.2. Veränderung bei der Ableitung des Economic Value Added (EVA)

Um zu beurteilen, ob das Unternehmen seinen Wert in einer Periode erhöht hat, wird der EVA als Maßgröße herangezogen. Diese Kennzahl wird wie folgt berechnet: Das Ergebnis der gewöhnlichen Geschäftätigkeit wird um den zuvor abgezogenen Zinsaufwand addiert. Die adaptierten Ertragsteuern werden abgezogen. Das Ergebnis wird als

---

[99] Vgl. dazu Kapitel 5.3.
[100] Vgl. dazu auf Basis der Full-IRFS *Funk/Fredrich*, 2008, 381 f. mit weiteren Nachweisen.
[101] Vgl. dazu auf Basis der Full-IRFS *Funk/Fredrich*, 2008, 383.
[102] Weighted Average Cost of Capital.
[103] Vgl. dazu auf Basis der Full-IRFS *Funk/Fredrich*, 2008, 381 f. mit weiteren Nachweisen.
[104] Vgl. dazu auf Basis der Full-IRFS *Funk/Fredrich*, 2008, 387.

NOPAT[105] bezeichnet. Werden vom NOPAT die Kapitalkosten abgezogen, ergibt sich der EVA. Als Kapitalkosten wird das mit dem WACC gewichtete investierte Kapital herangezogen.[106]

Die das Ergebnis (und damit des NOPAT) erhöhenden Effekte durch Gewinnvorverlagerungen (z.B. durch die Aktivierung der Entwicklungskosten und der vorzeitigen Realisierung der langfristigen Fertigungsaufträge) gleichen sich im Zeitablauf aus. Dauerhaft höher sind jedoch die das Vermögen stärkenden Effekte, wie v.a. höhere Bilanzansätze. Aufgrund dieser Tatsache wird erwartet, dass der EVA längerfristig unter den nach UGB fällt. Daraus resultiert ein zunehmend niedrigerer Wertzuwachs und somit eine über die Zeit geringere Steigerung des Unternehmenswertes.[107] Somit kann der Einsatz dieser Kennzahl dazu führen, dass das Management Strategien entwickelt, die zu einer kurzfristigen Steigerung des Ergebnisses führen, längerfristig dem Unternehmen jedoch keinen Nutzen bringen. Von der Anwendung dieser Kennzahl ist hier deswegen abzuraten.[108]

7.3. Auswirkung auf die Steuerungsqualität sonstiger wertorientierter Kennzahlen

Insgesamt gesehen lassen sich folgende positive Effekte erwarten: Der Informationsgehalt verbessert sich durch die den tatsächlichen Verhältnissen entsprechende Wiedergabe in der Rechnungslegung. Gegenüber dem UGB führt dies dazu, dass tendenziell die Bildung stiller Reserven stärker vermieden werden kann. Dies zeigt sich in Form eines weniger ausgeprägten Vorsichtsprinzips und der Tendenz, Zahlen zu Marktwerten abzubilden. Das Imparitätsprinzip wird eingeschränkt. Durch die Trennung von Unternehmens- und Steuerbilanz ergibt sich der Vorteil, dass keinerlei steuerliche Ansätze wie z.B. steuerliche Sonderabschreibungen im Jahresabschluss abgebildet werden.

Als größter Schwachpunkt zeigt sich m.E. die Zeitbewertung vor allem in jenen Bereichen, die keine Marktwerte haben. Dieses Problem ist bei Anwendung des SME-Standards jedoch insofern geringer, als die Neubewertungsmethode im Rahmen der immateriellen Vermögenswerte und der Sachanlagen nicht vorgesehen ist.[109] Trotzdem führt das Heranziehen von Werten, die nicht der tatsächlichen Höhe entsprechen, zu falschen Schlüssen. Ebenso problematisch wird in der Literatur die erfolgsneutrale Eigenkapitalverrechnung gesehen, da dadurch der Periodenerfolg nicht dem Totalerfolg entspricht.[110]

8. Zusammenfassung

Die vorliegende Arbeit versuchte anhand des „State of the Art" der in Österreich angewandten Controllinginstrumente zu untersuchen, inwieweit die Anwendung des SME-

---

[105] Net Operating Profit After Taxes.
[106] Vgl. dazu zB *Wagenhofer*, 2010, 242 f.
[107] Vgl. dazu auf Basis der Full-IRFS *Funk/Fredrich*, 2008, 389.
[108] Vgl. dazu auf Basis der Full-IRFS *Funk/Fredrich*, 2008, 390 mit weiteren Nachweisen.
[109] Vgl. Kapitel 5.2.
[110] Vgl. dazu auf Basis der Full-IRFS *Funk/Fredrich*, 2008, 397 f. mit weiteren Nachweisen.

Standards für kleine und mittlere Unternehmen Erleichterungen für die Einführung oder Verbesserung der Unternehmenssteuerung bringen kann.

Als Ergebnis kann festgehalten werden, dass die Anwendung dieses internationalen Regelwerkes vor allem durch die „fair presentation", die diesem Regelwerk zugrunde liegt, aber auch durch die fehlende Maßgeblichkeit für die interne Unternehmenssteuerung brauchbarere Werte als die nationale Rechnungslegung bringt. Die spezielle Bilanzierungstechnik beinhaltet jedoch auch ein Gefahrenpotenzial: Insbesondere bei der Ermittlung des EVA ist daher Vorsicht geboten. Je höher der Detaillierungsgrad der benötigten Informationen, desto mehr ist jedoch nach wie vor der kritische Controller gefragt, die vorhandenen Daten zu bearbeiten, um daraus die richtigen Schlüsse zur Unternehmenssteuerung zu ziehen.

Literaturverzeichnis

Beißel, J./Steinke, K.-H., Integriertes Reporting unter IFRS bei der Lufthansa, in: Sonderheft 2/ZfCM 2004, 63–70.

Bischof, S./Staß, A., SME-Projekt aus Sicht des Wirtschaftsprüfers, in: Bilanz als Informations- und Kontrollinstrument, hrsg. von *Küting, K.-H./Pfitzer, N./Weber, C.-P.*, Stuttgart 2008, 167–193.

Bitzyk, P./Steckel, R., Internationale Rechnungslegungsstandards, Wien 2008.

Bruns, H.-G./Beiersdorf, K., Das IASB-Projekt zur Entwicklung von Accounting Standards for Small ans Medium-sized Entities (IFRS for SMEs), in: IFRS für den Mittelstand hrsg. von *Winkeljohann, N./Herzig, N.*, Stuttgart 2006, 45–70.

Coenenberg, A., Kostenrechnung und Kostenanalyse, 5. Aufl., Stuttgart 2003.

Denk, C./Mitter, C., Aufbereitung der Basisdaten, in: Controlling für die tägliche Praxis, hrsg. von *Gaedke, K./Winterheller, M.* (Hrsg.), Wien 2008, 37–67.

Egner, T., „IFRS for SME" – eine Perspektive für die Rechnungslegung im Mittelstand?, in: Jahrbuch für Controlling und Rechnungswesen 2008, hrsg. von *Seicht, G.*, Wien 2008, 83–105.

Erdmann, M.-K., Integration von externer und interner Rechnungslegung im Bertelsmann Konzern, in: Bilanz als Informations- und Kontrollinstrument, hrsg. von *Küting, K.-H./ Pfitzer, N./Weber, C.-P.*, Stuttgart 2008, 237–254.

Feldbauer-Durstmüller, B./Denk, C., Harmonisierung des Rechnungswesens unter besonderer Berücksichtigung der Zwischen- und Segmentberichterstattung, in: Jahrbuch für Controlling und Rechnungswesen 2004, hrsg. von *Seicht, G.*, Wien 2004, 137–160.

Feldbauer-Durstmüller, B./Duller, C./Haas, T., Controlling mittlerer und großer Unternehmen – Größeneffekte, Internationalisierung, Umsetzungsstand, in: Jahrbuch für Controlling und Rechnungswesen 2010, hrsg. von *Seicht, G.*, Wien 2010, 313–336.

Fiedler, R., Controlling von Projekten, 4. Aufl., Wiesbaden 2008.

Funk, W./Fredrich, I., Auswirkungen einer Rechnungslegung nach IAS/IFRS auf die wertorientierte Unternehmensführung, in: Internationale Rechnungslegung und internationales Controlling, Wiesbaden 2008, 373–404.

Funk, W./Rossmanith, J., Internationalisierung des Rechnungswesens und des Controllings, in: Internationale Rechnungslegung und internationales Controlling, hrsg. von *Funk, W./Rossmanith, J.*, Wiesbaden 2008, 3–76.

Funk, W./Rossmanith, J./Eha, C., IFRS for SMEs – Auswirkungen auf die Gestaltung des Rechnungswesens- und des Controllings in KMU, in: Controlling für kleine und mittlere Unternehmen, hrsg. von *Müller, D.*, München 2008, 153–187.

Haller, A., Zur Eignung der US-GAAP für Zwecke des internen Rechnungswesens, in: Controlling 1997, 270–276.

Keuper, F./Brösel, G./Albrecht, T., Controlling in KMU – Identifikation spezifischer Handlungsbedarfe auf Basis aktueller Studien, in: Controlling für kleine und mittlere Unternehmen, hrsg. von *Müller, D.*, München 2008, 55–71.

Kirsch, H., IFRS-Rechnungslegung für kleine und mittlere Unternehmen, 2. Aufl., Herne 2009.

Klein, G.A., Konvergenz von internem und externem Rechnungswesen auf Basis der International Accounting Standards (IAS), in: krp-Sonderheft 3/1999, 67–77.

Klett, C./Pivernetz, M., Controlling in kleinen und mittleren Unternehmen, 4. Aufl., Herne/ Berlin 2010.

Kümpel, T., Vereinheitlichung von internem und externem Rechnungswesen, in: WiSt 2002, 343–345.

Küting, K./Lorson, P., Das multifunktionale Einheitsrechnungswesen ist nicht in Sicht, in: Blick durch die Wirtschaft 1998 vom 13.7.1998, ohne Seitenangabe.

Küting, K./Lorson, P., Harmonisierung des Rechnungswesens aus Sicht der externen Rechnungslegung, in: krp-Sonderheft 3/1999, 47–57.

Küting, K.-H., Unbestimmte Rechtsbegriffe im HGB und in den IFRS: Konsequenzen für Bilanzpolitik und Bilanzanalyse, in: BB 2011, 2091–2095.

Mühlböck, S./Feldbauer-Durstmüller, B., Controlling in Kleinst- und Kleinunternehmen, in: Jahrbuch für Controlling und Rechnungswesen 2011, hrsg. von *Seicht, G.*, Wien 2011, 211–244.

Nobach, K./Zirkler, B., Bedeutung der IFRS für das Controlling, in: KoR 2006, 737–748.

Pichler, H. J./Bornett, W., Wirtschaftliche Bedeutung der kleinen und mittleren Unternehmen (KMU) in Österreich, in: Mittelständische Unternehmen, hrsg. von *Schauer, R./Kailer, N./Feldbauer-Durstmüller, B.*, Linz 2005, 117–150.

Schildbach, T., Entwicklungslinien in der Kosten- und internen Unternehmensrechnung, in: Unternehmensrechnung als Instrument der internen Steuerung, hrsg. von *Schildbach, T./Wagner, F.-W.*, Sonderheft 34 der ZfbF 1995, 1–18.

Sindl, S., Monatliches Reporting im kleineren Mittelstand, in: CM 2009, 36–39.

Wagenhofer, A., Internationale Rechnungslegungsstandards – IAS/IFRS, Wien 2009.

Wagenhofer, A., Bilanzierung und Bilanzanalyse, 10. Aufl., Wien 2010.

Weber, J./Schäffer, U., Einführung in das Controlling, Stuttgart 2008.

Weißenberger, B., Integrierte Rechnungslegung und Unternehmenssteuerung: Bedarf an kalkulatorischen Erfolgsgrößen auch unter IFRS?, in: ZfCM 2004, Sonderheft 2, 72–77.

Weißenberger, B., IFRS für Controller, Freiburg 2007.

Weißenberger, B./Angelkort, H., Controller Excellence unter IFRS in Österreich, Wien 2007.

Weißenberger, B./IGC, Controller und IFRS: Konsequenzen einer IFRS-Finanzberichterstattung für die Aufgabenfelder von Controllern, in: BFuP 2006, 342–364.

Wolfsgruber, H., Interne Unternehmensrechnung in der österreichischen Industrie, Wien 2005.

Wolfsgruber, I., Kostenrechnung in international tätigen österreichischen Konzernen der Industrie, Wien 2011.

Wussow, S., Harmonisierung des internen und externen Rechnungswesens mittels IAS/IFRS, München 2004.

Anwendungsstand des Kostenmanagements in international tätigen Unternehmen – Ergebnisse einer empirischen Erhebung und instrumentelle Ausgestaltung am Beispiel von Unternehmen in der Fahrzeugindustrie

Christoph Eisl/Peter Hofer/Albert Mayr

Management Summary

Im nachfolgenden Beitrag wird auf die Spezifika des Kostenmanagements in international tätigen Unternehmen eingegangen. Im Besonderen wir dabei die instrumentelle Ausgestaltung am Beispiel der Fahrzeugindustrie dargelegt. Hierfür werden zwei Konzepte ausführlich beschrieben: „world class manufacturing" und „target costing". Beide sind zu den proaktiven Kostenmanagementmethoden zu zählen. Vor der Erörterung dieser beiden Methoden werden die Ergebnisse einer Studie zum Anwendungsstand und zur Ausgestaltung des Kostenmanagements in den 500 größten Unternehmen Österreichs dargelegt.

Mit World Class Manufacturing wird versucht, kontinuierliche Verschwendungen am „Root Cause", also am Entstehungsort, zu eliminieren. Mittels Kostenanalyse werden die verursachenden Verschwendungen identifiziert und bewertet. Durch anschließende Paretoanalyse der Verschwendungen einerseits und der Projektrentabilitäten auf Basis von Kosten-Nutzen-Rechnungen andererseits werden Ressourcen aus den operativen Säulen von WCM wie Mensch, Material und Maschinen möglichst effizient eingesetzt, um so optimale Kostenreduktionen im Produktionsprozess zu erzielen. Aufgrund der Beteiligung aller Mitarbeiter an diesen Projekten wird eine Kultur der ständigen Verbesserung in einer selbstlernenden Organisation erreicht, welche mittelfristig eine Produktion auf Weltklasseniveau ermöglicht und langfristig das Überleben der Unternehmen sichert.

Target Costing hingegen versucht bereits in der Entwicklungsphase unter Berücksichtigung der Kundenansprüche und der Wettbewerbsangebote proaktiv die künftigen Kostenstrukturen zu managen. Target Costing begleitet die Entwicklung eines neuen Fahrzeugmodells von der Produktdefinition bis zum Produktionsstart. Produktentscheidungsrechnungen, mitlaufende Kalkulationen und ein umfangreiches Reporting unterstützen die Verantwortlichen bei ihrer Suche nach Kostensenkungspotenzialen. Im Beitrag wird der Target-Costing-Prozess in der Fahrzeugindustrie konkret dargestellt.

1. Kostenmanagement – konzeptionelle Erörterung

Zahlreiche empirische Untersuchungen belegen die besondere Bedeutung des permanenten Kostenmanagements für die nachhaltige Wertsteigerung in Unternehmen. Vor allem international tätige Unternehmen stehen in einem ständigen Wettkampf um die beste Kostenposition. Nur Unternehmen, denen es gelingt, Kostenmanagement als eine permanente Aufgabe zu verstehen, werden unter dem immer globaler werdenden Wettbewerb langfristig reüssieren können. Dabei zeigt sich, dass Kostenmanagement nicht nur für Unternehmen, die eine Strategie der Kostenführerschaft verfolgen, bedeutsam ist, sondern auch für Unternehmen mit Differenzierungsstrategie. Auch diese müssen sich um eine gute Kostenposition bemühen, um wettbewerbsfähig zu bleiben und die vom Kapitalmarkt geforderten Renditen erzielen zu können.

1.1. Kostenrechnung versus Kostenmanagement

Kostenmanagement soll als Gesamtheit aller Steuerungsmaßnahmen in einem Unternehmen verstanden werden, die der antizipativen, zielorientierten Beeinflussung des Niveaus sowie der Strukturen und Verläufe von Kosten dienlich sind.[1]

---

[1]   Vgl. *Dellmann/Franz*, 1994, 17.

Um überprüfen zu können, ob die Steuerungsmaßnahmen auch wirkungsvoll waren, ist es notwendig, diese zu quantifizieren. Die Kosten- und Leistungsrechnung liefert die hierfür notwendigen Informationen. Sie bildet das Fundament für das Kostenmanagement. Die Kosten- und Leistungsrechnung ist parallel mit den Anforderungen aus dem Kostenmanagement mitgewachsen. Sogenannte neuere Kostenrechnungsmethoden wie die Prozesskostenrechnung, das Target Costing oder auch die Lebenszykluskostenrechnung erweitern den Fokus der Kostenbetrachtung von einer kostenartenorientierten Sichtweise auf eine prozess-, produkt- und lebenszyklusorientierte Ebene.

1.2. Abgrenzung reaktives proaktives Kostenmanagement

Der Begriff der Proaktivität wurde bereits 1946 von *Viktor E. Frankl*[2] entwickelt. Er definiert diesen als die bewusste Steuerung des eigenen Verhaltens unabhängig von äußeren Einflüssen, indem das Schema von Reiz und darauf folgender Reaktion durchbrochen wird. Im wirtschaftswissenschaftlichen Bereich definiert *Scholz*[3]: „Proaktivität bedeutet frühzeitiges Handeln, noch ehe die Umwelt das Unternehmen zu (reaktiven) Maßnahmen zwingt."

Dementsprechend ist reaktives Kostenmanagement als ein Handeln zu verstehen, wo bspw. durch Ergebniseinbrüche ein akuter Handlungszwang besteht. Dieser Handlungszwang drängt zu einem undifferenzierten Vorgehen, das sich in pauschalen Budgetkürzungen („Rasenmäher-Methode"), Streichung von Projekten, Einstellungsstopps ausdrückt. Typisch hierfür ist auch ein Top-down-Vorgehen mit nur geringer Einbindung der Mitarbeiter. Die Wirkungen sind häufig wenig nachhaltig.

Proaktives Kostenmanagement will die Mängel eines reaktiven „cost cutting" vermeiden, indem es antizipativ, d.h. frühzeitig und kontinuierlich die Kostensituation zu verbessern versucht. Dabei werden die Kosten über die gesamte Wertschöpfungskette und alle Phasen des Produktlebenszyklus gesteuert. Dies erfordert die Einbindung von Mitarbeitern aller Hierarchieebenen über alle Funktionsbereiche.[4]

1.3. Grundkonzeption proaktives Kostenmanagement

Proaktives Kostenmanagement kennzeichnet sich demnach durch folgende Merkmale:

- Marktorientierung (Berücksichtigung der Kundenanforderungen und des Wettbewerbsverhaltens)
- Ganzheitlichkeit (über die Wertschöpfungskette und den gesamten Produktlebenszyklus)
- Antizipation (frühzeitiges Agieren)
- Kontinuität (Kostenmanagement ist eine permanente Aufgabe)
- Partizipation (nicht nur der Controller ist wichtig, sondern Mitarbeiter aller Hierarchieebenen)
- Interdisziplinarität (funktionsübergreifende Ausrichtung).

---

[2] Vgl. *Frankl*, 1972; *Covey*, 2011, 83 ff.
[3] *Scholz*, 2005, 13.
[4] Vgl. *Franz/Kajüter*, 2002, 14 ff.

Die Fokussierung des proaktiven Managements erfolgt nicht primär auf die Ressourcen-Ebene (Material- und Personalkosten) sondern auf vorgelagerte Bereiche, wie z.B. die Produktentwicklung und die Unternehmensprozesse. Der Ressourcenverbrauch ist ein Ergebnis der Produkt- und Leistungsplanung und der damit verbundenen Arbeitsprozesse. Um eine effiziente Kostenbeeinflussung zu erreichen, muss dementsprechend bereits in den frühen Phasen des Produktentstehungsprozesses und der Fertigungsplanung eingegriffen werden. Damit erweitert sich der einzubeziehende Mitarbeiterkreis von der Fertigungsabteilung auf Personen der Forschung und Entwicklung und der Arbeitsvorbereitung. Je geringer die Wertschöpfungstiefe, desto intensiver sind auch die Lieferanten in das Kostenmanagement mit einzubeziehen.

Traditionelle Controlling-Instrumente wie z.B. die Grenzplankostenrechnung können für eine proaktive Kostensteuerung nur begrenzt Hilfestellung leisten. Bei dieser Form der Kostenbetrachtung sind die Kostenstrukturen weitgehend festgelegt, man kann nur mehr Abweichungen von den festgelegten Kostenbudgets ermitteln. Für eine proaktive Kostensteuerung sind Instrumente wie das Target Costing, Lebenszykluskostenbetrachtungen, Benchmarking oder auch die Prozesskostenrechnung besser geeignet. Mit deren Hilfe ist bereits in der Produktentwicklung bzw. über den gesamten Lebenszyklus eine Kostensteuerung möglich.

Proaktives Kostenmanagement erfordert zusätzlich eine veränderte Denkweise im Bereich der Unternehmensorganisation. Nachhaltige Kostenverbesserungen können nur durch eine interdisziplinäre, partizipative Vorgehensweise erreicht werden. Dies bedeutet eine Miteinbeziehung von Mitarbeitern aller Funktionsbereiche und aller Hierarchieebenen.

Zusammengefasst ergibt sich nach *Kajüter*[5] für das proaktive Kostenmanagement folgender konzeptioneller Rahmen:

Abb. 1: Konzeption des proaktiven Kostenmanagements

---

5 *Kajüter*, 2000, 60.

2. Kostenmanagement – Ergebnisse der empirischen Erhebung[6]

2.1. Zur Umfrage

Im Rahmen eines Forschungsprojektes wurden Ende 2008 die 553 umsatzstärksten Unternehmen Österreichs zum Anwendungsstand des Kostenmanagements befragt. Der Großteil der Unternehmen ist international orientiert bzw. hat einen hohen Exportanteil. Die Befragung wurde mittels eines standardisierten Fragebogens durchgeführt. Die Zielgruppe waren Controllingleiter bzw. Finanzvorstände. Die Rücklaufquote war betrug 9,4 %, dies ergab 52 verwertbare Fragebögen.

2.2. Zielsetzungen und Methodik der Studie

Mit der Studie sollte der Status quo des Kostenmanagements in Österreichs Großunternehmen erhoben werden. Dabei wurden insbesondere Kostenmanagement-Ziele, -Objekte, -Instrumente und -Organisation betrachtet. Außerdem sollte herausgefunden werden, ob das – sofern vorhanden – Kostenmanagement eher reaktiv oder proaktiv orientiert ist.

2.3. Kernaussagen der Studie

Kostenmanagement wird zu wenig umfassend betrachtet

In der Erhebung zeigte sich, dass das Hauptziel des Kostenmanagements nach wie vor die Kostensenkung ist. Andere wesentliche Ziele wie die frühzeitige Beeinflussung der zukünftigen Kostenstrukturen oder die Erhöhung des Anteils an variablen Kosten werden als weniger wichtig erachtet; wobei zu vermuten ist, dass es aufgrunder Erfahrungen der Wirtschaftskrise derzeit eine etwas andere Gewichtung geben würde.

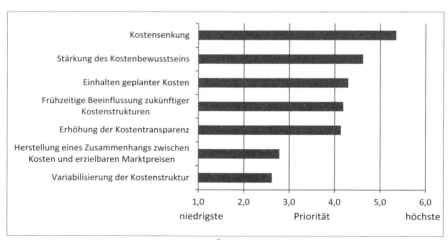

Abb. 2: Bedeutung der Kostenmanagement-Ziele[7]

---

[6] *Mayr/Atzlinger*, 2009a; *Mayr/Atzlinger*, 2009b.

[7] Den Befragten wurden sieben mögliche Antworten zur Reihung vorgelegt. Entsprechend der Reihung wurden ein bissieben Punkte (sieben für die beste Wertung). Die Abbildung zeigt die durchschnittlich vergebenen Punkte aller Befragten.

Kostenmanagement ist zu wenig proaktiv ausgerichtet

Auf die unmittelbare Frage, ob die Unternehmen im Kostenmanagement proaktiv vorgehen würden, antworteten zwar 60 % mit „ja". Eine Auswertung weiterer Fragenkategorien ergab jedoch ein anderes Bild:

- Instrumente (z.B. Target Costing, Prozesskostenrechnung, Life Cycle Costing ...), die im proaktiven Kostenmanagement besondere Bedeutung erlangt haben, werden nur selten verwendet.
- Andere Fragekategorien zeigen, dass Cost Cutting eine besonders hohe Bedeutung hat.
- Das Kostenmanagement fokussiert vielfach besonders auf produktionsorientierte Bereiche und nicht auf das Unternehmen als Ganzes.
- Die Einbindung externer Partner im Sinne einer Kostenoptimierung entlang der Supply Chain wird noch sehr zurückhaltend betrieben.

Produktionsnahe Bereiche haben im Kostenmanagement Vorrang

Wie oben bereits erwähnt, werden wertschöpfende bzw. produktionsnahe Bereiche im Kostenmanagement forciert. Den höchsten Stellenwert haben dabei Produktion, Beschaffung und Materialwirtschaft. Andere Bereiche wie Arbeitsvorbereitung und F&E werden eher vernachlässigt. Eine proaktive Ausrichtung des Kostenmanagements erfordert jedoch eine besonders intensive Einbindung der am Anfang der Wertschöpfungskette stehenden Funktionsbereiche, wie z.B. Forschung und Entwicklung, Produktplanung und Arbeitsvorbereitung. Begründet wird dies u.a. damit, dass hier noch frühzeitig auf die künftige nachhaltige Kostensituation Einfluss genommen werden kann. Insofern überraschen die Ergebnisse, die ausder nachfolgenden Abbildung ersichtlich sind. Diese lassen eher den Schluss auf das Vorliegen eines reaktiven Kostenmanagements zu. Wenig erstaunlich ist, dass Controlling eine besonders intensive Beteiligung im Kostenmanagementprozess aufweist.

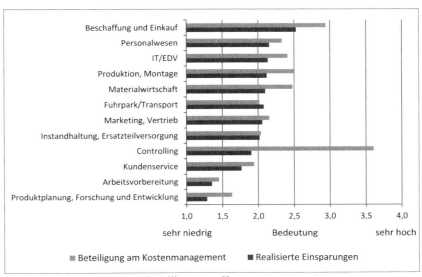

Abb. 3: Realisierte Einsparungen vs. Beteiligung am Kostenmanagement

Neuere Kostenmanagement-Instrumente werden selten eingesetzt

Im Kostenmanagement der befragten Unternehmen werden überwiegend Instrumente verwendet, die bereits seit langem etabliert sind (z.B. Deckungsbeitragsrechnung, Plankostenrechnung …). Neuere, typische Kostenmanagement-Instrumente, wie z.B. Target Costing, Prozesskostenrechnung, Life-Cycle-Costing, werden wie aus nachfolgender Abbildung ersichtlich noch recht sparsam eingesetzt. Die Beurteilung des Stellenwertes in den befragten Unternehmen war ähnlich wie jene nach der Einsatzhäufigkeit. Abweichungen gab es beim Benchmarking, das zwar 88 % aller Unternehmen einsetzen, dessen Bedeutung für das Kostenmanagement aber eher niedrig eingestuft wird.

Weitere Fragen nach dem Zufriedenheitsgrad bei der Verwendung der Kostenmanagement-Instrumente ergaben, dass vor allem bei der Prozesskostenrechnung, dem Target Costing und der Total-Cost-of-Ownership-Konzeption eher Unzufriedenheit herrscht (mehr als ein Drittel der Befragten sah dies so).

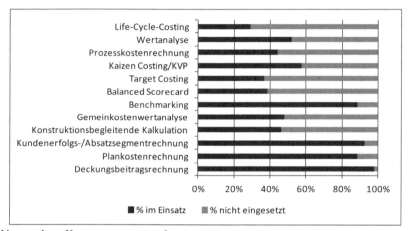

Abb. 4: Verwendung Kostenmanagement-Instrumente

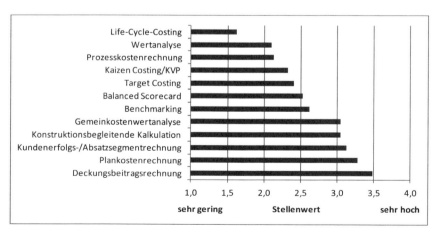

Abb. 5: Stellenwert der eingesetzten Kostenmanagement-Instrumente

Das Kostentreiberverständnis ist verbesserungswürdig

Kostentreiber sind die direkten oder indirekten Ursachen für das Entstehen von Kosten, werden aber in der Praxis oft mit den Indikatoren für steigende Kosten verwechselt. Dies bestätigte auch die Studie. Daraus kann man folgern, dass ein Großteil der Unternehmen zwar über die Kostenverläufe im Unternehmen Bescheid weiß, sich mit den Ursachen, also den echten Kostentreibern, jedoch zu wenig beschäftigt. Solche Kostentreiber können je nach Unternehmen etwa Komplexität, Betriebsgröße, Fertigungsprogramm, Lerneffekte, Fertigungstiefe u.a. sein. Eine langfristige Optimierung der Kostenstrukturen ist nur durch die Kenntnis und Steuerung der relevanten strategischen Kostentreiber möglich.

Kostenmanagement spielt sich oft nur innerhalb des Unternehmens ab

Dies zeigt sich sowohl bei der Analyse von Kostenstrukturen anderer Unternehmen mit Bezug zum eigenen (z.B. Konkurrenten, Lieferanten, Kunden, Best-Practice-Unternehmen) als auch in der aktiven Zusammenarbeit mit diesen, vor allem im Rahmen eines auch kostenorientierten Supply Chain Managements. Am ehesten wird noch die Verbindung und Zusammenarbeit mit den Lieferanten gesucht.

Interdisziplinäre Vorgehensweise ist ein wesentlicher Erfolgsfaktor proaktiven Kostenmanagements

Die Ergebnisse dieser, aber auch anderer Studien bestätigen, was in der Literatur vielfach propagiert wird: Als wichtigste Erfolgsfaktoren bzw. Kostenmanagement-Ziele werden u.a. das Kostenbewusstsein der Mitarbeiter, die Einbindung der Mitarbeiter ins Kostenmanagement, die Unterstützung der Geschäftsleitung und die Motivation der Mitarbeiter genannt. Außerdem zeigt sich eine positive Korrelation zwischen der interdisziplinären Beteiligung der einzelnen Unternehmensbereiche und deren Mitarbeitern am Kostenmanagement und den dort realisierten Einsparungen.

3. World Class Manufacturing – Anwendung des prozessorientierten Kostenmanagements in der Fahrzeugindustrie

3.1. Einleitung

Die Automobilindustrie steht abermals am Beginn eines Wandels. Trotz Globalisierung und damit verbundenen Wachstumschancen an den Märkten steigt der Druck auf Unternehmen in der Fahrzeugindustrie.[8] Veränderungen im Unternehmensumfeld – bedingt durch den Eintritt neuer Wettbewerber aus Osteuropa und Asien, beschleunigte Innovationsprozesse und kürzere Produktlebenszyklen – erschweren eine nachhaltig verbesserte Unternehmensperformance börsennotierter Lieferanten und Automobilhersteller.[9]

Im Produktionsbereich werden die Hersteller in zunehmendem Ausmaß mit Anforderungen ihrer Kunden nach erhöhter Produktqualität und Liefertreue konfrontiert, um gleichzeitig Produktionskosten zu senken und somit erwirtschafteten Wertbeitrag und Unternehmenswert zu steigern. Als Reaktion auf diese Herausforderung erlebte die welt-

---

[8]   Vgl. *Baum/Hüttenrauch*, 2008, 5.
[9]   Vgl. *Franz/Kajüter*, 2002, 4.

weite Produktion einen Wandel in ihren Methoden und Konzepten, neu ausgerichtet an den japanischen Prinzipien des Qualitätsmanagements und der Just-in-Time-Produktion.[10] Bestärkt durch den Erfolg des von *Ohno Taiichi* entwickelten Toyota-Production-Systems führten zahlreiche europäische und amerikanische Automobilunternehmen (z.B. *Porsche, Trumpf, Fiat, Scania*) neue, vergleichbare Produktionssysteme und -methoden in ihren Werken ein. Als Referenz diente meist das *Toyota-Modell*, visualisiert als Tempel mit den Säulen Just-in-Time (JIT), Jidoka (Autonomation) und Total Quality Control (TQC). Diese drei Säulen basieren auf einem Fundament bestehend aus Kostenreduzierung durch Vermeidung von Verschwendung und flexibler Produktion fußen.[11]

3.2. World Class Manufacturing

Der Begriff „World Class Manufacturing" wurde erstmalig von *Hayes* und *Wheelwright* im Jahr 1984 vorgestellt. Sie definierten World Class Manufacturing (WCM), die Produktion auf Weltniveau, für die Beschreibung jener Unternehmen, welche aus der Nutzung ihrer Fertigungsfähigkeiten als strategische „Waffe" einen globalen Wettbewerbsvorteil erzielen können.[12] *Schonberger* definiert WCM über dessen herausragende Eigenschaften im Produktionsprozess als *„citius, altius, fortius"*, sprich *„schneller, höher, stärker"*.[13]

Kernthese des World Class Manufacturing ist, dass die Wettbewerbsfähigkeit eines Industrieunternehmens wesentlich von seinen Fähigkeiten abhängt, überlegene Produkte zu entwerfen und zu fertigen. Um diese Wettbewerbsfähigkeit zu steigern, müssen Produktionsunternehmen ihre Prozessabläufe ständig optimieren und ihre Strukturen verschlanken und vereinfachen.

In der Praxis haben zahlreiche Unternehmen aus der Automobil-, aber auch aus der Nutzfahrzeug- und Agrarbranche WCM bereits umgesetzt bzw. mit dessen Einführung begonnen. Es ermöglicht diesen Unternehmen, Querschnittfunktionen wie Procurement, Lean Production und Qualitätsmanagement im Produktionsprozess zu vereinen. Diese Produktionsphilosophie entspricht deren Vision, mittels kontinuierlicher Verbesserung Branchenführer im Hinblick auf Sicherheit, Kosten, Qualität und Flexibilität zu werden.[14] Basis von WCM bildet untenstehendes Zehn-Säulen-Modell, welches an jedem Standort implementiert wird:

1.	Arbeitssicherheit	6.	Qualitätsmanagement
2.	Kostenanalyse	7.	Logistik
3.	Zielgerichtete Verbesserung	8.	Frühzeitiges Anlagenmanagement
4.	Arbeitsplatzorganisation	9.	Personalentwicklung
5.	Professionelle Instandhaltung	10.	Umwelt

Abb. 6: Zehn-Säulen-Modell von WCM

Hauptziele der Einführung dieses Säulenmodells, welches eine Erweiterung des Toyota-Modells darstellt, sind die Reduktion von Verlusten und Verschwendung je Säule (Pil-

---

[10] Vgl. *Schonberger*, 1991, 20.
[11] Vgl. *Erlach*, 2010, 301 f.
[12] Vgl. *Hayes/Wheelwright*, 1984, 375 ff.
[13] Vgl. *Schonberger*, 1986, 2.
[14] Vgl. *Klauser*, 2010, 19 f.

lar) mittels Einsatz neuer Methoden und die Standardisierung der Prozesse bei gleichzeitiger Einbindung aller Mitarbeiter. Mittels dieser strategischen Grundsatzentscheidung zu einer effizienteren Produktion sollen Kundenwünsche in Form von Best-in-Class-Produkten zeitgerecht und kosteneffizient erfüllt werden.

3.3. Kostenanalyse – Cost Deployment

Im Rahmen der Umstellung auf neue Produktionssysteme werden Aktivitäten wie JIT, TQC, Total Productive Maintenance (TPM) oder Industrial Engineering (IE) in Produktionsunternehmen eingeführt. Trotz erfolgreicher Anwendung dieser Systeme durch operative Säulen wie Qualitätsmanagement und Logistik gelang es vielen Produktionsunternehmen nicht, ihre Kosten zu reduzieren. Es fehlte ein wissenschaftlicher, systematischer Kostenmanagementansatz zur Kostenreduktion, der die Reduktion von Verschwendung mit der Reduktion von Kosten verbindet.

Cost Deployment (CD) – Kostenanalyse – ist ein prozessorientierter Kostenmanagementansatz, der systematisch Verschwendung und Verluste im Produktionsprozess identifiziert und die korrespondierenden Kosten mit speziellen Programmen attackiert und reduziert. Folgende Schritte kennzeichnen den klassischen Ablauf einer Kostenanalyse:[15]

3.3.1. Identifikation der Verluste im Produktionsprozess

Im ersten Schritt eines Cost Deployment werden Produktionsverluste wie Rüsten, Ineffizienzen im Arbeitsablauf am Band oder in den logistischen Prozessen den Clustern Maschine, Mensch, Material und Energie zugeteilt. Nach Ausmaß ihrer Intensität werden diese Verluste geclustert und den einzelnen Produktionsprozessen in einer ersten Matrix A zugeteilt. Nachfolgende Abbildung zeigt diese Strukturierung nach Auftreten und Intensität der jeweiligen Verluste im Produktionssystem:

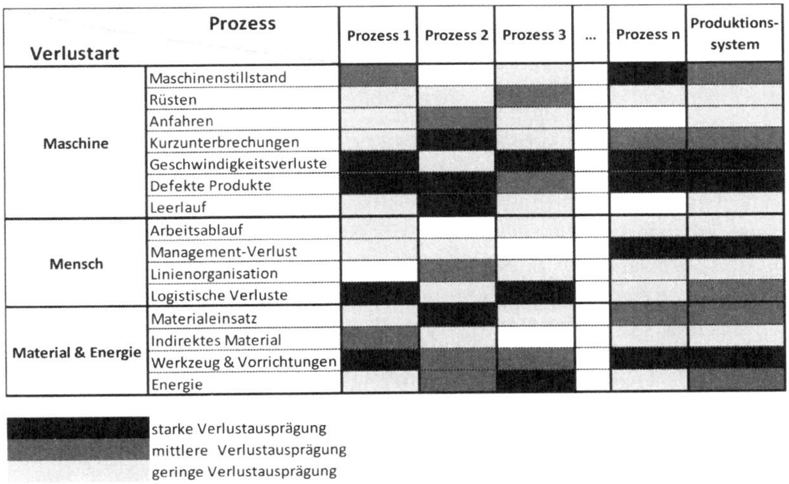

Verlustart	Prozess	Prozess 1	Prozess 2	Prozess 3	...	Prozess n	Produktions-system
Maschine	Maschinenstillstand						
	Rüsten						
	Anfahren						
	Kurzunterbrechungen						
	Geschwindigkeitsverluste						
	Defekte Produkte						
	Leerlauf						
Mensch	Arbeitsablauf						
	Management-Verlust						
	Linienorganisation						
	Logistische Verluste						
Material & Energie	Materialeinsatz						
	Indirektes Material						
	Werkzeug & Vorrichtungen						
	Energie						

starke Verlustausprägung
mittlere Verlustausprägung
geringe Verlustausprägung

Abb. 7: Identifikation der Verluste je Prozess

---

[15] Vgl. *Kubo/Yamashina*, 2002, 4077 ff.

3.3.2. Matrix der Ursache-Wirkungsbeziehungen zwischen Verlusten

Das Auftreten eines Verlustes in einem Produktionsprozess kann weitere Verluste im selben, aber auch in anderen Prozessen des Produktionssystems nach sich ziehen. So kann ein Maschinenstillstand im Prozess 1 Verluste im Arbeitsablauf des Prozesses 1 sowie Verluste durch Instandhaltungstätigkeit und Regiematerial, aber auch Verluste im Arbeitsablauf folgender Prozesse mit sich bringen. Diese Ursache-Wirkungsbeziehung, welche in Matrix B in Form von Kreuzen an den Schnittpunkten zwischen verursachenden und daraus resultierenden Verlusten dargestellt wird (siehe nachfolgende Abbildung), ist ein wesentlicher Schritt des Cost-Deployment-Prozesses. Nur verursachende Verluste wie z.B. Maschinenstillstände können durch Lösungen und Projekte aus den anderen Säulen von WCM eliminiert werden.

Entstehender Verlust			Personalkosten																	Energie			
			Nacharbeit aufgrund Anlieferqualität				Produktivitäts-verluste				Reaktive Instandhaltung				Materialtransport Rohmaterial				Energieverlust durch Nacharbeit			
Verursachender Verlust			P1	P2	P3	P4	P1	P2	P3	P4	P1	P2	P3	P4	P1	P2	P3	P4	P1	P2	P3	P4
5	Maschinenstillstand	P1					x	x	x	x	x											
		P2					x	x	x			x										
		P3						x	x				x									
		P4								x				x								
6	Verluste aufgrund mangelnder Materialqualität	P1	x	x	x		x	x	x	x					x	x		x	x	x	x	
		P2	x	x	x		x	x	x							x		x	x	x	x	
		P3																				
		P4			x					x							x					x
8	Logistische Verluste (Fehlendes Material, Layout,...)	P1	x	x	x	x	x	x	x					x				x	x	x		
		P2	x	x	x		x	x	x					x				x	x	x		
		P3												x								
		P4			x				x					x							x	

Abb. 8: Auszug aus Ursache-Wirkungsbeziehung zwischen Verlusten

3.3.3. Transformation der Verluste in Kosten/Pareto-Analyse

Um systematisch Produktionskosten zu reduzieren, ist es notwendig, den durch einen verursachenden Verlust bedingten Anstieg der Kosten zu kennen. Hierfür sind die aus Matrix B identifizierten, resultierenden Verluste aus den einzelnen Produktionsprozessen mittels zeit- und mengenabhängigen Kostentreibern zu bewerten und für jeden verursachenden Verlust per Produktionsprozess zu aggregieren. Mittels Pareto-Analyse (vgl. nachfolgende Abbildung) wird der Kostenanstieg je verursachenden Verlust nach dessen Bedeutung im Produktionsprozess gereiht. Verluste mit dem größten Kosteneinfluss werden hinsichtlich Ressourcenbindung priorisiert und nach Auswahl geeigneter Säulen aus WCM mittels deren Werkzeugen und Know-how reduziert bzw. eliminiert.

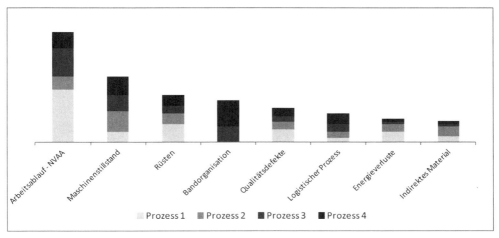

Abb. 9: Pareto-Analyse der Kosten je verursachenden Verlust

3.3.4. Generierung von Cost-Reduction-Programmen

Auf Basis der Pareto-Analyse und der dadurch entstehenden Aktivitäten der einzelnen WCM-Säulen zur Reduktion von Verlusten werden im nächsten Schritt eines Cost Deployment Projekte je Verlustart generiert und deren effektive Kostenreduktion ermittelt. Neben der Einsparung durch Reduktion von Verlusten werden hierbei je Projekt auch die Kosten für eingesetzte Projektressourcen (Personal, Material, Investitionen) bewertet und in Form von Benefit Cost Ratios statisch einander gegenübergestellt. Somit können mittels Reihung dieser Ratios Cost-Reduction-Programme je Werk gebildet werden, welche maximalen Nutzen mit minimalen Kosten für Verbesserungsaktivitäten vereinen und somit die im WCM-Prozess verfügbaren Ressourcen effektiv den priorisierten Projekten zuteilen. Die durch diesen Algorithmus je Programm freigegebenen Projekte werden von den Projektverantwortlichen und ihren Teams chronologisch umgesetzt. Die geplanten Projekteinsparungen und -kosten werden monatlich mittels Projektcontrolling den Ist-Einsparungen und -Kosten gegenübergestellt, parallel wird ein Leistungsfortschritt der Projekte ermittelt. In einer weiteren Matrix (vgl. nachfolgende Abbildung) werden die Kosten-/Einsparungsdaten je Projekt den einzelnen Produktionsprozessen zugeordnet, um eine monatliche Projektverfolgung sowohl auf Werks- als auch auf Prozessebene zu gewährleisten.

		Jän	Feb	Mär	Apr	Mai	Jun	Jul	Aug	Sep	Okt	Nov	Dez	
Prozess 1	PLAN —	6	14	12	10	6	7	8	8	8	7	0	5	
	IST ---	5	8	5	6	4	18	6	3	4				
Prozess 2	PLAN —	14	5	8	14	8	16	6	20	8	0	4	18	
	IST ---	8	20	12	16	2	16	2	10	20				
Prozess 3	PLAN —	8	15	20	3	4	6	7	5	8	9	8	5	
	IST ---	0	9	9	7	1	5	2	3	9				
Prozess 4	PLAN —	5	4	5	5	35	5	1	7	9	8	1	3	
	IST ---	9	4	7	9	2	10	7	1	2				
Gesamt	PLAN—	33	38	45	32	53	34	22	40	33	24	13	31	
	IST ---	22	41	33	38	9	49	17	17	35				

Abb. 10: Projektverfolgung je Produktionsprozess

Zusätzlich werden die Projekte aus der Kostenanalyse von WCM auch in den Planungsprozess integriert. Sowohl im jährlichen Budget als auch in den quartalsweisen Forecasts werden Projekteinsparungen und -kosten je Kostenartengruppe den entsprechenden Cost- und Profit-Centers zugeordnet und somit in der kurzfristigen Erfolgsplanung berücksichtigt. Reduktionen in den Beständen als Ergebnis von Projekten mit logistischen Ablaufveränderungen finden im Umlaufvermögen der Planbilanz ihren Niederschlag, analog gehen sämtliche Projekt-Investitionen in deren Anlagevermögen ein.

3.4. Fazit

World Class Manufacturing repräsentiert eine Methode des proaktiven, prozessorientierten Kostenmanagements, welche kontinuierlich Verschwendungen am „Root Cause", also an deren Entstehungsort, eliminiert. Mittels Cost-Deployment-Kostenanalyse werden diese verursachenden Verschwendungen identifiziert und bewertet. Durch anschließende Pareto-Analyse der Verschwendungen einerseits und der Projektrentabilitäten auf Basis von Kosten-Nutzen-Rechnungen andererseits werden Ressourcen aus den operativen Säulen von WCM wie Mensch, Material und Maschinen möglichst effizient eingesetzt, um so optimale Kostenreduktionen im Produktionsprozess zu erzielen. Aufgrund der Beteiligung aller Mitarbeiter an diesen Projekten wird eine Kultur der ständigen Verbesserung in einer selbstlernenden Organisation erreicht, welche mittelfristig eine Produktion auf Weltklasseniveau ermöglicht und langfristig das Überleben der Unternehmen sichert.

4. Target Costing in der Automobilindustrie

4.1. Marktorientierung als Leitlinie unternehmerischen Handelns in der Automobilindustrie

Die Automobilindustrie ist durch einen intensiven Wettbewerb zwischen den Herstellern gekennzeichnet. Dementsprechend legt das Marketingmanagement großen Wert auf faktenbasierte Preisstrategien. Das Leistungs- und Ausstattungsspektrum der Fahrzeuge der Wettbewerber sowie die Verkaufspreise und die Rabattpolitik werden permanent beobachtet und mit den eigenen Angeboten verglichen. Analysiert werden Einstiegspreise des Basismodells, Ausstattungslinien und -pakete, Preise für Sonderausstattungen etc. Für den Erfolg am Markt ist entscheidend, dass der Preisabstand des eigenen Modells im Vergleich zu den wichtigsten Konkurrenzmodellen ein gewisses Preisband nach oben und unten nicht über- bzw. unterschreitet. Damit sind den Automobilherstellern preislich relativ enge Grenzen gesetzt. Um vor diesem Hintergrund adäquate (Umsatz-) Renditen erzielen zu können, müssen die Kosten eines neuen Fahrzeugs bereits in einer frühen Entwicklungsphase proaktiv und konsequent gemanagt werden. Im Zentrum steht nicht länger die Frage „Was wird ein Produkt kosten?", sondern „Was darf ein Produkt kosten?" und „Wie können diese Zielkosten (Target Costs) erreicht werden?".[16]

Im Konzept des Target Costing bilden die Ansprüche der Kunden und Renditevorstellungen der Kapitalgeber die Basis für die Ableitung von Kostenvorgaben.[17] Das Ziel besteht darin, möglichst markt- und kundengerechte Autos zu wettbewerbsfähigen Kosten zu bauen, die Ansprüche der Kapitalgeber zu befriedigen und damit Arbeitsplätze zu sichern.

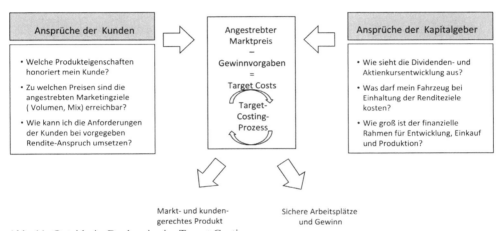

Abb. 11: Outside-in-Denkweise im Target Costing

Target Costing sollte in einer sehr frühen Phase der Produktentwicklung einsetzen, da die späteren Herstellkosten in hohem Maße bereits in der Phase der Produktdefinition und Konzept-/Serienentwicklung determiniert werden und nach dem Anlauf der Serienfertigung nur mehr schwer zu beeinflussen sind.[18] Abbildung 2 verdeutlicht, dass sich der Target-Costing-Prozess über mehrere Jahre erstreckt und die gesamte Produktentstehungsphase begleitet. Im konkreten Beispiel beginnt das Unternehmen 42 Monate vor SOP (Start of Production) mit regelmäßigen Produktentscheidungsrechnungen auf Basis einer mitlaufenden Kalkulation und Deckungsbeitragsrechnung. In monatlichen Meetings der Projektverantwortlichen werden die Differenzen zwischen Kosten-Targets und aktuell prognostizierten Standardkosten auf Komponenten- und Teileebene diskutiert und identifizierte Kostensenkungsmaßnahmen diskutiert und entschieden.

---

[16] Vgl. *Glaser*, 2002, 222.
[17] Vgl. *Horváth/Niemand/Wobold*, 1993, 4; *Sakurai*, 1989, 41; *Schulte-Henke*, 2008, 5.
[18] Vgl. *Coenenberg/Fischer/Schmitz*, 1997, 197.

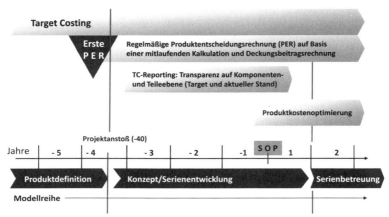

Abb. 12: Target Costing im Produktentstehungsprozess eines Automobilherstellers

4.2. Produktentscheidungsrechnung und Ermittlung der Kosten-Targets

Die in der vorigen Abbildung dargestellte beispielhafte Produktentscheidungsrechnung entspricht vom Aufbau her einer Deckungsbeitragsrechnung. Die Festlegung der Verkaufspreise, Händlermargen und Erlösschmälerungen fällt in den Aufgabenbereich des Preismanagements und bildet die Vorgabe für das Target Costing. In den Target-Costing-Prozess werden i.d.R. nur ausgewählte Kostenpositionen einbezogen. Da in der Automobilindustrie die bedeutendsten Kostenfaktoren die Einzelkosten für Fertigungsmaterial und Fertigungspersonal sind, rücken diese in den Mittelpunkt der Betrachtungen. Gelingt es, bei den Einzelkosten Einsparungen zu erzielen, hat dies aufgrund der großen Produktionsvolumina – Fahrzeugmodelle werden über einen Verkaufszeitraum von mehreren Jahren z.T. in Hunderttausenden Stück gefertigt und abgesetzt – enorme Effekte auf die Gesamtkosten und die Rendite.

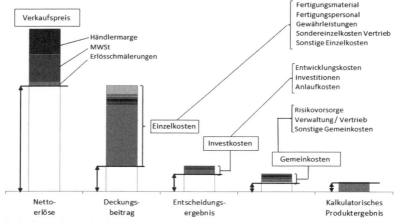

Abb. 13: Kalkulationsschema in der Automobilindustrie

Nachdem die Kosten-Targets auf Ebene des Gesamtfahrzeuges für die einbezogenen Kostenpositionen ermittelt worden sind, sind diese in einem nächsten Schritt auf die einzelnen Komponenten (z.B. Aggregate, Elektrik, Karosserie, Fahrwerk, Ausstattung) bzw. Teile herunterzubrechen. Ein Anwendungsbeispiel für die Zielkostenspaltung in der Automobilindustrie findet man bei *Rösler* (1997), eine Methodenübersicht bei *Schulte-Henke* (2008).

4.3. Laufendes Reporting im Target Costing

Target Costing ist ein dynamischer Prozess. Die zu Projektstart angenommenen Prämissen über Kundenwünsche sowie Preise und Modelle von Wettbewerbern ändern sich im Zeitverlauf. Neue Erkenntnisse führen zu einer Anpassung der Target Costs. Die prognostizierten Standardkosten können sich durch externe Entwicklungen ebenso ändern wie durch erzielte Einsparungen, z.B. durch geänderte technische Konzepte, die Verwendung von Gleichteilen aus dem Baukasten oder die Nutzung von Beschaffungspotenzialen. Target Costing muss daher durch ein laufendes Reporting unterstützt werden. Grafische Darstellungen (wie in nachfolgender Abbildung) veranschaulichen die Entwicklung über mehrere Perioden auf Ebene des Gesamtfahrzeuges oder der Komponenten, während tabellarische Darstellungen detaillierte Einblicke auch auf Teileebene ermöglichen. Der Target-Costing-Bericht zeigt zudem die Ursachen bzw. Maßnahmen, die zu Änderungen gegenüber dem letzten Berichtsmonat geführt haben.

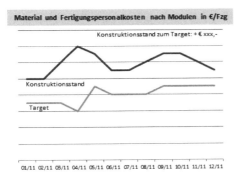

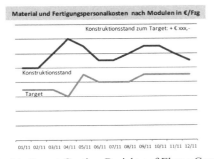

Abb. 14: Target-Costing-Bericht auf Ebene Gesamtfahrzeug

4.4. Fazit

Die Entwicklung marktgerechter und zugleich kostengünstiger Fahrzeuge ist ein zentraler strategischer Erfolgsfaktor in der Automobilindustrie. Die Hersteller müssen die Ansprüche der Kunden und die Angebote der Wettbewerber laufend monitoren und die eigene Kostenstruktur proaktiv managen. Target Costing begleitet die Entwicklung eines neuen Fahrzeugmodells von der Produktdefinition bis zum SOP. Produktentscheidungsrechnungen, mitlaufende Kalkulationen und ein umfangreiches Reporting unterstützen die Verantwortlichen bei ihrer Suche nach Kostensenkungspotenzialen. Aufgrund der großen Produktionsvolumina können bereits kleine Konstruktionsänderungen immense Kostenvorteile bringen und damit den Aufwand des Target-Costing-Prozesses rechtfertigen.

Literaturverzeichnis

Baum, M./Hüttenrauch, M., Effiziente Vielfalt: Die dritte Revolution in der Autoindustrie, Berlin 2007.

Coenenberg, A.G./Fischer, T./Schmitz, J., Target Costing und Product Life Cycle Costing als Instrumente des Kostenmanagements, in: *Freidank, C.-C., Götze, U./Huch, B./Weber, J.,* Kostenmanagement – Aktuelle Konzepte und Anwendungen, Berlin/Heidelberg 1997.

Covey, St.R., Die 7 Wege zur Effektivität, 23. Aufl., Offenbach 2011.

Dellmann, K./Franz, K.-P., Von der Kostenrechnung zum Kostenmanagement, in: *Dellmann, K./Franz, K.-P.* (Hrsg.), Neuere Entwicklungen im Kostenmanagement, Bern u.a. 1994, 15–30.

Erlach, K., Wertstromdesign: Der Weg zur schlanken Fabrik, 2. Aufl., Stuttgart 2007.

Frankl, V.E., Der Mensch auf der Suche nach Sinn, Stuttgart 1972.

Franz, K.-P./Kajüter, P., Proaktives Kostenmanagement, in: *Franz, K.-P./Kajüter, P.* (Hrsg.), Kostenmanagement, 2. Aufl., Stuttgart 2002, 3–32.

Glaser, H., Target Costing as a Strategic Controlling Instrument, in: *Scholz, C./Zentes, J.* (Hrsg.): Strategic Management – A European Approach, Wiesbaden 2002, 221–239.

Hayes, R.H./Wheelwright, S.C., Restoring Our Competitive Edge: Competing Through Manufacturing, New York 1984.

Klauser, A., World Class Manufacturing (WCM) at the European Steyr & Case IH headquarters in St. Valentin, in: Industrie Management 2010, Nr. 2, 19–20.

Kajüter, P., Proaktives Kostenmanagement. Konzeption und Realprofile, Wiesbaden 2000.

Kubo, T./Yamashina, H., Proaktives Kostenmanagement, in: International Journal of Production Research 2002, Vol. 40, No. 16, 4077–4091.

Mayr, A./Atzlinger, G., Kostenmanagement in österreichischen Großunternehmen – Report, FH OÖ Fakultät Steyr, 2009 (2009a).

Mayr, A./Atzlinger, G., Kostenmanagement in österreichischen Großunternehmen, in: CFOaktuell 2009, 196–200 (2009b).

Schonberger, R.J., Produktion auf Weltniveau: Wettbewerbsvorteile durch integrierte Fertigung, 2. Aufl., Frankfurt 1991.

Schonberger, R.J., World Class Manufacturing: The Lessons of Simplicity Applied, New York 1986.

Scholz, C., Personalmanagement: Informationsorientierte und verhaltenstheoretische Grundlagen, 5. Aufl., München 2000.

Schulte-Henke, C., Kundenorientiertes Target Costing und Zuliefererintegration für komplexe Produkte, Wiesbaden 2008.

Einflüsse kultureller Faktoren auf die Gestaltung der Controllingsysteme in Österreich, den USA und Russland

Birgit Feldbauer-Durstmüller/Ksenia Keplinger

Management Summary

Das Ziel dieses Beitrages ist es, die Einflüsse kultureller Faktoren auf die Controlling-Aktivitäten in Österreich, den USA und Russland zu untersuchen. Aktuelle Konzepte im Bereich der kulturorientierten Unternehmensführung sowie Forschungsergebnisse von *Hall*, *Trompenaars* und der *GLOBE*-Studie dienen dabei als theoretische Basis für diese Untersuchung. Zu den wichtigsten Ergebnissen der Studie gehören folgende Erkenntnisse: die Bereitschaft russischer Mitarbeiter zur Bereitstellung controllingrelevanter Informationen ist deutlich niedriger als in den USA und Österreich, der Zugang zu Informationen in Russland gestaltet sich schwieriger als in den Vergleichsländern und österreichische Controller bringen sich am meisten in den Planungsprozess ein. Dabei neigen Controller in Österreich zur Erstellung sehr detaillierter Pläne, während in Russland und den USA in weniger detaillierten Schritten geplant wird. Die Tendenz zur Konfliktvermeidung ist in Russland und Österreich höher als in den USA und russische Mitarbeiter lehnen die offene sachliche Kritik stärker ab als ihre US-amerikanischen und österreichischen Kollegen. Aufgrund der theoretischen Erkenntnisse sowie der eigenen empirischen Erhebungen werden schließlich Empfehlungen gemacht, wie ein effektives Controllingsystem in einem Unternehmen, das besonders in den USA bzw. Russland tätig ist oder werden will, ausgestaltet werden soll.

1. Einführung und Zielsetzung

Unternehmen agieren in einem Umfeld, das sich in einem ständigen Wandel befindet und sich durch weltumspannende, grenzüberschreitende Entfaltung wirtschaftlicher Aktivitäten auszeichnet. Aufgrund der spezifischen Zielsetzungen und Aufgabenstellungen üben die Internationalisierung und Globalisierung einen besonderen Einfluss auf die Rechnungslegung und das Controlling aus. Um neben inländischen Niederlassungen Joint Ventures oder ausländische Tochtergesellschaften erfolgreich betreiben zu können, bedarf das Management eines international tätigen Unternehmens einer Unterstützung zur Planung, Steuerung und Kontrolle aller in- und ausländischen Aktivitäten durch das internationale Controlling.

Allerdings stellt der Aufbau eines Controllingsystems, das sowohl den Anforderungen des Mutterunternehmens als auch denen der Tochtergesellschaft entspricht, eine immense Herausforderung dar. Dies gilt aus fachlichen sowie interkulturellen Gründen. Die aus kulturellen Differenzen resultierenden Unterschiede in der Wahrnehmung und Interpretation der Realität erschweren zusätzlich die Durchführung grenzüberschreitender Controlling-Aktivitäten. Controlling-Instrumente, die als sehr effektiv in einem Kulturkreis gelten, können sich als weniger effektiv bzw. sogar dysfunktional in einer anderen Kultur erweisen.[1] Bei der Gestaltung eines effektiven Controlling-Systems sollen daher nicht nur fachliche Fragestellungen, sondern auch die kulturellen Gegebenheiten des jeweiligen Landes berücksichtigt werden.[2]

Dieser Beitrag zielt darauf ab, den Einfluss kultureller Faktoren auf die Durchführung der Controlling-Tätigkeiten in Österreich, den USA und Russland zu untersuchen.

---

[1]   Vgl. *Chow/Kato/Merchant*, 1996, 177.
[2]   Vgl. *MacArthur*, 2006, 16.

Als Basis dafür dienen die aktuellen Konzepte im Bereich der kulturorientierten Unternehmensführung und Forschungsergebnisse von *Hall*, *Trompenaars* und der *GLOBE*-Studie. Aufgrund der Literaturforschung sowie der eigenen empirischen Erhebungen werden schließlich Empfehlungen gemacht, wie ein effektives Controllingsystem in einem österreichischen Unternehmen, das besonders in den USA bzw. Russland tätig ist oder werden will, ausgestaltet werden soll, um mögliche Schwierigkeiten zu vermeiden bzw. zu mindern und dabei die effiziente Koordination von allen in- und ausländischen Aktivitäten zu erreichen.

Die USA und Russland wurden als Vergleichspartner ausgewählt, da beide Länder eine signifikante Rolle in der Weltwirtschaft spielen und wichtige Handelspartner für österreichische Unternehmen darstellen. Darüber hinaus verfügt der US-amerikanische Markt nach China über das zweitgrößte Potential für heimische Betriebe, gefolgt vom russischen Markt.[3] Österreichische Investoren betrachten die USA als attraktive Zielregion und rechnen sich bei der Bearbeitung des Marktes gute Erfolgschancen aus. Dies bestätigt eine klar steigende Tendenz der Direktinvestitionen österreichischer Unternehmen in den USA in den letzten fünf Jahren. Obwohl die Wirtschaftskrise 2009 die österreichischen Investitionstätigkeiten in Russland wesentlich einschränkte, ist der rasante Anstieg der Direktinvestitionen in den letzten vier Jahren nicht zu übersehen.[4] Aufgrund bereits bestehender Investitionen österreichischer Unternehmen in den USA und Russland sowie deren Wachstumsrate wird der Forschungsbedarf in diesem Bereich offensichtlich.

Darüber hinaus stellen Österreich, Russland und die USA durch die große kulturelle Distanz interessante Objekte für eine Vergleichsanalyse dar. Die Folgen kultureller Prägungen lassen sich in spezifischen Handlungsorientierungen wiedererkennen, die zu einem unterschiedlichen Controlling-Verständnis führen. Die differenzierte Umsetzung des Controlling führt wiederum zu einer unterschiedlichen Wahrnehmung und Interpretation der vom Controlling gelieferten Informationen und Ergebnisse. Als Beispiel dafür kann der Detaillierungsgrad der erfassten Pläne (sehr detaillierte Pläne in Österreich, mittlerer Detaillierungsgrad der Pläne in den USA und wenig detaillierte Pläne in Russland) genannt werden.

Der erste Teil dieses Beitrags widmet sich dem kulturellen Vergleich zwischen Österreich, den USA und Russland. Daran anschließend werden die möglichen Auswirkungen kultureller Faktoren auf die Controlling-Funktionen (Informationsversorgung, Planung und Kontrolle) untersucht. Des Weiteren werden die Methodik und Ergebnisse der empirischen Untersuchung präsentiert. Eine kurze Zusammenfassung der wichtigsten Erkenntnisse sowie Empfehlungen für Praxis und Forschung runden den Beitrag ab.

2. Kultureller Vergleich zwischen Österreich, den USA und Russland

Die jeweilige Ausprägung der Kultur hängt wesentlich von den Umweltgegebenheiten des Landes, den vorherrschenden Wertvorstellungen und Traditionen der Gesellschaftsmitglieder ab. In den letzten Jahrzehnten wurden zahlreiche Forschungsstudien durchge-

---

[3]   Vgl. *Purtscher*, 2007, Internet.
[4]   Vgl. Österreichische Nationalbank, 2012, Internet.

führt, um kulturelle Unterschiede im Handeln und Denken der Menschen besser operationalisieren und vergleichen zu können. Die erste und wahrscheinlich bekannteste Kulturvergleichsstudie stammt von *Hofstede*. Durch seine Arbeit wurde das internationale Management um interkulturelle Aspekte ergänzt und eine Basis für eine Vielzahl weiterer Untersuchungen geschaffen.[5] Die Untersuchung von *Hofstede* stellte zum damaligen Zeitpunkt die weltweit umfassendste Studie zu kulturellen Differenzen dar und war sehr repräsentativ. Eine derartige Relevanz der Untersuchungsergebnisse ist für die moderne Forschung im Bereich des kulturorientierten Managements jedoch nicht mehr gegeben.

Zum einen erlebten einige Länder (z.B. Russland) einen erheblichen Wertewandel in den letzten dreißig Jahren, sodass aktuell durchgeführte Wiederholungsstudien nicht mehr die gleichen Ergebnisse liefern würden.[6] Zum anderen gelten die von *Hofstede* gemessenen Kulturdimensionen für die ganze Sowjetunion, d.h. die Werte für die russische Kultur können nur geschätzt werden. Darüber hinaus wurden die Befragungsergebnisse von der ausgeprägten Unternehmenskultur des IBM-Konzerns stark beeinflusst.[7] Aufgrund der mangelnden Aktualität der Daten wird in diesem Beitrag auf die Ergebnisse von *Hofstede* nicht näher eingegangen.

Als theoretische Basis wird hier die *GLOBE*-Studie herangezogen, die um die Untersuchungsergebnisse von *Hall* und *Trompenaars* ergänzt wird. Das Projekt *GLOBE* wurde zwischen 1993 und 2004 zur Analyse von kulturellen Einflüssen auf die Führungsstile und Unternehmensabläufe sowie deren Effektivität in 62 Ländern durchgeführt. Im Rahmen dieser Studie wurden neun Kulturdimensionen ausgearbeitet, wobei sechs von ihnen (Machtdistanz, Unsicherheitsvermeidung, institutioneller und gruppenbasierter Kollektivismus, Leistungs- und Zukunftsorientierung) von Interesse für die vorliegende Untersuchung sind.

Die Definitionen der ersten zwei Dimensionen „Machtdistanz" und „Unsicherheitsvermeidung" wurden direkt von *Hofstede* übernommen. Als Machtdistanz wird das Ausmaß bezeichnet, bis zu welchem die weniger mächtigen Mitglieder von Institutionen bzw. Organisationen eines Landes die ungleiche Machtverteilung erwarten und tolerieren.[8] Kulturen mit hoher Machtdistanz (z.B. Russland) tendieren dazu, die Ungleichheiten und hierarchischen Organisationsstrukturen leichter zu akzeptieren sowie die Autorität und die Bedeutung des Alters überzubewerten. Im Gegensatz dazu verlangen die Menschen aus den Kulturkreisen mit niedriger Machtdistanz (z.B. Österreich, USA) nach Gleichwertigkeit in sozialen Beziehungen, einem leichteren Zugang zu Vorgesetzten und offener Kommunikation.[9] Unsicherheitsvermeidung beschreibt den Grad, in dem die Mitglieder einer Kultur sich durch ungewisse oder unbekannte Situationen bedroht fühlen.[10] In Gesellschaften mit hoher Unsicherheitsvermeidung (z.B. Österreich) haben gesellschaftliche Regeln und Normen eine große Bedeutung, da der Drang nach Eindeutigkeit vorhanden ist.[11]

---

5   Vgl. *Hofstede/Hoppe*, 2004, 73.
6   Vgl. *Blom/Meier*, 2002, 56.
7   Vgl. *Blom/Meier*, 2002, 56 f.; *Kolesky*, 2006, 23.
8   Vgl. *Hofstede/Hofstede*, 2006, 59.
9   Vgl. *O'Clock/Devine*, 2003, 21 f.
10   Vgl. *Hofstede/Hofstede*, 2006, 233.
11   Vgl. *O'Clock/Devine*, 2003, 22.

Die Dimension Individualismus sagt aus, inwieweit sich Menschen einer Gesellschaft eher als einzelne unabhängige Individuen oder als Mitglieder einer Gruppe definieren.[12] In kollektivistischen Gesellschaften (z.B. Russland) ist das Interesse der Gruppe dem Interesse des Einzelnen eindeutig übergeordnet. Solchen Werten wie Loyalität, Gruppenintegrität und zwischenmenschliche Beziehungen wird eine große Bedeutung beigemessen.[13] In individualistisch geprägten Gesellschaften (z.B. USA) stehen vor allem Werte wie Selbstentfaltung, Eigenständigkeit und Verantwortung für die eigene Person im Vordergrund. Die *GLOBE*-Studie teilt das Konzept von Individualismus/Kollektivismus in zwei verschiedene Dimensionen auf. Während der gruppenbasierte Kollektivismus den Grad bezeichnet, in dem Individuen Zusammenhalt, Stolz und Loyalität gegenüber ihrer Familie oder ihrem Unternehmen ausdrücken, beschreibt der institutionelle Kollektivismus, inwieweit das gemeinsame Handeln bzw. die Verteilung von Ressourcen von der Gesellschaft gefördert wird.[14]

Inwieweit Individuen in einer Kultur zukunftsorientiertes Verhalten (z.B. Planung oder Investitionen) zeigen, wird durch die Dimension „Zukunftsorientierung" ausgedrückt.[15] Vertreter von Kulturen mit hoher Zukunftsorientierung (z.B. Japan) sind eher bereit, auf die schnellen Ergebnisse zugunsten des nachhaltigen Erfolges in der Zukunft zu verzichten.[16] Kulturen mit kurzfristiger Orientierung (z.B. USA) hingegen betonen Werte wie Erfüllung sozialer Pflichten, persönliche Standhaftigkeit und Stabilität sowie die Erwartung rascher Ergebnisse.[17] Durch die Dimension Leistungsorientierung wird der Wert einer Gesellschaft für besondere Leistungen und Leistungssteigerungen reflektiert und gezeigt, inwieweit diese von der Gesellschaft gefördert und belohnt werden.[18] Die weniger leistungsorientierten Kulturen (z.B. Russland) schätzen Tradition, Loyalität und Familienzugehörigkeit, während in mehr leistungsorientierten Ländern (z.B. USA) das Training, die Entwicklung und der Fortschritt von höherem Stellenwert sind.[19]

In der nachfolgenden Tabelle 1 werden die Unterschiede zwischen Österreich, den USA und Russland hinsichtlich der Kulturdimensionen anschaulich dargestellt. Österreich und USA zeichnen sich durch relativ niedrige Machtdistanz, individualistische Orientierung und starke Leistungsorientierung aus. Im Gegensatz dazu wird Russland durch hohe Machtdistanz, kollektivistische Orientierung (insb. gruppenbasierter Kollektivismus) und relativ niedrige Leistungsorientierung geprägt. Bemerkenswert ist, dass Russland den niedrigsten Wert von allen untersuchten Ländern für die Unsicherheitsvermeidung und Zukunftsorientierung aufweist. Während Österreich zu einer stark ausgeprägten Unsicherheitsvermeidung und Zukunftsorientierung tendiert, nehmen die USA einen Platz im Mittelfeld bei beiden Dimensionen ein. An dieser Stelle ist jedoch anzumerken, dass aus den Punktewerten eines Landes keine Schlussfolgerungen bzgl. der in-

---

[12] Vgl. *Hoffjan/Weber*, 2007, 14.
[13] Vgl. *Kraus/Mitter/Siems*, 2008, 100.
[14] Vgl. *House/Javidan*, 2004, 12 ff.
[15] Vgl. *House/Javidan*, 2004, 12 ff.
[16] Vgl. *O'Clock/Devine*, 2003, 23.
[17] Vgl. *Adler*, 2002, 33.
[18] Vgl. *Javidan*, 2004, 239.
[19] Vgl. *Matveev/Nelson*, 2004, 259 f.

dividuellen, künftigen Präferenzen seiner Einwohner gezogen werden können, da die Individuen den aufgezeigten Tendenzen nicht unbedingt folgen. Jedoch lässt sich ein bestimmter Trend in der Denk- und Verhaltensweise der gesamten Bevölkerung als Gruppe in jedem Land beobachten.[20]

Kulturdimensionen	Österreich	USA	Russland	Durchschnitt
GLOBE Studie				
Machtdistanz	4,95	4,88	5,52	5,17
Institutioneller Kollektivismus	4,3	4,2	4,5	4,25
Gruppenbasierter Kollektivismus	4,85	4,25	5,63	5,13
Unsicherheitsvermeidung	5,16	4,15	2,88	4,16
Zukunftsorientierung	4,46	4,15	2,88	3,85
Leistungsorientierung	4,44	4,49	3,39	4,10
Kulturdimensionen nach Hall				
Kontextorientierung	Low-context	Low-context	High-context	-
Zeitorientierung	Monochron	Monochron	Polychron	-
Kulturdimensionen nach Trompenaars				
Neutralität	Neutral	Emotional	Emotional	-

Tab. 1: Kulturdimensionen für Österreich, die USA und Russland laut der GLOBE-Studie, nach *Hall* und *Trompenaars*[21]

Die Untersuchungen von *Hall* und *Trompenaars* identifizierten zusätzliche Kulturdimensionen, die von Interesse für die vorliegende Studie erscheinen. *Hall* unterscheidet zwischen den High-context- und Low-context-Kulturen. Die Kommunikation in High-context-Kulturen (z.B. Russland) erfolgt nicht nur über das gesprochene Wort, sondern die Botschaft wird in die externe Umwelt eingebunden. Das bedeutet, dass eine Botschaft nur unter Berücksichtigung äußerer Umstände, der Situation und der nonverbalen Kommunikation vollständig ist. Die verbale Kommunikation erscheint in diesen Kulturen eher indirekt, implizit und schwammig. Im Gegensatz dazu kommunizieren Low-context-Kulturen (z.B. USA) sehr explizit, ausführlich, direkt und präzise.[22] Die zweite Dimension beschreibt verschiedene Einstellungen zur Zeit in unterschiedlichen Kulturen. In monochronen Kulturen (z.B. Österreich) ist der Zeitablauf linear. Dies bedeutet, dass Aktivitäten nacheinander gereiht und ausgeführt werden und detaillierte Zeitpläne sowie Pünktlichkeit spielen eine wichtige Rolle. Im Gegensatz dazu können in polychronen Kulturen (z.B. Russland) verschiedene Aktivitäten gleichzeitig durchgeführt und Unterbrechungen als nicht besonders störend empfunden werden. Darüber hinaus er-

---

[20] Vgl. *Bing*, 2004, 81.
[21] In Anlehnung an: *Grachev* u.a., 2007; *Hall/Hall*, 1990; *Trompenaars*, 1993; *Szabo/Reber* 2007.
[22] Vgl. *Hall/Hall*, 1990, 7 ff.

scheint die Einhaltung von Zeitplänen zweitrangig, da hier stärker Personen und nicht Aufgaben im Vordergrund stehen.[23]

Hauptziel von *Trompenaars* war es, durch eine Einleitung der Kultur in Dimensionen zu zeigen, dass jede Kultur ihre eigenen Antworten auf drei grundlegenden Probleme (Beziehung zu anderen Personen, zur Zeit und zur Umwelt) hat und deshalb alle Kulturen gleichberechtigt sind. Auf diese Art und Weise konnte *Trompenaars* sieben Dimensionen identifizieren: Universalismus, Individualismus, Neutralität, Spezifität, Leistung, Umgang mit der Zeit sowie Umgang mit der Umwelt.[24] Da diese Dimensionen den bereits beschriebenen Dimensionen von *Hall* und der *GLOBE*-Studie teilweise sehr ähneln, ist nur eine Kulturdimension „Neutralität" von Interesse für den vorliegenden Beitrag. Im Mittelpunkt dieser Dimension stehen zwischenmenschliche Beziehungen. Während in emotionalen Kulturen (z.B. USA) Gefühle zugelassen und offen gezeigt werden, erlernen die Mitglieder neutraler Kulturen (z.B. Österreich), dass Gefühle einen Störfaktor darstellen und daher kontrolliert werden müssen.[25]

3. Auswirkungen kultureller Faktoren auf die Controlling-Funktionen

3.1. Einflüsse kultureller Aspekte auf die Informationsversorgung

Eine der wichtigsten Aufgaben des Controllings ist es, das Management mit den entscheidungsrelevanten Informationen für die Planung, Kontrolle und Performancebewertung in sachgerecht aufbereiteter Form zu versorgen. Unterschiedliche Ausprägung von generellen Normen, Werten und Überzeugungen beeinflussen maßgeblich die Informationsversorgung in einem international tätigen Unternehmen. Dabei können Unterschiede in der Art von gelieferten Informationen, Leichtigkeit des Zugangs zu controllingrelevanten Informationen sowie Gestaltung des Informationsversorgungssystems liegen. Ein mangelhaftes Informationssystem und stockende Informationsflüsse können erhebliche Informationsasymmetrien hervorrufen. Zum einen können gewisse Informationen von der Zentrale absichtlich nicht an die Auslandseinheiten weitergegeben werden, um den Abfluss von Know-how zu verhindern.[26] Zum anderen können die ausländischen Gesellschaften auf die Vermittlung bestimmter Informationen bewusst verzichten, um unerwünschten Kontrollmechanismen zu entkommen.

Als Vertreter der low-context-orientierten Kulturen bevorzugen die österreichischen und US-amerikanischen Controller einen expliziten, direkten und offenen Kommunikationsstil und zeigen hohe Bereitschaft für den Informationsaustausch. Im Gegensatz dazu wird in der high-context-orientierten russischen Kultur die offene Kommunikation durch die implizite, höfliche und diplomatische Ausdrucksweise ersetzt, sodass weniger eindeutige Daten zur Verfügung gestellt werden. Während es also in Österreich und den USA mehr um die Sachverhalte geht, wird in Russland ein größerer Stellenwert auf die Form gelegt.[27] Diese Besonderheit russischer Controller kann auch dadurch erklärt wer-

---

[23] Vgl. *Hall/Hall*, 1990, 14.

[24] Vgl. *Trompenaars/Hampden-Turner*, 2001, 11 f.

[25] Vgl. *Blom/Meier*, 2002, 61 f.

[26] Vgl. *Kaufmann* u.a., 2006, 244 f.

[27] Vgl. *Hoffjan/Boucoiran*, 2008, 70.

den, dass offene Kommunikation in der kommunistischen Vergangenheit des Landes weder auf betrieblicher noch auf politischer Ebene praktiziert wurde.

Des Weiteren spielen persönliche Kontakte, das soziale Networking und die informelle Kommunikation in den high-context-orientierten Gesellschaften wie Russland eine entscheidende Rolle. Stimmt der Informationsaustausch auf informeller Ebene, werden Stellungnahmen ehrlich bezogen und zusätzliche nützliche Hinweise ausgetauscht. Während in Österreich und den USA ein Großteil der Informationen in schriftlicher Form (Protokollen, Aufzeichnungen und Ablagen) weitergereicht wird, werden die Informationen in Russland oft verbal weitergegeben. Aus diesem Grund wird von russischen Controllern erwartet, dass sie zum Erhalt benötigter Informationen ihr soziales Netzwerk pflegen und aufbauen. Interessant ist auch, dass in Österreich und den USA Informationen verbreitet und gesendet werden (Bringschuld), während sie in Russland bereitgestellt werden (Holschuld).[28]

Darüber hinaus wird der Zugang zu controllingrelevanten Informationen von der Machtdistanz maßgeblich beeinflusst. In Kulturen mit hoher Machtdistanz (z.B. Russland) basiert der Zugang zu Informationen auf der hierarchischen Stellung des jeweiligen Nutzers innerhalb der Organisation und ist dadurch wesentlich beschränkter als in Gesellschaften mit niedriger Machtdistanz wie Österreich und die USA.[29] Basierend auf den oben angeführten Argumenten, wird folgende Annahme getroffen: *Die verbalen Informationen spielen eine wichtigere Rolle, der Zugang zu controllingrelevanten Informationen ist schwerer und die Bereitschaft der Controller zur Bereitstellung der Daten in Russland ist geringer als in Österreich und den USA.*

3.2. Einflüsse kultureller Aspekte auf die Planung

Da die Planung die langfristige Entwicklung eines Unternehmens beeinflusst, wird sie manchmal als „Herz, Seele und Lebenssaft des Controllings"[30] bezeichnet. Die Planung konkretisiert, welche Aktivitäten zur Erreichung der Unternehmensziele durchgeführt werden müssen und welche Ressourcen dafür benötigt werden. Generell ist davon auszugehen, dass eine aktive Beteiligung der Mitarbeiter am Planungsprozess die Informationsasymmetrien reduziert, das Personal motiviert und somit zur Verbesserung der Performance führt.[31] Allerdings ist es unwahrscheinlich, dass die russischen Mitarbeiter viel Eigeninitiative zeigen und sich an der Erstellung der Pläne aktiv beteiligen. Aufgrund der kollektivistischen Orientierung und der hohen Machtdistanz ziehen die Russen einen autokratischen Führungsstil bzw. das Mehrheitsprinzip der Entscheidungsfindung vor.[32] Die Meinung des Vorgesetzten wird in Russland wichtiger angesehen als die der Mitarbeiter und die Beteiligung nachgeordneter Ebenen am Prozess der Entscheidungsfindung als Zeichen der schwachen Führung gewertet.[33] In den individualistischen Kulturen mit niedriger Machtdistanz wie Österreich und den USA wird die Beteiligung der

---

[28] Vgl. *Hoffjan/Boucoiran*, 2008, 70.
[29] Vgl. *Komlodi/Carlin*, 2004, 480.
[30] *Thomson*, 2007, 24.
[31] Vgl. *Dunk/Perera*, 1997, 660; *Wu*, 2005, 33.
[32] Vgl. *Matveev/Nelson*, 2004, 259.
[33] Vgl. *Hoffjan/Weber*, 2007, 16.

Mitarbeiter am Planungsprozess hingegen gefördert, da die partizipative Planung als äußerst präzise gilt.[34]

Den wahrscheinlich größten Einfluss auf die Planung übt die Dimension „Unsicherheitsvermeidung" aus.[35] Kulturen mit einer hohen Unsicherheitsvermeidung (z.B. Österreich) versuchen, mit Hilfe von umfangreichen Planungssystemen die zukünftigen Entwicklungen vollständig zu erfassen und zu kontrollieren sowie sehr detaillierte Pläne zu erstellen, um möglichst genaue Aussagen hinsichtlich der Geschäftätigkeit in der Zukunft treffen zu können.[36] Anders formuliert, erleichtert ein hoher Detaillierungs- und Präzisionsgrad den Entscheidungsfindungsprozess und reduziert die Unsicherheit, da nichts dem Zufall überlassen wird.[37] Obwohl US-Amerikaner ebenso zu formalisierten und quantitativ orientierten Planungsprozessen tendieren, wird dort nur dann bis ins letzte Detail geplant, wenn es als unbedingt notwendig erscheint.[38] Aufgrund der sehr niedrigen Unsicherheitsvermeidung erfolgt die Planung in Russland in weniger detaillierten Schritten, ohne dass alle potentiellen Risiken einbezogen und mögliche Ausweichmanöver durchdacht werden.[39] In diesem Kulturkreis können sehr detaillierte und präzise Pläne sogar als dysfunktional erscheinen, da deren Erstellung Investitionen erfordert und die Flexibilität reduziert, die für die erfolgreiche Anpassung an die sich ständig ändernden Rahmenbedingungen notwendig ist.[40]

Weitere Schwierigkeiten für den Planungsprozess können sich aus dem unterschiedlichen Zeitverständnis in den untersuchten Ländern ergeben. Mitarbeiter aus Russland, die eine polychronische Kultur mit einer sehr schwachen Zukunftsorientierung vertreten, legen wenig Wert auf die Planung und haben mehr Toleranz für die ungeplanten Handlungen.[41] Folglich werden die Termine und Deadlines als Richtwerte gesehen und können leicht geändert oder verschoben werden. Im Gegensatz dazu haben Pläne und Termine in den monochronen Kulturen, zu denen Österreich und die USA gehören, einen höheren Stellenwert. Dabei werden die Aufgaben Schritt für Schritt erfüllt und jede Änderung des Plans als direkte Bedrohung für das Ergebnis gesehen.[42]

Zusammenfassend lässt sich folgende Annahme formulieren: *Der Beteiligungsgrad der Mitarbeiter am Planungsprozess, die Bedeutung der Planung sowie der Detaillierungs- und Präzisionsgrad der erstellten Pläne sind in Russland niedriger als in Österreich und den USA.*

3.3. Einflüsse kultureller Aspekte auf die Kontrolle

Die kulturell bedingten Unterschiede beeinflussen nicht nur den Planungs- sondern auch den Kontrollprozess. So ist in verschiedenen Kulturkreisen je nach der Ausprägung der Dimension „Leistungsorientierung" unterschiedliche Bereitschaft gegeben, Plan- und

---

34 Vgl. *Kanodia*, 1993, 185.
35 Vgl. *Brock/Barry/Thomas*, 2000, 694; *Rauch/Frese/Sonnentag*, 2000, 29.
36 Vgl. *Hoffjan/Nevries/Wömpener*, 2005, 292.
37 Vgl. *MacArthur*, 2006, 14.
38 Vgl. *Slate/Schroll-Machl*, 2007, 138.
39 Vgl. *Lyskov-Strewe/Schroll-Machl*, 2007, 109.
40 Vgl. *Rauch/Frese/Sonnentag*, 2000, 30.
41 Vgl. *Rauch/Frese/Sonnentag*, 2000, 30.
42 Vgl. *Nonis/Teng/Ford*, 2005, 413.

Kontrolldaten mit Anreizen und Sanktionen zu verbinden.[43] Da der Stellenwert operativer Ziele in Gesellschaften mit starker Leistungsorientierung (z.B. USA) sehr hoch ist, ist davon auszugehen, dass die Akzeptanz der Sanktionen bei der Nichterfüllung der Vorgaben groß ist. Im Gegensatz dazu werden die Anreize und Sanktionen, die einzig auf Leistung basieren und die zwischenmenschlichen Beziehungen in einer Gruppe nicht berücksichtigen, in Kulturen mit niedriger Leistungsorientierung (z.B. Russland) weniger akzeptiert.[44] Darüber hinaus können die russischen Controller aufgrund der kollektivistischen Orientierung und des Verlangens nach Harmonie in sozialen Beziehungen zu Konfliktvermeidung tendieren. Um die wertvollen persönlichen Bindungen zu Kollegen nicht zu belasten, werden Konflikte nicht direkt angesprochen, sondern durch Kompromisse gelöst bzw. einfach ignoriert.[45] In solchen individualistischen Kulturen wie Österreich und die USA werden Konflikte in der Regel direkt ausgetragen und durch die Befolgung von Regeln gelöst.[46]

Bemerkenswert ist auch, dass die kulturellen Differenzen auch den Wunsch, Feedback zu bekommen sowie die Reaktionen auf erhaltenes Feedback maßgeblich beeinflussen.[47] Da Russland zu emotionalen Kulturen gehört und es dort noch keine anerkannte Praxis regelmäßiger individueller Leistungsbewertung der Mitarbeiter gibt, wird selbst die sachliche Kritik leicht auf die Person bezogen. Dementsprechend ruft ein negatives Feedback Enttäuschung und Entmutigung bei den Betroffenen hervor, da eine offene Analyse von Fehlern vor allem als Methode zur Sanktionierung des Fehlverhaltens gesehen wird.[48] Im Gegensatz dazu sorgt eine stark ausgeprägte Leistungsorientierung der US-amerikanischen Kultur für eine hohe Akzeptanz offener Kritik, da aus Fehlern Lerneffekte erzielt werden.[49] Eine ähnliche Situation lässt sich in Österreich beobachten. Diese Argumentation führt zur folgenden Annahme: *Die Tendenz zu Konfliktvermeidung ist höher sowie die Akzeptanz der offenen Kritik und Sanktionen bei Nichterfüllung von Vorgaben ist deutlich niedriger in Russland als in Österreich und den USA.*

4. Empirische Untersuchung: Methodik und Ergebnisse

Der vorliegenden Untersuchung liegt eine Fallstudienanalyse zugrunde. Die Daten wurden 2010 im Zuge der persönlichen Interviews mit Controlling-Leitern von zehn österreichischen Industrieunternehmen erhoben. Jedes befragte Unternehmen erfüllte die zwei folgenden Kriterien: Erstens war jedes Unternehmen auf dem russischen und US-amerikanischen Markt in Form von einer Tochtergesellschaft oder einem Joint Venture aktiv vertreten. Zweitens hatte jeder Studienteilnehmer mehrjährige Erfahrung bei der Gestaltung und Durchführung grenzüberschreitender Controlling-Aktivitäten. Jedes Interview dauerte ca. eine Stunde und war auf einem semi-strukturierten Leitfaden basiert, der die Wiederholung der Studie ermöglicht. Auf Wunsch der Interviewpartner wurde

---

[43] Vgl. *Hoffjan/Nevries/Wömpener*, 2005, 292 f.
[44] Vgl. *Van der Stede*, 2003, 267.
[45] Vgl. *Kirkbride/Tang/Westwood*, 1991, 367; *Ohbuchi/Fukushima/Tedeschi*, 1999, 68.
[46] Vgl. *Hoffjan/Weber*, 2007, 19.
[47] Vgl. *Sully de Luque/Sommer*, 2000, 830.
[48] Vgl. *Lyskov-Strewe/Schroll-Machl*, 2007, 105.
[49] Vgl. *Slate/Schroll-Machl*, 2007, 138.

der Leitfaden ihnen vorab zur Verfügung gestellt. Um sicherzustellen, dass der Interviewleitfaden verständlich ist, wurde er vorher bei einem Pilotinterview getestet. Alle durchgeführten Interviews wurden mit einem Diktiergerät aufgenommen und anschließend transkribiert. Persönliche detaillierte Interviews ermöglichten nicht nur eine vertiefte Einsicht in die Prozesse der Informationsversorgung, Planung und Kontrolle in international tätigen Unternehmen, sondern auch die Sicherung der hohen Informationsqualität.[50]

Um den Einfluss kultureller Faktoren auf die Informationsversorgung zu untersuchen, wurden alle befragten Unternehmen gebeten, die Rolle der verbalen Informationen, den Zugang zu controllingrelevanten Informationen sowie die Bereitschaft zur Bereitstellung der Daten mit Hilfe von einem Schulnotensystem von 1 (sehr niedrig) bis fünf (sehr hoch) zu bewerten. Wie aus der Abb. 1 ersichtlich, spielen die verbalen Informationen in den USA keine wichtige Rolle. Im Gegensatz dazu wird der verbalen informellen Kommunikation in Russland und Österreich eine wesentliche Bedeutung beigemessen. Somit wird die Annahme für das Verhalten US-amerikanischer und russischer Controller bestätigt, während für österreichische Controller dies nicht der Fall ist. Wie erwartet, gestaltet sich der Zugang zu controllingrelevanten Informationen in Russland schwieriger sowie die Bereitschaft russischer Mitarbeiter, die Daten zur Verfügung zu stellen, ist deutlich niedriger als in den USA und Österreich. Ein Interviewpartner bemerkte dazu, dass die meisten Berichte in Russland steuergetrieben sind und es daher sehr schwer sei, aktuelle interne Daten zu bekommen.

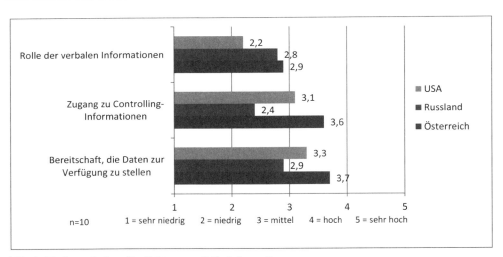

Abb. 1: Einflüsse kultureller Faktoren auf die Informationsversorgung

Die Ergebnisse der Studie zeigen, dass die Beteiligung russischer Mitarbeiter am Planungsprozess deutlich niedriger ist als in den USA oder Österreich (vgl. Abb. 2). Auffallend groß ist jedoch der Unterschied zwischen Österreich und den USA in diesem Punkt. Trotz der niedrigeren Machtdistanz in den USA, wird der Beteiligungsgrad der Mitarbei-

---

[50] Vgl. *Yeung*, 1995, 329.

ter an der Planung in Österreich als hoch und in den USA als mittel eingeschätzt. Wie angenommen, sind die erstellten Pläne in Russland weniger präzise als in Österreich und den USA. Während österreichische Controller zur Erstellung ziemlich detaillierter Pläne neigen, ist der Detaillierungsgrad der Pläne in den USA deutlich niedriger. Bei russischen Controllern wiederum ist eine Tendenz feststellbar, in weniger detaillierten Schritten zu planen. Ein Interviewpartner brachte dieses Problem zum Ausdruck, indem er den Planungsprozess in Russland folgendermaßen beschrieb: „Planung bedeutet in Russland die Festlegung der Ziele. Wie diese Ziele erreicht werden sollen – darüber macht sich keiner Gedanken".

Im Zuge der Untersuchung wurde die kurzfristige Planung in Österreich und den USA von allen befragten Unternehmen als sehr wichtig bzw. wichtig eingeschätzt. Jedoch gab die Hälfte der Studienteilnehmer an, dass die kurzfristige Planung von ihren russischen Kollegen als weniger wichtig empfunden wird. Ähnliche Ergebnisse sind auch bei der langfristigen Planung festzustellen. Die überwiegende Mehrheit der befragten österreichischen Controller (9/10) bewertete die langfristige Planung als sehr wichtig bzw. wichtig und immerhin sechs von zehn Interviewpartnern gingen davon aus, dass ihre US-amerikanischen Kollegen diese Einstellung zur langfristigen Planung mit ihnen teilen. Gleichzeitig stuften 60% der Befragten die Wichtigkeit der langfristigen Planung in Russland als weniger wichtig bzw. unwichtig ein. Dementsprechend waren auch die meisten Interviewpartner der Ansicht, dass die Improvisation in Russland im Vergleich zur Planung eine wichtigere Rolle spielt.

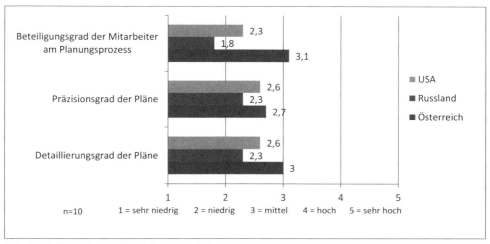

Abb. 2: Einflüsse kultureller Faktoren auf die Planung

Schließlich sollten alle Interviewpartner das Verhalten ihrer österreichischen, russischen und US-amerikanischen Kollegen im Zusammenhang mit den Kontrollmaßnahmen mittels der gleichen Skala von eins (sehr niedrig) bis fünf (sehr hoch) bewerten. Wie aus der Abb. 3 ersichtlich ist, wird die Tendenz zu Konfliktvermeidung in Österreich und Russland als hoch und in den USA als niedrig eingeschätzt. Somit wird die getroffene Annahme für Russland und die USA bekräftigt, während diese auf Österreich nicht zutrifft. Den Erwartungen entsprechend ist die Akzeptanz der Sanktionen und der offenen Kritik in Russland niedriger als in Österreich und den USA. Mehrere Interviewpartner betonten, dass sachliche Kritik von russischen Mitarbeitern häufig als Kritik an der Person angesehen wird. Die höchste Akzeptanz genießt laut den Auswertungsergebnissen die Kritik in den USA, da US-amerikanische Controller diese als Lernprozess betrachten.

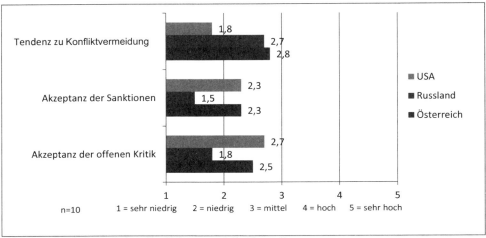

Abbildung 3: Einflüsse kultureller Faktoren auf die Kontrolle

5. Zusammenfassung und Empfehlungen

Obwohl es offensichtlich ist, dass kulturelle Aspekte die Controlling-Funktionen (Informationsversorgung, Planung und Kontrolle) beeinflussen, wurde dieser Bereich bis zum heutigen Zeitpunkt nur wenig erforscht. In der vorliegenden Studie wird empirisch gezeigt, dass die unterschiedlichen Wertevorstellungen, Handlungs- und Verhaltensmuster einen maßgeblichen Einfluss auf die Durchführung grenzüberschreitender Controlling-Aktivitäten ausüben können. Aus diesem Grund ist die Berücksichtigung dieser Differenzen bei der Gestaltung des Controllingsystems in einem international tätigen Unternehmen unabdingbar.

Zu den wichtigsten Ergebnissen der Studie gehören die Erkenntnisse, dass die allgemeine Bedeutung der Planung und die Bereitschaft russischer Mitarbeiter, die Daten zur Verfügung zu stellen, deutlich niedriger ist als in den USA und Österreich. Darüber hinaus wurde herausgefunden, dass der Zugang zu Informationen sich in Russland schwerer als in den Vergleichsländern gestaltet und russische Mitarbeiter die offene sachliche Kritik stärker ablehnen als ihre US-amerikanischen und österreichischen Kollegen. Des Weiteren bringen sich österreichische Controller am meisten in den Planungsprozess ein und neigen dabei zur Erstellung sehr detaillierter Pläne, während in Russland und den USA in weniger detaillierten Schritten geplant wird. Schließlich bevorzugen die Controller in den USA eine direkte Austragung der Konflikte, wohingegen ihre Kollegen aus Österreich und Russland zu Konfliktvermeidung tendieren.

Diese Untersuchung trägt nicht nur zu einem besseren Verständnis der kulturellen Unterschiede zwischen Österreich, Russland und den USA bei, sondern gewährt auch wertvolle Einsicht in die russische und US-amerikanische Controlling-Praxis. Unter der Berücksichtigung des Marktpotentials für österreichische Unternehmen in Russland und den USA erscheint die Thematisierung dieser Bereiche sehr angebracht. Basierend auf den Untersuchungsergebnissen können folgende Empfehlungen zur Gestaltung eines effektiven Controllingsystems in einem Unternehmen, das besonders in den USA bzw. Russland tätig ist oder werden will, gemacht werden: Um die Bereitschaft russischer Controller zur Bereitstellung von Informationen zu erhöhen, sollen die persönlichen Kontakte intensiviert und die emotionalen Bindungen vertieft werden. Dafür können die modernen Kommunikationstools wie z.B. Videokonferenzen, die auch den Austausch von verbalen Informationen ermöglichen, verwendet werden. Entsprechende Anreiz- und Prämiensysteme können auf operativer Ebene eingeführt werden, um die Bedeutung der Planung in Russland zu steigern bzw. die Teilnahme am Planungsprozess in den USA zu fördern. Zum Aufbau der Kritikfähigkeit russischer Mitarbeiter ist es notwendig, eine offene Unternehmenskultur, die Fehler zulässt und fruchtbare Diskussionen ermöglicht, einzuführen. Generell wird empfohlen, eine Kultursensibilität zu entwickeln, um kulturelle Unterschiede in der Denk- und Verhaltensweise rechtzeitig zu erkennen und ihre Auswirkungen auf die Controlling-Tätigkeiten abzuschätzen. Zur Schaffung der kulturellen Sensibilität können bspw. kulturelle Trainings und Seminare organisiert werden.

Bei der Interpretation der Studienergebnisse und der Entwicklung von Empfehlungen für die Gestaltung eines effektiven Controllingsystems müssen bestimmte Einschränkungen eingeräumt werden. Aufgrund des geringen Samples ist bei der Verallgemeinerung der Ergebnisse Vorsicht geboten. Sie müssen eher als Grundlage für eine weitere Studie, die auf die Validierung und Ergänzung der Erkenntnisse abzielt, betrachtet werden. Des Weiteren wurden die Interviews nur mit österreichischen Controllern durchgeführt. Somit reflektieren die Studienergebnisse die Wahrnehmung russischer und US-amerikanischer Kultur von der österreichischen Seite. Künftige Forschungsvorhaben können größere Samples umfassen, um die Ergebnisse der vorliegenden Studie zu ergänzen. Eine weitere Forschungsmöglichkeit wäre, die Selbstreflektion russischer bzw. US-amerikanischer Controller bei der Gestaltung und Durchführung von grenzüberschreitenden Controlling-Tätigkeiten zu untersuchen und mit der österreichischen Sicht zu vergleichen.

Literaturverzeichnis

Adler, N. J., International dimensions of organizational behavior, 4. Aufl., Cincinnati 2002.

Bing, J., Hofstede's consequences: the impact of his work on consulting and business practices, in: Academy of Management Executive 2004, Vol. 18, No. 1, 80–87.

Blom, H./Meier, H., Interkulturelles Management: Interkulturelle Kommunikation. Internationales Personalmanagement. Diversity-Ansätze im Unternehmen, Berlin 2002.

Brock, D.M./Barry, D./Thomas, D.C., "Your forward is our reverse, your right, our wrong": rethinking multinational planning processes in light of national culture, in: International Business Review 2000, Vol. 9, No. 6, 687–701.

Chow, C.W./Kato, Y./Merchant, K.A., The use of organizational controls and their effects on data manipulation and management myopia: a Japan vs. US comparison, in: Accounting, Organizations and Society 1996, Vol. 21, No. 2-3, 175–192.

Dunk, A.S./Perera, H., The incidence of budgetary slack: a field study exploration, in: Accounting, Auditing and Accountability Journal 1997, Vol. 10, No. 5, 649–664.

Grachev, M./Rogovsky, N./Rakitski, B., Leadership and culture in Russia: the case of transitional economy, in: Culture and leadership across the world: the GLOBE book of in-depth studies of 25 societies, hrsg. von *Chhokar, J./Brodbeck, F./House, R.J.*, Mahwah 2007, 803–832.

Hall, E.T./Hall, M.R., Understanding cultural differences: Germans, French and Americans, Boston 1990.

Hoffjan, A./Boucoiran, T., Kulturelle Aspekte im internationalen Controlling – Beispiel Frankreich, in: Controlling, H. 20, 2008, 65–71.

Hoffjan, A./Nevries, P./Wömpener, A., Andere Länder – Andere Sitten: Kulturelle Einflüsse auf das internationale Controlling, in: Zeitschrift für Controlling und Management, H. 49, 2005, 290–295.

Hoffjan, A./Weber, J., Internationales Controlling: Steuerung von Auslandsgesellschaften, Weinheim 2007.

Hofstede, G./Hofstede, G.J., Lokales Denken, globales Handeln: interkulturelle Zusammenarbeit und globales Management, 3. Aufl., München 2006.

Hofstede, G./Hoppe, M.H., Introduction: Geert Hofstede's culture's consequences: international differences in work-related values, in: Academy of Management Executive 2004, Vol. 18, No. 1, 73–74.

House, R.J./Javidan, M., Overview of GLOBE, in: Culture, leadership and organizations: the GLOBE Study of 62 societies, hrsg. von *House, R. J./Hanges P. J./Javidan, M./Dorfman, P. W./Gupta, V.*, Thousand Oks 2004, 9–28.

Javidan, M., Performance orientation, in: Culture, leadership and organizations: the GLOBE Study of 62 societies, hrsg. von *House, R.J./Hanges P.J./Javidan, M./Dorfman, P.W./Gupta, V.*, Thousand Oks 2004, S. 239–281.

Kanodia, C., Participative budgets as coordination and motivational devices, in: Journal of Accounting Research 1993, Vol. 31, No. 2, 172–189.

Kaufmann, L./Panhans, D./Bergner, V./Schönberger, L./Fischer, B./Doll, J., Managementhandbuch Mittel- und Osteuropa: wie deutsche Unternehmen Ungarn und Tschechien für ihre globale Strategie nutzen, Wiesbaden 2006.

Kirkbride, P.S./Tang, S.F.Y./Westwood R.I., Chinese conflict preferences and negotiating behavior: cultural and psychological influences, in: Organization Studies 1991, Vol. 12, No. 3, 365–386.

Komlodi, A./Carlin, M., Identifying cultural variables in information-seeking behavior, in: Proceedings of the Tenth Americas Conference on Information Systems (AMCIS), hrsg. von Association for Information Systems, New York 2004, 477–481.

Kolesky, K., Management kultureller Integrationsprozesse bei grenzüberschreitenden Unternehmenszusammenschlüssen: eine Analyse westeuropäischer Akquisitionen in Osteuropa, Kassel 2006.

Kraus, S./Mitter, Ch./Siems, F., Doing business in China: a German perspective on joint business ventures, in: International Journal of Business Research 2008, Vol. 8, No. 1, 99–109.

Lyskov-Strewe, V./Schroll-Machl, S., Russland, in: Handbuch Interkulturelle Kommunikation und Kooperation: Band 2: Länder, Kulturen und interkulturelle Berufstätigkeit, hrsg. von *Thomas, A./Kammhuber, S./Schroll-Machl, S.*, Göttingen 2007, 103–118.

MacArthur, J.B., Cultural influences on German versus U.S. management accounting practices, in: Management Accounting Quarterly 2006, Vol. 7, No. 2, 10–16.

Matveev, A.V./Nelson, P.E., Cross cultural communication competence and multicultural team performance: perceptions of American and Russian managers, in: International Journal of Cross Cultural Management 2004, Vol. 4, No. 2, 253–270.

Nonis, S.A./Teng, J.K./Ford, C.W., A cross-cultural investigation of time management practices and job outcomes, in: International Journal of Intercultural Relations 2005, Vol. 29, No. 4, 409–428.

Österreichische Nationalbank, Stand der österreichischen Direktinvestitionen im Ausland nach Regionen, Wien 2012, 2012-04-01, http://www.oenb.at/-isaweb/report.do?report=950.3.

O' Clock, P./Devine, K., The role of strategy and culture in the performance evaluation of international strategic business units, in: Management Accounting Quarterly 2003, Vol. 4, No. 2, 18–26.

Ohbuchi, K.I./Fukushima, O./Tedeshi J.T., Cultural values in conflict management: goal orientation, goal attainment, and tactical decision, in: Journal of cross-cultural psychology 1999, Vol. 30, No.1, 51–71.

Purtscher, H., Leitl, „Russland in Österreich ebenso willkommen, wie Österreich in Russland", Wien 2007, 2010-02-10, http://portal.wko.at/wk-/format_detail.wk?AngID=1&StID=323638&DstID=0&BrID=49.

Rauch, A./Frese, M./Sonnentag, S., Cultural differences in planning/ success relationships: a comparison of small enterprises in Ireland, West Germany, and East Germany, in: Journal of Small Business Management 2000, Vol. 38, No. 4, 28–41.

Slate, E./Schroll-Machl, S., Nordamerika: USA, in: Handbuch Interkulturelle Kommunikation und Kooperation: Band 2: Länder, Kulturen und interkulturelle Berufstätigkeit, hrsg. von *Thomas, A./Kammhuber, S./Schroll-Machl, S.*, Göttingen 2007, 135–149.

Sully de Luque, M.F./Sommer, S.M., The impact of culture on feedback-seeking behavior: an integrated model and propositions, in: Academy of Management Review 2000, Vol. 25, No. 4, 829–849.

Szabo, E./Reber, G., Culture and leadership in Austria, in: Culture and leadership across the world: the GLOBE book of in-depth studies of 25 societies, hrsg. von *Chhokar, J./Brodbeck, F./House, R.J.*, Mahwah 2007, 109–146.

Thomson, J.C., Anatomy of a plan. Better practices for management accountants, in: Strategic Finance 2007, Vol. 89, No. 4, 21–28.

Trompenaars, F., Riding the waves of culture: understanding cultural diversity in business, London 1993.

Trompenaars, F./Hampden-Turner, C., Riding the waves of culture, 2. Aufl., London 2001.

Van der Stede, W. A., The effect of national culture on management control and incentive system design in multi-business firms: evidence of intracorporate isomorphism, in: European Accounting Review 2003, Vol. 12, No. 2, 263–285.

Wu, E.C., Convergence of attitudes in different cultures towards the budgeting process, in: Journal of Business and Management 2005, Vol. 11, No. 2, 29–47.

Yeung, H.W., Quality personal interviews in international business research: some lessons from a study of Hong Kong transnational corporations, in: International Business Review 1995, Vol. 4, No. 3, 313–339.

Auswirkungen der Fair-Value-Bewertung auf das Performance Management

Gudrun Fritz-Schmied/Alexander Herbst

Management Summary

Internationale Rechnungslegungsnormen und die hierfür charakteristische Fair-Value-Bewertung leisten unstrittig einen konzeptionell sinnvollen Beitrag zum wertorientierten Performance Management – bspw. nach dem Economic-Value-Added-Konzept. Dennoch kann eine gänzlich unreflektierte Übernahme sämtlicher Daten aus dem externen Rechnungswesen auch auf Basis der IAS/IFRS aus mannigfaltigen Gründen nicht befürwortet werden. Vielmehr sind – auch unter Zugrundelegung unternehmensrechtlicher Bilanzierungsgrundsätze – zu Steuerungszwecken Wertanpassungen erforderlich.

1. Einleitung

Im Folgenden werden die Auswirkungen der in internationalen Rechnungslegungskonzepten – so im Konkreten einer Bilanzierung nach den IFRS – verankerten Fair-Value-Bewertung auf die wertorientierte Unternehmensführung geprüft. Dabei wird aus den zahlreichen Modellen zur Unternehmensführung eine Kennzahl gewählt, die eine besondere Affinität zur Fair-Value-Bewertung aufweist – der Economic Value Added (EVA). In vergleichender Betrachtung einer Bewertung auf Grundlage historischer Anschaffungs- bzw. Herstellungskosten oder aber zum Fair Value – dem „gerechten" Wert –, ist zu vermuten, dass Letzterer zum „wirtschaftlichen" Wert ein engeres Naheverhältnis als ein in traditioneller Weise ermittelter Buchwert besitzt.

Der Fair Value stellt in der internationalen Bilanzierung einen bedeutsamen Wertmaßstab dar, wobei davon auszugehen ist, dass der Kreis der mit dem Fair Value bewerteten bzw. bewertbaren Bilanzposten eine stete Ausweitung finden wird. Derzeit sieht das Regelungswerk der IFRS keine „full" Fair-Value-Bewertung vor, sondern beschränkt diese auf ausgewählte Aktiva und Passiva.

Indem die Vorteile einer Verwendung von Daten der externen Rechnungslegung für Zwecke des Controllings evident sind, wird die Verwendung von Fair Value basierten Daten für eine Kennzahlenermittlung positiv beurteilt, wobei auch die Notwendigkeit einer Adaptierung des vorliegenden Datenmaterials einer grundsätzlichen Eignung nicht entgegensteht. Dabei ist jedoch davon auszugehen, dass mit einer steigenden Anzahl von Korrekturen Einbußen hinsichtlich der Praktikabilität eines entsprechenden Procederes in Kauf genommen werden müssen bzw. im Falle einer unvollständigen Überleitungsrechnung die Aussagekraft eines darauf aufbauenden Kennzahlensystems geschwächt wird.

2. Die Fair-Value-Bewertung im Rahmen der internationalen Rechnungslegung

Dem Fair Value, vereinfachend definiert als objektiver Marktpreis einer Bilanzpost, wird in internationalen Rechnungslegungskonzepten ein besonderer Stellenwert eingeräumt. In Abkehr von einem (ggf. über-)vorsichtigen Vermögens- und Erfolgsausweis, welcher die Ansatz- und Bewertungsvorschriften der nationalen unternehmensrechtlichen Gewinnermittlungsvorschriften prägt, erfolgt nach den IFRS die Bewertung von ausgewählten Bilanzposten mit ihrem Fair Value unabhängig davon, ob dieser den aus dem traditionellen Anschaffungskostenmodell resultierenden Buchwert über- oder unterschreitet.

2.1. Anwendungsbereiche einer Fair-Value-Bewertung

Die Bewertung[1] von Vermögenswerten sowie (ausgewählten) Schuldpositionen zum Fair Value wird den Bilanzierenden einerseits in Gestalt von Wahlrechten angeboten, andererseits beinhalten die IFRS auch Vorschriften einer verpflichtenden Fair-Value-Bewertung. Neben der in einzelnen Standards normierten Bewertung zum „reinen" Fair Value findet sich in den IFRS auch der Wertmaßstab eines „modifizierten" Fair Value, so in Gestalt eines Fair Value less costs to sell, der im Rahmen eines Impairment nach IAS 36, der Bewertung von biologischen Vermögenswerten nach IAS 41 sowie von langfristigen Vermögenswerten, die zur Veräußerung gehalten werden (IFRS 5), von Relevanz ist. Auch die für Rückstellungen relevante Bewertung zum Barwert des erwarteten Erfüllungsbetrages (IAS 37) sowie der für Pensionen und ähnliche Rückstellungen maßgebliche Wertansatz führen letztlich zu einem dem Fair Value vergleichbaren Wertmaßstab.[2]

Dem Mindestgliederungsschema der Bilanz gem. IAS 1.54 folgend zeigt sich eine „reine" Fair-Value-Bewertung (verpflichtend oder wahlweise) bei folgenden Positionen:

- Sachanlagen (IAS 16)
- Als Finanzinstrumente gehaltene Immobilien (IAS 40)
- Immaterielle Vermögenswerte (IAS 38)
- Finanzielle Vermögenswerte und Schulden (IAS 39)
- Rücklagen und Rückstellungen anlässlich aktienbasierter Vergütungssysteme (IFRS 2)

Für Sachanlagen i.S.d. IAS 16 steht das Konzept einer Neu- bzw. Fair-Value-Bewertung als Alternative zum Anschaffungskostenmodell zur Verfügung (IAS 16.29).[3] Dabei wird einer Änderung des Fair Value dahingehend, dass dieser über den fortgeschriebenen Anschaffungs- bzw. Herstellungskosten liegt, insofern nachgekommen, als der Differenzbetrag in eine Neubewertungsrücklage eingestellt und hierdurch eine erfolgswirksame Aufwertung des Vermögenswertes verhindert wird (IAS 16.39). Dem aufgewerteten Vermögenswert, der in weiterer Folge ein erhöhtes Abschreibungspotenzial aufweist, steht die Neubewertungsrücklage gegenüber, die jedoch über eine Gewinnrücklage verrechnet und somit direkt im Eigenkapital erfasst wird.[4] Abweichendes zeigt sich im Falle eines (im Vergleich zu den fortgeschriebenen Anschaffungs- bzw. Herstellungskosten) gesunkenen Fair Value, wofür der Differenzbetrag insoweit erfolgswirksam zur Auflösung gelangt, als keine Neubewertungsrücklage vorhanden ist (IAS 16.40).[5]

---

[1] Der Fair Value wird im folgenden Beitrag vor dem Hintergrund einer entsprechenden Bewertung von Bilanzposten unter Berücksichtigung der daraus resultierenden erfolgsbezogenen Folgekonsequenzen fokussiert.

[2] Vgl. *Wagenhofer*, 2009, 580.

[3] Dabei muss das Wahlrecht bezogen auf eine ganze Gruppe von Sachanlagen (siehe dazu IAS 16.37) einheitlich ausgeübt werden.

[4] Vgl. *Wagenhofer*, 2009, 371 f.; *Bieg* et al., 2006, 139.

[5] Dazu ausführlich *Grünberger*, 2010, 87.

Auch für Immobilien, die als Finanzinvestition gehalten werden (IAS 40), stellen die IFRS ihre Bewertung zum Fair Value zur Wahl.[6] Abweichend zu den Sachanlagen nach IAS 16 erfolgt ihre Bewertung zum Fair Value stets in einer erfolgswirksamen Form (IAS 40.35). Ob der verpflichtend vorzunehmenden kontinuierlichen Ermittlung des Fair Value entfällt in weiterer Folge die Notwendigkeit einer Vornahme planmäßiger Abschreibungen. Werden die für Finanzzwecke gehaltenen Immobilien hingegen zu ihren fortgeschriebenen Anschaffungs- bzw. Herstellungskosten bewertet – diesfalls hat eine Angabe des Fair Value im Anhang zu erfolgen (IAS 40.78 f.) –, werden neben der Vornahme planmäßiger Abschreibungen im Falle eines Impairment auch außerplanmäßige Abschreibungen in Abzug gebracht.

Die Fair-Value-Bewertung von immateriellen Vermögenswerten (IAS 38.75 ff.) erfolgt analog den Sachanlagen. Hierbei gilt jedoch zu berücksichtigen, dass das Wahlrecht zu diesem Bewertungskonzept durch das Erfordernis des Vorliegens eines aktiven Marktes (IAS 38.75) eine wesentliche Einschränkung findet bzw. de facto nur für einen kleinen Kreis von immateriellen Vermögenswerten zur Umsetzung gelangen kann.

Der historische Ursprung der Fair-Value-Bewertung liegt bei den Finanzinstrumenten,[7] wofür sich auch das vergleichsweise einfache Procedere ihrer Ermittlung verantwortlich zeigt. Bezug nehmend auf die mögliche Klassifizierung[8] als „available for sale"- oder „through profit or loss"-Instrumente steht ihre erfolgsneutrale Bewertung[9] durch Einstellen einer Afs-Rücklage einer erfolgswirksamen Bewertung gegenüber (IAS 39.55). Gegensätzlich zu einer gewinnerhöhenden oder -vermindernden Fair-Value-Bewertung dient die Afs-Rücklage einem erfolgsneutralen Ansatz des Finanzinstruments. Die im Eigenkapital ausgewiesene Afs-Rücklage kann somit einen positiven oder negativen Saldo aufweisen und wird erst im Zuge des Ausscheidens des Vermögenswertes erfolgswirksam aufgelöst.

Werden von einem Unternehmen aktienbasierte Vergütungssysteme gewährt,[10] so in Gestalt von Aktienoptionen oder Barauszahlungen, wird sukzessive zur erbrachten Arbeitsleistung eine Rücklage oder Rückstellung eingestellt. Ihre Bewertung erfolgt zum Fair Value,[11] dessen Ermittlung entweder einmalig – so im Falle von Aktienoptionen im Zeitpunkt der Einräumung des Optionsrechtes (IFRS 2.10 ff.) – oder zu jedem Bilanzstichtag – im Geltungsbereich der Rückstellungen (IFRS 2.30) – erfolgt.[12] Die Höhe des (anteiligen) Fair Value determiniert diesfalls auch den Betrag, der als Personalaufwand zur Verrechnung gelangt.

---

[6] Dabei muss das Wahlrecht für sämtliche als Finanzinvestition gehaltenen Immobilien einheitlich ausgeübt werden (IAS 40.30).

[7] Vgl. *Wagenhofer*, 2009, 580.

[8] Siehe dazu *Grünberger*, 2010, 156 ff.

[9] Im Falle einer nachhaltigen Wertminderung müssen jedoch auch Finanzinstrumente der Afs-Kategorie aufwandswirksam abgewertet werden (IAS 39.58 ff.).

[10] Gem. IFRS 2.2 liegt eine aktienbasierte Vergütungstransaktion dann vor, wenn das Unternehmen für den Erhalt von Gütern oder Dienstleistungen Eigenkapitalinstrumente des Unternehmens hingibt oder Schulden eingeht, deren Höhe mit dem Aktienkurs korreliert.

[11] Vgl. *Wagenhofer*, 2009, 362 f.; *Grünberger*, 2010, 189.

[12] Siehe hierzu bspw. *Grünberger*, 2010, 190; *Wagenhofer*, 2009, 361 ff.

Im Falle eines Unternehmenszusammenschlusses nach IFRS 3 zeigt sich eine „full" Fair-Value-Bewertung der übernommenen Vermögenswerte und Schulden, wobei Letztere auch die Eventualverbindlichkeiten umfassen.

Jedenfalls ist festzuhalten, dass sich die Fair-Value-Bewertung ausgehend von ihrer ursprünglichen Bedeutung für Finanzinstrumente auch auf weitere Bilanzpositionen ausgedehnt hat, wenngleich die IFRS-Bilanzierung (unter Außerachtlassung eines Unternehmenszusammenschlusses) gravierende Abweichungen zu einer „full" Fair-Value-Bewertung aufweist. Dies wird auch dadurch verstärkt, dass infolge einer ggf. diffizilen Ermittlung des Fair Value diesbezügliche Wahlrechte nicht in Anspruch genommen werden[13] und genanntes Bewertungskonzept nur in seinen verpflichtenden Fällen zur Umsetzung gelangt. Sodann beschränkt sich die („reine") Fair-Value-Bewertung auf Finanzinstrumente sowie die Bewertung von Rücklagen und Rückstellungen, die anlässlich aktienbasierter Vergütungssysteme dotiert werden müssen.

2.2. Ermittlung des Fair Value

Eingangs ist festzuhalten, dass der für die Ermittlung des Fair Value relevante IFRS 13[14] noch nicht von der EU übernommen wurde, so dass diesbezüglich auf jene Standards zurückgegriffen werden muss, die sich der Fair-Value-Bewertung von einzelnen Bilanzposten widmen. Dabei lassen sich in den jeweilig festgeschriebenen Procedere zur Ermittlung des Fair Value Gemeinsamkeiten erkennen, die auf seine Bedeutung als objektivierten Marktpreis bzw. Verkehrswert[15] hinweisen.[16, 17]

Übereinstimmung besteht dahingehend, dass der Fair Value den Betrag abbildet, „... zu dem zwischen sachverständigen, vertragswilligen und voneinander unabhängigen Geschäftspartnern ein Vermögenswert getauscht oder eine Schuld beglichen werden könnte" (IAS 39.9). Insofern ist klargestellt, dass bei einem vorliegenden Vertrag, der den Erwerb eines Vermögenswertes oder die Begleichung einer Schuldpost zum Inhalt hat, der diesbezüglich vereinbarte Preis den Fair Value der jeweiligen Bilanzpost abbildet.[18] Indem derartige Kaufverträge zum Zeitpunkt der Bewertung nur in Ausnahmefällen vorliegen werden, erfordert die Ermittlung des Fair Value regelmäßig die Anwendung einer Bewertungsmethode. Hierfür wird zwischen einem vorliegenden oder fehlenden aktiven Markt unterschieden.[19] Liegt ein aktiver Markt für die zu bewertende Bilanzpost vor – hierfür ist (definiert für den Anwendungsbereich immaterieller Vermö-

---

[13] Auf die mangelnde Praxisrelevanz einer Neubewertung von Sachanlagen oder immateriellen Vermögenswerten verweist *Crasselt*, 2010, 706.

[14] Der kürzlich veröffentlichte IFRS 13 gilt für (nahezu) sämtliche zum Fair Value bewerteten Vermögenswerte und Schulden. Die diesbezüglichen Bestimmungen müssen erstmalig verpflichtend für Geschäftsjahre angewandt werden, die nach dem 31.12.2012 beginnen.

[15] Vgl. *Küting/Kaiser*, 2010, 376; *Grünberger*, 2010, 65.

[16] Vgl. *Wagenhofer*, 2009, 170 ff.

[17] Anzumerken ist, dass durch die Vorgaben zur Ermittlung des Fair Value in IFRS 13 der Detaillierungsgrad der relevanten Faktoren erhöht wurde und sich in materieller Hinsicht Änderungen im Besonderen für die nicht finanziellen Vermögenswerte und Schulden ergeben (vgl. *Bertl/Fröhlich*, 2011, 179 ff.; *Große*, 2011, 286 ff.).

[18] So definiert in IAS 36.25 für den Anwendungsbereich des Impairment.

[19] Zur Ermittlungshierarchie des Fair Value siehe bspw. IAS 39.48A, 39.AG 69 ff. für den Anwendungsbereich der Finanzinstrumente oder IAS 36.26 ff. für den Geltungsbereich des Impairment.

genswerte nach IAS 38.8)[20] erforderlich, dass die gehandelten Güter homogen sind, jederzeit vertragswillige Käufer und Verkäufer gefunden werden können und die Preise öffentlich verfügbar sind –, entspricht der Fair Value dem notierten Marktpreis zum Zeitpunkt der Bewertung. Liegen zum Bewertungszeitpunkt keine Marktpreise vor, ist nicht zu beanstanden, wenn Preise herangezogen werden, die in zeitlicher Nähe zum Bewertungsstichtag erzielt werden. Mangelt es ob der Individualität der zu bewertenden Post an einem Markt für homogene Vermögenswerte, so bspw. im Kontext der Bewertung von Grundstücken, kann (nach IAS 40.45) ihr Fair Value aus Marktpreisen für vergleichbare Gegenstände am bzw. in der Nähe des Bewertungsstichtages abgeleitet werden.[21] Dabei wird die geforderte Vergleichbarkeit naturgemäß einen Bewertungsspielraum beinhalten. Fehlt hingegen ein aktiver Markt sowohl für gleiche als auch vergleichbare Gegenstände, basiert die Ermittlung des Fair Value auf anerkannten Bewertungsmethoden, so im Besonderen der Ertragswertmethode oder dem Discounted Cash Flow. Dabei ist evident, dass sich die Bandbreite möglicher Fair Values vergrößert und ungeachtet des vorliegenden Objektivierungserfordernisses durch Annahmen des Managements beeinflusst werden kann.[22] Bezugnehmend auf die Bewertung von Optionen gelangen ob der notwendigen Berücksichtigung von Wahrscheinlichkeiten diffizilere Bewertungsmodelle, wie bspw. das Black-Scholes-Modell, zum Einsatz.[23]

Unabhängig davon, ob die Ermittlung des Fair Value auf den mit dem Bewertungsobjekt verknüpften Ertragserwartungen oder Zahlungsflüssen basiert, bedingt der Zukunftsbezug Schätzungen,[24] deren Höhe in Abhängigkeit der angenommenen Marktentwicklung variiert. Obgleich die stringente Marktorientierung des Fair Value unternehmensindividuelle Synergieeffekte ausblendet,[25] beinhaltet die Prognose der künftigen Marktentwicklungen stets einen Bewertungsspielraum. Daneben lässt auch die Wahl eines geeigneten Abzinsungssatzes, der regelmäßig auch eine marktbezogene Risikokomponente[26] umfasst, auf ein breites Spektrum möglicher Fair Values schließen.

2.3. Aussagekraft des Fair Value

Es kann festgehalten werden, dass zahlreiche Bilanzpositionen nach den IFRS zum Fair Value oder einem vergleichbaren bzw. davon abgeleiteten Wertmaßstab bewertet werden müssen oder eine entsprechende Bewertung für zulässig erklärt wird.[27] Angesichts der Wirkungsweise einer Fair-Value-Bewertung als konjunkturbeschleunigender Faktor[28] ist evident, dass dieser Wertmaßstab während der Finanzmarktkrise in Kritik geraten ist,[29] sich nunmehr jedoch wieder auf Vormarsch befindet.[30]

---

[20] Übereinstimmend auch IAS 36.6 sowie IAS 41.8.
[21] Vgl. *Bieg* u.a., 2006, 153 f.
[22] Siehe dazu auch *Wagenhofer*, 2009, 589; *Gleich/Kieninger/Kämmler-Burrak*, 2008, 505; *Crasselt*, 2010, 708 f.
[23] Vgl. *Grünberger*, 2010, 245.
[24] Vgl. *Weißenberger*, 2007, 92 f.
[25] Vgl. *Grünberger*, 2010, 90.
[26] Vgl. *Küting/Kaiser*, 2010, 382; *Wagenhofer*, 2009, 579.
[27] Vgl. *Wagenhofer*, 2009, 579 f. Der Autor weist darauf hin, dass der Ursprung der Fair-Value-Bewertung bei den Derivaten liegt, deren (historische) Anschaffungskosten „… praktisch aussagelos sind".
[28] Dazu *Küting/Kaiser*, 2010, 375 f.; *Wagenhofer*, 2009, 584; *Schütte*, 2009, 56 ff.; *Niehaus*, 2008, 1170 ff.
[29] Vgl. *Rudolph*, 2008, 732; *Niehaus*, 2008, 1170 ff.
[30] Für ein Festhalten am Fair-Value-Konzept spricht auch der kürzlich veröffentlichte IFRS 13.

Festzuhalten ist, dass sich die Fair-Value-Bewertung von Bilanzposten am Grundsatz der Einzelbewertung orientiert,[31] sodass selbst bei einer unterstellten „full" Fair-Value-Bewertung das bilanziell ausgewiesene Eigenkapital nicht den Unternehmenswert darstellt. Unter Berücksichtigung des für die Ermittlung des Fair Value maßgebenden Procederes zeigt sich, dass dieser ob seiner objektivierten, marktbezogenen Festlegung nicht das unternehmensindividuelle Nutzenpotenzial abbildet, sondern als Untergrenze in Gestalt einer jedenfalls zu erzielenden Rendite des Bewertungsobjektes zu werten ist.[32]

Noch stärker wird der Unterschied zwischen dem Buchkapital und Unternehmenswert, wenn nur einzelne Bilanzpositionen zum Fair Value bewertet werden, sodass neben einer fehlenden Berücksichtigung des Zusammenwirkens der Vermögenswerte bzw. nicht bilanzierungsfähiger Positionen das buchmäßige Eigenkapital ein Konglomerat aus verschiedenen, ggf. historischen Wertmaßstäben, abbildet.[33]

Eine entsprechende Diskrepanz zwischen einer Bewertung zum Fair Value und dem Unternehmenswert ist jedenfalls dann von Bedeutung, wenn das Performance Management fokussiert und hierfür auf Größen der (diesfalls) internationalen Rechnungslegung zurückgegriffen wird.

3. Performance Management

3.1. Wesen und Funktion des Performance Managements

Bis dato konnte sich im controllingorientierten Schrifttum noch keine einheitliche Übersetzung der Bezeichnung „Performance" etablieren. Am häufigsten findet als deutschsprachiges Pendant der Begriff der „Leistung" Anwendung. Gemeinsam ist den in der hiesigen Literatur verwendeten Termini, dass sie die „Performance" als bewertete Beiträge von (einzelnen) Mitarbeitern des Unternehmens, die zur Erreichung der strategischen wie operativen Ziele der Organisation geleistet werden, definieren.[34]

Um die Leistung des Einzelnen im System und damit seine „Performance" auf die strategischen und daraus abgeleiteten operativen Ziele der Organisation ausrichten und dahingehend steuern (managen) zu können, müssen im Sinne des kybernetischen Regelkreisdenkens[35] ex ante die Zielwerte der gewünschten Leistung definiert, in einem

---

[31] Vgl. *Küting/Kaiser*, 2010, 381. Die Autoren weisen darauf hin, dass der Gesamtwert eines Unternehmens nicht aus einer Addition seiner Einzelwerte resultiert, zumal dabei die Synergieeffekte der materiellen und immateriellen Posten keine Berücksichtigung finden würden. In diesem Sinne auch *Crasselt*, 2010, 705 f.

[32] Vgl. *Wagenhofer*, 2009, 582.

[33] Vgl. *Gleich/Kieninger/Kämmler-Burrak*, 2008, 503 f.

[34] Vgl. *Hoffmann*, 1999, 8 f.

[35] Die Etablierung des kybernetischen Regelkreisdenkens im Rahmen des Planungs- und Kontrollprozesses (als Kernstück eines jeden Controlling-Systems) soll das Unternehmen in die Lage versetzen, sowohl auf intrinsische wie auch auf extrinsische Veränderungen adäquat reagieren zu können. Zur Automatisierung des Anpassungsprozesses wird im Rahmen des Systems zuerst ein Soll-Wert definiert, den es (durch die handelnden Akteure) zu erreichen gilt. Er dient als „Benchmark". Mit ihm werden die erzielten Ist-Werte ex post verglichen. Dadurch evident werdende Abweichungen sind im Rahmen einer Feedback-Schleife im Hinblick auf mögliche Ursachen zu evaluieren und – sofern möglich – zu korrigieren. Neben dieser Vergangenheitsbetrachtung werden in allen Controlling-Systemen auch Feedforward-Schleifen implementiert. Sie sollen ein rechtzeitiges Reagieren auf in Zukunft erwartete Abweichungen ermöglichen und damit der notwendigen Zukunftsorientierung des Controllings Rechnung tragen. Vgl. *Kropfberger/Winterheller*, 2007, 14 ff.

zweiten Schritt ihre Erreichung kontrolliert sowie ggf. bestehende Abweichungen analysiert werden.

Getreu dem Grundsatz „If you can't measure it, you can't manage it"[36] bildet sohin ein effektives Performance-Measurement-System, das die wesentlichen zur effektiven Verhaltenssteuerung zu verwendenden Performance-Indikatoren beinhaltet und erzielte Ist-Größen geplanten Soll-Werten gegenüberstellt, die Grundvoraussetzung für ein erfolgreiches Performance-Management-System.

Indem das Performance-Management-System Techniken beinhaltet, mit denen Manager in Abstimmung mit den übergeordneten strategischen wie operativen Unternehmenszielen die Performance der Mitarbeiter planen, lenken und verbessern können, greift es weiter als die reine Performance-Messung.[37]

Als wesentliche Anforderungen, die an ein zeitgemäßes Performance-Management-System gestellt werden müssen, sind zu nennen:[38]

- die Fokussierung auf eine überschaubare Anzahl an Kenngrößen sowie
- die Verwendung von Werten mit folgenden Eigenschaften:
  - Validität – die Kennzahl misst das, was gemessen werden soll;
  - Reliabilität – das Messergebnis entspricht dem wahren Wert;
  - Aktualität – ein zeitnahes Reporting liegt vor;
  - Objektivität – das Messergebnis ist frei von subjektiven Einflüssen;
  - Nachvollziehbarkeit – eine transparente Wertermittlung ist gegeben.

Die Ausgestaltung des Performance-Management-Systems im Konkreten ist stets von den spezifischen Anforderungen des Unternehmens abhängig. So sind die im Rahmen des Controllings abzubildenden Dimensionen (monetärer wie nicht-monetärer Natur), das Management der Zielindikatoren (wie die Festlegung von Soll-Werten) sowie die Determinierung von Reaktionen auf positive/negative Planabweichungen (wie das Ausmaß der Gewährung von Bonuszahlungen) auf den jeweiligen Anwendungsbereich abzustimmen. Trotz der Vielzahl an möglichen Ausgestaltungsvarianten lassen sich die unterschiedlichen Steuerungskonzeptionen bei näherer Betrachtung der ihnen zu Grunde liegenden fundamentalen Denkansätze aber dennoch auf einige wenige Performance-Management-Frameworks abstrahieren.[39]

Von ihnen soll – stellvertretend für ähnliche Verfahren – in der Folge ein ausgewähltes Konzept zur wertorientierten Steuerung einer näheren Betrachtung unterzogen werden. Nicht Teil der weiteren Ausführungen sind an vorwiegend qualitativen Kenngrößen orientierte Systeme. Schließlich fußen sie, im Gegensatz zu den wertorientierten Frameworks, in aller Regel nicht auf dem Zahlenmaterial des externen Rechnungswesens und werden sohin von den dort ex lege anzuwendenden Ansatz- und Bewertungsbestimmungen dem Grunde und der Höhe nach – wie insb. der hier diskutierten Fair-Value-Konzeption – kaum maßgeblich beeinflusst.[40]

---

[36] Vgl. *Ederer*, 2010, 61 ff.

[37] Vgl. *Hilgers*, 2008, 50 f.

[38] Vgl. hierzu und im Folgenden: *Gleich/Kieninger/Kämmler-Burrak*, 2008, 501; *Zirkler/Nobach*, 2008, 369; *Wagenhofer*, 2009, 559.

[39] Vgl. *Zell*, 2008, 1. Im Hinblick auf eine Kategorisierung bestehender Frameworks siehe *Sandt, 2005, 430 ff.; Krause, 2006, 84 ff.*

[40] Vgl. *Funk/Rossmanith*, 2008, 45.

3.2. Wertorientierte Performance-Management-Frameworks in prinzipieller Hinsicht

Den wertorientierten Performance-Management-Frameworks liegt der Denkansatz des Shareholder Values zu Grunde, der besagt, dass das primäre Interesse der Investoren auf die nachhaltige Erzielung einer „Rendite", die – in Anbetracht des eingegangenen Risikos – jene vergleichbarer Alternativanlagen übersteigt, gerichtet ist.[41] Der Begriff der „Rendite" wird hierbei weit gefasst. Nicht nur die auf dem unternehmensrechtlichen Erfolg des Unternehmens basierenden Gewinnausschüttungen werden darunter subsumiert. Vielmehr wird jeder Beitrag, der den tatsächlichen und zu Marktwerten[42] bewerteten Anteil des Eigenkapitals erhöht, als „Rendite" verstanden.[43]

Keinesfalls beschränkt sich die wertorientierte Unternehmensführung ausschließlich auf börsennotierte Unternehmen. Schließlich steht die langfristige Wertsteigerung des eingesetzten Kapitals auch bei nicht börsennotierten klein- und mittelständischen Unternehmen in aller Regel klar im Vordergrund. Kurzfristige Renditeoptimierungsüberlegungen prägen auch im KMU-Segment für gewöhnlich nicht das unternehmerische Engagement. Insofern ist das Shareholder-Value-Denken und damit die wertorientierte Unternehmensführung keinesfalls nur für Großunternehmen von Relevanz. Es findet vielmehr auch bei klein- und mittelständischen Unternehmen zur effektiven Eigenkapitalallokation (insb. im Rahmen der Realisierung von möglichen Investitionsobjekten) Anwendung. Daher bedarf es unabhängig von Form und Größe des Unternehmens der Definition eines zentralen Wertmaßstabes, der es dem Management ermöglicht, im Zuge der laufenden Unternehmensführung Entscheidungen stets im Hinblick auf die oberste Maxime – der nachhaltigen Wertsteigerung des Eigenkapitals – zu treffen.[44]

Um das zu erreichen, hat die jeweilige Spitzenkennzahl den Ursache-Wirkungszusammenhang zwischen dem eingesetzten Kapital als knappen Inputfaktor einerseits und der damit langfristig erwirtschafteten „Rendite" andererseits möglichst effektiv abzubilden. Strukturell lässt sich die Fülle der in der Literatur hierzu entwickelten Kennzahlen nach den verwendeten Renditemaßstäben in

- die Gruppe der erfolgsorientierten Kennzahlen sowie in
- die Gruppe der vorwiegend cashflowbasierten Wertmaßstäbe

systematisieren.[45] Beiden Wertmaßstäben sind im Hinblick auf die Zielanforderung Vor- und Nachteile immanent.

---

[41] Vgl. *Langguth/Marks*, 2003, 616.
[42] Die für Zwecke der Rechnungslegung relevanten Buchwerte sowie Fair Values finden ihre Determinierung stets vor dem Hintergrund des Einzelbewertungsgrundsatzes, sodass etwaige Synergieeffekte außer Ansatz gestellt werden. Derartige Einschränkungen sind dem Konzept der Marktwerte fremd.
[43] Vgl. *Funk/Fredrich*, 2011, 448.
[44] Vgl. *Weißenberger*, 2007, 259.
[45] Vgl. hierzu und im Folgenden: *Wagenhofer/Ewert*, 2008, 525.

So spricht für die Verwendung des Cashflows als Entscheidungsgrundlage, dass er eine beobachtbare Größe – die auf konkreten realisierten Geschäftsfällen beruht – darstellt. Ergebnisgrößen basieren hingegen auch auf theoretischen Konstrukten, deren wertorientierte Abbildung wesentlich durch die zu Grunde liegenden Rechnungslegungskonzeptionen tangiert wird. So zeigt ein Verkauf auf Ziel seine Wirkung zunächst nur im Periodenergebnis. Der Cashflow wird erst im Zeitpunkt des Zuflusses der liquiden Mittel tangiert. Insofern würde ein Verkauf von Waren an einen sich ex post als insolvent herausstellenden Kunden nur im Zuge der Ergebnisorientierung zum Ausweis einer Performance führen, die nachträglich – da nicht nachhaltig erzielt – korrigiert werden müsste.

Umgekehrt kann der asynchrone Anfall des Cashflows gegen seine Verwendung als Performance Indikator sprechen. So bilden Cashflows, die mit einem langfristigen und erst im Zeitpunkt der Fertigstellung zur Zahlung gelangenden Fertigungsauftrag in Verbindung stehen, den Leistungsfortschritt und damit die eigentliche Performance während der Produktionsphase nicht ab. Hierzu eignen sich viel eher auf dem Periodenerfolg fußende Größen.

Daraus wird deutlich, dass aus theoretischer Sicht weder ausschließlich ergebnisorientierten, noch vorwiegend cashflowbasierten Wertmaßstäben eindeutig der Vorzug eingeräumt werden kann. Dennoch gelangen in der Praxis mehrheitlich jahresergebnisbasierte Größen zur Anwendung. Die Gründe hierfür liegen insb. in der schwierigen Implementierbarkeit von cashfloworientierten Ansätzen sowie in der hierzulande traditionell stärker ausgeprägten Ergebnis- als Cashflow-Orientierung.[46] Daher wird in der Folge nur mehr das, in Wissenschaft und Praxis bedeutsamste ergebnisorientierte Performance-Management-Framework – das Economic-Value-Added-Konzept (kurz: EVA-Konzept) – im Hinblick auf seine Vereinbarkeit mit der Fair-Value-Bewertung einer validierenden Betrachtung unterzogen.[47]

3.3. Der EVA als wertorientiertes Performance-Management-Framework im Besonderen

3.3.1. Grundformel

Als Economic Value Added wird die Differenz zwischen dem betrieblichen Ergebnis (dem Net Operation Profit after Taxes; kurz: NOPAT) und den, mit dem Kapitaleinsatz (in Form der Net Operating Assets; kurz: NOA) verbundenen Kapitalkosten (ermittelt mit dem Weighted Average Cost of Capital; kurz: WACC) verstanden.[48]

In materieller Hinsicht gibt der EVA jenen betrieblichen Übergewinn an, der sich als Residualgröße nach Abzug aller Eigen- wie Fremdkapitalkosten für das eingesetzte Kapital ergibt und sohin zur Steigerung des Shareholder Values beiträgt.[49] Wertsteigernd im Sinne des EVA ist jene Performance, deren Rendite die Kosten des eingesetzten Gesamtkapitals übersteigt. Während operative Entscheidungen insbesondere auf das NOPAT wirken, beeinflussen Investitionsentscheidungen primär das Ausmaß der NOA; Finanzierungsentscheidungen zeigen ihre Wirkung hingegen vorwiegend im WACC.[50]

---

[46] Vgl. *Bausch/Buske/Hagemeier*, 2011, 373.

[47] Es wird von namhaften Unternehmen wie bspw. Coca-Cola, Procter & Gamble, Siemens (vgl. *Böcking/Nowak*, 1999, 281) oder AT & T (vgl. *Langguth/Marks*, 2003, 615) eingesetzt.

[48] Vgl. *Schmeisser/Rönsch/Zilch*, 2009, 26.

[49] Vgl. *Hostettler*, 2000, 55.

Durch die konsequente Fokussierung auf den EVA (bspw. durch die Implementierung variabler, EVA-abhängiger Gehaltsbestandteile) werden die handelnden Personen dazu angehalten, ihre Entscheidungen stets zum Wohle einer langfristig orientierten EVA-Steigerung zu treffen.[51] Zu Steuerungszwecken ist der EVA hierzu in seine einzelnen Bestandteile aufzugliedern. Ferner sind die hinter diesen Komponenten stehenden Wertetreiber festzulegen. Nur sofern sie sichtbar gemacht werden, ist durch ihre Gestaltung eine zielgerichtete Steuerung seitens der Betroffenen möglich. Schließlich können Maßnahmen des Erfolgs-, Vermögens- oder Risikomanagements nur auf Ebene der hinter dem EVA-Konzept stehenden Wertetreiber gesetzt werden.[52]

Formell lässt sich die Bewertungskonzeption wie folgt darstellen:

$$EVA = NOPAT - NOA * WACC$$

Abb. 1: EVA-Ermittlung [eigene Darstellung]

Hierbei wird der im operativen Bereich eines Unternehmens nach Abzug aller Ertragsteuern (auf den NOPAT), jedoch vor kapitalgeberbezogenen Zahlungen (wie insb. Zinsen) erwirtschaftete Erfolg als NOPAT bezeichnet. Er versteht sich als „finanzierungsneutraler" Erfolg, der zur Deckung der Eigen- wie Fremdkapitalgeberansprüche dient.[53]

Als NOA sind die im (zum Marktwert bewerteten) betriebsnotwendigen Vermögen gebundenen und verzinslichen Kapitalanteile aufzufassen.[54] Sie werden deswegen als Net Operating Assets bezeichnet, da sie für gewöhnlich „aktivisch" ermittelt werden. Hierbei werden das nicht betriebsnotwendige Vermögen sowie die unverzinslichen Kapitalanteile von der – ebenfalls zu Marktwerten bewerteten – Aktivseite zum Abzug gebracht. Im Saldo verbleibt jene Residualgröße, die – je nach Blickwinkel – die relevante Kapital- bzw. Vermögensgröße im EVA-Konzept darstellt.[55]

Der nach den jeweiligen Anteilen des Eigen- und Fremdkapitals ($EK_{Marktwert}$, $FK_{Marktwert}$) am Gesamtkapital ($GK_{Marktwert}$) zu Marktwerten gewichtete Mittelwert der Renditeansprüche der Eigen- und Fremdkapitalgeber (r_{EK}, r_{FK}) wird als WACC bezeichnet.[56] Unter Berücksichtigung des auf die Fremdfinanzierung entfallenden Steuervorteils ((1-s); bspw. in Form von 1-0,25 zur Berücksichtigung der 25% KSt im Bereich der Kapitalgesellschaften) bildet er das Renditeerfordernis der Kapitalgeber in Abhängigkeit von der jeweiligen Finanzierungsstruktur ab.[57] Formelhaft lässt sich die Ermittlung des WACC wie folgt darstellen:

$$WACC = r_{EK} * \frac{EK_{Marktwert}}{GK_{Marktwert}} + r_{FK} * \frac{FK_{Marktwert}}{GK_{Marktwert}} * (1-s)$$

Abb. 2: WACC-Ermittlung [eigene Darstellung]

---

[50] Vgl. *Böcking/Nowak*, 1999, 281; *Schmeisser/Rönsch/Zilch*, 2009, 26.

[51] Vgl. *Hahn/Hungenberg*, 2001, 206.

[52] Vgl. *Langguth/Marks*, 2003, 623; *Fackler/Wimschulte*, 2009, 330 ff. Beispiele möglicher Wertetreiber führt *Gladen* (2005, 107 f.) bzw. *Zell* (2008, 181) an.

[53] Vgl. *Ossola-Haring*, 2009, 137.

[54] Vgl. *Langguth/Marks*, 2003, 615.

[55] Vgl. *Fackler/Wimschulte*, 2009, 318.

[56] Vgl. *Nadvornik/Herbst*, 2009, 245.

[57] Vgl. *Nadvornik u.a.*, 2009, 522.

Während der Fremdfinanzierungszinssatz (r_{FK}) den marktüblichen Kosten für das im Unternehmen eingesetzte verzinsliche Fremdkapital (bspw. in Gestalt des gewogenen Fremdkapitalzinssatzes) entspricht, ist die Renditeforderung der Eigenkapitalgeber (r_{EK}) mittels dem Capital Asset Pricing Model (kurz: CAPM) wie folgt zu ermitteln:[58]

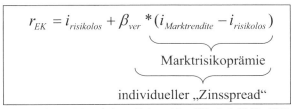

$$ r_{EK} = i_{risikolos} + \beta_{ver} * (i_{Marktrendite} - i_{risikolos}) $$

$$ \underbrace{\quad}_{\text{Marktrisikoprämie}} $$

individueller „Zinsspread"

Abb. 3: CAPM-Ermittlung [i.A.a. *Mandl/Rabel*, 1997, 300]

Demgemäß setzt sich die geforderte Rendite der Eigenkapitalgeber (r_{EK}) einerseits aus der Rendite risikofreier Anlagen ($i_{risikolos}$; die sich bspw. aus den Zinssätzen risikoloser Staatsanleihen ableiten lässt)[59] sowie andererseits aus einer mit dem Betafaktor des verschuldeten Unternehmens (β_{ver}) multiplizierten Marktrisikoprämie zusammen.[60]

Letztere ergibt sich aus der historisch beobachteten Differenz zwischen dem risikolosen Zins ($i_{risikolos}$) und der Marktrendite ($i_{Marktrendite}$; die sich bspw. aus den Durchschnittsrenditen von Aktien vergleichbarer Unternehmen innerhalb einer Sammlung von Einzeltiteln ableiten lässt).[61] Sie stellt den Zinszuschlag dar, den ein Investor für das gegenüber risikolosen Anlagen zusätzlich eingegangene Risiko grundsätzlich (und vom konkreten Objekt losgelöst betrachtet) jedenfalls erwartet, sofern er sich gegen dieses Risiko nicht durch eine verbesserte Diversifikation seines Portfolios schützen kann.[62] Durch ihre Multiplikation mit dem Betafaktor (β_{ver}), der das auch durch Diversifikation nicht mehr abwendbare und u. a. vom jeweiligen Verschuldungsgrad abhängige „Business Risk" des konkreten Unternehmens abbildet,[63] ergibt sich der seitens der Eigenka-

---

58 Vgl. *Hofbauer*, 2008, 114.
59 Vgl. *Kranebitter*, 2005, 136.
60 Vgl. *Nadvornik/Herbst*, 2009, 245.
61 Vgl. *Helbling*, 1993, 123.
62 Unter einer Portfoliodiversifikation versteht man die Verteilung von Risiken auf mehrere Risikoträger mit einer zueinander möglichst geringen Korrelation (vgl. *Prenner*, 2006, 299) bspw. indem – sehr vereinfacht ausgedrückt – in ein Depot (ein Portfolio) verschiedene Wertpapiere (Eigen-/Fremdkapitaltitel) aufgenommen werden, die sich im Hinblick auf ihre Wertentwicklung zueinander möglichst gegenläufig entwickeln. Dadurch steht dem Kursverlust eines Wertpapieres stets der Kursgewinn eines anderen gegenüber, wodurch der Investor gegen Kursrisiken abgesichert und das Depot im Hinblick auf Kursschwankungen ausreichend diversifiziert ist.
63 Dem Betafaktor liegt die Überlegung zu Grunde, dass einem Unternehmen, dessen Aktienkurs im Vergleich zum Markt stärker schwankt, mehr Risiko inhärent ist. Demzufolge kann das Ausmaß der Abweichung der Kursentwicklung des Einzeltitels vom Marktniveau als Gradmesser für das unternehmensindividuelle, durch Diversifikation nicht mehr abwendbare Risiko – ausgedrückt in Form des Betafaktors – angesehen werden. Ein Beta von 1,0 bedeutet demzufolge, dass die einzelne Aktie so stark schwankt wie der Durchschnitt. Liegt der Wert unter 1,0 deutet das auf eine geringere Schwankung hin. Bei einem Wert von über 1,0 schwankt die Aktie stärker als der Durchschnitt. Ein negatives Beta bedeutet, dass sich die Rendite gegenläufig zum Markt entwickelt (vgl. *Fackler/Wimschulte*, 2009, 321). Die praktische Ermittlung des Betafaktors stützt sich in aller Regel auf sog.

pitalgeber für das betrachtete Unternehmen insgesamt geforderte „Zinsspread", der – um zur Gesamtrisikoforderung der Eigenkapitalgeber zu gelangen – zum risikolosen Zins addiert werden muss.[64]

3.3.2. Conversions

Wie der Berechnungsmodus verdeutlicht, basiert das EVA-Konzept konzeptionell auf Bestands- und Erfolgsgrößen im Sinne der Diktion des externen Rechnungswesens. Bevor sie jedoch in die Ermittlung des EVA Einzug nehmen, müssen sie durch Anpassungen (sog. Conversions) vom Accounting ins Economic Model übergeleitet werden. Schließlich gilt es all jene Abbildungsvorschriften der Rechnungslegung, die einer wirtschaftlich betrachteten Erfolgsmessung zuwiderlaufen, zu Zwecken der wertorientierten Steuerung zu korrigieren. So müssen allfällige Buch- und Marktwertunterschiede – also Ansätze der Höhe nach – ebenso adaptiert werden, wie es nur vor dem Hintergrund des Vorsichts- und Realisationsprinzips anzuwendende Ansatzverbote dem Grunde nach zu korrigieren gilt.[65]

Welche Conversions im Konkreten vorgenommen werden sollen, muss unternehmensindividuell entschieden werden. Schließlich würde eine lückenlose Überleitung eine zu hohe Komplexität aufweisen, gleichzeitig aber nur unwesentlich zu einer verbesserten Steuerung beitragen und damit dem Ziel, einen möglichst schlanken und effektiven Steuerungsprozess zu implementieren, zuwiderlaufen.[66] Wie Studien zeigen, beschränkt sich die Praxis für gewöhnlich auf einige wenige Conversions,[67] die sich in folgende vier Kategorien systematisieren lassen.

3.3.2.1. Operating Conversions

Im Rahmen der Operating Conversions sollen die in die Berechnung des EVA eingehenden Größen um außerbetriebliche Komponenten bereinigt werden. Hierfür wird im Rahmen der Ermittlung der NOA insb. das nicht betriebsnotwendige Vermögen (wie bspw. für Finanzzwecke gehaltene Immobilien oder Teile des Finanzanlagevermögens) vom Gesamtvermögen in Abzug gebracht. Analog hierzu sind sämtliche auf diese Vermögenswerte entfallenden Aufwendungen und Erträge (wie bspw. Wertänderungen der für Finanzzwecke gehaltenen Immobilien oder Zinserträge des gewillkürten Finanzanlagevermögens) aus dem NOPAT auszuscheiden.[68]

3.3.2.2. Funding Conversions

Funding Conversions verfolgen das Ziel, sämtliche vom Unternehmen eingesetzten und verzinslichen Finanzierungsinstrumente unabhängig von ihrer bilanziellen Darstellung

---

Branchenbetas, wie sie bspw. von *Damodaran* anhand statistischer Verfahren, die hier nicht näher diskutiert werden sollen, ermittelt werden. Sie können unter www.damodaran.com abgerufen und u.a. auf die individuelle (Finanzierungs-)Struktur des betrachteten Unternehmens angepasst werden. Schließlich ist davon auszugehen, dass das mit dem Investment verbundene Risiko mit einem steigenden Verschuldungsgrad zunimmt. Vgl. *Nadvornik* u.a., 2009, 499 i.V.m. 504.

[64] Vgl. *Haeseler/Hörmann/Kros*, 2007, Kapitel 11.2.1.
[65] Vgl. *Hostettler*, 2003, 119.
[66] Vgl. *Fackler/Wimschulte*, 2009, 324; *Böcking/Nowak*, 1999, 285.
[67] Vgl. *Aders/Hebertinger*, 2003, 19.
[68] Vgl. *Weißenberger*, 2007, 265.

in die Berechnung des EVA einfließen zu lassen. Insbesondere müssen die nicht ohnehin in der Bilanz ausgewiesenen Fremdkapitaläquivalente (bspw. für bestehende Operating-Leasingverhältnisse) sowie die darauf entfallenden Erträge und Aufwendungen (in Form der Abschreibungs- und Finanzierungskomponenten anstelle des Leasingaufwands) gesondert angesetzt werden. Andernfalls würden den beim NOPAT zum Abzug gebrachten Leasingaufwendungen keine Bestandsgrößen im Rahmen der NOA gegenüberstehen; ein verzerrter EVA wäre die Folge. Analoges gilt sinngemäß für dem Unternehmen unverzinslich zur Verfügung gestelltes Kapital. Es ist als Abzugskapital zu berücksichtigen, schließlich würden diesem Posten im Rahmen der NOA andernfalls keine Kapitalkosten im NOPAT gegenüberstehen.[69]

3.3.2.3. Shareholder Conversions

Aktivierungsver- wie Bewertungsgebote führen zu einer bilanziellen Unterbewertung der Aktiva. Regelmäßig liegen die Marktwerte der betreffenden Assets über ihren Buchwerten. Succus dessen ist, dass auch das zur Finanzierung (der im Verborgenen bleibenden Aktiva) eingesetzte Eigenkapital bilanziell nicht ausgewiesen werden kann. Diesen Umstand gilt es unter wirtschaftlicher Betrachtung im Rahmen der Shareholder Conversions zu korrigieren.[70]

Daher sind bspw. nach den restriktiven Rechnungslegungsbestimmungen nicht aktivierungsfähige Forschungs- und Entwicklungsaufwendungen als Abzugsposten aus dem NOPAT auszuscheiden, im Rahmen der NOA als Vermögenswert anzusetzen sowie im Rahmen der künftigen NOPAT über die Nutzungsdauer verteilt abzuschreiben.[71]

Da die Hebung der bilanziell bedingten stillen Reserven und der Ansatz des ggf. über dem Fair Value liegenden Marktwertes zu einer wesentlichen Wertänderung der Bestands- wie Erfolgsgrößen führen kann, zählt die Gruppe der Shareholder Conversions für gewöhnlich zu den bedeutendsten Anpassungskategorien.[72]

3.3.2.4. Tax Conversions

Da der auf der Abzugsfähigkeit der Fremdkapitalzinsen beruhende Steuervorteil (das sog. Tax Shield) bereits im Rahmen der Ermittlung des Kapitalkostensatzes (WACC) Berücksichtigung findet,[73] darf er sich nicht nochmals im Zuge der NOPAT-Ermittlung niederschlagen. Daher ist die im NOPAT schlussendlich enthaltene Steuerbelastung fiktiv so zu ermitteln, als ob sich das Unternehmen vollständig mit Eigenkapital finanziert hätte.[74] Hierzu wird der aus der Abzugsfähigkeit der Fremdkapitalzinsen resultierende Steuervorteil dem NOPAT hinzugerechnet. Würde diese Anpassung unterbleiben, wäre der Steuervorteil aus der Abzugsfähigkeit der Fremdkapitalzinsen im EVA-Kalkül doppelt berücksichtigt.[75]

---

[69]   Vgl. *Fackler/Wimschulte*, 2009, 325.
[70]   Vgl. *Gladen*, 2005, 112.
[71]   Vgl. *Weißenberger*, 2007, 267.
[72]   Vgl. *Fackler/Wimschulte*, 2009, 325.
[73]   Vgl. hierzu die Ausführungen in Kapitel 3.3.1.
[74]   Vgl. *Böcking/Nowak*, 1999, 283.
[75]   Vgl. *Weißenberger*, 2007, 267.

Auch gilt es im Rahmen der Tax Conversions zu bedenken, dass auf vorherig erläuterten Conversions beruhende Änderungen am Erfolg des Unternehmens auch eine Adaptierung des hierauf entfallenden Steueraufwands bedingen.[76]

In der Praxis wird sowohl den Anpassungen aufgrund des Tax Shields als auch den Conversions aufgrund anderer erfolgswirksamer Korrekturen für gewöhnlich insofern nachgekommen, als vereinfachend ein Durchschnittssteuersatz des Unternehmens auf das „eigenfinanzierte" NOPAT vor Steuern angewendet wird.

4. Implikationen der Fair-Value-Bewertung auf den EVA

Im Folgenden werden die Auswirkungen einer Fair-Value-Bewertung vor dem Hintergrund einer wertorientierten Unternehmensführung unter Zugrundelegung des EVA betrachtet. Grundlegend kann festgehalten werden, dass eine Bewertung von Bilanzposten mit ihren Fair Values gegenüber dem Anschaffungskostenmodell Bezug nehmend auf den EVA aussagekräftiger ist,[77] zumal genannte Kennzahl auf der Basis von Markt- und nicht Buchwerten aufsetzt. Die Vornahme einer Fair-Value-Bewertung reduziert somit die erforderlichen Conversions[78] bzw. gewährleistet eine annähernd adäquate Bezugsbasis selbst dann, wenn aus Praktikabilitätsgründen auf eine lückenlose Umrechnung der Buch- in Marktwerte verzichtet wird.[79]

Werden die einzelnen Faktoren, die auf die Höhe des EVA Einfluss nehmen, betrachtet, zeigt sich, dass dieser durch eine Erhöhung des Betriebsergebnisses (NOPAT) sowie Verminderung des betriebsnotwendigen Kapitals (NOA) – letzteres unter der Annahme eines unveränderten Zinssatzes – positiv beeinflusst werden kann. Bezug nehmend auf die Fair-Value-Bewertung kommt es dabei zu einer dichotomen Wirkung, sofern die Bewertung von Vermögenswerten mit ihrem Fair Value in erfolgswirksamer Form erfolgt.

Eine entsprechende Bewertung gilt für Finanzinstrumente, die der Kategorie „financial assets through profit or loss" zugehörig sind und im Falle eines die Anschaffungskosten übersteigenden Fair Value erfolgswirksam auf diesen aufgewertet werden. Analog wird auch bei Immobilien vorgegangen, die als Finanzinvestition gehalten werden. Letztere zählen üblicherweise nicht zum betriebsnotwendigen Bereich eines Unternehmens, können jedoch im Zuge der Beurteilung von Segmenten an Hand des EVA von Relevanz sein.[80] Zu berücksichtigen ist dabei, dass die (im Vergleich zum Anschaffungskostenmodell) vorgezogene Ertragsrealisierung und somit Erhöhung des Ergebnisses stets mit einer Erhöhung des investierten Kapitals einhergeht und hierdurch auch die Kapitalkosten ansteigen. In Höhe der Verzinsung der (erfolgswirksamen) Vermögenswertsteigerung wird der EVA reduziert. Im Vergleich zum Anschaffungskostenmodell

---

[76] Vgl. *Fackler/Wimschulte*, 2009, 325. Der Umgang mit latenten Steuern soll an dieser Stelle nicht weiter thematisiert werden. Zur Behandlung des (die Thematik der Tax Conversions tangierenden) Sonderproblems wird auf die Ausführungen in der Literatur verwiesen. Stellvertretend für andere siehe insb. *Weißenberger*, 2007, 268.

[77] Vgl. *Weißenberger*, 2007, 271 ff.

[78] So unter der Annahme, dass der Fair Value mit dem Marktwert i.S.d. EVA-Konzeptes übereinstimmt.

[79] Vgl. *Weißenberger*, 2007, 269 ff.

[80] Vgl. *Funk/Fredrich*, 2011, 468 f.

führt die (erfolgswirksame) Fair-Value-Bewertung im Zeitpunkt ihrer Vornahme stets zu einem Ansteigen des EVA.[81] Hingegen kann in den Folgeperioden ein absteigender EVA beobachtet werden, zumal der sodann fehlenden Ertragsrealisierung unverändert hohe Kapitalkosten gegenüberstehen. Analog dazu wird die durch eine aufwandswirksame Fair-Value-Bewertung induzierte Verminderung des EVA durch die sodann verminderten Kapitalkosten abgeschwächt.

Eine höchst fragwürdige Auswirkung zeigt die Fair-Value-Bewertung (ohne Vornahme entsprechender conversions) hinsichtlich des EVA im Falle ihrer erfolgsneutralen Verrechnung im Eigenkapital.[82] Dies erfolgt im Anwendungsbereich der Bewertung von Sachanlagen und immateriellen Vermögenswerten sowie von Wertpapieren der Kategorie „available for sale". Indem das Ergebnis durch eine Aufwertung auf den Fair Value nicht erhöht wird – entsprechende Bewegungen sind einer Abbildung im „other comprehensive income" vorbehalten –, jedoch die Kapitalkosten durch eine Verbreiterung des investierten Kapitals ansteigen, kommt es zu einem Absinken des EVA. Dieser Effekt findet bei abnutzbaren Vermögenswerten in den Folgeperioden eine Fortsetzung, weil durch die Aufwertung auch das Abschreibungspotenzial und damit die künftigen Aufwendungen erhöht werden.[83] Der umgekehrte Fall eines sinkenden Fair Value führt zu einer Verminderung der Vermögensbasis bzw. Kapitalkosten, deren Auswirkungen auf den EVA vor dem Hintergrund einer erfolgsneutralen[84] oder erfolgswirksamen Abwertung[85] des Vermögenswertes zu würdigen sind. Durch die mit einer erfolgswirksamen Abwertung einhergehende Verminderung des Betriebsergebnisses wird der EVA-erhöhende Effekt reduzierter Kapitalkosten ggf. (über)kompensiert.

Wird im Zuge einer wertorientierten Unternehmensführung auf den EVA abgestellt, kann die Fair-Value-Bewertung zu Fehlsteuerungen führen. Dies jedenfalls dann, wenn diese in erfolgsneutraler Form erfolgt und ein Ansteigen des Fair Value eine Verschlechterung dieser Kennzahl nach sich zieht.[86] Selbst bei einer ergebniserhöhenden Bewertung zum Fair Value ist zu bedenken, dass die hierdurch hervorgerufene Erhöhung des EVA mit verminderten Wertbeiträgen in den Folgeperioden[87] einhergeht, wodurch Fehlmaßnahmen induziert werden können.

Wird bspw. ein Entlohnungssystem gewählt, welches am EVA orientiert ist, besteht die Gefahr, dass Maßnahmen einer kurzfristigen Erfolgssteigerung gegenüber langfristigen, den Unternehmenswert positiv beeinflussenden Strategien bevorzugt werden.[88] Indem der Fair Value, wie unter Punkt 2.2. ausgeführt, hinsichtlich seiner Ermittlung eine

---

[81] Dies unter der Annahme, dass keine diesbezüglichen conversions vorgenommen werden.
[82] So *Funk/Fredrich*, 2011, 461; *Weißenberger*, 2007, 276 ff.
[83] Vgl. *Weißenberger*, 2007, 279.
[84] Diese erfolgt bei Sachanlagen (IAS 16) und immateriellen Vermögenswerten (IAS 38) im Ausmaß einer vorhandenen Neubewertungsrücklage bzw. bei Finanzinstrumenten der Kategorie „available for sale" selbst dann, wenn der Fair Value die historischen Anschaffungskosten unterschreitet.
[85] Sinkt der Fair Value unter die (fortgeschriebenen) Anschaffungs- oder Herstellungskosten von Sachanlagen oder immateriellen Vermögenswerten, müssen diese erfolgswirksam abgewertet werden.
[86] In diesem Sinne fordert Weißenberger (2007, 279 f.), dass im Falle erfolgsneutraler Fair-Value-Bewertungen das NOPAT in erfolgswirksamer Form angepasst werden muss.
[87] Ob der vorgezogenen Ertragsrealisierung mangelt es bei unverändert hohem Vermögen an einer solchen in den Folgeperioden.
[88] Vgl. *Funk/Fredrich*, 2011, 462.

nicht unerhebliche Bandbreite vermuten lässt, kann diese ungeachtet des für diesen Wertmaßstab geltenden Objektivitätserfordernisses vom Management in entsprechender Form genutzt werden.[89] Erfolgsneutrale Abwertungen sowie erfolgswirksame Aufwertungen im Kontext der Fair-Value-Bewertung stellen entgelterhöhende Maßnahmen dar, die jedoch ggf. in den Folgeperioden mit verminderten Wertbeiträgen einhergehen. Die entsprechend verkürzten Wertbeiträge führen sodann zu einem Absinken des Unternehmenswertes.[90]

Wird unterstellt, dass die für eine Ermittlung des EVA erforderlichen Conversions nicht in lückenloser Form vollzogen werden, zeigt sich ein den EVA beeinflussendes Vorgehen bereits auf der davor gelagerten Ebene einer Zuordnung von Vermögenswerten zu den jeweiligen Bewertungskategorien[91] sowie den im jeweiligen Standard zur Wahl gestellten Bewertungsmethoden.

In Abhängigkeit der erwarteten Entwicklung des Fair Value führt im positiven Fall die Zuordnung von Finanzinstrumenten zur „profit or loss"-Kategorie gegenüber einer „available for sale"-Bewertung jedenfalls zu einer temporären Steigerung des EVA. Besteht jedoch die Annahme sinkender Fair Values wird der EVA durch eine umgekehrte Kategorisierung des Finanzinstruments erhöht. Im Rahmen der für Sachanlagen und immaterielle Vermögenswerte zur Wahl gestellten Neubewertungs- oder Anschaffungskostenmethode ist bei einem erwarteten Anstieg des Fair Value das Anschaffungskostenmodell zu bevorzugen, zumal ob der sodann nicht erhöhten Vermögensbasis auch die Kapitalkosten keine Veränderung zeigen.[92] Gleiches gilt für den Fall, dass der Fair Value bei Nichtvorliegen eines erfolgswirksamen „impairment" nach IAS 36 unter die (fortgeschriebenen) Anschaffungs- bzw. Herstellungskosten sinkt: Während im Rahmen des Neubewertungsmodells diesfalls eine erfolgswirksame Abwertung vorgenommen werden muss, bleibt diese im Anschaffungskostenmodell außer Ansatz. Vor dem Hintergrund einer Erhöhung des EVA (und unter Außerachtlassung etwaiger conversions) erweist sich somit das Anschaffungskosten- gegenüber dem Neubewertungsmodell in jedem Fall als vorteilhafter.

5. Resümee

Die vorangestellten Ausführungen haben gezeigt, dass eine am Fair-Value-Konzept orientierte Rechnungslegung grundsätzlich mit dem Performance-Maßstab des EVA kompatibel ist bzw. hierfür ein adäquates Datengerüst bereit stellt, indem der Fair Value ge-

---

[89] Vgl. *Crasselt*, 2010, 709; *Wagenhofer*, 2006, 16.

[90] Vgl. *Funk/Fredrich*, 2011, 461 f. m.w.N. Die Autoren weisen jedoch darauf hin, dass eine segmentspezifische Ermittlung des EVA, die auch einen segmentspezifischen Zinssatzes berücksichtigt, zur Beurteilung der Rentabilität von Segmenten sowie ihres Beitrages zum gesamten Unternehmenswert Eignung findet (2011, 468 f.).

[91] *Funk/Fredrich* (2011, 470) weisen in diesem Kontext darauf hin, dass eine gezielte Ausklammerung von Vermögenswerten zu IAS 40 dazu führt, dass diese nicht dem für die Ermittlung des EVA erforderlichen notwendigen Betriebsvermögen zugehörig sind und ob der sodann geringeren Kapitalkosten ein höherer EVA erzielbar ist.

[92] In diesem Sinne hält auch *Grünberger* (2010, 87 f.) fest, dass bei Anwendung des Neubewertungsmodells langfristig die Periodengewinne niedriger sind als beim Anschaffungskostenkostenmodell bzw. durch die Aufwertung die Rentabilität des Eigenkapitals sinkt.

genüber einem Buchwert, ermittelt auf Basis des traditionellen Anschaffungskostenmodells, eine deutlich höhere Affinität zum „economic value" aufweist. Angesichts des für die Rechnungslegung geltenden Einzelbewertungsgrundsatzes sowie der Existenz zahlreicher (auch auf internationaler Ebene verankerten) Ansatz- und Bewertungsbestimmungen, die einem vorsichtigen Ergebnisausweis verpflichtet sind, können die Größen der externen Rechnungslegung nicht unreflektiert für die Kennzahlenermittlung übernommen werden. Die zur Übernahme der rechnungslegungsbezogenen Daten in die Kennzahlenberechnung erforderlichen Conversions finden aus Praktikabilitätsgründen i.d.R. keine lückenlose Umsetzung, so dass ein in Folge ermittelter EVA an Aussagekraft verliert.

Zu berücksichtigen ist jedenfalls, dass eine erfolgsneutrale Fair-Value-Bewertung zu einer Verfälschung des EVA führt, was in weiterer Folge zu einer suboptimalen Auswahl von Investitionsprojekten oder zur Fehlsteuerung des Managements bei Vorliegen eines entsprechend orientierten Vergütungssystems führen kann. Diesbezüglich wird eine entsprechende Korrektur des NOPAT im Ausmaß der Änderung des Fair Value jedenfalls empfohlen.

Selbst wenn eine Fair-Value-Bewertung in erfolgswirksamer Form erfolgt, muss berücksichtigt werden, dass die durch die vorgezogene Ertragsrealisierung hervorgerufene Erhöhung des EVA häufig mit künftig verminderten Wertbeiträgen einhergeht, wodurch sich eine Diskrepanz hinsichtlich der Fristigkeit von Entscheidungen dergestalt ergeben kann, dass kurzfristige, den EVA erhöhende Maßnahmen gegenüber langfristigen, den Unternehmenswert steigernden Maßnahmen bevorzugt werden. Dies ist im Besonderen im Rahmen eines am EVA orientierten Entlohnungssystems von Relevanz.

Zusammenfassend wird festgehalten, dass die Internationalisierung der Rechnungslegung und die hierfür charakteristische Fair-Value-Bewertung unstrittig einen Beitrag zur wertorientierten Unternehmensführung – diesfalls überprüft an Hand des EVA – liefern kann, wenngleich aus den genannten Gründen eine unreflektierten Übernahme der Daten aus der externen Rechnungslegung nicht befürwortet wird.

Literaturverzeichnis

Aders, C./Hebertinger, M., Shareholder-Value-Konzepte. Eine Untersuchung der DAX-100-Unternehmen, in: Value Based Management, hrsg. von *Ballwieser, W./Weser, P.*, Frankfurt am Main 2003, 19 ff.

Bausch, A./Buske, A./Hagemeier, W., Performance-Messung zur Steuerung von Unternehmen, Traditionelle und wertorientierte Performance-Maße, in: Internationale Rechnungslegung und Internationales Controlling, hrsg. von *Funk, W./Rossmanith, J.*, 2. überarbeitete Aufl., Wiesbaden 2011, 355–386.

Bertl, R./Fröhlich, C., Der Fair Value in der internationalen Rechnungslegung, RWZ 2011, 179 ff.

Böcking, H.-J./Nowak, K., Das Konzept des Economic Value Added, in: Finanz-Betrieb 1999, 281–288.

Crasselt, N., Fair Value – Controllers Traum oder Albtraum?, in Innovation und Internationalisierung, hrsg. von *Baumann, W./Braukmann, U./Matthes, W.*, Wiesbaden 2010, 701–715.

Ederer, F., Kennzahlen zur Unternehmenssteuerung: Checkliste für deren Einführung Teil 1: Was ist im Rahmen der Vorbereitungen und bei der Auswahl von Kennzahlen zu beachten!, BRZ 2010, H. 2, 61 ff.

Fackler, M./Wimschulte, J., Residualgewinnverfahren zur Unternehmensbewertung und -steuerung, Am Beispiel des Economic-Value-Added, in: Praxishandbuch Unternehmensbewertung, Grundlagen, Methoden, Fallbeispiele, hrsg. von *Schacht, U./Fackler, M.*, 2. vollständig überarbeitete Aufl., Wiesbaden 2009, 313–334.

Funk, W./Fredrich, I., Auswirkungen einer Rechnungslegung nach IAS/IFRS auf die wertorientierte Unternehmensführung, in: Internationale Rechnungslegung und Internationales Controlling, hrsg. von *Funk, W./Rossmanith, J.*, 2. überarbeitete Aufl., Wiesbaden 2011, 445–477.

Funk, W./Rossmanith, J., Internationalisierung der Rechnungslegung und des Controllings, Einflussfaktoren und Auswirkungen, in: Internationale Rechnungslegung und Internationales Controlling, Herausforderungen – Handlungsfelder – Erfolgspotenziale, hrsg. von *Funk, W./Rossmanith, J.*, 1. Aufl., Wiesbaden 2008, 3–76.

Gladen, W., Performance Measurement, Controlling mit Kennzahlen, 3. Aufl., Wiesbaden 2005.

Gleich, R./Kieninger, M./Kämmler-Burrak, A., Auswirkungen der Fair-Value-Bewertung nach IAS/IFRS auf das Performance Measurement, in: Internationale Rechnungslegung und Internationales Controlling, Herausforderungen – Handlungsfelder – Erfolgspotenziale, hrsg. von *Funk, W./Rossmanith, J.*, 1. Aufl., Wiesbaden 2008, 3–76.

Große, J.-V., IFRS 13 „Fair Value Measurement" – Was sich (nicht) ändert, KoR 6/2011, 286–296.

Grünberger, D., IFRS 2011, Ein systematischer Praxisleitfaden, 9. Aufl., Wien 2010.

Haeseler, H.R./Hörmann, F./Kros, F.W., Unternehmensbewertung, 2. Aufl., Wien 2007.

Hahn, D./Hungenberg, H., PuK, Planung und Kontrolle, Planungs- und Kontrollsysteme, Planungs- und Kontrollrechnung, Wertorientierte Controllingkonzepte, 6. Aufl., Wiesbaden 2001.

Helbling, C., Unternehmensbewertung und Steuern, 7. nachgeführte Aufl., Düsseldorf 1993.

Hilgers, D., Performance Management, Leistungserfassung und Leistungssteuerung in Unternehmen und öffentlichen Verwaltungen, Wiesbaden 2008.

Hofbauer, E., Unternehmensbewertung in den Emerging Markets Europas, in: Finanzmanagement aktuell, hrsg. von *Pernsteiner, H.*, Wien 2008.

Hoffmann, O., Performance Management, Systeme und Implementierungsansätze, 2. Aufl., Bern-Stuttgart-Wien 1999.

Hostettler, S., Economic Value Added – Lektionen aus der Praxis, in: Der Schweizer Treuhänder 2003, 117–122.

Hostettler, S., Economic Value Added (EVA), Darstellung und Anwendung auf Schweizer Aktiengesellschaften, 4. Aufl., Bern-Stuttgart-Wien 2000.

Kranebitter, G., Unternehmensbewertung für Praktiker, 2. aktualisierte und erweiterte Aufl., Wien 2005.

Krause, O., Performance Management, Wiesbaden 2006.

Kropfberger, D./Winterheller, M., CONTROLLING, Instrumente der strategischen und operativen Unternehmensführung, Wien 2007.

Küting, K./Kaiser, T., Fair Value Accounting – Zu komplex für den Kapitalmarkt?, in: corporate finance 6/2010, 375–386.

Langguth, H./Marks, I., Der Economic Value Added – ein Praxisbeispiel, in: Finanz-Betrieb 2003, 615–624.

Mandl, G./Rabel, K., Unternehmensbewertung: eine praxisorientierte Einführung, Wien 1997.

Nadvornik, W./Brauneis, A./Grechenig, S./Herbst, A./Schuschnig, T., Praxishandbuch des modernen Finanzmanagements, Wien 2009.

Nadvornik, W./Herbst, A., Aktuelle Entwicklungen in der Unternehmensbewertung, in: Erfolgsstrategien mittelständischer Unternehmen, Festschrift für Dietrich Kropfberger, hrsg. von *Mussnig, W./Mödritscher, G./Heidenbauer, M.*, Erfolgsstrategien mittelständischer Unternehmen, Wien 2009, 237–260.

Niehaus, H.-J., Bewährungsprobe für die Fair-Value-Bewertung in Zeiten der Finanzmarktkrise, Kreditwesen 2008, 1170–1174.

Ossola-Haring, C., Handbuch Kennzahlen zur Unternehmensführung, Kennzahlen richtig verstehen, verknüpfen und interpretieren, München 2009.

Prenner, A., Kapitalkosten, in: Grundlagen der Betriebswirtschaftslehre, hrsg. von *Messer, S./Kreidl, C./Wala, T.*, Wien 2006, 299 ff.

Rudolph, B., Lehren aus den Ursachen und dem Verlauf der internationalen Finanzkrise, in: zfbf 60/2008, 713–741.

Sandt, J., Performance Measurement, in: Controlling & Management 2005, 429–447.

Schmeisser, W./Rönsch, M./Zilch, I., Shareholder Value Approach versus Corporate Social Responsibility, Eine unternehmensethische Einführung, in: zwei konträre Ansätze, Schriften zum Internationalen Management, Band 21, Mering 2009.

Wagenhofer, A., Internationale Rechnungslegungsstandards – IAS/IFRS, 6., aktualisierte und erweiterte Studienausgabe, München 2009.

Wagenhofer, A./Ewert, R., Interne Unternehmensrechnung, 7., überarbeitete Aufl., Berlin-Heidelberg 2008.

Weißenberger, B.E., IFRS für Controller, Einführung, Anwendung, Fallbeispiele, Alles was Controller über IFRS wissen müssen, München 2007.

Zell, M., Kosten- und Performance Management, Grundlagen – Instrumente – Fallstudie, Wiesbaden 2008.

Zirkler, B./Nobach, K., Implikationen der IFRS für ein integriertes Management Reporting, in: Management Reporting, hrsg. von *Gleich, R./Horváth, P./Michel, U.*, Freiburg 2008, 367–387.

Der Segmentbericht im Reporting und Controlling kapitalmarkt-orientierter Unternehmen

Harald Fuchs

Management Summary

Der Segmentbericht nach IFRS gilt aufgrund seines ausgeprägten „management approach" als eine „klassische Schnittstelle" zwischen internem und externem Rechnungswesen. Er verbindet insbesondere die Gewinn- und Verlustrechnung mit der Managementerfolgs- bzw. Deckungsbeitragsrechnung. Bei seiner praktischen Umsetzung im Reporting und Controlling stellt sich zunächst die Frage, welche Segmente überhaupt dargestellt werden sollen. Danach ist zu entscheiden, welche Finanzinformationen je Segment und auf Konzernebene notwendig bzw. sinnvoll sind. Viele kapitalmarktorientierte Unternehmen achten darauf, dass die Informationen für externe und interne Zwecke auf derselben Datenbasis beruhen. Diese Informationen entsprechen meist vollständig oder weitgehend den IFRS-Bewertungsmaßstäben.

1. Einleitung

Konzernabschlüsse nach International Financial Reporting Standards (IFRS) fördern die Integration der zentralen Bereiche innerhalb der CFO-Funktion: Rechnungswesen, Controlling, Steuerabteilung und Finanzrisikomanagement/Treasury wachsen durch den zunehmenden „management approach" der IFRS zusammen. Der Segmentbericht gilt dabei als eine der „klassischen Schnittstellen" und verzahnt insbesondere die Gewinn- und Verlustrechnung des externen Rechnungswesens mit der Managementerfolgs- bzw. Deckungsbeitragsrechnung des internen Rechnungswesens.

Diese Verzahnung ist unter dem Stichwort „integrierte Rechnungslegung" bekannt geworden. „Integrierte Rechnungslegung" bedeutet im Kern, die Unterschiede zwischen internen und externen Erfolgsgrößen möglichst gering zu halten und, wenn dies nicht möglich oder sinnvoll ist, transparente Abstimmbrücken zu schaffen. Der Segmentbericht richtet sich auf die controllerischen Bedürfnisse, speziell in Planung und Ist-Abschluss, aus.

Im Rahmen dieses Beitrags werden die konzeptionellen Grundlagen des Segmentberichts nach IFRS 8 *Operating Segments* praxisgerecht aufgearbeitet und darauf aufbauend jeweils die Umsetzung im Reporting und Controlling insbesondere von kapitalmarktorientierten Unternehmen diskutiert.

2. Grundlagen des Segmentberichts

2.1. Begriff des „Segments"

Die IFRS verwenden den Begriff „Geschäftssegment" bzw. „operatives Segment". Sie definieren ein Segment als „*Bereich eines Unternehmens,*

a) *das Geschäftstätigkeiten betreibt, mit denen Erträge erwirtschaftet werden und bei denen Aufwendungen anfallen können (einschließlich Erträge und Aufwendungen im Zusammenhang mit Transaktionen mit anderen Bereichen desselben Unternehmens);*

b) *dessen Betriebsergebnisse regelmäßig vom Hauptentscheidungsträger des Unternehmens im Hinblick auf Entscheidungen über die Allokation von Ressourcen zu diesem Segment und die Bewertung seiner Ertragskraft überprüft werden; und*

c) *für das einschlägige Finanzinformationen vorliegen*".[1]

---

[1] IFRS 8.5 bzw. IFRS 8.A.

Ein Segment wird somit auf Grund von typischen Merkmalen charakterisiert. Es ist ein eigenständiger Unternehmensbereich mit operativer Geschäftätigkeit, der regelmäßig vom betrieblichen Hauptentscheidungsträger[2] auf Basis von Zahlen kontrolliert und gesteuert wird. Prägend ist dabei insbesondere die Ressourcenzuteilung (z.B. Ressourcen personeller und finanzieller Natur).

In der Unternehmenspraxis ist zu beobachten, dass Segmente typischerweise die zweite operative Steuerungsebene bilden (ausgehend vom Gesamtkonzern). Sie verfügen oft über eigens ergebnisverantwortliche Segmentmanager/innen.[3] Statt des Begriffs „Segment" werden im deutschsprachigen Raum vielfach auch die Bezeichnungen „Geschäftsfeld", „Division", „Sparte" und „Geschäftsbereich" verwendet.

2.2. Aufstellungspflichten und -wahlrechte

Nach IFRS bilanzierende Unternehmen, deren

- emittierte Eigen- oder Fremdkapitalpapiere börsennotiert sind oder
- in Kürze börsennotiert sein werden und die deshalb gerade dabei sind, ihre Abschlüsse bei der Börsenaufsicht einzureichen,

müssen nach IFRS zwingend einen Segmentbericht aufstellen und veröffentlichen.[4]

Alle anderen nach IFRS bilanzierenden Unternehmen sind von dieser Verpflichtung befreit; sie können aber freiwillig einen Segmentbericht erstellen und veröffentlichen. Eine freiwillige Veröffentlichung ist eher selten, weil die teilweise sehr aussagekräftigen Segmentinformationen vielfach ungern aus der Hand gegeben werden.

Demgegenüber kommt eine freiwillige Erstellung (ohne Veröffentlichung) von Segmentinformationen oder „segmentähnlichen" Informationen – für interne Zwecke – häufiger vor. Segmentmanager/innen, Unternehmensleitung, Aufsichtsrat und andere interne Adressaten wollen über die Segmentergebnisse ausreichend informiert werden. Eine Studie zeigt für österreichische Unternehmen, dass knapp 75 % der befragten Unternehmen ein Geschäftsbereichscontrolling haben und somit einen internen Segmentbericht regelmäßig erstellen dürften.[5] Die meisten der im Rahmen dieser Studie befragten Unternehmen berichten monatlich über die Geschäftsbereiche, einige nur quartalsweise oder jährlich.[6]

Nach den Ergebnissen derselben Studie empfinden österreichische Unternehmen den Segmentbericht als größte controllingbezogene Schwierigkeit bei der erstmaligen Umstellung der Rechnungslegung von österreichischem Bilanzrecht (UGB, vormals HGB) auf IFRS (bzw. US-GAAP).[7] Darüber hinaus bereitet der Segmentbericht auch laufend Schwierigkeiten, insbesondere im Rahmen der Datengewinnung und -aufbereitung in den Management-Informationssystemen.[8]

---

[2]   Siehe zur Definition des „Hauptentscheidungsträgers" Kapitel 2.3.
[3]   Vgl. *Wagenhofer*, 2006, 6; *Engelbrechtsmüller/Fuchs*, 2007, 40.
[4]   Vgl. *Engelbrechtsmüller/Fuchs*, 2007, 37 f. und 2010, 204. Vgl. dazu auch IFRS 8.2.
[5]   Vgl. *Gaber/Dorfer*, 2006, 27. Diese Studie basiert noch auf IAS 14 Segmentberichterstattung, dem Vorgängerstandard des IFRS 8.
[6]   Vgl. *Gaber/Dorfer*, 2006, 27. Diese Studie basiert noch auf IAS 14 Segmentberichterstattung.
[7]   Vgl. *Gaber/Dorfer*, 2006, 16. Diese Studie basiert noch auf IAS 14 Segmentberichterstattung.
[8]   Vgl. *Engelbrechtsmüller/Fuchs*, 2007, 41 und 2010, 222.

2.3. Management Approach

Der bereits eingangs erwähnte „management approach" bildet einen wesentlichen Grundsatz mancher IFRS. Die auf diesem Grundsatz basierenden Finanzinformationen sind im IFRS-Abschluss so darzustellen, wie sie intern auch vom Management verwendet werden.[9] Damit erhalten externe Adressaten im Prinzip dieselben Informationen wie das Management.[10]

Mithilfe dieser Informationen sollen die Adressaten in der Lage sein, die Wesensart und die finanziellen Auswirkungen der Geschäftstätigkeiten und das wirtschaftliche Umfeld des Unternehmens zu bewerten.[11]

Die konkrete Messlatte für den „management approach" im Segmentbericht sind die Informationen, die dem sogenannten „Hauptentscheidungsträger" („chief operating decision maker" bzw. CODM) vorliegen. Der Hauptentscheidungsträger erhält regelmäßig den Segmentbericht, bewertet auf dieser Basis die Ertragskraft der Segmente und trifft seine Entscheidungen über die Ressourcenzuteilung zu den Segmenten.[12]

In der Unternehmenspraxis wird meistens die Geschäftsführung bzw. der Vorstand im Kollektiv als Hauptentscheidungsträger definiert. Weniger häufig ist es nur der Vorsitzende der Geschäftsführung oder des Vorstands. Dies belegt eine Studie für große europäische Unternehmen[13] und tendenziell auch eine Studie für österreichische Unternehmen,[14] nach welcher der Adressat des Segmentberichts meist die oberste Unternehmensleitung ist.

Der besondere Vorteil des „management approach" im Segmentbericht liegt in der internen Analyse der Leistung der Geschäftsbereiche, insbesondere dem innerbetrieblichen Benchmarking. Vielfältige und aussagekräftige Segmentkennzahlen können ermittelt und segment- bzw. unternehmensübergreifend analysiert werden.[15] Ferner können Segmentkennzahlen zur Bemessung von Managementprämien verwendet werden.[16]

Auf Grund der vielfältigen Darstellungs- und Bewertungsvarianten wirkt sich der „management approach" nachteilig auf das zwischenbetriebliche Benchmarking aus.[17]

2.4. Exkurs: Segmentbericht nach UGB

Dieser Beitrag behandelt schwerpunktmäßig den Segmentbericht nach IFRS. Doch auch das UGB kennt dieses Berichtsinstrument, wenngleich in deutlich reduziertem Umfang und mit geringer Praxisrelevanz. Aus diesen Gründen werden hier nur Grundzüge des Segmentberichts nach UGB beschrieben.

Nach UGB ist sowohl für den Einzel- als auch für den Konzernabschluss eine Aufgliederung (nur) der Umsatzerlöse nach Tätigkeitsbereichen und geografischen Märkten

---

[9] Vgl. *Schween*, 2006, 516; *Engelbrechtsmüller/Fuchs*, 2007, 37 und 2010, 205.
[10] Vgl. *Engelbrechtsmüller/Fuchs*, 2007, 37 und 2010, 205. Vgl. dazu auch IFRS 8.25.
[11] Vgl. IFRS 8.1 bzw. IFRS 8.20.
[12] Vgl. IFRS 8.5 lit. b.
[13] Vgl. *Böckem/Pritzer*, 2010, 615.
[14] Vgl. *Gaber/Dorfer*, 2006, 27. Diese Studie basiert noch auf IAS 14 *Segmentberichterstattung*.
[15] Vgl. *Engelbrechtsmüller/Fuchs*, 2007, 41 und 2010, 221 f.
[16] Vgl. *Engelbrechtsmüller/Fuchs*, 2010, 222.
[17] Vgl. *Müller/Peskes*, 2006, 821; *Fink/Ulbrich*, 2006, 233.

notwendig, sofern sich diese jeweils voneinander erheblich unterscheiden.[18] Allerdings kann auf die Aufgliederung verzichtet werden, wenn diese „nach vernünftiger unternehmerischer Beurteilung geeignet ist, dem Unternehmen oder einem Unternehmen, von dem das Unternehmen mindestens den fünften Teil der Anteile besitzt einen erheblichen Nachteil zuzufügen".[19]

Die Anwendung dieser Ausnahme ist im (Konzern-)Anhang anzugeben. Von dieser Ausnahmeregelung machen viele Unternehmen Gebrauch. Aus diesen Gründen spielt der Segmentbericht in der UGB-Praxis keine Rolle.

3. Bildung von Segmenten

3.1. Regelungen der IFRS

Nach IFRS ist grundsätzlich jede Segmentbildung akzeptabel, solange sie dem obigen Begriff eines Segments (samt den drei weiter oben dargestellten Kriterien) entspricht und auch tatsächlich intern verwendet wird.[20] Die Bildung der unternehmensinternen Segmente hängt wesentlich von der Unternehmensstrategie und -organisation ab.[21] Die Segmente werden häufig nach dem „risks and rewards approach" auf Basis von jeweils homogenen Chancen-, Risiken- und Erfolgsprofilen zusammengestellt.[22] In der Praxis bilden Unternehmen Segmente häufig entweder als

- *„business segments"*, d.h. nach Geschäftsfeldern (z.B. nach Produkten, Dienstleistungen, Kundengruppen, Produktionsverfahren, Vertriebskanälen oder dem regulatorischen Umfeld) oder
- *„geographical segments"*, d.h. nach geografischen Regionen (z.B. Österreich, Deutschland, Osteuropa, Rest der Welt) ab.[23]

Wie Studien für kapitalmarktorientierte österreichische[24] und deutsche[25] Unternehmen belegen, erfolgt die Segmentierung meist nach Geschäftsfeldern (77 % bzw. 85 % der analysierten Unternehmen). Nach der zitierten österreichischen Studie reicht die Segmentanzahl von einem bis zu sechs Segmenten und liegt im Durchschnitt bei 3,3 Segmenten.[26] Demgegenüber reicht nach der zitierten deutschen Studie die Segmentanzahl von zwei bis zu sechs Segmenten und liegt im Durchschnitt bei 3,6 Segmenten.[27] Somit ist die Segmentanzahl für das externe Reporting typischerweise eher überschaubar und

---

[18] Vgl. §§ 237 Z 9 und 266 Z 3 UGB. Der Konzernabschluss kann um die Segmentberichterstattung erweitert werden (vgl. § 250 Abs. 1 UGB).

[19] §§ 237 Z 9 und 266 Z 3 UGB.

[20] Vgl. *Schween*, 2006, 516.

[21] Vgl. *Engelbrechtsmüller/Fuchs*, 2007, 40 und 2010, 206.

[22] Vgl. *Wagenhofer*, 2005, 472; *Haller*, 2006, 148; *Engelbrechtsmüller/Fuchs*, 2007, 40 und 2010, 206.

[23] Vgl. *Wagenhofer*, 2005, 472; *Haller*, 2006, 148; *Engelbrechtsmüller/Fuchs*, 2007, 40 und 2010, 206.

[24] Vgl. *Heel/Maresch/Schiebel*, 2005, 311. Diese Studie basiert noch auf IAS 14 Segmentberichterstattung.

[25] Vgl. *Langguth/Brunschön*, 2006, 626. Diese Studie basiert noch auf IAS 14 Segmentberichterstattung.

[26] Vgl. *Heel/Maresch/Schiebel*, 2005, 311. Diese Studie basiert noch auf IAS 14 Segmentberichterstattung.

[27] Vgl. *Langguth/Brunschön*, 2006, 627. Diese Studie basiert noch auf IAS 14 Segmentberichterstattung.

aggregiert. Bemerkenswert ist an dieser Stelle, dass die IFRS eine (widerlegbare) Obergrenze an Segmenten vorgeben, die bei zehn Segmenten liegt.[28]

Die US-Börsenaufsichtsbehörde Securities and Exchange Commission (SEC) beanstandet oft, dass nach der dem IFRS 8 vergleichbaren US-GAAP-Regelung (SFAS 131) zu wenige berichtspflichtige Segmente offengelegt werden. Dabei prüft sie mitunter die Konsistenz des Segmentberichts zu anderen externen Informationen, wie etwa Analystenberichten, Presseinterviews des Managements oder Unternehmens-Websites.[29]

Für das interne Reporting werden die Segmente oft weiter unterteilt. Dies erfolgt beispielsweise nach einzelnen verbundenen Unternehmen, Standorten, Ländern, „profit centers", Bereichen, Abteilungen, Kostenstellen oder Arbeitsplätzen.[30]

Die externen und internen Segmente stimmen grundsätzlich überein, zumal ja die Segmentbildung sowohl extern (nach IFRS) als auch intern (im Controlling) nach dem „management approach" erfolgt. Allerdings sind nach IFRS verschiedene Regeln zu beachten, nach denen Segmente entweder (verpflichtend oder wahlweise) zusammenzufassen oder separat zu bilden sind. Nachfolgend werden diese Regeln kurz diskutiert.

Segmente mit vergleichbaren wirtschaftlichen Merkmalen dürfen im IFRS-Abschluss zusammengefasst werden, wenn ihre Zusammenfassung die Informationsqualität der Segmentberichterstattung für die Adressaten erhöht.[31] In der nachfolgenden Abbildung sind die Zusammenfassungskriterien und einige ausgewählte Interpretationshilfen für diese Kriterien genannt (siehe Abb. 1).

Zusammenfassungskriterien	**Wesentliche Aspekte zur Beurteilung**
Art der Produkte und Dienstleistungen	• Ähnlichkeit des Bestimmungszwecks • Substitutions-/Komplementärgüter • Stufe im Produktlebenszyklus
Art des Produktions- bzw. Dienstleistungsprozesses	• Gemeinsame Nutzung von Produktionsanlagen und -räumlichkeiten • Eingesetzte (Produktions-) Technologie • Ähnliche Qualifikation der Arbeitskräfte • Einsatz ähnlicher (gleicher) Rohstoffe
Kundengruppen	• Privatkunden, gewerbliche Kunden, staatliche Institutionen • Abhängigkeit von Großkunden
Vertriebsmethoden	• Ähnlichkeit der Vertriebsmethoden • Gemeinsame Vertriebsorganisation/-kanäle
Art des gewöhnlichen Regelungsumfeldes	• Ähnliche rechtliche Bestimmungen • Ähnliche steuerliche Rahmenbedingungen

Abb. 1: Zusammenfassungskriterien für Segmente nach IFRS [in Anlehnung an *Richter/Rogler*, 2009, 77 und *Engelbrechtsmüller/Fuchs*, 2010, 207]

---

[28] Vgl. *Alvarez/Büttner*, 2006, 310. Vgl. dazu auch IFRS 8.19.
[29] Vgl. *Enrico/Sieber*, 2009, 849 f.
[30] Vgl. *Haller*, 2006, 149; *Engelbrechtsmüller/Fuchs*, 2007, 40 und 2010, 206.
[31] Vgl. *Engelbrechtsmüller/Fuchs*, 2007, 38 und 2010, 207. Vgl. dazu auch IFRS 8.12.

Neben diesen eher qualitativen Zusammenfassungskriterien geben die IFRS quantitative Schwellenwerte vor. Die Schwellenwerte sind Ausfluss des Wesentlichkeitsgrundsatzes. Das Ergebnis der Überprüfung der Schwellenwerte führt entweder zu einer weiteren Zusammenfassung der Segmente oder dazu, dass weitere Segmente offengelegt werden müssen. Folgende drei Kriterien sind relevant:[32]

- Ein Segment ist zusätzlich offenzulegen, wenn sein externer und interner Ertrag bzw. seine Vermögenswerte *10 % der internen und externen Erträge bzw. der Vermögenswerte* aller Segmente erreichen oder überschreiten.
- Ein zusätzliches Segment ist zu zeigen, wenn der absolute Betrag seines Periodenergebnisses mindestens *10 % des höheren absoluten Wertes aus der Summe der Ergebnisse* jener Segmente, die einen Gewinn ausweisen, und der Summe der Ergebnisse jener Segmente, die einen Verlust ausweisen, ausmacht.
- Zusätzliche Segmente sind offenzulegen, wenn die segmentierten Außenumsätze weniger als *75 % der Gesamterträge* des Unternehmens betragen.

Für nicht offengelegte, somit unwesentliche, Segmente bestehen folgende Darstellungsmöglichkeiten:[33]

- Freiwillige Darstellung als eigenes Segment, wenn dies den Adressaten nützt.
- Zusammenfassung mit anderen unwesentlichen Segmenten, die ähnliche wirtschaftliche Eigenschaften aufweisen.
- Aufnahme in die Überleitungsrechnungen[34], sofern die verbleibenden Berichtssegmente mit ihren externen Umsatzerlösen einen Wert von 75 % der (externen) Erlöse des Unternehmens bzw. des Konzerns erzielen.

3.2. Umsetzung im Reporting und Controlling

Eine besondere Herausforderung für das interne und externe Rechnungswesen liegt bei der Segmentbildung darin, dass im Segmentbericht jedes Segment seinen eigenen (Teil-) Konzern darstellt.

Dies führt dazu, dass in der ersten Stufe alle segmentinternen Sachverhalte (z.B. Forderungen, Verbindlichkeiten, Aufwendungen, Erträge, Zwischenergebnisse) zu konsolidieren sind. Segmentübergreifende Sachverhalte sind so zu behandeln wie Sachverhalte gegenüber Dritten.

In der zweiten Stufe ist dann der Gesamtkonzern zu konsolidieren, um die Überleitung zu den Konzernzahlen zu erzeugen. Jedes Segment schafft somit seinen eigenen Teilkonzern, für den entsprechende Konsolidierungsmaßnahmen (z.B. Auswertungsmöglichkeiten nach Partnerkennzeichen) durchzuführen sind.

Auf Schwierigkeiten bei der Erstellung des Segmentberichts stößt man in der Praxis auch dann, wenn ein Konzern über sogenannte „Zebragesellschaften" verfügt. – Zebragesellschaften sind vollkonsolidierte Unternehmen mit meist nur einem Buchungskreis,

---

[32] Vgl. *Engelbrechtsmüller/Fuchs*, 2007, 38 und 2010, 207 f. Vgl. dazu auch IFRS 8.13 und IFRS 8.15.

[33] Vgl. *Richter/Rogler*, 2009, 78; *Engelbrechtsmüller/Fuchs*, 2010, 207 f. Vgl. dazu auch IFRS 8.13 ff.

[34] Siehe Abb. 3.

die nicht nur einem Segment, sondern gleich mehreren Segmenten zugeordnet werden.[35] Folgende Lösungsmöglichkeiten bieten sich an:[36]

- Manuelle Zuordnung zu den Segmenten, z.B. auf Basis von verursachungsgerechten Schlüsselgrößen;
- Harmonisierung rechtlicher und wirtschaftlicher Einheiten (Bildung „segmentreiner" legaler Einheiten);
- Anlage zusätzlicher „segmentreiner" Buchungskreise;
- Einführung segmentspezifischer (Sub-)Konten oder Segmentkennungen in den Stammdaten der Konten.

4. Informationen auf Segmentebene

4.1. Regelungen der IFRS

Der Segmentbericht nach IFRS ist so konzipiert, dass nur ausgewählte Informationen auf Segmentebene nach außen hin offenzulegen sind und somit nicht vollständige Segmentabschlüsse (insbesondere nicht vollständige Bilanzen, Gewinn- und Verlustrechnungen etc.). Intern wird man aber teilweise mehr Informationen ermitteln müssen. Die Kennzahl „Periodenergebnis"[37] bedingt etwa die Ermittlung aller operativen Erträge und Aufwendungen des Segments.

Weiterführende, nicht explizit geforderte Informationen dürfen (bzw. müssen) im Einklang mit dem Grundprinzip der IFRS dann gezeigt werden, wenn sie entscheidungsnützlich sind.[38]

Für jedes Segment sind nach IFRS im Regelfall zumindest die folgenden quantitativen und qualitativen Informationen im Konzernabschluss offenzulegen:[39]

- Allgemeine Informationen;
- Informationen zum Periodenergebnis eines Segments (einschließlich spezifischer Erträge und Aufwendungen, die in das Periodenergebnis einbezogen sind), zu den Segmentvermögenswerten und -schulden sowie zur Bewertungsgrundlage; und
- Überleitungsrechnungen von den Summen der Segmentinformationen zu den Summen des Unternehmens/Konzerns.

Die allgemeinen Informationen enthalten jene Faktoren, welche zur Identifizierung bzw. Abgrenzung der Segmente verwendet werden (z.B. Unterscheidung nach Produkten bzw. Dienstleistungen, geografischen Gebieten). Darüber hinaus werden die Arten von Produkten und Dienstleistungen angegeben, durch die die Segmente ihre Erträge erzielen. Mit Hilfe dieser allgemeinen Informationen sollen die Adressaten ein Einblick in die Unternehmens- und Berichtsstruktur bekommen.[40]

---

[35] Vgl. *Engelbrechtsmüller/Fuchs*, 2010, 221.
[36] Vgl. *Engelbrechtsmüller/Fuchs*, 2007, 42 und 2010, 221. Zur Abbildung der Segmentberichterstattung in Managementinformationssystemen vgl. z.B. *Riedel/Rau/Tsanacildis*, 2005, 505.
[37] Siehe dazu Kapitel 4.1.
[38] Vgl. *Engelbrechtsmüller/Fuchs*, 2007, 38 und 2010, 208.
[39] Vgl. *Engelbrechtsmüller/Fuchs*, 2007, 38 und 2010, 208. Vgl. dazu auch IFRS 8.21.
[40] Vgl. *Engelbrechtsmüller/Fuchs*, 2007, 38 und 2010, 208; *Fink/Ulbrich*, 2006, 238. Vgl. dazu auch IFRS 8.22.

Das sogenannte „Segmentergebnis" (Periodenergebnis eines Segments) ist die Schlüsselkennzahl im Segmentbericht und jedenfalls zwingend anzugeben.[41] Demgegenüber sind segmentbezogene Bilanzwerte (Segmentvermögenswerte und Segmentschulden) nur dann berichtspflichtig, wenn sie regelmäßig an den Hauptentscheidungsträger gemeldet werden.[42]

Ein Unternehmen hat die nachfolgend angeführten Informationen zu jedem berichtspflichtigen Segment dann anzugeben, wenn diese Positionen in die Bewertung des Segmentergebnisses einbezogen werden, das vom Hauptentscheidungsträger des Unternehmens überprüft wird oder diesem regelmäßig zur Steuerung übermittelt wurde; Letzteres selbst dann, wenn diese Positionen nicht Gegenstand der Bewertung des Segmentergebnisses sind:[43]

- Außenumsätze (Umsatzerlöse, die von externen Kunden stammen);
- Innenumsätze (Umsatzerlöse, die aus Transaktionen mit anderen Segmenten desselben Unternehmens stammen);
- Zinserträge und -aufwendungen;
- planmäßige Abschreibungen;
- wesentliche sonstige Ertrags- und Aufwandsposten;
- Anteil des Unternehmens am Periodenergebnis von assoziierten Unternehmen und Joint Ventures, die nach der Equity-Methode bilanziert werden;
- Ertragsteueraufwand oder -ertrag;
- wesentliche zahlungsunwirksame Posten, bei denen es sich nicht um planmäßige Abschreibungen handelt.
- Ein Unternehmen hat zudem die folgenden Angaben darzustellen, wenn die angegebenen Positionen in die Bewertung der Vermögenswerte des Segments einbezogen werden, die vom Hauptentscheidungsträger überprüft oder diesem ansonsten regelmäßig übermittelt wurden, auch wenn sie nicht in die Bewertung der Vermögenswerte des Segments einfließen:[44]
  - Betrag der Beteiligungen an assoziierten Unternehmen und Joint Ventures, die nach der Equity-Methode bilanziert werden;
  - Betrag der Steigerungen von langfristigen Vermögenswerten (Investitionen in Anlagen, d.h. Anlagenzugänge), bei denen es sich nicht um folgende Posten handelt: Finanzinstrumente, aktive latente Steuern, Leistungen nach Beendigung des Arbeitsverhältnisses und Rechte aus Versicherungsverträgen.

Nach IAS 36 *Wertminderungen* sind außerdem noch die Wertminderungen (außerplanmäßige Abschreibungen) und Wertaufholungen (Zuschreibungen) je Segment anzugeben.[45]

Bemerkenswert an den IFRS-Regeln ist, dass die Positionen akribisch vorgegeben werden, der konkrete Inhalt (und die Bezeichnung) der Positionen aber offenbleibt. Dies ist ein Ausfluss des „management approach": die Positionsinhalte sind nicht ge-

---

[41] Vgl. IFRS 8.23.
[42] Vgl. IFRS 8.23.
[43] Vgl. IFRS 8.23 f.
[44] Vgl. IFRS 8.24.
[45] Vgl. *Engelbrechtsmüller/Fuchs*, 2007, 38 und 2010, 209. Vgl. dazu auch IAS 36.129.

normt, die Unternehmen müssen ihre intern definierten Kennzahlen darstellen und erklären.[46]

Im deutschsprachigen Raum wird als Segmentergebnis üblicherweise ein operatives Ergebnis angegeben. Typischerweise werden das EBIT („earnings before interest and taxes"), das EBITDA („earnings before interest, taxes, depreciation and amortisation") oder das Betriebsergebnis bzw. das Ergebnis der betrieblichen Tätigkeit verwendet. Seltener kommen GuV-Größen nach dem Finanzergebnis und den Steuern zum Einsatz.[47] Diesen Befund belegen mehrere Studien für kapitalmarktorientierte Unternehmen in Deutschland.[48] Dies bedeutet, dass Finanzergebnis und Steuern meist zentral gesteuert und auf Gesamtunternehmensebene betrachtet werden.

Der ausgeprägte „management approach" führt dazu, dass selbst nach internen Bewertungsmethoden ermittelte und somit nicht IFRS-konforme Größen offengelegt werden müssen (z.B. kalkulatorische Kosten, Teilkosten). In derartigen Fällen sind aber Angaben über die Bewertungsunterschiede im Rahmen der Darstellung der Bewertungsgrundlagen (qualitativ) und in den Überleitungsrechnungen (quantitativ) zu machen.[49] Nach einer älteren Studie für ausgewählte Unternehmen werden kalkulatorische Anpassungen im Rahmen des Segmentberichts typischerweise aber nicht vorgenommen und dargestellt.[50]

Auch die Ergebnisse einer jüngeren Studie[51] für deutsche kapitalmarktorientierte Unternehmen ist interessant: Bei der Überleitung vom Segmentergebnis auf das Konzernergebnis gibt es bei ca. 46 % der untersuchten Unternehmen keine Überleitungsposition oder nur Konsolidierungseffekte. Man kann hier von „vollständig integrierter Rechnungslegung" sprechen. Die überwiegende Mehrheit dieser kapitalmarktorientierten Unternehmen steuert somit quantitativ auf Basis der IFRS.[52]

Ca. 22 % der untersuchten Unternehmen haben nur wenige Überleitungseffekte und sind daher „weitgehend integriert". Deutliche Abweichungen zwischen Segmentergebnis und Konzernergebnis (d.h. mehrere bzw. höhere Überleitungsposten) weisen nur ca. 32 % der Unternehmen auf.[53]

Die Bewertungsgrundlagen haben, abgesehen von der Beschreibung kalkulatorischer Ansätze, auch die Bilanzierungs- und Bewertungsgrundsätze für Transaktionen zwischen den Segmenten zu enthalten.[54] Dabei ist die Konzernverrechnungspreispolitik für derartige Intersegmenttransaktionen zu beschreiben. Die erbrachten Lieferungen und Leistungen zwischen den Segmenten sollten grundsätzlich fremdüblich („at arm's length") verrechnet werden, da es ansonsten zu betriebswirtschaftlichen sowie gesellschafts- und steuerrechtlichen Problemen kommen kann.[55]

---

[46] Vgl. *Alvarez/Büttner*, 2006, 313 f.; *Engelbrechtsmüller/Fuchs*, 2007, 38 und 2010, 210.

[47] Vgl. *Engelbrechtsmüller/Fuchs*, 2007, 42, FN 22 und 2010, 210.

[48] Vgl. *Langguth/Brunschön*, 2006, 628. Diese Studie basiert noch auf IAS 14 Segmentberichterstattung. Vgl. auch *Matova/Pelger*, 2010: Ca. 45 % verwenden das EBIT, ca. 28 % das EBITDA als Segmentergebnis.

[49] Vgl. *Engelbrechtsmüller/Fuchs*, 2007, 38 f. und 2010, 210. Vgl. dazu auch IFRS 8.27.

[50] Vgl. *Wagenhofer*, 2008, 173.

[51] Vgl. *Matova/Pelger*, 2010, 497.

[52] Vgl. *Matova/Pelger*, 2010, 497.

[53] Vgl. *Matova/Pelger*, 2010, 497.

[54] Vgl. dazu im Detail IFRS 8.27 lit. a.

[55] Vgl. *Engelbrechtsmüller/Fuchs*, 2007, 41 und 2010, 210.

Nachfolgend ist ein Beispiel für Segmentinformationen dargestellt (vgl. Abb. 2).

Segmentinformationen						
in TEUR	Segment A	Segment B	Segment C	Segment D	Segment E	Segment-summe
Erlöse mit externen Kunden						
Erlöse mit anderen Segmenten						
Erlöse gesamt						
Ergebnis (Betriebsergebnis)						
Vermögenswerte						
Investitionen in langfristige Vermögenswerte						
Anteile an assoziierten Unternehmen						
Ergebnis aus assoziierten Unternehmen						
Planmäßige Abschreibungen						
Wertminderungen						
Wertaufholungen						
Schulden						

Abb. 2: Darstellung von Segmentinformationen (Beispiel) [in Anlehnung an *Engelbrechtsmüller/Fuchs*, 2010, 215]

Die IFRS verlangen die Erstellung von Überleitungsrechnungen, bei denen bestimmte aufsummierte Segmentzahlen auf die Konzernzahlen überzuleiten sind. Dies gilt insbesondere für Umsatz, Periodenergebnis, Vermögenswerte und Schulden.[56]

Die Höhe und Anzahl der Überleitungsposten lässt, wie bereits erwähnt, den Grad der Integration zwischen externer und interner Rechnungslegung erahnen. Nach mehreren empirischen Studien über den Segmentbericht bei kapitalmarktorientierten deutschen Unternehmen sind keine systematischen Unterschiede zwischen IFRS und interner Ergebnisrechnung auf Segmentebene erkennbar. In diesen Studien werden die identifizierten Überleitungsposten zusammenfassend in folgende Kategorien eingeteilt:[57]

- Konsolidierungseffekte (z.B. intersegmentäre Transaktionen);
- Aufwendungen aus segmentübergreifenden, zentralen Unternehmensaktivitäten (z.B. allgemeine Verwaltung, Rechnungswesen, Recht, Marketing, Forschung und Entwicklung, bestimmte Pensionsverpflichtungen, nicht operative Erträge, Finanzanlagen und Zahlungsmittel, Steuern, Finanzierungszinsen, Ergebnisse aus assoziierten Unternehmen); derartige Aktivitäten werden zentral gesteuert oder können auf Segmentebene oft nur wenig beeinflusst werden;
- Sonder- und Einmaleffekte (z.B. im Zusammenhang mit Veräußerungen und Restrukturierungen, Ergebnisse aus derivativen Finanzinstrumenten und Währungsumrechnungsdifferenzen, Abschreibungen und sonstige Amortisationen/Fortschreibungen aus Akquisitionen, Aufwendungen aus aktienbasierter Vergütung);
- kalkulatorische Wertansätze (z.B. Anpassungen an das Finanzergebnis, die das Resultat einer internen Steuerung auf Basis kalkulatorischer Zinsen sind).

Die wesentlichen Überleitungsposten sollten separat dargestellt oder zumindest verbal beschrieben werden.[58] In der Unternehmenspraxis ist vielfach zu beobachten, dass die Überleitung nur einen (Sammel-)Posten enthält.[59]

---

[56] Vgl. *Engelbrechtsmüller/Fuchs*, 2007, 39 und 2010, 210. Vgl. dazu auch IFRS 8.28.
[57] Vgl. *Blase/Müller*, 2009, 542; *Matova/Pelger*, 2010, 498 f.
[58] Vgl. *Blase/Müller*, 2009, 540.
[59] Vgl. *Blase/Müller*, 2009, 540.

Nachfolgend sind Beispiele für die Überleitung von Segmentinformationen dargestellt (Abb. 3).

Überleitung zu den Konzern-Umsatzerlösen

in TEUR	
Summe der Segmenterlöse gesamt	
Andere Erlöse	
Konsolidierung	
Konzern-Umsatzerlöse	

Überleitung zum Konzern-Ergebnis vor Steuern

in TEUR	
Summe der Segmentergebnisse (Betriebsergebnisse)	
Andere Ergebnisse	
Summe der Ergebnisse	
Konsolidierung	
Konzern-Betriebsergebnis	
Finanzergebnis	
Erträge aus assoziierten Unternehmen	
Konzern-Ergebnis vor Steuern	

Überleitung zu den Konzern-Vermögenswerten

in TEUR	
Summe der Segmentvermögenswerte	
Anteile an assoziierten Unternehmen	
Aktive latente Steuern und Steuerforderungen	
Sonstige Forderungen und Vermögenswerte	
Konsolidierung	
Konzern-Vermögenswerte	

Überleitung zu den Konzern-Schulden

in TEUR	
Summe der Segmentschulden	
Finanzverbindlichkeiten (lang- und kurzfristig)	
Passive latente Steuern und Steuerverbindlichkeiten	
Sonstige Schulden	
Konsolidierung	
Konzern-Schulden	

Abb. 3: Überleitung von Segmentinformationen (Beispiel) [in Anlehnung an *Engelbrechtsmüller/Fuchs*, 2010, 217 f.]

4.2. Umsetzung im Reporting und Controlling

Die IFRS fordern faktisch eine weitgehende Konvergenz zwischen interner und externer Rechnungslegung. *Für* eine „integrierte Rechnungslegung" (und somit gegen eine

Zweiteilung in interne und externe Rechnungslegung) sprechen folgende Argumente:[60]

- Schaffung einer konsistenten und betriebswirtschaftlich aussagekräftigen Datenbasis für die externe und interne Berichterstattung sowie Unternehmenssteuerung;
- kein Erklärungsbedarf wegen Abweichungen zwischen den internen und den externen Daten;
- Steigerung der Qualität der externen Berichterstattung, zugleich Senkung der Kosten und des Zeitaufwands für die Einführung.

Demgegenüber können folgende Punkte *gegen* eine integrierte Rechnungslegung angeführt werden:

- (Teilweise) mangelnde Eignung der IFRS für die interne Steuerung (z.B. gegebenenfalls Fair-Value-Bewertung, Bewertung zu Vollkosten,[61] Änderungsgeschwindigkeit der Standards);[62]
- Verschlechterung der Wettbewerbsposition auf Grund (zu) hoher Transparenz.[63]

In der Praxis hängt es von den jeweils spezifischen Rahmenbedingungen des Unternehmens ab, wie weitgehend die Integration der Rechnungslegung ist. Es existieren zwischen der vollen Integration (IFRS-Zahlen entsprechen vollständig den internen Zahlen) und der teilweisen („partiellen") Integration (einige kalkulatorische Anpassungen) zahlreiche Mischformen, einmal mit mehr, einmal mit weniger Überleitungspositionen.

Die Integration der Rechnungslegung findet dort ihre Grenzen, wo sie die Unternehmenssteuerung beeinträchtigen würde.[64] Die betriebswirtschaftliche Sinnhaftigkeit und die Erfordernisse der internen Planung, Steuerung und Kontrolle haben Vorrang vor der Harmonisierung.[65]

Eine denkbare Variante zur Ausgestaltung der Integration der Rechnungslegung beschreibt die International Group of Controlling. Danach steigt der Harmonisierungsgrad zwischen interner und externer Rechnungslegung mit der Höhe der Hierarchieebene. Auf tieferen Berichtsebenen (z.B. „profit centers") werden eher von IFRS abweichende Bestands- oder Erfolgsgrößen verwendet (vgl. dazu Abb. 4).

---

[60] Vgl. *Engelbrechtsmüller/Fuchs*, 2007, 39 und 2010, 211.
[61] Vgl. ausführlich zu dieser Diskussion *Rieder/Berger-Vogel*, 2008.
[62] Vgl. *Blase/Müller*, 2009, 544.
[63] Vgl. *Haller*, 2006, 164.
[64] Vgl. Internationaler Controller Verein, 2008, 23.
[65] Vgl. Internationaler Controller Verein, 2008, 13.

	Produkte Prozesse	Profit Center Cost Center	Segmente Bereiche	Zentrale
Vollständige Integration			X	X
Konvergenz (mit Überleitung)		X	X	
Keine Harmonisierung	X			

Abb. 4: Möglicher Integrationsgrad der Rechnungslegung [vgl. International Group of Controlling, 2006, 55 bzw. in Anlehnung an *Engelbrechtsmüller/Fuchs*, 2010, 202]

Entscheidet sich ein Unternehmen für eine Rechnungslegung mit hohem Integrationsgrad, so empfiehlt es sich, die beiden folgenden Vorkehrungen konsequent zu treffen:[66]

- Vereinheitlichung der Bilanzierungs- und Bewertungsmethoden;
- Vereinheitlichung des Konten- und Positionsplans.

Zur Vereinheitlichung der Bilanzierungs- und Bewertungsmethoden muss auf die Verrechnung von kalkulatorischen Kosten weitgehend verzichtet werden.[67] Dies ist nach IFRS einfacher möglich als nach UGB (z.B. einheitliche Abschreibungen auf Grund von wirtschaftlichen Nutzungsdauern nach IFRS und intern). Es kann aber sinnvoll sein, bestimmte IFRS-Bewertungsmethoden intern nicht anzuwenden (z.B. Fair-Value-Bewertung von nach IFRS als spekulativ eingestuften Derivaten, wo ein Absicherungszusammenhang – zumindest wirtschaftlich – darstellbar wäre).[68]

Bei der Vereinheitlichung des Konten- und Positionsplans sollte ein konzernweit einheitliches Verständnis bei der Kontierung sichergestellt werden. Dies kann beispielsweise durch Kontierungsrichtlinien und Geschäftsfalldokumentationen für Standardbuchungen erzielt werden.

Zudem sollte in der internen und externen Ergebnisrechnung das Umsatzkostenverfahren verwendet werden (vgl. Abb. 5). Beim Umsatzkostenverfahren werden die operativen Aufwendungen (bzw. Kosten) nach ihrer Funktion bzw. nach Kostenstellen/-gruppen aufgeteilt. Die IFRS bieten ein Wahlrecht zur Anwendung des Umsatzkostenverfahrens, wenn es zuverlässig und relevanter ist als das Gesamtkostenverfahren.[69]

---

[66] Vgl. *Blachfellner/Hirsch/Krimpmann*, 2006, 411; *Engelbrechtsmüller/Fuchs*, 2007, 40 und 2010, 212.
[67] Vgl. *Blachfellner/Hirsch/Krimpmann*, 2006, 411; *Engelbrechtsmüller/Fuchs*, 2007, 40 und 2010, 212.
[68] Vgl. *Engelbrechtsmüller/Fuchs*, 2010, 220 f.
[69] Vgl. IAS 1.103 ff.

Das Umsatzkostenverfahren entspricht eher der Gliederungsstruktur der Managementerfolgsrechnung und ist zudem üblicher bei kapitalmarktorientierten Unternehmen als das in deutschsprachigen Ländern bisher gebräuchlichere Gesamtkostenverfahren.[70]

Umsatzkostenverfahren
Umsatzerlöse
- Herstellungskosten des Umsatzes
= **Bruttoergebnis vom Umsatz (Bruttogewinn)**
- Vertriebsaufwendungen
- Verwaltungsaufwendungen
- Forschungs- und Entwicklungskosten
+ Sonstige betriebliche Erträge
- Sonstige betriebliche Aufwendungen
= **Betriebsergebnis (EBIT)**

Abb. 5: Umsatzkostenverfahren (Beispiel) [vgl. *Engelbrechtsmüller/Fuchs*, 2007, 40 und 2010, 213; Internationaler Controller Verein, 2008, 23]

Bei der Vereinheitlichung des Konten- und Positionsplans kann außerdem eine Vereinheitlichung der GuV-Gliederung bzw. der Stufung der Managementerfolgsrechnung zweckmäßig sein.[71]

Eine mögliche Variante für eine derartige Vereinheitlichung wurde vom Facharbeitskreis IFRS des Internationalen Controller Vereins (ICV) entwickelt und wird häufig als „integrierte Ergebnisrechnung" bezeichnet (vgl. dazu Abb. 6).[72]

---

[70] Vgl. *Engelbrechtsmüller/Fuchs*, 2007, 40 und 2010, 213; Internationaler Controller Verein, 2008, 23.

[71] Vgl. *Blachfellner/Hirsch/Krimpmann*, 2006, 411; *Engelbrechtsmüller/Fuchs*, 2007, 40.

[72] Vgl. dazu z.B. *Blachfellner/Hirsch/Krimpmann*, 2006, 411 f.; *Engelbrechtsmüller/Fuchs*, 2007, 41 bzw. 2010, 220; Internationaler Controller Verein, 2008, 27. Der Begriff „Produktkosten" entspricht in etwa dem Begriff „variable Kosten"; der Begriff „Strukturkosten" entspricht in etwa dem Begriff „fixe Kosten".

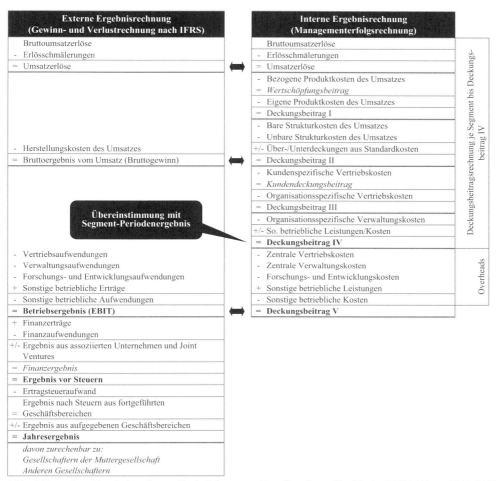

Abb. 6: Integrierte Ergebnisrechnung [in Anlehnung an *Engelbrechtsmüller/Fuchs*, 2007, 41 bzw 2010, 220]

Bei dieser Variante sind die Zwischenergebnisse und das Endergebnis intern und extern gleich. Überleitungen, auch „Abstimmungsbrücken" genannt, sollten möglichst reduziert werden; wenn dies nicht möglich bzw. sinnvoll ist, sollte die Überleitung transparent gestaltet werden.[73]

In der obigen Abbildung stimmt das externe Segment-Periodenergebnis mit dem internen Deckungsbeitrag IV überein. Die zentralen Overheads werden erst nach dem Deckungsbeitrag IV zugeordnet, um die Entscheidungsnützlichkeit des Segmentergebnisses zu wahren, die durch Schlüsselungen von Overheads gegebenenfalls verloren gehen könnte.[74] Die Summierung der zentralen Overheads vom Deckungsbeitrag IV zum Deckungsbeitrag V schafft die Überleitung auf das externe Betriebsergebnis (EBIT). Das

---

[73] Vgl. *Engelbrechtsmüller/Fuchs*, 2007, 41 und 2010, 219 f.
[74] Vgl. *Engelbrechtsmüller/Fuchs*, 2007, 41 und 2010, 221.

im Umsatzkostenverfahren ausgewiesene externe Betriebsergebnis kann dadurch leicht in die Erfolgsbeiträge der internen Segmente aufgespalten werden.[75]

Die interne Ergebnisrechnung ist teilweise tiefer untergliedert. Der Grund dafür liegt darin, dass das Management mehr Informationen braucht als der externe Adressat und diese Zusatzinformationen nach IFRS nicht offengelegt werden müssen.[76]

Interessant ist auch die Frage, welche Auswirkungen die Integration der Rechnungslegung auf die Organisation und das Personal von kapitalmarktorientierten Unternehmen hat bzw. haben kann. Diesem Themenschwerpunkt hat sich eine Studie gewidmet, die Experteninterviews bei 24 deutschen kapitalmarktorientierten Unternehmen durchgeführt hat.[77]

Alle befragten Unternehmen erfüllen mindestens eines der drei folgenden Kriterien: vollständige Deckung von internem und externem Ergebnis, einheitlicher Kontenplan und Anwendung einheitlicher Bilanzierungs- und Bewertungsmethoden.[78] Der Großteil der 24 befragten Unternehmen (17) verfügt über ein einheitliches Reportingsystem.[79]

Nur bei sechs Unternehmen wurde eine aufbauorganisatorische Zusammenlegung der Rechnungswesen- und Controllingabteilung durchgeführt.[80] Die Studie weist darauf hin, dass hierfür beträchtliche Einführungskosten anfallen.[81] Ein Unternehmen hat eine sogenannte „Biltrolling"-Abteilung eingeführt. Dort werden jene Bereiche des externen und internen Rechnungswesens bearbeitet, die von der inhaltlichen Integration der Rechnungslegung umfasst sind. Die große Mehrheit der Unternehmen (17) unterhält auch weiterhin zwei organisatorisch getrennte Abteilungen für Rechnungswesen und Controlling.[82]

Zur Frage, ob die Integration der Rechnungslegung zu einer verstärkten (informellen) Zusammenarbeit von Rechnungswesen- und Controllingabteilung führt, stimmen die meisten (19) Vertreter der 24 im Rahmen der Studie befragten Unternehmen zu. Der Treiber für die erhöhte Zusammenarbeit ist demnach das auf IFRS-Daten basierende Management Reporting.[83] Wichtig für die Kooperation ist das Verhältnis zwischen dem Leiter Konzernrechnungswesen und dem Leiter Konzerncontrolling, aber auch das Verhältnis ihrer jeweiligen Mitarbeiter zueinander.[84]

Die Abfrage der formalisierten (nicht: informellen) Kooperationsmaßnahmen zwischen Rechnungswesen und Controlling führte zu folgenden Ergebnissen in der Studie:[85]

- Vereinzelt werden gemeinsame Teams gebildet bzw. Mitarbeiter ausgetauscht. Dies passiert primär themenbezogen und temporär.
- Gemeinsame Schulungen für Rechnungswesen und Controlling werden in fast der Hälfte der Unternehmen durchgeführt, und zwar vor allem bei Schnittstellenthemen.
- Dabei spielen die Rechnungswesenschulungen für Controller eine größere Rolle als die Controllingschulungen für Rechnungswesenmitarbeiter.

---

[75] Vgl. *Engelbrechtsmüller/Fuchs*, 2010, 221.
[76] Vgl. *Engelbrechtsmüller/Fuchs*, 2010, 220.
[77] Vgl. *Weide/Hoffjan/Nevries/Trapp*, 2011, 63. Die Studie wurde 2007 durchgeführt.
[78] Vgl. *Weide/Hoffjan/Nevries/Trapp*, 2011, 71.
[79] Vgl. *Weide/Hoffjan/Nevries/Trapp*, 2011, 71.
[80] Vgl. *Weide/Hoffjan/Nevries/Trapp*, 2011, 72.
[81] Vgl. *Weide/Hoffjan/Nevries/Trapp*, 2011, 73.
[82] Vgl. *Weide/Hoffjan/Nevries/Trapp*, 2011, 72 f.
[83] Vgl. *Weide/Hoffjan/Nevries/Trapp*, 2011, 74.
[84] Vgl. *Weide/Hoffjan/Nevries/Trapp*, 2011, 74.
[85] Vgl. *Weide/Hoffjan/Nevries/Trapp*, 2011, 75.

Ein Thema der Studie waren auch die Anforderungen an die Fachkenntnisse der Mitarbeiter. Die meisten (20) Unternehmen bestätigten, dass die Controller ihr Wissen um IFRS-Kenntnisse erweitern mussten. Meist sind es aber nur einzelne IFRS-Aspekte. Rechnungswesenmitarbeiter benötigen den Aussagen der Studie zufolge vergleichsweise weniger bzw. weniger tief gehende IFRS-Kenntnisse.[86]

Insgesamt kommt die Studie zu dem Ergebnis, dass die traditionelle Aufgabenverteilung zwischen dem Rechnungswesen (Fokus: dokumentations- und gesetzlich orientiert) und dem Controlling (Fokus: zukunfts- und betriebsorientiert) trotz der zunehmenden Integration der Rechnungslegung fortbesteht.[87]

Abschließend ist noch zu bemerken, dass der Weg zur integrierten Rechnungslegung und auch deren Aufrechterhaltung hohe Anforderungen an ein Unternehmen stellen (Kommunikation und Abstimmung, Systemumsetzung, Richtlinien etc.). Die Integration der Rechnungslegung ist ein Maßstab zur Beurteilung der Qualität des Rechnungswesens und Controllings kapitalmarktorientierter Unternehmen.

5. Informationen auf Konzernebene

5.1. Regelungen der IFRS

Neben dem Segmentbericht im engeren Sinn haben segmentberichterstattungspflichtige Unternehmen folgende Informationen über ihre Produkte bzw. Dienstleistungen, geografischen Regionen und wichtigen externen Kunden auf Konzernebene offenzulegen:[88]

- Außenumsätze für jedes Produkt und jede Dienstleistung oder jede Gruppe von ähnlichen Produkten und Dienstleistungen;
- Außenumsätze aufgeteilt nach Inland und Ausland;
- Investitionen in langfristige Vermögenswerte, aufgeteilt nach Inland und Ausland;
- Ausmaß der Abhängigkeit des Unternehmens von wichtigen externen Kunden (wenn die Umsätze mit einem externen Unternehmen 10 % der Gesamtumsätze erreichen oder überschreiten, müssen der Gesamtbetrag der Umsätze von jedem derartigen Kunden – bzw. jeder derartigen Kundengruppe – und das betroffene Segment bzw. die betroffenen Segmente angegeben werden; auf die Identität des bzw. der Kunden muss dabei nicht eingegangen werden).

Wenn die obigen Zahlen nicht verfügbar und die Kosten, sie zu generieren, zu hoch sind, kann darauf verzichtet werden (mit Ausnahme der Angabe zu den wichtigen externen Kunden). Die Anwendung dieser Ausnahme ist angabepflichtig.[89]

Nachfolgend finden Sie ein Beispiel für die Darstellung von geografischen Informationen (Abb. 7).

---

[86] Vgl. *Weide/Hoffjan/Nevries/Trapp*, 2011, 76.
[87] Vgl. *Weide/Hoffjan/Nevries/Trapp*, 2011, 77 f.
[88] Vgl. *Engelbrechtsmüller/Fuchs*, 2007, 39 und 2010, 211. Vgl. dazu auch IFRS 8.31 ff.
[89] Vgl. IFRS 8.32 f.

Geografische Informationen					
				Rest der	
in TEUR	Region 1	Region 2	Region 3	Welt	Summe
Erlöse mit externen Kunden					
Langfristige Vermögenswerte					

Abb. 7: Darstellung geografische Informationen (Beispiel) [in Anlehnung an *Engelbrechtsmüller/Fuchs*, 2010, 219]

5.2. Umsetzung im Reporting und Controlling

Um die Informationen auf Konzernebene erstellen zu können, sind konzernweit gültige Auswertungsmöglichkeiten notwendig. Beispielsweise sind Aufrisse nach Produkten und Dienstleistungen für die Umsätze und nach Ländern für die Umsätze und Investitionen zu definieren. Zudem sind die Umsätze großer Kunden weltweit zu erheben.

6. Fazit

Der Segmentbericht nach IFRS trägt mit seinem „management approach" wesentlich zur Integration von internem und externem Rechnungswesen bei. Externe Reports nach Segmenten nähern sich bei kapitalmarktorientierten Unternehmen (weitgehend) den internen Reports der Geschäftsbereiche an und haben vielfach dieselbe Datenbasis.

Im deutschsprachigen Raum entsprechen bei kapitalmarktorientierten Unternehmen die Segmente für den Segmentbericht regelmäßig den Geschäftsbereichen im Konzern. Ihre Anzahl ist oft gering (drei bis vier Segmente im Durchschnitt). Die gängige Spitzenkennzahl, das sogenannte „Segmentergebnis", ist das EBIT oder das EBITDA. Viele Unternehmen verwenden Bewertungsmethoden, die vollständig oder weitgehend den IFRS entsprechen.

Die Einführung eines Segmentberichts, insbesondere im Rahmen einer „integrierten Rechnungslegung", bedeutet vielfach einen erheblichen Einmalaufwand. Dieser Aufwand beginnt mit der Erarbeitung und Abstimmung der Inhalte zwischen dem zentralen Rechnungswesen und Controlling unter sich sowie mit den Entscheidungsträgern und verantwortlichen Mitarbeitern in den Tochterunternehmen. Die beabsichtigte Integration der Rechnungslegung führt zur Erstellung von Fachkonzepten, Implementierung von IT-Systemen und Abhaltung von Trainings. Mittel- und langfristig ergibt sich dann durch die gemeinsame Datenbasis ein bedeutender Qualitätszuwachs in den berichteten Zahlen selbst und in deren Kommunikation.

Literaturverzeichnis

Alvarez, M./Büttner, M., ED 8 Operating Segments, in: Zeitschrift für kapitalmarktorientierte Rechnungslegung 2006, 307–318.

Blachfellner, M./Hirsch, E./Krimpmann, A., Harmonisierung internes/externes Rechnungswesen, in: Controller Magazin 2006, 411–412.

Blase, S./Müller, S., Empirische Analyse der vorzeitigen IFRS 8-Erstanwendung – Eine Analyse der Harmonisierung von interner und externer Segmentberichterstattung im

Rahmen der vorzeitigen Umstellung auf IFRS 8 bei DAX-, MDAX- und SDAX-Unternehmen, in: Die Wirtschaftsprüfung 2009, 537–544.

Böckem, H./Pritzer, M., *Anwendungsfragen der Segmentberichterstattung nach IFRS 8, in: Zeitschrift für kapitalmarktorientierte Rechnungslegung 2010, 614–620.*

D'Arcy, A., Berichtspflichten nach IFRS und Anforderungen an das Controlling, in: Controlling und IFRS-Rechnungslegung, hrsg. von *Wagenhofer, A.*, Berlin, 2006, 203–223.

Dorfer, A./Gaber, T., Controlling und Reporting vor dem Hintergrund der Anforderungen von Internationalen Rechnungslegungsstandards, hrsg. von *Wagenhofer, A./Engelbrechtsmüller, C.*, Graz/Linz 2006.

Engelbrechtsmüller, C./Fuchs, H., Annäherung der Segmentberichterstattung nach IFRS an das operative Controlling, in: Österreichische Zeitschrift für Recht und Rechnungswesen 2007, 37–43.

Engelbrechtsmüller, C./Fuchs, H., Integration der Rechnungslegung auf Basis der IFRS, in CFO-Schlüssel-know-how unter IFRS, hrsg. von *Engelbrechtsmüller, C./Losbichler, H.*, Wien, 2010, 201–222.

Enrico, C./Sieber, S., IFRS 8 Geschäftssegmente – erste Erfahrungen aus der praktischen Umsetzung in der Schweiz, in: Der Schweizer Treuhänder 2009, 847–852.

Fink, C./Ulbrich, P., Segmentberichterstattung nach ED 8 – Operating Segments, in: Zeitschrift für kapitalmarktorientierte Rechnungslegung 2006, 233–243.

Haller, A., Segmentberichterstattung – Schnittstelle zwischen Controlling und Rechnungslegung, in: Controlling und IFRS-Rechnungslegung, hrsg. von *Wagenhofer, A.*, Berlin 2006, 143–167.

Heel, M./Maresch, D./Schiebel, A., Die Segmentberichterstattung gem. IAS 14 – eine empirische Analyse am Prime Market der Wiener Börse, in: Österreichische Zeitschrift für Recht und Rechnungswesen 2005, 310–315.

Internationaler Controller Verein, Controller-Statements Instrumente, International Financial Reporting Standards (IFRS), Gauting/München 2008.

International Group of Controlling, Controller und IFRS: Konsequenzen für die Controlleraufgaben durch die Finanzberichterstattung nach IFRS, Freiburg 2006.

Kirsch, H., Segmentberichterstattung nach IAS 14 als Basis eines kennzahlengestützten Unternehmenscontrolling, in: Der Betrieb 2001, 1513–1518.

Langguth, H./Brunschön, F., Die Segmentberichterstattung am deutschen Kapitalmarkt, in: Der Betrieb 2006, 625–632.

Matova, M./Pelger, C., Integration von interner und externer Segmentergebnisrechnung, in: Zeitschrift für kapitalmarktorientierte Rechnungslegung 2010, 494–500.

Müller, S./Peskes, M., Konsequenzen der geplanten Änderungen der Segmentberichterstattung nach IFRS für Abschlusserstellung und Unternehmenssteuerung, in: Der Betriebs-Berater 2006, 819–825.

Richter, F./Rogler, S., Erstellung einer Segmentberichterstattung nach IFRS – Eine Fallstudie zur Anwendung von IFRS 8, in: Zeitschrift für kapitalmarktorientierte Rechnungslegung 2009, 74–83.

Riedel, A./Rau, T./Tsanacildis, I., Auswirkungen einer IFRS-Rechnungslegungsumstellung auf die IT-Systeme am Beispiel SAP© R/3©, in: Zeitschrift für kapitalmarktorientierte Rechnungslegung 2004, 505–520.

Rieder, L./Berger-Vogel, M., Echte Deckungsbeitragsrechnung contra Ergebnisrechnung nach IFRS, in: Controller Magazin 2008, 24–34.

Schween, C., Standardentwurf des IASB zur Segmentberichterstattung: ED IFRS 8 – Operating Segments, in: Die Wirtschaftsprüfung 2006, 516–517.

Wagenhofer, A., Internationale Rechnungslegungsstandards – IAS/IFRS, 5. Auflage, Frankfurt/Wien 2005.

Wagenhofer, A., Zusammenwirken von Controlling und Rechnungslegung nach IFRS, in: Controlling und IFRS-Rechnungslegung, hrsg. von *Wagenhofer, A.*, Berlin 2006, 1–19.

Wagenhofer, A., Konvergenz von intern und extern berichteten Ergebnisgrößen am Beispiel von Segmentergebnissen, in: Betriebswirtschaftliche Forschung und Praxis 2008, 161–176.

Weide, G./Hoffjan, A./Nevries, P./Trapp, R., Organisatorisch-personelle Auswirkungen einer Integration des Rechnungswesens – eine empirische Analyse, in: Zeitschrift für betriebswirtschaftliche Forschung 2011, 63–86.

Auswirkungen einer Rechnungslegung nach IAS/IFRS auf die wertorientierte Unternehmensführung

Iris Gfall/Wilhelm Koitz

Management Summary

Im folgenden Beitrag sollen die Auswirkungen der Rechnungslegung nach IAS/IFRS auf die wertorientierte Unternehmensführung dargestellt werden. Dabei werden zunächst die wesentlichen Unterschiede der Rechnungslegungssysteme nach UGB und IAS/IFRS aufgezeigt und davon ausgehend die Veränderungen von bekannten Größen zur Messung der Steigerung des Unternehmenswertes, wie Discounted Cash Flow, Economic Value Added und Cash Value Added, untersucht. Für alle Systeme ist festzuhalten, dass zur Interpretation der ermittelten Kennzahlen ein entsprechendes Verständnis für die Jahresabschlusserstellung sowie Kenntnis der erforderlichen Überleitungen und der Ermittlung des Kapitalkostensatzes erforderlich sind.

1. Wertorientierte Unternehmensführung

Grundsätze der wertorientierten Unternehmensführung (Value Based Management) wurden bereits in den 1980er Jahren in den USA thematisiert.[1] Der Begriff „wertorientierte Unternehmensführung" ist zwischenzeitig in der Praxis weitverbreitet, wobei das Verständnis und die Ausprägungen in Unternehmen in durchaus unterschiedlicher Intensität anzutreffen sind. Jedenfalls wird die Wertorientierung in engem Zusammenhang mit dem Shareholder-Value-Ansatz gesehen: Die Unternehmensführung hat im Sinne der Eigentümer mit dem Ziel der Maximierung des Eigenkapitalwertes des Unternehmens zu erfolgen. Die Aktivitäten sollen den Interessen der Eigenkapitalgeber an einer nachhaltigen langfristigen Steigerung des Unternehmenswertes gerecht werden.[2]

Als bekannteste Größen zur Messung der Steigerung des Unternehmenswertes werden die wertorientierten Kennzahlenkonzepte Discounted Cash Flow (DCF), Economic Value Added (EVA) und Cash Value Added (CVA) herangezogen. Die Konsequenzen einer Rechnungslegung nach IFRS auf diese Kennzahlen(systeme) – insbesondere im Vergleich zu einer Rechnungslegung nach UGB – sollen im Folgenden dargestellt werden.

2. Wesentliche Unterschiede der Rechnungslegung nach UGB und IFRS

Mit dem Inkrafttreten des IAS-Verordnung aus dem Jahr 2002[3] und deren Umsetzung in Österreich besteht seit 2005 für sämtliche kapitalmarktorientierte Unternehmen die Pflicht, die Regelungen der IAS/IFRS in der Konzernrechnungslegung anzuwenden. Durch diese Entwicklung haben sich aufgrund der geänderten Jahresabschlüsse auch die daraus abgeleiteten Kennzahlen der Jahresabschlussanalyse wesentlich verändert.[4]

Nicht nur die vergangenheitsorientierte Jahresabschlussanalyse, sondern auch kennzahlenbasierte Führungsinstrumente und -konzepte wie die wertorientierte Unternehmensführung befinden sich demnach im Umbruch. Aufgrund geänderter Basiszahlen ist zu überdenken, inwieweit sich Auswirkungen auf Aussagen dieser Konzepte ergeben.

---

[1] Vgl. *Günther*, 1997, 1.

[2] Vgl. *Weber* u.a., 2004, 6.

[3] Vgl. Verordnung (EG) Nr. 1606/2002 des Europäischen Parlaments und des Rates vom 19.7.2002 betreffend die Anwendung internationaler Rechnungslegungsstandards.

[4] Vgl. *Coenenberg* u.a., 2011, 133 ff.

Um die Auswirkungen der Anwendung der Rechnungslegungsvorschriften nach IFRS auf die wertorientierte Unternehmensführung beurteilen zu können, sind zunächst die wesentlichen Unterschiede zu den in Österreich anzuwendenden Vorschriften der §§ 189 ff. UGB zu lokalisieren. Insgesamt kann festgestellt werden, dass aufgrund der im Nachfolgenden dargestellten Sachverhalte die Bilanzsumme nach IFRS über jener nach UGB liegt und der Anstieg auf der Aktivseite im Wesentlichen aus höherem Anlagevermögen resultiert, während auf der Passivseite sowohl höheres Eigenkapital als auch höhere Schulden ausgewiesen werden.

2.1. Anlagevermögen

2.1.1. Geschäfts- und Firmenwerte

Durch die mögliche retrospektive Anwendung des IFRS 3 erhöht sich der Firmenwert in allen jenen Fällen, in denen gem. § 261 Abs. 1 UGB (i.d.F. vor BGBl. I 2009/140 [RÄG 2010]) ein sich aus der Erstkonsolidierung in der Vergangenheit ergebender Unterschiedsbetrag mit den Rücklagen verrechnet wurde. Weiters ergeben sich Auswirkungen aus der verpflichtenden laufenden Abschreibung des Firmenwertes gem. § 261 Abs. 1 UGB gegenüber der Nichtabschreibung des Firmenwertes nach IFRS 3 mit entsprechendem Impairmenttest gem. IAS 36.

2.1.2. Sonstige immaterielle Vermögenswerte

Der wesentliche Unterschied liegt in der Aktivierungspflicht für Entwicklungskosten immaterieller Vermögenswerte nach IAS 38 bei Erfüllung bestimmter Voraussetzungen, die entsprechend dem Aktivierungsverbot des § 197 Abs. 2 UGB im Aufwand zu erfassen sind.[5] Dem stehen naturgemäß höhere Abschreibungen in der Gewinn- und Verlustrechnung nach IFRS gegenüber.

Geänderte Nutzungsdauern nach IFRS, die üblicherweise über den durch steuerliche Gesichtspunkte beeinflussten Nutzungsdauern gem. UGB liegen, führen tendenziell ebenfalls zu höheren IFRS-Buchwerten.

2.1.3. Sachanlagevermögen

Neben der bereits unter 2.1.2 genannten längeren Nutzungsdauer nach IFRS führt auch die verstärkte Aktivierung von Leasinggütern beim Leasingnehmer aufgrund der Qualifizierung als Finance Lease gem. IAS 17 zu tendenziell höherem Anlagevermögen nach IFRS.

Als eher unbedeutend ist die Auswirkung der möglichen Neubewertungsmethode nach IAS 16 und IAS 38 im Vergleich der Jahresabschlüsse nach IFRS und UGB anzusehen.

2.1.4. Finanzanlagevermögen

Unterschiede in der Bewertung des Finanzanlagevermögens ergeben sich besonders für alle zum Fair Value bewerteten Wertpapiere, wobei sich Buchwerterhöhungen und -verminderungen weitestgehend aufheben: Der Bewertung zum Fair Value kann über die historischen Anschaffungskosten hinausgehen, dem steht die verpflichtende Erfassung

---

[5]   § 248 Abs. 2 Satz 1 dHGB (i.d.F. BilMoG) sieht ein Aktivierungswahlrecht für selbst geschaffene immaterielle Vermögensgegenstände vor.

einer Wertminderung aufgrund des gesunkenen Fair Value gegenüber, die bei nicht andauernder Wertminderung gem. § 204 Abs. 2 UGB unterbleiben kann.

2.2. Umlaufvermögen

Wesentliche Abweichungen ergeben sich vor allem aus der Anwendung der Percentage of Completion-Method für Fertigungsaufträge nach IAS 11.

2.3. Rückstellungen und Schulden

2.3.1. Sozialkapital

Bei der Ermittlung der Rückstellungen für Pensionen, Abfertigungen, Jubiläumsgelder und Ähnliches ist im Allgemeinen ein Anstieg der Rückstellungen nach IAS 19 zu beobachten. Dieser resultiert unter anderem aus der Berücksichtigung von zukünftigen Gehaltssteigerungen und niedrigeren Zinssätzen.

2.3.2. Sonstige Rückstellungen

Im Bereich der sonstigen Rückstellungen ergeben sich aufgrund der Regelungen des IAS 37 grundsätzlich niedrigere Werte, da dem die Rechnungslegung nach UGB dominierenden Vorsichtsprinzip nach IFRS eine wesentlich geringere Bedeutung zukommt.

Somit bestehen nach IFRS höhere Anforderungen an die Begründung für den Ansatz und die Bewertung der Rückstellungen. Pauschal ermittelte Rückstellungen sind wie Aufwandsrückstellungen nach IFRS nicht zulässig.

2.3.3. Schulden

Die bereits unter 2.1.3 genannte verstärkte Aktivierung von Leasinggütern beim Leasingnehmer führt zu tendenziell höheren Schulden nach IFRS.

2.4. Latente Steuern

In Abhängigkeit von den gegenüber den Steuerwerten vorliegenden Unterschiedsbeträgen in den Bilanzansätzen ergeben sich aktive und/oder passive latente Steuern, für die gem. IAS 12 jeweils eine Ansatzpflicht besteht. Gem. § 198 Abs. 10 UGB liegt im Einzelabschluss für die aktiven latenten Steuern ein Aktivierungswahlrecht und lediglich für die passiven latenten Steuern gem. § 198 Abs. 9 UGB eine Bilanzierungspflicht vor.

2.5. Gewinn- und Verlustrechnung – Ergebnisgrößen

Tendenziell liegt das Ergebnis nach IFRS über jenem nach den Regelungen des UGB. Dies hängt im Wesentlichen mit den unter 2.1 bis 2.4 dargestellten Unterschieden der Rechnungslegungsmethoden zusammen.
Die positiven Auswirkungen resultieren insbesondere aus

- dem Fehlen der planmäßigen Goodwill-Abschreibung,
- der Aktivierung von Entwicklungskosten,
- der Teilgewinnrealisierung bei Fertigungsaufträgen und
- der Nicht- bzw. niedrigeren Berücksichtigung von Rückstellungen.

Dem stehen ergebnismindernd u.a.

- die höhere Abschreibungen auf immaterielle Vermögenswerte und Sachanlagen (insbesondere aus Leasing) und
- die höhere Dotierung von Rückstellungen für Pensionen, Abfertigungen und Ähnliches

gegenüber.

Zu beachten ist auch der Unterschied zwischen IFRS-Abschlüssen und Abschlüssen nach UGB in Bezug auf die Beständigkeit und Prognosefähigkeit der Ergebnisgrößen. Beständigkeit bezieht sich dabei auf das weitere Eintreten von Ergebnissen in der Zukunft, während Prognosefähigkeit die Fähigkeit meint, sich selbst vorherzusagen. Bei höherer Prognosefähigkeit erhöht sich die Genauigkeit der Ergebnisprognosen.[6]

Die Beständigkeit kann einerseits durch eine nur geringen Schwankungen unterliegende wirtschaftliche Situation und ein entsprechendes Unternehmensumfeld oder andererseits durch eine Rechnungslegung entstehen, die Zufallsgrößen stärker glättet.

Obwohl durch die Teilgewinnrealisierung nach IFRS insbesondere bei Unternehmen mit wesentlichen Fertigungsaufträgen eine Glättung von Ergebnissen erreicht wird, wird insgesamt den Rechnungslegungsgrundsätzen nach IFRS nachgesagt, dass IFRS-Ergebnisse eine höhere Volatilität als Ergebnisse nach UGB aufweisen. Dies ist vor allem in der Fair-Value-Bewertung zu begründen, die zu Schwankungen der Ergebnisse führt, ohne dass reale Geschäftsfälle dahinterstünden. Die tatsächliche Volatilität des Ergebnisses hängt jedoch von allen Fair-Value-Bewertungen ab, die sich in einem Abschluss niederschlagen, sodass sich Schwankungen durchaus kompensieren können. Nach UGB ist eine solche Kompensation im Hinblick auf das imparitätische Realisationsprinzip weitgehend unmöglich.[7]

Der Frage der Unterschiede zwischen IFRS und UGB in der Beständigkeit und Prognosefähigkeit sind *Dücker/Wagenhofer*[8] in einer Untersuchung über den Zeitraum von 1996 bis 2005 nachgegangen. Dazu wurden 299 Unternehmensjahre mit IFRS und 425 Unternehmensjahre mit UGB (vormals HGB) untersucht. Im Ergebnis zeigte sich, dass die Beständigkeit und die Prognosefähigkeit über zehn Jahre zunächst sinken und dann wieder steigen. Die Eigenschaften von IFRS- und UGB-Ergebnissen schwanken zwar stark, aber es kann keine Aussage getroffen werden, dass IFRS- oder UGB-Ergebnisse weniger oder besser für Prognosen geeignet wären.[9]

Das Vorsichtsprinzip, das im UGB wesentlich stärker ausgeprägt ist als in den IFRS, hat auch einen Einfluss auf die Ermittlung der oben genannten Kennzahlenkonzepte, da sich sowohl der Buchwert des Eigenkapitals als auch die für die Zukunft geplanten Gewinne unterscheiden. Jedoch werden bei vorsichtiger Rechnungslegung dem geringeren Buchwert des Eigenkapitals höhere Gewinne der Folgeperioden und geringere Kapitalkosten gegenüberstehen. Wichtig ist somit bei jeder Rechnungslegungsmethode die konsistente Fortschreibung der Ergebnisgrößen, um korrekte Kennzahlen zu erhalten.

2.6. Offenlegung

Wesentliche Unterschiede bestehen zwischen IFRS und UGB im Hinblick auf Offenlegungsverpflichtungen im Anhang. Auf den ersten Blick erscheinen diese ohne Auswir-

---

6   Vgl. *Ewert/Wagenhofer*, 2010, 226.
7   Vgl. *Ewert/Wagenhofer*, 2010, 227.
8   Vgl. *Dücker/Wagenhofer*, 2007, 343 ff.
9   Vgl. *Ewert/Wagenhofer*, 2010, 226.

kung auf die Unternehmensführung, da davon ausgegangen werden könnte, dass für interne Zwecke ohnehin alle Informationen zur Verfügung stünden.

Insbesondere Umstellungsprozesse der Rechnungslegung nach UGB auf IFRS zeigen jedoch, welche umfangreichen organisatorischen Maßnahmen häufig erforderlich sind, um alle relevanten Informationen (zeitgerecht) zu erhalten.

Zur Prognose zukünftiger Cash Flows und Ergebnisgrößen können Zusatzinformationen, die in den Notes zu IFRS-Abschlüssen zwingend anzugeben und somit in regelmäßigen Intervallen im Unternehmen zu erheben sind, häufig herangezogen werden, um diese Prognosen genauer und detaillierter erstellen zu können. Ohne IFRS-Abschlüsse können diese Informationen häufig nur unter großem (zusätzlichem) Zeitaufwand gewonnen werden, da entsprechende Mechanismen und Automatismen fehlen. Es sollte daher darauf geachtet werden, dass Steuerungs- und Führungsinstrumente möglichst so gestaltet werden, dass sie für interne und externe Zwecke verwendet werden können. IFRS 8 trägt dieser Forderung mit der Segmentberichterstattung nach dem Management Approach Rechnung.

3. Discounted Cash Flow

Die Discounted-Cash-Flow-(DCF-)Methode zur Ermittlung des Unternehmenswertes ist weitverbreitet. Dabei wird über den Barwert zukünftiger Zahlungsströme, die für Ausschüttungen an Eigen- und Fremdkapitalgeber zur Verfügung stehen (Free Cash Flows), der Unternehmenswert aus der Sicht aller Kapitalgeber ermittelt. Zur Diskontierung wird ein im Verhältnis von Eigen- und Fremdkapital gewichteter Kapitalkostensatz (WACC) herangezogen. Nach Abzug des Marktwertes des Fremdkapitals vom Gesamtwert des Unternehmens erhält man den Marktwert des Eigenkapitals.

Im Laufe der Zeit haben sich Ansätze entwickelt, die jeweils als DCF-Methode gelten, da zur Ermittlung des Unternehmenswertes diskontierte Zahlungsströme herangezogen werden. Es bestehen jedoch Unterschiede in der Ermittlung der Cash Flows, des Diskontierungssatzes und der Kapitalstruktur. Im Folgenden soll auf den WACC-Ansatz (Konzept der gewogenen durchschnittlichen Kapitalkosten) eingegangen werden.

Die Formel zur Ermittlung des Marktwertes des Eigenkapitals lässt sich wie folgt darstellen:

$$UW = \sum_{t=1}^{n} \frac{FCF_t}{(1+WACC_t)^t} + \frac{RW}{(1+WACC_t)^t} + NBV - FK$$

UW: Unternehmenswert
FCF_t: Free Cash Flow der Periode t
$WACC_t$:   Weighted Average Cost of Capital der Periode t
1-n: Detailplanungsphase
RW: Residualwert, i.a. nach dem Modell der ewigen Rente ermittelt
NBV: Nicht betriebsnotwendiges Vermögen, bewertet zu Marktpreisen
FK: Marktwert des Fremdkapitals

3.1. Ermittlung der Free Cash Flows

Die künftigen Free Cash Flows werden unter der Annahme reiner Eigenfinanzierung ermittelt. Daher sind die Fremdkapitalzinsen hinzuzurechnen, und die mit der steuerlichen Absetzbarkeit der Fremdkapitalzinsen verbundene Steuerersparnis (Tax Shield) ist abzuziehen.

Bei Vorliegen einer integrierten Planungsrechnung, die explizite Annahmen über die Entwicklung des verzinslichen Fremdkapitals enthält, kann der Free Cash Flow nach nachstehender Formel indirekt ermittelt werden:[10]

Jahresüberschuss

+	Fremdkapitalzinsen
–	Steuerersparnis aus der Absetzbarkeit der Fremdkapitalzinsen
=	Ergebnis vor Zinsen nach angepassten Ertragsteuern
+/–	Aufwendungen/Erträge aus Anlagenabgängen
+/–	Abschreibungen/Zuschreibungen
+/–	Bildung/Auflösung langfristiger Rückstellungen und sonstige zahlungsunwirksame Aufwendungen/Erträge
–/+	Erhöhung/Verminderung des Nettoumlaufvermögens (ohne kurzfristige verzinsliche Verbindlichkeiten)
–/+	Cash Flow aus Investitionen/Desinvestitionen
=	Free Cash Flow (FCF)

Liegt keine integrierte Planung mit expliziten Annahmen über die Entwicklung des verzinslichen Fremdkapitals vor, kann vereinfachend das nachfolgende Schema verwendet werden:[11]

	Ergebnis vor Zinsen und Steuern
+	Steuern bei reiner Eigenfinanzierung
=	Ergebnis vor Zinsen nach angepassten Ertragsteuern
+/–	Aufwendungen/Erträge aus Anlagenabgängen
+/–	Abschreibungen/Zuschreibungen
+/–	Bildung/Auflösung langfristiger Rückstellungen und sonstige zahlungsunwirksame Aufwendungen/Erträge
–/+	Erhöhung/Verminderung des Nettoumlaufvermögens (ohne kurzfristige verzinsliche Verbindlichkeiten)
–/+	Cash Flow aus Investitionen/Desinvestitionen
=	Free Cash Flow (FCF)

---

[10] Vgl. Kammer der Wirtschaftstreuhänder KFS/BW 1, Rz. 95, Schema 1.
[11] Vgl. Kammer der Wirtschaftstreuhänder KFS/BW 1, Rz. 97, Schema 2.

3.2. Ermittlung des WACC

„Der WACC ist ein nach der Kapitalstruktur des Unternehmens gewichteter Mischzinssatz aus Eigen- und Fremdkapitalkosten. Die Gewichtung erfolgt nach dem Verhältnis der Marktwerte von Eigen- und Fremdkapital."[12] Somit hängt der WACC von den Kosten des Fremd- und des Eigenkapitals sowie vom Verschuldungsgrad ab:

$$\text{WACC} = k_v^e \text{ x EK-Quote} + (1 - s) \text{ x } i_r \text{ x FK-Quote}$$

k_v^e: Renditeforderung der Eigenkapitalgeber bei verschuldetem Unternehmen

i_r: Renditeforderung der Fremdkapitalgeber (risikolose Kapitalmarktanlage)

s: Pauschaler Steuersatz auf den Unternehmensgewinn

Zur Ermittlung der Kosten des Eigenkapitals wird in der Regel das Capital Asset Pricing Model (CAPM) herangezogen:

$$k_v^e = i_r + \beta \text{ x MRP}$$

i_r: Renditeforderung der Fremdkapitalgeber (risikolose Kapitalmarktanlage)

β: Der Beta-Faktor steht für die Schwankungsbreite des individuellen Unternehmens gegenüber anderen Unternehmen. Für ein verschuldetes Unternehmen ist der Beta-Faktor höher als für ein unverschuldetes Unternehmen, weil auch das Kapitalstrukturrisiko berücksichtigt wird. Je kleiner der Beta-Faktor, desto niedriger die Eigenkapitalkosten.

β x MRP: Risikozuschlag

MRP: Marktrisikoprämie, Differenz aus risikofreier und risikobehafteter Rendite

3.3. Auswirkungen von IFRS auf den Free Cash Flow

In der indirekten Ermittlung des Free Cash Flow (vgl. 3.1) wird ausgehend vom Jahresüberschuss durch Eliminierung der nicht zahlungswirksamen Aufwendungen und Erträge der Free Cash Flow hergeleitet.

Nicht nur das Jahresergebnis nach IFRS weicht (häufig nach oben) von jenem nach UGB ab, sondern es ziehen sich die Unterschiede auch durch die Anpassungspositionen bei der indirekten Ermittlung:

- Die hinzuzurechnende Position aus Abschreibungen ist einerseits aufgrund des Fehlens der planmäßigen Goodwillabschreibung sowie der niedrigeren Abschreibungen auf immaterielle Vermögenswerte und Sachanlagen reduziert, andererseits durch Abschreibungen auf aktivierte Entwicklungskosten und Leasinggüter erhöht.
- Die Aktivierung von Entwicklungskosten erhöht den zu berücksichtigenden Cash Flow aus Investitionen.

---

[12]   Vgl. Kammer der Wirtschaftstreuhänder KFS/BW 1, Rz 93.

- Die Veränderung des Nettoumlaufvermögens nach IFRS weicht insbesondere aufgrund der unterschiedlichen Erfassung von Fertigungsaufträgen ab.
- Die Nicht- bzw. niedrigere Berücksichtigung von Rückstellungen führt zu geringerem Anpassungsbedarf, während die höhere Dotierung von Pensions- und ähnlichen Rückstellungen die Anpassung bei Ermittlung des Free Cash Flow erhöht.

Durch die geänderte Überleitungsrechnung werden damit die wesentlichen Positionen für die Ermittlung des Free Cash Flow nach UGB und IFRS gleichgestellt. Tendenziell wird demnach auch der Free Cash Flow nach IFRS höher dargestellt werden als nach UGB.

Die geplanten Free Cash Flows können nach *Rappaport*[13] aus folgender Formel errechnet werden:

$$FCF_t = (U_{t-1} \times (1+WU) \times GM \times (1-s)) - (U_{t-1} \times WU \times IR_{AV+UV})$$

FCF_t: Free Cash Flow für die Periode t
U_{t-1}:   Umsatzerlöse der Periode t-1
WU: Wachstumsrate des Umsatzes
GM: Gewinnmarge
s: Pauschaler Steuersatz auf den Unternehmensgewinn
IR_{AV+UV}:   Zusatzinvestitionsrate ins Anlage- und Umlaufvermögen[14]

Aus dieser Formel kann ersehen werden, dass die geplanten Free Cash Flows wesentlich durch die Umsatzerlöse des Vorjahres sowie die Investitionsrate beeinflusst werden. Diese beiden Parameter zeigen jedoch wesentliche Unterschiede zwischen IFRS und UGB auf:

- Die (verpflichtende) Aktivierung von Entwicklungskosten sowie die Aktivierung von Finanzierungsleasingverträgen beim Leasingnehmer führen jedenfalls zu höheren Investitionsvolumina nach IFRS.
- Den höheren Abschreibungen auf immaterielle Vermögenswerte und Sachanlagen durch zusätzliche Aktivierungen stehen niedrigere Abschreibungen aufgrund höherer IFRS-Nutzungsdauern gegenüber.
- Weiters führen die Teilgewinnrealisierung bei Fertigungsaufträgen und deren Ausweis als Umsatzerlöse gem. IFRS statt Bestandsveränderungen gem. UGB zu höheren Vorjahresumsätzen, soweit nicht ein wesentlicher Abbau der Fertigungsaufträge gegenüber dem Vorjahr zum Tragen kommt.

Die Prognose der Free Cash Flows führt daher bei einer IFRS-Basis zu höheren Ergebnissen als bei UGB-Ausgangswerten, wie in Tabelle 1 gezeigt werden soll:[15]

---

[13]   Vgl. *Rappaport,* 1995, 68.
[14]   Bei der Ermittlung der Zusatzinvestitionsrate werden jeweils die Investitionen in Anlagevermögen (vermindert um Abschreibungen) und Umlaufvermögen ins Verhältnis zur Umsatzsteigerung gesetzt.
[15]   Vgl. *Funk/Fredrich*, 2010, 456.

	UGB	IFRS
Umsatzerlöse der Periode t-1 (U_{t-1})	100.000	120.000
Umsatzwachstum	10 %	10 %
Gewinnmarge	15 %	15 %
Pauschaler Steuersatz auf den Unternehmensgewinn (s)	25 %	25 %
Investitionen Anlagevermögen (AV)	1.000	1.500
Investitionen Umlaufvermögen (UV)	500	500
Abschreibungen Anlagevermögen (AV)	200	150
Nutzungsdauer	5 Jahre	10 Jahre
Investitionsrate in Anlagevermögen (IR_{AV})	8 %	11 %
Investitionsrate in Umlaufvermögen (IR_{UV})	5 %	4 %
Free Cash Flow für die Periode t (FCF_t)	**11.075**	**13.000**

Tab. 1: Vergleich Free Cash Flow

3.4. Auswirkungen von IFRS auf den WACC

Da der WACC durch die Kapitalstruktur eines Unternehmens beeinflusst wird, muss die Veränderung der Darstellung von Eigen- und Fremdkapital bei Übergang von UGB auf IFRS betrachtet werden. Dazu sei auf die wesentlichen Unterschiede der Bilanzierungs- und Bewertungsmethoden der beiden Rechnungslegungssysteme verwiesen (vgl. Kapitel 2).

Der tendenziell höhere Ausweis von Vermögen in IFRS-Abschlüssen wirkt sich im Allgemeinen (mit Ausnahme der Aktivierung von Finanzierungsleasing) unter Berücksichtigung passiver latenter Steuern in höherem Eigenkapital aus, wobei es für diese Untersuchung irrelevant ist, ob die höhere IFRS-Bewertung direkt im Eigenkapital oder im Jahr der Bewertung erfolgswirksam zu erfassen ist. Insbesondere durch Leasingverträge, die beim Leasingnehmer zu aktivieren und als Schuld zu erfassen sind, und passive latente Steuern steigt auch das Fremdkapital nach IFRS.

Insgesamt kann davon ausgegangen werden, dass die Eigenkapitalquote nach IFRS steigt, während die Fremdkapitalquote sinkt, was bei gleichbleibendem Eigen- und Fremdkapitalkostensatz zu steigendem WACC führt, wie in Tabelle 2 dargestellt werden soll:[16]

	UGB	IFRS
Renditeforderung der Eigenkapitalgeber (k_v^e)	15 %	15 %
Renditeforderung der Fremdkapitalgeber (i_r)	9 %	9 %
Eigenkapital	4.000	7.500
Fremdkapital	6.000	6.500
EK-Quote	40 %	54%
FK-Quote	60 %	46 %
WACC	**11 %**	**12 %**

Tab. 2: Vergleich WACC

---

[16] Vgl. *Funk/Fredrich*, 2010, 456.

Ewert/Wagenhofer[17] behandeln die Ermittlung der Kapitalkosten bei Unternehmensbewertungen, die auf IFRS-Abschlüssen aufsetzen: Dabei wird untersucht, ob die Annahme zutrifft, dass die IFRS als „bessere" Rechnungslegung die Kapitalkosten senkt. „Dazu betrachtete empirische Studien zeigen uneinheitliche Ergebnisse, was an den Möglichkeiten der empirischen Schätzung liegen kann. Aber auch theoretische Analysen zeigen, dass der Zusammenhang zwischen präziser Rechnungslegung und Kapitalkosten keineswegs so eindeutig ist, wie dies vermutet werden könnte."[18]

3.5. Zusammenfassung Discounted Cash Flow

Aus den gezeigten Veränderungen des Free Cash Flow und des WACC kann man schließen, dass der nach der Discounted-Cash-Flow-Methode ermittelte Unternehmenswert, bei dem von einem IFRS-Abschluss und einer darauf basierenden Prognoserechnung ausgegangen wird, tendenziell über jenem auf Basis von UGB-Zahlen liegt.

Im Einzelnen kann festgehalten werden, dass in der Literatur die Einschätzung der Anwendbarkeit des DCF-Konzeptes zur wertorientierten Steuerung kontroversiell gesehen wird: DCF wird als am besten geeignet dargestellt, da die Auswirkungen zukünftiger Entscheidungen im Unternehmenswert nach DCF-Verfahren wiedergegeben werden, während z.B. beim EVA- oder CVA-Konzept lediglich die Wertschaffung oder der Wertverzehr der abgelaufenen Periode gemessen wird.[19] Es gibt aber auch Zweifel an der Umsetzungsmöglichkeit in der periodischen Leistungsvorgabe und -beurteilung, da keine verlässlichen Einschätzungen für die Cash Flows der zukünftigen Perioden erfolgen können.[20]

4. Auswirkungen von IFRS auf den Economic Value Added

Im Konzept des Economic Value Added (EVA) wird eine periodenbezogene Differenz zwischen dem betrieblichen Gewinn vor Kapitalkosten nach angepassten Steuern und den Kapitalkosten ermittelt. Als Kapitalkosten werden Fremd- und Eigenkapitalkosten angesetzt:

$$\mathbf{EVA_t = NOPAT_t - (WACC_t \times IK_t)}$$

EVA_t: Economic Value Added der Periode t
$NOPAT_t$:   Net Operating Profit After Tax der Periode t
$WACC_t$:   Weighted Average Cost of Capital der Periode t
IK_t: Investiertes Kapital der Periode t zu Buchwerten

Zur Ermittlung hat sich in der Praxis die indirekte Ermittlung des Residualgewinns aus den Daten des Jahresabschlusses durchgesetzt, bei der über Anpassung der Daten die Ergebnis- und die Kapitalgröße des EVA bestimmt werden.[21]

---

[17] Vgl. *Ewert/Wagenhofer*, 2010, 228 ff.
[18] *Ewert/Wagenhofer*, 2010, 234.
[19] Vgl. *Funk/Fredrich*, 2010, 472.
[20] Vgl. *Weber* u.a., 2004, 115.
[21] Vgl. *Weber* u.a., 2004, 57.

Da der Jahresabschluss nach UGB einerseits Gläubigerschutzinteressen gerecht werden und andererseits Ausschüttungs- und Steuerbemessungsfunktion ausüben soll, sind die Daten des Jahresabschlusses im Allgemeinen im Zuge der Berechnung des EVA zu adaptieren, um Verzerrungen des Ausweises der tatsächlichen wirtschaftlichen Leistungsfähigkeit eines Unternehmens auszuräumen. Auch wenn die Zielsetzung eines IFRS-Abschlusses in erster Linie darin besteht, Informationen über die Vermögens-, Finanz- und Ertragslage sowie Veränderungen in der Vermögens- und Finanzlage zu geben, die für einen weiten Adressatenkreis bei dessen wirtschaftlichen Entscheidungen nützlich sind, ist auch hier ein entsprechender Anpassungsbedarf zu sehen.

Diese Anpassungen lassen sich in vier Typen unterteilen, wobei in diesem Zusammenhang vor allem die konsistente Durchführung der Conversions im Zeitablauf sowie zueinander unabdingbar ist:[22]

- Operating Conversions: Nicht betriebsnotwendiges Vermögen und nicht betriebsbedingte Ergebnisbestandteile werden ausgeschieden.
- Funding Conversions: Die Anpassungen sollen eine Vergleichbarkeit herstellen, wenn beispielsweise Vermögenswerte erworben oder geleast werden.
- Shareholder Conversions: Der Erfolg soll aus der Perspektive der Eigenkapitalgeber gezeigt werden, sodass auch jene Aufwendungen zu aktivieren sind, welche grundsätzlich nicht aktivierbar sind (wie Aufbau von Know-how bei Mitarbeitern), und stille Reserven berücksichtigt werden.
- Tax Conversions: Es sollen jene Ergebnisse für die Berechnung besteuert werden, welche der EVA-Berechnung zugrunde gelegt werden. Somit sind die steuerlichen Auswirkungen sämtlicher Conversions in die Tax Conversion einzubeziehen.

Grundsätzlich könnte aufgrund der in 3.5 dargestellten Unterschiede im Ergebnis zwischen IFRS und UGB angenommen werden, dass der aus dem IFRS-Abschluss abgeleitete NOPAT tendenziell höher als die auf dem UGB-Abschluss basierende Kennzahl sein müsste. Auch das investierte Kapital sollte durch die Ansatzvorschriften der IFRS, die weiterreichende Aktivierungen als das UGB vorsehen (vgl. Kapitel 2), im Allgemeinen höher als nach UGB anzusetzen sein. Dazu ist festzuhalten, dass diese Aussage nicht allgemein gültig formuliert werden kann, da bei entsprechender Berücksichtigung von Conversions die auf einem UGB-Abschluss beruhenden Kennzahlen durchaus jenen, welche auf einen IFRS-Abschluss aufbauen, nahekommen können. Die IFRS nehmen einfach gesagt nur einzelne für das EVA-Konzept notwendige Conversions bereits vorweg. Insoweit ist die Ermittlung dieser Kennzahlen auf Basis eines IFRS-Abschlusses mit weniger Adaptierungsaufwand verbunden.

In diesem Zusammenhang sei auch auf das Kongruenzprinzip verwiesen, wonach die Summe der Periodenerfolge dem Gesamterfolg eines Unternehmens entspricht. Durch die Möglichkeit, nach IFRS bestimmte Sachverhalte nicht erfolgswirksam in der Gewinn- und Verlustrechnung, sondern im Sonstigen Ergebnis (Other Comprehensive Income) zu zeigen, läuft man in die Gefahr, sofern NOPAT ausschließlich aus der Gewinn-

---

[22] Vgl. *Hostettler*, 1997, 97 ff.

und Verlustrechnung ermittelt wird, dass das Kongruenzprinzip verletzt wird. Daher ist für Zwecke der EVA-Ermittlung immer das Comprehensive Income (Gesamtergebnis = Gewinn oder Verlust zuzüglich des sonstigen Ergebnisses) heranzuziehen und nötigenfalls sind entsprechende Anpassungen vorzunehmen. Erst dieses Gesamtergebnis erfüllt weitgehend das Kongruenzprinzip, und es kann daher die Nichtberücksichtigung zu verfälschten Ergebnissen und unrichtigen Aussagen bzw. Managemententscheidungen führen.

5. Auswirkungen von IFRS auf den Cash Value Added

Das Konzept des Cash Value Added (CVA) stellt ebenfalls ein Residualgewinnkonzept dar und beruht auf der Kennzahl „Cash Flow Return on Investment" (CFROI):

$$CVA_t = (CFROI_t - WACC_t) \times IK_t$$

CVA_t: Cash Value Added der Periode t
$CFROI_t$:   Cash Flow Return on Investment der Periode t
$WACC_t$:   Weighted Average Cost of Capital der Periode t
IK_t: Investiertes Kapital der Periode t zu adaptierten Anschaffungskosten

Das investierte Kapital setzt sich aus betriebsnotwendigem Vermögen zusammen, das zur Erzielung des Betriebsergebnisses und somit des Brutto Cash Flow eingesetzt wird, somit Anlagevermögen und Working Capital als Differenz zwischen Umlaufvermögen und kurzfristigen Schulden, wobei auf Anschaffungskosten (Investitionskosten) abzustellen ist. Somit sind zur Ermittlung zu den Buchwerten des Anlagevermögens die bereits verrechneten kumulierten Abschreibungen zu addieren und zwischenzeitige Preisänderungen einzurechnen.

Sämtliche sich in den berücksichtigten Aktiv- und Passivposten niederschlagenden außerordentlichen und/oder aperiodischen Aufwendungen und Erträge sind zu eliminieren. Aufwendungen mit Investitionscharakter, Aktivierungen von Miet- und Leasingobjekten und aus den Anpassungen resultierende Finanzierungs- und Steuereffekte müssen berücksichtigt werden, um die adaptierte Kapitalbasis zu ermitteln.

Zur Ermittlung des CFROI kann die Interne Zinsfußmethode herangezogen werden. Aufgrund von Schwierigkeiten in der praktischen Umsetzbarkeit hat sich jedoch die „Ökonomische Abschreibung" herausgebildet. Darunter versteht man den konstanten Betrag, der jährlich anzusparen ist, um das abschreibbare Anlagevermögen über die gesamte Nutzungsdauer zurückzuverdienen:[23]

---

[23]   Vgl. *Weber* u.a., 2004,75.

$$CFROI_t = \frac{BCF_t - \ddot{O}A_t}{IK_{t-1}}$$

$CFROI_t$:   Cash Flow Return on Investment der Periode t
BCF_t: Brutto Cash Flow der Periode t
$\ddot{O}A_t$:   Ökonomische Abschreibung für die Periode t
IK_{t-1}:   Investiertes Kapital der Periode t-1

$$\ddot{O}A_t = \frac{WACC}{(1 + WACC)^n - 1} \; x \; aA_{t-1}$$

$\ddot{O}A_t$:   Ökonomische Abschreibung für die Periode t
WACC: Weighted Average Cost of Capital
n: Nutzungsdauer der Investition/des Unternehmens
aA_{t-1}:   Abnutzbares Anlagevermögen zu Anschaffungskosten der Periode t-1

Der Brutto Cash Flow der Periode entspricht dem Cash Flow aus betrieblicher Tätigkeit und kann als jener Betrag an liquiden Mitteln gesehen werden, welcher für Investitionen und Eigen- und Fremdkapitalgeber zur Verfügung steht. In diesem Zusammenhang ist zu beachten, dass für den CVA ein ergebnisorientierter Cash Flow bestimmt werden soll. Dabei wird angenommen, dass der anhand der Daten der vergangenen Geschäftsperiode ermittelte Brutto Cash Flow auch für die gesamte Restnutzungsdauer gelten wird. Es soll somit ein Cash Flow ermittelt werden, der von sämtlichen Sondereffekten bereinigt wird und der ausschließlich in betriebstypischer Weise erwirtschaftet wird.

Es erfolgt im ersten Schritt eine Korrektur um außerordentliche und/oder aperiodische Aufwendungen und Erträge und die daraus resultierenden Steuer- und Zinseffekte. Auch die Fremdkapitalzinsen sind zu eliminieren, da Fremdkapitalkosten durch die Verzinsung des investierten Kapitals berücksichtigt werden, und der damit verbundene Steuermehraufwand ist herauszurechnen.

In weiteren Schritten sind unter anderem Anpassungen betreffend

- Abschreibungen,
- Aufwendungen mit Investitionscharakter,
- Dotierung und Auflösung von langfristigen Rückstellungen,
- Aktivierung von Miet- und Leasingobjekten,
- aus obigen Adaptierungen und nicht betriebsnotwendigem Vermögen resultierende (fiktive) Zins- und Steuerkomponenten

vorzunehmen, um den Brutto Cash Flow zu erhalten.

Zur Ermittlung der Ökonomischen Abschreibung ist der sich aus dem IFRS-Abschluss ergebende WACC heranzuziehen. Dieser liegt tendenziell über dem aus einem UGB-Abschluss abgeleiteten Kapitalkostensatz, woraus sich ergibt, dass die Ökonomischen Abschreibungen nach IFRS häufig niedriger als nach UGB sein werden. Dies soll in Tabelle 3 verdeutlicht werden:[24]

---

[24]   Vgl. *Funk/Fredrich*, 2010, 464.

	UGB	IFRS
Anschaffungskosten	1.200	1.200
WACC	11 %	12 %
Nutzungsdauer	8	10
$\dfrac{WACC}{(1+WACC)^n-1}$	8,31 %	5,64 %
Ökonomische Abschreibung	**100**	**68**

Tab. 3: Vergleich Ökonomische Abschreibung

Da die historischen Anschaffungskosten (bereinigt um etwaige Preisänderungen) unabhängig von der Wahl eines Rechnungslegungssystems sind, können sich Unterschiede zwischen UGB und IFRS lediglich aus Ansatzunterschieden und nicht aus unterschiedlichen Nutzungsdauern ergeben. Die Ansatzunterschiede werden jedoch zumindest teilweise durch die Adaptierungen hinsichtlich Aktivierung von Aufwendungen mit Investitionscharakter und Miet- und Leasingobjekten bereinigt.

Da der Brutto Cash Flow als ergebnisorientiert anzusehen ist, ergibt sich beispielsweise aus dem früheren Zeitpunkt der Gewinnrealisierung bei Fertigungsaufträgen zunächst nach IFRS ein höherer Brutto Cash Flow als nach UGB. Dieser Effekt muss sich jedoch nach dem Kongruenzprinzip im Zeitablauf umdrehen, sodass bei Ermittlung der Kennzahlen ausgehend von UGB-Zahlen bei starken Schwankungen im Ergebnis diese Wellen durch die Anpassung von „aperiodischen" Effekten auszugleichen sein werden, was wiederum zu ähnlichen Ergebnissen wie nach IFRS führen müsste. Wie bereits beim EVA-Konzept liegt auch hier der Schluss nahe, dass durch die IFRS bestimmte vorzunehmende Adaptierungen bereits im Jahresabschluss abgebildet werden.

6. Resümee

Grundsätzlich bringen die IFRS bereits den Vorteil der besseren Steuerungsmöglichkeiten durch erweiterte Informationen im Jahresabschluss. Zusätzlich wird durch den Versuch der Vermeidung der Bildung von stillen Reserven und die Einschränkung des imparitätischen Realisationsprinzips in gewisser Weise ein eher den tatsächlichen Verhältnissen entsprechendes Bild gezeigt. Naturgemäß kann die Darstellung auch nach IFRS durch Ausübung von Wahlrechten bzw. (bewusste) Nichterfüllung von geforderten Ansatzkriterien beeinflusst werden. Jede Bilanzierungsentscheidung, die im Zeitablauf unterschiedlich getroffen wird, führt demnach auch bei einer Rechnungslegung nach IFRS zu verzerrten Aussagen betreffend die Entwicklung eines Unternehmens oder Unternehmensteiles.

Jedes Unternehmen muss für sich unter Berücksichtigung der jeweiligen Gesamtsituation entscheiden, welche der Kennzahlen zur wertorientierten Unternehmensführung eingeführt werden soll. Es ist festzustellen, ob und in welcher Weise durch die wertorientierten Kennzahlensysteme zusätzliche Steuerungsmöglichkeiten entstehen. Dabei sind auch die Kosten einer solchen Einführung zu berücksichtigen, da unter Umständen unternehmensinterne Prozesse geändert werden müssen. Es können auch bewusst Ungenauigkeiten in Kauf genommen werden, wenn diese bewusst sind und erkennbar ist, dass die Kosten einer detaillierten Berechnung von Kennzahlen den Nutzen übersteigen. Daher werden Überleitungen zur Ermittlung des Free Cash Flow, Conversions bei der Berechnung des EVA oder Anpassungen auf den CVA in verschiedenen Unternehmen zu unterschiedlichen Ergebnissen führen. Zu beachten ist jedoch innerhalb eines Unternehmens, dass in einzelnen Unternehmensbereichen die wertorientierten Kennzahlen nach denselben Maßstäben ermittelt werden, um den Beitrag des jeweiligen Geschäftsfeldes zur Steigerung des Unternehmenswertes zeigen zu können.

Die in der Jahresabschlusserstellung vorhandenen Wahlrechte und Ermessensspielräume, die sich zwangsläufig bei jeder Schätzung ergeben, beeinflussen bereits sämtliche aus dem Jahresabschluss abgeleiteten Kennzahlensysteme.

Tendenziell kann festgehalten werden, dass bei Rechnungslegung nach IFRS und entsprechender Informationsstruktur im Unternehmen die Ermittlung der Kennzahlen im Vergleich zu UGB mit weniger Zusatzaufwand verbunden sein sollte, da wie oben dargestellt die vorzunehmenden Anpassungen zumindest teilweise durch Regelungen der IFRS bereits in der externen Rechnungslegung verankert sind. Der Einsatz der erläuterten Kennzahlen setzt jedoch unabhängig von der Basis zur Interpretation des Wertes an sich und seiner Veränderung gegenüber Vorperioden bzw. seiner Abweichung gegenüber Planwerten entsprechendes Verständnis für die Jahresabschlusserstellung im Hinblick auf Einflussmöglichkeiten sowie Kenntnis der vorgenommenen Überleitungen und Ermittlung des Kapitalkostensatzes voraus.

Literaturverzeichnis

Coenenberg, A. u.a., Auswirkungen der Rechnungslegungsumstellung von HGB auf IFRS auf zentrale Kennzahlen der Jahresabschlussanalyse, in: KoR IFRS, 2011, 133–142.

Dücker, H./Wagenhofer, A., Trends in der Ergebnisqualität von österreichischen Jahresabschlüssen, in: RWZ 2007, 343.

Ewert, R./Wagenhofer, A., IFRS und Unternehmensbewertung, in: Unternehmensbewertung Theoretische Grundlagen – Praktische Anwendung, hrsg. von *Königsmaier, H./ Rabel, K.*, Wien 2010, 217–235.

Funk, W./Fredrich, I., Auswirkungen einer Rechnungslegung nach IAS/IFRS auf die wertorientierte Unternehmensführung, in: Internationale Rechnungslegung und Internationales Controlling, hrsg. von *Funk, W./Rossmanith, J.*, 2. Aufl., Wiesbaden 2011, 445–477.

Günther, T., Unternehmenswertorientiertes Controlling, München 1997.

Hostettler, S., Economic Value Added (EVA) – Darstellung und Anwendung auf Schweizer Aktiengesellschaften, 2. Aufl., Bern 1997.

Kammer der Wirtschaftstreuhänder (Hrsg.), Fachgutachten des Fachsenats für Betriebswirtschaft und Organisation des Instituts für Betriebswirtschaft, Steuerrecht und Organisation der Kammer der Wirtschaftstreuhänder zur Unternehmensbewertung, beschlossen 27.2.2006 (KFS/BW1), Wien 2006.

Rappaport, A., Shareholder Value: Wertsteigerung als Maßstab für die Unternehmensführung, Stuttgart 1995.

Weber, J./Bramsemann, U./Heineke, C./Hirsch, B., Wertorientierte Unternehmenssteuerung, Wiesbaden 2004.

Risikomanagement in internationalen Unternehmen

Dorothea Greiling/Waltraud Öller

Management Summary

International tätige Unternehmen agieren heute in einem instabilen Umfeld und sind einem schnellen und tiefgreifenden Wandel ausgesetzt. Die nachhaltige Steuerung von Chancen und Risiken gewinnt unter derart veränderlichen Rahmenbedingungen eine immer größere Bedeutung. Risiken und Chancen sind stets im Zusammenhang mit betrieblichen Entscheidungen zu sehen, und Aufgabe eines betriebswirtschaftlich sinnvollen Risikomanagements ist es demnach, die Entscheidungsqualität durch eine gezielte Informationsversorgung über Chancen und Risiken von Handlungsalternativen zu erhöhen. Um wirtschaftlich erfolgreich zu bleiben, bedarf es für die Unternehmen daher eines Risikomanagements, das nicht nur die gesetzlichen Verpflichtungen erfüllt, sondern das auch integrativer Teil des betrieblichen Steuerungs- und Überwachungssystems ist.

1. Einleitung

Der Beginn dieses Jahrtausends kann für die Weltwirtschaft ohne Übertreibung als turbulent bezeichnet werden: er brachte tiefgreifende Änderungen in der internationalen Zusammenarbeit von Wirtschaft, Politik und Gesellschaft mit sich, von denen im Speziellen international agierende Unternehmen betroffen sind.

Eingeläutet wurde dieses Jahrtausend mit dem Platzen der Internetblase und daran anschließenden massiven Kursverlusten an den Börsen. Nur wenig später kam es durch schwere Bilanzdelikte wie beispielsweise die Skandale um Enron, WorldCom und Parmalat zu bedeutenden finanziellen Schäden und einem schwerwiegenden Vertrauensverlust der Öffentlichkeit.[1] Im Fall von Enron führten illegale Buchführungspraktiken, das Missverhalten der Geschäftsleitung und mangelnde Kontrolle durch die externe Abschlussprüfung zum Unternehmenszusammenbruch und in weiterer Folge auch zur Insolvenz der Wirtschaftsprüfungsfirma Arthur Andersen und letztlich zur Schädigung des bis dahin guten Rufs der Abschlussprüfer allgemein.[2]

Im Herbst 2007 verursachte dann eine Überhitzung des US-Hypothekenmarktes aufgrund starker Verflechtungen im Finanzsektor und einer nicht mehr einschätzbaren Komplexität von Finanzprodukten derart heftige Turbulenzen an den internationalen Finanzmärkten. Diese führten in weiterer Folge zum Zusammenbruch großer Finanzinstitute und mündeten letztlich in einer weltweiten Wirtschaftskrise, die auch die Realwirtschaft massiv getroffen hat.[3]

Diese Ereignisse und deren Folgen demonstrieren eindrücklich, dass aufgrund der engen internationalen Wirtschaftsbeziehungen und der teils starken Abhängigkeiten zwischen den Unternehmen ein Missverhalten einiger weniger Akteure zu weltweit spürbaren negativen Konsequenzen führen kann. Vor allem die Finanz- und Wirtschaftskrise 2007/2008 zeigte zudem auf, dass die dichte internationale Verflechtung der Wirtschaft mitunter zur Folge hat, dass konkrete Auswirkungen auf Unternehmen nur schwer vorhersehbar sind, und dass im Ernstfall viele Unternehmen plötzlich von unvorhergesehenen Risiken getroffen werden.

---

[1] Vgl. *Ballwieser/Dobler*, 2003, 450.
[2] Einen Überblick über die Entwicklung bei Enron gibt z.B. *Erben*, 2005.
[3] Eine detaillierte Darstellung der Finanzmarktkrise 2007/2008 geben z.B. *Lang/Jagtiani*, 2010.

Eine konkrete Abschätzung und Bewertung von Chancen und Risiken und deren Interdependenzen wird für international agierende Unternehmen daher immer wichtiger, aber auch immer schwieriger. Die anwachsende Komplexität im globalen Wettbewerb erfordert ein Umdenken im Risikomanagement weg von einer Einzelbetrachtung ausgewählter Risiken hin zu einer systematischen Gesamtbetrachtung der Risikoposition des Unternehmens.[4] Die große Dynamik des globalen Handels und der internationalen Finanzmärkte erfordern zudem ein frühzeitiges Erkennen von Risiken, aber auch Chancen und ein schnelles Einleiten von entsprechenden Maßnahmen.

In diesem komplexen und dynamischen Umfeld ist der Nutzen eines institutionalisierten Risikomanagements demnach vor allem in seiner Informationsfunktion für betriebliche Entscheidungen zu sehen.[5] Nur eine systematische Auseinandersetzung mit zukünftigen Risiken und Chancen ermöglicht es dem Unternehmen, in einem ungewissen Umfeld die eigene Risikosituation adäquat und zeitnah abzuschätzen und so die Reaktionszeit auf Veränderungen kurz zu halten, mögliche Gefahren zu minimieren und sich bietende Chancen bestmöglich zu nutzen.[6]

Ferner brachten die oben erwähnten Unternehmensskandale einen weitreichenden Vertrauensverlust der Öffentlichkeit mit sich. Dieser beschränkte sich nicht auf die in die Bilanzskandale unmittelbar involvierten Unternehmen. Vielmehr wurde der gesamten Praxis der Rechnungslegung und Rechnungsprüfung verstärktes Misstrauen entgegengebracht. Um dieser Entwicklung entgegenzuwirken, kam es in der Folge der Bilanzdelikte in zahlreichen Staaten zu einer Verschärfung der Rechnungslegungs- und Rechnungsprüfungsvorschriften. So kann beispielsweise die Verabschiedung des Sarbanes-Oxley Acts (SOA) 2002 in den USA als eine Folge des Enron-Skandals gesehen werden.[7] Aber auch in anderen Staaten, beispielsweise in Deutschland, wurde eine gesetzliche Verpflichtung zur Darstellung des Risikomanagementsystems und der Risikolage des Unternehmens im Rahmen des Jahresabschlusses geschaffen.

Neben den rechtlich bindenden Gesetzen entstanden zudem seit den 1990er Jahren sogenannte Soft Laws, in Form von nationalen Corporate-Governance-Kodizes, deren Anwendung im Unternehmen auf freiwilliger Basis erfolgt und die unter anderem die wahrheitsgemäße und transparente Berichterstattung der Unternehmen an ihre Stakeholder zum Ziel haben und somit wiederum die Funktionsfähigkeit der Kapitalmärkte sicherstellen wollen.

Von diesen Entwicklungen sind im Besonderen international agierende Unternehmen betroffen. Um im globalen Wettbewerb bestehen zu können, stellt die Einrichtung eines effektiven Risikomanagements für sie eine ökonomische Notwendigkeit dar. Zudem bringt es die internationale Geschäftstätigkeit dieser Unternehmen vielfach mit sich, dass sie gleichzeitig mehreren nationalen Gesetzgebungen unterliegen. Daher müssen internationale Unternehmen vielfach unterschiedliche gesetzliche Verpflichtungen im Bereich Risikomanagement erfüllen.

---

[4]   Vgl. *Romeike/Hager*, 2009, 99.
[5]   Vgl. *Wall*, 2008, 230.
[6]   Vgl. *Gleißner*, 2008, V f.
[7]   Vgl. *Ballwieser/Dobler*, 2003, 453 ff.

2. Risiko: Eine Begriffsbestimmung

Risiko ist untrennbar mit jeder wirtschaftlichen Tätigkeit verbunden. So treffen die Führungskräfte im Unternehmen tagtäglich Entscheidungen, die mit Risiken behaftet sind. Sie nützen somit einerseits Chancen und setzen das Unternehmen andererseits auch Gefahren beziehungsweise Risiken aus.[8] Risiko ist demnach auch stets Teil von betrieblichen Entscheidungen. Trotz seiner großen Bedeutung bei betrieblichen Entscheidungen zeigt sich jedoch, dass es innerhalb der Betriebswirtschaft kein einheitliches Verständnis von Risiko gibt und demnach keine allgemein gültige Definition von Risiko existiert. Beim Versuch, Risikodefinitionen zu kategorisieren, können diese in zwei Gruppen eingeteilt werden: ursachenbezogene und wirkungsbezogene Definitionen.[9]

Ursachenbezogene Risikodefinitionen verbinden Risiko mit Entscheidungssituationen und definieren das Phänomen Risiko über dessen Entstehungsgründe. Demnach entsteht Risiko aufgrund des unvollkommenen Informationszustandes über die Zukunft. Daneben kann die Möglichkeit einer Fehlentscheidung als weitere Ursache für Risiko gesehen werden.[10] Definitionen, die diesen Aspekt inkludieren, bezeichnen *Schorcht/Brösel* als entscheidungsorientierten Risikobegriff. Sie gehen über einen rein informationsorientierten Risikobegriff hinaus, da sie die Möglichkeit menschlichen Versagens in einer Entscheidungssituation berücksichtigen, und bewerten Risiko zudem negativ.[11]

Spremann unterscheidet in ähnlicher Weise vier unterschiedliche Quellen für Risiko: Zunächst das Modellrisiko, das aus der Datenunsicherheit über die Zukunft resultiert. Dieses Risiko entsteht aufgrund von fehlendem Wissen über die zukünftige Situation. Im Unterschied dazu ergibt sich das Risiko der unvollständigen Information, wenn die Informationen zwar vollständig vorhanden oder beschaffbar sind, aber nicht adäquat bei der Entscheidungsfindung berücksichtigt werden. Dies ist beispielsweise bei begrenzter Zeit für Entscheidungen der Fall. Des Weiteren nennt *Spremann* noch den Zufall als Ursache von Risiko, der Ereignisse darstellt, die sich aufgrund fehlender Gesetzmäßigkeiten generell nicht prognostizieren lassen, und schließlich die Verhaltensunsicherheit, die sich aus nicht rationalem und daher auch nicht prognostizierbarem Verhalten anderer Personen ergibt.[12]

Ein wirkungsbezogenes Risikoverständnis hingegen hat einen anderen Blickwinkel auf das Phänomen Risiko. Hier interessiert nicht die Ursache, sondern die Wirkung. Wirkungsbezogen kann Risiko daher nur im Zusammenhang mit Zielen sinnvoll definiert werden und wird als (negative) Abweichung von einer Zielgröße verstanden. Eine derartige Risikodefinition kann daher auch als zielorientierte Risikodefinition bezeichnet werden.[13]

Auch die Abgrenzung zwischen Risiko und Chance ist nicht eindeutig. Risiko und Chance werden häufig als zwei Seiten einer Medaille gesehen.[14] Traditionell wird Risiko

---

[8] Vgl. *Haller*, 1986, 8; *Weber/Liekweg*, 2005, 495.
[9] Vgl. *Fiege*, 2006, 37; *Grof*, 2007, 212.
[10] Bereits *Bussmann*, 1955, 20 weist auf menschliches Versagen als Ursache von Risiko hin.
[11] Vgl. *Schorcht/Brösel*, 2005, 7 f.; *Fiege*, 2006, 40.
[12] Vgl. *Spreemann*, 2002, 49.
[13] Vgl. *Haller*, 1986, 18; *Schorcht/Brösel*, 2005, 8.
[14] Vgl. *Bussmann*, 1955, 19.

daher meist negativ verstanden, das heißt als Gefahr einer Fehlentscheidung bzw. als negative Zielabweichung. Im Gegensatz dazu wird Chance als Möglichkeit einer positiven Zielabweichung, also einer Übererfüllung der Ziele, gesehen. Neuere Definitionen verstehen Risiko jedoch vielfach als neutralen Überbegriff von (negativem) Risiko und (positiver) Chance.[15]

In Anlehnung an *Haller* kann Risiko ganz allgemein als „die Summe der Möglichkeiten, das sich Erwartungen des Systems Unternehmung aufgrund von Störprozessen nicht erfüllen"[16], gesehen werden. *Haller* berücksichtigt in dieser bewusst weiten Risikodefinition einerseits die Zielorientierung, dass also ein mögliches Ereignis nicht automatisch ein Risiko darstellt, sondern erst zum Risiko wird, wenn es eine Erwartung (Zielgröße) beeinflussen könnte. Andererseits wird der Risikobegriff als Abweichung von der Erwartung definiert und schließt demnach auch positive Abweichungen mit ein.

Auch die Unterscheidung von Risikoarten beziehungsweise Risikokategorien kann anhand unterschiedlicher Kriterien durchgeführt werden. Generell ist es für Unternehmen empfehlenswert, Risiken zu kategorisieren, um sie leichter zu identifizieren und um adäquate Maßnahmen zur Risikobewältigung treffen zu können.[17] Welche Kategorisierung ein Unternehmen letztlich vornimmt, ist von der individuellen Unternehmenssituation abhängig. Risiken können zum einen nach ihrer Wesentlichkeit in bestandsgefährdende, wesentliche und unwesentliche Risiken unterschieden werden.[18] Diese Unterscheidung ist neben der Existenzsicherung des Unternehmens auch im Rahmen der Publizitätspflicht der Unternehmen von Bedeutung, da bestandsgefährdende Risiken explizit im Lagebericht als solche ausgewiesen werden müssen.[19] Weiters können Risiken hinsichtlich der betroffenen Zielgröße unterschieden werden. In diesem Zusammenhang ist die Unterscheidung in finanzielle und nicht finanzielle (leistungswirtschaftliche) Risiken üblich. Daneben wird vielfach zwischen strategischen, operativen und taktischen Risiken differenziert sowie zwischen internen und externen Risiken.[20]

Um Risiken im Unternehmen rechtzeitig und durchgängig zu erkennen, eignet sich eine Risikokategorisierung anhand von Risikofeldern. *Diederichs/Form/Reichmann* geben diesbezüglich folgenden Risikokatalog als Beispiel:

---

[15] Vgl. z.B. *Weber/Liekweg*, 2005, 497; *Denk/Exner-Merkelt/Ruthner*, 2008, 29.
[16] *Haller*, 1986, 18.
[17] Vgl. *Diederichs/Form/Reichmann*, 2004, 190.
[18] Vgl. z.B. *Diederichs/Form/Reichmann*, 2004, 189.
[19] Vgl. dazu Kapitel 3.2.
[20] Einen Überblick über die verschiedenen Einteilungen von Risiken gibt z.B. *Romeike*, 2005, 20 ff.

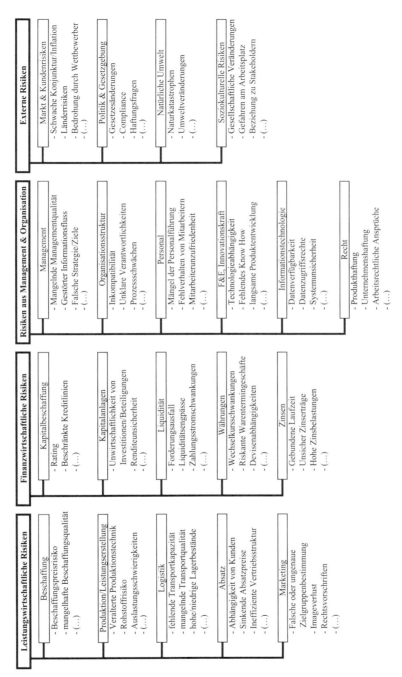

Abb. 1: Risikofelder, Risikoarten und Einzelrisiken [in Anlehnung an *Diederichs/Form/Reichmann*, 2004, 190]

Risikomanagement bezeichnet in weiterer Folge alle Regeln und Maßnahmen eines Unternehmens, die den Umgang mit Risiken, die das Erreichen unternehmerischer Ziele bedrohen, betreffen. Aufgabe des betrieblichen Risikomanagements ist es daher, Risiken frühzeitig zu erkennen, sie realistisch zu bewerten und Informationen in systematischer Form an die Entscheidungsträger weiterzuleiten und so die Qualität der betrieblichen Entscheidungen zu verbessern.[21]

3. Treiber des Risikomanagements

3.1. Ökonomische Begründung für Risikomanagement

Von der anwachsenden Komplexität und Dynamik des Unternehmensumfeldes sind im Besonderen international agierende Unternehmen betroffen. Die internationale Geschäftstätigkeit, aber auch die Möglichkeiten der internationalen Finanzmärkte bieten für Unternehmen einerseits neue Chancen, bringen jedoch andererseits auch unbekannte Risiken mit sich. Die Prognose der Zukunft wird damit immer schwieriger und der Überblick über die Risikolandschaft des Unternehmens geht immer mehr verloren.[22]

Folgende Entwicklungen führten und führen zu einer Verschärfung der Risikosituation für internationale Unternehmen:

- Die Globalisierung der Märkte und die internationale Verflechtung der Unternehmen führen einerseits zu neuen Risiken, wie beispielsweise zusätzlichen politischen, finanziellen und rechtlichen Risiken. Andererseits wird es für die Unternehmen aufgrund der starken Abhängigkeiten und möglicher Kettenreaktionen immer schwieriger, die Folgen einer Risikosituation für das eigene Unternehmen abzuschätzen.
- Die Deregulierung der Märkte und die Wandlung von Verkäufer- zu Käufermärkten bringen einen wachsenden Wettbewerbsdruck mit sich. Dies zwingt Unternehmen zur Annahme von Aufträgen mit höherem Gefahren- bzw. Verlustpotenzial und reduziert gleichzeitig die unternehmensinternen Reserven zur Abdeckung möglicher Verluste.
- Zudem steigen Größe und Marktmacht einzelner Marktteilnehmer durch Fusionen und Kooperationen immer mehr an. Dies kann zu einer starken Abhängigkeit führen und verringert für die Unternehmen die Möglichkeit zur Risikostreuung.
- Aufgrund moderner Produktionstechnologien steigen die Fixkostenanteile in den Unternehmen. Dies bedingt eine Verringerung der Anpassungsfähigkeit und birgt zudem die Gefahr großer finanzieller Schäden bei Störfällen und Stillstand.
- Kürzere Produktlebenszyklen, neue Informations- und Kommunikationstechnologien, der Wunsch nach kürzeren Lieferzeiten usw. steigern die Dynamik der Märkte und verkürzen die Reaktionszeit für die Unternehmen.
- Die Reduktion der innerbetrieblichen Wertschöpfungstiefe und die durch Netzwerke und Kooperationen entstandenen Abhängigkeiten führen dazu, dass auch Risiken der Partner vermehrt von Bedeutung werden.[23]

Vor dem Hintergrund dieser verschärften Risikosituation können sich durch ein systematisches Risikomanagement für die Unternehmen folgende Vorteile ergeben:

---

[21] Vgl. *Reichmann*, 2001, 284; *Diederichs/Form/Reichmann*, 2004, 189.
[22] Vgl. *Hölscher*, 2006, 343; *Romeike*, 2006, 434.
[23] Vgl. *Denk/Exner-Merkelt/Ruthner*, 2008, 39 f.; *Romeike/Hager*, 2009, 81.

- Risikomanagement verringert die Planungsunsicherheit: Ein systematisches Risikomanagement generiert Informationen über mögliche zukünftige Entwicklungen, indem Risiken und Chancen identifiziert und bewertet werden. Die so gewonnene Information macht die zukünftige Entwicklung des Unternehmens leichter prognostizierbar und reduziert somit die Planungsunsicherheit. Werden diese Informationen dementsprechend in der Planungsrechnung berücksichtigt, so ergeben sich realistischere Planwerte, die eine bessere Entscheidungsgrundlage für das Unternehmen darstellen.[24]

- Risikomanagement erhöht die Entscheidungsqualität: Das Treffen von Entscheidungen bei unvollkommener und unsicherer Information wird vielfach als immanenter Teil der Führungsfunktion im Unternehmen verstanden.[25] Eine regelmäßige und systematische Erfassung und Bewertung von Risiken und Chancen bietet für diese Entscheidungen eine verbesserte und schnell verfügbare Informationsbasis, die wiederum die Qualität der Unternehmensentscheidungen erhöht und eine schnelle Anpassung an veränderte Umfeldbedingungen ermöglicht.

  Realistische Prognosen über die zu erwartenden Entwicklungen des Umfelds und des Unternehmens erleichtern somit die Unternehmenssteuerung, tragen dadurch zur Existenzsicherung des Unternehmens bei und können zudem zu einer Verbesserung des zukünftigen Ertragsniveaus führen. Dadurch verringert ein effektives Risikomanagement letztlich die Unsicherheit für Mitarbeiter, Kunden, Lieferanten und andere Partner im Leistungsprozess.[26]

- Risikomanagement verringert die Kapitalkosten und erleichtert die Kapitalaufbringung: Auf einem vollkommenen Kapitalmarkt könnten die Anleger durch Diversifikation ihr Risiko ausgleichen und ein unternehmensweites Risikomanagement wäre für sie demnach irrelevant.[27] Tatsächlich sind die Kapitalmärkte jedoch nicht vollkommen, da einerseits Effekte durch Steuern, Transaktionskosten und Konkurskosten die Aktienmärkte beeinflussen, andererseits aber auch die Investoren aufgrund von Informationsasymmetrien und persönlichen Präferenzen nicht immer rational handeln. Die Annahme, dass Investoren Risiko besser steuern können als die Unternehmen, hat sich demnach in der realen Welt nicht bestätigt, und die Einführung eines effektivem Risikomanagements wird von den Investoren an den Kapitalmärkten als direkte Verantwortung der Geschäftsführungsorgane der Unternehmen gesehen.[28]

  Auf unvollkommenen Märkten signalisiert ein systematisches Risikomanagement den Anlegern erhöhte Sicherheit ihrer Investition, da es den Unternehmen hilft, ihre bekanntgegebenen Ziele zu erreichen, und somit auch dazu beiträgt, dass die Erwartungen der Investoren erfüllt werden. Diese höhere Sicherheit für die Anleger spiegelt sich letztlich in geringeren Kapitalkosten für die Unternehmen wider.[29]

  Aber auch im Rahmen der Fremdkapitalfinanzierung spielt ein systematisches Risikomanagement eine immer größere Rolle. Ein effektives Risikomanagement trägt zur

---

[24] Vgl. *Gleißner/Kalwait*, 2010, 24.
[25] Vgl. z.B. *Haller*, 1986, 8.
[26] Vgl. *Gleißner*, 2008, 12.
[27] Zu den Kapitalkosten auf vollkommenen Märkten siehe *Modigliani/Miller*, 1958.
[28] Vgl. *Lam*, 2003, 6 f.; *Hachmeister*, 2005, 136; *Meulbroek*, 2008, 65.
[29] Vgl. *Chew*, 2008, viii.

Verbesserung des Ratings bei.[30] Dies gewinnt insbesondere im Rahmen der Regelungen unter Basel III für die Fremdkapitalfinanzierung an Bedeutung. So wird derzeit vielfach davon ausgegangen, dass die Fremdkapitalkosten bei niedrigem Rating durch Basel III ansteigen werden, und zusätzlich werden Banken bei der Kreditvergabe an Unternehmen mit schlechtem Rating immer restriktiver vorgehen.

- Risikomanagement steigert den Unternehmenswert: Für Unternehmen, deren Investoren nicht stark diversifiziert sind, ergibt sich der Wertbeitrag des Risikomanagements bereits durch die Steuerung der unternehmensspezifischen Risiken, was zu einer Verbesserung der Ertragslage und des Unternehmenswertes führt. Dies ist beispielsweise bei vielen mittelständischen Unternehmen der Fall, die den Großteil ihres Vermögens im eigenen Unternehmen gebunden haben.[31]

Aber auch bei stärker diversifizierten Investoren kann sich aufgrund der Unvollkommenheit der Kapitalmärkte und insbesondere der Informationsasymmetrien zwischen Management und Anlegern ein Wertbeitrag eines unternehmensweiten systematischen Risikomanagements ergeben. Die Einschätzungen und Reaktionen der verschiedenen Stakeholder-Gruppen, wie Mitarbeiter, Fremdkapitalgeber, Kunden und Lieferanten, wirken sich letztlich auch auf den Marktwert des Unternehmens aus. Die Reduktion der Unsicherheit für diese bedeutenden Stakeholder-Gruppen führt demnach in weitere Folge zu einer Steigerung des Marktwertes des Unternehmens und daher auch für die Eigenkapitalgeber zu einer Wertsteigerung.[32]

3.2. Regulative Erfordernisse für Risikomanagement

3.2.1. Einleitung

Neben den oben genannten ökonomischen Gründen für ein systematisches Risikomanagement wird eine Vielzahl von Unternehmen durch gesetzliche Rahmenbedingungen zum Risikomanagement verpflichtet. Dies lässt sich insbesondere durch die bestehenden Informationsasymmetrien zwischen dem Management und den anderen Stakeholdern erklären. Üblicherweise verfügt das Management über bessere Informationen betreffend die zukünftigen Chancen und Risiken des Unternehmens. Damit auch die anderen Stakeholder die Lage des Unternehmens adäquat einschätzen können, bedarf es neben einer systematischen Erfassung und Bewertung auch einer transparenten Kommunikation von Chancen und Risiken an die Stakeholder. Gesetzliche Bestimmungen zur Risikoberichterstattung dienen daher vor allem dem Schutz der unterschiedlichen Anspruchsgruppen.[33]

Die Verpflichtung zum Führen eines Risikomanagements ist in verschiedenen nationalen Gesetzen begründet. Zudem haben sich infolge der spektakulären Firmenskandale weltweit Standards zur Unternehmensführung und -überwachung entwickelt. Diese Corporate-Governance-Kodizes, die vielfach auch als „Soft Law" bezeichnet werden, können von den Unternehmen auf freiwilliger Basis befolgt werden und enthalten ebenfalls Empfehlungen betreffend das Risikomanagement und die Risikoberichterstattung.

---

[30] Vgl. *Gleißner*, 2008, 12.
[31] Vgl. *Kerins/Smith/Smith*, 2004, 394 ff.; *Gleißner*, 2008, 13.
[32] Vgl. *Hachmeister*, 2005, 134; *Chew*, 2008; ix; *Gleißner*, 2008, 12 ff.
[33] Vgl. *Kajüter/Linsley/Woods*, 2008, 7.

Die internationale Tätigkeit der Unternehmen bringt es mit sich, dass die Unternehmen vielfach verschiedenen nationalen Gesetzgebungen unterliegen. So sind österreichische Unternehmen mitunter nicht nur dazu verpflichtet, ihr Risikomanagement gemäß der österreichischen Gesetzeslage auszugestalten, sondern müssen zudem auch, weil sie beispielsweise zu einem deutschen Unternehmensverbund gehören oder an einer US-Börse gelistet sind, die Rechnungslegungspflichten dieser Länder berücksichtigen.

Daher sollen im Folgenden neben der österreichischen Gesetzeslage zum Risikomanagement und zur Risikopublizität auch die deutschen und US-amerikanischen Regelwerke dargestellt werden, da sie für viele international tätige Unternehmen von Relevanz sind. Zudem sollen, aufgrund seiner bindenden Wirkung für börsennotierte Unternehmen, auch der österreichische Corporate Governance Kodex und seine Empfehlungen betreffend das Risikomanagement näher beleuchtet werden.

3.2.2. Anforderungen in Österreich

Für österreichische Kapitalgesellschaften kann eine gesetzliche Verpflichtung zum Risikomanagement bereits aus der allgemeinen Sorgfaltspflicht der Geschäftsführerorgane abgeleitet werden.[34]

Zudem verlangt beispielsweise § 81 des österreichischen Aktiengesetzes (AktG) indirekt eine Einbeziehung von Risiken in die Berichterstattung, da er den Vorstand verpflichtet, dem Aufsichtsrat im Rahmen des Jahresberichtes Auskunft über die zukünftige Geschäftspolitik und „die künftige Entwicklung der Vermögens-, Finanz- und Ertragslage" zu erteilen.[35] Dies ist entsprechend der allgemeinen Sorgfaltspflicht nur mithilfe eines funktionierenden Risikomanagements möglich.[36]

Die explizite Verpflichtung zur Berichterstattung über die betrieblichen Risiken ist für Kapitalgesellschaften seit 2004 im Handelsgesetzbuch (HGB) bzw. im Unternehmensgesetzbuch (UGB) verankert. Durch das Rechnungslegungs-Änderungsgesetz (ReLÄG) 2004 verlangt nun § 243 Abs. 1 UGB die Beschreibung „wesentlicher Risiken und Unsicherheiten"[37] im Lagebericht des Unternehmens und Abs. 3 Z 5 leg. cit. verlangt eine Darstellung der „Verwendung von Finanzinstrumenten" gemeinsam mit deren Risikomanagementzielen und -methoden sowie Absicherungsstrategien und den damit verbundenen finanziellen Risiken.[38] Mit dem ReLÄG 2004 wurde die Fair-Value Richtlinie der Europäischen Union[39] in nationales Recht umgesetzt. Es regelt daher vor allem die Berichterstattung über finanzielle Risiken und enthält keinerlei Vorgaben über die Ausgestaltung eines Risikomanagements an sich.[40]

Zur Förderung der Transparenz der Jahresabschlüsse und zur Sicherstellung einer unabhängigen Abschlussprüfung wurden mit dem Unternehmensrechts-Änderungsgesetz

---

[34] Vgl. *Grof/Pichler*, 2002, 75.

[35] Vgl. § 81 AktG; für die GmbH gilt gleichlautend § 28 GmbHG.

[36] Vgl. *Denk/Exner-Merkelt/Ruthner*, 2008, 45 f.

[37] In der österreichischen Fachliteratur werden wesentliche Risiken vielfach in Anlehnung an den deutschen DRS 5 als Risiken definiert, „die den Bestand des Unternehmens gefährden oder die wirtschaftliche Lage des Unternehmens wesentlich beeinflussen" (siehe z.B. *Wohlschlager*, 2009, 85 f.).

[38] Vgl. § 243 Abs. 1 und Abs. 3 UGB; die gleichen Bestimmungen gelten auch im Konzernlagebericht und sind in § 267 Abs. 1 und Abs. 3 UGB enthalten.

[39] Richtlinie 2001/65/EG vom 27.10.2001.

[40] Vgl. *Denk/Exner-Merkelt/Ruthner*, 2008, 48.

(URÄG) 2008 die EU-Abschlussprüfungsrichtlinie[41] und die EU-Änderungsrichtlinie[42] in nationales Recht überführt. Durch das URÄG sind Kapitalgesellschaften verpflichtet, auch über „die Risiken und Vorteile" außerbilanzieller Geschäfte zu berichten.[43] Zudem wurde für börsennotierte Unternehmen die verpflichtende Berichterstattung im Lagebericht um Angaben über das Interne Kontrollsystem und das Risikomanagementsystem betreffend den Rechnungslegungsprozess erweitert[44] und die Bestellung eines Prüfungsausschusses zur Verpflichtung. Zu den Aufgaben dieses Prüfungsausschusses zählt gemäß AktG beziehungsweise GmbHG auch die Prüfung des Internen Kontrollsystems sowie des internen Revisions- und Risikomanagementsystems.[45] Ebenfalls durch das URÄG wurden börsennotierte Unternehmen dazu verpflichtet, einen Corporate-Governance-Bericht aufzustellen.[46] Dadurch erhalten die Regeln des Corporate Governance Kodex betreffend Risikomanagement für börsennotierte Unternehmen verbindlichen Charakter.

Zusammenfassend lässt sich damit sagen, dass österreichische Kapitalgesellschaften gesetzlich dazu verpflichtet sind, im Lagebericht wesentliche Risiken darzustellen und über verwendete Finanzinstrumente aufzuklären. Abgesehen von Risiken, die aus der Verwendung von Finanzinstrumenten resultieren, sind die Unternehmen jedoch nur zur reinen Auflistung der berichtspflichtigen Risiken verpflichtet. Weder Erläuterungen oder etwaige Absicherungsmaßnahmen noch verbundene Chancen sind Gegenstand der gesetzlichen Vorgaben. Auch eine Quantifizierung der Risiken und eine Darstellung der Berechnungsmethoden sowie die Ermittlung einer Gesamtrisikoposition sind gesetzlich nicht verpflichtend. Im Sinne einer transparenten Darstellung der zukünftigen Lage des Unternehmens wird dies aber vonseiten des Austrian Financial Reporting and Auditing Committee (AFRAC)[47] und auch in der Fachliteratur empfohlen.[48]

Für börsennotierte Unternehmen ergeben sich insbesondere durch die verpflichtende Erstellung eines Corporate-Governance-Berichtes weitere Publizitätspflichten betreffend Risiken und Risikomanagement. Die Regelungen des österreichischen Corporate Governance Kodex (ÖCGK) ergänzen die rechtlich bindenden Vorgaben im Bereich Risikomanagement und Risikopublizität dahingehend, dass die Berichterstattung über Risiken auch auf nicht finanzielle Risiken ausgeweitet wird (Regel 69 [L]) und dass eine Darstellung des Risikomanagements im Lagebericht verpflichtend ist (Regel 9 [L]).[49] Dadurch soll es den Adressaten des Jahresabschlusses möglich werden, sich ein vollständiges Bild über die Risikolage des Unternehmens zu machen. Durch Regel 9 wird zudem für börsennotierte Unternehmen die Einführung eines Risikomanagements verpflichtend.

Ferner konkretisiert der ÖCGK die Pflichten und Aufgaben der Geschäftsführungsorgane (Vorstand, Aufsichtsrat und Prüfungsausschuss) im Bereich Risikomanage-

---

[41] Richtlinie 2006/43/EG vom 17.05.2006.
[42] Richtlinie 2006/46/EG vom 14.06.2006.
[43] Vgl. § 237 Abs. 8 a und § 266 Abs. 2a UGB.
[44] Vgl. § 243a Abs. 2 und §267 Abs. 3b UGB.
[45] Vgl. § 92 Abs. 4a AktG sowie § 30g Abs. 4a GmbHG; *Denk/Exner-Merkelt/Ruthner*, 2008, 47 f.
[46] Vgl. § 243b Abs. 1 UGB.
[47] Österreichischer Standardsetter in der Finanzberichterstattung und Abschlussprüfung.
[48] Vgl. z.B. *Wohlschlager*, 2009, 90 f.
[49] Vgl. ÖCGK (2010), 18 und 41.

ment.[50] In diesem Zusammenhang ist insbesondere Regel 40 (L) von Bedeutung, die 2010 in den CG-Kodex aufgenommen wurde und börsennotierte Unternehmen unabhängig von ihrer Größe verpflichtet, einen Prüfungsausschuss einzurichten, zu dessen Aufgaben auch die Überprüfung des Risikomanagementsystems gehört.[51] Neben dem Prüfungsausschuss ist auch der Abschlussprüfer durch Regel 83 (C) verpflichtet, „die Funktionsfähigkeit des Risikomanagementsystems zu beurteilen" und anschließend Vorstand und Aufsichtsrat darüber zu informieren.[52]

Da das betriebliche Risikomanagement die wichtigste Informationsquelle für die Risikoberichterstattung darstellt, kann davon ausgegangen werden, dass die Implementierung eines Risikomanagementsystems für börsennotierte Unternehmen eine Notwendigkeit ist.[53]

3.2.3. *Vorschriften der Internationalen Financial Reporting Standards (IFRS)*

Unternehmenskonzerne, die auch nach IFRS bilanzieren, müssen in ihrem Konzernabschluss weitere Angabepflichten zu Finanzrisiken erfüllen. In diesem Zusammenhang ist insbesondere IFRS 7 „Financial Instruments: Disclosure", der die Offenlegung von Risiken die sich aus der Verwendung von Finanzinstrumenten ergeben, verlangt, von Bedeutung. Ziel dieser Regelung ist es, ähnlich zu § 243 Abs. 3 Z 5 UGB, den Abschlussadressaten eine realistische Einschätzung der Bedeutung der Finanzinstrumente für die zukünftige Finanz-, Vermögens- und Ertragslage zu ermöglichen,[54] wenngleich die Anforderungen nach IFRS jene des UGB übersteigen.

IFRS 7 verlangt betreffend die verwendeten Finanzinstrumente Angaben zu deren Bedeutung im Jahresabschluss sowie die Darstellung der angewendeten Bilanzierungsmethode. Zu den Risiken, die sich aus den verwendeten Finanzinstrumenten ergeben, müssen die Unternehmen sowohl qualitative als auch quantitative Angaben machen. Qualitative Angaben betreffen das Risikoausmaß, die gewählte Risikostrategie und die Risikoziele sowie das Risikomanagement. Zusätzlich muss auch auf etwaige Risikokonzentrationen hingewiesen werden. Daneben ist die quantitative Darstellung des mit den Finanzinstrumenten verbundenen Kredit-, Liquiditäts- und Marktrisikos verpflichtend.[55]

Wie schon in der nationalen österreichischen Gesetzgebung sind auch nach IFRS hauptsächlich die finanziellen Risiken Gegenstand regulativer Vorgaben. Da diese Regelungen im Eindruck der großen Bilanzskandale eingeführt wurden, scheint dies nicht weiter zu verwundern. In weiterer Folge wird damit aber auch verständlich, dass sich bei der Berichterstattung über Risiken in den Jahresabschlüssen ein deutlicher Fokus auf finanzielle Risiken ergibt.[56]

---

[50] Vgl. *Fichtinger*, 2009, 375; ÖCGK, 2010, 23 f.; 28; 29 f. und 46.
[51] Vgl. ÖCGK, 2010, 29 f.
[52] Vgl. ÖCGK, 2010, 46.
[53] Vgl. *Dobler*, 2005, 146.
[54] Vgl. *Wagenhofer*, 2009, 498.
[55] Eine detaillierte Darstellung der Offenlegungspflichten gibt z.B. KPMG, 2007a.
[56] Eine Analyse von Geschäftsberichten hinsichtlich Risikopublizität findet sich z.B. in *Wohlschlager*, 2009, 99 ff.

3.2.4. Anforderungen in Deutschland

Die Diskussion um verbindliche Standards zum Risikomanagement wurde in Deutschland schon früher als in Österreich begonnen. Mit dem Ziel einer Verbesserung der Corporate Governance börsennotierter Unternehmen verabschiedete der deutsche Gesetzgeber bereits 1998 das Gesetz zur Kontrolle und Transparenz (KonTraG) und reagierte damit auf die veränderten Anforderungen im globalen Handel und an den internationalen Finanzmärkten. Das KonTraG stellt eine Modernisierung vor allem des deutschen Aktienrechts dar und konkretisiert im Sinne der Corporate Governance die Verantwortlichkeiten der Geschäftsführungsorgane. Dabei setzt das KonTraG weniger auf gesetzlich bindende Ge- und Verbote, sondern auf die Möglichkeiten der Selbststeuerung und Selbstregulierung der Unternehmen.[57]

Betreffend Risikomanagement hat laut § 91 Abs. 2 dAktG der Vorstand „geeignete Maßnahmen zu treffen, insbesondere ein Überwachungssystem einzurichten, damit den Fortbestand der Gesellschaft gefährdende Entwicklungen früh erkannt werden".[58]

Daraus leitet sich die Pflicht des Vorstands ab, für ein „angemessenes Risikomanagement"[59] und eine „angemessene interne Revision" im Unternehmen Sorge zu tragen.[60] Konkrete Vorgaben für die Ausgestaltung des Überwachungssystems und seiner Teilsysteme sieht das KonTraG jedoch nicht vor, sondern es geht vielmehr davon aus, dass ein geeignetes Überwachungssystem von Größe, Branche, Unternehmens- und Eigentümerstruktur abhängig ist.[61] Daraus resultiert eine gewisse Unsicherheit in der Auslegung, die umso bedeutsamer ist, als gemäß § 93 dAktG bei einem nicht geeigneten Risikomanagement der Vorstand für entstandene Schäden haftbar gemacht werden kann.[62] Vor diesem Hintergrund entwickelte das deutsche Institut der Wirtschaftsprüfer den Leitfaden IDW PS 340, der nicht nur im Rahmen der Prüfung von Bedeutung ist, sondern aus dem auch Gestaltungsempfehlungen für das Risikomanagement abgeleitet werden können.[63]

Aufgrund von § 91 Abs. 2 dAktG sind im Gegensatz zu Österreich alle deutschen Aktiengesellschaften und über eine Ausstrahlungswirkung teilweise auch Gesellschaften mit beschränkter Haftung gesetzlich zum Führen eines systematischen Risikomanagements verpflichtet.[64] Zudem wird in der Fachliteratur davon ausgegangen, dass die Verpflichtung zu einem Risikomanagementsystem innerhalb eines Konzerns rechtsformunabhängig ist, da in der Gesetzesbegründung zu § 91 Abs. 2 dAktG darauf verwiesen

---

[57] Vgl. *Franz*, 2000, 48.

[58] § 91 Abs. 2 dAktG.

[59] *Picot*, 2001, 13 merkt dazu an, dass § 91 Abs. 2 AktG nur auf die Risikofrüherkennung sowie deren Sicherstellung durch ein Überwachungssystem abzielt. Die tatsächliche Bewältigung der Risiken wird in § 91 Abs. 2 nicht geregelt, gehört aber zur allgemeinen Leitungspflicht und unterliegt demnach § 76 Abs. 1 AktG.

[60] Vgl. *Zimmer/Sonnborn*, 2001, 55; *Berens/Schmitting*, 2004, 66.

[61] Vgl. *Hahn/Krystek*, 2000, 75; *Berens/Schmitting*, 2004, 66; *Grof*, 2007, 210.

[62] Vgl. § 93 Abs. 2 dAktG; *Hahn/Krystek*, 2000, 75.

[63] Vgl. *Dobler*, 2004, 129.

[64] *Hommelhoff/Mattheus*, 2000, 15; zur Ausstrahlungswirkung auf GmbHs siehe ebenda 29 f. sowie *Picot*, 2001, 14.

wird, dass die Vorgaben für ein Risikomanagement vom Mutterunternehmen nicht nur auf dessen Rechtsform begrenzt sind, sondern konzernweit zu verstehen sind.[65]

Daneben sieht das KonTraG vor, dass der Lagebericht um einen Risikobericht zu erweitern ist, der die externen Adressaten des Jahresabschlusses über das Risikomanagementsystem und die Risikolage des Unternehmens informiert.[66] Außerdem werden die Aufgaben des Aufsichtsrates und des Abschlussprüfers durch das KonTraG konkretisiert. So ist der Abschlussprüfer verpflichtet, das Risikofrüherkennungssystem[67] und die Angaben zu Risiken im Lagebericht zu prüfen und zu beidem im Prüfbericht gegenüber dem Aufsichtsrat Stellung zu nehmen sowie seine Ergebnisse im Testat offenzulegen.[68] Der Aufsichtsrat wiederum hat die Aufgabe, unterstützt durch den Abschlussprüfer die Funktionsfähigkeit des Risikomanagementsystems sowie die Angaben des Vorstandes zur zukünftigen Entwicklung im Lagebericht zu prüfen.[69]

Durch das Bilanzreformgesetz (BilReG) 2004[70] wurde neben der Risikoberichterstattung auch die Berichterstattung über Chancen verpflichtend. Risiken und Chancen müssen demnach nicht nur aufgezählt, sondern auch bewertet und erläutert werden. Daneben ist auch die Darstellung der zugrunde liegenden Annahmen für die Ermittlung der Chancen und Risiken zwingend.[71] Eine derartige gesetzliche Verpflichtung existiert in Österreich derzeit nicht, eine Ausweitung der Risikoberichterstattung sowie eine Chancenberichterstattung wird jedoch in ähnlicher Weise von der AFRAC empfohlen.[72] Auch die erweiterte Berichterstattung über Risiken im Zusammenhang mit Finanzinstrumenten entsprechend der Fair-Value-Richtlinie wurde durch das BilReG in deutsches Recht umgesetzt.[73]

Eine Konkretisierung der Anforderungen an den Inhalt der Risiko- und Chancenberichterstattung gibt der Deutsche Rechnungslegungsstandard Nr. 5 (DRS 5).[74] Auch in Österreich nimmt die Fachliteratur bei Gestaltungsempfehlungen weitgehend Bezug auf den DRS 5,[75] was sich möglicherweise durch seine frühere Einführung erklären lässt.

Eine letzte Erweiterung der verpflichtenden Risikoberichterstattung erfolgte durch das Bilanzrechtsmodernisierungsgesetz (BilMoG) 2008, das die EU-Abschlussprüferrichtlinie sowie die EU-Abänderungsrichtlinie[76] in deutsches Recht überführte. Dadurch wurde § 289 dHGB für börsennotierte Unternehmen um eine verpflichtende Darstellung

---

[65] Vgl. *Goschau/Lenz*, 2008, 178.
[66] Vgl. § 289 Abs. 1 dHGB; *Filipiuk*, 2009, 149.
[67] Vgl. *Lentfer*, 2004, 114: Die Prüfung des Risikofrüherkennungssystems war ursprünglich nur für Aktiengesellschaften im amtlichen Handel verpflichtend, wurde jedoch durch das TransPuG 2002 auf sämtliche Aktiengesellschaften ausgeweitet.
[68] Vgl. § 317 Abs. 2 und Abs. 4. dHGB.
[69] Vgl. *Franz*, 2000, 62 f.; *Hommelhoff/Mattheus*, 2000, 13, 18; *Lentfer*, 2004, 121.
[70] Das BilReG 2004 dient der Umsetzung der EU-Modernisierungsrichtlinie und der Fair-Value-Richtlinie in deutsches Recht.
[71] Vgl. *Kajüter*, 2004, 429 f.
[72] Vgl. AFRAC, 2009, Rz. 60 und 62.
[73] Vgl. § 289 Abs. 2 Nr. 2 und § 315 Abs. 2 Nr. 2 dHGB.
[74] Vgl. *Dobler*, 2004, 129; *Filipiuk*, 2009, 152.
[75] Vgl. *Wohlschlager*, 2009, 85.
[76] EU-Richtlinien 2006/43/EG und 2006/46/EG.

der wesentlichen Merkmale des internen Kontrollsystems und des Risikomanagementsystems in Bezug auf den Rechnungslegungsprozess erweitert.[77]

Zusammenfassend lässt sich feststellen, dass die gesetzlichen Regelungen in Deutschland und Österreich in weiten Teilen sehr ähnlich sind, wenngleich in der deutschen Gesetzgebung die Anforderungen im Bereich Risikomanagement stärker konkretisiert wurden. Die weitgehende Übereinstimmung lässt sich vor allem dadurch begründen, dass in beiden Ländern die Unternehmensleitung in zwei strikt getrennten Gremien, Vorstand und Aufsichtsrat, mit klar abgegrenzten Kompetenzen organisiert ist und somit auch die Aufgabenteilung im Risikomanagement ähnlicher Regelungen bedarf.

3.2.5. Anforderungen in den USA

Als Reaktion auf den massiven Vertrauensverlust der Anleger an den Wertpapierbörsen verabschiedete der US-Kongress 2002 den Sarbanes-Oxley Act (SOA), dessen Ziel ein verbesserter Schutz der Investoren an den Kapitalmärkten durch eine transparentere und verlässlichere Finanzberichterstattung ist. Im Zentrum des SOA stehen Überlegungen der Corporate Governance und der Selbstregulierung der Wirtschaftsprüfer. Die Einhaltung des SOA ist für alle an den US-Börsen notierten Unternehmen und deren Tochterunternehmen verpflichtend. Somit unterliegen nicht nur amerikanische Unternehmen dem SOA, sondern auch Unternehmen, deren Sitz außerhalb der USA ist, sobald sie an einer amerikanischen Börse notieren bzw. wenn sie zu einem Unternehmensverbund gehören, der an einer amerikanischen Börse gelistet ist.[78]

Der SOA verlangt zwar nicht explizit die Einrichtung eines Risikomanagements, aber insbesondere aufgrund der Sections 302 und 404 sind Unternehmen zum Führen eines internen Kontrollsystems und auch eines Risikomanagementsystems verpflichtet. So verlangt Section 302 SOA, dass der CEO gemeinsam mit dem CFO eine eidesstattliche Erklärung abgibt, in der bestätigt wird, dass die Finanzberichterstattung wahrheitsgetreu, richtig und vollständig ist. Zudem sind sie verpflichtet, externe Adressaten über die wesentlichen, das Unternehmen betreffenden Ereignisse zu informieren. Dementsprechend sind sie auch für angemessene Kontrollen und Verfahren, die eine ordnungsgemäße Offenlegung gewährleisten, verantwortlich. Letzteres kann nur mithilfe eines Risikofrüherkennungssystems und eines internen Kontrollsystems sichergestellt werden.[79]

Auch Section 404 SOA betrifft die interne Kontrolle, indem sie die Einrichtung eines angemessenen internen Kontrollsystems fordert. Die Funktionsfähigkeit des internen Kontrollsystems ist von der Unternehmensleitung zu prüfen, und die Ergebnisse sind gemeinsam mit dem Jahresbericht vom Wirtschaftsprüfer zu prüfen und schließlich an die SEC zu übermitteln.[80]

Obwohl in den Vorschriften von SOA Section 404 explizit nur das interne Kontrollsystem angesprochen wird, kann auch hier davon ausgegangen werden, dass die Anforderungen des Sarbanes-Oxley Acts betreffend Risikofrüherkennung und Risikoüberwachung nur durch die Einrichtung eines Risikomanagementsystems zu erfüllen sind. Da-

---

[77] Vgl. *Withus*, 2009, 440 ff.
[78] Vgl. *Menzies*, 2004, 13.
[79] Vgl. *Menzies*, 2004, 13; *Fiege*, 2006, 35.
[80] Vgl. *Menzies*, 2004, 38 ff.; *Denk/Exner-Merkelt/Ruthner*, 2008, 53.

bei zeigt sich jedoch, dass der Fokus von SOA auf die Sicherstellung einer ordnungsgemäßen Finanzberichterstattung gerichtet ist. Andere Dimensionen von interner Kontrolle und letztlich auch Risikomanagement werden durch die Regelungen von SOA in den Hintergrund gedrängt.[81]

Vor diesem Hintergrund gewann der vom Committee of Sponsoring Organizations of the Treadway Commission (COSO)[82] 1992 entwickelte Standard für die Beurteilung des internen Kontrollsystems (COSO I) immer mehr an Bedeutung, da er von der SEC als adäquates Rahmenwerk für die Prüfung des internen Kontrollsystems angeführt wurde. In weiterer Folge wurde im Jahr 2004 COSO I adaptiert und zum COSO-Enterprise Risk Management Framework (COSO ERM/COSO II) ausgebaut. Dabei wurde die Bedeutung von Risikomanagement erhöht; es stellt nun nicht mehr eine Komponente des internen Kontrollsystems dar, sondern integriert das interne Kontrollsystem in seinen Rahmen. COSO ERM ist nunmehr ein Rahmenkonzept zur Umsetzung eines Risikomanagements, welches den SOA-Kriterien in Bezug auf Risikofrüherkennung und Risikoüberwachung sowie betreffend das interne Kontrollsystem gerecht wird, jedoch über die Anforderungen, die sich aus Section 302 und 404 ergeben, hinausgeht.[83]

Durch COSO ERM wird das interne Kontrollsystem zu einem unternehmensweiten Risikomanagement erweitert. Für dieses integrierte unternehmensweite Risikomanagement definiert COSO ERM acht Komponenten, die auf allen Unternehmensebenen und für die unterschiedlichen Zielkategorien (strategische, operative, Reporting und Compliance Ziele) angewandt werden sollen. Basis ist dabei das interne Umfeld (Internal Environment), das die Risikobereitschaft, Risikogrundsätze und Richtlinien im Umgang mit Risiko vorgibt. Darauf baut die Festlegung der Ziele (Objective Setting) auf, die gleichzeitig auch Bedingung für das Identifizieren von Chancen und Risiken (Event Identification) ist, da nur bei konkreten Zielvorgaben Risiken bzw. Chancen auch erkannt werden können. Im nächsten Schritt werden die identifizierten Risiken bewertet (Risk Assessment) und geeignete Maßnahmen im Umgang mit dem identifizierten Risiko festgelegt (Risk Response). Begleitet wird dieser Risikomanagementprozess durch laufende Kontrollaktivitäten (Control Activities), interne und externe Risikokommunikation (Information & Communication) sowie eine Überwachung der Effektivität des Risikomanagementsystems und seiner Komponenten (Monitoring).[84]

---

[81] Vgl. *Woods*, 2008, 34 und 42: *Woods* merkt dabei an, dass die hohen Kosten der Compliance mit SOA dazu führen, dass andere innerbetriebliche Maßnahmen zur Verbesserung der Corporate Governance zu Gunsten der Compliance mit SOA vernachlässigt werden.

[82] COSO ist ein US-amerikanischer Verein von Berufsverbänden im Bereich Rechnungswesen, dessen Ziel die Erarbeitung von Maßnahmen gegen bilanzbetrügerische Praktiken ist.

[83] Vgl. *Woods*, 2008, 40.

[84] Vgl. *Menzies*, 2004, 118 ff.; *Janke*, 2007, 117; *Woods*, 2008, 40 ff.

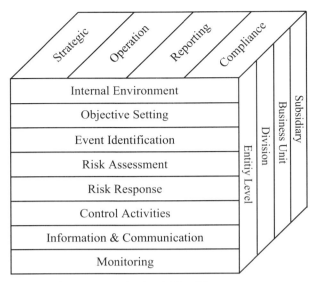

Abb. 2 COSO ERM [in Anlehnung an *Brühwiler*, 2007, 68]

Die Anwendung eines etablierten Standards im Risikomanagement erleichtert den Aufbau des Vertrauens der Stakeholder in die Unternehmensführung. Insbesondere durch seine starke Strukturierung und systematische Methodologie ist die Bedeutung von COSO-ERM auch in seinen Möglichkeiten zur Beurteilung der Angemessenheit des betrieblichen Risikomanagements zu sehen.[85]

4. Risikomanagement als Führungsaufgabe

Wirkungsbezogen kann Risiko als mögliche Zielabweichung verstanden werden. Demnach hat die Steuerung von Risiken stets im Hinblick auf die betrieblichen Ziele zu erfolgen. Risikomanagement darf somit nicht als generelle Beseitigung von Risiken gesehen werden, sondern ist vielmehr ein Abwägen von Risiken und Handlungsalternativen und inkludiert auch das Eingehen von Risiken und Nutzen von Chancen, um das Erreichen der Unternehmensziele zu sichern.[86]

So verstanden ist Risikomanagement untrennbar mit der Unternehmensführung verbunden und zielt darauf ab, die Risiken der unternehmerischen Entscheidungen zu erkennen, zu bewerten sowie diese mit geeigneten Methoden und Maßnahmen zu steuern und zu kontrollieren.[87] Risikomanagement ist somit eine unternehmensweite Führungsaufgabe, die Informationen aus allen Unternehmensbereichen benötigt und einer Abstimmung aller Unternehmensebenen bedarf.[88] Des Weiteren verdeutlicht auch die gesetzliche Verankerung der Verantwortung für die Wirksamkeit des Risikomanagements

---

[85] Vgl. *Janke*, 2007, 120.
[86] Vgl. *Haller*, 1986, 8.
[87] Vgl. *Haller*, 1986, 9.
[88] Vgl. *Chew*, 2008, vii f.; *Culp*, 2008, 32.

in der obersten Führungsebene der Unternehmen, dass Risikomanagement auch vom Gesetzgeber als Führungsaufgabe verstanden wird.

Die untrennbare Verknüpfung von Risikomanagement und Unternehmensführung spiegelt sich auch im Begriff der „risikoorientierte Unternehmensführung" wider. Ziel einer risikoorientierten Unternehmensführung ist eine Abstimmung von Chancen, Risiken und Unternehmenszielen und die Auswahl jener Handlungsalternativen, welche die Erreichung der Unternehmensziele unter Berücksichtigung der Risikotragfähigkeit des Unternehmens sicherstellen.[89]

Zudem wird dem Risikomanagement auch in der wertorientierte Unternehmensführung eine zentrale Bedeutung beigemessen. Die Abschätzung zukünftiger Auswirkungen von Entscheidungen und Handlungen auf den Unternehmenswert kann immer nur gemeinsam mit einer Abschätzung der dazugehörigen Chancen und Risiken erfolgen. Auch in diesem Zusammenhang zeigt sich, dass die Letztverantwortung für das betriebliche Risikomanagement in der obersten Führungsebene liegen muss.

Bedingt durch die steigende Komplexität innerhalb und außerhalb des Unternehmens und aufgrund beschränkter Ressourcen kann die Unternehmensführung jedoch nicht alle Aufgaben im betrieblichen Risikomanagement selbst erfüllen und bedient sich daher im Zuge der betrieblichen Arbeitsteilung auch beim Risikomanagement der Delegation von Aufgaben.[90] Dennoch umfasst das Risikomanagement Aufgabenbereiche, die nur von der Unternehmensführung selbst übernommen werden können. Dazu zählen insbesondere die Gestaltung einer gemeinsamen Risikokultur sowie die Abfassung einer Risikostrategie.[91] Eine gemeinsame Risikokultur, die als Teilbereich der Unternehmenskultur verstanden werden kann, ist idealerweise Grundlage des betrieblichen Risikomanagements. Aufgabe der Risikokultur ist es, im Unternehmen ein gemeinsames Verständnis von Risiko zu entwickeln und einen offenen und transparenten Umgang mit Risiko im Unternehmen sicherzustellen, um letztlich zu gewährleisten, dass sich alle Beteiligten gegenüber Risiken im Sinne des Unternehmens verhalten. Die Risikokultur manifestiert sich in den risikopolitischen Grundsätzen, die die grundsätzliche Einstellung des Unternehmens zu Risiko und seine Risiko- bzw. Sicherheitspräferenzen beschreiben sowie klare Verhaltensregeln für die Mitarbeiter im Umgang mit Risiko vorgeben.[92] Die Risikostrategie steht wiederum in engem Kontext zur Unternehmensstrategie und dient der Unternehmensleitung zum Festlegen von konkreten Vorgaben für die Risikosteuerung, und von Verantwortlichkeiten für Risiken und Risikofelder sowie zum Definieren von Wertgrenzen in der Risikoberichterstattung.[93]

Mit der zunehmenden Delegation der Aufgaben im Risikomanagement wird auch die unternehmensweite Abstimmung des Risikomanagements immer bedeutender. Insbesondere in internationalen Unternehmen steigen zudem aufgrund der großen Vielfalt an Risiken und der unterschiedlichen Unternehmensstrukturen die Anforderungen an die Koordination des Risikomanagements. Um dennoch die Risiken und Chancen eines Unternehmens in ihrer Gesamtheit überblicken zu können und im Sinne des Unternehmens

---

[89] Vgl. *Romeike/Hager*, 2009, 105 f.
[90] Vgl. *Reichmann*, 2001, 287.
[91] Vgl. z.B. *Gleißner*, 2008, 37 f.
[92] Vgl. *Gleißner*, 2011, 50.
[93] Vgl. *Weber/Weißenberger/Liekweg*, 1999, 1712 f.; *Gleißner*, 2008, 35 ff.

zu steuern, wird in internationalen Unternehmen vermehrt die Position des Chief Risk Officers (CRO) eingeführt, dessen Aufgabe die Koordination aller Risikomanagementaktivitäten im Unternehmen sowie deren Abstimmung mit den Unternehmenszielen ist. Der CRO unterstützt somit das Topmanagement und muss dafür organisatorisch auf höchster Unternehmensebene angesiedelt sein. Er muss sowohl in die strategische als auch in die operative Unternehmensführung eingebunden sein. Dadurch verfügt er neben seinem Expertenwissen im Bereich Risikomanagement über die nötigen Informationen, um ein effektives Risikomanagement zu garantieren und dieses an den Unternehmenszielen ausrichten zu können.[94]

Auch die Verantwortung für die einzelnen Risiken wird in einem modernen Risikomanagement meist delegiert, wobei die Verantwortung für die Gesamtrisikoposition des Unternehmens stets in der obersten Unternehmensebene verbleibt. Aufgrund der Komplexität in und außerhalb der Unternehmen kann die Verantwortung für Risiken in der heutigen Zeit nicht wie früher von einer einzigen Expertenstelle (z.B. einem Versicherungsmanager) übernommen werden, sondern muss gemeinsam mit der Geschäftsverantwortung an die jeweiligen Linienfunktionen delegiert werden.[95] Für wichtige Geschäftsprozesse wird in der Fachliteratur zudem empfohlen, Process Owner zu definieren und diesen auch die Risikoverantwortung zu übertragen.[96]

5. Der Risikomanagementprozess und Controllingaufgaben

Bei der Einführung eines Risikomanagements ist es im Sinne einer Kosteneffizienz zweckmäßig, bereits bestehende Funktionen zu nutzen bzw. auszubauen und diese mit Aufgaben des Risikomanagements zu betrauen. In diesem Zusammenhang kommt insbesondere dem Controlling eine zentrale Bedeutung zu, da es vor allem durch sein Prozess- und Instrumentenwissen besonders geeignet ist, Aufgaben im Bereich des Risikomanagements zu übernehmen.[97] Insbesondere die Aufgaben der Risikoüberwachung und Risikokommunikation sind von Art und Anforderung den typischen Controllingaufgaben sehr ähnlich. Zudem übernimmt das Controlling in Unternehmen, die weder einen Chief Risk Officer bzw. eine eigene Risikomanagementabteilung haben, häufig die Koordination des Risikomanagements. Daher soll im Folgenden nicht nur der Risikomanagementprozess dargestellt werden, sondern sollen auch mögliche Aufgabenfelder für das Controlling im Risikomanagement identifiziert werden.

In der Fachliteratur hat sich für Risikomanagement ähnlich wie bei der betrieblichen Entscheidung eine prozessuale Betrachtungsweise durchgesetzt. Dabei wird die Bezeichnung der Prozessschritte nicht immer ganz einheitlich gewählt, und auch eine zeitliche Aufeinanderfolge der Schritte ist nicht immer zwingend.[98] Im Folgenden soll der Risikomanagementprozess in Risikostrategie, Risikoidentifikation, Risikoanalyse, Risikosteuerung, Risikoüberwachung sowie Prozessüberwachung und Risikokommunikati-

---

94 Vgl. *Aabo/Fraser/Simkins*, 2008, 349.
95 Vgl. *Gleißner*, 2011, 223.
96 Vgl. *Weber/Weißenberger/Liekweg*, 1999, 1712 ff.
97 Vgl. *Horvath/Gleich*, 2000, 101.
98 Vgl. *Wall*, 2001, 213.

on eingeteilt werden.[99] Die Risiko- und Prozessüberwachung sowie die Risikokommunikation werden auch unter dem Begriff Risikocontrolling zusammengefasst, das vielfach mit Ausnahme der Prozessüberwachung[100] organisatorisch im Controlling verankert ist.[101] Somit nimmt das Controlling auch im Risikomanagement führungsunterstützende Aufgaben wahr.[102]

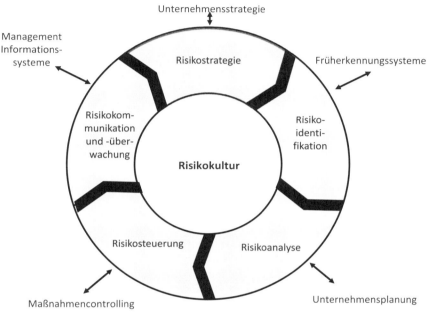

Abb. 3 Risikomanagementprozess [in Anlehnung an PriceWaterhouseCoopers, 2010, 13]

Grundlage des Risikomanagements sind Risikokultur und Risikostrategie, die in den Aufgabenbereich der Geschäftsleitung fallen.[103] Darauf aufbauend ist der Ausgangspunkt des operativen Risikomanagements die Risikoidentifikation. Sie stellt die Grundlage für das weitere Risikomanagement dar, da nur erkannte Risiken auch bewertet und gesteuert werden können. Die hohe Dynamik und Komplexität in internationalen Unternehmen bringt es mit sich, dass die Unternehmen stets neuen unbekannten Risikofeldern ausgesetzt sind. Dies stellt insbesondere für eine vollständige Risikoidentifikation eine große Herausforderung dar, der nur durch eine systematische Vorgehensweise beim Aufspüren neuer Risikofelder begegnet werden kann. Hierfür bietet sich die Aufstellung eines Risikokatalogs, wie in Kapitel 2 dargestellt, an. Anhand eines derart vorgegebenen

---

[99] Vgl. *Reichmann*, 2001, 285.

[100] Für die Prozessüberwachung wird zumeist empfohlen, diese von am Risikomanagementprozess nicht beteiligten Personen bzw. Abteilungen durchführen zu lassen. Insbesondere bietet sich für diese Aufgabe die interne Revision an.

[101] Vgl. *Reichmann*, 2001, 287.

[102] Vgl. *Reichmann*, 2001, 378.

[103] Siehe dazu Kapitel 4.

Risikokatalogs können dann die tatsächlichen das Unternehmen betreffenden Risiken identifiziert und kategorisiert werden. Dabei kommt der Vollständigkeit dieses Risikokatalogs eine wesentliche Bedeutung zu. Während die Entwicklung des Risikokatalogs meist zentral erfolgt, sollten die tatsächlichen Risiken insbesondere in internationalen Unternehmen regelmäßig dezentral identifiziert werden, da nur die dezentralen Einheiten über das nötige Wissen verfügen, um die Risiken rechtzeitig zu erkennen.[104] Bei der Erstellung und Aktualisierung des Risikokatalogs übernimmt das Controlling vielfach die Koordination des Prozesses und ist für das Zusammenführen vorhandener Informationen verantwortlich. Zudem ergeben sich aus den typischen Controllingaufgaben, wie z.B. Ermittlung von Planwerten und Soll-Ist-Abweichungen, oft wertvolle zusätzliche Informationen über mögliche Risikofelder, die zu einer Erweiterung des Risikokatalogs führen sollten.[105]

Das Controlling kann zudem auch bei der tatsächlichen Risikoidentifikation als Berater, Prozesskoordinator und Schnittstellenmanager fungieren und so dazu beitragen, dass dezentral vorhandene Informationen zu einem Gesamtbild der betrieblichen Risikolandschaft zusammengeführt werden.[106] Einen wichtigen Beitrag zur frühzeitigen Identifikation von Chancen und Risiken leisten weiters Frühaufklärungssysteme, die ein typisches Instrument des Controllings darstellen.[107] Eine systematische Beobachtung und Analyse unterschiedlicher Indikatoren und Kennzahlen hilft, bereits erste Anzeichen für Veränderungen im Umfeld, aber auch im Unternehmen zu erkennen und so frühzeitig Chancen und Risiken zu identifizieren.[108]

In weiterer Folge werden die identifizierten Risiken hinsichtlich Ursache und Wirkung analysiert und bewertet. Handelt es sich bei den Risikoursachen um veränderbare Größen, hat das Unternehmen die Möglichkeit, Maßnahmen zu setzen, die direkt die Ursachen beeinflussen und damit Risiken verhindern oder verringern.[109] Betreffend die Wirkung von Risiken bedarf es einerseits einer Feststellung, welche Unternehmensziele durch das Risiko betroffen sind, sowie andererseits einer Abschätzung des Ausmaßes der Wirkung auf das jeweilige Unternehmensziel. Diese Abschätzung kann abhängig von der Art des Risikos und den vorhandenen Informationen qualitativ oder quantitativ erfolgen.[110] Insbesondere bei einer quantitativen Bewertung der Risiken bedarf es zusätzlicher Informationen, die eine realistische Abschätzung von Schadensausmaß und Eintrittswahrscheinlichkeit überhaupt erst möglich machen. Dies ist insbesondere bei neuartigen Risiken, über die im Unternehmen noch kaum Informationen vorliegen, zu beachten.[111] Generell ist bei einer quantitativen Bewertung von Risiken, die meist auf Vergangenheitsdaten und subjektiven Erfahrungen beruhen, zu berücksichtigen, dass

---

[104] Vgl. *Horvath/Gleich*, 2000, 110 f.; *Denk/Exner-Merkelt/Ruthner*, 2008, 86 f.
[105] Vgl. *Gleißner*, 2011, 230 f.
[106] Vgl. *Nevries/Strauß*, 2008, 108.
[107] Vgl. *Horvath/Gleich*, 2000, 111.
[108] Vgl. *Hahn/Krystek*, 2000, 75; PriceWaterhouseCoopers, 2010, 22.
[109] Vgl. *Wall*, 2001, 214.
[110] Vgl. *Wolke*, 2008, 4.
[111] Dies spielt im Besonderen in der Risikofrüherkennung eine große Rolle: Denn je früher Risiken erkannt werden, desto weniger Informationen stehen dem Unternehmen für deren Bewertung zur Verfügung.

diese Vergangenheitsdaten aufgrund der hohen Dynamik des Umfelds mitunter keine adäquate Abschätzung der Wirkung von Risiken zulassen. Für international tätige Unternehmen bedeutet dies daher, dass die Informationsbeschaffung und -aufbereitung für die Bewertung von Risiken eine besondere Herausforderung darstellt.

In diesem Zusammenhang kann das Controlling mit seinem Methodenwissen einen wesentlichen Beitrag zu einer verbesserten Informationsgrundlage für die Risikobewertung leisten.[112] Daneben kann das Controlling im Rahmen der Risikobewertung je nach Risikoart entweder die Aufgabe übernehmen, Instrumente zur Bewertung zur Verfügung zu stellen, Bewertungen auf Plausibilität zu überprüfen, oder die Bewertung der Risiken selbst vornehmen. Hat das Unternehmen keinen Chief Risk Officer bzw. keine eigene Risikoabteilung, ist es zudem vielfach Aufgabe des Controllings, unternehmensweit eine einheitliche Vorgehensweise bei der Risikobewertung sicherzustellen.[113] Letzterem kommt insbesondere in internationalen Unternehmen, mit vielfältigem kulturellem und rechtlichem Hintergrund, eine besondere Bedeutung zu.

Neben der Bewertung der Einzelrisiken verlangt ein unternehmensweites Risikomanagement auch die Ermittlung einer Gesamtrisikoposition, die letztlich durch das Festlegen von diversen risikosteuernden Maßnahmen mit der Risikopolitik und den Unternehmenszielen abzustimmen ist. Bei der Ermittlung einer Gesamtrisikoposition ist zu beachten, dass sich Risiken gegenseitig beeinflussen. Sie können einander ausschließen, abschwächen, aber auch verstärken.[114] Demnach kann eine Gesamtrisikoposition nicht durch einfache Addition der Einzelrisiken erfolgen. Mit der Größe und Komplexität des Unternehmens steigen demnach auch die Anforderungen an die Risikoaggregation. Daher wird auf die Ermittlung einer Gesamtrisikoposition derzeit in vielen Unternehmen verzichtet.[115] Idealerweise sollte die Gesamtrisikoposition beispielsweise mithilfe der Monte-Carlo-Simulation auch mit der Unternehmensplanung verknüpft werden, da nur so die Planungssicherheit erhöht werden kann und bei betrieblichen Entscheidungen die Risikosituation angemessen berücksichtigt wird.[116] Voraussetzung für eine sinnvolle Anwendung von Simulationen ist jedoch eine adäquate quantitative Abschätzung der Auswirkungen aller wesentlichen Risiken auf die Plangrößen. Alternativ dazu kann eine Gesamtrisikoposition mithilfe von Scoring-Modellen ermittelt werden.[117]

Bei der Integration von Risikoinformationen in die Planung spielt das Controlling, das zumeist mit der Durchführung der Unternehmensplanung beauftragt ist, eine zentrale Rolle. Durch eine Verbindung von Szenariorechnung und Planung kann aufbauend auf die Ergebnisse der Szenariorechnung die Unternehmensplanung durchgeführt werden. Zudem können durch den Einsatz der Balanced Scorecard, die ein Bindeglied zwischen strategischer und operativer Planung darstellt, auch strategische Chancen und Risiken in die Unternehmensplanung integriert werden.[118]

---

[112] Vgl. *Reichmann*, 2001, 283.
[113] Vgl. *Kajüter*, 2009, 122.
[114] Vgl. *Denk/Exner-Merkelt/Ruthner*, 2008, 118.
[115] Vgl. PriceWaterhouseCoopers, 2010, 26.
[116] Vgl. *Gleißner*, 2008, 135 ff.
[117] Vgl. *Wolke*, 2008, 63 ff.
[118] Vgl. *Horvath/Gleich*, 2000, 114; *Gleißner*, 2011, 232.

Im Anschluss an die Bewertung der Risiken werden je nach Risikoart und -ausmaß Maßnahmen zur Risikosteuerung festgelegt und die planmäßige Umsetzung der Maßnahmen kontrolliert. Dabei kann versucht werden, entweder die Ursache des Risikos zu verändern und so das Risiko zu vermeiden oder die Wirkung des Risikos bei Eintritt zu verringern, indem Risiko abgewälzt, diversifiziert oder begrenzt wird. Letztlich kann Risiko auch bewusst eingegangen werden und im Unternehmen eine Risikovorsorge getroffen werden.[119]

Parallel zur Risikosteuerung erfolgen im Rahmen der Risikoüberwachung eine regelmäßige Überprüfung der Risikopositionen hinsichtlich etwaiger Veränderungen und eine laufende Kontrolle der Umsetzung und Wirksamkeit der Risikosteuerungsmaßnahmen,[120] und zwar typischerweise mithilfe eines Soll-Ist-Vergleichs. Sowohl inhaltlich als auch aufgrund der eingesetzten Methoden ist das Controlling prädestiniert, die Aufgabe der Risikoüberwachung im Risikomanagementprozess zu übernehmen. Daneben kann das Controlling auch bei der Wahl der Steuerungsmaßnahmen insbesondere bei leistungswirtschaftlichen Risiken als Berater fungieren.[121]

Auch der Risikomanagementprozess selbst ist Gegenstand einer Überwachung. Dies ist vor allem für die Feststellung der Wirksamkeit des Risikomanagements von Bedeutung. Die Prozessüberwachung sollte idealerweise von nicht im Prozess involvierten Personen durchgeführt werden. Meist bietet sich daher die interne Revision als Verantwortliche für die Überprüfung des Risikomanagementprozesses an.[122]

Begleitet wird der Risikomanagementprozess durch laufende Risikokommunikation. Neben der gesetzlich verpflichtenden Risikokommunikation nach außen zählen dazu auch die Dokumentation des Risikomanagements sowie die kontinuierliche Information an die Entscheidungsträger.[123] Nur durch systematische und zeitnahe Information der Entscheidungsträger kann sich die Wirksamkeit des Risikomanagements hinsichtlich einer verbesserten Entscheidungsqualität entfalten.

In dieser Informationsfunktion wird eine Kernaufgabe des Controllings im Risikomanagementprozess gesehen.[124] Im Sinne seiner führungsunterstützenden Funktion ist es Aufgabe des Controllings, sicherzustellen, dass die Entscheidungsträger im Unternehmen rechtzeitig auch mit den benötigten risikorelevanten Informationen versorgt werden. In diesem Zusammenhang sind insbesondere laufende Informationen über die Gesamtrisikoposition des Unternehmens sowie über bestandsgefährdende und wesentliche Risiken von Bedeutung. Empfehlenswert ist zudem eine gemeinsame Berichterstattung von Chancen und Risiken, da eine adäquate Bewertung von Handlungsalternativen stets nur unter Berücksichtigung von damit verbundenen Chancen und Risiken durchgeführt werden kann. Auch den strategischen Chancen und Risiken sollte in der Berichterstattung besondere Aufmerksamkeit entgegengebracht werden, da sie bei fehlender Beachtung unerwartet große Wirkung auf die Zielerreichung haben können. Letztlich sollte auch ein Maßnahmencontrolling Teil der Risikoberichterstattung sein indem einerseits

---

[119] Vgl. *Wolke*, 2008, 79.
[120] Vgl. *Weber/Weißenberger/Liekweg*, 1999, 1715.
[121] Vgl. *Nevries/Strauß*, 2008, 110.
[122] Vgl. *Weber/Weißenberger/Liekweg*, 1999, 1716 f.
[123] Vgl. *Weber/Weißenberger/Liekweg*, 1999, 1714 f.
[124] Vgl. *Wall*, 2001, 214.

der aktuelle Stand der Umsetzung der Maßnahmen dargestellt wird, andererseits auch die Wirkung der Maßnahmen auf die betroffene Risikoposition. Um sicherzustellen, dass die Informationen des Risikomanagements auch in die Entscheidungsfindung einfließen, empfiehlt sich neben einer Ad-hoc-Information bei wesentlichen Veränderungen in der Risikoposition eine Integration der risikorelevanten Informationen in das regelmäßige Standard-Reporting.[125]

Letztlich lässt sich sagen, dass die Informationsfunktion des Controllings nur dann vollständig zu erfüllen ist, wenn das Controlling auch Informationen über Chancen und Risiken in sein Berichtwesen integriert. Nur so kann das Berichtswesen als adäquate Entscheidungsgrundlage für betriebliche Entscheidungen dienen. In diesem Sinne wird in der Literatur teilweise auch der Ausbau des Controllings zu einem risiko- bzw. risiko- und chancenorientierten Controlling vorgeschlagen.[126]

6. Aktuelle Herausforderungen im Risikomanagement

Ein betriebswirtschaftlich zweckmäßiges Risikomanagement kann sich nicht allein auf die Erfüllung gesetzlicher Vorgaben beschränken, sondern muss letztlich ein Bestandteil des unternehmensinternen Steuerungs- und Kontrollsystems sein. Dabei dient es nicht nur zur Sicherung der Existenz des Unternehmens, sondern hilft in weiterer Folge auch, die Erreichung der Unternehmensziele sicherzustellen. Daneben muss ein modernes Risikomanagement zur Sicherung der Ziele der unterschiedlichen Stakeholdergruppen beitragen. In diesem Zusammenhang spielt die Berichterstattung über Chancen und Risiken an die externen Stakeholder eine zentrale Rolle.

Aktuelle Studien zur Risikoberichterstattung zeigen diesbezüglich, dass die gesetzlichen Verpflichtungen im Rahmen der Risikoberichterstattung von österreichischen Unternehmen generell erfüllt werden.[127] Dennoch zeigen sich im Sinne einer adressatengerechten Informationsvermittlung nach wie vor Verbesserungspotentiale. Trotz der zum Teil sehr umfangreichen Risikoberichterstattung im Rahmen des Jahresabschlusses ist es für unternehmensexterne Adressaten in vielen Fällen nach wie vor kaum möglich, die Risikolage des Unternehmens adäquat einzuschätzen. In diesem Zusammenhang wäre eine nicht umfangreichere, sondern qualitativ verbesserte Risikoberichterstattung wünschenswert.[128] Insbesondere eine vermehrte Bewertung von Einzelrisiken sowie die Darstellung von Risikokonzentrationen und Interdependenzen zwischen den Risiken würden die Qualität der Risikoinformation wesentlich verbessern. Derzeit beschränkt sich die Berichterstattung vielfach auf eine Aufzählung der Risiken, die es den Adressaten freilich kaum ermöglicht, deren tatsächliche Auswirkung einzuschätzen.[129] Daneben ist es für das Verständnis der Informationen über die betrieblichen Risiken unabdingbar, dass Angaben über die zugrunde liegenden Annahmen und Bewertungsmaßstäbe gemacht und Maßnahmen der Risikosteuerung und deren Wirkung offengelegt werden.[130] Letztlich würde

---

[125] Vgl. *Horvath/Gleich*, 2000, 109 f.; *Denk/Exner-Merkelt/Ruthner*, 2008, 231 ff.

[126] Vgl. *Horvath/Gleich*, 2000, 101; *Denk/Exner-Merkelt/Ruthner*, 2008, 231 ff.

[127] Vgl. *Wohlschlager*, 2009, 112; *Leitner-Hanetseder/Winkler*, 2010, 567.

[128] Vgl. *Ewelt/Knauer/Sieweke*, 2009, 715.

[129] Vgl. *Wohlschlager*, 2009, 112 f.

[130] Vgl. *Leitner-Hanetseder/Winkler*, 2010, 564 ff.

auch eine gemeinsame Darstellung von Chancen und Risiken für die Abschlussadressaten ein besseres Bild der zukünftigen Lage des Unternehmens ergeben.[131]

Herausforderungen für das Risikomanagement entstehen jedoch nicht nur in der Risikoberichterstattung, sondern auch im unternehmensinternen Umgang mit Risiken. Damit Risiken überhaupt in den Risikomanagementprozess einfließen, müssen sie identifiziert und zuallererst wahrgenommen werden. Diese Wahrnehmung muss letztlich, um eine umfassende Risikoidentifikation zu gewährleisten, durch alle Mitarbeiter gleichermaßen erfolgen.[132] In diesem Zusammenhang wird die Schaffung eines einheitlichen Risikoverständnisses und einer gemeinsamen Risikokultur im Unternehmen als eine der großen Herausforderungen für das Risikomanagement gesehen.[133] Nur wenn Risiken im gesamten Unternehmen in gleicher Weise erfasst und bewertet werden, können die Informationen über Risiken sinnvoll zusammengefasst werden und der Unternehmensführung als Entscheidungsgrundlage dienen.[134] Insbesondere in internationalen Unternehmen ist die Etablierung einer gemeinsamen Risikokultur von großer Bedeutung, da im Speziellen die Risikowahrnehmung stark durch kulturelle Faktoren geprägt sein kann.[135] Zudem können sich auch in den einzelnen Tochterunternehmen verschiedene Risikokulturen entwickelt haben, die nur durch eine konsequente Kommunikation an die „offizielle" Risikokultur angeglichen werden können.[136] In diesem Zusammenhang ist die Verfassung und Kommunikation risikopolitischer Grundsätze, die ein unternehmensweites Risikoverständnis, Angaben über die Risikoneigung des Gesamtunternehmens, Wesentlichkeitsgrenzen und Geltungsbereiche sowie grundsätzliche Vorgaben zum Umgang mit Risiken und Risikoverantwortlichkeiten enthalten, unabdingbar.[137] Insbesondere in international tätigen Unternehmen, die sich mitunter durch sehr heterogene Geschäftsfelder und -strukturen auszeichnen, empfiehlt es sich, ergänzend zu den unternehmensweiten allgemeinen Risikorichtlinien konkretisierte, speziell auf das jeweilige Geschäftsfeld bzw. auf die jeweilige Tochtergesellschaft ausgerichtete Risikorichtlinien zu etablieren.[138]

Das Verfassen risikopolitischer Grundsätze alleine schafft jedoch noch keine gemeinsame Risikokultur. Die Umsetzung dieser Risikokultur kann nur durch konsequente Kommunikation innerhalb des Unternehmens und eine dementsprechende Risikosensibilisierung erreicht werden. Dies erfolgt einerseits durch Information mittels allgemein zugänglicher Risikorichtlinien und eines Risikohandbuches; dazu bedarf es begleitender Schulungen und Workshops, um die Verwendung dieser Dokumente im Arbeitsprozess sicherzustellen.[139] Zusätzlich kann auch eine risikoorientierte Vergütung zur Anpassung des individuellen Risikoverhaltens an die Unternehmensvorgaben dienen.[140] Die inten-

---

[131] Vgl. AFRAC, 2009, 4.
[132] Vgl. *Palsherm/Seiler*, 2010, 25.
[133] Vgl. KPMG, 2007b, 20 ff.; PriceWaterhouseCoopers, 2010, 14.
[134] Vgl. PriceWaterhouseCoopers, 2010, 16.
[135] Vgl. *Hofstede/Hofstede*, 2005, 163 ff.
[136] Vgl. *Hofstede/Hofstede*, 2005, 163 ff.
[137] Vgl. *Gleißner*, 2008, 35 ff.; PriceWaterhouseCoopers, 2010, 14.
[138] Vgl. PriceWaterhouseCoopers, 2010, 15.
[139] Vgl. PriceWaterhouseCoopers, 2010, 31.
[140] Vgl. *Feser/May*, 2011, 89 ff.

sive Auseinandersetzung mit Risiken darf jedoch nicht in eine ausnahmslos risikovermeidende, auf Absicherung gerichtete Haltung münden, da eine derartige Einstellung wiederum unweigerlich das Nichterreichen der Unternehmensziele zur Folge hätte. Der Blick auf die Tatsache, dass unternehmerisches Handeln auch das Eingehen von Risiko verlangt, darf auch bei einer konsequenten Auseinandersetzung mit Risiken nicht verlorengehen.[141]

In diesem Zusammenhang würde eine gemeinsame Betrachtung von Chancen und Risiken wesentliche Vorteile bringen, die jedoch aus heutiger Sicht von vielen Unternehmen nicht wahrgenommen werden. Aufgrund des starken rechtlichen Fokus auf die Risikoberichterstattung ist ein Ausbau des Risikomanagements hin zu einer gemeinsamen Steuerung von Chancen und Risiken in vielen Unternehmen noch nicht vorhanden.[142] Eine Erweiterung des Risikomanagements um eine Chancenbetrachtung wäre jedoch in zweierlei Hinsicht von Vorteil. Einerseits fördert eine durchgängige gemeinsame Betrachtung von Chancen und Risiken das Bewusstsein, dass jede Entscheidung und jede Handlung positive Chancen wie negative Risiken mit sich bringt. Andererseits bedarf es, um im Wettbewerb erfolgreich zu bleiben, nicht nur einer systematischen Betrachtung von Risiken, sondern auch einer gezielten Auseinandersetzung mit zukünftigen Chancen. Zudem ermöglicht nur eine gemeinsame regelmäßige Berichterstattung von Chancen und Risiken in der Unternehmensplanung verlässliche Aussagen über die zukünftige Situation des Unternehmens und damit auch über die zukünftige Zielerreichung.[143] Ähnlich wie beim Risikomanagement muss auch beim Chancenmanagement der Identifikation zukünftiger Chancen besondere Beachtung geschenkt werden. Insbesondere die Instrumente des strategischen Marketings, aber auch des strategischen Controllings wie beispielsweise Wettbewerbsanalysen, SWOT-Analysen, Szenarienmodelle, aber auch die unterschiedlichen Früherkennungssysteme sind zumeist geeignet, Chancen und Risiken gemeinsam zu erkennen.[144]

Im Speziellen für international tätige Unternehmen stellt das Erkennen und Steuern strategischer Risiken und Chancen die zentrale Herausforderung des betrieblichen Risikomanagements dar. Aufgrund der hohen Dynamik im globalen Wettbewerb ergeben sich strategische Chancen und Risiken oftmals geradezu „über Nacht". Unternehmen, die Makrotrends und politische wie wirtschaftliche Entwicklungen frühzeitig voraussehen können, haben einen entscheidenden Wettbewerbsvorteil. Zudem ermöglicht nur die frühzeitige Identifikation strategischer Chancen und Risiken eine Steuerung auf strategischer Ebene. Werden sie dagegen nicht rechtzeitig erkannt, können sie nur mehr begrenzt operativ gesteuert werden.[145] In diesem Zusammenhang lässt sich auch eine zunehmende Bedeutung strategischer Frühaufklärungssysteme feststellen.[146] Veränderungen im Unternehmensumfeld äußern sich oftmals als Erstes in nicht eindeutig zuordenbaren schwachen Signalen.[147] Erst im Zeitablauf verdichten sich die Informationen und

---

[141] Vgl. KPMG, 2007b, 22.
[142] Vgl. PriceWaterhouseCoopers, 2010, 31.
[143] Vgl. PriceWaterhouseCoopers, 2010, 31.
[144] Vgl. *Gleißner*, 2008, 46 ff.
[145] Vgl. *Denk/Exner-Merkelt/Ruthner*, 2008, 232.
[146] Vgl. *Krystek/Müller-Stewens*, 2006, 176.
[147] Vgl. *Ansoff*, 1976.

die bevorstehenden Veränderungen können besser prognostiziert werden. Während sich jedoch die Informationslage verbessert und eine adäquatere Einschätzung der (zukünftigen) Situation zulässt, verringert sich gleichzeitig im Zeitablauf das mögliche Handlungsspektrum für das Unternehmen. Je früher also Veränderungen und deren mögliche Wirkung auf die strategischen Erfolgspotenziale des Unternehmens erkannt werden, desto größer ist der Handlungsspielraum des Unternehmens und desto gezielter lassen sich strategische Chancen und Risiken steuern.[148] Eine systematische Beobachtung von Indikatoren mithilfe eines strategischen Frühaufklärungssystems trägt dazu bei, Trendänderungen und Strukturbrüche frühzeitig zu erkennen und in weiterer Folge strategische Chancen und Risiken rechtzeitig zu identifizieren.[149] Dabei ist jedoch zu beachten, dass insbesondere bei der strategischen Frühaufklärung eine Vielzahl von unterschiedlichen Indikatoren beobachtet werden muss, da die Wirkungszusammenhänge bei Veränderungen im Unternehmensumfeld meist nicht vollständig bekannt sind.

Strategische Risiken sind außerdem vielfach nicht finanzielle Risiken und ihre Wirkung auf die Unternehmensziele ist schwer abzuschätzen. So zählen beispielsweise derzeit zu den größten wahrgenommenen Bedrohungen in der Wirtschaft neben instabilen Finanzmärkten und Eurokrise auch der „war for talents", eine mögliche Ressourcenknappheit, die unsichere Energieversorgung sowie die wirtschaftliche Entwicklung in den Schwellenländern.[150] Auch hinsichtlich ihrer Steuerung erfordern strategische Risiken andere Maßnahmen als operative Risiken. Eine Steuerung strategischer Chancen und Risiken ist vielfach nur auf Unternehmensebene möglich und muss zum Ziel haben, vorhandene Erfolgspotenziale, die sich aus den eigenen Kernkompetenzen ergeben, abzusichern und im Sinne eines strategischen Chancenmanagements neue Erfolgspotenziale zu erkennen und zu nutzen.[151]

7. Zusammenfassung

Aufgrund der wachsenden Dynamik und Komplexität des Umfelds nimmt auch die Bedeutung des Risikomanagements vor allem im internationalen Kontext zu. Die teils massiven Veränderungen im globalen Handel und in den Unternehmensorganisationen haben zur Folge, dass für internationale Unternehmen einerseits das Unternehmensumfeld immer unsicherer und unübersichtlicher wird und dass sie andererseits immer weniger Zeit haben, sich an diese Veränderungen anzupassen. Daher muss es für international tätige Unternehmen Ziel eines ökonomisch sinnvollen Risikomanagements sein, nicht nur den gesetzlichen Bedingungen zu genügen, sondern auch zu einer erhöhten Anpassungsfähigkeit des Unternehmens beizutragen und so eine Verbesserung der Unternehmensleistung zu bewirken.

Ein wirksames Risikomanagement muss demnach eng mit der Unternehmenssteuerung und -überwachung verzahnt sein und zu einer verbesserten Informationsgrundlage für betriebliche Entscheidungen beitragen, indem es eine adäquate und schnelle Prognostizierbarkeit der Zukunft ermöglicht. Informationen der Chancen- und Risikobericht-

---

[148] Vgl. *Krystek/Müller-Stewens*, 2006, 180.
[149] Vgl. *Hahn/Krystek*, 2000, 86 f.
[150] Vgl. LAB & Company, 2011.
[151] Vgl. *Gleißner*, 2008, 61 ff.

erstattung müssen weiters konsequent in die Unternehmensplanung einfließen und hinsichtlich ihrer Wirkung auf die Unternehmensziele, aber auch auf die Ziele der Stakeholder analysiert und gesteuert werden. Dabei sollte im Sinne einer risikoorientierten Unternehmensführung Risikomanagement nicht als isolierte Funktion im Unternehmen aufgefasst werden. Vielmehr sollten die Aufgaben des Risikomanagements in das bestehende Führungs-, aber auch Controllingsystem integriert werden, um das Risikomanagement als Instrument der Entscheidungsvorbereitung auszubauen.[152]

Von besonderer Bedeutung für ein wirksames Risikomanagement in internationalen Unternehmen ist schließlich der Aufbau einer gemeinsamen Risikokultur. Sie bestimmt, inwieweit Risiken wahrgenommen, identifiziert und kommuniziert werden. Unternehmensweite Standards zur Erfassung und Bewertung von Risiken stellen zudem die Vergleichbarkeit und Aggregierbarkeit von Risiken und Chancen sicher und ermöglichen es so, bei der Unternehmenssteuerung die Gesamtrisikoposition des Unternehmens zu berücksichtigen. Daher kann letztlich nur durch eine gemeinsame und offene Risikokultur, die eine transparente Darstellung von Chancen und Risiken im Unternehmen überhaupt erst ermöglicht, ein systematisches Risikomanagement seinen betriebswirtschaftlichen Nutzen vollständig entfalten.

Literaturverzeichnis

Aabo, T./Fraser, J.R./Simkins, B.J., The Rise and Evolution of the Chief Risk Officer, Enterprise Risk Management at Hydro One, in: Corporate Risk Management, hrsg. von *Chew, D.H.*, New York 2008, 348–378.

AFRAC (Hrsg.), Stellungnahme „Lageberichterstattung gemäß §§ 243, 243a und 267 UGB" der Arbeitsgruppe „Lagebericht", Wien, 2009, 2011-08-16, http://www.afrac.at/download/AFRAC_Lagebericht%20Stellungnahme_Juni091.pdf.

Ansoff, I., Managing Strategic Surprise by Response to Weak Signals, in: Zeitschrift für betriebswirtschaftliche Forschung 1976, Bd. 28, 129–152.

Ballwieser, W./Dobler, M., Bilanzdelikte: Konsequenzen, Ursachen und Maßnahmen zu ihrer Vermeidung, in: Die Unternehmung 2003, Bd. 57, 449–469.

Brühwiler, B., Risikomanagement als Führungsaufgabe: Unter Berücksichtigung der neuesten Internationalen Standardisierung, 2. Aufl., Bern u.a. 2007.

Bussmann, K.F., Das betriebswirtschaftliche Risiko, Meisenheim 1955.

Chew, D.H., Introduction, in: Corporate Risk Management, hrsg. von *Chew, D.H.*, New York 2008, vii–x.

Culp, C.L., The Revolution in Corporate Risk Management, in: Corporate Risk Management, hrsg. von *Chew, D.H.*, New York 2008, 33–62.

Denk, R./Exner-Merkelt, K./Ruthner R., Coporate Risk Management. Unternehmensweites Risikomanagement als Führungsaufgabe, 2. Aufl., Wien 2008.

Diederichs, M./Form, S./Reichmann, T., Standard zum Risikomanagement – Arbeitskreis Risikomanagement, in: Controlling 2004, Heft 4/5, 189–198.

Dobler, M., Risikoberichterstattung: Eine ökonomische Analyse, Frankfurt am Main u.a. 2004.

---

[152] Vgl. *Gleißner/Mott*, 2008, 62.

Dobler, M., Zur Verbindung von Risikomanagement und Risikopublizität – Prozess, Regulierung, Empirie, in: Zeitschrift für Controlling und Management 2005, Bd. 49, 144–152.

Erben, R.F., Enronie des Schicksals: Das Enron-Debakel – Lessons Learned, in: Modernes Risikomanagement: Die Markt-, Kredit- und operationellen Risiken zukunftsorientiert steuern, hrsg. von *Romeike, F.*, Weinheim 2005, 269–279.

Ewelt, C./Knauer, T./Sieweke, M., Mehr = besser? Zur Entwicklung des Berichtsumfangs in der Unternehmenspublizität am Beispiel der risikoorientierten Berichterstattung deutscher Aktiengesellschaften, in: Zeitschrift für internationale und kapitalmarktorientierte Rechnungslegung 2009, Heft 12, 706–715.

Feser, N./May, A., Risikoadjustierte Vergütung: Nachhaltige Lohnanreize durch Berücksichtigung der Risikokosten, in: Controller Magazin 2011, Heft 1, 89–92.

Fichtinger, M., Corporate Governance – Internationale Grundsätze und österreichische Ausprägungen, in: Betriebswirtschaftslehre und Unternehmensethik, hrsg. von *Feldbauer-Durstmüller, B./Pernsteiner, H.*, Wien 2009, 369–399.

Fiege, S., Risikomanagement- und Überwachungssystem nach KonTraG, Wiesbaden 2006.

Filipiuk, B., Transparenz der Risikoberichterstattung: Anforderungen und Umsetzung in der Unternehmenspraxis, Wiesbaden 2009.

Franz, K.-P., Corporate Governance, in: Praxis des Risikomanagements: Grundlagen, Kategorien, branchenspezifische und strukturelle Aspekte, hrsg. von *Dörner, D./Horvath, P./Kagermann, H.*, Stuttgart 2000, 41–72.

Gleißner, W., Grundlagen des Risikomanagements im Unternehmen, München 2008.

Gleißner, W./Mott, B.P., Risikomanagement auf dem Prüfstand: Nutzen, Qualität und Herausforderungen in der Zukunft, in: Zeitschrift Risk, Fraud & Compliance 2008, Heft 2, 53–63.

Gleißner, W., Grundlagen des Risikomanagements im Unternehmen: Controlling, Unternehmensstrategie und wertorientiertes Management, 2. Aufl., München 2011.

Gleißner, W./Kalwait, R., Integration von Risikomanagement und Controlling – Plädoyer für einen völlig neuen Umgang mit Planungsunsicherheit im Controlling, in: Controller Magazin 2010, Heft 4, 23–34.

Goschau, B./Lenz, A., Konzeption und organisatorische Ausgestaltung des Risikomanagements in deutschen Konzernen: Kritische Analyse und stichprobenartiger empirischer Befund, in: Interne Revision 2008, Heft 4, 178–184.

Grof, E., Risikomanagement, in: Krisenmanagement, hrsg. von *Feldbauer-Durstmüller, B./Schlager, J.*, Wien 2007, 205–228.

Grof, E./Pichler, M., Risikomanagement in Österreichs Großunternehmen – Eine empirische Studie, in: SWK 2002, Heft 10, 75–80.

Hachmeister, D., Unternehmenswertsteigerung durch Risikomanagement auf der Unternehmensebene, in: Zeitschrift für Controlling und Management 2005, Jg. 49, 134–142.

Hahn, D./Krystek, U., Früherkennungssysteme und KonTraG, in: Praxis des Risikomanagements: Grundlagen, Kategorien, branchenspezifische und strukturelle Aspekte, hrsg. von *Dörner, D./Horvath, P./Kagermann, H.*, Stuttgart 2000, 73–98.

Haller, M., Risiko-Management – Eckpunkte eines integrierten Konzepts, in: Schriften zur Unternehmensführung, hrsg. von *Jacob, H.*, Wiesbaden 1986, 7–43.

Hofstede, G./Hofstede, G.J., Cultures and Organizations: Software of the Mind: Intercultural Cooperation and its Importance for Survival, 2. Aufl., New York u.a. 2005.

Hölscher, R., Aufbau und Instrumente eines integrativen Risikomanagements, in: Risk Controlling in der Praxis: Rechtliche Rahmenbedingungen und geschäftspolitische Konzeptionen in Banken, Versicherungen und Industrie, hrsg. von *Schierenbeck, H.*, Stuttgart 2006, 341–399.

Hommelhoff, P./Mattheus, D., Gesetzliche Grundlagen: Deutschland und international, in: Praxis des Risikomanagements: Grundlagen, Kategorien, branchenspezifische und strukturelle Aspekte, hrsg. von *Dörner, D./Horváth, P./Kagermann, H.*, Stuttgart 2000, 5–40.

Horváth, P./Gleich, R., Controlling als Teil des Risikomanagements, in: Praxis des Risikomanagements: Grundlagen, Kategorien, branchenspezifische und strukturelle Aspekte, hrsg. von *Dörner, D./Horváth, P./Kagermann, H.*, Stuttgart 2000, 99–126.

Janke, G., Das COSO-ERM-Modell: Ein Ansatz zur Prävention von Risk und Fraud, in: Zeitschrift Risk, Fraud & Compliance 2007, Heft 3, 115–120.

Kajüter, P., Berichterstattung über Chancen und Risiken. Auswirkungen des Referentenentwurfs für das Bilanzrechtreformgesetz, in: Betriebs Berater 2004, Jg. 59, Heft 8, 427–433.

Kajüter, P./Linsley, P.M./Woods, M., Risk Management, Internal Control and Corporate Governance: International Perspectives, in: International Risk Management: Systems, Internal Control and Corporate Governance, hrsg. von *Woods, M./Linsley, P./Kajüter, P.*, Oxford 2008, 4–29.

Kajüter, P., Risikomanagement als Controllingaufgabe im Rahmen der Corporate Governance, in: Controlling und Corporate-Governance-Anforderungen: Konzepte, Maßnahmen, Umsetzungen, hrsg. von *Wagenhofer, A.*, Berlin 2009, 109–130.

Kerins, F./Smith, J.K./Smith, R., Opportunity Cost of Capital for Venture Capital Investors and Entrepreneurs, in: Journal of Financial and Quantitative Analysis 2004, Vol. 39, No. 2, 385–405.

KPMG, Offenlegung von Finanzinstrumenten und Risikoberichterstattung nach IFRS 7, Stuttgart 2007a.

KPMG, The evolution of risk and controls. From score-keeping to strategic partnering, 2007b, 2011-08-26, http://www.kpmg.de/docs/The_ev-olution_of_risk_and_controls_0710.pdf.

Krystek, U./Müller-Stewens, G., Strategische Frühaufklärung, in: Strategische Unternehmungsplanung – strategische Unternehmungsführung: Stand und Entwicklungstendenzen, hrsg. von *Hahn, D./Taylor, B./Taylor, B.J.*, Berlin 2006, 175–193.

LAB & Company, Die 12 größten Risiken für die Wirtschaft in Deutschland, 2011, 2011-09-07, http://www.pressemitteilungen-online.de/index.php/die-12-groessten-risiken-fuer-wirtschaft-in-deutschland/.

Lam, J., Enterprise Risk Management: From Incentives to Controls, Hoboken NJ 2003.

Lang, W.W./Jagtiani, J.A., The Mortgage and Financial Crises: The Role of Credit Risk Management and Corporate Governance, in: Atlantic Economic Journal 2010, Vol. 38, No. 2, 123–144.

Leitner-Hanetseder, S./Winkler, J., Status quo der Risikoberichterstattung deutscher und österreichischer kaptalmarktorientierter Unternehmen, in: Zeitschrift für internationale Rechnungslegung 2010, Heft 12, 561–570.

Lentfer, T., Überwachung des Risikomanagementsystems durch den Aufsichtsrat, in: Corporate Governance und Controlling, hrsg. von *Freidank, C.-C.*, Heidelberg 2004, 111–140.

Menzies, C. (Hrsg.), Sarbanes-Oxley Act: Professionelles Management interner Kontrollen, Stuttgart 2004.

Meulbroek, L.K., A Senior Manager's Gide to Integrated Risk Management, in: Corporate Risk Management, hrsg. von *Chew, D.H.*, New York 2008, 63–86.

Modigliani, F./Miller, M.H., The Cost of Capital, Corporation Finance and the Theory of Investment, in: The American Economic Review 1958, Vol. 48, No. 3, 261–297.

Nevries, P./Strauß, E., Aufgaben des Controllings im Rahmen des Risikomanagement-prozesses. Eine empirische Untersuchung in deutschen Großkonzernen, in: Zeitschrift für Controlling und Management 2008, Jg. 52, Heft 2, 106–111.

Österreichischer Arbeitskreis für Corporate Governance (Hrsg.), Österreichischer Corporate Governance Kodex, Wien 2010, 2011-09-09, http://www.wienerborse.at/corporate/pdf/CG%20Kodex%20deutsch_Jan_2010_v4.pdf.

Palsherm, I./Seiler, S., Implementierung eines betriebswirtschaftlichen Risikofrüherkennungs- und Überwachungssystems, in: Krisen- Sanierungs- und Insolvenzberatung 2010, Heft 1, 29–34.

Picot, G., Überblick über die Kontrollmechanismen im Unternehmen nach KonTraG, in: Risikomanagement nach dem KonTraG: Aufgaben und Chancen aus betriebswirt-schaftlicher und juristischer Sicht, hrsg. von *Lange, K.W./Wall, F.*, München 2001, 1–37.

PriceWaterhouseCoopers, Risk-Management – Benchmarking 2010: Eine Studie zum aktuellen Stand des Risikomanagements in Großunternehmen in der deutschen Real-wirtschaft, 2010, 2011-07-14, http://www.pwc.de/de/risiko-management/assets/Studie_RM_Benchmarking_2010.pdf.

Reichmann, T., Die Balanced Chance- and Risk-Card. Eine Erweiterung der Balanced Scorecard, in: Risikomanagement nach dem KonTraG: Aufgaben und Chancen aus betriebswirtschaftlicher und juristischer Sicht, hrsg. von *Lange, K.W./Wall, F.*, München 2001, 282–303.

Romeike, F., Risikokategorien im Überblick, in: Modernes Risikomanagement: Die Markt-, Kredit- und operationellen Risiken zukunftsorientiert steuern, hrsg. von *Romeike, F.*, Weinheim 2005, 17–32.

Romeike, F., Integriertes Risk Controlling und Risikomanagement im global operierenden Konzern, in: Risk Controlling in der Praxis: Rechtliche Rahmenbedingungen und ge-schäftspolitische Konzeptionen in Banken, Versicherungen und Industrie, hrsg. von *Schierenbeck, H.*, Stuttgart 2006, 429–463.

Romeike, F./Hager, P., Erfolgsfaktor Risiko-Management 2.0: Methoden, Beispiele, Checklisten; Handbuch für Industrie und Handel, 2. Aufl., Wiesbaden 2009.

Schorcht, H./Brösel, G., Risiko, Risikomanagement und Risikocontrolling im Lichte des Ertragsmanagements, in: Integriertes Risiko- und Ertragsmanagement: Kunden- und Unternehmenswert zwischen Risiko und Ertrag, hrsg. von *Keuper, F.*, Wiesbaden 2005, 3–34.

Spreemann, K., Analyse der Unsicherheit, in: Handwörterbuch Unternehmensrechnung und Controlling, hrsg. von *Küpper, H.-U./Wagenhofer, A.*, Stuttgart 2002, 48–58.

Wagenhofer, A., Internationale Rechnungslegungsstandards – IAS-IFRS: Grundlagen und Grundsätze; Bilanzierung, Bewertung und Angaben; Umstellung und Analyse, 6. Aufl., München 2009.

Wall, F., Betriebswirtschaftliches Risikomanagement im Lichte des KonTraG, in: Risikomanagement nach dem KonTraG: Aufgaben und Chancen aus betriebswirtschaftlicher und juristischer Sicht, hrsg. von *Lange, K.W./Wall, F.*, München 2001, 207–235.

Wall, F., Funktionen des Controllings im Rahmen der Corporate Governance, in: Zeitschrift für Controlling und Management 2008, Jg. 52, Heft 4, 228–233.

Weber, J./Weißenberger, B.E./Liekweg, A., Ausgestaltung eines unternehmerischen Chancen- und Risikomanagements nach dem KonTraG, in: Deutsches Steuerrecht 1999, Heft 41, 1710–1716.

Weber, J./Liekweg, A., Statutory Regulation of the Risk Management Function in Germany, in: Risk management: Challenge and opportunity, hrsg. von *Frenkel, M./Hommel, U./Rudolf, M./Dufey, G.*, Berlin 2005, 495–511.

Weilinger, A. (Bearb.), Unternehmensrecht, 42. Aufl., Stand 5.2.2011, Wien.

Werder, A. von, Aktuelle Entwicklungen in der Corporate Governance, in: Controlling und Corporate-Governance-Anforderungen: Konzepte, Maßnahmen, Umsetzungen, hrsg. von *Wagenhofer, A.*, Berlin 2009, 23–41.

Withus, K.-H., Neue Anforderungen nach BilMoG zur Beschreibung der wesentlichen Merkmale des Internen Kontroll- und Risikomanagementsystems im Lagebericht kapitalmarktorientierter Unternehmen, in: Zeitschrift für internationale und kapitalmarktorientierte Rechnungslegung 2009, Heft 7-8, 440–451.

Wohlschlager, T., Geltende gesetzliche Regelungen zur Risikoberichterstattung und ihre Umsetzung in den Abschlüssen österreichischer und deutscher börsennotierter Unternehmen, in: Aktuelle Herausforderungen des Risikomanagements, hrsg. von *Mitter, C./Wohlschlager T.*, Stuttgart 2009, 79–117.

Wolke, T., Risikomanagement, 2. Aufl., München/Wien 2008.

Woods, M., A Commentary on the COSO Internal Control Framework and its Links with Sarbanes-Oxley, in: International Risk Management: Systems, Internal Control and Corporate Governance, hrsg. von *Woods, M./Linsley, P./Kajüter, P.*, Oxford 2008, 32–47.

Zimmer, D./Sonnborn, A.M., § 91 Abs 2 AktG – Anforderungen und gesetzgeberische Absichten, in: Risikomanagement nach dem KonTraG: Aufgaben und Chancen aus betriebswirtschaftlicher und juristischer Sicht, hrsg. von *Lange, K.W./Wall, F.*, München 2001, 38–59.

Controlling in internationalen Familienunternehmen

Thomas Haas

Management Summary

Die sozioökonomische Unternehmensform „Familienunternehmen" beeinflusst die Controlling-Funktion, -Ziele und -Organisation. Die Internationalisierung erhöht die Komplexität sowie die Anforderungen an die Qualität und Quantität der internationalen Unternehmensführung und des Controllings. In Familienkonzernen existieren Corporate-Governance-Problemstellungen zwischen zentraler Konzernführung und dezentralen Führungsorganen der internationalen Töchterunternehmen. Governance-Mechanismen wie ein Informationsversorgungs-, Planungs- und Kontroll-, Anreiz- sowie Risikomanagementsystem können zur Problemlösung beitragen. Zudem hat das Controlling ein entscheidungsrelevantes Berichtswesen für die familiäre Sphäre zu installieren und die strategischen Pläne der Subsysteme „family", „business" und „ownership" aufeinander abzustimmen.

1. Einleitung

Familienunternehmen stellen das bedeutendste Unternehmenssegment in Österreich dar.[1] Je nach Arbeitsdefinition variiert der Anteil an allen österreichischen Unternehmen von ca. 46% bis gut 80%.[2] Da diese Unternehmen die meisten unselbstständig Erwerbstätigen beschäftigen,[3] sind sie hauptverantwortlich für die Vitalität, Anpassungs- und Wettbewerbsfähigkeit der nationalen Marktwirtschaft.[4] Die einschlägige Literatur[5] thematisiert Familienunternehmen für gewöhnlich aus einer systemtheoretischen Perspektive. Die Subsysteme „Familie" und „Unternehmen" sind durch unterschiedliche Strukturen, Einstellungen und Ziele gekennzeichnet. Diese Sphären überlappen sich zumindest teilweise und beeinflussen sich gegenseitig.[6] In der Familie stehen die dazugehörenden Personen, ihre sozialen Beziehungen zueinander, Emotionen und die langfristige Entwicklung im Vordergrund. Das Unternehmen basiert in erster Linie auf formalen Funktionen, Regeln und künftigen Ertragserwartungen. Die Überlappung von familiärer und unternehmerischer Logik zieht inhärente Stärken (z.B. langfristige Erfolgsorientierung) und Schwächen (z.B. ungelöste Unternehmensnachfolge) nach sich.[7] Infolge des Familieneinflusses werden das Streben nach unternehmerischer Unabhängigkeit und die nachhaltige Sicherung des Familieneinflusses i.d.R. vor der Maximierung des Shareholder-Values gereiht.[8] Diese Führungsphilosophie zeigt sich auch anhand der empirisch nachweisbaren geringen Bedeutung von wertorientierten Kennzahlen (EVA^{TM}, ROCE etc.), der rudimentären Anwendung der kapitalmarktorientierten Rechnungslegung und der Dominanz der Liquiditätssicherung durch Gewinnthesaurierung.[9] Die Ergebnisse ei-

---

[1]   Vgl. *Haas*, 2010, 5.
[2]   Vgl. *Fröhlich*, 1995, 115; *Haas*, 2010, 217.
[3]   Vgl. *Hasch u.a.*, 2000, 62.
[4]   Vgl. *Feldbauer-Durstmüller/Wimmer/Duller*, 2007, 428.
[5]   Vgl. z.B. *Hammer/Hinterhuber*, 1993, 252; *Carlock/Ward*, 2001, 5 ff.; *Wimmer u.a.*, 2005, 19.
[6]   Vgl. *Quermann*, 2004, 19 ff.
[7]   Vgl. *Hilse/Wimmer*, 2001, 20 f.
[8]   Zur empirischen Fundierung dieser Argumentation vgl. z.B. *Fröhlich/Pichler*, 1988, 98; *Quermann*, 2004, 218; *Bischof/Kaiser*, 2008, 16.
[9]   Vgl. *Günther/Gonschorek*, 2006, 7 ff.; *Günther/Gonschorek*, 2008, 55 ff.; *Leitner/Rohatschek*, 2008, 86 f.; *Pernsteiner*, 2008, 74 f.

ner Studienanalyse von *Miller/Le Breton-Miller* zur Performance von Familienunternehmen zeigen, dass die besondere Unternehmensform auch Chancen beinhaltet, Überrenditen zu erwirtschaften. Die Autoren begründen die festgestellte *„overperformance"* im Vergleich zu Nicht-Familienunternehmen mit der tiefen Unternehmensverbundenheit der Eigentümer, langfristigen Erfolgsorientierung und den nachhaltigen Beziehungen zu Stakeholdern (Kunden, Lieferanten, Mitarbeiter etc.).[10]

Der seit Anfang der 1990er-Jahre zu verzeichnende Anstieg von aktiven Direktinvestitionen veranschaulicht zunehmende Bemühungen heimischer Investoren, internationale Chancen zu realisieren.[11] Neben der jüngsten Finanz- und Wirtschaftskrise zeigten jedoch bereits Finanzkrisen der 1990er-Jahre, dass eine internationale Geschäftstätigkeit – v.a. kapitalintensive Direktinvestitionen – nicht nur Chancen, sondern auch Risiken mit sich bringen. Im Falle von internationalen Töchterunternehmen sind dies im Besonderen agency-theoretische[12] Informationsasymmetrien zwischen zentralem Mutterunternehmen und dezentralem Management (vgl. Abb. 1).[13]

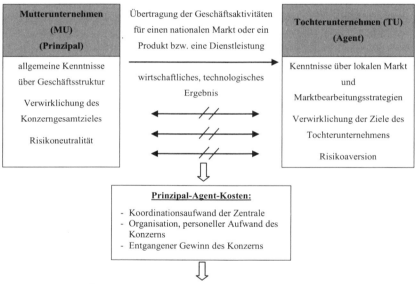

Abb. 1: Informations-, Kontroll- und Koordinationsprobleme in international tätigen Familienunternehmen [in Anlehnung an *Meckl*, 2000, 95]

---

[10] Vgl. *Miller/Le Breton-Miller*, 2005, 13 ff.
[11] Vgl. ÖNB, 2008, 6.
[12] Vgl. *Jensen/Meckling*, 1976; *Fama*, 1980; *Eisenhardt*, 1989.
[13] Vgl. *Picot/Böhme*, 1999, 12 ff.

Die aus diesem Prinzipal-Agent-Konflikt resultierenden Probleme der konzernzielorientierten Führung, dezentralen Performanceevaluierung, Implementierung eines variablen Anreiz- und Vergütungssystems sowie eines entscheidungsrelevanten Reporting stellen besondere Herausforderungen des internationalen Controllings dar.[14] Die meisten Internationalisierungsformen verlangen eine klare strategische Ausrichtung, akribische Planung/Vorbereitung, ein professionelles Management, konsequente operative Umsetzungsmaßnahmen und eine langjährige Erfahrung.[15] Im Gegensatz dazu weist die einschlägige Literatur[16] auf eine eingeschränkte Auslandserfahrung, mangelhafte organisatorische Handhabung der strategischen Ausrichtung, einen intuitiven Führungsstil, informelle sowie personenzentrierte Steuerungs- und Organisationssysteme, eine Dominanz des operativen Tagesgeschäfts und ein Defizit beim Einsatz von betriebswirtschaftlichen Instrumenten in Familienunternehmen hin.

Die erläuterten Charakteristika von Familienunternehmen tangieren die Ziele (z.B. Shareholder-Value-Ziele), Funktion (z.B. Nachfolge-Controlling), Organisation (z.B. familienzentrierte Führung)[17] und Instrumente (z.B. Kennzahlensysteme) des Controllings. Zudem erhöht die internationale Tätigkeit die Umweltdynamik und Geschäftskomplexität (internationale Rechnungslegung, Wechselkursrisiken, kulturelle und sprachliche Unterschiede etc.), welche Koordinations-, Reaktions- und Anpassungsprobleme der internationalen Unternehmensführung begründen.[18] Gleiches gilt für das internationale Controlling – interpretiert als Subsystem der Unternehmensführung.[19] Deshalb besteht das Ziel des vorliegenden Beitrages darin, eine Controlling-Konzeption vorzustellen, welche die Familien-, Eigentums- und Unternehmenssphäre ganzheitlich einbezieht und den erhöhten Anforderungen der Internationalisierung gerecht wird. Diesbezüglich zeigt Kapitel 2 eine Forschungslücke zum Controlling in Familienunternehmen auf. Kapitel 3 erläutert den organisationstheoretischen Bezugsrahmen. Im Anschluss daran folgt eine Typologie von Familienunternehmen. Kapitel 5 beschreibt das *Horváth'sche* Controlling-System für Familienunternehmen,[20] das auf dem *„Three-Circle model"* nach *Gersick* u.a. basiert,[21] und die konzeptionelle Grundlage für Kapitel 6 bis 8 liefert. Den Schluss bildet eine Zusammenfassung der wichtigsten Erkenntnisse.

2. State-of-the-Art der Forschung zum Controlling in Familienunternehmen

Die Literatur[22] zu Familienunternehmen thematisiert überwiegend die Erfolgsfaktoren, das Performancemanagement, gesellschafts- und steuerrechtliche Aspekte sowie sozioökonomische Besonderheiten aufgrund der Überlappung von familiärer und unternehmerischer Logik. Publikationen zum Controlling wurden bisher größtenteils aus der Per-

---

[14] Vgl. *Küting/Heiden*, 2002, Sp. 295 f.
[15] Vgl. auch *Furtner,* 2006, 27.
[16] Vgl. z.B. *Hilse/Wimmer*, 2001, 22 ff.; *Schäfer-Kunz*, 2006, 87; *Picot*, 2008, 12 ff.
[17] Vgl. *Duller/Haas/Leidinger*, 2009, 1356.
[18] Vgl. *Feldbauer-Durstmüller/Haas/Mühlböck*, 2008, 198; *Haas*, 2010, 3 ff.
[19] Vgl. *Horváth*, 2009, 91 ff.
[20] Vgl. *Horváth*, 1999, 121 ff.
[21] Vgl. *Gersick* u.a., 1997, 5 ff.
[22] Vgl. z.B. *Simon*, 2002; *Jaskiewicz*, 2006; *Wieselhuber/Lohner/Thum*, 2006; *Hofer/Tumpel*, 2008.

spektive der Praxis und ohne Bezug zur konzeptionellen Controlling-Theorie verfasst.[23] Lediglich die im Folgenden vorgestellten Arbeiten erörtern das Controlling in Familienunternehmen mit einem forschungskonzeptionellen Ansatz:[24]

- Die gravierenden Änderungen der Unternehmensumwelt erhöhen den Integrations- und Koordinationsbedarf sowie die notwendige Aktualität und Flexibilität einer erfolgreichen Unternehmensführung. Laut *Hahns* Konzeption ist die Führungs- und Führungsunterstützungsfunktion des Controllings für diese Aufgabe in Familienunternehmen geradezu prädestiniert.[25]
- *Horváth* beschreibt anhand des *„Three-Circle model"*[26] nach *Gersick* u.a. (vgl. Kapitel 3.1) das Führungssystem von Familienunternehmen als komplexes Kräftefeld der Sektoren *„family", „business"* und *„ownership"*. Obwohl das Controlling klar dem Subsystem *„business"* angehört, hat dieses auch spezielle Aufgaben in Bezug auf die Sektoren *„family"* und *„ownership"* zu erfüllen.[27]
- Aufbauend auf die systemtheoretische Controlling-Konzeption[28] nach *Horváth* erarbeiteten *Feldbauer-Durstmüller/Haas* ein für kleine und mittlere Familienunternehmen passendes Informationsversorgungs- sowie Planungs- und Kontrollsystem. Zudem werden verschiedene interne und externe Organisationsmöglichkeiten sowie spezielle Controlling-Aufgaben im Zuge der Unternehmensübergabe thematisiert.[29]
- *Horváths* vorgeschlagene konzeptionelle Verschmelzung[30] seines Controlling-Verständnisses[31] mit dem *„Three-Circle model"*[32] nach *Gersick* u.a. lieferte die organisationstheoretische Basis für die Publikation von *Haas*.[33] Das Werk richtet sich an mittlere und große Familienunternehmen, in denen das Controlling neben den klassischen Aufgaben der Informationsversorgung sowie Planung und Kontrolle auch Funktionen der *Corporate-* und *Family-Governance* zu erfüllen hat. In diesem Zusammenhang wird auch die Internationalisierung intensiv problematisiert. Eine quantitative Studie[34] vergleicht die Controlling-Theorie mit der aktuellen Praxis. Der vorliegende Beitrag basiert auf dieser Publikation.

3. Organisationstheoretischer Bezugsrahmen

3.1. Systemtheoretisches „Three-Circle model" nach *Gersick* u.a.

Nach dem *„Three-Circle-model"*[35] nach *Gersick* u.a. kann jeder interne Share- und Stakeholder eines Familienunternehmens einem der sieben Modellsektoren zugeordnet

---

23 Vgl. z.B. *Schröder*, 1998; *Schäfer-Kunz*, 2006; *Gleich/Hofmann/Shaffu*, 2008.
24 Vgl. *Duller/Haas*, 2009, 32.
25 Vgl. *Hahn*, 1994, 125 ff.
26 Vgl. *Gersick* u.a., 1997, 5 ff.
27 Vgl. *Horváth*, 1999, 121 ff.
28 Vgl. *Horváth*, 2009, 91 ff.
29 Vgl. *Haas*, 2007; *Feldbauer-Durstmüller/Haas*, 2008, 107 ff.
30 Vgl. *Horváth*, 1999, 121 ff.
31 Vgl. *Horváth*, 2009, 91 ff.
32 Vgl. *Gersick* u.a., 1997, 5 ff.
33 Vgl. *Haas*, 2010.
34 Bezüglich eines umfangreichen nationalen und internationalen Überblicks zum State-of-the-Art der empirischen Forschung zum Controlling in Familienunternehmen siehe *Haas*, 2010, 203 ff.
35 Vgl. *Gersick* u.a., 1997, 5 ff.

werden (vgl. Abb. 2). Während z.B. ein geschäftsführender Gesellschafter aus der Familie allen drei Subsystemen und somit Sektor 7 angehört, sind ein familienfremder Geschäftsführer in Sektor 3 und ein familienfremder Eigentümer in Sektor 2 einzufügen.[36]

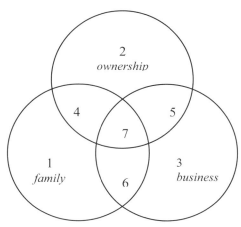

Abb. 2: „Three-Circle model" nach *Gersick* u.a. [in Anlehnung an *Gersick* u.a., 1997, 6]

Demnach lässt das Modell potenzielle Ziel- und Interessenkonflikte der verschiedenen Share- und Stakeholder erkennen,[37] die Corporate-Governance-Probleme hervorrufen (z.B. Informationsasymmetrie zwischen einem geschäftsführenden Mehrheitseigentümer aus dem Sektor *„family"* und einem nicht geschäftsführenden Minderheitseigentümer aus der Sphäre *„ownership"* [z.B. Private-Equity-Gesellschaft]).[38] Deshalb erscheint zur theoretischen Fundierung der Controlling-Konzeption die zusätzliche Heranziehung der Prinzipal-Agent-Theorie[39] zweckdienlich.[40]

3.2. Prinzipal-Agent-Theorie

Im Mittelpunkt der Prinzipal-Agent-Theorie[41] steht die Beziehung zwischen Auftraggeber und Auftragnehmer. Ein Prinzipal (z.B. Mutterunternehmen) beauftragt einen Agenten mit der Erfüllung einer Aufgabe (z.B. Geschäftsführung im dezentralen Tochterunternehmen [vgl. Abb. 1]). Um die gestellte Aufgabe erfüllen zu können, wird der Agent mit Entscheidungs- und Verfügungsrechten über Ressourcen des Prinzipals ausgestattet. Dadurch versucht der Prinzipal Vorteile infolge von Arbeitsteilung und Delegation zu realisieren. Der Agent bekommt für seine Leistung eine Vergütung. Die asymmetrische Informationsverteilung, individuelle Nutzenmaximierung und Risikodivergenz können zu einem Zielkonflikt zwischen Prinzipal und Agent führen, der Kosten nach sich zieht

---

[36] Vgl. *Horváth*, 1999, 123 f.
[37] Vgl. *Horváth*, 1999, 124.
[38] Vgl. *Kellersmann/Winkeljohann*, 2007, 406 ff.
[39] Vgl. *Jensen/Meckling*, 1976, 305 ff.
[40] Vgl. *Haas*, 2010, 19.
[41] Vgl. *Jensen/Meckling*, 1976, 305 ff.

(Informations-, Kontrollkosten etc.). Demnach besteht das Effizienzkriterium des Ansatzes darin, die Vertragsbedingungen zwischen Prinzipal und Agent mithilfe von Anreizen, Verhaltenssteuerungs- und Kontrollmechanismen derart zu gestalten, dass die Kosten minimiert werden.[42]

4. Begriffsabgrenzung „internationales Familienunternehmen"

Ein internationales Familienunternehmen ist ein Unternehmen beliebiger Rechtsform, auf das eine Familie sowie gegebenenfalls eine familiennahe Stiftung einen *substanziellen Familieneinfluss* (SFE) ausübt und *international tätig* ist. Falls mehrere Familien bzw. Familienzweige oder Stiftungen bestehen, wird eine verbindende Syndizierung vorausgesetzt.[43] Das Konzept des SFE[44] nach *Klein* berechnet sich aus der Summe der Einflüsse, die eine Familie über direkt/indirekt gehaltene Stimmrechte, über Corporate-Governance-Positionen in Aufsichts-/Bei-/Stiftungsräten und/oder über Beteiligung an der Geschäftsführung auf ein Unternehmen ausüben kann. Folgende Bedingung operationalisiert dieses Konzept:

$$If\ S_{Fam} > 0\ SFI:\ \frac{S_{Fam}}{S_{total}} + \frac{MoSB_{Fam}}{MoSB_{total}} + \frac{MoMB_{Fam}}{MoMB_{total}} \geq 1$$

Dabei gilt:

S = stock	*SFI = substantial family influence*
MoMB = members of management board	*MoSB = members of supervisory board*
	Fam = family

Das *Uppsala-Modell*[45] der Internationalisierung nach *Johanson/Vahlne* fokussiert betriebliche Lernprozesse. Den Ausgangspunkt bilden Unternehmen mit geringer Auslandserfahrung und Exporten als vorerst einzige Internationalisierungsform. Mit zunehmender Erfahrung und Kenntnis der Chancen und Risiken werden risikoreichere internationale Tätigkeiten (z.B. Direktinvestitionen) unternommen und heterogene Märkte erschlossen.[46]

---

[42] Vgl. *Picot/Böhme*, 1999, 5; *Meckl*, 2000, 92 f.
[43] Vgl. *Haas*, 2010, 66.
[44] Vgl. *Klein*, 2000, 158.
[45] Vgl. *Johanson/Vahlne*, 1977, 23 ff.
[46] Vgl. *Müller/Kornmeier*, 2002, 296 f.; *Welge/Holtbrügge*, 2006, 64.

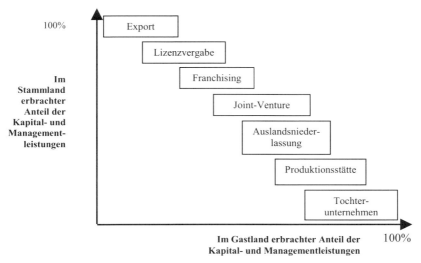

Abb. 3: Formen der Internationalisierung [in Anlehnung an *Meissner/Gerber*, 1980, 224; *Müller/Kornmeier*, 2002, 287]

Dem *Uppsala-Modell* folgend umfasst das Abgrenzungskriterium der internationalen Unternehmenstätigkeit neben Direktinvestitionen auch Internationalisierungsstufen mit geringerem Anteil an im Ausland investierter Kapital- und Managementleistung (Exporte, Joint-Venture etc. [vgl. Abb. 3]).[47] Derartige Formen der Internationalisierung müssen jedoch in mindestens einer ausländischen Nation wirtschaftlich in jener Intensität erfolgen, die wesentlich dazu beiträgt, die strategischen Unternehmensziele zu erreichen und die nachhaltige Existenz des Unternehmens zu sichern.[48] In Anlehnung an *Casillas/Acedo/Moreno* gelten Unternehmen mit Beteiligung an mindestens einem Direktinvestitionsunternehmen (stimmberechtigter Kapitalanteil von 10% oder mehr)[49] stets als international tätig.[50]

5. Controlling in internationalen Familienunternehmen

5.1. Controlling als Subsystem der Unternehmensführung nach *Horváth*

Unter einem Unternehmensführungssystem ist die Gesamtheit aller Instrumente, Regeln, Institutionen und Prozesse zu verstehen, mit denen Führungsaufgaben wie Zielbildung, Planung, Entscheidung, Steuerung und Kontrolle erfüllt werden.[51] In diesem Kontext interpretiert *Horváth* das Controlling als Subsystem der Unternehmensführung und integ-

---

[47] Vgl. *Haas*, 2010, 66.
[48] Vgl. *Perlitz*, 2000, 11.
[49] Die Festlegung der 10%igen Kapitalanteilsquote basiert auf dem Zahlungsbilanzmanual des Internationalen Währungsfonds (IWF) und gewährleistet damit eine internationale Vergleichbarkeit der Abgrenzung von Direktinvestitionsunternehmen. Siehe IMF, 1993, P. 362; ÖNB, 2008, 27 f.
[50] Vgl. *Casillas/Acedo/Moreno*, 2007, 54 f.
[51] Vgl. *Wild*, 1974, 32.

riert dieses konzeptionell als Koordinationssystem, das zur ergebniszielorientierten Abstimmung von Informationsversorgung sowie Planung und Kontrolle dient (vgl. Abb. 4).[52]

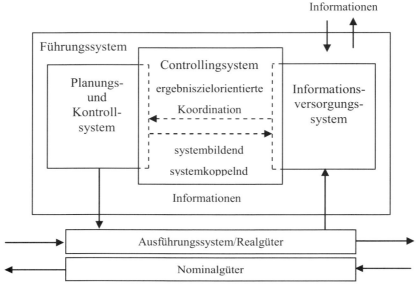

Abb. 4: Controlling-System nach *Horváth* [in Anlehnung an *Horváth*, 2009, 92]

5.2. Controlling-Ziele und -Aufgaben

Um die Ergebnis- und Sachziele des Unternehmens nachhaltig realisieren zu können, steht die Sicherung und Erhaltung der Koordinations-, Reaktions- und Adaptionsfähigkeit der Unternehmensführung im Zentrum der *„generellen" Controlling-Ziele*. Die dafür notwendige ergebniszielorientierte Koordination der Informationsversorgung sowie Planung und Kontrolle verkörpert die *„generellen" Controlling-Aufgaben*,[53] die das Leitbild der *International Group of Controlling* (IGC) folgendermaßen operationalisiert:[54]

- Controlling sorgt für Strategie-, Ergebnis-, Finanz- und Prozesstransparenz und trägt somit zu einer höheren Wirtschaftlichkeit bei.
- Controlling koordiniert Teilziele und Teilpläne ganzheitlich und organisiert das Reporting.
- Controlling leistet die entscheidungsrelevante Daten- und Informationsversorgung der Unternehmensführung.

---

[52] Vgl. *Horváth*, 2009, 91 ff.
[53] Vgl. *Horváth*, 2009, 123 f.
[54] Vgl. IGC, 2002, 2. Im Original bezieht sich das Leitbild nicht auf das Controlling (!) – interpretiert als aus der Schnittmenge von Manager- und Controller-Tätigkeit resultierende(r) Prozess bzw. Denkweise –, sondern auf den institutionalisierten Aufgabenträger des Controllings, den Controller (!).

- Controlling übernimmt die Koordination der Informationsversorgung sowie Planung und Kontrolle.

Aufgrund der erhöhten Führungs- und Koordinationskomplexität existieren in Familienunternehmen nicht nur *„generelle"*, sondern auch *„spezielle" Controlling-Ziele* wie die Sicherung der eindeutigen strategischen Entscheidungsfindung im Zuge der Unternehmensnachfolge.[55] Deshalb weist *Horváth* explizit darauf hin, dass sich ein für Familienunternehmen passendes Controlling-System nicht auf das Subsystem *„business"* beschränken kann, sondern auch folgende informierende und koordinierende Aufgaben in Bezug auf die Sektoren *„ownership"* und *„family"* wahrnehmen muss (vgl. Abb. 5):[56]

- Die Visionen, Ziele, Leitbilder und Planungen der Sektoren *„business"*, *„family"* und *„ownership"* sind aufeinander abzustimmen.
- Die Familien-, Eigentümer- und Unternehmensstrategien sind zu koordinieren.
- Ein auf die jeweiligen Empfänger, nämlich Familie, Unternehmensführung, Aufsichts-/Beirat, abgestimmtes Berichtswesen ist zu konzeptionieren.
- Ein System abgestimmter Kontrollen ist zu installieren.[57]

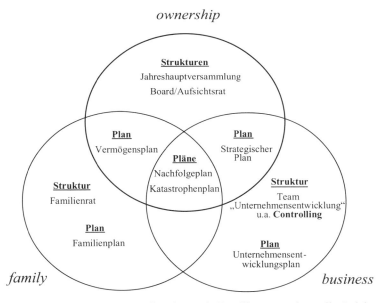

Abb. 5: Planungs-, Steuerungs- und Kontrollstrukturen in Familienunternehmen [in Anlehnung an *Gersick* u.a., 1997, 226; *Horváth*, 1999, 127]

5.3. Controlling-Organisation

Die Controlling-Organisation kommt durch die präsituativ und zielwirksam geregelte Verteilung und Erledigung von Controlling-Aufgaben zum Ausdruck. Mit dieser Zuord-

---

[55] Vgl. *Feldbauer-Durstmüller*, 2003, 23.
[56] Vgl. *Horváth*, 1999, 131.
[57] Vgl. *Horváth*, 2000, 31.

nung werden für periodisch wiederkehrende Controlling-Aufgaben einheitliche Vorgehensweisen festgelegt. Die aufbauorganisatorischen Gestaltungsalternativen beziehen sich auf die Zuordnung der Controlling-Aufgaben zu den Aufgabenträgern, die Organisation des Controlling-Bereiches und die Einordnung des Controlling-Bereiches in die Unternehmensorganisation (vgl. Tab. 1).[58]

Gestaltungsvariablen	Gestaltungsalternativen
Zuordnung von Controlling-Aufgaben zu Aufgabenträgern	• Institutionalisierung • Nicht-Institutionalisierung
Gliederung des Controllings	• aufgabenorientierte Gliederung • organisationsorientierte Gliederung
Zentralisierungsgrad des Controllings	• zentrales Controlling • dezentrales Controlling
Unterstellung dezentraler Controlling-Bereiche	• Unterstellung unter Bereichsführung • Unterstellung unter zentrales Controlling • Dotted-Line-Prinzip
Hierarchische Einordnung des Controllings	• Einordnung in erste Ebene • Einordnung in zweite Ebene • Einordnung in niedrigere Ebenen
Kompetenz des Controllings	• Organisation als Linieninstanz • Organisation als Stabsstelle • Organisation als Querschnittsbereich

Tab. 1: Gestaltungsvariablen der Controlling-Organisation [in Anlehnung an *Friedl*, 2003, 96]

Im Zuge der Zuordnung von Controlling-Aufgaben zu Aufgabenträgern können entweder spezialisierte Stellen geschaffen werden (Institutionalisierung) oder bestehende Stellen, die bereits andere Tätigkeiten wahrnehmen (z.B. Finanz- und Rechnungswesen), mit Controlling-Aufgaben betraut werden (Nicht-Institutionalisierung).[59] Empirische Controlling-Studien[60] belegen klar, dass die Institutionalisierung des Controllings in erster Linie von der situativen Größe des jeweiligen Unternehmens abhängt. In großen Unternehmen werden zur Reduzierung von Entscheidungsunsicherheiten regelmäßig entscheidungsvorbereitende Controlling-Stellen institutionalisiert. Für kleine und mittlere Unternehmen ist eine derartige Controlling-Organisation aus Gründen der unzureichenden Unternehmensgröße bzw. Ressourcenknappheit oftmals nicht realisierbar.[61] *Kosmiders* und *Niedermayrs* empirische Untersuchungen zeigen, dass die Institutionalisierung des Controllings der untersuchten deutschen und österreichischen Unternehmen nicht nur von der Unternehmensgröße, sondern auch von der Führungsstruktur wesentlich beeinflusst wurde. So institutionalisierten eigentümergeführte Unternehmen eigenständige Controlling-Stellen in signifikant geringerem Ausmaß als fremdmanagementgeführte

---

[58] Vgl. *Friedl*, 2003, 95 f.
[59] Vgl. *Friedl*, 2003, 95.
[60] Vgl. z.B. *Niedermayr*, 1994, 263; *Legenhausen*, 1998, 113; *Rautenstrauch/Müller*, 2005, 203.
[61] Vgl. *Rautenstrauch/Müller*, 2005, 189 f.

Unternehmen.[62] Das *Deloitte Mittelstandsinstitut* der *Otto-Friedrich-Universität Bamberg* zählt eigentümergeführte Unternehmen und fremdmanagementgeführte Unternehmen mit Eigentümereinfluss und maximal 3.000 Mitarbeitern und/oder einem Umsatz von mehr als 50 Mio. € zu den „mittelständischen Unternehmen". Im Zuge eines Forschungsprojektes wurden 45 derartige „mittelständische Unternehmen" mit Sitz in Deutschland befragt. In 90% der fremdmanagementgeführten Unternehmen waren Mitarbeiter vorhanden, die sich auf Controlling-Aufgaben spezialisierten. Im Vergleich dazu verfügten nur 50% (!) der eigentümergeführten Unternehmen über solche Spezialisten. Darüber hinaus bestätigen die Ergebnisse die bereits erwähnten unternehmerzentrierten Führungsorganisationen von eigentümergeführten Unternehmen. So stellten die Eigentümer in 32% der eigentümergeführten Unternehmen versus 0% (!) der fremdmanagementgeführten Unternehmen zugleich auch Aufgabenträger des Controllings dar (vgl. Abb. 6).[63]

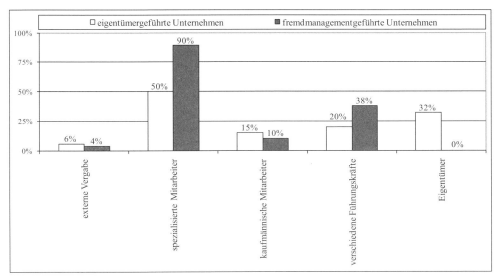

Abb. 6: Führungsstruktur als Kontingenzfaktor der Controlling-Organisation [in Anlehnung an Deloitte & Touch GmbH, 2008, 8]

In international tätigen bzw. dezentral strukturierten Unternehmen ist neben den bereits erörterten „allgemeinen" Gestaltungsvariablen der Controlling-Organisation im Speziellen die disziplinarische und fachliche Unterstellung des dezentralen Controllings (vgl. Tab. 2) sowie der Standardisierungs-/Differenzierungsgrad des zentralen und dezentralen Controllings zu bestimmen (vgl. Tab. 3).[64]

---

[62] Vgl. *Kosmider*, 1994, 137 und 161 f.; *Niedermayr*, 1994, 263 und 306 f.

[63] Vgl. *Becker* u.a., 2008, 77 f.; Deloitte & Touche GmbH Wirtschaftsprüfungsgesellschaft, 2008, 8.

[64] Vgl. *Zimmermann*, 2001, 133 f.; *Hoffjan/Weber*, 2007, 27 ff.

	Unterstellung Linieninstanz	Unterstellung zentrales Controlling	„Dotted-Line-Prinzip"
Vorteile	gute und vertrauliche Zusammenarbeit mit der Linieninstanz hohe Akzeptanz in Linie guter Zugang zu formellen und informellen Informationsquellen Möglichkeit, Linieninstanz bei Entscheidungen zu unterstützen starkes Eingehen auf Linienbedürfnisse	einheitliche Durchführung des Controlling-Konzeptes Gegengewicht bei Beteiligung an Entscheidungen der Linieninstanz starke Betonung des integrativen Koordinationsaspektes schnelle Durchsetzung neuer Konzepte Unabhängigkeit gegenüber Linieninstanzen schnelle Information der Zentrale	Kompromiss zwischen zwei Extremen Möglichkeit, Linienkenntnisse mit Controlling-Notwendigkeiten zu verbinden flexible Einflussnahme auf „Spezial-Controller"
Nachteile	Controlling-Gesamtkonzept wird vernachlässigt Verstärkung des Partikularismus Berichterstattung an Zentral-Controller wird vernachlässigt mangelnde Distanz und Objektivität der Linienaktivitäten	„Spezial-Controller" = „Spion" der Zentrale Informationsblockade der Linie Spezial-Controller wird isoliert geringere Akzeptanz wird nicht zur Entscheidungsunterstützung herangezogen linienspezifische Besonderheiten werden wenig beachtet	Doppelunterstellung = Dauerkonflikt wird weder von der Linie noch vom zentralen Controlling akzeptiert Objektivität und Neutralität sind nicht gewahrt

Tab. 2: Vor- und Nachteile alternativer Unterstellungsmöglichkeiten des dezentralen Controllings [in Anlehnung an *Schüller*, 1984, 210; *Küpper*, 2008, 567]

In international tätigen bzw. dezentral strukturierten Familienunternehmen besteht das Risiko, dass in- und/oder ausländische Unternehmenseinheiten (z.B.: Töchterunternehmen) eigenständige Geschäftspolitiken verfolgen und damit ein gesamtzielorientiertes Führungskonzept erschweren.[65] Unterschiedliche Controlling-Auffassungen, Berichtssysteme, Kennzahlendefinitionen etc. verstärken dieses Koordinationsproblem. Die Standardisierung der Controlling-Systeme für alle zentralen und dezentralen Unternehmenseinheiten würde klare Strukturen in die Controlling-Abläufe und -Organisation bringen und so eine einheitliche und zielgerichtete Gesamtsteuerung erleichtern. Da aber konzernweit standardisierte Controlling-Systeme nicht nur Vorteile, sondern auch Nachteile mit sich bringen (vgl. Tab. 3),[66] empfehlen sich in der Praxis situative Mischformen.

Vorteile der Standardisierung (= Nachteile der Differenzierung)	**Nachteile der Standardisierung** (= Vorteile der Differenzierung)
• erhöhte Transparenz der Beurteilungsprozesse • Steigerung der Urteilsgerechtigkeit durch Gleichbehandlung gleicher Sachverhalte • kürzere Bearbeitungsdauer aufgrund von Übungseffekten durch Wiederholungen • schnelle Einarbeitung • Verbesserung der Entscheidungsfähigkeit durch weniger subjektive Entscheidungen • Nutzung von Erfahrungen der „Vorwelt" • Berechenbarkeit von Handlungsinhalten • Unabhängigkeit von einzelnen lokalen Personen/Controllern	• Gefahr einer Überlastung der zentralen Controlling-Abteilung • Nachlassende adäquate Berücksichtigung der lokalen Bedingungen • hoher Aufwand für die Erstellung und ständige Aktualisierung der Standards • Gefahr einer allzu schematischen Vorgehensweise • Vernachlässigung innovativer Lösungen durch „Betriebsblindheit" • Reduzierung der Flexibilität

Tab. 3: Vor- und Nachteile einer Standardisierung des internationalen Controllings [in Anlehnung an *Hoffjan/Weber*, 2007, 28]

6. (Sekundär-)Koordination des Subsystems „business"

6.1. Koordination des Informationsversorgungssystems

Die verrichtungsorientierte Differenzierung des Informationsmanagements führt zu einer phasenspezifischen Gliederung des Informationsversorgungsprozesses, nämlich der Informationsbedarfsermittlung und -bewertung (vor allem Kosten-Nutzen-Verhältnis), Informationsbeschaffung und -aufbereitung sowie der Informationsübermittlung und -dokumentation. Die Antwort auf die Frage, welche Informationskategorien das Controlling bereitstellen muss, kann vom fundamentalen Controlling-Ziel, der Sicherung und Erhaltung der Koordinations-, Reaktions- und Adaptionsfähigkeit der Unternehmensführung zur nachhaltigen Realisierung der Unternehmensziele (vgl. Tab. 4), abgeleitet

---

[65] Vgl. *Perlitz*, 2000, 592.
[66] Vgl. *Hoffjan/Weber*, 2007, 27 ff.

werden.[67] Das heißt, das Controlling hat die notwendigen bzw. entscheidungsrelevanten Informationen zur Planung, Steuerung und Kontrolle der Liquidität, des Erfolges und des nachhaltigen Unternehmensfortbestandes zeitgerecht zur Verfügung zu stellen.

	Unternehmenszielebenen		
Steuerungsgrößen	**Liquidität**	**Erfolg**	**nachhaltiger Unternehmens-fortbestand**
Vorsteuerfunktion	Erfolg	Erfolgspotenzial	Liquidität
Controlling-teilsystem	operatives Controlling	operatives Controlling	strategisches Controlling
Zeithorizont	kurzfristig	kurz-/mittelfristig	langfristig
Kriseninformation	Bedrohung	Warnung	Frühwarnung
Handlungsbedarf	akut, zwingend	latent, notwendig	potenziell, präventiv
Rechen-/ Orientierungs-größe	Ein-/Auszahlungen-Einnahmen/ Ausgaben	Erträge/ Aufwendungen Leistungen/Kosten	Erfolgspotenziale (Stärken/Schwächen und Chancen/Risiken)
Zielgröße	Cashflow	Erfolg/Rentabilität	Unternehmenswert
Instrumente	Finanzrechnung Finanzierungsrechnung	bilanzielle/ kurzfristige Ergebnisrechnung Kosten-/Leistungsrechnung	strategisches Planungs- und Kontrollsystem (vgl. Kap. 6.2)

Tab. 4: Ebenen, Merkmale und Steuerungsdimensionen der obersten formalen Unternehmensziele [in Anlehnung an *Mussnig/Bleyer/Giermaier*, 2006, 55]

Das Controlling hat die Aufgabe, für die Unternehmensführung die geeigneten Werkzeuge in der Gestalt von betriebswirtschaftlichen Instrumenten zur Verfügung zu stellen und dafür zu sorgen, dass die richtigen Instrumente in fachgerechter Weise zur Problemlösung eingesetzt werden.[68] Die Instrumente zur Planung und Kontrolle (vgl. Kapitel 6.2) stellen systematische Verfahren der Informationsgewinnung und -verarbeitung dar, welche der Aufstellung, Umformung und Prüfung informativer Aussagen dienen. Somit sind sie als Instrumente der systematischen Erkenntnisgewinnung zu bezeichnen.[69] Instrumente, die aus Sicht der Planung in erster Linie zur Erfassung und Aufbereitung von Informationen für die Planung und Kontrolle dienen, ordnet *Horváth* dem Informationsversorgungssystem zu.[70]

---

[67] Vgl. *Horváth*, 2009, 123 und 295 ff.
[68] Vgl. *Horváth*, 2009, 193.
[69] Vgl. *Kosiol*, 1967, 92; *Horváth*, 2009, 193.
[70] Vgl. *Horváth*, 2009, 193.

Die einschlägige Literatur[71] konstatiert Familienunternehmen ein allgemeines Defizit beim Einsatz von betriebswirtschaftlichen Instrumenten.[72] Diesbezüglich untersuchte eine institutsübergreifende Studie der *Johannes Kepler Universität Linz* die Implementierung von Controlling-Instrumenten in oberösterreichischen Familienunternehmen (FU) versus Nicht-Familienunternehmen (NFU). Zu diesem Zweck wurden von Januar bis April 2007 alle 1.180 Unternehmen mit mindestens 50 Beschäftigten und oberösterreichischer Postanschrift adressiert. Die jeweiligen Unternehmensführungen erhielten einen standardisierten Fragebogen mit offenen und geschlossenen Fragen. Nach einer analytischen Prüfung des generierten Datensatzes konnte ein repräsentativer Rücklauf von 236 Unternehmen bzw. 20% erzielt werden. Tab. 5 zeigt die Mitarbeiter- und Umsatzverteilung der 236 antwortenden Unternehmen. Da sieben Unternehmen weniger als 50 Personen beschäftigten und weitere fünf hierzu keine Angaben machten, mussten insgesamt zwölf Fragebögen für spätere Kreuztabellierungen ausgeschlossen werden.[73]

Mitarbeiteranzahl	absolut	relativ	kumuliert
< 10	0	0,0%	0,0%
10–49	7	3,0%	3,0%
50–249	154	66,7%	69,7%
≥ 250	70	30,3%	100,0%
∑ = n	**231**	**100,0%**	
fehlende Angabe	5		
Gesamt	**236**		

Jahresumsatz	absolut	relativ	kumuliert
≤ 2 Mio. €	1	0,4%	0,4%
2,1–10 Mio. €	67	29,4%	29,8%
10,1–50 Mio. €	103	45,2%	75,0%
≤ 50 Mio. €	57	25,0%	100,0%
∑ = n	**228**	**100,0%**	
fehlende Angabe	8		
Gesamt	**236**		

Tab. 5: Mitarbeiter- und Umsatzverteilung der respondierenden Unternehmen [in Anlehnung an *Duller/Haas*, 2009, 38]

---

[71] Vgl. z.B. *Hammer*, 1993, 258 f.; *Hennerkes*, 1998, 3.
[72] Vgl. *Duller/Haas*, 2009, 37.
[73] Vgl. *Feldbauer-Durstmüller/Wimmer/Duller*, 2007, 427 ff. Bezüglich der im Jahr 2009 durchgeführten Nachfolgestudie, die sich auf ganz Österreich bezieht, siehe *Feldbauer-Durstmüller* u.a., 2010; *Haas,* 2010, 203 ff.

Die statistische Auswertung des Rücklaufes veranschaulicht eine weite Verbreitung einfacher, klassischer Instrumente wie Kennzahlensysteme, Investitionsrechnungsverfahren, Stärken-/Schwächenanalysen, Konkurrenzanalysen, ABC-Analysen, Branchenstrukturanalysen und das Benchmarking. Moderne Instrumente wie die Balanced Scorecard oder Shareholder-Value-Analysen sind weniger stark verbreitet. Mit Ausnahme der letztgenannten Rechenkonzepte konnten keine signifikanten Anwendungsunterschiede zwischen Familienunternehmen und Nicht-Familienunternehmen nachgewiesen werden (vgl. Tab. 6).[74]

Controlling-Instrument	FU	NFU	SU*	Gesamt
Kennzahlensysteme	91,1%	87,9%	–	90,6%
Investitionsrechnungsverfahren	77,9%	69,0%	–	76,4%
Stärken-/Schwächenanalyse	70,2%	81,8%	–	72,3%
Konkurrenzanalyse	73,8%	71,0%	–	73,3%
Benchmarking	53,5%	66,7%	–	56,0%
Branchenstrukturanalyse	60,0%	59,4%	–	59,9%
ABC-Analyse	63,6%	46,4%	–	60,6%
Nutzwertanalyse	29,5%	40,7%	–	31,5%
Produktlebenszyklusanalyse	36,9%	30,8%	–	35,8%
Portfolio-Technik	30,3%	25,0%	–	29,3%
Szenario-Technik	20,0%	29,6%	–	21,8%
Balanced Scorecard	12,8%	17,2%	–	13,7%
Erfahrungskurvenanalyse	16,5%	16,0%	–	16,4%
Wertkettenanalyse	13,9%	15,4%	–	14,2%
Shareholder-Value-Analysen	5,4%	18,5%	+	7,9%
Sensitivitätsanalyse	10,8%	15,4%	–	11,7%
Gap-Analyse	6,3%	15,4%	–	8,0%
PIMS-Modelle	3,6%	7,7%	–	4,4%
Realoptionsmodelle	0,0%	0,0%	n.b.	0,0%
* + signifikant auf einem Niveau von α = 0,05; n.b. = nicht berechenbar				

Tab. 6: Implementierungsgrad von Controlling-Instrumenten in FU vs. NFU [in Anlehnung an *Duller/Haas*, 2009, 43 f.]

Die signifikante Differenz der Implementierung von Shareholder-Value-Analysen steht im Einklang mit den in Familienunternehmen ebenfalls nachgewiesenen signifikant geringeren Eigenkapital-Renditeerwartungen (vgl. Abb. 7),[75] weil sich dadurch eine gerin-

---

[74] Vgl. *Duller/Haas*, 2009, 40 ff.
[75] Vgl. *Feldbauer-Durstmüller/Wimmer/Duller*, 2007, 435 ff.

gere Notwendigkeit zur methodischen Planung, Steuerung und Kontrolle des Unternehmenswertes ergibt.[76] In Familienunternehmen werden das Streben nach unternehmerischer Unabhängigkeit und die nachhaltige Sicherung des Familieneinflusses für gewöhnlich über die Maximierung des Shareholder-Values geordnet.[77]

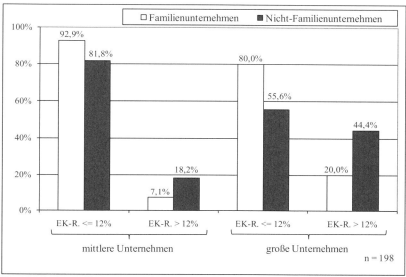

Abb. 7: Eigenkapital-Renditeerwartung in FU vs. NFU [in Anlehnung an *Feldbauer-Durstmüller/Wimmer/Duller*, 2007, 438]

6.2. Koordination des Planungs- und Kontrollsystems

Wild beschreibt den Begriff „Planung" als systematisches zukunftsbezogenes Durchdenken und Festlegen von Zielen, Maßnahmen, Mitteln und Wegen zur künftigen Zielrealisation.[78] Aufgrund dieser aktiven „Zukunftsgestaltung" wird Planung zur unentbehrlichen Führungsmethodik,[79] welche die Grundfunktionen der Erfolgssicherung bzw. Effizienzsteigerung, Risikoerkennung und -reduktion, Flexibilitätserhöhung, Komplexitätsreduktion sowie Realisierung integrativer Synergieeffekte erfüllt.[80] In Anlehnung an das Prozessphasenmodell des strategischen Managements nach *Welge/Al-Laham* umfasst das Planungs- und Kontrollsystem die strategische Zielplanung, Analyse und Prognose, Strategieformulierung und -bewertung sowie die Strategieimplementierung.[81] Damit die Planung ihre Steuerungsfunktion erfüllen kann, schließt die Prozessphase der Strategie-Kontrolle den Regelkreis.[82] An erster Stelle der Zielplanung

---

[76] Vgl. *Duller/Haas*, 2009, 43.
[77] Vgl. auch *Fröhlich/Pichler*, 1988, 98; *Quermann*, 2004, 218; *Bischof/Kaiser*, 2008, 16.
[78] Vgl. *Wild*, 1974, 13.
[79] Vgl. *Horváth*, 2009, 142.
[80] Vgl. *Wild*, 1974, 18.
[81] Vgl. *Welge/Al-Laham*, 2008, 187.
[82] Vgl. *Wild*, 1974, 44.

kommt die Vision als normativ vorgegebene, allgemein und grundsätzlich gehaltene Vorstellung der künftigen Rolle des Unternehmens. Von dieser eher nach außen gerichteten Vision wird das Leitbild deduziert, das die internen Führungs- und Verhaltensgrundsätze vorschreibt. Da die Vision und das Leitbild bewusst abstrakt gehalten sind, bedarf es einer weiteren Präzision durch die Unternehmensziele.[83] Das Ziel der strategischen Analyse und Prognose ist die Beschaffung entscheidungsrelevanter retrospektiver, gegenwärtiger und prospektiver Informationen zur Strategieformulierung. Mithilfe der Umweltanalyse werden externe Chancen (**O**pportunities) und Risiken (**T**hreats) antizipiert, anhand der Unternehmensanalyse erfolgt eine Aufdeckung der internen Stärken (**S**trengths) und Schwächen (**W**eaknesses).[84] *Wild* bewertet Prognosen als unerlässlichen Bestandteil von Plänen und zugleich als die zweifellos wichtigste Informationsart, die im Zuge der Planung generiert und verwertet wird.[85] Deshalb sind sämtliche Bereiche der Umwelt- und Unternehmensanalyse durch entsprechende Prognosen zu ergänzen. Aufbauend auf den Informationen der strategischen Analyse und Prognose gilt es, eine Strategie zu entwickeln (Kostenführerschaft, Differenzierung, Spezialisierung auf Nische), die der bestmöglichen Erreichung der Unternehmensziele dient.[86] Unternehmen, welche die Grundsatzentscheidung der Internationalisierung getroffen haben, müssen im Rahmen der Internationalisierungsstrategie neben der Markteintrittsform (vgl. Abb. 3) weitere Beschlüsse über die Markt- bzw. Standortwahl und den Markteintrittszeitpunkt fassen.[87] Nach dem Abschluss der Strategieformulierung liegen für gewöhnlich mehrere Strategiealternativen vor. Die Aufgabe der Strategiebewertung und -auswahl besteht nun darin, die verschiedenen Optionen qualitativ und quantitativ zu vergleichen sowie schließlich jene Strategie auszuwählen, die tatsächlich verfolgt, das heißt, implementiert wird.[88] Die operative Umsetzung der verabschiedeten Strategie wird zur erfolgskritischen Phase der strategischen Unternehmensführung, denn gelingt dies nicht, bleibt die strategische Unternehmensführung wirkungslos und eine bloße „intellektuelle Spielerei".[89] Ähnliches gilt für das strategische Controlling – interpretiert als Subsystem der strategischen Unternehmensführung.[90] Die sachorientierte Strategieimplementierung beinhaltet sowohl die Spezifizierung der formulierten Strategie als auch die strategieorientierte Ausrichtung sämtlicher Erfolgsfaktoren (Organisationsstruktur, Unternehmenskultur etc.). Im Zuge der Konkretisierung muss die Strategie in Teilstrategien und konkrete operative Maßnahmen der betrieblichen Funktionsbereiche „heruntergebrochen" werden. Aufgrund des Neuigkeitscharakters ist die Strategieimplementierung oftmals mit einem Wandlungs- und Lernprozess innerhalb des Unternehmens verbunden. Deshalb umfasst die Strategieimplementierung auch die Bewältigung von möglichen Strategieaversionen bzw. Verhaltenswiderständen (festgefahrene Verhaltensweisen, Machtstrukturen etc.) und die Schaffung einer Akzeptanz gegenüber der

---

[83] Vgl. *Hungenberg*, 2004, 412; *Bea/Haas*, 2005, 68 ff.
[84] Vgl. *Baum/Günther/Coenenberg*, 2007, 54.
[85] Vgl. *Wild*, 1974, 87 ff.
[86] Vgl. *Welge/Al-Laham*, 2008, 414 ff.
[87] Vgl. *Welge/Holtbrügge*, 2006, 95 ff.
[88] Vgl. *Hungenberg*, 2004, 500.
[89] Vgl. *Welge/Al-Laham*, 2008, 791.
[90] Vgl. *Horváth*, 2009, 91 ff.

formulierten Strategie.[91] Die *Balanced Scorecard*[92] unterstützt die Messung strategischer Ziele und die Transformation der Strategie in die ausführenden Unternehmensbereiche. Damit wird das „Herunterbrechen" strategischer, monetärer, aber auch nicht monetärer, qualitativer bzw. „weicher" Aspekte der strategischen Planung in operative bzw. „harte" Maßnahmen und Vorgaben ermöglicht.[93] Insgesamt verkörpert das Konzept der Balanced Scorecard einen „Denk-" und Handlungsrahmen für folgende erfolgskritische Phasen des strategischen Planungs- und Kontrollsystems:[94]

- Spezifizierung und Konkretisierung von Vision und Strategie,
- Planung und Festlegung von strategischen Zielen sowie Abstimmung von strategischen Initiativen,
- Kommunikation und Verknüpfung von strategischen Zielen mit konkreten operativen Vorgaben, Maßnahmen und Kennzahlen sowie
- Optimierung von strategischem Feedback und Lernen.

Nachdem die mittel- und kurzfristigen Ziele, Maßnahmen und Projekte aus der strategischen Planung deduziert wurden, müssen die finanziellen und kapazitätsmäßigen Ressourcen innerhalb des Unternehmens zugeteilt werden. Somit werden die strategischen Planungsaspekte budgetiert, der „Etat" des Unternehmens quantifiziert und in ein Gleichgewicht gebracht sowie die kurzfristigen Ziele, Kennzahlen, Vorgaben und Maßnahmen verbindlich festgeschrieben.[95] Im Zuge der Budgetierung werden die einzelnen Teilpläne in die formalzielorientierten Dimensionen des Erfolges, der Liquidität sowie der Kapital- und Vermögensstruktur in integrierter Form folgendermaßen verdichtet:[96]

- Leistungsbudget,
- direkter oder indirekter Finanzplan,
- Planbilanz.

Da Planung ohne Kontrolle sinnlos und Kontrolle ohne Planung unmöglich ist,[97] müssen rückwirkende (Soll-Ist-Vergleich) und vorausschauende Meilensteinkontrollen der operativen Strategieumsetzung (Soll-Wird-Vergleich) durchgeführt werden. Parallel dazu muss eine zyklische Überprüfung der Planungsprämissen erfolgen.[98]

Horváth weist darauf hin, dass die empirische Erforschung der Einsatzbedingungen von Planungsinstrumenten noch nicht weit entwickelt ist.[99] Dies gilt insbesondere für den Einfluss der sozioökonomischen Unternehmensform „Familienunternehmen" versus „Nicht-Familienunternehmen".[100] Vor dem Hintergrund dieser Forschungslücke untersuchte die oben erwähnte Studie der *Johannes Kepler Universität Linz* auch die Diffusion der Unternehmensplanung in Oberösterreich. Tab. 7 zeigt, dass in oberösterrei-

---

[91] Vgl. *Welge/Al-Laham*, 2008, 794 ff.
[92] Vgl. *Kaplan/Norton*, 1997.
[93] Vgl. *Feldbauer-Durstmüller*, 2004, 319; *Feldbauer-Durstmüller/Haas*, 2007, 267 ff.
[94] Vgl. *Kaplan/Norton*, 1997, 10 f.
[95] Vgl. *Munari/Naumann*, 1999, 851.
[96] Vgl. *Horváth*, 2009, 205 f.
[97] Vgl. *Wild*, 1974, 44.
[98] Vgl. *Steinmann/Schreyögg*, 2005, 280.
[99] Vgl. *Horváth*, 2009, 193.
[100] Vgl. *Feldbauer-Durstmüller/Haas*, 2009, 23.

chischen Unternehmen mit mindestens 50 Beschäftigten eine allgemein hohe Anwendung der strategischen und operativen Planung festzustellen ist. Zwischen Familienunternehmen und Nicht-Familienunternehmen war jedoch auch an dieser Stelle kein signifikanter Unterschied nachweisbar.[101] Der Vergleich mit älteren Studien veranschaulicht eine zunehmende Bedeutung der strategischen Planung, denn *Niedermayr* erhob 1992 in österreichischen Unternehmen mit mehr als 100 Beschäftigten noch eine Planungsquote von 70% (n = 292),[102]*Wimmer* wies zwölf Jahre später bereits eine von fast 81% (n = 476) nach.[103]

Unternehmensform	FU	NFU	SU*	Gesamt
strategische Unternehmensplanung	86,5%	85,3%	–	86,3%
operative Unternehmensplanung	96,4%	93,9%	–	96,0%
* + signifikant auf einem Niveau von α = 0,05				

Tab. 7: Diffusion der Unternehmensplanung in FU vs. NFU [in Anlehnung an *Duller/Haas*, 2009, 39]

Neben der Anwendung der Unternehmensplanung wurde auch die softwaretechnische Planungsunterstützung abgefragt. 91,5% aller respondierenden Unternehmen (n = 200) gaben an, eine EDV-technische Planungsunterstützung heranzuziehen. Analog zur Planungsintensität konnte jedoch auch hier kein signifikanter Unterschied zwischen Familienunternehmen und Nicht-Familienunternehmen festgestellt werden. Die meisten Studienteilnehmer, nämlich 96,7% (n = 152), unterstützen die Planung mithilfe von Tabellenkalkulationsprogrammen. Fast drei Viertel (n = 127) fundieren die Planung mit operativen Daten aus dem Kostenrechnungssystem. Eine spezielle Planungssoftware nutzen 56,7% (n = 164). Eine integrierte Planungssoftware, welche Leistungsbudget, Finanzplan und Planbilanz durch eine softwaremäßig bereits vorhandene betriebswirtschaftliche Logik koordiniert, haben nur 36,6% der Unternehmen (n = 112) im Einsatz.[104]

Die durchschnittliche Anzahl der erstellten operativen Detailpläne von Familienunternehmen unterscheidet sich nicht in signifikantem Ausmaß von jener in Nicht-Familienunternehmen. Bei der Erarbeitung von Liquiditäts-, Umsatz-/Absatz- und Produktionsplänen konnte jedoch in Familienunternehmen eine signifikant höhere Verbreitung ermittelt werden (vgl. Tab. 8).[105]

Operativer Detail-/Bereichsplan	FU	NFU	SU*	Gesamt
Umsatz-/Absatzplanung	88,3%	70,5%	+	84,8%
Personalplanung	78,9%	72,7%	–	77,7%
Liquiditätsplanung	67,8%	50,0%	+	64,3%
kalkulatorische Erfolgsplanung	61,7%	54,5%	–	60,3%

---

[101] Vgl. *Duller/Haas*, 2009, 39.
[102] Vgl. *Niedermayr*, 1994, 219.
[103] Vgl. *Wimmer*, 2004, 207.
[104] Vgl. *Duller/Haas*, 2009, 39 f.; *Feldbauer-Durstmüller/Haas/Mühlböck*, 2009, 38 f.
[105] Vgl. *Duller/Haas*, 2009, 44 f.

Operativer Detail-/Bereichsplan	FU	NFU	SU*	Gesamt
Produktionsplanung	60,0%	43,2%	+	56,7%
Produktprogrammplanung	60,0%	47,7%	–	57,6%
bilanzielle Erfolgs- und Steuerplanung	57,8%	47,7%	–	55,8%
Beschaffungsplanung	53,9%	43,2%	–	51,8%
Planbilanz	48,3%	40,9%	–	46,9%
Lagerplanung	45,6%	34,1%	–	43,3%
Forschungs- und Entwicklungsplanung	33,9%	31,8%	–	33,5%
sonstige Teilpläne	8,3%	15,9%	–	9,8%
* + signifikant auf einem Niveau von $\alpha = 0,05$				

Tab. 8: Erstellung von operativen Detail-/Bereichsplänen in FU vs. NFU [in Anlehnung an *Duller/Haas*, 2009, 44 f.]

Die intensivere Liquiditätsplanung bestätigt die bereits erwähnte besondere Finanzierungslogik von Familienunternehmen, die in erster Linie – zugunsten der nachhaltigen Unabhängigkeit gegenüber familienfremden Kapitalgebern – auf der Thesaurierung von Unternehmensgewinnen aufbaut.[106]

7. (Sekundär-)Koordination des Subsystems „ownership"

7.1. Grundlagen und Corporate-Governance-Konzeption nach *Wöhe/Döring*

Witt beschreibt Corporate-Governance als rechtlichen und faktischen Ordnungsrahmen der Unternehmensführung und -kontrolle.[107] Nach angloamerikanischer Auffassung behandelt das Thema Corporate-Governance im Kern Prinzipal-Agent-Beziehungen zwischen Eigentümer (Prinzipal) und Unternehmensführung (Agent) in fremdmanagementgeführten Unternehmen. Nach einem weiter gefassten kontinentaleuropäischen Verständnis umfasst der Problemkomplex Corporate-Governance nicht nur die Interessen der Shareholder (v.a. Maximierung des Shareholder-Values), sondern auch jene der Stakeholder (z.B. Arbeitnehmerziele). Das angloamerikanische (Rechts-)System setzt in erster Linie auf die Kontrollmechanismen und disziplinierende Wirkung des hoch entwickelten Kapitalmarktes („externe" Corporate-Governance), wohingegen in Kontinentaleuropa – historisch bedingt durch die Dominanz der klassischen Fremdkapitalfinanzierung[108] – primär die „internen" Corporate-Governance-Mechanismen des Gesellschafts- und Unternehmensrechts (Aufsichtsratspflicht, internes Kontrollsystem, Jahresabschlussprüfung etc.) zur Anwendung kommen.[109] Spätestens mit der intensiv geführten Diskussion[110] um *Basel II* wurde das Thema Corporate-Governance auch für Familienunternehmen bzw. eigentümergeführte Unternehmen relevant, denn Fremdkapitalgeber „raten" nicht nur „har-

---

[106] Vgl. *Pernsteiner*, 2008, 74 ff.; *Wagner*, 2008, 167 ff.
[107] Vgl. *Witt*, 2000, 159; *Witt*, 2008, 2.
[108] Vgl. *Wagenhofer*, 2005, 18.
[109] Vgl. *Schwarz/Holland*, 2002, 1661 f.
[110] Vgl. *Martin/Ruda/Pfeffer*, 2003, 28 ff.; *Pernsteiner*, 2005, 515 ff.; *Rossmanith/Maier*, 2005, 89 ff.

te" Unternehmensfaktoren wie die Eigenkapitalquote oder vorhandene Sicherheitsleistungen (z.B. Forderungszession), sondern auch „weiche" Corporate-Governance-Gestaltungsfelder wie transparent und klar strukturierte Führungsorganisationen, Controlling- und Risikomanagementsysteme, Unternehmensnachfolgeregelungen etc.[111] Nach *Wöhe/Döring* sind zur konzeptionellen operativen Umsetzung der Corporate-Governance folgende drei Felder der Aufbau- und Ablauforganisation zu optimieren:[112]

- Die Festlegung der *Strukturen, Prozesse und Personen* der Unternehmensführung dient der effizienten Realisierung der ex ante formulierten Unternehmensziele, welche die Erwartungen der Stake- und insbesondere Shareholder widerspiegeln. Neben dem anzustrebenden Prinzip der Gewaltenteilung können Anreiz-, Planungs- und Kontroll- sowie Risikoüberwachungssysteme zur Anwendung kommen, die das Controlling zu koordinieren hat.[113]
- Sowohl Share- als auch Stakeholder (Fremdkapitalgeber, Kreditoren, Arbeitnehmer etc.) verlangen eine angemessene Strategie-, Führungs-, Leistungs- und Prozesstransparenz, um die Chancen und insbesondere Risiken des Unternehmens einschätzen zu können. Zur Senkung der Finanzierungskosten werden Eigen- und Fremdkapitalgeber i.d.R. über den gesetzlich vorgeschriebenen Mindestumfang hinausgehend informiert. Das heißt, die *Transparenz* wird nicht nur durch gesetzliche Vorschriften, sondern auch durch das Streben nach einer effizienten und risikokongruenten Kapitalallokation der Eigen- und Fremdkapitalgeber zu einem herausragenden Corporate-Governance-Grundsatz. Damit wird die Erfüllung der klassischen „Kernaufgabe"[114] des Controllings, nämlich der entscheidungsrelevanten bzw. transparenzschaffenden Informationsversorgung, zu einer erfolgskritischen Determinante der unternehmensindividuellen Corporate-Governance.
- Wenn die Unternehmensführung im Zuge des Chancen- und Risikomanagements durch Dritte überwacht wird, verringert sich tendenziell die Bereitschaft zum Abschluss riskanter Geschäfte. Wirksam ist diese *Kontrolle* jedoch nur dann, wenn Regelverstöße der (familienfremden) Unternehmensführung auch sanktioniert werden. So kann zum einen eine unangemessene Risikoaffinität der Unternehmensführung einen marktmäßigen Kontrolldruck (z.B. erhöhte Mindestverzinsungsansprüche der Kapitalgeber) nach sich ziehen, zum anderen können institutionalisierte Kontrollmechanismen (z.B. Aufsichts-/Beirat) korrigierend eingreifen.

Die beschriebenen Corporate-Governance-Gestaltungsfelder können auf unterschiedlichen Ebenen umgesetzt werden. Erstens können gesetzlich kodifizierte Regelungen sämtliche oder auch nur bestimmte Unternehmen verpflichten, die Auflagen zu erfüllen. Zweitens können Corporate-Governance-Regelungen gesetzlich kodifizierte Standards ergänzen und damit Unternehmen zur „freiwilligen" Selbstbindung anhalten. Hinsichtlich der letztgenannten Umsetzungsvariante kann zwischen unternehmensindividuellen Leitlinien und generellen Regelwerken (z.B. *Governance-Kodex für Familienunternehmen*)[115] unterschieden werden.[116]

---

[111] Vgl. *Oesterle*, 2007, 47 f.
[112] Vgl. *Wöhe/Döring*, 2008, 69 ff.
[113] Vgl. auch *Horváth*, 2009, 94 ff.
[114] *Horváth*, 2009, 295.
[115] Vgl. *May* u.a., 2004.

7.2. Controlling-Funktionen im Rahmen der Corporate-Governance nach *Wall*

Die betriebswirtschaftliche Forschung[117] beschreibt Controlling als integralen Bestandteil einer „guten" bzw. einer der kaufmännischen Sorgfaltspflicht entsprechenden Unternehmensführung. In Einklang dazu beurteilten 113 Unternehmen des deutschen Mittelstandes auf einer fünfstufigen *Likert-Skala* von „1 = starke Ablehnung" bis „5 = starke Zustimmung" Controlling als zweitwichtigstes Element der Corporate-Governance ihrer Organisationen (Mittelwert: 4,31). Nur die Unternehmensführung selbst erreichte mit einem Mittelwert von 4,55 eine höhere Gewichtung (vgl. Abb. 8).[118]

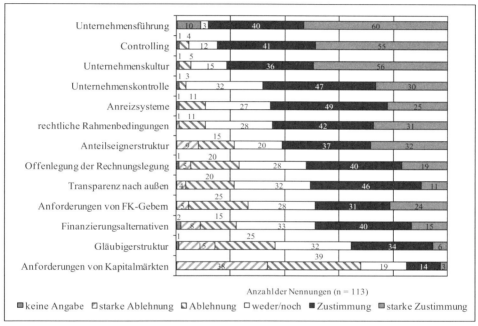

Abb. 8: Relevanz von Corporate-Governance-Elementen im deutschen Mittelstand [in Anlehnung an *Becker/Ulrich/Baltzer*, 2009, 10]

Wall differenziert zwischen einer „generellen" und „speziellen" Controlling-Funktion im Rahmen der Corporate-Governance. Die Erfüllung der *„generellen" Controlling-Funktion* bezieht sich auf die zielorientierte Ausrichtung des gesamten Unternehmensgeschehens bzw. aller Unternehmensbereiche. So erfolgt beispielsweise die operative Kostenkontrolle einer einzelnen Kostenstelle letzten Endes mit Blick auf die obersten Unterneh-

---

[116] Vgl. *Wöhe/Döring*, 2008, 73.

[117] Vgl. z.B. *Freidank*, 2004; *Gleich/Oehler*, 2006; *Wall*, 2008.

[118] Vgl. *Becker/Ulrich/Baltzer*, 2009, 9. Zwischen Mai und Juli 2008 befragten die Autoren 1.015 Unternehmen des deutschen Mittelstandes, die mind. 50 Personen beschäftigten und einen Jahresumsatz zwischen 12,5 und 500 Mio. € erwirtschafteten. Die Adressen stammten überwiegend aus der *Hoppenstedt-Datenbank* und wurden um einzelne Kontakte der Verfasser ergänzt. Nach einer Nacherhebung konnte eine Rücklaufquote von 11,1% (n = 1.015) erzielt werden.

menziele. Im Idealfall werden die Controlling-Funktionen der Entscheidungsunterstützung und Verhaltenssteuerung durch ein integriertes Planungs- und Kontroll-, Risikomanagement-, Früherkennungs- und Anreizsystem operationalisiert. Das letztgenannte System dient der Interessenharmonisierung zwischen einer übergeordneten Instanz (z.B. Konzernführung) und einem untergeordneten Entscheidungsträger (z.B. Geschäftsführer eines dezentralen/internationalen Tochterunternehmens). Somit korrespondieren die skizzierten Controlling-Funktionen grundsätzlich mit der zentralen Corporate-Governance-Problematik, opportunem Verhalten untergeordneter/dezentraler Entscheidungsträger mithilfe von geeigneten institutionellen Vorkehrungen zur Unternehmenssteuerung und -kontrolle entgegenzuwirken. Die *„spezielle" Controlling-Funktion* ist im Kern auf die „generelle" Informationsversorgungsfunktion zurückzuführen und dient der Unterstützung von Informations- (externe Rechnungslegung), Überwachungs- (Aufsichts-/Beirat) und Prüfungsinstitutionen (Jahresabschluss- bzw. Konzernabschlussprüfung), die darauf gerichtet sind, Corporate-Governance-Problemen wie Informationsasymmetrien oder opportunen Verhaltensweisen von Agenten entgegenzuwirken.[119]

7.3. Governance-Vorteile und -Nachteile von Familienunternehmen

Wenn die Institutionen Familie, Kapital und Unternehmensführung identisch sind, fehlt das Kernproblem der Prinzipal-Agent-Theorie, nämlich der potenzielle Konflikt zwischen Unternehmensführung und -kontrolle bzw. Eigentümerschaft.[120]*Becker* weist jedoch darauf hin, dass gerade die Komplexität und Quantität der Geschäftsführungsaufgaben in international tätigen Familienunternehmen dazu führen, die Unternehmensführung um ein Fremdmanagement zu erweitern.[121] Familienunternehmen sind für gewöhnlich gekennzeichnet durch eine nachhaltige Unternehmenspolitik, einen langfristigen Entscheidungshorizont sowie eine weitgehende Kapitalmarktunabhängigkeit. Dadurch können zumindest nicht börsenotierte Familienunternehmen kurzfristige „Trends" und „Modewellen" des Kapitalmarktes zugunsten einer nachhaltigen Unternehmensführung ignorieren, weil keine Sanktionen von Analysten und institutionellen Investoren zu befürchten sind.[122] Die Eigentumsübergabe und Unternehmensführungsnachfolge stellen für mittelständisch geprägte Familienunternehmen größere Corporate-Governance-Herausforderungen dar als für Publikumsgesellschaften,[123] weil Entscheidungsträger der erstgenannten Unternehmensform hierbei nicht nur komplexe betriebswirtschaftliche und steuerrechtliche Probleme zu lösen haben, sondern auch emotionale, persönliche und familiäre Restriktionen beachten müssen.[124] Die sozioökonomische Verflechtung der Subsysteme *„family", „business"* und *„ownership"* kann in Familienunternehmen ein emotionales Spannungsfeld aufbauen, das Share- und Stakeholder besonders anfällig für Konflikte macht.[125] Diesbezüglich ist sich auch die praxisorientierte Literatur[126] ei-

---

[119] Im Original verwendet *Wall* statt der Termini „generelle" bzw. „spezielle" die Ausdrücke „allgemeine" bzw. „spezifische". Siehe *Wall*, 2008, 228.
[120] Vgl. *Witt*, 2008, 4; *Koeberle-Schmid*, 2009, 1249.
[121] Vgl. *Becker*, 2007, 216.
[122] Vgl. *Witt*, 2008, 5 f.
[123] Vgl. *Iliou*, 2004, 154.
[124] Vgl. *Moos*, 2003, 83.
[125] Vgl. *Schlippe/Kellermanns*, 2008, 41 f.

nig, dass familiärer Konflikt bzw. Streit der größte Wertvernichter in Familienunternehmen ist. Zum Beispiel mögen passive Gesellschafter tendenziell hohe Gewinnausschüttungen präferieren, während aktive für gewöhnlich eine Gewinnthesaurierung bevorzugen, um die Innenfinanzierungskraft nachhaltig zu stärken.[127] Empirische Studienergebnisse[128] belegen klar, dass Familienunternehmen in geringerem Ausmaß Aufsichts-/Beiräte institutionalisieren als Nicht-Familienunternehmen. Aus theoretischer Perspektive ist das Fehlen eines Aufsichts-/Beirates immer dann ein Nachteil, wenn dem Familienunternehmen so fachliche Beratung und/oder wirksame Unternehmensführungskontrolle im Sinne der Prinzipal-Agent-Theorie nicht oder nur zu höheren Kosten zur Verfügung stehen. Auch der *Governance-Kodex für Familienunternehmen*[129] (vgl. Kap. 7.4) empfiehlt im Besonderen Familienunternehmen mit mehreren Gesellschaftern die Einrichtung eines freiwilligen Aufsichts-/Beirates, in dem auch familienfremde Kompetenzen vertreten sind.

7.4. Governance-Kodex für Familienunternehmen

Der *Governance-Kodex für Familienunternehmen*, der aus einer Initiative der *INTES Stiftung für Familienunternehmen* und *Welt am Sonntag* resultiert, ist ein auf die spezifischen Corporate-Governance-Vorteile und -Nachteile von Familienunternehmen ausgerichteter Verhaltenskodex. Das Regelwerk stellt keine gesetzlich verbindlichen Regeln dar, sondern lediglich Empfehlungen. Ungeachtet dessen zielt der Kodex einerseits auf eine Verbesserung der Governance-Qualität ab. Andererseits sollten Stakeholder von Familienunternehmen (z.B. Hausbank) einen strukturellen Rahmen zur verlässlichen Governance-Beurteilung erhalten. Der Kodex richtet sich primär an mittlere und große Familienunternehmen mit mehreren Gesellschaftern. Für kapitalmarktorientierte Familienunternehmen stellt er eine Ergänzung zum gesetzlich normierten Kodex dar, weil er im Besonderen auf das Verhältnis zwischen Gesellschaftern von Familienunternehmen eingeht. Die Kommission um *May* u.a. empfiehlt auch kleinen Familienunternehmen, sich an den Grundzügen des Kodex zu orientieren – im Besonderen, soweit diese die Führung und Nachfolgeproblematik betreffen. Zu folgenden Governance-Kernpunkten gibt der Verhaltenskodex Empfehlungen ab:[130]

- Bekenntnis zu verantwortungsvollem Unternehmertum,
- Transparenz der Unternehmensstrukturen,
- Sicherung einer qualifizierten Führung und Unternehmensnachfolge,
- Sicherung einer qualifizierten Kontrolle der Unternehmensführung,
- Mitwirkungsrechte der Gesellschafter,
- Rechnungslegung und Gewinnverwendung,
- Maßnahmen zum Erhalt des Unternehmens im Familienbesitz und
- Family-Governance als unverzichtbare Ergänzung zur Corporate-Governance in Familienunternehmen.

---

[126] Vgl. z.B. *May*, 2004, 161; *Hennerkes/Berlin/Berlin*, 2007, 67.
[127] Vgl. *May*, 2004, 168.
[128] Vgl. z.B. *Frey* u.a., 2004, 10; BDI/Ernst & Young AG/IKB Deutsche Industriebank AG, 2007, 55.
[129] Vgl. *May* u.a., 2004, 7.
[130] Vgl. *May* u.a., 2004, 4 ff.

Obwohl der *Governance-Kodex für Familienunternehmen* keinen einzigen expliziten Verweis auf das Controlling enthält, ziehen fast alle Empfehlungen zumindest eine indirekte Controlling-Relevanz nach sich. So gehören die Sicherung der Unternehmenstransparenz, Koordination der strategischen und operativen Unternehmensplanung, Sekundärkoordination der „ordentlichen" sowie „außerordentlichen" Eigentumsübergabe- und Unternehmensführungsnachfolgeplanung, praktische schriftliche Aufbereitung der betriebs- und finanzwirtschaftlichen Informationsversorgung eines Kontrollorgans (Aufsichts-/Beirat etc.) klar zu den „generellen" und „speziellen" Aufgaben des Controllings in Familienunternehmen.

8. (Sekundär-)Koordination des Subsystems „family"

8.1. Grundlagen und Institutionen der Family-Governance

Die simultane Mitgliedschaft der Familienmitglieder zu unterschiedlichen Subsystemen zieht soziale Variablen (Rollenvielfalt, gemeinsame Identität und Vergangenheit, emotionales Engagement oder Zwiespältigkeit, Privatsphäre etc.) nach sich, die das Familienunternehmen positiv oder negativ beeinflussen können. Da diese Attribute der Organisationsform „Familienunternehmen" per Definition anhaften, müssen sie in die nachhaltige Unternehmensführung und ganzheitliche Familienorganisation *(„Family-Governance")* einbezogen werden.[131] Der Begriff *„Family-Governance"* umfasst demnach die professionelle Führung und Organisation des Subsystems *„family",*[132] um den familiären Zusammenhalt nach innen und außen, die nachhaltige Stabilität sowie das dauerhafte Familienbekenntnis zu einem verantwortungsvollen Unternehmertum sicherzustellen.[133] Dadurch sollte der Entfremdung der Familie vom Unternehmen (Dominanz von Individualinteressen, Familienstammdenken etc.) entgegengewirkt, die Konfliktwahrscheinlichkeit minimiert und die Fähigkeit, auftretende Konflikte zeitgerecht zu bewältigen, maximiert werden.[134]*Koeberle-Schmid* interpretiert das *Family-Business-Governance-System* (FBGS) als „Organisation des Systems von Leitung, Kontrolle und Zusammenhalt eines Familienunternehmens mit dem Ziel der Unternehmenswertgenerierung und -steigerungen über Generationen."[135] Im Vergleich zum klassischen Corporate-Governance-System ist das FBGS längerfristig orientiert und umfasst auch die Dimension der Anspruchsgruppe „Familie". Im Besonderen sind die Funktionen, Aufgaben, Institutionalisierung, Zusammensetzung und betriebswirtschaftliche Informationsversorgung der Familienrepräsentanz (z.B. Familienrat) festzulegen. Diese Institution positioniert sich als abgestimmtes Kommunikations- und Koordinationsgremium zwischen der Familie und den Unternehmensorganen (z.B. Unternehmensführung) bzw. zwischen der Familie und den externen Stakeholdern (z.B. Kreditinstitut).[136] Zudem kann sich aus dem Einbezug des Subsystems *„family"* ein situa-

---

[131] Vgl. *Tagiuri/Davis*, 1996, 199 ff.; *Haas*, 2010, 167.

[132] Vgl. *Koeberle-Schmid*, 2008a, 149 ff.

[133] Vgl. *May* u.a., 2004, 12.

[134] Vgl. *Baus*, 2007, 68; *Weissenberger-Eibl*, 2007, 301.

[135] *Koeberle-Schmid*, 2008a, 150.

[136] Vgl. *Fopp/Prager*/VPAG, 2006, 17; *Wieselhuber/Lohner/Thum*, 2007, 70 ff.; *Koeberle-Schmid*, 2008a, 149 ff.; *Koeberle-Schmid*, 2008b, 11 f.

tiver Bedarf an weiteren im Folgenden dargestellten Instrumenten und Mechanismen ergeben:[137]

- Die Formulierung einer *Familienstrategie* sollte dem sozioökonomischen Konflikt-potenzial in Familienunternehmen entgegenwirken. Hierdurch werden die Belange des Unternehmens vor persönliche Interessen einzelner Familienmitglieder gestellt und damit auseinanderstrebende Familieninteressen gebündelt.[138]

- Die formale Strategiedokumentation mit allen Unterschriften der am Formulierungs-prozess beteiligten Familienmitglieder erhöht die moralische Verbindlichkeit der *Fa-milienverfassung* und bildet den Rahmen, in dem die Führung(en) der Subsysteme „*family*" und „*business*" handeln darf/dürfen. Darüber hinaus verkörpert die Famili-enverfassung eine gemeinschaftliche Grundlage für die juristische Ausgestaltung von Ehe-, Erb-, Gesellschafts- oder Pollverträgen.[139]

- Im Zuge der Erarbeitung der Familienstrategie und -verfassung können besonders in Familien mit mehreren Generationen und/oder Stämmen weitere Institutionen der Fa-mily-Governance notwendig werden, die mit jenen der klassischen Corporate-Gover-nance vergleichbar sind. So kann der Grundgedanke einer Gesellschafterversamm-lung auf die *Familienversammlung* übertragen werden. Die Funktion eines Aufsichts-/ Beirates kann eine institutionalisierte *Familienrepräsentanz*[140] (z.B. Familienrat) wahrnehmen. Die Familienrepräsentanz agiert als Koordinations- bzw. Steuerungs-organ der Familie und bildet die kommunikative Schnittstelle zum Unternehmen.[141]

- Sehr vermögende Familien können hierfür auch die Dienstleistungen eines *Family-Office* in Anspruch nehmen.[142] Zukaufbare Family-Office-Dienstleistungen bieten verschiedene Kreditinstitute, Töchterunternehmen von Vermögensverwaltungen, Anwaltskanzleien und Wirtschaftsreuhandgesellschaften an, die Spezialwissen zum Vermögenserhalt, -wachstum und zur Vermögensübertragung ganzheitlich koordi-nieren. Hierdurch wird ein Family-Office zur koordinierenden Instanz der Vermö-gensstrukturplanung, Asset-Allocation, Vermögensverwaltung, steuerlichen und rechtlichen Gestaltung sowie Erbschafts- und Nachfolgeplanung.[143] Im Rahmen der Vermögensverwaltung verkörpern die Vermögensplanung, -steuerung und -kontrolle sowie die Berichterstattung über die Entwicklung des Vermögens (z.B. Vermögens-, Finanz- und Ertragslage eines Familienunternehmens mit familienfremder Unterneh-mensführung) die zentralen Aufgaben eines Family-Office.[144]

- Eine professionelle Family-Governance erfordert das Wissen um die grundlegenden Zusammenhänge einer ganzheitlichen und nachhaltigen Führung von Familienunter-nehmen. Der angloamerikanische Sprachgebrauch verwendet zur Abgrenzung der hierfür notwendigen Aus- und Weiterbildung von im Unternehmen aktiven und nicht aktiven Familienmitgliedern, geschäftsführenden und nicht geschäftsführenden Ge-

---

[137] Vgl. *Koeberle-Schmid/Nützel*, 2005, 41.
[138] Vgl. *May*, 2008, 308.
[139] Vgl. *Wieselhuber/Lohner/Thum*, 2007, 83 f.
[140] Vgl. *Koeberle-Schmid*, 2008b, 15 f.
[141] Vgl. *Koeberle-Schmid/Nützel*, 2005, 45 ff.
[142] Vgl. *Schaubach/Tilmes*, 2008, 507 ff.
[143] Vgl. *Bechtolsheim/Rhein*, 2007, 302 ff.
[144] Vgl. *Dobler*, 2007, 247 ff.

sellschaftern sowie aktuellen und künftigen Führungskräften den Begriff „*Family-Education*". Gemäß *May/Rieder* besteht bei nicht im Unternehmen aktiven Gesellschaftern, Führungskräften mit nicht betriebswirtschaftlicher Ausbildung und nachfolgenden Generationen ein erhöhter Weiterbildungsbedarf.[145]

8.2. Controlling-Funktionen im Rahmen der Family-Governance

Die Controlling-Funktionen im Rahmen der Family-Governance können von der Controlling-Konzeption für Familienunternehmen nach *Horváth*[146] deduktiv-logisch abgeleitet werden. Die Koordination der entscheidungsrelevanten *Informationsversorgung* hat für die Implementierung, Organisation und Kontrolle eines auf die situative Familienrepräsentanz (Familienversammlung, Familienrat, Family-Office etc.) abgestimmten Berichtswesens zu sorgen. Die Koordination der ganzheitlichen *Planung* und *Kontrolle* muss die Visionen, Ziele, Leitbilder, Strategien und Planungen der familiären Sphäre mit jenen der Subsysteme „*business*" und „*ownership*" (z.B. Private-Equity-Gesellschaft oder familienfremde Person als Minderheitseigentümer) abstimmen.[147]

8.3. Koordination der Unternehmensnachfolge

8.3.1. Grundlagen der Unternehmensnachfolge

Hahn bezeichnet die Unternehmensnachfolge als strategisches Kernproblem von Familienunternehmen.[148] Eine Unternehmerfamilie hat bei der Analyse, Bewertung und Auswahl der Unternehmensnachfolgealternativen grundsätzlich auf zwei Dimensionen einzugehen. Zum einen muss bestimmt werden, ob das Unternehmen weiter in Besitz der Familie gehalten werden sollte oder ob eine Fremdbeteiligung bis hin zum Totalverkauf angestrebt wird. Zum anderen muss eine Regelung über die zukünftige Unternehmensführung getroffen werden, die mit einem Nachfolger aus der Familie und/oder mit einer familienfremden Unternehmensführung organisiert werden kann.[149]

8.3.2. Controlling-Funktionen im Rahmen der Unternehmensnachfolge

Die Hauptverantwortung der Unternehmensnachfolge liegt zweifellos in den Händen des Familienunternehmers bzw. der Eigentümer. Um jedoch auch im Zuge dieser strategischen „Weichenstellung" eine zielorientierte Neuausrichtung des Unternehmens zu unterstützen sowie eine formale Planungskultur[150] zu gewährleisten, kommen dem Controlling „spezielle" Beratungs-, Informations- und Koordinationsfunktionen zu.[151] *Berens/Flacke/Siemes* kategorisieren diese „*speziellen*" *Controlling-Funktionen* folgendermaßen:[152]

---

[145] Vgl. *May/Rieder*, 2008, 394 ff.
[146] Vgl. *Horváth*, 1999, 121 ff.
[147] Vgl. *Haas*, 2010, 190 f.
[148] Vgl. *Hahn*, 1999, 1076.
[149] Vgl. *Krüger*, 2006, 177.
[150] Vgl. *Trefelik*, 2002, 117.
[151] Vgl. *Feldbauer-Durstmüller*, 2003, 23 ff.
[152] Vgl. *Berens/Flacke/Siemes*, 2006, 320 ff.

- Die Regelung der Unternehmensnachfolge stellt für die Entscheidungsträger oftmals eine sehr emotionale Entscheidung dar. Im Sinne der *Horváth'schen Rationalitätssicherung*[153] kann das Controlling alle in Frage kommenden Nachfolgealternativen hinsichtlich der ex ante festgelegten Zielsetzung und unter Berücksichtigung der aufgestellten sozioökonomischen Nebenbedingungen betriebs- und finanzwirtschaftlich bewerten.

- Eine erfolgreiche Unternehmensnachfolge basiert auf einer langfristigen Planung und Organisation. Die komplexe Kombination aus psychologischen, rechtlichen, steuerlichen sowie betriebs- und finanzwirtschaftlichen Fragestellungen verlangt ein entsprechendes *Projektmanagement* und *-controlling*.[154] Die Projektzielsetzung besteht darin, die Nachfolgeplanung mit den Dimensionen der strategischen Unternehmensführung (Eigentumsverhältnisse, Führungsstruktur, Personalplanung etc.) zu koordinieren.[155]

- Je nach Projektphase sind vom Controlling *entscheidungsrelevante Daten* und *Informationen* zur Verfügung zu stellen. Mithilfe von Soll-Ist-Vergleichen und Trendanalysen sind das Erreichen der fixierten Projektmeilensteine zu kontrollieren sowie betriebswirtschaftliche Aktivitäten und Aufgaben (SWOT-Analyse, Unternehmensbewertung, Due-Diligence etc.) zu terminieren und zu koordinieren.

- Die Schaffung der Strategie-, Ergebnis-, Finanz- und Prozesstransparenz dient für gewöhnlich der Vorbereitung von zu treffenden Entscheidungen. Neben der Unternehmensführung greifen zumindest teilweise auch die Eigentümer/Übergeber, die übernehmende Instanz und die Fremdkapitalgeber auf diese Entscheidungsgrundlagen zurück. Gelingt es dem Controlling, die Informationsnachfragen aller relevanten Share- und Stakeholder empfangsorientiert und zeitgerecht zu befriedigen, können die Unsicherheiten individueller prospektiver Entscheidungen abgebaut und somit die Risikokosten des Eigen- und Fremdkapitals minimiert werden. Das heißt, die Unternehmenstransparenz optimiert nicht nur die Koordinations-, Reaktions- und Adaptionsfähigkeit der Unternehmensführung, sondern realisiert auch die nachhaltigen *Rating-Ziele* und erhöht folglich den *Unternehmenswert*.

9. Zusammenfassung

Die sozioökonomische Unternehmensform „Familienunternehmen" beeinflusst die Controlling-Funktion (z.B. Nachfolge-Controlling), -Ziele (z.B. Eigenkapitalrentabilität) und -Organisation (z.B. familienzentrierte Führungssysteme). Im Gegensatz zur einschlägigen Literaturmeinung[156] können keine generellen signifikanten Unterschiede in Bezug auf Planungsintensität, EDV-gestützter Datenfundierung der Planung, operativer Bereichsplanung und Instrumentenanwendung zwischen Familienunternehmen und Nicht-Familienunternehmen festgestellt werden. Vielmehr scheint die Ausgestaltung des Controllings in Familienunternehmen von anderen Kontingenzfaktoren abzuhängen

---

[153] Vgl. *Horváth*, 2009, 127.
[154] Vgl. *Berens/Flacke/Siemes*, 2006, 327.
[155] Vgl. *Feldbauer-Durstmüller*, 2003, 25 f.
[156] Vgl. z.B. *Hammer*, 1993, 258 f.; *Hennerkes*, 1998, 3.

(Internationalisierung, Konzernzugehörigkeit, Führungsstruktur, Unternehmensgröße etc.).[157] Die Internationalisierung erhöht die Komplexität sowie Anforderungen an Qualität und Quantität der internationalen Unternehmensführung. Gleiches gilt für das internationale Controlling. In international tätigen Familienkonzernen existieren Prinzipal-Agent-Problemstellungen zwischen zentraler Konzernführung und Führungsorganen der dezentralen Töchterunternehmen. Corporate-Governance-Mechanismen wie ein ausgeklügeltes Informationsversorgungs-, Planungs- und Kontroll-, Anreiz- sowie Risikomanagementsystem können wesentlich zur Lösung derartiger Probleme beitragen. Zudem sind ein entscheidungsrelevantes Berichtswesen für die familiäre Sphäre und die strategischen Pläne der Subsysteme „*family*", „*business*" und „*ownership*" in Einklang zu bringen.

Literaturverzeichnis

Baum, H.-G./Coenenberg, A. G./Günther, T., Strategisches Controlling, 4. Auflage, Stuttgart 2007.

Baus, K., Die Familienstrategie. Wie Familien ihr Unternehmen über Generationen sichern, 2. Auflage, Wiesbaden 2007.

BDI/Ernst & Young AG/IKB Deutsche Industriebank AG (Hrsg.), BDI-Mittelstandspanel. Ergebnisse der Online-Mittelstandsbefragung, Herbst 2007 – Langfassung, Berlin 2007.

Bea, F. X./Haas, J., Strategisches Management, 4. Auflage, Stuttgart 2005.

Bechtolsheim, C. F. v./Rhein, A., Transparenz und Unabhängigkeit: Das Family Office als Dachorganisation des Vermögensmanagements, in: Management komplexer Familienvermögen. Organisation, Strategie, Umsetzung, hrsg. von *Bechtolsheim, C. F. v./Rhein, A.*, Wiesbaden 2007, 299–308.

Becker, F. G., Fremdmanagement in Familienunternehmen: Annäherung an eine vielschichtige Thematik, in: Management kleiner und mittlerer Unternehmen. Stand und Perspektiven der KMU-Forschung, hrsg. von *Letmathe, P./Eigler, J./Welter, F./Kathan, D./Heupel, T.*, Wiesbaden 2007, 205–224.

Becker, W./Fischer, S./Staffel, M./Ulrich, P., Implementierungsstand von Unternehmensführung und Controlling in mittelständischen Unternehmen. Ergebnisbericht einer empirischen Untersuchung, Bamberger Betriebswirtschaftliche Beiträge – Band 149, Bamberg 2008.

Becker, W./Ulrich, P./Baltzer, B., Wie stehen mittelständische Unternehmen zur Corporate Governance? Aktuelle empirische Erkenntnisse, in: ZCG 2009, 4. Jg., Heft 1, 5–12.

Berens, W./Flacke, K./Siemes, A., Die Bedeutung des Unternehmenscontrollings im Rahmen des Nachfolgeratings, in: Nachfolgerating. Rating als Chance für die Unternehmensnachfolge, hrsg. von *Achleitner, A.-K./Everling, O./Klemm, S.*, Wiesbaden 2006, 313–334.

Bischof, J./Kaiser, J., Führung und Controlling in Familienunternehmen. Befragung von mittelständischen Familienunternehmen der Region Ostwürttemberg. Eine Studie der

---

[157] Vgl. z.B. *Duller/Haas*, 2009, 37 ff.; *Feldbauer-Durstmüller/Duller/Haas*, 2010, S. 320 ff.; *Haas*, 2010, 226 ff.

Hochschule für Technik und Wirtschaft Aalen, Studiengang Betriebswirtschaft für kleine und mittlere Unternehmen, 8. Semester – Unternehmensführung, Aalen 2008.

Carlock, R. S./Ward, J. L., Strategic Planning for the Family Business. Parallel Planning to Unify the Family and Business, Basingstoke 2001.

Casillas, J. C./Acedo, F. J./Moreno, A. M., International Entrepreneurship in Family Businesses, Cheltenham 2007.

Deloitte & Touche GmbH Wirtschaftsprüfungsgesellschaft (Hrsg.), Unternehmensführung und Controlling. Aus der Studienserie Erfolgsfaktoren im Mittelstand, Bamberg 2008.

Dobler, P., Vermögenscontrolling und Vermögensreporting – taktische Instrumente des Family Office, in: Management komplexer Familienvermögen. Organisation, Strategie, Umsetzung, hrsg. von *Bechtolsheim, C. F. v./Rhein, A.*, Wiesbaden 2007, 247–260.

Duller, C., Einführung in die Statistik mit EXCEL und SPSS. Ein anwendungsorientiertes Lehr- und Arbeitsbuch, 2. Auflage, Heidelberg 2007.

Duller, C./Haas, T., Unternehmensplanung und Controllinginstrumente im Mittelstand. Empirische Kontingenzfaktoren der Unternehmensgröße und Unternehmensform (Familienunternehmen versus Nicht-Familienunternehmen), in: Mittelstandscontrolling 2009, hrsg. von *Lingnau, V./Becker, A.*, Lohmar 2009.

Duller, C./Haas, T./Leidinger, J., Risikomanagement in kleinen und mittleren (Familien-) Unternehmen. Handlungsempfehlungen für die KMU-Praxis, in: SWK 2009, 84. Jg., Heft 30, 1349–1357.

Eisenhardt, K. M., Agency Theory: An Assessment and Review, in: Academy of Management Review 1989, Vol. 14, No. 1, 57–74.

Fama, E. F., Agency Problems and the Theory of the Firm, in: The Journal of Political Economy 1980, Vol. 88, No. 2, 288–307.

Feldbauer-Durstmüller, B., Strategisches Controlling in der Unternehmensnachfolge von Familienunternehmungen, in: MER 2003, Vol. 5, No. 1, 20–27.

Feldbauer-Durstmüller, B., Balanced Scorecard im Handel, in: Handelsforschung 2004. Neue Erkenntnisse für Praxis und Wissenschaft des Handels, hrsg. von *Trommsdorff, V.*, Köln 2004, 317–333.

Feldbauer-Durstmüller, B./Duller, C./Haas, T., Controlling mittlerer und großer Unternehmen – Größeneffekte, Internationalisierung, Umsetzungsstand, in: Jahrbuch für Controlling und Rechnungswesen 2010, hrsg. von *Seicht, G.*, Wien 2010, 313–336.

Feldbauer-Durstmüller, B./Haas, T., Balanced Scorecard im Einzelhandel. Zweckmäßige Strategieimplementierung, in: CFO aktuell 2007, 1. Jg., Ausgabe 6, 267–270.

Feldbauer-Durstmüller, B./Haas, T., Controlling-Konzeption für kleine und mittlere Familienunternehmen, in: Familienunternehmen. Controlling, Finanzmanagement, Unternehmensrechnung und Wirtschaftsprüfung, Steuern, hrsg. von *Feldbauer-Durstmüller* u.a., Wien 2008, 107–136.

Feldbauer-Durstmüller, B./Haas, T., Controlling im oberösterreichischen Mittelstand – Theorie und Empirie, in: Erfolgsstrategien mittelständischer Unternehmen. Festschrift für Dietrich Kropfberger, hrsg. von *Mussnig, W./Mödritscher, G./Heidenbauer, M.*, Wien 2009, 17–62.

Feldbauer-Durstmüller, B./Haas, T./Mühlböck, S., Controlling in Familienunternehmen. Eine empirische Betrachtung, in: CFO aktuell 2008, 2. Jg., Ausgabe 5, 198–202.

Feldbauer-Durstmüller, B./Haas, T./Mühlböck, S., Controlling-Praxis oberösterreichischer Familienunternehmen, in: Controller Magazin 2009, 34. Jg., Ausgabe 2, 36–40.

Feldbauer-Durstmüller, B./Kailer, N./Pernsteiner, H./Duller, C./Haas, T., Familienunternehmen in Österreich. Entwicklungsstand und Handlungsempfehlungen zum Controlling, Finanzmanagement und zur Unternehmensentwicklung, Arbeitspapier der Johannes Kepler Universität Linz, Linz 2010.

Feldbauer-Durstmüller, B./Wimmer, B./Duller, C., Controlling in österreichischen Familienunternehmen – dargestellt am Bundesland Oberösterreich, in: ZP 2007, Vol. 18, No. 4, 427–443.

Fopp, L./Prager, T./VPAG (Hrsg.), Governance für Familienunternehmen. Wie man das gesunde Wachstum der Familienwerte steuert, Bern 2006.

Freidank, C.-C., Corporate Governance und Controlling, Heidelberg 2004.

Frey, U./Halter, F./Klein, S. B./Zellweger, T., Family Business in Switzerland: Significance and Structure, in: Research Forum Proceedings, Family Firms in the Wind of Change. F.B.N. 15th World Conference, hrsg. von *Tomaselli, S./Melin, L.*, Kopenhagen 2004, 73–89.

Friedl, B., Controlling, Stuttgart 2003.

Fröhlich, E., Familie als Erfolgspotential im Gewerbe und Handwerk, in: Erfolgspotentiale für Klein- und Mittelbetriebe, hrsg. von *Kemmetmüller, W.* u.a., Linz 1995, 105–136.

Fröhlich, E./Pichler, J. H., Werte und Typen mittelständischer Unternehmen, Berlin 1988.

Furtner, S., Management von Unternehmensakquisitionen im Mittelstand. Erfolgsfaktor Post-Merger-Integration, Wien 2006.

Gersick, K. E./Davis, J. A./McCollom Hampton, M./Lansberg, I., Generation to generation. Life cycles of the family business, Boston 1997.

Gleich, R./Hofmann, S./Shaffu, M., Innovation und Controlling, in: Handbuch für Familien- und Mittelstandsunternehmen. Strategie, Gestaltung, Zukunftssicherung, hrsg. von *Picot, G.*, Stuttgart 2008, 319–337.

Gleich, R./Oehler, K., Corporate Governance umsetzen. Erfolgsfaktoren Controlling und Informationssysteme, Stuttgart 2006.

Günther, T./Gonschorek, T., Wert(e)orientierte Unternehmensführung im Mittelstand. Erste Ergebnisse einer empirischen Untersuchung, Dresdner Beiträge zur Betriebswirtschaftslehre Nr. 114/06, Dresden 2006.

Günther, T./Gonschorek, T., Wert(e)orientierte Unternehmensführung im Mittelstand. Ausgewählte Ergebnisse einer empirischen Untersuchung, in: Die Rolle des Controllers im Mittelstand. Funktionale, institutionale und instrumentale Ausgestaltung, hrsg. von *Lingnau, V.*, Lohmar 2008, 49–70.

Haas, T., Controllingrelevante Besonderheiten von kleinen und mittleren Familienunternehmen, in: forum.ksv – Das Medium für internationalen Kreditschutz, 2007, o. Jg., Heft 3, 1–4.

Haas, T., State-of-the-Art des Controllings in international tätigen Familienunternehmen. Systemtheoretische Konzeption & empirische Studie, Passau 2010.

Hahn, D., Controlling in mittelständischen Familienunternehmungen, in: Die mittelständische Familienunternehmung. Die Integration der beiden Subsysteme Familie und

Unternehmung in den 90er Jahren, hrsg. von *Hinterhuber, H. H.*, Frankfurt/M. 1994, 125–153.

Hahn, D., Strategische Kernprobleme beim Generationenwechsel, in: Strategische Unternehmensplanung – strategische Unternehmensführung. Stand und Entwicklungstendenzen, 8. Auflage, hrsg. von *Hahn, D./Taylor, B.*, Heidelberg 1999, 1076–1091.

Hammer, R. M., Strategische Planung in Familienunternehmen, in: Strategisches Management Global. Unternehmen, Menschen, Umwelt erfolgreich gestalten und führen, hrsg. von *Hammer, R. M.* u.a., Wiesbaden 1993, 257–268.

Hammer, R. M./Hinterhuber, H. H., Die Sicherung der Kontinuität von Familienunternehmungen als Problem der strategischen Unternehmensführung, in: BFuP 1993, 45. Jg., Heft 3, 252–265.

Hasch, A. u.a., Praxishandbuch der Unternehmensnachfolge, Wien 2000.

Hennerkes, B.-H., Das Familienunternehmen. Eine Einführung in die Problemfelder, in: Unternehmenshandbuch Familiengesellschaften, hrsg. von *Hennerkes, B.-H./Kirchdörfer, R.*, 2. Auflage, Köln 1998, 1–32.

Hennerkes, B.-H./Berlin, M./Berlin, T., Die Familie und ihr Unternehmen in Österreich. Strategie, Kontrolle, Nachfolge, Vermögenssicherung, München 2007.

Hilse, H./Wimmer, R., Führung in Familienunternehmen. Zu Herausforderungen und Professionalisierungsbedarfen von Führungskräften in familiengeführten Betrieben, in: zfo 2001, 70. Jg., Heft 1, 20–28.

Hofer, M./Tumpel M., Steuerplanung bei Familienunternehmen, in: Familienunternehmen. Controlling, Finanzmanagement, Unternehmensrechnung und Wirtschaftsprüfung, Steuern, hrsg. von *Feldbauer-Durstmüller* u.a., Wien 2008, 251–271.

Hoffjan, A./Weber, J., Internationales Controlling. Steuerung von Auslandsgesellschaften, Advanced Controlling, Band 57, Weinheim 2007.

Horváth, P., Controlling in der Familienunternehmung, in: Freies Unternehmertum. Voraussetzungen einer demokratischen Gesellschaft, hrsg. von *Marquardt, E./Maurer, F.*, Rietheim-Weilheim 1999, 121–136.

Horváth, P., Der Consigliere – Der Controller im Familienunternehmen, in: Planung, Finanzierung und Kontrolle im Familienunternehmen. Festschrift für Prof. Dr. Brun-Hagen Hennerkes, hrsg. von *Jeschke, D./Kirchdörfer, R./Lorz, R.*, München 2000, 23–34.

Horváth, P., Controlling, 11. Auflage, München 2009.

Hungenberg, H., Strategisches Management in Unternehmen. Ziele – Prozesse – Verfahren, 3. Auflage, Wiesbaden 2004.

IGC, Controller-Leitbild, Parma 2002.

Iliou, C. D., Die Nutzung von Corporate Governance in mittelständischen Familienunternehmen, Berlin 2004.

IMF (Hrsg.), Balance of payments manual, 5. Auflage, Washington, D.C. 1973.

Jaskiewicz, P., Performance-Studie börsennotierter Familienunternehmen in Deutschland, Frankreich und Spanien, hrsg. von *Klandt, H.* u.a., Lohmar 2006.

Jensen, M./Meckling, W., Theory of the firm. Managerial behavior, agency costs and ownership, in: JoFE 1976, Vol. 3, Issue 4, 305–360.

Johanson, J./Vahlne, J.-E., The Internationalization Process of the Firm, in: JIBS 1977, Vol. 8, No. 1, 23–32.

Kaplan, R. S./Norton, D. P., Balanced Scorecard. Strategien erfolgreich umsetzen, Stutt-gart 1997.

Kellersmann, D./Winkeljohann, N., Die Bedeutung von Corporate Governance für den Mittelstand/Familienunternehmen, in: Finanz Betrieb 2007, 9. Jg., Heft 7–8, 406–412.

Klein, S. B., Family Businesses in Germany: Significance and Structure, in: FBR 2000, Vol. 13, No. 3, 157–182.

Koeberle-Schmid, A., Das System der Family Business Governance. Konzeptionalisie-rung und Gremien, in: ZCG 2008a, 3. Jg., Heft 4, 149–155.

Koeberle-Schmid, A., Family Business Governance. Aufsichtsgremium und Familienre-präsentanz, Wiesbaden 2008b.

Koeberle-Schmid, A., Betriebswirtschaftliche Ausgestaltung von Aufsichtsgremien in Fa-milienunternehmen, in: DB 2009, 62. Jg., Heft 24, 1249–1255.

Koeberle-Schmid, A./Nützel, O., „Family Business Governance: Herausforderungen und Mechanismen", Forschungspapier Nr. 1, INTES Zentrum für Familienunternehmen, WHU – Otto Beisheim School of Management, Vallendar 2005.

Kosiol, E., Zur Problematik der Planung in der Unternehmung, in: ZfB 1967, 37. Jg., Heft 2, 77–96.

Kosmider, A., Controlling im Mittelstand. Eine Untersuchung der Gestaltung und An-wendung des Controllings in mittelständischen Industrieunternehmen, 2. Auflage, Stuttgart 1994.

Krüger, W., Unternehmensnachfolge – Wie managt man den Generationswechsel?, in: Praxishandbuch des Mittelstands: Leitfaden für das Management mittelständischer Unternehmen, hrsg. von *Krüger, W./Klippstein, G./Merk, R./Wittberg, V.*, Wiesbaden 2006, 169–183.

Küpper, H.-U., Controlling. Konzeption, Aufgaben, Instrumente, 5. Auflage, Stuttgart 2008.

Küting, K./Heiden, M., Controlling in internationalen Unternehmen, in: Handwörterbuch Unternehmensrechnung und Controlling, hrsg. von *Wagenhofer, A./Küpper, H.-U.*, 4. Auflage, Stuttgart 2002, Sp. 288–298.

Legenhausen, C., Controllinginstrumente für den Mittelstand, Wiesbaden 1998.

Leitner, S./Rohatschek, R., Externe Rechnungslegung und Abschlussprüfung oberöster-reichischer Familienunternehmen – eine empirische Betrachtung, in: Familienunter-nehmen. Controlling, Finanzmanagement, Unternehmensrechnung und Wirtschafts-prüfung, Steuern, hrsg. von *Feldbauer-Durstmüller* u.a., Wien 2008, 81–106.

Martin, T. A./Ruda, W./Pfeffer, M., Risikomanagement in Familienunternehmen – Un-ternehmenskrisen und das Risikomanagement nach KonTraG, in: MER 2002, Vol. 4, No. 1, 44–52.

May, P., Lernen von den Champions. Fünf Bausteine für unternehmerischen Erfolg, 2. Auflage, Bonn 2004.

May, P., Die Familienstrategie. Ein Weg zur Good Governance im Familienunternehmen, in: Das INTES-Handbuch Familienunternehmen, hrsg. von *May, P.*, Bonn 2008, 305–317.

May, P./Rieder, G., Family Education – Ein Eckpfeiler von Good Governance in Fami-lienunternehmen, in: Das INTES-Handbuch Familienunternehmen, hrsg. von *May, P.*, Bonn 2008, 394–402.

May, P. u.a., Governance Kodex für Familienunternehmen, Bonn 2004.

Meckl, R., Controlling im internationalen Unternehmen. Erfolgsorientiertes Management internationaler Organisationsstrukturen, München 2000.

Meissner, H. G./Gerber, S., Die Auslandsinvestition als Entscheidungsproblem, in: BFuP 1980, 32. Jg., Heft 3, 217–228.

Miller, D./Le Breton-Miller, I., Managing for the long run. Lessons in competitive advantage from great family businesses, Boston 2005.

Moos, A. v., Familienunternehmen erfolgreich führen. Corporate Governance als Herausforderung, Zürich 2003.

Müller, S./Kornmeier, M., Strategisches internationales Management, München 2002.

Munari, S./Naumann, C., Strategische Steuerung – Bedeutung im Rahmen des Strategischen Management, in: Strategische Unternehmensplanung – strategische Unternehmensführung. Stand und Entwicklungstendenzen, hrsg. von *Hahn, D./Taylor, B.*, 8. Auflage, Heidelberg 1999, 847–862.

Mussnig, W./Bleyer, M./Giermaier, G., Controlling für Führungskräfte. Analysieren – Bewerten – Entscheiden, Wien 2006.

Niedermayr, R., Entwicklungsstand des Controlling. System, Kontext und Effizienz, Wiesbaden 1994.

ÖNB (Hrsg.), Direktinvestitionen 2006. Österreichische Direktinvestitionen im Ausland und ausländische Direktinvestitionen in Österreich, Stand per Ende 2006, Statistiken Sonderheft, Wien 2008.

Oesterle, M.-J., Corporate Governance für Familienunternehmen, in: ZfM 2007, 2. Jg., Heft 1, 28–59.

Paetzmann, K., Governance und Unternehmensnachfolge, in: Nachfolgerating. Rating als Chance für die Unternehmensnachfolge, hrsg. von *Achleitner, A.-K./Everling, O./ Klemm, S.*, Wiesbaden 2006, 335–353.

Perlitz, M., Internationales Management, 4. Auflage, Stuttgart 2000.

Pernsteiner, H., Anforderungen an das unternehmerische Controlling aufgrund Basel II, in: Handbuch Controlling und Consulting. Festschrift für Harald Stiegler zum 65. Geburtstag, hrsg. von *Feldbauer-Durstmüller, B./Schwarz, R./Wimmer, B.*, Wien 2005, 515–552.

Pernsteiner, H., Familienunternehmen und Finanzmanagement, in: Familienunternehmen. Controlling, Finanzmanagement, Unternehmensrechnung und Wirtschaftsprüfung, Steuern, hrsg. von *Feldbauer-Durstmüller* u.a., Wien 2008, 53–79.

Picot, A./Böhme, M., Controlling in dezentralen Unternehmensstrukturen, München 1999.

Picot, G., Familien- und Mittelstandsunternehmen im globalen Wandel von Wirtschaft und Gesellschaft, in: Handbuch für Familien- und Mittelstandsunternehmen. Strategie, Gestaltung, Zukunftssicherung, hrsg. von *Picot, G.*, Stuttgart 2008, 1–35.

Quermann, D., Führungsorganisation in Familienunternehmen. Eine explorative Studie, hrsg. von *Becker, F. G./Berthel, J.*, Reihe: Personal und Organisation, Band 31, Lohmar 2004.

Rautenstrauch, T./Müller, C., Verständnis und Organisation des Controlling in kleinen und mittleren Unternehmen, in: ZP 2005, Vol. 16, No. 2, 189–209.

Rossmanith, J./Maier, K., Basel II und Rating – dargestellt am Ratingprozess des Deutschen Sparkassen- und Giroverbandes, in: Jahrbuch für Controlling und Rechnungswesen 2005, hrsg. von *Seicht, G.*, Wien 2005, 89–112.

Schäfer-Kunz, J., Controlling in Familienunternehmen – zwischen Intuition und Navigation, in: Spitzenleistungen in Familienunternehmen. Ein Managementhandbuch, hrsg. von *Böllhoff, C./Krüger, W./Berni, M.*, Stuttgart 2006, 85–100.

Schaubach, P./Tilmes, R., Private Wealth Management und Family Office, in: Handbuch für Familien- und Mittelstandsunternehmen. Strategie, Gestaltung, Zukunftssicherung, hrsg. von *Picot, G.*, Stuttgart 2008, 499–522.

Schlippe, A. v./Kellermanns, F. W., Emotionale Konflikte in Familienunternehmen, in: ZfKE 2008, 56. Jg., Heft 1/2, 40–58.

Schröder, E. F., Controlling – Unternehmenssteuerung in Familienunternehmen, in: Unternehmenshandbuch Familiengesellschaften, hrsg. von *Hennerkes, B.-H./Kirchdörfer, R.*, 2. Auflage, Köln 1998, 231–286.

Schüller, S., Organisation von Controllingsystemen in Kreditinstituten, Münster 1984.

Schwarz, G. C./Holland, B., Enron, WorldCom … und die Corporate-Governance-Diskussion, in: ZIP 2002, 23. Jg., Heft 37, 1661–1672.

Simon, F. B., Die Familie des Familienunternehmens. Ein System zwischen Gefühl und Geschäft, Heidelberg 2002.

Steinmann, H./Schreyögg, G., Management. Grundlagen der Unternehmensführung, Konzepte – Funktionen – Fallstudien, 6. Auflage, Wiesbaden 2005.

Tagiuri, R./Davis, J. A., Bivalent Attributes of the family firm, in: FBR 1996, Vol. 9, Issue 2, 199–208.

Trefelik, R., Erfolgsfaktoren für den Generationswechsel in klein- und mittelbetrieblichen Familienunternehmen, in: MER 2002, Vol. 4, Heft 4, 116–123.

Wagenhofer, A., Internationale Rechnungslegungsstandards – IAS/IFRS. Grundkonzepte, Bilanzierung, Bewertung, Angaben, Umstellung und Analyse, 5. Auflage, Frankfurt/M. 2005.

Wagner, E., Besonderheiten der Kapitalstrukturpolitik von Familienunternehmen, in: Familienunternehmen. Controlling, Finanzmanagement, Unternehmensrechnung und Wirtschaftsprüfung, Steuern, hrsg. von *Feldbauer-Durstmüller* u.a., Wien 2008, 167–199.

Wall, F., Funktionen des Controllings im Rahmen der Corporate Governance, in: ZfCM 2008, 52. Jg., Heft 4, 228–233.

Weissenberger-Eibl, M. A., Planung der Führungsnachfolge in KMU durch Family Business Governance, in: Planung in kleinen und mittleren Unternehmen. Jahrbuch der KMU-Forschung und Praxis 2007, hrsg. von *Meyer, J.-A.*, Lohmar 2007, 293–304.

Welge, M. K./Al-Laham, A., Strategisches Management. Grundlagen – Prozesse – Implementierung, 5. Auflage, Wiesbaden 2008.

Welge, M. K./Holtbrügge, D., Internationales Management. Theorien, Funktionen, Fallstudien, 4. Auflage, Stuttgart 2006.

Wieselhuber, N./Lohner, A. M./Thum, G. F., Erfolgsfaktoren von Familienunternehmen. Ergebnisbericht über die schriftliche Befragung von Familienunternehmen in Deutschland, hrsg. von Dr. Wieselhuber & Partner GmbH, München 2006.

Wieselhuber, N./Lohner, A. M./Thum, G. F., Gestaltung und Führung von Familienunternehmen, 2. Auflage, Bonn 2007.

Wild, J., Grundlagen der Unternehmensplanung, Reinbeck bei Hamburg 1974.

Wimmer, B., Unternehmensplanung und –kontrolle. Integrative Konzepte und Stand der Praxis unter besonderer Berücksichtigung von Wertorientierung und informatorischer Gestaltungsmöglichkeit, Dissertation Johannes Kepler Universität Linz, Linz 2004.

Wimmer, R./Domayer, E./Oswald, M./Vater, G., Familienunternehmen – Auslaufmodell oder Erfolgstyp?, 2. Auflage, Wiesbaden 2005.

Witt, P., Corporate Governance im Wandel, in: zfo 2000, 69. Jg., Heft 3, 159–163.

Witt, P., Corporate Governance in Familienunternehmen, in: ZfB 2008, 78. Jg., Special Issue 2, 1–19.

Wöhe, G./Döring, U., Einführung in die Allgemeine Betriebswirtschaftslehre, 23. Auflage, München 2008.

Zimmermann, C., Controlling in international tätigen mittelständischen Unternehmen. Einführung – Gestaltung – Performance, Wiesbaden 2001.

Firmenwertcontrolling nach IFRS 3

Susanne Leitner-Hanetseder/Elisabeth Rebhan

Management Summary

Die unbestrittene Bedeutung des Firmenwertes (*Goodwills*) in den IFRS-Konzernbilanzen deutscher und österreichischer Unternehmen bedingt ein Firmenwertcontrolling, welches sich in allen Phasen des „*Goodwills*-Lebens" widerspiegelt. Ziel des vorliegenden Beitrags ist deshalb die Herausforderungen und notwendigen Implikationen im Zuge eines *Goodwill*-Controllings aufzuzeigen, um insbesondere auch in wirtschaftlich schwierigen Zeiten entscheidungsnützliche Informationen zur Verfügung zu stellen.

1. Einleitung

Wie eine aktuell durchgeführte Untersuchung betreffend die Bedeutung von Firmenwerten *(Goodwill)* in den Bilanzen deutscher und österreichischer börsennotierter Unternehmen zeigt, können die Firmenwerte, die aus einem Unternehmenszusammenschluss entstehen, teils von hoher Bedeutung für die bilanzierenden Unternehmen sein. Aufgrund dieser Erkenntnis ist es erforderlich, dass eine geeignete Stelle im Unternehmen (Controlling) eingerichtet ist, welche in sämtliche Phasen des *Goodwill*-Lebens eingebunden ist.

Der vorliegende Beitrag beschäftigt sich mit diesen Lebensphasen des *Goodwills* und stellt dar, welche Herausforderungen und Implikationen für das Controlling im Zusammenhang mit der Kaufpreisallokation, der Zuordnung zu *Cash Generating Units* und dem *Impairment* bestehen. Ebenso werden Kennzahlen zur *Goodwill*-Steuerung angeführt.

2. Kaufpreisallokation

2.1. Komponenten und Wesen des Goodwills nach IFRS 3

Nach geltenden IFRS-Rechnungslegungsvorschriften kann für Zwecke der Kapitalkonsolidierung von Tochterunternehmen[1] nur mehr[2] die Erwerbsmethode[3] (*Purchase-*

---

[1] Nach IAS 27.4 ist das *Control*-Konzept für das Vorliegen eines Mutter-Tochterunternehmens heranzuziehen. Konkretisiert wird das Vorhandensein eines beherrschenden Einflusses nach IFRS durch IAS 27.13. Vgl. dazu im Detail auch *Lüdenbach*, 2010, § 32 Rz. 7 ff.; *Fröhlich*, 2007, 86. Mit Verabschiedung von IFRS 10 (*Consolidated* Statements) erfuhr das *Control*-Konzept eine Neuausrichtung. Künftig hat das potenzielle Mutterunternehmen (*investor*) eine Beurteilung durchzuführen, ob ein potenzielles Tochterunternehmen (*investee*) besteht. Vgl. IFRS 10.5 i.V.m. IFRS 10.BC29. Entsprechend der neuen *Control*-Definition des IFRS 10.6 herrscht ein *investor* über einen *investee*, wenn der *investor* aus der Beziehung zum *investee* variablen Rückflüssen ausgesetzt ist oder ihm hieraus ein Anrecht an solchen Rückflüssen erwächst und der *investor* durch seine Entscheidungsmacht über den *investee* gleichzeitig in der Lage ist, diese Rückflüsse zu beeinflussen. Vgl. IFRS 10.7 i.V.m. IFRS 10.8. Die neuen Regelungen des IFRS 10 sind verpflichtend und retrospektiv nach Maßgabe des IAS 8 für Geschäftsjahre, die am oder nach dem 1. Jänner 2013 beginnen, anzuwenden. Vgl. IFRS 10.C1 f.

[2] Wenngleich IAS 22 noch die *Pooling of Interests*-Methode für den Einbezug von Tochterunternehmen vorsah, wurde mit Verabschiedung des IFRS 3 (rev. 2003) diese Möglichkeit auf die Erwerbsmethode beschränkt. Vgl. dazu auch *Pellens* u.a., 2003, 1.

[3] Neben der Erwerbsmethode wurde die Möglichkeit des Einbezugs nach der Interessenzusammenführungsmethode (*Pooling of Interests*-Methode) sowie der Neugründungsmethode (*Fresh Start-*

Methode[4], *Acquisition*-Methode[5]) herangezogen werden. Im Erwerbszeitpunkt sind im Rahmen einer sog. Kaufpreisallokation die neubewerteten[6] Vermögenswerte, Schulden und Eventualschulden[7] dem *Fair Value* der Gegenleistung inkl. der nicht beherrschenden Anteile gegenüberzustellen. Der Prozess der Kaufpreisallokation bedingt, dass auch bislang nicht bilanzierte identifizierbare immaterielle Vermögenswerte (Markennamen, Markenrechte, Zertifizierungen, Patente, Kundenlisten etc.)[8] zu erfassen sind, sofern diese aus einem vertraglichen Recht stammen oder separierbar sind.[9] IFRS 3 zu Folge ist der *Goodwill* (vgl. dazu Übersicht 1) „ein Vermögenswert, der künftigen wirtschaftlichen Nutzen aus anderen bei einem **Unternehmenszusammenschluss** erworbenen Vermögenswerten darstellt, die nicht einzeln identifiziert und separat angesetzt werden."[10]

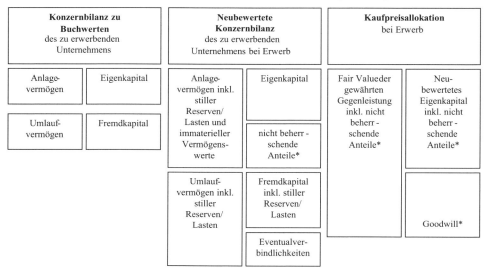

*in Abhängigkeit der angewandten Kapitalkonsolidierungsmethode (Partial- oder Full-Goodwill-Methode).

Übersicht 1: Darstellung der *Goodwill*-Ermittlung gemäß IFRS 3 [in Anlehnung an *Gödde*, 2010, 31]

Methode) diskutiert. Der *Pooling of Interests*-Methode entsprechend werden stille Reserven des erworbenen Unternehmens nicht aufgedeckt. Ein möglicher aktiver Unterschiedsbetrag wird erfolgsneutral mit dem Eigenkapital verrechnet. Die *Fresh Start*-Methode sieht wiederum die Aufdeckung der stillen Reserven bzw. Lasten und des Goodwills des Tochterunternehmens als auch des Mutterunternehmens vor. Vgl. *Pellens* u.a., 2003, 1. Im Detail dazu auch *Hayn/Hayn*, 2006, 76.

4   Die *Purchase*-Methode entsprach der vom IASB im IFRS 3 (rev. 2003) gewählten Bezeichnung. Vgl. IFRS 3.14 (rev. 2003).

5   Mit IFRS 3 (rev. 2008) erfuhr die bislang in den IFRS als *Purchase*-Methode bezeichnete Erwerbsmethode eine sprachliche Neudefinition als *Acquisition*-Methode.

6   Zur Bewertung gemäß IFRS 3 vgl. IFRS 3.18.

7   Bei Unternehmenszusammenschlüssen gemäß IFRS 3 wird von dem Ansatzverbot von Eventualverbindlichkeiten abgewichen. Nach IFRS 3.23 sind Eventualschulden gesondert in der Konzernbilanz anzusetzen, wenn es sich um eine gegenwärtige Verpflichtung handelt, die aus einem Ereignis der Vergangenheit resultieren.

8   Vgl. dazu im Detail die in IFRS 3.B33 f. sowie IFRS 3.IE16 ff. angeführten Beispiele.

9   Vgl. zum Ansatzgrundsatz und den Ansatzbedingungen IFRS 3.10 ff.

10   IFRS 3 Anhang A.

Übersteigt der Anteil des Erwerbers am beizulegenden Zeitwert der identifizierbaren Vermögenswerte und Schulden sowie Eventualverbindlichkeiten auch nach wiederholter Überprüfung (*Reassessment*)[11] den *Fair Value* der gewährten Gegenleistung, liegt nach IFRS 3 ein günstiger Erwerb (sog. *Bargain Purchase*) vor, der erfolgswirksam im Erwerbszeitpunkt zu verbuchen ist.[12]

2.2. Full- vs. Partial-Goodwill-Methode

Für die Bestimmung des *Goodwills* gemäß IFRS 3[13] ist ausschlaggebend, ob die *Full-Goodwill*-Methode oder die *Partial-Goodwill*-Methode zur Anwendung kommt. Dieses Wahlrecht, welches eine wesentliche Neuerung des IFRS 3 (*rev.* 2008) darstellt, wurde im Vorfeld sehr kontrovers diskutiert. Einerseits besteht gemäß der *Full-Goodwill*-Methode die Möglichkeit, nicht beherrschende Anteile (*Non Controlling Interests*, NCI)[14] zum *Fair Value*[15] im Erwerbszeitpunkt anzusetzen oder andererseits gemäß der *Partial-Goodwill*-Methode zum Anteil am neubewerteten identifizierbaren Nettovermögen.[16] Das Wahlrecht kann für jeden Unternehmenszusammenschluss neu ausgeübt werden.[17]

Bei der *Partial-Goodwill*-Methode bestimmt sich der *Goodwill* gemäß IFRS 3 aus dem *Fair Value* der gewährten Gegenleistung zuzüglich der *Non Controlling Interests* bewertet zu ihrem Anteil am neubewerteten identifizierbaren Nettovermögen abzüglich des vollständig neubewerteten Nettovermögens einschließlich der *Non Controlling Interests* (vgl. dazu Übersicht 2).[18] Im Ergebnis entspricht diese Ermittlungsmethode damit jener des IFRS 3 (*rev.* 2003). Dieser Methode folgend ist der *Goodwill* die Differenz aus dem Kaufpreis und dem anteilig neubewerteten identifizierbaren Nettovermögen der beherrschenden Anteile.[19]

Auch bei der sog. *Full-Goodwill*-Methode berechnet sich der *Goodwill* aus den Komponenten des Unternehmenszusammenschlusses (vgl. dazu Übersicht 2). Im Unterschied zur *Partial-Goodwill*-Methode ist der *Fair Value* der *Non Controlling Interests* aber auf Basis beobachtbarer Marktwerte oder mit Hilfe von Bewertungsvereinfachungsverfahren zu ermitteln.[20]

---

[11] In einem vorgelagerten Schritt hat der Erwerber nochmals zu beurteilen, ob alle erworbenen Vermögenswerte und übernommenen Schulden richtig identifiziert wurden. Vgl. im Detail IFRS 3.36.

[12] Zur Bilanzierung von *Bargain Purchases* siehe IFRS 3.34 sowie *Pawelzik*, 2009, 278. Zur Problematik der Erfassung eines *Bargain Purchases* beim Mutterunternehmen sowie des *Goodwill*-Ausweises bei den *Non Controlling Interests* im Zuge der *Full-Goodwill*-Methode siehe auch die Ausführungen bei *Pawelzik*, 2009, 278.

[13] Die Anwendung des IFRS 3 (rev. 2008) war zwingend auf Unternehmenszusammenschlüsse anzuwenden, die nach dem 1. Juli 2009 erfolgen.

[14] Mit Verabschiedung von IFRS 3 (rev. 2008) sowie IAS 27 (rev. 2008) wird im Zusammenhang mit Minderheitsanteilen nicht mehr von Minorities gesprochen, sondern von Non Controlling Interests. Die Non Controlling Interests entsprechen im Wesentlichen dem Begriff der Anteile anderer Gesellschafter gemäß § 259 UGB.

[15] Gemäß Anhang A des IFRS 3 entspricht der Fair Value jenem Betrag „zu dem zwischen sachverständigen, vertragswilligen und voneinander unabhängigen Geschäftspartnern unter marktüblichen Bedingungen ein Vermögenswert getauscht oder eine Schuld beglichen werden könnte."

[16] Vgl. IFRS 3.19.

[17] Vgl. IFRS 3.32 i.V.m. IFRS 3.19; *Brösel*, 2009, 192; *Haaker*, 2008, 188.

[18] Vgl. IFRS 3.32 i.V.m. IFRS 3.19.

[19] Vgl. *Haaker*, 2008, 191.

[20] Vgl. IFRS 3.B44 sowie *Mackenstedt* u.a., 2006, 1041.

Partial-Goodwill-Methode	Full-Goodwill-Methode
Fair Value der gewährten Gegenleistung	Fair Value der gewährten Gegenleistung
+ Non Controlling Interests bestimmt zu ihrem Anteil am neubewerteten identifizierbaren Nettovermögen – Vollständiges neubewertetes Nettovermögen (einschließlich Non Controlling Interests) = *Goodwill*	+ Non Controlling Interests bestimmt zum Fair Value – Vollständiges neubewertetes Nettovermögen (einschließlich Non Controlling Interests) = *Goodwill*

Übersicht 2: Ermittlung des *Goodwills* nach der *Partial-* und Full-Goodwill-Methode [in Anlehnung an *Coenenberg* u.a., 2009, 695]

Sofern für die *Non Controlling Interests* kein aktiver Markt besteht, sind zusätzliche bilanzpolitische Spielräume durch deren Ermittlungsmöglichkeit anhand von Bewertungsvereinfachungsverfahren gegeben.[21] Ist das einbezogene Tochterunternehmen nicht kapitalmarktorientiert, ist mangels eines aktiven Marktes auf andere Bewertungsvereinfachungsverfahren zurückzugreifen.[22]

Aus bilanzpolitischer Sicht führt die Anwendung der *Partial-Goodwill*-Methode im Falle von nicht beherrschenden Anteilen zu einer dauerhaft niedrigeren Eigenkapitalquote als die Anwendung der *Full-Goodwill*-Methode. Sofern kein Statuswechsel erfolgt, ändert eine Auf- oder Abstockung der Anteile an einem Tochterunternehmen nichts, da diese als Verschiebungen im Eigenkapital abzubilden sind.[23]

Im Zuge der Einführung der *Full-Goodwill*-Methode wurde vielfach beanstandet, dass damit „der sichere Boden der Pagatorik verlassen"[24] wurde. Eine Verletzung des Anschaffungskostenprinzips erfolgte in den IFRS jedoch bereits mit der verpflichtenden Anwendung der Neubewertungsmethode in IFRS 3 (*rev.* 2003) und der Aufdeckung der stillen Reserven über die Anschaffungskosten hinaus.[25]

Kritik kann hinsichtlich des bestehenden Wahlrechtes geübt werden. Dies gilt vor allem dann, wenn das Wahlrecht für jeden Unternehmenszusammenschluss neu ausgeübt werden kann. Das IASB dürfte damit seine selbst gesetzte Zielsetzung „to improve (…) comparability"[26] verfehlt haben.[27] Da eine Informationsgestaltung von Seiten der Bilanzierenden bei Wahlrechten ermöglicht wird, wird folglich die Entscheidungsnützlichkeit von Rechnungslegungsinformationen negativ beeinflusst.[28] Der Ausschluss von Wahlrechten führt dazu, dass die Erwartungshaltung der Adressaten gegenüber dem Informationsinhalt erhöht[29] und der Entscheidungsprozess erleichtert wird.

---

[21] Vgl. *Harr* u.a., 2009, 2; *Haaker*, 2008, 192.
[22] Vgl. *Pellens* u.a., 2008, 603.
[23] Vgl. IAS 27.30; *Harr* u.a., 2009, 3 ff.; *Pawelzik*, 2009, 277 f.
[24] *Pellens* u.a., 2003, 4.
[25] Vgl. *Busse v. Colbe*, 2004, 57.
[26] IFRS 3.1.
[27] Vgl. *Haaker*, 2008, 189.
[28] Vgl. *Ballwieser*, 1982, 776.
[29] Vgl. *Schneider*, 1997, 201.

2.3. Ausweis und Bedeutung des Firmenwertes im Abschluss börsennotierter Unternehmen

Um die Bedeutung des *Goodwills* als Bilanz- und Steuerungsgröße zu verdeutlichen, wurden die Konzernabschlüsse der Geschäftsjahre 2002–2010 der DAX-30- und ATX-20-Unternehmen analysiert, wobei Unternehmen der Finanz- und Versicherungsbranche nicht in die Untersuchung einbezogen wurden.[30] Demzufolge konnten im Geschäftsjahr 2010 24 Unternehmen des DAX-30 (d.s. 80,00%) und 13 Unternehmen des ATX-20 (d.s. 65,00%) identifiziert werden, die einen *Goodwill* ausweisen und nicht der Finanz- und Versicherungsbranche angehören.

In den betrachteten Unternehmen des DAX-30 und ATX-20 stellt der *Goodwill* gemessen an der Bilanzsumme einen wesentlichen Posten dar (vgl. Übersicht 3). Der Median des *Goodwills* der DAX-30-Unternehmen variiert im Zeitraum 2002–2010 zwischen 7,59% und 13,04%. Die ATX-20-Unternehmen weisen deutlich geringere Mediane im Vergleich auf. So variiert der Median im Zeitraum 2002–2010 zwischen 4,05% und 8,11%.

DAX-30-Unternehmen									
	2002	**2003**	**2004**	**2005**	**2006**	**2007**	**2008**	**2009**	**2010**
Max.	32,36%	39,40%	42,08%	29,82%	49,18%	36,76%	38,73%	38,80%	40,45%
Durchschnitt	10,16%	10,03%	10,10%	9,61%	11,07%	11,31%	12,65%	14,47%	14,45%
25-Quantil	3,03%	2,70%	2,51%	2,24%	3,33%	3,83%	3,54%	6,60%	6,57%
Median	8,29%	8,38%	8,14%	7,59%	10,56%	11,81%	10,41%	11,74%	13,04%
75-Quantil	15,65%	14,90%	14,70%	13,29%	13,93%	14,31%	16,73%	16,76%	18,22%
n[31]=	23	23	23	23	24	24	24	24	24

ATX-20-Unternehmen									
	2002	**2003**	**2004**	**2005**	**2006**	**2007**	**2008**	**2009**	**2010**
Max.	25,83%	26,01%	26,81%	27,71%	26,05%	24,31%	25,22%	23,60%	19,71%
Durchschnitt	8,73%	9,44%	9,30%	8,82%	8,55%	8,69%	9,10%	8,25%	8,55%
25-Quantil	2,17%	2,21%	1,90%	1,67%	1,26%	2,37%	2,71%	3,23%	4,31%
Median	5,44%	6,66%	6,29%	4,05%	6,70%	6,85%	8,11%	6,64%	6,32%
75-Quantil	13,82%	12,75%	15,17%	16,00%	13,63%	12,59%	12,35%	11,06%	11,55%
n[32]=	10	10	10	11	12	12	12	13	13

Übersicht 3: Durchschnittlicher Anteil des *Goodwills* in % der Bilanzsumme der DAX-30- und ATX-20-Unternehmen für die Geschäftsjahre 2002–2010

---

[30] Als Datenbasis wurden die veröffentlichten Konzernabschlüsse der einzelnen Unternehmen sowie die Datenbank ThomsonOne herangezogen. Sofern der Abschlussstichtag vom 31. Dezember abwich, erfolgte die Zurechnung zu jenem Jahr, das größtenteils davon erfasst wird.

[31] n = Anzahl der der DAX-30-Unternehmen, für die entsprechende Informationen vorlagen bzw. die einen Firmenwert ausgewiesen haben. In den Geschäftsjahren 2002–2005 erfolgte für die BMW AG kein entsprechend gesonderter Ausweis des Firmenwertes.

[32] n = Anzahl der ATX-20-Unternehmen, für die entsprechende Informationen vorlagen bzw. die einen Firmenwert ausgewiesen haben. Mangels vorliegender Daten konnten die Daten von zwei ATX-20-Unternehmen (Strabag SE (2002-2005), Österreichische Post AG (2002-2004)) nicht in die Studie einbezogen werden. Die Intercell AG wies im gesamten Untersuchungszeitraum und die Verbund AG im Zeitraum 2002-2008 keinen Firmenwert aus.

Der durchschnittliche *Goodwill* der DAX-30-Unternehmen beträgt im Geschäftsjahr 2010 14,45% der Bilanzsumme. Der durchschnittliche Firmenwert der ATX-20-Unternehmen fällt mit durchschnittlich 8,55% geringer aus (vgl. dazu im Detail Übersicht 3). Aufgezeigt werden kann, dass die Bedeutung des *Goodwills* im DAX-30 bezogen auf die Bilanzsumme höher ist als im ATX-20 (vgl. Übersicht 3).

Im Zeitablauf zeigt sich (vgl. Übersicht 4), dass in den ATX-20-Unternehmen der durchschnittlich ausgewiesene Firmenwert gemessen an der Bilanzsumme als relativ stabil zu betrachten ist, wohingegen DAX-30-Unternehmen in den letzten Jahren einen deutlichen Anstieg des Goodwills verzeichnen.

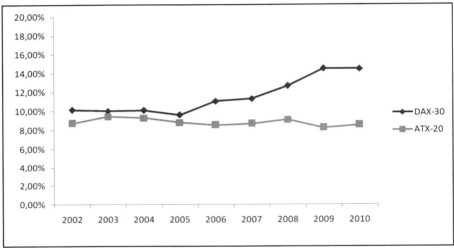

Übersicht 4: Durchschnittlicher Goodwill in % der Bilanzsumme im Zeitablauf

Dieser durchschnittliche Firmenwertzuwachs bei den DAX-30-Unternehmen ist vor allem auf die starken *Goodwill*-Zuwächse bei den in der Übersicht 5 angeführten Unternehmen zurückzuführen.

	2002	2003	2004	2005	2006	2007	2008	2009	2010
SAP AG	5,90%	5,46%	6,02%	6,91%	10,39%	13,76%	35,79%	37,34%	40,45%
Heidelberg Cement AG	21,52%	23,00%	21,44%	22,07%	20,57%	36,76%	37,59%	38,44%	38,58%
Henkel AG & Co. KGaA Vz	18,90%	14,79%	25,00%	28,55%	28,34%	26,00%	38,73%	38,80%	37,21%
Deutsche Post AG	2,69%	3,65%	6,18%	3,82%	5,19%	4,81%	3,86%	29,49%	28,24%

Übersicht 5: Wertzuwachs des Goodwills für ausgewählte DAX-30-Unternehmen

Übersicht 6 setzt den *Goodwill* in Verhältnis zu der Summe der immateriellen Vermögenswerte. Für das Geschäftsjahr 2010 ergibt sich für die DAX-30-Unternehmen ein Durchschnittswert von 55,63% und für die ATX-20-Unternehmen von 68,85%. Bezogen auf die gesamten immateriellen Vermögenswerte variieren die ermittelten deskriptiven

Daten für DAX-30 und ATX-20 nur geringfügig. Demnach stellt sowohl für DAX-30 als auch ATX-20-Unternehmen der *Goodwill* eine bedeutende Komponente der immateriellen Vermögenswerte dar.

DAX-30-Unternehmen									
	2002	**2003**	**2004**	**2005**	**2006**	**2007**	**2008**	**2009**	**2010**
Max.	95,58%	93,65%	91,29%	90,67%	97,01%	98,91%	97,34%	97,37%	96,78%
Durch-schnitt	64,82%	63,55%	61,98%	61,22%	58,10%	55,39%	56,68%	56,67%	55,63%
25-Quantil	40,23%	45,87%	41,65%	39,32%	40,45%	37,31%	38,21%	39,23%	37,78%
Median	76,22%	77,07%	72,11%	74,19%	67,81%	57,22%	57,09%	55,01%	55,37%
75-Quantil	86,73%	85,02%	85,57%	83,43%	79,88%	79,64%	81,43%	77,86%	78,07%
n=	23	23	23	23	24	24	24	24	24

ATX-20-Unternehmen									
	2002	**2003**	**2004**	**2005**	**2006**	**2007**	**2008**	**2009**	**2010**
Max.	97,18%	98,05%	98,36%	98,65%	98,90%	99,19%	91,10%	89,81%	97,13%
Durch-schnitt	65,73%	72,73%	74,19%	69,80%	68,32%	68,15%	63,09%	65,51%	68,85%
25-Quantil	48,20%	55,12%	64,25%	52,64%	54,39%	54,93%	54,94%	52,91%	51,97%
Median	69,21%	78,46%	86,50%	80,65%	75,75%	78,71%	67,92%	75,53%	75,44%
75-Quantil	85,77%	91,12%	95,18%	94,38%	90,57%	89,05%	82,67%	83,26%	87,45%
n=	10	10	10	11	12	12	12	13	13

Übersicht 6: Durchschnittlicher Anteil des Goodwills in % der immateriellen Vermögenswerte der DAX-30- und ATX-20-Unternehmen für die Geschäftsjahre 2002–2010

Die Untersuchungsergebnisse zeigen ferner, dass das umstrittene Wahlrecht der sog. *Full-Goodwill*-Methode bislang weder in einem DAX-30- noch einem ATX-20-Unternehmen zur Anwendung gekommen ist. Auch die in den *Notes* ausgewiesenen Konsolidierungsgrundsätze weisen darauf hin, dass die erworbenen Tochterunternehmen auch weiterhin mittels *Partial-Goodwill*-Methode einbezogen werden. Dennoch kann das Konsolidierungswahlrecht für jeden Unternehmenszusammenschluss gem. IFRS 3 neu ausgeübt werden.

Die Ausnutzung des Wahlrechtes zu Gunsten der *Partial-Goodwill*-Methode kann als erster Hinweis dafür gewertet werden, dass für die betroffenen Unternehmen die Kosten aus der Anwendung der *Full-Goodwill*-Methode deren Nutzen übersteigen und folglich die bei Anwendung der *Partial-Goodwill*-Methode im Falle von NCI geringere Eigenkapitalquote in Kauf nehmen.

Aufgrund der relativ geringen Anzahl an Unternehmenszusammenschlüssen seit 1. Juli 2009 ist noch keine abschließende Beurteilung bezüglich der weiteren Umsetzung und in weiterer Folge der Auswirkungen des Wahlrechtes möglich.[33]

---

[33] Beispielsweise hat nur ein ATX-20-Unternehmen (namentlich: Strabag SE) ein Tochterunternehmen einbezogen, an dem weniger als 100% der Stimmrechte gehalten werden. In den restlichen ATX-20-Unternehmen fanden entweder keine Erstkonsolidierungen gem. IFRS 3 statt oder es wurden keine nicht beherrschenden Anteile oder aktive Unterschiedsposten als *Goodwill* für die Erstkonsolidierungen ausgewiesen.

2.4. Herausforderungen und Implikationen für das Controlling

Im Rahmen des Erwerbsprozesses ist das Controlling gefordert, die Kaufpreisfindung zu unterstützen.[34] Im Rahmen der *Due Dilligence* sind von Seiten des Controllings Planungsrechnungen für das oder die zu erwerbenden Unternehmen, aber auch hinsichtlich des zukünftigen Gesamtunternehmens zu erstellen.[35] Vermieden werden soll durch ein ordnungsgemäßes *Goodwill*-Controlling, dass der Kaufpreis Komponenten enthält, die nicht werthaltig sind und in naher Zukunft in einer Wertberichtigung des *Goodwills* resultieren.[36] In der Praxis entstehen Kaufpreise oftmals im Auktionsverfahren (sog. „*winner's curse*"[37]).

Im Rahmen der Kaufpreisallokation eröffnen sich bilanzpolitische Spielräume hinsichtlich der Höhe des *Goodwills*. Grund hierfür ist u.a., dass bei dem erworbenen Unternehmen zuvor nicht bilanzierte, identifizierte immaterielle Vermögenswerte zu erfassen sind, sofern diese aus einem vertraglichen Recht stammen oder separierbar sind.[38] Dieses Kriterium der Identifizierbarkeit kann durch den Bilanzierenden je nach Absicht gezielt genutzt werden, um so einen höheren oder niedrigeren *Goodwill* anzusetzen.[39] Die zuständige Stelle im Unternehmen für die Entwicklung entsprechender Instrumentarien zur Identifikation und Bewertung immaterieller Vermögenswerte ist das Controlling.[40]

Ebenso sind bilanzpolitische Spielräume i.Z.m. der Ermittlung der Höhe des neubewerteten Vermögens, der Schulden und auch der Eventualschulden, welche dem *Fair Value* der Gegenleistung inkl. der nicht beherrschenden Anteile (NCI) gegenüberzustellen sind, vorhanden.[41]

3. Cash Generating Units

3.1. CGU als kleinste identifizierbare Einheit

Grds. ist im Rahmen der Werthaltigkeitsprüfung gemäß IAS 36 der erzielbare Betrag für jeden einzelnen Vermögenswert zu ermitteln.[42] Ist die Ermittlung des erzielbaren Betrages auf Basis einzelner Vermögenswerte nicht möglich,[43] wird der Grundsatz der Einzelbewertung durchbrochen und die Wertminderung auf Ebene zahlungsmittelgenerierender Einheiten, denen der Vermögenswert zurechenbar ist, durchgeführt.[44] Da eine CGU

---

[34] Vgl. dazu beispielhaft *Weißenberger* u.a., 2007, 148.
[35] Vgl. *Beck/Vera*, 2003, 38.
[36] Vgl. *Weißenberger* u.a., 2007, 148.
[37] Demzufolge ist im Rahmen eines Auktionsverfahrens davon auszugehen, dass bei unterstellter streng wachsender Funktion der Wertvorstellung immer derjenige Bieter gewinnt, der am weitesten überschätzt. Vgl. im Detail *Klein*, 2009, 88 ff. sowie auch *Weißenberger* u.a., 2007, 150.
[38] Siehe 2.1 Komponenten und Wesen des Goodwills nach IFRS 3.
[39] Vgl. *Hachmeister*, 2006, 426 f.
[40] Vgl. *Alvarez/Biberacher*, 2002, 352.
[41] Siehe hinsichtlich Vermögenswerte *Hachmeister*, 2006, 427.
[42] Siehe ausführlich 4.2 Ermittlung der Wertebasis entsprechend IAS 36.
[43] Dies ist gemäß IAS 36.67 der Fall, wenn der Nutzungswert des Vermögenswertes nicht in betraglicher Nähe zu dessen beizulegendem Zeitwert abzüglich der Verkaufskosten geschätzt werden kann und wenn der Vermögenswert keine weitestgehend unabhängigen Mittelzuflüsse erzeugt.
[44] Vgl. *Budde*, 2005, 2567 ff.

erst zu bilden ist, wenn der Wertminderungstest auf Einzelbewertungsbasis nicht möglich ist, muss eine CGU aus mindestens zwei Vermögenswerten bestehen. Gemäß IAS 36.6 ist eine zahlungsmittelgenerierende Einheit (*Cash Generating Unit*, CGU) „die kleinste identifizierbare Gruppe von Vermögenswerten, die Mittelzuflüsse erzeugen, die weitestgehend unabhängig von den Mittelzuflüssen anderer Vermögenswerte oder anderer Gruppen von Vermögenswerten sind." Bei der Identifizierung von CGUs ist der Stetigkeitsgrundsatz zu beachten.[45]

Dieser Definition folgend ist das wesentliche Kriterium der Abgrenzung von CGUs die Identifizierung von unabhängigen Mittelzuflüssen. Unter dem Begriff „Mittelzuflüsse" werden Zuflüsse von Zahlungsmitteln und Zahlungsmitteläquivalenten seitens unternehmensexterner Parteien verstanden. Ob diese Zuflüsse weitestgehend von den Mittelzuflüssen anderer Vermögenswerte oder CGUs unabhängig sind, hängt gem. IAS 36.69 davon ab, wie das Management die Unternehmenstätigkeiten steuert bzw. wie es Entscheidungen über die Fortsetzung oder den Abgang von Vermögenswerten und die Einstellung von Unternehmenstätigkeiten trifft. Besteht für die von einem Vermögenswert oder einer CGU erstellten Erzeugnisse und Dienstleistungen ein aktiver Markt, ist es nach IAS 36.70 f. unerheblich, ob die Erzeugnisse und Dienstleistungen ganz oder zum Teil unternehmensintern genutzt werden.

3.2. Zuordnung des Goodwills zu CGUs

Um den erworbenen Firmenwert auf Wertminderung überprüfen zu können, ist dieser gemäß IAS 36.80 im Zeitpunkt des Unternehmenserwerbes jenen CGUs bzw. Gruppen von CGUs zuzuordnen, die aus den Synergien des Unternehmenszusammenschlusses Nutzen ziehen sollen. Hierbei ist zu beachten, dass diese CGUs bzw. Gruppen von CGUs die niedrigste Ebene darstellen, auf der der Firmenwert für interne Managementzwecke überwacht wird. Als Obergrenze für die Zuordnung des Firmenwerts gilt ein nach IFRS 8 gebildetes Segment vor Aggregation.[46] Grund für die Zuordnung des Firmenwerts zu CGUs ist, dass der Firmenwert einen Vermögenswert darstellt, der nicht einzeln identifiziert und getrennt erfasst werden kann und keine unabhängigen Cash-flows generiert.[47] Die Verteilung des Firmenwerts zu den CGUs oder Gruppen von CGUs muss spätestens bis Ende der dem Unternehmenswerb folgenden Periode durchgeführt werden.[48] Somit stellt sich das Problem der Zuordnung des derivativen Firmenwertes bereits in zeitlicher Nähe zum Unternehmenserwerb.[49]

3.3. Erzielbarer Betrag und Buchwert einer CGU

Der erzielbare Betrag einer CGU „ist der höhere der beiden Beträge aus beizulegendem Zeitwert abzüglich Verkaufskosten und Nutzungswert."[50] Der Buchwert einer CGU ent-

---

[45] Vgl. IAS 36.72. Im Falle einer Änderung der Zuordnung von Vermögenswerten zu CGUs sind Angaben gemäß IAS 36.130 erforderlich.

[46] Vgl. IAS 36.80; *Kirsch* u.a., 2008, 89. Der Firmenwert wird folglich auf einer dem *Management Approach* folgenden Einheit auf Wertminderung überprüft. Vgl. *Drewniok/Gerber*, 2006, 224.

[47] Vgl. IAS 36.81.

[48] Vgl. IAS 36.84.

[49] Vgl. *Müller/Reinke*, 2010, 230.

[50] IAS 36.74.

hält die Buchwerte jener Vermögenswerte, die direkt der CGU zugerechnet bzw. auf vernünftiger und stetiger Basis zugeordnet werden können, und zur Erzielung von künftigen Mittelzuflüssen beitragen. Gemeinschaftliche Vermögenswerte (z.B. Verwaltungsgebäude, EDV-Ausrüstung, Forschungszentrum) sind einzubeziehen, wenn dies durch eine stetige und vernünftige Zurechnung gerechtfertigt ist.[51] Schulden sind der CGU nur zuzurechnen, insofern sie zur Ermittlung des erzielbaren Betrages der CGU erforderlich sind.[52] Dies kann der Fall sein, wenn der Käufer einer CGU eine damit verbundene Schuld übernehmen müsste (z.B. Rückstellung für Wiederherstellung).[53] Die Ermittlung des Buchwertes und des erzielbaren Betrags hat unter Einbezug der gleichen Vermögenswerte und, falls erforderlich, Schulden zu erfolgen.[54]

3.4. Herausforderungen und Implikationen für das Controlling

IAS 36 bietet nur wenig konkrete Kriterien zur Identifizierung von CGUs.[55] In IAS 36.68 ist explizit angeführt, dass die Identifizierung der CGU eines Vermögenswertes Einschätzungen erfordert. Eine quantitative Grenze, ab wann ein weitestgehend unabhängiger Mittelzufluss – das zentrale Abgrenzungsmerkmal für CGUs – erfüllt ist, findet sich nicht. *Klingels* führt diesbezüglich an, dass von einer weitestgehenden Unabhängigkeit der Mittelzuflüsse auszugehen ist, wenn diese zu 75% von anderen Vermögenswerten oder CGUs unabhängig sind. Eine weitestgehende Abhängigkeit liegt folglich bei maximal 25% vor. Zwischen 25% und 75% unabhängiger Mittelzuflüsse liegt die Entscheidung im Ermessen des Managements.[56]

Als Basis zur Identifizierung von CGUs wird in IAS 36.69 u.a. die Steuerung der Unternehmenstätigkeiten durch das Management angeführt. So können Produktlinien, Geschäftsfelder, einzelne Standorte oder geografische Bereiche der internen Unternehmenssteuerung als Basis für die Abgrenzung von CGUs dienen.[57] Als Obergrenze einer CGU, der ein Firmenwert zugewiesen wird, gilt ein Segment nach IFRS 8.[58] Die Zuordnung des *Goodwills* scheint bedingt durch die Akquisitionsstrategie des Unternehmens. Steht der Diversifizierungsgedanke i.Z.m. dem Unternehmenszusammenschluss im Vordergrund, könnten eine bzw. mehrere neue CGUs entstehen, der bzw. denen ein *Goodwill* zugeordnet wird. Im Falle der Stärkung der bisherigen Kernkompetenzen dürfte eine Zuordnung des entstandenen *Goodwills* zu bestehenden CGUs erfolgen.[59] Weitere Ermessensspielräume ergeben sich zudem bei der Zuordnung des Firmenwertes zu den

---

[51] Vgl. IAS 36.100 ff. i.V.m. *Bartels/Jonas*, 2009, § 27 Rz. 109 f. Als Basis für die Aufteilung der Buchwerte von gemeinschaftlichen Vermögenswerten auf die CGUs kann deren Buchwertverhältnis, das Verhältnis der Umsatzerlöse oder die tatsächliche Inanspruchnahme herangezogen werden. Vgl. *Bartels/Jonas*, 2009, § 27 Rz. 110.

[52] IAS 36.76. Siehe ferner 4.2 Ermittlung der Wertebasis entsprechend IAS 36.

[53] Vgl. IAS 36.78.

[54] Vgl. IAS 36.75 i.V.m. IAS 36.102.

[55] So auch *Müller/Reinke*, 2010, 231; *Hachmeister*, 2006, 428.

[56] Vgl. *Klingels*, 2005, 88 f.

[57] Die *Illustrative Examples* zu IAS 36 bieten Beispiele für CGUs. Siehe IAS 36.IE1 ff.

[58] Vgl. IAS 36.80. Nach Hachmeister werden CGUs, denen ein Firmenwert zugeordnet wird, in der Praxis im Allgemeinen mit den Segmenten nach IFRS 8 (der Autor führt IAS 14, den Vorgängerstandard von IFRS 8, an) übereinstimmen. Vgl. *Hachmeister*, 2006, 428 f.

[59] Vgl. *Hachmeister*, 2006, 428.

CGUs, welche gemäß IAS 36.81 manchmal nicht ohne Willkür durchführbar ist, sowie der Verteilung von gemeinschaftlichen Vermögenswerten.

Aus bilanzpolitischen Gesichtspunkten können die erwähnten Ermessensspielräume des Managements i.Z.m. CGUs (Abgrenzung CGU, Zuordnung Firmenwert, Verteilung von gemeinschaftlichen Vermögenswerten) gezielt zur Vermeidung von künftigen Wertminderungen genützt werden.[60] Die Kompensationswirkung zwischen Wertminderung und Wertsteigerung der einzelnen, in eine CGU einbezogenen Vermögenswerte erhöht sich, wenn die Vermögenswerte bewusst ausgewählt oder in ihrer Anzahl erhöht werden. Ebenso fördert eine Zuordnung auf einer höheren hierarchischen Ebene bzw. zu einer ertragsstarken CGU diese Kompensationswirkung.[61] Folglich sind bereits im Zeitpunkt des Unternehmenszusammenschlusses und der Kaufpreisallokation sowie der folgenden Zuordnung des Firmenwertes zu CGUs bilanzpolitische Überlegungen zu beachten.

4. Impairmenttest

Eine CGU, der ein Firmenwert zugeordnet worden ist, ist aufgrund des *Impairment Only Approachs* jährlich und wann immer es einen Anhaltspunkt (sog. *Triggering Event*) für eine Wertminderung gibt, auf Wertminderung zu testen.[62] Eine planmäßige Abschreibung für den erworbenen Firmenwert findet folglich nicht mehr statt.[63] Ergibt sich im Rahmen des *Impairmenttests* der CGU, der ein Firmenwert zugewiesen ist, eine Wertminderung, ist zunächst der Firmenwert um die identifizierte Wertminderung zu kürzen. Findet der Wertminderungsbedarf nicht vollständig im Firmenwert Deckung, sind in einem weiteren Schritt die Vermögenswerte der CGU anteilig zu kürzen. Dabei ist jedoch zu beachten, dass die einzelnen Vermögenswerte nicht unter deren Nutzungswert oder deren Nettoveräußerungswert bzw. unter Null abgewertet werden dürfen.[64]

4.1. Lieferung von Anhaltspunkten für ein Impairment

IAS 36 listet eine Reihe von Anhaltspunkten auf, bei deren Auftreten ein *Impairmenttest* verpflichtend durchzuführen ist. IAS 36 unterscheidet zwischen externen und internen Indikatoren, welche nicht abschließend zu verstehen sind.[65] Die externen Informationsquellen betreffen das Umfeld des Unternehmens. IAS 36.12 führt dazu bspw. erhöhte Zinssätze, einen deutlich reduzierten Marktwert eines Vermögenswertes, einen Buchwert des Nettovermögens des Unternehmens, der dessen Marktkapitalisierung übersteigt, sowie signifikante technische, ökonomische, marktbezogene oder gesetzliche Verände-

---

[60] Vgl. *Müller/Reinke*, 2010, 234 i.V.m. *Hoffmann*, 2009, § 11 Rz. 49; *Kasperzak/Wassermann*, 2009, 134; *Weißenberger*, 2007, 318; *Weißenberger* u.a., 2007, 151; *Kümpel/Susnja*, 2005, 77; *Hachmeister*, 2006, 428.

[61] Vgl. *Müller/Reinke*, 2010, 234; *Hachmeister*, 2006, 428.

[62] Vgl. IAS 36.90.

[63] Vgl. IFRS 3.55 und IAS 36.10; *Kirsch* u.a., 2008, 89; *Streim* u.a., 2007, 18. Siehe ausführlich zur Gegenüberstellung der planmäßigen Abschreibung zum *Impairment Only Approach Saelzle/Kronner*, 2004, 154 ff.

[64] Vgl. IAS 36.105; *Arnegger/Feldhaus*, 2007, 206; *Streim* u.a., 2007, 19.

[65] Vgl. IAS 36.8, IAS 36.9, IAS 36.13; PwC (Hrsg.), 2008, 18003 f.

rungen mit negativen Folgen für das Unternehmen an.[66] Hinsichtlich interner Anhaltspunkte spricht IAS 36.12 u.a. von einer deutlichen Veränderung der Nutzung im Unternehmen, die eine Wertminderung zur Folge hat sowie von substantiellen Hinweisen, die eine Überalterung oder einen physischen Schaden eines Vermögenswertes indizieren. Bei Tochterunternehmen, gemeinschaftlich geführten und assoziierten Unternehmen kann auch die Dividende einen substantiellen Hinweis auf wertgeminderte Anteile liefern. Dies gilt z.B. in Fällen, in denen die Dividende das Gesamtergebnis des *Investments* übersteigt oder der Buchwert der Anteile im konsolidierten Abschluss geringer ist als der Buchwert im Einzelabschluss.[67]

Diesbezüglich ist dem internen Berichtswesen eine wesentliche Bedeutung als Informationslieferant i.Z.m. einem Wertminderungspotential beizumessen, so bspw., wenn die prognostizierten *Cashflows* für den Vermögenswert nicht erzielt werden bzw. *Cashinflows* wesentlich sinken.[68] *Weißenberger* u.a. weisen daraufhin, dass auch im Vergleich zur Planung verminderte wertorientierte Kennzahlen (bspw. EVA, CVA) als Anzeichen für ein *Impairment* des *Goodwills* zu werten sind.[69]

4.2. Ermittlung der Wertebasis entsprechend IAS 36

Eine Wertminderung besteht, wenn bei der Durchführung des *Impairmenttests* der erzielbare Betrag (*Recoverable Amount*) des Vermögenswertes unter dessen Buchwert (*Carrying Amount*) liegt.[70] IAS 36 definiert den *Recoverable Amount* „als den höheren der beiden Beträge aus

- beizulegendem Zeitwert abzüglich der Verkaufskosten und
- Nutzungswert

eines Vermögenswerts oder einer zahlungsmittelgenerierenden Einheit."[71, 72]

Ist der Nettoveräußerungswert oder der Nutzungswert größer als der Buchwert des Vermögenswertes, muss der jeweilige andere Betrag nicht ermittelt werden. In diesem Fall tritt keine Wertminderung im Sinne des IAS 36 ein, da der erzielbare Betrag bereits durch den einseitig ermittelten Vergleichswert den Buchwert übersteigt.[73]

---

[66] Vgl. IAS 36.12; *Hoffmann*, 2009, § 11 Rz. 13 f.
[67] Vgl. IAS 36.12; *Hoffmann*, 2009, § 11 Rz. 13 f.
[68] Vgl. IAS 36.14; *Bartels/Jonas*, 2009, § 27 Rz. 11.
[69] Vgl. *Weißenberger* u.a., 2007, 150. Siehe 5 *Goodwill-Kennzahlen*.
[70] Vgl. IAS 36.8; *Gleißner/Heyd*, 2006, 106.
[71] IAS 36.18 (im Original ohne Aufzählungspunkte).
[72] Der *Impairmenttest* ist im Falle von immateriellen Vermögenswerten mit einer unbegrenzten Nutzungsdauer, immateriellen Vermögenswerten, die noch nicht zum Gebrauch verfügbar sind, und Firmenwerten jährlich durchzuführen. Vgl. IAS 36.10. Liegen keine derartigen immateriellen Vermögenswerte bzw. Firmenwerte vor, ist der Grundsatz der Wesentlichkeit heranzuziehen. So bspw. wenn der erzielbare Betrag bei früheren Berechnungen wesentlich über dem Buchwert des Vermögenswertes lag und keine Anhaltspunkte vorliegen, die darauf schließen lassen, dass sich dies geändert haben könnte. Das Unternehmen kann darüberhinaus mit Hilfe einer Sensitivitätsanalyse feststellen, wie der erzielbare Betrag eines Vermögenswertes auf unterschiedliche Anhaltspunkte reagiert. Vgl. IAS 36.15.
[73] Vgl. IAS 36.19; Ernst & Young (Hrsg.), 2009, 1189.

4.2.1. Beizulegender Zeitwert abzüglich Verkaufskosten

Der beizulegende Zeitwert abzüglich Verkaufskosten stellt eine Transaktion zu Marktbedingungen dar, die „zwischen sachverständigen, vertragswilligen Parteien nach Abzug der Veräußerungskosten erzielt werden könnte."[74] Der auch als Nettoveräußerungswert (*Fair Value less Costs to sell*) bezeichnete beizulegende Zeitwert abzüglich Verkaufskosten ist vorrangig mittels bindenden Kaufvertrages zwischen unabhängigen Parteien zu ermitteln.[75] Liegt kein derartiger Vertrag vor und wird der Vermögenswert auf einem aktiven Markt gehandelt, ist der Nettoveräußerungswert der Marktwert abzüglich Veräußerungskosten.[76] Ist kein aktueller Preis auf einem aktiven Markt vorhanden, so kann ein kürzlich entstandener Transaktionspreis eines vergleichbaren Vermögenswertes innerhalb der gleichen Branche herangezogen werden.[77]

Da häufig keine Nettoveräußerungswerte von im Unternehmen genutzten Vermögenswerten bzw. CGUs mit den marktpreisorientierten Verfahren ermittelt werden können, besteht nach IAS 36 die Möglichkeit, den Nettoveräußerungswert mit Bewertungsverfahren (kapitalwertorientierten Verfahren) zu bestimmen.[78] Den kapitalwertorientierten Verfahren liegt die Annahme zu Grunde, dass die CGU in der Lage ist, zukünftig *Cashflows* zu generieren und dass ein Marktteilnehmer diese zur Bewertung diskontieren würde. Es soll somit der Wert ermittelt werden, der durch einen hypothetischen Verkauf am Markt erzielt werden kann. Für diese Art der Feststellung des Nettoveräußerungswertes wird häufig auf das *Discounted-Cashflow*-Verfahren zurückgegriffen.[79] Es dürfen in die *Cashflows* nur die Synergien des Vermögenswerts bzw. der CGU einfließen, die unabhängig vom Unternehmen bestehen und sonst für jeden Marktteilnehmer erzielbar wären.[80] Überdies sind beim Nettoveräußerungswert sämtliche Unternehmenssteuern und Finanzierungskosten zu berücksichtigen.[81] Die Veräußerungskosten können gemäß *Schmusch/Laas* mit etwa ein bis drei Prozent des Marktwertes des Vermögenswertes bzw. der CGU bemessen werden.[82]

Die Finanzierungsannahmen sind aus der Perspektive eines hypothetischen Investors zu treffen. Es ist davon auszugehen, dass langlebige Vermögenswerte und CGUs typischerweise durch Eigen- und Fremdkapital finanziert werden. Aus praktischen Gründen werden die Kapitalkosten anhand der durchschnittlichen Kapitalkosten (*Weighted Average Cost of Capital* = WACC) bestimmt.[83]

4.2.2. Nutzungswert

Im Gegensatz zum Nettoveräußerungswert spiegelt der Nutzungswert (*Value in Use*) die diskontierten *Cashflows* wider, die in Zukunft bei fortgeführter Nutzung im Unterneh-

---

[74] IAS 36.6.
[75] Vgl. IAS 36.25.
[76] Vgl. IAS 36.26.
[77] Vgl. IAS 36.27; KPMG (Hrsg.), 2009, 656 f.
[78] Vgl. IAS 36.27 i.V.m. IAS 36.BCZ11 und 32. Dies entspricht auch der Hierarchie gemäß IDW RS HFA 16, Rz. 20.
[79] Vgl. *Bartels/Jonas*, 2009, § 27 Rz. 39; *Schmusch/Laas*, 2006, 1051.
[80] Vgl. *Bartels/Jonas*, 2009, § 27 Rz. 39; KPMG (Hrsg.), 2009, 656 f.
[81] Vgl. *Bartels/Jonas*, 2009, § 27 Rz. 40 ff; *Schmusch/Laas*, 2006, 1052.
[82] Vgl. IAS 36.28; *Schmusch/Laas*, 2006, 1052.
[83] Vgl. dazu beispielsweise *Bartels/Jonas*, 2009, § 27 Rz. 41.

men durch den Vermögenswert bzw. die CGU erzielt werden. Dieser Nutzungswert basiert, im Gegensatz zum Nettoveräußerungspreis, weitgehend auf unternehmensinternen Daten. Zur Ermittlung des Nutzungswertes müssen die zukünftigen, durch die Nutzung im Unternehmen generierten *Cashflows* geschätzt und ein Diskontierungszinssatz bestimmt werden.[84]

Grundsätzlich sind nur solche *Cashflows* bei der Bestimmung des Nutzungswerts zu berücksichtigen, die den derzeitigen Zustand im Unternehmen widerspiegeln und bei gleich bleibender Ertragskraft des Unternehmens erzielt werden können.[85] Echte Synergieeffekte sind einzubeziehen, da die Nutzung im betrachteten Unternehmenskontext im Vordergrund steht.[86] Hinsichtlich der Kosten fließen nur solche in die zukünftigen *Cashflows* ein, die dazu benötigt werden, den vorhandenen Vermögenswert bzw. die vorhandene CGU zu erhalten. Ausgaben und Einnahmen, die durch in der Zukunft geplante Erweiterungsinvestitionen entstehen, sind für den Nutzungswert irrelevant.[87] Auch der *Cashflow*-Effekt aus Restrukturierungen, für die noch keine Rückstellungen nach IAS 37 gebildet wurden, dürfen nicht berücksichtigt werden.[88]

Der Nutzungswert ist mit einem Vorsteuerzins zu diskontieren.[89] In der Praxis geschieht dies i.d.R. durch Rückrechnen der Nachsteuerermittlung.[90]

Zur Abschätzung der Mittelzuflüsse und -abflüsse sind die aktuellsten Finanzpläne des Unternehmens heranzuziehen, wobei ein Detailprognosezeitraum von fünf Jahren als Maximum angesehen wird. Die *Cashflows* der darauffolgenden Jahre (Fortschreibungszeitraum) werden durch Extrapolation der Vorhersagen der Finanzpläne festgelegt, aus denen eine Wachstumsrate abgeleitet wird. Diese Wachstumsrate darf die durchschnittliche Wachstumsrate der Branche, des Landes oder des Produktes nicht überschreiten.[91]

Angesichts der Finanz- und Wirtschaftskrise sind Wachstumsanalysen besonders auf ihre Plausibilität zu beurteilen und Branchenparameter, Kennzahlenvergleiche sowie Marktstudien heranzuziehen. Es gilt zu überprüfen, ob krisenbedingte Anpassungen vorgenommen und Plananpassungen technisch umgesetzt wurden. Insbesondere zeitliche Verschiebungen und die Auswirkungen von Restrukturierungsmaßnahmen müssen genau beachtet werden. Vor allem ein Anstieg der *Cashflows* im letzten Planungsjahr zur ewigen Rente muss plausibel sein.[92]

Die Subjektivität der Bewertung, die beim Nutzungswert im Vordergrund steht, umfasst ausschließlich die Schätzung der künftigen *Cashflows*. Die Berücksichtigung des Zeitwerts des Geldes und des Risikos hat marktorientiert und damit objektiviert zu erfolgen.[93]

---

[84] Vgl. IAS 36.30 und IAS 36.31; *Schmusch/Laas*, 2006, 1052.

[85] Vgl. IAS 36.44; *Bartels/Jonas*, 2009, § 27 Rz. 62.

[86] Vgl. *Schmusch/Laas*, 2006, 1052.

[87] Vgl. IAS 36.41 i.V.m. IAS 36.44; *Schmusch/Laas*, 2006, 1053.

[88] Vgl. IAS 36.44.

[89] Vgl. IAS 36.55.

[90] Vgl. *Bartels/Jonas*, 2009, § 27 Rz. 77.

[91] Vgl. IAS 36.33.

[92] Vgl. *Mayer-Wegelin*, 2009, 95.

[93] Vgl. IAS 36.BC60.

4.3. Beurteilung des Impairment Only Approachs

Der *Impairment Only Approach*, welcher seit Inkrafttreten des IFRS 3 die vorgesehene Folgebewertungsmethode des Firmenwertes ist, führte zur Abschaffung der planmäßigen Abschreibung. Grund hierfür ist, dass der Firmenwert nach Ansicht des IASB einen Vermögenswert mit unbestimmbarer Nutzungsdauer darstellt.[94] Der *Goodwill* wird zusammen mit jener CGU auf Werthaltigkeit überprüft, zu der er im Akquisitionszeitpunkt zugewiesen wurde, und nicht einzeln auf Vermögenswertbasis. Folglich kann das identifizierte *Impairment* der CGU, der ein *Goodwill* zugeordnet ist, nicht zwingend mit einem *Impairment* des *Goodwills* gleichgesetzt werden. Diesbezüglich ist der sog. Goodwill-Substitutionseffekt anzuführen. Demnach wird der derivative Firmenwert im Zeitverlauf durch einen originären Firmenwert ersetzt.[95] Dies würde entgegen der Bestimmung des IAS 38.48 (Verbot der Aktivierung eines selbst geschaffenen Firmenwertes) bedeuten, dass ein selbst geschaffener *Goodwill* aktiviert werden würde. In diesem Zusammenhang stellt sich die Frage, ob durch den *Impairment Only Approach* dem Ziel der IFRS-Rechnungslegung – der Bereitstellung von entscheidungsnützlicher Information[96] – Rechnung getragen wird.[97]

Anzumerken ist, dass der *Impairment Only Approach* aufgrund der damit verbundenen Ergebnisvolatilitäten die Prognosefähigkeit des Gewinns vermindert.[98]

4.4. Impairmentverlauf bei DAX-30- und ATX-20-Unternehmen

Gem. IAS 36 kann der Wertverzehr des *Goodwills* nur mehr im Zuge eines *Impairmenttests* dargestellt werden. Die folgende Übersicht 7 zeigt die Entwicklung der Wertminderungen seit erstmaliger Anwendung des *Impairment Only Approachs*.

DAX-30-Unternehmen						
	2005	**2006**	**2007**	**2008**	**2009**	**2010**
Max.	19,02%	0,86%	56,67%	16,07%	10,26%	28,14%
Durchschnitt	3,74%	0,26%	8,05%	2,97%	2,88%	5,94%
Anzahl der Unternehmen, die einen Firmenwert ausgewiesen haben	23	24	24	24	24	24
davon Anzahl der Unternehmen, die eine Wertminderung ausgewiesen haben	11	6	8	8	7	8

ATX-20-Unternehmen						
	2005	**2006**	**2007**	**2008**	**2009**	**2010**
Max.	0,32%	0,58%	45,49%	14,79%	21,82%	8,74%
Durchschnitt	0,32%	0,58%	13,16%	4,74%	9,92%	7,90%

---

[94] Vgl. IFRS 3.BC131E.
[95] Vgl. *Küting* u.a., 2001, 189 ff.; *Weißenberger* u.a., 2007, 154. Diesen möglichen *Goodwill*-Tausch erkennt auch das IASB, siehe IFRS 3.BC131E.
[96] Vgl. IAS 1.9.
[97] Vgl. *Haaker*, 2005, 428 ff.
[98] Vgl. *Haaker/Paarz*, 2004, 690; *Saelzle/Kroner*, 2004, 162.

Anzahl der Unternehmen, die einen Firmenwert ausgewiesen haben	11	12	12	12	13	13
davon Anzahl der Unternehmen, die eine Wertminderung ausgewiesen haben	1	1	5	7	6	4

Übersicht 7: Wertminderung der Firmenwerte in den Geschäftsjahren 2005–2010

Von Interesse erscheint diese Betrachtung insbesondere, als der Konjunkturverlauf im betrachteten Zeitraum starken Schwankungen unterlegen ist. Ein Zusammenhang zwischen einem notwendigen *Impairment* und dem Konjunkturverlauf lässt sich schon darin begründen, dass sich die zukünftig geschätzten *Cashflows* für die Ermittlung des Nutzungswertes sowie des Nettoveräußerungswertes in der Phase eines Aufschwungs tendenziell auch positiv entwickeln werden. Ein *Impairment*-Bedarf ist somit in Zeiten eines konjunkturellen Aufschwungs weniger wahrscheinlich. *Vice versa* ist bei einem Konjunkturabschwung von einer höheren Wahrscheinlichkeit eines *Impairments* auszugehen, da die in den Nutzungswert einfließenden Planungsrechnungen nach unten korrigiert werden. Somit lässt sich die These vertreten, dass in konjunkturell „schlechten" Zeiten die Wahrscheinlichkeit eines *Impairments* auf den *Goodwill* steigt, in „guten" Zeiten tendenziell weniger abgeschrieben wird.[99]

Diese These kann basierend auf der Anzahl der Unternehmen, die eine Wertminderung vorgenommen haben, nur eingeschränkt bestätigt werden, da auch in den von der Finanz- und Wirtschaftskrise vermeintlich am stärksten betroffenen Geschäftsjahren 2008 und 2009 die Anzahl der DAX-30-Unternehmen, die eine Wertminderung vorgenommen haben, relativ konstant geblieben ist. Die im Jahr 2005 deutlich höhere Anzahl an DAX-30-Unternehmen, die eine Wertminderung durchgeführt haben, lässt sich durch Übergangseffekte auf den sog. *Impairment Only Approach* begründen. Im Unterschied zu DAX-30-Unternehmen konnte bei den ATX-20-Unternehmen, die eine Wertminderung vorgenommen haben, in den Jahren 2007, 2008 und 2009 ein Anstieg im Vergleich zu den Vorjahren identifiziert werden. So nehmen im Jahr 2008 bzw. 2009 58,33% bzw. 46,15% der Unternehmen eine Wertminderung auf den ausgewiesenen *Goodwill* vor, das im Vergleich zu den Vorjahren auf einen konjunkturabhängigen Wertminderungsverlauf schließen lässt.

Eine Beurteilung der Wertminderungsquote relativiert jedoch die Ergebnisse auch für ATX-20-Unternehmen. Bezogen auf die durchschnittliche Wertminderungsquote der Jahre 2005–2010 würde sich bei planmäßiger linearer Abschreibung für DAX-30-Unternehmen eine Nutzungsdauer von 85,92 Jahren ergeben (ohne Ausreißer im Jahr 2006 von 24,89 Jahren). Bei ATX-20-Unternehmen würde die durchschnittliche Nutzungsdauer 89,92 Jahre betragen (ohne Ausreißer der Jahre 2005 und 2006 von 12,85 Jahren). Die Werthaltigkeit der Firmenwerte ist für jene DAX-30-Unternehmen, die eine Wertminderung vorgenommen haben, als sehr hoch einzuschätzen. Obige These eines konjunkturabhängigen Abschreibungsverhaltens kann aufgrund der vorliegenden Ergebnisse für DAX-30-Unternehmen nicht bestätigt werden. Für ATX-Unternehmen zeichnet sich zwar ein konjunkturabhängiges Abschreibungsverhalten ab, vergleicht man jedoch die durchschnittliche Abschreibungsquote bei linearer Abschreibung, ist diese Wertmin-

---

[99]   Vgl. dazu auch *Küting*, 2011, 1680.

derungsquote als moderat zu betrachten. Dennoch können Unterschiede im Abschreibungsverhalten zwischen den Indices identifiziert werden.

4.5. Herausforderungen und Implikationen für das Controlling

Wie vorstehend angeführt, ist der Firmenwert aufgrund des *Impairment Only Approachs* jährlich und, wann immer ein Anhaltspunkt (sog. *Triggering Event*) vorliegt, auf Wertminderung zu testen. Diesbezüglich ist das Controlling angehalten, durch entsprechende Früherkennungssysteme dafür zu sorgen, dass derartige Anhaltspunkte frühzeitig erkannt werden.[100]

Als Ausgangspunkt für die Ermittlung der für die Bewertung relevanten *Cashflows* sind gemäß IAS 36 die Schätzungen des Managements zu nutzen.[101] Die Ermittlung des *Value in Use* und des *Fair Value less Costs to sell* sowie der Kapitalkosten stellen entscheidende Parameter der Bilanzpolitik dar.[102] Aus Sicht des internen Berichtwesens ist die Frage zu klären, ob die geplanten *Cashflows* aus Sicht des Controlling den Anforderungen des IAS 36 entsprechen. Um einerseits den unternehmensspezifischen als auch andererseits den Anforderungen von IAS 36 zu entsprechen, werden Überleitungsrechnungen zur Berechnung der *Cashflows* erforderlich sein. Erweiterungsinvestitionen sowie Restrukturierungsmaßnahmen sind bei der Ermittlung gemäß IAS 36 nicht einzubeziehen, wohingegen diese für interne Steuerungszwecke relevant sind.[103]

Diesbezüglich ist zu beachten, dass *Impairments* womöglich mit Fehlinvestitionen bzw. Managementfehlern in Verbindung gebracht werden. Dadurch besteht die Gefahr, dass das Management die von ihm im Rahmen der Cashflow-Schätzung abzugebenden Einschätzungen auch zu seinen Gunsten steuern kann.[104]

Das bestehende Wahlrecht zwischen *Partial-Goodwill*-Methode und *Full-Goodwill*-Methode hat Auswirkungen auf die Vorgehensweise des *Impairmenttests*. Im Zuge des jährlichen *Impairmenttests* wird bei der *Partial-Goodwill*-Methode der hochgerechnete, 100%ige Firmenwert herangezogen. Damit wird auch der Teil des Firmenwertes der *Non Controlling Interests* hinzugerechnet. Diese Berichtigung ist für die Vergleichbarkeit des Buchwerts mit dem erzielbaren Betrag notwendig. Ergibt der *Impairmenttest* einen Wertminderungsbedarf, wird jedoch nur der anteilige Wertminderungsbedarf gebucht.[105]

Bei der zweiten nach IFRS 3 vorgesehenen Möglichkeit zur Erfassung des *Goodwills* (*Full-Goodwill*-Methode) wird auch der Anteil der *Non Controlling Interests* am Firmenwert in der Bilanz ausgewiesen. Ein möglicher Wertminderungsbedarf ist sowohl für den Anteil der beherrschenden als auch für jenen der nicht beherrschenden Anteile zu

---

[100] Vgl. *Hachmeister*, 2006, 430; *Bartelheimer* u.a., 2004, 29; *Alvarez/Biberachter*, 2002, 352. Siehe 5.3 Kennzahlen als Frühwarnindikatoren für ein mögliches *Goodwill Impairment*.

[101] Vgl. IAS 36.33a.

[102] Vgl. *Hachmeister*, 2006, 430.

[103] Vgl. *Weißenberger* u.a., 2007, 152; *Hachmeister*, 2006, 430 f. Siehe zur Diskussion betreffend *Value in Use* als Basis einer wertorientierten Steuerung *Haaker*, A., 2006, 44 ff.; *Haaker, A.*, 2006, 687 ff.; *Klingelhöfer, H. E.*, 2006, 590 ff.; *Olbrich, M.*, 2006, 43 f.

[104] Vgl. *Kümpel/Susnja*, 2005, 77 sowie z.T. *Haaker, A.*, 2005, 434; *Pfaff/Schultze*, 2006, 135; *Hachmeister*, 2006, 430.

[105] Vgl. *Hahn*, 2007, 411.

erfassen. Übersteigt der Wertminderungsbedarf den ausgewiesenen Firmenwert, ist analog zur *Partial-Goodwill*-Methode vorzugehen.[106]

5. Goodwill-Kennzahlen

Wie in Gliederungspunkt 3.3 angeführt, kann dem *Goodwill* in den Bilanzen der untersuchten DAX-30- und ATX-20-Unternehmen eine hohe Bedeutung beigemessen werden. Aufgrund dieses hohen Stellenwertes und der daraus resultierenden Möglichkeit von wesentlichen *Impairments* scheint eine adäquate Steuerung des *Goodwills* durch entsprechende Kennzahlen obligat. Durch Goodwill-Kennzahlen sollen die Wahrscheinlichkeit eines *Impairments* zeitnah beurteilt und falls erforderlich frühzeitig Gegenmaßnahmen eingeleitet werden:[107]

- Kennzahlen zur Ermittlung des residualen *Goodwills*
- Kennzahlen zur Abbildung des Risikos eines *Goodwill Impairments*
- Kennzahlen als Frühwarnindikatoren für ein mögliches *Goodwill Impairment*

Diese Kennzahlengruppen werden anhand folgenden Beispielsachverhaltes dargestellt:[108, 109]

in Mio. EUR	X0	Detailprognosezeitraum					Fortschreibungs-zeitraum
		X1	X2	X3	X4	X5	Restwert
Free Cashflows (FCF)		500,00	550,00	570,00	580,00	580,00	8.285,71
Diskontierungsfaktor		1,07	1,14	1,23	1,31	1,40	1,40
Diskontierte *Free Cashflows*		467,29	480,39	465,29	442,48	413,53	5.907,60
Nutzungswert der CGU	8.176,58						
Beizulegender Zeitwert abzgl. Verkaufskosten	8.000,00						
Erzielbarer Betrag (EB$_{CGU}$)	8.176,58						
Buchwert der CGU (BW$_{CGU}$)	7.300,00						
davon Buchwert des *Goodwills* (BW$_{GW}$)	1.460,00						

Übersicht 8: Beispielsachverhalt

5.1. Kennzahlen zur Ermittlung des residualen Goodwills

Der residuale *Goodwill*, der auch als *Market Value Added* bezeichnet werden kann, entspricht der Differenz zwischen dem Betrag, den ein externer Erwerber für die CGU zahlen würde und jenem, der in der Bilanz als Nettovermögen der CGU ausgewiesen wird. Im Rahmen der Ermittlung des residualen *Goodwills* wird dieser als Differenz zwischen dem erzielbaren Betrag für die CGU, welcher im Rahmen des *Impairmenttests* als höherer Betrag aus Nutzungswert und Nettoveräußerungswert ermittelt wird, und dem Buchwert der CGU berechnet:

$$RGW = EB_{CGU} - BW_{CGU}$$
$$RGW = 8.176,58 - 7.300,00$$
$$RGW = 876,58 \text{ Mio. EUR}$$

---

[106] Vgl. *Bartels/Jonas*, 2009, § 27 Rz. 118 ff.; PwC (Hrsg.), 2008, 18065f; *Streim* u.a., 2007, 19 f.

[107] *Weißenberger* führt hierzu an, dass dies durch den Aufbau von selbst erstelltem *Goodwill* oder durch Realisierung von Potenzialen aus dem Unternehmenserwerb möglich sei. Vgl. *Weißenberger*, 2007, 321.

[108] *In praxi* werden die für die Durchführung des *Impairmenttests* erhobenen Daten herangezogen.

[109] Der Beispielsachverhalt wurde in Anlehnung an *Weißenberger*, 2007, 153 ff. gestaltet.

Je höher der residuale *Goodwill* ist, umso eher werden *Impairments* des bilanzierten *Goodwills* der CGU kompensiert. Um Buchwertveränderungen innerhalb der CGU im Zeitablauf zu neutralisieren und so Fehlbeurteilungen zu vermeiden, kann der residuale *Goodwill* als relative Kennzahl im Verhältnis zum Buchwert der CGU (BWCGU) bzw. zum Buchwert des *Goodwills* (BWGW) dargestellt werden.

$$rRGW_{BW\,CGU} = \frac{RGW}{BW_{CGU}}$$

$$rRGW_{BW\,CGU} = \frac{876,58}{7.300,00}$$

$$rRGW_{BW\,CGU} = 12,01\%$$

$$rRGW_{BW\,GW} = \frac{RGW}{BW_{GW}}$$

$$rRGW_{BW\,GW} = \frac{876,58}{1.460,00}$$

$$rRGW_{BW\,GW} = 60,04\%$$

Der residuale *Goodwill* in Relation zum Buchwert der CGU gibt an, um wie viel Prozent der erzielbare Betrag der CGU deren Buchwert übersteigt. Die Relation des residualen *Goodwills* zum bilanzierten derivativen *Goodwill* gibt Aufschlüsse über die Nachhaltigkeit des residualen *Goodwills*.

5.2. Kennzahlen zur Abbildung des Risikos eines Goodwill Impairments

Die in Gliederungspunkt 6.1 dargestellten Kennzahlen bieten nur indirekten Aufschluss über das Risiko eines *Impairments* des *Goodwills*. Als Maß zur direkten Abbildung des *Impairment*-Risikos bedient man sich Berechnungen der Break-Even-Analyse. Der *Goodwill*-Sicherheitskoeffizient (GW–SK) gibt an, um wie viel Prozent der gesamte *Goodwill* (residualer *Goodwill* + derivativer *Goodwill*) sinken darf, bevor ein *Impairment* resultiert:

$$GW\text{–}SK = 1 - \frac{1.460,00}{1.460,00 + 876,58}$$

$$GW\text{–}SK = 1 - \frac{BW_{GW}}{BW_{GW} + RGW}$$

$$GW\text{–}SK = 37,52\%$$

Je höher der *Goodwill*-Sicherheitskoeffizient ist, umso niedriger stellt sich das Risiko eines *Goodwill-Impairments* dar. Die reziproke Darstellung des Sicherheitskoeffizienten ist der *Goodwill-Operating-Leverage* (GW–OL), wobei folglich hinsichtlich dessen Interpretation folgendermaßen vorzugehen ist: Je höher der GW–OL, desto höher das Risiko eines *Impairments* des *Goodwills*.

$$GW\text{–}OL = \frac{1}{GW\text{–}SK}$$

$$GW\text{–}OL = \frac{1}{0,3752}$$

$$GW\text{–}OL = 2,67$$

5.3. Kennzahlen als Frühwarnindikatoren für ein mögliches Goodwill Impairment

Neben Kennzahlen zur direkten und indirekten Ermittlung des Risikos eines *Goodwill Impairments* sind Frühwarnindikatoren wichtig, die vor einem künftigen *Impairment* warnen. Kennzahlen, die kritische Grenzwerte hinsichtlich zu erreichender Mindest-*Free-Cashflows* (Mind–FCF) bereitstellen, eignen sich diesbezüglich. Dadurch wird die Information geschaffen, in welcher Höhe ein *Free Cashflow* durch die jeweilige CGU zukünftig zumindest erwirtschaftet werden muss, um ein *Impairment* des *Goodwills* zu vermeiden.

Der Mind–FCF stellt jenen *Free Cashflow* dar, welcher in den folgenden Jahren zu erreichen ist, damit der erzielbare Betrag der CGU nicht unter deren Buchwert sinkt. Sollte in einer der Planungsperioden der *Free Cashflow* unter dem Mind–FCF sinken, ist dies ein Anhaltspunkt für eine etwaige Wertminderung des *Goodwills*.

$$\text{Mind–FCF} = BW_{CGU} \text{ x i}$$
$$\text{Mind–FCF} = 7.300 \text{ x } 7\%$$
$$\text{Mind–FCF} = 511,00 \text{ Mio. EUR}$$

6. Zusammenfassung

Das Controlling ist in allen Lebensphasen des *Goodwills* einzubinden. Dies beginnt bereits in der Phase der (geplanten) **Akquisition** eines Unternehmens. So ist das Controlling im Rahmen des Erwerbsprozesses aufgefordert, die Kaufpreisfindung sowie die *Due Dilligence* zu unterstützen, um nichtwerthaltige Komponenten des *Goodwills* zu vermeiden und Impairments vorzubeugen.

Die **Zuordnung** des *Goodwills* zu sog. **Cash Generating Units** (CGUs) scheint bedingt durch die Akquisitionsstrategie des Unternehmens. Da IAS 36 hinsichtlich der Zuordnung des Firmenwertes nur wenig konkrete Kriterien liefert, können die Ermessensspielräume gezielt zur Vermeidung künftiger Wertminderungen genützt werden. Diesbezüglich ist das Controlling zur Unterstützung des Managements bei der Erhebung der relevanten CGUs aufgerufen.

Im Rahmen des *Impairment Only Approachs* ist der *Goodwill* jährlich und, wann immer ein Anhaltspunkt (sog. *Triggering Event*) vorliegt, auf **Wertminderung** zu testen. Die zu ermittelnden Vergleichswerte *Value in Use* und *Fair Value less Costs to sell* sind mit Hilfe von Überleitungsrechnungen aus dem internen Berichtswesen zu ermitteln.

Da *Impairments* womöglich mit Fehlinvestitionen bzw. Managementfehlern in Verbindung gebracht werden, ist das Controlling angehalten, durch entsprechende **Goodwill-Kennzahlen** und Früherkennungssysteme dafür zu sorgen, dass derartige Anhaltspunkte frühzeitig erkannt werden.

Literaturverzeichnis

Alvarez, M./Biberacher, J., Goodwill-Bilanzierung nach US-GAAP – Anforderungen an Unternehmenssteuerung und -berichterstattung, in: BB 2002, 346–353.

Arnegger, M./Feldhaus C., Relevanz des Goodwill-Impairment-Tests nach IAS 36 für die Verhaltenssteuerung, in: IRZ 2007, 205–213.

Ballwieser, W., Zur Begründbarkeit informationsorientierter Jahresabschlussverbesserungen, in: ZfbF 1982, 772–793.

Bartelheimer, J./Kückelhaus, M./Wohlthat, A., Auswirkungen des Impairment of Assets auf die interne Steuerung, in: ZfCM 2004, Sonderheft 2, 22–30.

Bartels, P./Jonas, M., § 27 Wertminderung und Wertaufholung, in: Beck'sches IFRS Handbuch, Kommentierung der IFRS/IAS, hrsg. von *Bohl, W./Riese, J./Schlüter, J.*, 3. Aufl., München 2009.

Beck, R./Vera, A., Vom Controller zum Spezialisten für Mergers & Acquisitions (M&A) – Einsatzmöglichkeiten von Controllern im M&A-Bereich, in: CM 2003, 35–40.

Brösel, G., Zum Goodwill nach IFRS aus Sicht des Abschlussprüfers, in: BFuP 2009, 191–207.

Budde, T., Wertminderungstests nach IAS 36: komplexe Rechenwerke nicht nur für die Bewertung des Goodwill, in: BB 2005, 2567–2573.

Busse v. Colbe, W., Internationale Entwicklungstendenzen zur Einheitstheorie für den Konzernabschluss, in: Unternehmensrechnung Konzeptionen und praktische Umsetzung: Festschrift zum 68. Geburtstag von G. Scherrer, hrsg. von *Göbel, S./Heni, B.* (Hrsg.), München 2004, 41–63.

Coenenberg, A. G./Haller, A./Schultze W., Jahresabschluss und Jahresabschlussanalyse: Betriebswirtschaftliche, handelsrechtliche, steuerrechtliche und internationale Grundsätze – HGB, IFRS, US-GAAP, DRS, 21. Aufl, Stuttgart 2009.

Drewniok, B./Gerber, U., Wertminderungstest beim Geschäfts- bzw. Firmenwert nach IFRS: Unterstützung durch das Controlling, in: Zeitschrift für Bilanzierung, Rechnungswesen und Controlling 2006, 222–228.

Ernst & Young (Hrsg.), International GAAP, generally accepted accounting practice under international financial reporting standards, London 2009.

Fröhlich, C., Praxis der Konzernrechnungslegung, 2. Aufl., Wien 2007.

Gleißner, W./Heyd, R., Rechnungslegung nach IFRS, Konsequenzen für Rating und Risikomanagement, in: IRZ 2006, 103–112.

Gödde, D., Integration von Goodwill-Bilanzierung und wertorientierter Unternehmenssteuerung, Empirische Analyse der Einflussfaktoren und Performance-Auswirkungen, Wiesbaden 2010.

Haaker, A., Da capo: Zur Eignung des value in use einer cash generating unit gemäß IAS 36 als Basis einer wertorientierten Bereichssteuerung, in: KoR 2006, 687–695.

Haaker, A., Das Wahlrecht zur Anwendung der full goodwill method nach IFRS 3 (2008), in: PiR 2008, 188–194.

Haaker, A., Der Value in Use einer Cash Generating Unit als adäquate Basis einer wertorientierten Bereichssteuerung, in: KoR 2006, 44–47.

Haaker, A., Die Zuordnung des Goodwill auf Cash Generating Units zum Zweck des Impairment-Tests nach IFRS, in: KoR 2005, 426–434.

Haaker, A./Paarz, M., Einfluss der Vodafone-Diskussion sowie der IFRS auf die steuer-rechtliche Behandlung von Akquisitionen – Mögliche Auswirkungen auf die Good-will-Bilanzierung, in: StuB 2004, 686–691.

Hachmeister, D., Auswirkungen der Goodwill-Bilanzierung auf das Controlling, in: Controlling 2006, 425–432.

Hahn, E.-M., Die Full-Goodwill-Methode nach ED IFRS 3 und Auswirkungen auf den Goodwill-Impairment-Test, in: KoR 2007, 408–417.

Harr, U./Eppinger, C./Zeyer, F., Das Wahlrecht zur Anwendung der full goodwill-Methode nach IFRS 3 (rev. 2008), Exemplarische Darstellung bilanzpolitischer Gestal-tungsmöglichkeiten, in: PiR 2009, 1–5.

Hayn, B./Hayn, S., Neuausrichtung der Konzernrechnungslegung nach IFRS – Current Status, in: IRZ 2006, 73–82.

Hoffmann, W.-D., § 11 Außerplanmäßige Abschreibung in: Haufe IFRS Kommentar, Das Standardwerk, hrsg. von *Lüdenbach, N./Hoffmann, W.-D.*, 7. Aufl., Freiburg im Breis-gau 2009.

IASB (Hrsg.): BC IFRS 10 –Consolidated Financial Statements, London 2011.

IASB (Hrsg.): IFRS 10 – Consolidated Financial Statements, London 2011.

Institut Deutscher Wirtschaftsprüfer (IDW) (Hrsg.) (2005): IDW Stellungnahme zur Rechnungslegung: Bewertungen bei der Abbildung von Unternehmenserwerben und bei Werthaltigkeitsprüfungen nach IFRS (IDW RS HFA 16), Stand: 18.10.2005, WPg 2005, 1415–1426.

International Financial Reporting Standards – in der von der Europäischen Union über-nommenen Fassung (Stand: 01.10.2011).

Kasperzak, R./Wassermann, H., Goodwill-Controlling nach IAS 36, in: Perspektiven des Strategischen Controllings, Festschrift für Professor Dr. Ulrich Krystek, hrsg. von *Rei-mer, M./Fiege, S.*, Wiesbaden 2009, 119–135.

Kirsch, H.-J./Koelen, P./Tinz O., Die Berichterstattung der DAX-30-Unternehmen in Be-zug auf die Neuregelung des impairment only approach des IASB (Teil 1), in: KoR 2008, 88–97.

Klein, C., Akquisitionen und der Winner´s Curse: Warum der Sieger oft der Verlierer ist. Eine Betrachtung am Beispiel der UMTS Lizenzversteigerung, in: ZfCM 2009, Son-derheft 1, 88–92.

Klingelhöfer, H. E., Wertorientiertes Controlling auf der Grundlage von Werten nach IAS 36?, in: KoR 2006, 590–597.

Klingels, B., Die cash generating unit nach IAS 36 im IFRS-Jahresabschluss – Bildung, Gestaltungsmöglichkeiten und Auswirkungen, Berlin 2005.

KPMG (Hrsg.) (2009): Insights into IFRS, KPMG's practical guide to International Fi-nancial Reporting Standards, 6. Aufl., London 2009.

Kümpel, T./Susnja, M., Goodwill Bilanzierung nach IFRS 3 und Vereinheitlichung von internem und externem Rechnungswesen, in: CM 2005, 73–79.

Küting K., Der Geschäfts- oder Firmenwert in der deutschen Konsolidierungspraxis 2010 – Ein Beitrag zur empirischen Rechnungslegungsforschung, in: DStR 2011, 1676–1683.

Küting, K./Weber, C.-P./Wirth, J., Die neue Goodwillbilanzierung nach SFAS 142 – Ist der Weg frei für eine neue Akquisitionswelle?, in: KoR 2001, 185–198.

Lüdenbach, N., § 32 Tochterunternehmen im Konzern- und Einzelabschluss, in: Haufe IFRS-Kommentar, hrsg. von *Lüdenbach, N./Hoffmann, W.-D.*, 7. Aufl., Freiburg im Breisgau 2009.

Mackenstedt, A./Fladung, H.-D./Himmel, H., Ausgewählte Aspekte bei der Bestimmung beizulegender Zeitwerte nach IFRS 3, in: WPg 2006, 1037–1048.

Mayer-Wegelin, E., Impairmenttest nach IAS 36 – Realität und Ermessensspielraum, in: BB 2009, 94–96.

Müller, S./Reinke, J., Abgrenzung von zahlungsmittelgenerierenden Einheiten aus Sicht der internen Unternehmenssteuerung, in: ZfCM 2010, 229–235.

Olbrich, M., Wertorientiertes Controlling auf Basis des IAS 36?, in: KoR 2006, 43–44.

Pawelzik, K. U., Kombination von full goodwill und bargain purchase, in: PiR 2009, 277–279.

Pellens, B./Amshoff, H./Sellhorn, T., IFRS 3 (rev. 2008): Einheitstheorie in der M&A-Bilanzierung, in: BB 2008, 602–606.

Pellens, B./Basche, K./Sellhorn, T., Full Goodwill Method: Renaissance der reinen Einheitstheorie in der Konzernbilanzierung?, in: KoR 2003, 1–4.

Pfaff, D./Schultze, W., Beteiligungscontrolling, in: Controlling und IFRS-Rechnungslegung, Konzepte, Schnittstellen, Umsetzung, hrsg. von *Wagenhofer, A.*, Berlin 2006, 123–142.

PricewaterhouseCoopers (PwC) (Hrsg.), IFRS manual of accounting 2009, Global guide to International Financial Reporting Standards, London 2008.

Saelzle, R./Kronner, M., Die Informationsfunktion des Jahresabschlusses – dargestellt am sog. „impairment-only-Ansatz", in: WPg Sonderheft 2004, 154–165.

Schmusch, M./Laas, T., Werthaltigkeitsprüfungen nach IAS 36 in der Interpretation von IDW RS HFA 16, in: WPg 2006, 1048–1060.

Schneider, D., Betriebswirtschaftslehre, Band 2: Rechnungswesen, 2. Aufl., München 1997.

Streim, H./Bieker, M./Hackenberger, J/Lenz, T., Ökonomische Analyse der gegenwärtigen und geplanten Regelungen zur Goodwill-Bilanzierung nach IFRS, in: IRZ 2007, 17–27.

Weißenberger, B. E., Goodwill-Controlling als neues Controllingfeld im Kontext der IFRS, in: IFRS für Controller – Einführung, Anwendung, Fallbeispiele hrsg. von *Weißenberger, E.*, Planegg/München 2007, 308–329.

Weißenberger, B. E./Haas, C. A. J./Wolf, S., Goodwill-Controlling unter IAS 36, Konzeptionelle Überlegungen und Gestaltungsvorschläge, in: PiR 2007, 149–156.

Internationales Steuercontrolling und Konzernsteuerquote

Carina Machtinger

Management Summary

International tätige Unternehmen müssen mehrere unterschiedliche Steuersysteme und zwischenstaatliche Regelungen wie Doppelbesteuerungsabkommen beachten. Die Optimierung der Steuerbelastung stellt einen wichtigen Wettbewerbsfaktor dar. Das erfordert die Zusammenarbeit aller Steuerabteilungen des Konzerns, was zu höherer Planungskomplexität und erhöhtem Koordinationsbedarf führt, welche von einem konzernweiten Steuercontrolling abgedeckt werden sollen. Die Konzernsteuerquote ist ein sinnvoller Maßstab zur Beurteilung des Steuercontrollings, da diese Kennzahl den Optimierungsgrad der Steuerbelastung angibt und alle Maßnahmen der Steuerabteilungen und des Steuercontrollings Einfluss auf die Komponenten der Konzernsteuerquote haben. Somit können die Steuerabteilungen und das Steuercontrolling anhand der Konzernsteuerquote beurteilt werden.

1. Steuercontrolling

1.1. Begriffsdefinitionen

1.1.1. Controlling

Der Begriff Controlling ist in der Literatur nicht einheitlich definiert. Aufgabe des Controllings ist die Koordination der Planung, Steuerung und Kontrolle mittels Versorgung mit Informationen.[1] Die Auswahl eines geeigneten Controllingkonzeptes als Grundlage des Steuercontrollingansatzes stellt eine schwierige Aufgabe dar. Steuerliche Aspekte finden in kaum einem Controllingkonzept in der deutschsprachigen Literatur und Praxis Berücksichtigung.[2] Mit der Annahme der Koordinationsfunktion als zentrale Controllingfunktion in den meisten Controllingkonzepten kann man davon ausgehen, dass der Koordinationsansatz einen anerkannten Ansatz darstellt. Das Controlling stellt einen Teilbereich des Führungssystems dar und eine Nicht-Berücksichtigung des Steuerbereichs in diesem System würde eine umfassende Wahrnehmung der Koordinationsfunktion des Controllings nicht gewährleisten. Daher wird der Koordinationsansatz als Basiskonzept des Steuercontrollings gewählt.[3]

1.1.2. Steuern

Unternehmen werden durch Steuern belastet, ohne eine konkrete Gegenleistung zu erhalten. Der Begriff Steuern, der in dieser Arbeit verwendet wird und der für den Steuercontrollingansatz relevant ist, stellt einen Teilbereich des Gesamtsteuersystems dar. Es wird die Gestaltung der individuellen Steuerbelastung, soweit dies im gesetzlichen Rahmen möglich ist, betrachtet. In jedem Unternehmen wirkt ein individuelles Steuerbelastungssystem, welches z.B. durch die Rechtsformwahl beeinflussbar ist. Die Wirkungen auf das hoheitliche Steuersystem werden hier nicht betrachtet.[4]

---

[1] Vgl. *Schiffers*, 1997, 49.
[2] Vgl. *Schiffers*, 1997, 49.
[3] Vgl. *Herzig/Zimmermann*, 1998, 1141 f.
[4] Vgl. *Herzig/Zimmermann*, 1998, 1142; *Zimmermann*, 1997, 4.

1.2. Historische Entwicklung des Steuercontrollings

In diesem Kapitel soll die Entwicklung des Steuercontrollingansatzes in Österreich und Deutschland dargestellt werden. In den 70er und 80er Jahren des 20. Jahrhunderts wurde auf dem Gebiet der Steuerplanung in der betriebswirtschaftlichen Steuerlehre intensiv geforscht und nach der vermehrten Entwicklung des Controllings wurde das „Steuercontrolling" als übergeordneter Rahmen angenommen.[5]

In der amerikanischen Controllingliteratur wurden Steuern unter dem Begriff „Tax Administration" bereits 1946 zu den Controllingaufgaben gezählt und dies gleichgewichtet zu den anderen Controllingaufgaben.[6] Auch *Horváth*, dessen Buch „Controlling" bereits in der 11. Auflage erschienen ist, stellt die Wichtigkeit der Berücksichtigung von Steuern im Planungs- und Koordinationssystem dar. Ein Großteil der betrieblichen Entscheidungen verursacht steuerliche und damit ergebniswirksame Konsequenzen, daher sollte das Controlling auf diesem Gebiet mitwirken. Mit der Besteuerung sind weiters Verwaltungs- und Informationsversorgungsaufgaben verbunden.[7]

Schlager beschäftigte sich mit dem Thema Steuerplanung bereits in seiner Dissertation, welche 1978 veröffentlicht wurde und publizierte in den letzten drei Jahrzehnten mehrere Zeitschriftenartikel zu diesem Thema. Seiner Ansicht nach soll das Controlling die komplexe Besteuerung von Privaten und Unternehmern durch die Miteinbeziehung von Steuern in das Informations-, Planungs-, Kontroll- und Steuerungssystem optimieren.[8]

Weitere Aspekte des Steuercontrollings, welche in der Literatur behandelt werden, sind die Beachtung von Steuerwirkungen auf allen Ebenen der Unternehmung,[9] der erhöhte Koordinationsbedarf von Steuerplanungsaufgaben von internationalen Unternehmungen,[10] die Verknüpfung von den Teilsystemen Steuerplanung und steuerliches Informationssystem[11] bzw. von Steuermanagement und Steuercontrolling.[12]

1.3. Bedeutung der Steuern für das Controlling

In diesem Kapitel sollen Interdependenzen des bestehenden Controllings mit dem betrieblichen Steuerbelastungssystem beschrieben werden. Es wird hauptsächlich auf die zentralen Bereiche des Controllings, die Controllingziele und die Koordinationsfunktion des Führungssystems eingegangen.

1.3.1. Steuern und Controllingziele

Die Ziele des Controllings können in indirekte und direkte Ziele eingeteilt werden. Die indirekten Ziele werden von den allgemeinen Unternehmenszielen abgeleitet. Das Controlling soll mit den direkten Controllingzielen die indirekten in der Zielerreichung unterstützen.[13]

---

[5] Vgl. *Schlager*, 2005, 616.
[6] Vgl. *Zimmermann*, 1997, 9.
[7] Vgl. *Horváth*, 2009, 245 ff.
[8] Vgl. *Schlager*, 2005, 616 ff.
[9] Vgl. *Freidank*, 1996, 148 ff.
[10] Vgl. *Reimer*, 1994 zit. nach *Schlager*, 2005, 619.
[11] Vgl. *Schiffers*, 1997, 42 ff.
[12] Vgl. *Haeseler*, 1998, 261 ff.
[13] Vgl. *Herzig/Zimmermann*, 1998, 1142.

Die wichtigsten indirekten Ziele, welche die Unternehmen verfolgen und das Controlling in ihrer Verwirklichung unterstützen, sind die beiden Ziele Erfolg und Existenzsicherung. Die Erfolgsziele sind eng mit dem Steuerrecht verbunden. Verfolgen die Unternehmen keine Gewinnabsicht, führt dies zur Liebhaberei. Das Steuerrecht knüpft an die Ziele, somit an die Gewinnabsicht, der Steuerpflichtigen an. Die Unternehmen können Steuern nur legal vermeiden, wenn sie keinen Gewinn erwirtschaften. Je mehr die Teilbereiche eines Unternehmens zum Erfolg beitragen, desto mehr Einfluss haben sie auf die Besteuerung.[14]

Das Ziel Existenzsicherung wird durch die Subziele der Realwertsicherung, der Sicherung zukünftiger Gewinne durch Erfolgspotentiale und der Liquiditätssicherung erreicht. Das Subziel Realwertsicherung soll vor Inflationsschäden sichern und der Zusammenhang mit dem Steuerrecht besteht hier vor allem bei der Besteuerung von Scheingewinnen als Preissteigerungsgewinne oder bei Gewinnen, welche durch nichtabzugsfähige Betriebsausgaben entstehen. Die Erfolgspotentiale stellen meist selbst geschaffene immaterielle Wirtschaftsgüter dar, welche nicht aktivierungsfähig sind. Das heißt, die in Zusammenhang stehenden Betriebsausgaben können nicht aktiviert werden und sind in der Entstehungsperiode steuermindernd zu berücksichtigen. Zugleich entsteht ein Wirtschaftsgut, welches in Zukunft Gewinne erwirtschaften soll. Das Liquiditätssicherungsziel wird durch jede Steuerzahlung beeinflusst, indem die Steuerzahlungen durch den Abfluss von liquiden Mitteln die Liquidität verringern und die Steuererstattungen die Liquidität entlasten.[15]

Die direkten Controllingziele sind abhängig vom jeweiligen Controllingkonzept. Das Ziel des dem Steuercontrolling zugrunde liegenden Koordinationsansatzes ist die optimale Erfüllung der Koordination des Führungssystems.[16] Der Zusammenhang der Steuern mit dem Führungssystem und der Koordinationsfunktion wird im nächsten Kapitel beschrieben.

1.3.2. *Steuern und Führungssystem*

Die Entscheidungen der Führung beeinflussen die Steuerbelastung des Unternehmens. Je langfristiger die Entscheidungen betrachtet werden, umso höher ist der Einfluss. Strategische Entscheidungen wie Großinvestitionen oder Umgründungsmaßnahmen bedürfen einer vermehrten steuerlichen Betrachtung als operative Entscheidungen, denn bei operativen Entscheidungen verursacht die Vernachlässigung von Steuern nicht so große Konsequenzen. Der Steuereinfluss auf das Führungssystem wird in den drei Bereichen Planung, Kontrolle und Information betrachtet.[17]

Bedeutende plan- und gestaltbare Bereiche der betrieblichen Steuerbelastung sind die Rechtsform, der Standort und deren Änderungen. Das Controlling sollte diese Bereiche, mit denen sich die Betriebswirtschaftliche Steuerlehre auseinandersetzt, berücksichtigen. Die Betriebswirtschaftliche Steuerlehre behandelt die Entscheidungsbereiche Investition, Finanzierung, Produktion, Absatz, Personal, Forschung und Entwicklung und Unternehmensführung in unterschiedlichem Ausmaß. Im Controlling haben sich für die-

---

[14] Vgl. *Herzig/Zimmermann*, 1998, 1142.
[15] Vgl. *Herzig/Zimmermann*, 1998, 1142 f.
[16] Vgl. *Herzig/Zimmermann*, 1998, 1143.
[17] Vgl. *Herzig/Zimmermann*, 1998, 1143.

se Themen eigene Funktionscontrollings etabliert, jedoch werden steuerliche Themen darin nur in sehr geringem Ausmaß bis gar nicht mit einbezogen.[18]

Die Steuerplanung i.e.S. ist ein Subsystem des Planungssystems. Dazu gehören die Planung der Tatbestandsverwirklichung und der Sachverhaltsgestaltung. Controllingrelevante Aufgaben sind hier die optimale Erreichung des Gesamtziels und die Vermeidung von nicht optimalen Steuerbelastungen.[19]

Das Kontrollsystem ist mit dem Planungssystem eng verbunden. Steuerlich relevante Gesichtspunkte sind bei der Prämissenkontrolle und der Konsistenzkontrolle der langfristigen Planungen zu überprüfen. Bei kurzfristigen Planungen wie bei der Absatz-, Produktions- und Investitionsplanung sind die Kostenbestandteile der Steuerbelastung zu beleuchten. Kontrollen sind unter anderem auch bei den Funktionen der Steuerabteilungen, bei der Begleitung von Außenprüfungen oder bei der Beobachtung der Effizienz der Steuerabteilung sinnvoll.[20]

Beträchtliche Aufwendungen verursachen auch die steuerlichen Mitwirkungspflichten wie zum Beispiel die Erfüllung der Aufzeichnungspflichten oder die Ermittlung und Abführung der Umsatzsteuer oder der Lohnsteuerabzüge. Diese Mitwirkungspflichten können nicht vermieden werden, jedoch besteht Optimierungspotential. Um Sanktionen wegen Nichterfüllung oder nicht rechtzeitiger Erfüllung der Mitwirkungspflichten zu vermeiden, sind Kontrollmaßnahmen einzurichten.[21]

Das Informationssystem soll interne und externe Adressaten mit Informationen versorgen. Eine zentrale Bedeutung hat die Information des Fiskus, welche im Zusammenhang mit Informationen des Steuerbelastungssystems und dem Rechnungswesen für eine korrekte Ermittlung der Gesamtsteuerbelastung sorgen soll. Eine weitere Aufgabe des Informationssystems ist die Versorgung der Planung und Kontrolle mit Informationen. Da das Informationssystem eine Querschnittsfunktion darstellt, ist sie besonders wichtig für alle Unternehmensbereiche und die Umwelt des Unternehmens.[22]

1.4. Ziele des Steuercontrollings

Die Ziele des Steuercontrollings lassen sich von den indirekten und direkten Zielen des Controllings ableiten. Für die indirekten Controllingziele Existenzsicherung und Erfolg kommen die Steuercontrollingziele Verbesserung der Unternehmungsführung und Optimierung der Steuerbelastung in Betracht. Die Unternehmensführung kann insoweit verbessert werden und zur Wettbewerbsfähigkeit des Unternehmens beitragen, als die Unternehmensführung vom Gesetz vorgesehene Steuervorteile ausnutzt und den Nachteilen ausweicht. Das Steuercontrolling soll diese Steuerwirkungen erkennen und damit die Rationalität der Unternehmensführung verbessern.[23]

Die Optimierung der Steuerbelastung ist ebenso Ziel der Steuerabteilung und der Steuerplanung. Explizite Steuercontrollingziele sind die Koordination der Steuerpolitik

[18] Vgl. *Herzig/Zimmermann*, 1998, 1143.
[19] Vgl. *Herzig/Zimmermann*, 1998, 1143.
[20] Vgl. *Herzig/Zimmermann*, 1998, 1143 f.
[21] Vgl. *Herzig/Zimmermann*, 1998, 1143 f.
[22] Vgl. *Zimmermann*, 1997, 113 f.
[23] Vgl. *Herzig/Zimmermann*, 1998, 1145.

mit der Unternehmenspolitik und die Einbeziehung der Steuerplanungsziele in das übergeordnete Unternehmenszielsystem. Ebenso kann man die Optimierung der Steuerbelastung als Gewinnmaximierungsziel beschreiben.[24]

Zu den direkten Steuercontrollingzielen zählen die Erkennung und Deckung des steuerlichen Koordinationsbedarfs im Führungssystem. Steuerlicher Koordinationsbedarf besteht dann, wenn es Interdependenzen zwischen den Schnittstellen des Führungssystems und dem Steuerbelastungssystem gibt. Dieser Bedarf soll durch systembildende und systemkoppelnde Maßnahmen gedeckt werden. Die Entwicklung eines Steuercontrollings und die Einbindung in das Führungssystem sind systembildende Maßnahmen, welche fortlaufend überprüft, verändert und durchgesetzt werden müssen. Zu den systemkoppelnden Maßnahmen zählen die Analyse des Steuerbelastungssystems und die Koordination der Interdependenzen des Steuerbelastungssystems und des Führungssystems.[25]

1.5. Aufgaben des Steuercontrollings

1.5.1. Informationsaufgabe

Die Informationsbeschaffung, -aufbereitung und -verarbeitung zählt zu den überwiegenden Aufgaben der Beschäftigten in Steuerabteilungen von Unternehmen oder im Steuerberatungsbetrieb. Die Informationen kann man in externe Informationen wie z.B. Wirtschaftsdaten oder gesetzliche Grundlagen der Besteuerung und in interne Informationen wie z.B. Aufzeichnungen, Jahresabschlüsse oder Steuererklärungen einteilen.[26]

Die „Steuerinformatik" bekommt einen immer wichtiger werdenden Stellenwert. Hierzu zählen die Recherche über Steuerrechtsdatenbanken und das Internet oder das E-Mailen von steuerlich relevanten Informationen, wie z.B. Jahresabschlüsse. Besonders wichtig ist in diesem Bereich die Gewährleistung der Unversehrtheit und Geheimhaltung der Daten durch elektronische Schutzsiegel.[27]

Bücher und Zeitschriften in gebundenen Ausgaben werden vermehrt nur mehr zum eigenen Lernen herangezogen. Um einen aktuellen Wissensstand zu garantieren, ist es unerlässlich, neu veröffentlichte Literatur und Rechtsprechungen zu studieren. Dies erfolgt vermehrt über die Suche in Datenbanken, wobei ältere Literatur, welche Argumentations- und Ideenfindungsfunktion hat, nicht vernachlässigt werden sollte. Insbesondere ist es eine Haftungsfrage im Steuerberatungsbetrieb, wenn nicht aktuelle Informationen herangezogen werden. Informationsquellen sind zum Beispiel die Steuerrechtsauskünfte des österreichweiten Steuerfachbereiches der Finanzverwaltung, die Entscheidungen des Unabhängigen Finanzsenates und die Erkenntnisse der Höchstgerichte.[28]

Zur Informationsaufgabe zählt ebenso die Ermittlung des speziellen Informationsbedarfes für die Steuerplanung. Diese Informationen sollen rechtzeitig bereitgestellt werden und entsprechend ihrer Verwendung aufbereitet werden.[29] Steuerlich relevante In-

---

24 Vgl. *Herzig/Zimmermann*, 1998, 1145.
25 Vgl. *Herzig/Zimmermann*, 1998, 1145.
26 Vgl. *Schlager*, 2005, 621 f.
27 Vgl. *Schlager*, 2005, 622.
28 Vgl. *Schlager*, 2005, 622.
29 Vgl. *Schiffers*, 1997, 50.

formationen stellen Spezialwissen dar, welches, wie oben erwähnt, ständig aktuell gehalten werden muss.

1.5.2. Koordinationsaufgabe

Koordinationsbedarf besteht zwischen dem Steuerpflichtigen und dem Finanzamt, dem Steuerpflichtigen und dem Steuerberater sowie zwischen dem Steuerberater und dem Finanzamt. Als Koordinationsaufgaben sind hier die Kommunikation und die Abstimmung zwischen diesen Anspruchsgruppen zu nennen. Es gibt noch weitere Institutionen, mit denen Koordinationsbedarf besteht, wie z.B. Gemeinden, Sozialversicherungsträger und auch der Gesetzgeber. Durch Abstimmung des Gesetzgebers mit den Betroffenen können Fehler bereits vor Gesetzwerdung ausgebessert werden.[30]

Koordinationsbedarf besteht auch zwischen dem Steuercontrolling der Steuerpflichtigen und dem Controlling der Finanzverwaltung. Die Finanzverwaltung kann ihr Controlling jedoch nur insoweit ausgestalten, als es in Übereinstimmung mit der Bundesabgabenordnung und sonstigen Verfahrensvorschriften möglich ist. Abstimmungsbedarf besteht insoweit, als das Einsparungspotential und die Vereinfachung nicht einseitig auf Seiten der Finanzverwaltung bestehen und Arbeiten nicht unverhältnismäßig auf die Steuerpflichtigen überwälzt werden. Erheblicher Koordinierungsbedarf besteht beim Qualitätsmanagement und der Koordinierung von einerseits elektronisch versendeten Steuererklärungen und per Post versendeten Jahresabschlüssen, da diese Informationen noch in späteren Jahren benötigt werden.[31]

Im Unternehmensbereich zählt die Koordination des Führungssystems zu den allgemeinen Controllingaufgaben. Explizite steuerliche Koordinationsaufgaben, welche das Steuercontrolling erfüllen soll, müssen über die Aufgaben des allgemeinen Controllings hinausgehen, um anerkannt zu werden. Die steuerliche Koordination hat nicht nur eine reine Steuerbetrachtungsfunktion, sondern soll auch die Koordinationsaufgaben erfüllen, welche durch die Interdependenzen des Steuerbelastungssystems, des Controllings- und des Führungssystems entstehen.[32] Weitere Koordinationsaufgabe ist die Anpassung der gegebenen Strukturen an die Unternehmensumwelt, sowohl auf Basis bereits existierender Umweltfaktoren oder individuellen Gegebenheiten, als auch auf Basis in Zukunft erwarteter Änderungen.[33]

1.5.3. Kontrollaufgabe

Die Steuerprozesse und Steuergestaltungen bedürfen einer Kontrolle, welche durch den Vergleich von Ist- und Soll-Zustand erfolgt. Um eine möglichst geringe Abweichung von Ist- zu Soll-Zustand zu erreichen, ist es sinnvoll, ein internes Kontrollsystem zu etablieren. Das Kontrollsystem sollte anpassungsfähig sein und einmal aufgetretene Fehler in Zukunft vermeiden. Zu den Kontrollaufgaben zählen die Gewährleistung der Einhaltung von steuerlichen Fristen oder die Überprüfung von elektronischen Übermittlungen auf unbefugte Dateneinsicht bzw. Datenweiterleitung.[34]

---

[30] Vgl. *Schlager*, 2005, 623.
[31] Vgl. *Schlager* 2005, 623 f.
[32] Vgl. *Herzig/Zimmermann*, 1998, 1146.
[33] Vgl. *Herzig/Zimmermann*, 1998, 1146; *Schiffers*, 1997, 50.
[34] Vgl. *Schlager*, 2005, 628.

Das Kontrollsystem sollte mehrdimensional, stets aktiv und prozessbegleitend sein und bestimmte Kontrollpunkte berücksichtigen, welche zu festgelegten Zeitpunkten überprüft werden. Zum Beispiel sollte geprüft werden, ob die Rechtsform noch für das Unternehmen passend ist. Im Kontrollsystem sollte eine Feedback-Schleife eingerichtet werden, um z.B. rückwirkend eine Wiederaufnahme innerhalb des Verjährungszeitraumes zu nutzen. Ebenso sollte ein Soll-Wird-Vergleich stattfinden, um vorsorgliche Maßnahmen treffen zu können. Hier sind, unter anderem, zukünftige Gesetzesänderungen zu berücksichtigen.[35]

1.5.4. *Steuergestaltung, Steuerplanung und Steuerpolitik*

Unter Steuergestaltung versteht man grundsätzlich die Anpassung bzw. Veränderung eines Sachverhaltes. Durch diese Gestaltung möchte man eine bestimmte Rechtsfolge erreichen, welche durch Subsumtion unter einen Steuertatbestand erfolgt. Die Beurteilung eines Sachverhaltes kann jedoch aus verschiedenen Sichtweisen gesehen oder unterschiedlich interpretiert werden, was im Steuerverfahren zu Einigungsproblemen führen kann.[36]

Die Steuergestaltung kann auch durch die Ausnutzung von vom Gesetzgeber bewusst geschaffenen Wahlrechten erfolgen. Dies sollte innerhalb der zulässigen Grenzen geschehen. Um dies zu garantieren, schaffte der Gesetzgeber Tatbestände zur wirtschaftlichen Betrachtungsweise, Missbrauch, Scheingeschäfte und Zurechnung in der BAO.[37] Der Gesetzgeber hat die Möglichkeit, Einzeltatbestände im Nachhinein per Gesetz anzupassen. Nicht gewollte Gestaltungsmöglichkeiten sollten jedoch nicht durch verschärfte Gesetzesauslegungen verhindert werden. Grenzen der Gestaltbarkeit ergeben sich zum Beispiel auch aus der internen Unternehmenszielerreichung.[38]

Die Steuergestaltung wird als Teilaufgabe der Steuerplanung gesehen. Die Steuerplanung befasst sich mit der systematischen und zukünftigen Einschätzung von Steuerwirkungen unter Beachtung der Unternehmenszielerreichung. Weiteres Aufgabenfeld der Steuerplanung ist die Unterstützung der Führungskräfte in ihrem Handeln durch die Sammlung und Aufarbeitung von steuerlichen Informationen und die vorausschauende Beurteilung zukünftiger Steuerwirkungen.[39]

Die Steuerpolitik soll die Erreichung der Unternehmensziele gewährleisten. Hauptziel ist die Minimierung des Barwertes der Steuerauszahlung durch den Einsatz steuerpolitischer Maßnahmen, welche die Steuerhöhe und den Zahlungszeitpunkt beeinflussen. Zum steuerpolitischen Instrumentarium zählen Sachverhaltsgestaltungen und die Ausnutzung steuerlicher Wahlrechte.[40]

1.6. Anwendungsbereich des Steuercontrollings

Steuerwirkungen können sowohl im privaten und unternehmerischen Bereich, als auch im Steuerberatungsbetrieb auftreten. Die Einrichtung eines Steuercontrollings erfordert

---

[35] Vgl. *Schlager*, 2005, 629 f.
[36] Vgl. *Schlager*, 2005, 625 f.
[37] Siehe §§ 21 bis 24 BAO.
[38] Vgl. *Schlager*, 2005, 626 f.
[39] Vgl. *Schlager*, 2005, 627 f.
[40] Vgl. *Dautzenberg* u.a. 2010, o.S.

in jedem Anwendungsbereich einen individuellen Rahmen. Beeinflusst werden diese Rahmenbedingungen durch die mögliche Höhe der Steuerbelastung, die Größe einer Organisation und die Komplexität der Entscheidungsfelder.[41] Im Rahmen dieses Beitrags wird nur auf die Besonderheiten des Steuercontrollings im Unternehmensbereich eingegangen.

Viele Großunternehmen haben eine eigene Steuerabteilung eingerichtet, jedoch werden bei komplexen Fragestellungen und Spezialthemen wie z.B. bei internationalen Steuerfragen oder bei Umgründungen externe Steuerberatungsexperten hinzugezogen.[42]

Für die meisten Klein- und Mittelbetriebe übernimmt ein externer Steuerberatungsbetrieb die Funktion der Steuerabwicklung. Einzelne Aufgaben wie die Lohnverrechnung werden auch vom Unternehmen selbst wahrgenommen. Das Ausmaß ist abhängig von der Unternehmensgröße. Für den Controllingprozess bedeutet diese Auslagerung von Steueraufgaben, dass ein erhöhter Koordinationsbedarf zwischen dem Unternehmen und dem Steuerberatungsbetrieb besteht, um controllingrelevante Fragestellungen frühzeitig erkennen zu können.[43] Das Steuercontrolling sollte bei ausgelagerter Funktion der Steuerabwicklung vom externen Steuerberatungsbetrieb übernommen werden.[44]

Im optimalen Fall wird die Einrichtung eines Steuercontrollings bereits bei der Unternehmensgründung mitberücksichtigt. Auf steuerliche Fragestellungen sollte auch bei Änderungen bzw. Erneuerungen im Controllingbereich eingegangen werden. Besonders wichtig sind die Beobachtung der Steuern auf allen Ebenen und die Einbindung der Abteilungen in den Steuergestaltungsprozess, damit bereits von Beginn an die Steuerspezialisten gemeinsam mit den Abteilungen die Besteuerung lenken können.[45]

2. Besonderheiten des internationalen Steuercontrollings

Für die steuerliche Behandlung von internationalen Unternehmensverbindungen gibt es keine einheitlichen Regelungen. Das nationale Steuerrecht beinhaltet Regelungen für natürliche und juristische Personen und stellt auf Einzelereignisse ab. Die Besteuerung von Arbeitsgemeinschaften ist ein Beispiel, welches international tätige Unternehmen betrifft.[46]

Die internationale Steuerplanung ist ein Themenkomplex, der über die Zeit hinweg immer weiter perfektioniert wurde. Die Optimierung der Steuerlast ist für international tätige Unternehmen ein Wettbewerbsfaktor. Die Gestaltung spielt sich dabei im legalen Rahmen ab. Es werden Besteuerungslücken ausgenutzt, welche durch das Zusammenwirken von unterschiedlichen nationalen Steuerrechtsbestimmungen oder Doppelbesteuerungsabkommen der Staaten entstehen. Dadurch entsteht ein hoher Koordinationsbedarf und ein effizientes Steuercontrolling ist notwendig.[47]

---

41 Vgl. *Schlager*, 2005, 630 ff.
42 Vgl. *Schlager*, 2005, 632 f.
43 Vgl. *Schlager*, 2005, 633.
44 Vgl. *Schiffers*, 1997, 50.
45 Vgl. *Schlager*, 2005, 633 f.
46 Vgl. *Schlager*, 2005, 646 f.
47 Vgl. *Schlager*, 2005, 646 ff.

Bei multinationalen Konzernen ist der Bedarf eines Steuercontrollings höher als bei rein im Inland tätigen Unternehmen. Die Steuersysteme sind in den verschiedenen Staaten unterschiedlich ausgestaltet und dadurch steigt die Planungskomplexität.[48] In diesem Kapitel werden Besonderheiten des Steuercontrollings in multinationalen Konzernen näher beschrieben.

„Taxpayers go global, taxes stay local"[49] Das Zitat von *Braun* beschreibt den Problembereich internationaler Unternehmen treffend, da jeder Staat ein eigenes Steuersystem entwickelt hat. Multinationale Konzerne müssen demzufolge viele unterschiedliche Steuersysteme kennen und beachten. Auch wenn Doppelbesteuerungsabkommen den Grenzbereich zwischen den Steuersystemen zweier Länder regeln, kann es trotzdem zu Mehr- bzw. Minderbelastungen gegenüber dem nationalen Recht kommen. Um dies zu vermeiden, bedarf es einer internationalen Steuerplanung. Die Planung ist grundsätzlich Aufgabe der Steuerabteilung. Sie wirkt jedoch in viele weitere Unternehmensbereiche hinein und erfordert daher einen hohen Koordinations- sowie Informationsbedarf, welcher durch Aktivitäten des Controllings unterstützt werden soll.[50]

2.1. Zielsetzung der Steuerplanung im internationalen Kontext

Im Rahmen der Steuerplanung werden die Höhe der Steuerbelastung und der Zeitpunkt der Steuerzahlung geplant. Neben dem inländischen Steuersystem sind mindestens ein ausländisches Steuersystem und das zwischenstaatliche Recht, wie z.B. Doppelbesteuerungsabkommen, zu beachten. Die Planungskomplexität steigt mit der Anzahl der unterschiedlichen ausländischen einzubeziehenden Steuersysteme.[51]

Die relative Steuerminimierung ist auch für internationale Konzerne das wichtigste quantitative Ziel. Wichtige Teilziele der Steuerminimierung sind, im internationalen Rahmen gesehen, die Vermeidung der Doppelbesteuerung und die Nutzung von Minderbesteuerung. Es wird jedoch der Optimierung der Konzernsteuerquote immer mehr Beachtung geschenkt, da mit dieser Kennzahl am Kapitalmarkt die Effizienz der Steuerpolitik eines Unternehmens gemessen wird. Wichtige qualitative Ziele der internationalen Steuerplanung sind einerseits die steuerliche Flexibilität und andererseits Sicherheit und Unabhängigkeit.[52]

2.2. Systematisierung der Steuerplanung

Die Steuerplanung lässt sich in die Tätigkeitsfelder der strategischen, taktischen und operativen Planung einteilen. Betrachtet man diese Tätigkeitsfelder im internationalen Kontext, sind folgende Besonderheiten zu berücksichtigen. Im strategischen Bereich ist vor allem die Standortwahl international zu betrachten und es sollten Doppelbesteuerungsabkommen berücksichtigt werden. Im Rahmen der Investitions- und Finanzplanung, welche zur taktischen Planung zu zählen ist, sind Steuern als Auszahlungen, beim Kalkulationszinssatz und die steuerliche Behandlung der Eigen- und Fremdkapitalzinsen

---

[48] Vgl. *Berens* u.a. 2004, 537.
[49] Vgl. *Braun*, 2003, 248, zit. nach: *Berens* u.a. 2004, 537.
[50] Vgl. *Berens* u.a. 2004, 537.
[51] Vgl. *Berens* u.a. 2004, 538.
[52] Vgl. *Berens* u.a. 2004, 538 f.

zu beachten. Bei internationalen Unternehmen sollten ebenso die unterschiedlich hohen Quellensteuern bei Zahlungen aus dem Ausland berücksichtigt werden.[53]

Zur Umwelt eines multinationalen Konzerns gehören auch die inländischen und ausländischen Steuersysteme. Die Betrachtung der Umwelt und die Reaktion auf Veränderungen sind Teil der Anpassungs- und Innovationsfunktion.[54]

3. Konzernsteuerquote und Steuercontrolling

Der Konzernsteuerquote kommt eine immer größer werdende Bedeutung zu, was letztendlich auch darauf zurückzuführen ist, dass immer mehr Konzerne nach IFRS bilanzieren und die Herleitung der Konzernsteuerquote in der Überleitungsrechnung nach IAS 12 verpflichtend zu veröffentlichen ist.[55] Die Konzernsteuerquote ist ebenso Maßgröße für die Beurteilung der Steuerpolitik eines Unternehmens am Kapitalmarkt[56] und hat direkten Einfluss auf die Kennzahl *earnings per share*.[57]

Stellt nun die Optimierung der Konzernsteuerquote ein neues Ziel der Steuerabteilung dar, sollte diese Zielsetzung mit einem Informations- und Kontrollsystem unterstützt werden. Bei der Ermittlung der Konzernsteuerquote wird der gesamte Konzernsteueraufwand miteinbezogen. Daher darf nicht nur der inländische Steueraufwand optimiert werden, sondern eine Zusammenarbeit aller Steuerabteilungen der einzelnen Konzerngesellschaften ist notwendig.[58] Somit ist das Ziel der Optimierung der Konzernsteuerquote nur mit einem konzernweiten Steuercontrolling und Steuermanagement zu erreichen, da dies erforderlich ist, um den internationalen Steuerwettbewerb optimal nutzen und die Konzernsteuerquote effizient steuern zu können.[59] Zusätzlich bedürfen die einmal getroffenen Maßnahmen und Lösungsansätze einer ständigen Überprüfung, da die steuerlichen Rahmenbedingungen einer fortlaufenden Änderung unterliegen.[60]

Maßnahmen zur Optimierung der Konzernsteuerquote erstrecken sich über den gesamten Prozess und beginnen bei einem detaillierten *tax reporting* und einer Analyse der Konzernsteuerquote samt ihrer gegenwärtigen und zukünftigen Steuertreiber und gehen bis zur Steuerplanung und einem konzernweiten Steuercontrolling. Das Steuercontrolling soll auf Basis der einzelnen Steuertreiber der Konzernsteuerquote durchgeführt werden.[61]

Die Konzernsteuerquote kann ebenso als zentrale Kennzahl eines Früherkennungssystems für die Steuerplanung eingesetzt werden. Dabei ist es sinnvoll, die Konzernsteuerquote auf die einzelnen Konzerneinheiten herunterzubrechen.[62] Zusätzlich kann die steuerliche Überleitungsrechnung nach IAS 12, welche in Kapitel 4.3 dieses Beitrages beschrieben wird, als Basis eines Steuercontrollings genutzt werden.[63]

---

[53] Vgl. *Berens* u.a. 2004, 539.
[54] Vgl. *Berens* u.a. 2004, 540.
[55] Vgl. *Herzig/Dempfle*, 2002, 1.
[56] Vgl. *Berens* u.a. 2004, 538.
[57] Vgl. *Herzig*, 2003, 80.
[58] Vgl. *Herzig*, 2003, 86.
[59] Vgl. *Eitzen/Dahlke*, 2008, 8.
[60] Vgl. *Herzig*, 1998, 289.
[61] Vgl. *Eitzen/Dahlke*, 2008, 10.; *Kuhn* u.a. 2003, 644.
[62] Vgl. *Berens* u.a. 2004, 542.
[63] Vgl. *Meyer* u.a. 2009, 171.

4. Grundlagen Konzernsteuerquote

4.1. Definition

Um die Steuerbelastung eines Unternehmens messen zu können, gibt es mehrere Konzepte, wobei die Konzernsteuerquote eines davon ist. Die Konzernsteuerquote wird auch als *effective tax rate* bezeichnet. Man versteht darunter das Verhältnis des Steueraufwandes einer Periode zu dem in derselben Periode erwirtschafteten Jahresüberschuss vor Ertragsteuern auf Konzernebene, wie in der folgenden Formel dargestellt wird:[64]

$$\text{Steuerquote} = \frac{\text{Steueraufwand}}{\text{Jahresüberschuss vor Steuern}} \times 100$$

Man kann die Konzernsteuerquote aus dem Einzelabschluss und aus dem Konzernabschluss ermitteln und nach den Rechnungslegungsvorschriften nach UGB und internationalen Grundsätzen, wobei in diesem Beitrag nur auf die Vorschriften der IFRS eingegangen wird. Auf die Besonderheiten dieser verschiedenen Ermittlungsmöglichkeiten wird im nächsten Kapitel eingegangen.

4.2. Ermittlung der Konzernsteuerquote

Bei der Ermittlung der Konzernsteuerquote werden, wie oben erwähnt, die zwei Komponenten Steueraufwand und Jahresüberschuss vor Steuern in Beziehung gesetzt. Der Jahresüberschuss vor Ertragsteuern wird aus der Gewinn- und Verlustrechnung (GuV) entnommen[65] und ist wenig erklärungsbedürftig.[66] Der Steueraufwand wird hingegen nun in den folgenden Punkten näher betrachtet.

4.2.1. Einzelabschluss nach UGB

Wird der Einzelabschluss nach UGB als Grundlage für die Berechnung der Steuerquote verwendet, wird der Posten „Steuern vom Einkommen und Ertrag"[67] herangezogen. Weitere Steuerarten werden nicht mit einbezogen, da das Hauptinteresse den Steuern vom Einkommen und Ertrag gilt und andere ertragsunabhängige Steuern keinen sachlichen Zusammenhang zum Jahresüberschuss aufweisen.[68]

Die Aussagefähigkeit wird zunehmend durch die Abweichung der Unternehmensbilanz von der Steuerbilanz geschmälert. Die latenten Steuern sollten dem entgegenwirken.[69] Im Einzelabschluss nach UGB erfolgt jedoch keine vollständige Abgrenzung der latenten Steuern. Grund dafür sind die Regelungen nach § 198 Abs. 9 und 10 UGB. Diese sehen ein Wahlrecht für die Bilanzierung von aktiven Steuerabgrenzungen und eine Passivierungspflicht von passiven latenten Steuern vor. Rechtfertigung für diese unterschiedliche Handhabung ist das im UGB verankerte Vorsichtsprinzip, welches international jedoch unüblich ist. Somit werden einerseits aktive Steuerabgrenzungen nur wahl-

---

[64] Vgl. *Spengel/Schmundt*, 2007, 836 ff.
[65] Vgl. *Spengel/Schmundt*, 2007, 836 ff.
[66] Vgl. *Herzig/Dempfle*, 2002, 1.
[67] Siehe § 231 Abs. 2 Z 21 UGB sowie § 231 Abs. 3 Z 20 UGB.
[68] Vgl. *Herzig/Dempfle*, 2002, 1.
[69] Vgl. *Herzig/Dempfle*, 2002, 1.

weise verbucht und andererseits erfolgt keine Abgrenzung der permanenten bzw. quasi-permanenten Differenzen.[70]

4.2.2. Einzelabschluss nach IFRS

Ermittelt man die Konzernsteuerquote aus dem Einzelabschluss nach IFRS, verbessert sich die Aussagefähigkeit eindeutig, da die latenten Steuern abweichend vom österreichischen UGB geregelt werden. Aktive und passive latente Steuern werden getrennt ausgewiesen. Es besteht auch für aktive latente Steuern Bilanzierungspflicht und wenn Verlustvorträge wahrscheinlich genutzt werden, müssen ebenso aktive latente Steuern angesetzt werden.[71]

Somit ist die Konzernsteuerquote nach dem Einzelabschluss nach IFRS aussagekräftiger als nach dem UGB-Einzelabschluss, da durch die Einbeziehung von latenten Steuern der sachliche Zusammenhang zwischen dem Steueraufwand und dem Jahresüberschuss vor Steuern besser gegeben ist. Die Konzernsteuerquote nach internationalen Grundsätzen kann man damit so berechnen:[72]

$$\text{Konzernsteuerquote} = \frac{\text{tatsächlicher} + \text{latenter Steueraufwand}}{\text{Jahresüberschuss vor Steuern}} \times 100$$

4.2.3. Konzernabschluss nach UGB

Um die Konzernsteuerquote auf Konzernebene zu ermitteln, ist der konsolidierte Konzernabschluss heranzuziehen, damit dem Konzernergebnis die sachlich zugehörigen Steueraufwendungen gegenübergestellt werden können. Nach § 258 UGB besteht im Unterschied zum Einzelabschluss Bilanzierungspflicht von aktiven latenten Steuern, außer sie sind von untergeordneter Bedeutung.[73]

Wahlrechte sind für vollkonsolidierte Tochterunternehmen einheitlich auszuüben und es ist empfehlenswert, das Wahlrecht zur Aktivierung latenter Steuern so auszuüben, dass möglichst alle aktiven latenten Steuern bilanziert werden. Lediglich damit kann vermieden werden, dass nur ein Teil der gesetzlich möglichen aktivischen Steuerabgrenzungen im Konzernabschluss ausgewiesen werden. Wird dieser Empfehlung nicht gefolgt, dürfen die in den Einzelabschlüssen ausgewiesenen aktiven und passiven latenten Steuern nicht gegeneinander aufgerechnet werden und im Einzelabschluss nicht vorgenommene aktivische Steuerabgrenzungen dürfen nicht nachgeholt werden.[74]

Somit kann nicht davon ausgegangen werden, dass die latenten Steuern im Konzernabschluss nach UGB vollständig ausgewiesen werden und dies führt zu einer begrenzten Aussagekraft der auf diesem Abschluss basierenden Konzernsteuerquote.

4.2.4. Konzernabschluss nach IFRS

Im Konzernabschluss nach IFRS erfolgt eine umfassende Berücksichtigung von latenten Steuern. Sie werden nach dem bilanzorientiertem Temporary-Konzept gebildet, quasi-

---

[70] Vgl. *Denk* u.a. 2010, 458.
[71] Vgl. *Herzig/Dempfle*, 2002, 2.
[72] Vgl. *Herzig/Dempfle*, 2002, 2.
[73] Vgl. § 258 UGB.
[74] Vgl. KFS/RL 15.

permanente Differenzen werden berücksichtigt, es besteht eine Aktivierungspflicht für aktive und passive latente Steuern und für voraussichtlich genutzte Verlustvorträge besteht ebenso Aktivierungspflicht. Bei der Kapitalkonsolidierung entstehen erfolgsunwirksame Differenzen zwischen der Steuer- und Unternehmensbilanz. IFRS sieht für solche erfolgsunwirksamen Differenzen ebenso eine erfolgsunwirksame Bildung bzw. Auflösung von latenten Steuern vor.[75]

Durch diese umfassende Berücksichtigung von latenten Steuern im Konzernabschluss nach internationalen Grundsätzen wird die Aussagefähigkeit erheblich verbessert bzw. erlangt sie erst Aussagekraft.[76] Die Aussagekraft der Konzernsteuerquote erhöht sich mit der verpflichtenden Erstellung einer Überleitungsrechnung lt. IAS 12.81 (c), welche im nächsten Kapitel betrachtet wird.

4.3. Konzernsteuerquote und steuerliche Überleitungsrechnung

Die steuerliche Überleitungsrechnung soll zusätzliche Informationen und Einflussfaktoren zur Konzernsteuerquote beinhalten und die Differenz zwischen dem in der Gewinn- und Verlustrechnung ausgewiesenen Steueraufwand und dem Steueraufwand, der sich bei Anwendung des erwarteten Steuersatzes auf das Konzernergebnis ergeben würde, erklären.[77] Die Darstellung der Überleitungsrechnung kann entweder zwischen dem erwarteten und tatsächlichen Steueraufwand oder zwischen dem erwarteten und tatsächlichen Steuersatz erfolgen.[78] Durch die Veröffentlichung der Überleitungsrechnung konzentrieren sich die Finanzanalysten nicht nur auf die Konzernsteuerquote, sondern betrachten auch die Überleitungsrechnung zur Beurteilung der Konzernsteuerpolitik.[79]

Zur Darstellung der Überleitungsrechnung geben die IAS keine standardisierte Gliederung[80] bzw. keine Mindestvorgaben an.[81] Für die Ermittlung des erwarteten Steuersatzes besteht eine Wahlmöglichkeit zwischen dem Home-Based-Ansatz und dem Konzernansatz.[82] Beim Home-Based-Ansatz wird der Steuersatz des Landes, in dem sich der Sitz der Muttergesellschaft befindet, herangezogen. Der Konzernansatz setzt sich aus einem konzernweiten Misch-Steuersatz zusammen.[83] Der Home-Based-Ansatz sollte in der Praxis bevorzugt werden, da dieser erwartete Steuersatz weniger Schwankungen unterliegt und die Darstellung der Steuerwirkungen deutlicher wird.[84]

Im Hauptteil der Überleitungsrechnung werden die Abweichungen von der tatsächlichen zur erwarteten Konzernsteuerquote erklärt. Diese Abweichungen sind hauptsächlich auf strukturelle Einflüsse und Sondereffekte zurückzuführen.[85] Mit Fokus auf die Aussagefähigkeit und Vergleichbarkeit kann man die Abweichungen in periodische und

---

[75] Vgl. *Herzig/Dempfle*, 2002, 2 f.

[76] Vgl. *Herzig/Dempfle*, 2002, 3.

[77] Vgl. *Aktay/Ries*, 2008, 762.

[78] Vgl. IAS 12.81 c.

[79] Vgl. *Aktay/Ries*, 2008, 761.

[80] Vgl. *Spengel*, 2005, 101.

[81] Vgl. *Aktay/Ries*, 2008, 764.

[82] Vgl. *Spengel/Kamp*, 2008, 518.

[83] Vgl. IAS 12.85.

[84] Vgl. *Spengel*, 2005, 186.

[85] Vgl. *Hannemann/Pfeffermann*, 2003, 728.

aperiodische Abweichungen unterteilen. Die wichtigsten Positionen kann man Tabelle 1 entnehmen. Die periodischen Abweichungen stellen wiederkehrende Effekte dar und deren Angabe trägt zur Vergleichbarkeit bei, während aperiodische Abweichungen die Vergleichbarkeit beeinträchtigen.[86]

Periodische Abweichungen	Aperiodische Abweichungen
• Nicht-abziehbare Aufwendungen • Steuersatzunterschiede zum Ausland • Nichtanrechenbare Quellensteuern • Steuerfreie laufende Einnahmen	• Steuerfreie Beteiligungs- und Unternehmensveräußerungen • Konsequenzen einer Steuerreform • Außerplanmäßige Goodwill-Abschreibungen

Tab. 1: Periodische und aperiodische Abweichungen in der Überleitungsrechnung [vgl. *Herzig*, 2003, 91]

4.4. Funktionen und Einsatzmöglichkeiten der Konzernsteuerquote

Die Hauptfunktion der Konzernsteuerquote ist die Verwendung als eine von mehreren betriebswirtschaftlichen Kennzahlen für Unternehmensvergleiche. Die Konzernsteuerquote ist dabei Auskunftsquelle über die betriebliche Steuerpolitik im Hinblick auf die Minimierung von Steuerzahlungen. Zunehmende Bedeutung erhält die Konzernsteuerquote somit für Finanzanalysten und wird dadurch vermehrt in Hauptversammlungen angesprochen. Vor allem ist hier Thema, welche Aktivitäten der Vorstand setzt, um die Konzernsteuerquote zu minimieren.[87]

Weitere Funktion ist die Heranziehung der Konzernsteuerquote als Beurteilungskriterium für die Leistungsmessung der Steuerabteilung.[88] Es wird dabei vorausgesetzt, dass die Konzernsteuerabteilung durch ihre Tätigkeit die Konzernsteuerquote beeinflussen bzw. den Grundstock für weitere Aktivitäten zur Senkung legen kann. Zusätzlich wird unterstellt, dass die Thematik der latenten Steuern zumindest teilweise im Zuständigkeitsbereich der Steuerabteilung liegt.[89]

Die Konzernsteuerquote kann aber auch von der Steuerabteilung selbst als Ziel- und Kontrollgröße verwendet werden.[90] Die erfolgsabhängigen Vergütungen von Mitarbeitern der Steuerabteilung, aber auch von Verantwortlichen auf Vorstands- oder Abteilungsleiterebene werden zunehmend in Abhängigkeit von der Konzernsteuerquote festgelegt.[91]

Die Konzernsteuerquote wird ebenso als Informationsquelle von externen Bilanzlesern herangezogen. Dabei werden die Konzernsteuerquote selbst und ihre Entwicklung im Zeitablauf von Unternehmen einzeln oder von verschiedenen Unternehmen, auch im Branchenvergleich, betrachtet, um Informationen über die betriebliche Steuerpolitik der Unternehmen bzw. des Konzerns zu erhalten.[92]

---

[86] Vgl. *Herzig*, 2003, 90 f.
[87] Vgl. *Müller*, 2002, 1684 f.; *Herzig*, 2003, 80.
[88] Vgl. *Herzig/Dempfle*, 2002, 1.; *Müller*, 2002, 1685.; *Herzig*, 2003, 80.
[89] Vgl. *Müller*, 2002, 1685.
[90] Vgl. *Herzig/Dempfle*, 2002, 1.
[91] Vgl. *Herzig/Dempfle*, 2002, 1.; *Müller*, 2002, 1685.; *Herzig*, 2003, S 80.
[92] Vgl. *Herzig/Dempfle*, 2002, 1.

5. Einflussfaktoren der Konzernsteuerquote

5.1. Einfluss der klassischen Steuerbilanzpolitik auf die Konzernsteuerquote

Ziel der Steuerabteilung ist nach herrschender Meinung die Minimierung des Steuerbarwertes. Dies erreicht die klassische Steuerbilanzpolitik durch die Nutzung von Wahlrechten bzw. Spielräumen, um Aufwendungen zeitlich vorzuziehen, Erträge in zukünftige Perioden zu verschieben und um Verlustvorträge so früh wie möglich zu nutzen. Eine Änderung der effektiven Steuerbelastung wird dadurch jedoch nicht erreicht, denn die Reduzierung des tatsächlichen Steueraufwandes ist verbunden mit einer dementsprechenden Erhöhung des latenten Steueraufwandes.[93] Durch diese kompensatorische Wirkung der latenten Steuern wird die Konzernsteuerquote nicht beeinflusst,[94] auf jeden Fall so lange nicht eine Abzinsung der latenten Steuern erfolgt.[95]

Für permanente Differenzen wie z.B. steuerfreie Erträge und nicht abzugsfähige Betriebsausgaben, welche sich im Zeitablauf nicht ausgleichen, sind keine Steuerabgrenzungen zu bilden. Somit ist die Konzernsteuerquote nur von permanenten Differenzen und besonders von der Höhe der tariflichen Steuersätze auf Unternehmensgewinne beeinflussbar.[96]

Da die Konzernsteuerquote nicht auf Zins- und Liquiditätseffekte reagiert, ist diese nur durch Maßnahmen, welche die Gesamtsteuerbelastung senken, zu steuern.[97] Somit stehen bei einer Quotenorientierung der Steuerabteilung die Vermeidung von steuerlichen Ineffizienzen, die Nutzung des internationalen Steuergefälles und Qualifikationskonflikte im Vordergrund.[98] Besonders internationale Steuerplanungsmaßnahmen sollten von der Steuerabteilung berücksichtigt werden.[99] Dabei kann es zu Zielkonflikten mit der klassischen Steuerbilanzpolitik kommen. Die Steuerabteilung sollte bei Fokussierung auf die Konzernsteuerquote ebenso Maßnahmen setzen, welche die Konzernsteuerquote nicht beeinflussen, den Steuerbarwert jedoch senken.[100]

5.2. Vermeidung steuerlicher Ineffizienzen

Die Maßnahmen zur Vermeidung steuerlicher Ineffizienzen zeichnen sich durch eine geringe Eingriffstiefe aus und sind dazu geeignet, die Konzernsteuerquote dem gesetzlichen Steuersatz anzunähern.[101] Zum Beispiel sollte die Abzugsfähigkeit von Betriebsausgaben gesichert,[102] steuerfreie Erträge erzielt,[103] der Anfall von nicht anrechenbaren Quellensteuern vermieden oder die Nutzung steuerlicher Verlustvorträge vor Zeitablauf gesichert werden. Um diese Maßnahmen optimal umsetzen zu können, bedarf es eines konzernweiten Steuercontrollings.[104]

---

[93] Vgl. *Herzig/Dempfle*, 2002, 4f.
[94] Vgl. *Zielke*, 2006, 2586f.
[95] Vgl. *Herzig*, 2003, 84.
[96] Vgl. *Zielke*, 2006, 2587.
[97] Vgl. *Spengel/Kamp*, 2008, 517.
[98] Vgl. *Herzig/Dempfle*, 2002, 4 f.
[99] Vgl. *Zielke*, 2006, 2587.
[100] Vgl. *Herzig/Dempfle*, 2002, 4 f.
[101] Vgl. *Herzig*, 2003, 87.
[102] Vgl. *Herzig*, 2003, 87.
[103] Vgl. *Hannemann/Pfeffermann*, 2003, 731.
[104] Vgl. *Herzig/Dempfle*, 2002, 5.

5.2.1. Abzugsfähigkeit von Betriebsausgaben

Die steuerliche Erfassung von Aufwendungen in Konzernen kann mehrfach in unterschiedlichen Staaten, einfach oder gar nicht erfolgen. Soll der Steuerbarwert minimiert werden, sind nicht abzugsfähige Aufwendungen zu vermeiden und eine mehrfache Berücksichtigung der Aufwendungen, sowie ein möglichst frühzeitiger Abzug, sollen erreicht werden. Aufwendungen werden im Konzernabschluss nach IFRS nur einmalig erfasst. Somit entstehen permanente Differenzen bei keiner oder mehrfacher steuerlicher Erfassung von Aufwendungen, welche sowohl den Steuerbarwert als auch die Konzernsteuerquote beeinflussen.[105]

Können Betriebsausgaben nicht abgezogen werden, erhöht dies die Konzernsteuerquote.[106] Nicht berücksichtigte Aufwendungen vermindern die Bemessungsgrundlage nicht und erhöhen somit den tatsächlichen Steueraufwand. Die Aufwendungen kürzen hingegen das Konzernergebnis und vermindern den Nenner der Konzernsteuerquote. Keine Veränderung der Konzernsteuerquote erfolgt, wenn die Erhöhung des tatsächlichen Steueraufwandes durch latente Steuern kompensiert wird, wie z.B. bei Verlagerung der Aufwendungen in eine zukünftige Periode.[107]

Die Konzernsteuerquote wird grundsätzlich durch steuerlich nicht abzugsfähige Betriebsausgaben erhöht – insbesondere wenn die Betriebsausgaben endgültig nicht abgezogen werden können, keine latenten Steuern für den Aufwandsvortrag aufgrund zu geringer Nutzungswahrscheinlichkeit gebildet werden oder der Aufwandsvortrag zusammen mit dem gebildeten latenten Steueranspruch untergeht. Es gibt von Staat zu Staat unterschiedliche gesetzliche Regelungen, welche Aufwendungen steuerlich nicht abgezogen werden können. Damit entstehen für Konzerne Gestaltungsspielräume für die Verteilung von Aufwendungen. Besonders Zinsen sind oft von Abzugsbeschränkungen betroffen.[108] Ebenso wie nicht abzugsfähige Betriebsausgaben spielen zusätzliche bzw. fiktive Betriebsausgaben eine Rolle bei der Beeinflussung der Konzernsteuerquote. Ein Beispiel dafür sind Freibeträge, wie der in Österreich geltende Bildungsfreibetrag nach § 4 Abs. 4 Z 8 EStG.

5.2.2. Erfassung von Erträgen

Die steuerliche Erfassung von Erträgen in Konzernen kann, wie bei den Aufwendungen, mehrfach in unterschiedlichen Staaten, einfach oder gar nicht erfolgen. Wird das Ziel der Steuerbarwertminimierung verfolgt, so soll eine Mehrfacherfassung von Erträgen vermieden, eine Nichterfassung von Erträgen bewirkt und eine Erfassung von Erträgen möglichst weit in die Zukunft verlagert werden. Im Konzernabschluss nach IFRS werden Erträge nur einmalig erfasst. Somit entstehen bei einer mehrfachen oder keiner steuerlichen Erfassung der Erträge permanente Differenzen. Da permanente Differenzen nicht als latente Steuern erfasst werden, wirken sich Maßnahmen zur Vermeidung von Erträgen oder Mehrfacherfassungen direkt auf den tatsächlichen Steueraufwand aus und beeinflussen die Konzernsteuerquote und den Steuerbarwert.[109]

---

[105] Vgl. *Lühn*, 2007, 554.
[106] Vgl. *Hannemann/Pfeffermann*, 2003, 731.
[107] Vgl. *Lühn*, 2009, 239.
[108] Vgl. *Lühn*, 2009, 239.
[109] Vgl. *Lühn*, 2007, 553.

Mögliche Gestaltungsmaßnahmen zur Verhinderung einer mehrmaligen Erfassung von Erträgen sind die Nutzung von Freistellungsregelungen, die Vermeidung von Quellensteuern oder die Verhinderung von Verrechnungspreiskorrekturen ohne eine Gegenberichtigung. Eine Nichterfassung von Erträgen kann durch die Nutzung von Qualifikations- und Zurechnungskonflikten erreicht werden.[110]

Die Generierung von steuerfreien Erträgen, wie z.B. steuerfreien Dividenden aus nicht konsolidierten Beteiligungen oder steuerfreien Veräußerungsgewinnen, führt zu einer Senkung der Konzernsteuerquote.[111] Das heißt, einerseits gehen die steuerfreien Erträge nicht in die Bemessungsgrundlage des Konzerns ein, was zu einem niedrigeren tatsächlichen Steueraufwand führt und den Zähler der Konzernsteuerquote vermindert. Andererseits werden die Erträge im Konzernergebnis berücksichtigt und sind deshalb im Nenner enthalten.[112]

Die Übertragung von stillen Reserven kann in manchen Fällen aufgrund des langen Aufschubes der Besteuerung zu einem erheblichen Barwertvorteil führen und sich somit positiv auf die gesamte Konzernsteuerbelastung auswirken. In Österreich ist dies seit der Steuerreform 2005 nur mehr natürlichen Personen vorbehalten.[113] Im Gegensatz dazu ist es in Deutschland auch für juristische Personen möglich, stille Reserven nach § 6b dEStG zu übertragen.

5.2.3. Nicht anrechenbare Quellensteuern

Werden im Ausland auf konzerninterne Dividenden Quellensteuern erhoben und sind diese nicht anrechenbar, führt dies zu einer Erhöhung der Konzernsteuerquote. Die Quellensteuern können durch eine Optimierung des Konzernaufbaus und einer Umleitung der Ausschüttungen über eine Holding gesenkt werden. Der Sitzstaat der Holding muss mit dem Quellenstaat ein DBA abgeschlossen haben, in dem eine geringere bis keine Quellensteuer vereinbart ist. Ebenso sollte dies für die Weiterausschüttung der Holding an die Spitzeneinheit gelten. Bei der Optimierung des Konzernaufbaus sollte darauf geachtet werden, dass keine zusätzlichen Besteuerungsebenen geschaffen werden, welche die Senkung der Quellensteuern wieder kompensieren.[114]

Innerhalb der EU sind Quellensteuern kein Thema mehr, da durch die Mutter-Tochter-Richtlinie Ausschüttungen zwischen EU-Konzerngesellschaften von der Quellensteuer befreit sind. Diese Richtlinie bietet jedoch für Konzernobergesellschaften außerhalb der EU mit Gesellschaften in mehreren EU-Staaten Gestaltungsvarianten zur Senkung der Quellensteuern. Für Ausschüttungen von EU-Gesellschaften an die Konzernobergesellschaft in einem Drittstaat fallen jeweils Quellensteuern an. Schaltet man eine Holding mit Sitz in einem EU-Staat dazwischen, können die Dividenden quellensteuerfrei an diese Holding ausgeschüttet werden. Quellensteuer fällt erst bei der Ausschüttung der Holding an die Konzernobergesellschaft an, abhängig vom DBA zwischen diesen beiden Staaten.[115]

---

[110] Vgl. *Lühn*, 2007, 553.
[111] Vgl. *Hannemann/Pfeffermann*, 2003, 731.
[112] Vgl. *Lühn*, 2009, 238.
[113] Vgl. *Hirschler/Grangl*, 2010, 244.
[114] Vgl. *Spengel/Kamp*, 2008, 519 f.
[115] Vgl. *Spengel/Kamp*, 2008, 519 f.

Die Europäische Union veröffentlichte ebenso gemeinsame Regelungen über die Besteuerung von Zinsen- und Lizenzgebührenzahlungen zwischen verbundenen Unternehmen verschiedener Mitgliedstaaten, die sogenannte Zinsen- und Lizenzgebühren-Richtlinie. Damit wurde die Quellensteuer, wie bei den Dividenden, auch für grenzüberschreitende konzerninterne Einkünfte aus Zinsen und Lizenzgebühren abgeschafft.[116]

5.2.4. Steuerlicher Verlustabzug

Im Jahr der Verlustentstehung vermindert der Verlust einer Konzerngesellschaft das Konzernergebnis. Der Verlust wird jedoch nicht in der steuerlichen Bemessungsgrundlage berücksichtigt, denn dies ist nur innerhalb einer Organschaft bzw. bei Gruppenbesteuerung innerhalb eines Staates möglich. Meist besteht die Möglichkeit, den Verlust auf zukünftige Perioden vorzutragen. Ist die Verlustnutzung wahrscheinlich, sind aktive latente Steuern nach IAS 12 zu bilanzieren und es kommt zu keiner Auswirkung auf die Konzernsteuerquote.[117]

Verluste können sowohl einen positiven als auch einen negativen Effekt auf die Konzernsteuerquote haben. Die Konzernsteuerquote steigt, wenn die latenten Steuern aufgrund einer zu geringen Verlustnutzungswahrscheinlichkeit wertberichtigt werden müssen oder wenn der Verlustvortrag zeitlich verfällt bzw. untergeht. Sie steigt ebenso, wenn der latente Steueranspruch auf einen Verlustvortrag höher ist als die tatsächliche Steuerminderung durch Nutzung des Verlustvortrages. Die Konzernsteuerquote sinkt, wenn die Nutzungswahrscheinlichkeit des Verlustvortrages steigt und somit der Wert des latenten Steueranspruches erhöht wird. Sofern die tatsächliche Steuerminderung aufgrund der Nutzung des Verlustvortrages den latenten Steueranspruch auf den Verlustvortrag übersteigt, reduziert sich auch die Konzernsteuerquote.[118]

5.3. Nutzung des internationalen Steuergefälles

Es gibt mehrere Möglichkeiten, wie man das internationale Steuergefälle nutzen kann. Alle Methoden haben gemeinsam, dass so viele Einkünfte wie möglich in das niedriger besteuernde Ausland transferiert werden sollen. Der tatsächliche Steueraufwand wird reduziert und damit auch die Konzernsteuerquote.

5.3.1. Finanzierungsentscheidungen

Im Rahmen von Finanzierungsgestaltungen wird die sehr hohe Mobilität des Geldkapitals genutzt. Ziel ist es, Finanzierungsgewinne und -erträge in Niedrigsteuerländern zu erzielen und Finanzierungsverluste und -aufwendungen in Hochsteuerländern anfallen zu lassen. Dieses Ziel kann durch die Einschaltung von Finanzierungsgesellschaften oder den gezielten Einsatz von Eigen- und Fremdkapital in Niedrig- bzw. Hochsteuerländern erreicht werden.[119]

Eine Steueroptimierung kann zum Beispiel erfolgen, wenn die Muttergesellschaft ihre Tochtergesellschaften in Niedrigsteuerländern mit Eigenkapital und die Tochterge-

---

[116] Vgl. Zinsen- und Lizenzgebührenrichtlinie 2003/49 ABl L 157/49.
[117] Vgl. *Lühn*, 2009, 240 f.
[118] Vgl. *Lühn*, 2009, 241.
[119] Vgl. *Herzig*, 2003, 88.

sellschaften in Hochsteuerländern mit Fremdkapital ausstatten. Betrachtet man die Aufnahme eines Darlehens, ist es steueroptimal, dieses in dem Land mit dem höheren Steuersatz aufzunehmen. In vielen Ländern bestehen meist Regelungen zur Gesellschafterfremdfinanzierung, um Steuersubstrat im Inland zu halten. Das sollte bei einer effektiven Steuerplanung beachtet werden.[120]

5.3.2. *Verlagerung von Funktionen, Risiken und Vermögen*

Gemeinsam mit der Verlagerung von Funktionen und Risiken soll der im Zusammenhang anfallende Gewinn von den Hochsteuerländern in die Niedrigsteuerländer verlagert werden. Dabei sollten nicht rein steuerliche Gründe ausschlaggebend sein, die Verlagerung muss wirtschaftlich Sinn machen.[121] Den verlagerten Bereichen sollten die gesamten Funktionen und Risiken übertragen werden, um den Gewinnanteil im Ausland auch gerechtfertigt erwirtschaften zu können. Denn derartige Geschäftsbeziehungen innerhalb eines Konzerns unterliegen oft einer strengen Überprüfung der Finanzverwaltung.[122]

Es können alle betrieblichen Funktionsbereiche ins Ausland verlagert werden. Vor allem sind die Bereiche geeignet, welche ohne oder mit nur geringen Sachinvestitionen übertragen werden können. Das sind z.B. Finanzierung, Vertrieb, Stabsfunktionen oder Dienstleistungen. Welche Funktionen geeignet sind und ob es wirtschaftlich Sinn macht, ist jedoch von Fall zu Fall zu beurteilen.[123]

Von Relevanz ist das konzernintern, aber auch extern gegen Entgelt genutzte *intellectual property* und dessen räumliche Zuordnung. Dieses kann entweder in ein niedrig besteuertes Land übertragen oder bei neu entstehendem Wissen von Anfang an in einem Niedrigsteuerland entwickelt werden. Wird Vermögen übertragen, kann dies zu einer Besteuerung der stillen Reserven führen, was die Vorteilhaftigkeit von Verlagerungen wieder zunichtemachen kann. Ein zusätzlich zu beachtender Faktor ist die Unsicherheit, ob ein Niedrigsteuerland in Zukunft auch eines bleiben wird.[124]

5.3.3. *Verrechnungspreisgestaltungen*

Verrechnungspreise zur internen Leistungsverrechnung sollen innerhalb einer fremdüblichen Bandbreite liegen. Durch Ausnutzung dieser Bandbreite in die gewünschte Richtung ist es möglich, Einkünfte in ein niedriger besteuertes Ausland zu verlagern.[125] Liegt das leistungserbringende Unternehmen in einem niedrig besteuerten Land, sollte dementsprechend ein hoher Verrechnungspreis angesetzt werden und umgekehrt.[126] Diese Maßnahme erfordert keinen Eingriff in die Unternehmensprozesse, um die Konzernsteuerquote zu senken.[127]

---

[120] Vgl. *Spengel/Kamp*, 2008, 521.
[121] Vgl. *Herzig*, 2003, 88.
[122] Vgl. *Herzig/Dempfle*, 2002, 6 f.
[123] Vgl. *Herzig/Dempfle*, 2002, 7.
[124] Vgl. *Herzig*, 2003, 88 f.
[125] Vgl. *Herzig*, 2003, 88 f.
[126] Vgl. *Spengel/Kamp*, 2008, 521.
[127] Vgl. *Herzig*, 2003, 87 f.

5.4. Qualifikationskonflikte

Jedes Land hat eigene steuerliche Gesetze und Verwaltungsvorschriften, welche international nicht abgestimmt sind. Somit können grenzüberschreitende Sachverhalte unterschiedlich betrachtet werden und es kommt zu Qualifikationskonflikten,[128] wobei steuerfreie bzw. weiße Einkünfte erzielt werden können, welche keine latenten Steuern hervorrufen, da sie permanente Differenzen darstellen.[129] Die Konzernsteuerquote wird gesenkt, wenn es zu einer Minderbesteuerung durch einen mehrfachen Abzug von Betriebsausgaben oder einer doppelten Steuerfreistellung von Einkünften kommt. Qualifikationskonflikte gibt es ebenso bei der Einstufung als Personen- oder Kapitalgesellschaft.[130]

Eine weitere Möglichkeit zur Nutzung von Qualifikationskonflikten ist die Gestaltung von grenzüberschreitenden Leasingverträgen, so dass das Leasingvermögen sowohl dem Leasingnehmer als auch dem Leasinggeber zugerechnet wird. Durch diese Gestaltung können beide Vertragsparteien Abschreibungen als Betriebsausgaben berücksichtigen und es kommt zu einem sogenannten *double dip*.[131]

Eine beliebte Gestaltungsvariante ist im Zusammenhang mit hybriden Finanzinstrumenten wie z.B. Genussrechten oder stillen Beteiligungen zu beobachten. Hier wird das Instrument in einem Staat als Fremd- und in dem anderen als Eigenkapital qualifiziert. Das als Fremdkapital qualifizierte Instrument berechtigt zum Betriebsausgabenabzug, während es im anderen Staat nicht unbedingt zu steuerpflichtigen Einnahmen führt. Eine weitere Möglichkeit für Gestaltungen bieten die in den Staaten unterschiedlich geregelten derivativen Finanzinstrumente.[132]

Bei der Nutzung von Qualifikationskonflikten kann es auch zu Doppelbesteuerungen kommen,[133] oder die nationalen Steuerfisci veröffentlichen Sonderregelungen, um die Entstehung von weißen Einkünften zu vermeiden. Durch diese ständigen Veränderungen ist es notwendig, die gesetzten Maßnahmen einer ständigen Überprüfung zu unterziehen.[134]

5.5. Gestaltung der rechtlichen Unternehmensstruktur und Sitzverlegung

Die Gestaltung der rechtlichen Unternehmensstruktur beginnt bei der Frage der Errichtung einer Betriebsstätte oder einer Tochtergesellschaft und reicht bis zur optimalen Ausgestaltung von Beteiligungsketten und Vertragsbeziehungen. Dabei sollen zum Beispiel nicht nutzbare Quellensteuern vermieden werden. Einen besonders intensiven Eingriff in das Unternehmen stellt die Verlegung des Unternehmenssitzes dar. Dabei nutzt das Unternehmen nicht nur das internationale Steuergefälle aus, sondern unterwirft sich völlig neuen steuerlichen Rahmenbedingungen. Jedoch sollten eine etwaige Aufdeckung von stillen Reserven und eine mögliche Wegzugsbesteuerung nicht außer Acht gelassen werden.[135]

---

[128] Vgl. *Spengel/Kamp*, 2008, 524.
[129] Vgl. *Herzig/Dempfle*, 2002, 7.
[130] Vgl. *Spengel/Kamp*, 2008, 524.
[131] Vgl. *Spengel/Kamp*, 2008, 524.
[132] Vgl. *Herzig/Dempfle*, 2002, 7.
[133] Vgl. *Spengel/Kamp*, 2008, 524.
[134] Vgl. *Herzig/Dempfle*, 2002, 7.
[135] Vgl. *Herzig*, 2003, 89.

5.6. Weitere Möglichkeiten zur Beeinflussung der Konzernsteuerquote

Es gibt noch viele weitere Möglichkeiten, mit denen die Konzernsteuerquote beeinflusst werden kann. Quotenrelevant ist zum Beispiel die Entscheidung im Rahmen eines Unternehmenskaufes für einen Asset- oder einen Share-Deal bezüglich der Behandlung des Goodwills. Wichtige Einflussfaktoren stellen die Entscheidungen im Rahmen der Konzernrechnungslegung dar, wie z.B. die Einbeziehung eines Unternehmens mittels Equity-Bewertung oder Vollkonsolidierung bzw. die Abgrenzung des Konsolidierungskreises. Dies hat unmittelbar Einfluss auf die Konzernsteuerquote, da Einkünfte auf Unternehmen außerhalb des Konzerns verlagert werden können.[136]

6. Zusammenfassung

Unternehmen, welche international tätig sind, müssen sich mit mehreren verschiedenen Steuersystemen auseinandersetzen und ebenso zwischenstaatliche Regelungen wie Doppelbesteuerungsabkommen beachten. Die Optimierung der Steuerbelastung stellt dabei einen wichtigen Wettbewerbsfaktor dar. Um dieses Ziel erreichen zu können, ist eine Zusammenarbeit aller Steuerabteilungen der einzelnen Konzerngesellschaften erforderlich. Da sich die Unternehmen nun nicht mehr nur abteilungsintern abstimmen müssen, steigt die Planungskomplexität. Somit ist es notwendig, ein konzernweites Steuercontrolling einzurichten, um den entstehenden erhöhten Koordinationsbedarf decken zu können.

Die Tätigkeiten des internationalen Steuercontrollings sind somit ausschlaggebend für die Optimierung der Steuerbelastung und stellen einen wichtigen Faktor für die Unternehmen dar, um am internationalen Markt bestehen zu können. Die Konzernsteuerquote, welche den konzernweiten tatsächlichen und latenten Steueraufwand in Relation zum Konzernjahresüberschuss setzt, ist ein sinnvoller Maßstab zur Beurteilung des internationalen Steuercontrollings. Diese Kennzahl stellt den Optimierungsgrad der Steuerbelastung dar, da alle Maßnahmen, welche von den Steuerabteilungen und dem Steuercontrolling gesetzt werden, Einfluss auf die Komponenten der Konzernsteuerquote haben. Somit kann die Arbeit der Steuerabteilungen und des Steuercontrollings anhand der Konzernsteuerquote beurteilt werden.

Die Konzernsteuerquote und die nach IAS 12 verpflichtend zu veröffentlichende Überleitungsrechnung werden ebenso als Beurteilungskriterien der Steuerpolitik eines Unternehmens am Kapitalmarkt verwendet. Hier wiederum ist das konzernweite Steuercontrolling notwendig, um im internationalen Steuerwettbewerb bestehen und die Konzernsteuerquote effizient steuern zu können.

Literaturverzeichnis

Aktay, T./Ries, C., Konzernsteuerquote und steuerliche Überleitungsrechnung als Instrument zur Beurteilung betrieblicher Steuerpolitik – Eine empirische Auswertung von Konzernabschlüssen, in: Die Wirtschaftsprüfung 2008, Heft 16, S. 761–768.

BAO: Bundesabgabenordnung vom 28.06.1961 mit allen späteren Änderungen einschließlich dem Abgabenverwaltungsreformgesetz 2009 in: BGBl I (2009/20).

---

[136] Vgl. *Herzig/Dempfle*, 2002, 7.

Berens, W./Bolte, D./Hoffjan, A., Controlling im Rahmen der internationalen Steuerplanung, in: Controlling 2004, Heft 10, S. 537–544.

Braun, N., Internationale Steuerplanung – aktuelle Interessenschwerpunkte, in: Der Steuerberater 2003, 54. Jg., S. 247–252.

Dautzenberg, N./Breuer, W./Breuer, C./Rürup, B./Gruescu, S., in: Gabler Verlag (Hrsg.), Gabler Wirtschaftslexikon, Stichwort: Steuerpolitik, 2011-07-22, http://wirtschaftslexikon.gabler.de/Archiv/395/steuerpolitik-v6.html.

Denk, C./Feldbauer-Durstmüller, B./Mitter, C./Wolfsgruber, H., Externe Unternehmensrechnung – Handbuch für Studium und Bilanzierungspraxis, 4. Aufl., Wien 2010.

dEStG: deutsches Einkommensteuergesetz vom 16.10.1934 mit allen späteren Änderungen einschließlich Artikel 7 des Gesetzes vom 22. Juni 2011 (BGBl I S. 1126).

Eitzen, v.B./Dahlke, J., Bilanzierung von Steuerpositionen nach IFRS, Stuttgart 2008.

EStG: Einkommensteuergesetz vom 07.06.1988 mit allen späteren Änderungen einschließlich dem Budgetbegleitgesetz 2011, in: BGBl I (2011/111).

Freidank, C.-Ch. (Hrsg.), Ansatzpunkte für die Entwicklung eines Steuer-Controlling, in: Controlling 1996, Heft 3, S. 148–155.

Göttsche, M./Brähler, G., Die Bedeutung der Konzernsteuerquote für den Kapitalmarkt – Eine empirische Analyse der DAX-30-Unternehmen, in: Die Wirtschaftsprüfung 2009, Heft 18, S. 918–925.

Haeseler, H.R., Steuer-Management und Steuercontrolling, in: Seicht, JdR 1998, S. 261–289.

Hannemann, S./Pfeffermann, P., IAS-Konzernsteuerquote: Begrenzte Aussagekraft für die steuerliche Performance eines Konzerns, in: Betriebs-Berater 2003, 58. Jg., Heft 14, S. 727–733.

Herzig, N., Globalisierung und Besteuerung, in: WPg 1998, Heft 7, S. 280–296.

Herzig, N., Gestaltung der Konzernsteuerquote – eine neue Herausforderung für die Steuerberatung? in: WPg-Sonderheft 2003, S. 80–92.

Herzig, N./Dempfle, U., Konzernsteuerquote, betriebliche Steuerpolitik und Steuerwettbewerb, in: Der Betrieb 2002, Heft 1, S. 1–8.

Herzig, N./Zimmermann, M., Steuercontrolling – Überflüssige Begriffsverbindung oder sinnvolle Innovation? in: Der Betrieb 1998, Heft 23, S. 1141–1150.

Hirschler, K./Grangl, I., Steuerfreie Betriebseinnahmen (Investitionsbegünstigungen), in: *Bertl, R./Hirschler, K.* (Hrsg.): Handbuch der österreichischen Steuerlehre, Band II, Steuerliche Gewinnermittlung und Steuerbilanzpolitik, 2., aktualisierte Auflage, Wien 2010, S. 241–268.

Horvárth, P., Controlling, 11. Auflage, München 2009.

IASB – International Accounting Standards Board (Hrsg.), International Financial Reporting Standards, London 2011.

Kuhn, S./Röthlisberger, R./Niggli, S., Management der effektiven Konzernsteuerbelastung – Konzernsteuerquote als Value-Driver und Qualitätsmass, in: Der Schweizer Treuhänder 2003, Heft 8, S. 636–645.

KWT – Kammer der Wirtschaftstreuhänder (Hrsg.), KFS/RL 15: Stellungnahme des Fachsenats für Handelsrecht und Revision zur Steuerabgrenzung im Einzelabschluss und im Konzernabschluss, 1999.

Lühn, A., Der Einfluss latenter Steuern auf die Steuerplanung, in: KOR 2007, Heft 10, S. 550–560.

Lühn, A., Konzeption und Aussagekraft der tax reconciliation in IFRS-Konzernabschlüssen, in: KOR 2009, Heft 4, S. 235–245.

Meyer, M./Loitz, R./Quella, J.-O./Zerwas, P., Latente Steuern - Bewertung, Bilanzierung, Beratung, 1. Aufl., Wiesbaden 2009.

Müller, R., Die Konzernsteuerquote – Modephänomen oder ernst zu nehmende neue Kennziffer? In: DStR 2002, Heft 39, S. 1684–1688.

Reimer, Ch., Controlling, in: *Wacker, W.H.*, Lexikon der deutschen und internationalen Besteuerung, 3. Aufl., München 1994, S. 142–143.

RL 2003/49/EG des Rates vom 03.06.2003 über eine gemeinsame Steuerregelung für Zahlungen von Zinsen und Lizenzgebühren zwischen verbundenen Unternehmen verschiedener Mitgliedstaaten, ABl L 157/49.

Schiffers, A., Teilsysteme einer Zukunftsgerichteten Steuerberatung – Steuerplanung, steuerliches Informationssystem und Steuercontrolling, in: StuW 1997, Heft 1, S. 42–50.

Schlager, J., Aspekte des Steuercontrolling, in: *Feldbauer-Durstmüller, B./Schwarz, R./Wimmer, B.* (Hrsg.) Handbuch Controlling und Consulting, Festschrift für Harald Stiegler zum 65. Geburtstag, Wien 2005, S. 613–660.

Spengel, C., Konzernsteuerquoten im internationalen Vergleich – Bestimmungsfaktoren und Implikationen für die Steuerpolitik, in: *Oestreicher, A.* (Hrsg.) Internationale Steuerplanung, Berlin 2005, S. 89–125.

Spengel, C./Kamp, A., Steuerkonsolidierung – Konzernsteuerquote, in: *Freidank, C.-C./Peemöller, V.H.* (Hrsg.) Corporate Governance und Interne Revision – Handbuch für die Neuausrichtung des Internal Auditings, Berlin 2008, S. 513–528.

Spengel, C./Schmundt, W., Stichwort „Konzernsteuerquote", in: *Freidank, C.-C./Lachnit, L.* (Hrsg.) Vahlens Großes Auditing Lexikon, München 2007, S. 836–838.

UGB: Unternehmensgesetzbuch vom 10.05.1897 mit allen späteren Änderungen einschließlich dem Budgetbegleitgesetz 2011, in: BGBl I (2011/111).

Zielke, R., Internationale Steuerplanung zur Optimierung der Konzernsteuerquote, in: Der Betrieb 2006, Heft 48, S. 2585–2594.

Zimmermann, M., Steuercontrolling: Beziehungen zwischen Steuern und Controlling, Wiesbaden 1997.

Implementierung und Rollout von ERP-Systemen als Chance und Herausforderung für das Konzerncontrolling in internationalen Unternehmen

Christine Mitter/Horst Wolfsgruber

Management Summary

Viele österreichische Unternehmen haben in den letzten Jahren ihre internationale Tätigkeit ausgedehnt. Diese Internationalisierung stellt auch das Controlling vor neue Herausforderungen. Neben einer höheren Komplexität der Aufgabenbereiche gilt es, zeitliche, räumliche und kulturelle Unterschiede zu überwinden und mit divergierenden ökonomischen und rechtlichen Rahmenbedingungen umzugehen. Die Aufbereitung und Zusammenführung unterschiedlicher Zahlenwerke aus den Tochterunternehmen zu einer einheitlichen, vergleichbaren Datenbasis ist einerseits Grundvoraussetzung, andererseits aber auch zentrale Herausforderung des internationalen Controllings. Moderne vollintegrierte ERP-Systeme können dazu einen wertvollen Beitrag leisten und sowohl die Datensicherheit als auch die Effizienz erhöhen.

1. Einleitung

Die Entwicklung heimischer Unternehmen war in den letzten beiden Jahrzehnten sehr stark von einer Globalisierung des Wettbewerbs geprägt.[1] Viele heimische Betriebe gründeten Auslandsniederlassungen oder intensivierten ihre internationale Tätigkeit, um die Chancen auf den globalen Märkten optimal zu nutzen. Neben den vielen Möglichkeiten, die sich aus einer globalen Tätigkeit ergeben, muss jedoch beachtet werden, dass mit Internationalisierungsstrategien auch große Herausforderungen für die betriebliche Organisation und damit auch das Controlling verbunden sind.[2] Je größer und heterogener die Unternehmen werden, desto schwieriger und aufwändiger wird es, die Informationsflüsse zu koordinieren, zusammenzufassen und vergleichbar zu gestalten. Moderne vollintegrierte ERP-Systeme sind oftmals die einzige Möglichkeit, diese Aufgabe mit überschaubarem Aufwand zu bewältigen und bilden häufig „das Rückgrat der gesamten Informationsversorgung in Unternehmen".[3] In den letzten Jahrzehnten hat sich der Markt für voll integrierte betriebswirtschaftliche Softwaresysteme sehr dynamisch entwickelt,[4] und viele Unternehmen haben erhebliche Summen in ERP-Systeme investiert.[5] Trotz der Vorteile, die ERP-Programme im täglichen Betriebsablauf bringen, gibt es immer wieder Berichte über ERP-Implementierungen, die gescheitert sind und Unternehmen in große Schwierigkeiten gebracht haben.[6]

Der folgende Beitrag zeigt die Rolle von ERP-Systemen im Konzerncontrolling internationaler Unternehmen auf. Dabei werden sowohl die mit einem ERP-System verbundenen Chancen und Vorteile für das Konzerncontrolling beleuchtet, als auch die kritischen Faktoren und Herausforderungen in den einzelnen Phasen der ERP-Einführung und im Zuge von Rollouts thematisiert.

---

[1]   Siehe Kapitel 2.
[2]   Vgl. *Pausenberger/Roth*, 1997, 581 f.; *Funk/Rossmanith*, 2008, 42; *Hoffjan*, 2009, 15 ff.
[3]   *Eggert/Gronau*, 2009, 24.
[4]   Vgl. *Heinzl/Brehm*, 2006, 407. So hat sich bspw. der Umsatz des europäischen Marktführers SAP alleine im Zeitraum zwischen 1996 und 2010 von 1,9 Mrd. auf 12,5 Mrd. Euro erhöht. – Vgl. SAP, 1998, 80 und SAP, 2011, 166.
[5]   Vgl. *Eggert/Gronau*, 2009, 24.
[6]   Vgl. *Legare*, 2002, 21; *Kessler*, 2009, 32 f.

2. Internationalisierung als Chance und Herausforderung

Die Entwicklung der österreichischen Wirtschaft war in den letzten beiden Jahrzehnten vor allem durch eine stark zunehmende Internationalisierung geprägt. Nach der Ostöffnung nutzten viele österreichische Unternehmen sehr schnell die Chance, sich auf den neuen Märkten zu engagieren und eine Vormachtstellung aufzubauen.[7] So weisen neben Deutschland die osteuropäischen Länder Tschechische Republik, Ungarn, Rumänien und Kroatien die höchsten österreichischen Direktinvestitionen auf (siehe Abb. 1).

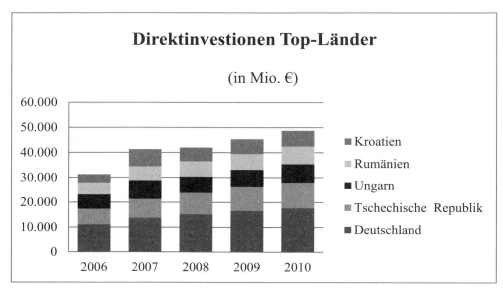

Abb. 1: Länder mit den höchsten Direktinvestitionen österreichischer Unternehmen[8]

Die internationalen Aktivitäten österreichischer Unternehmen beschränken sich jedoch nicht nur auf Osteuropa. Neben einer generellen Steigerung der Direktinvestitionssumme nahmen die österreichischen Direktinvestitionen in den letzten Jahren speziell im asiatischen Raum stark zu, wo es im Zeitraum zwischen 2006 und 2010 beinahe zu einer Vervierfachung der Direktinvestitionen kam. Einen detaillierten Überblick über die Investitionstätigkeit österreichischer Unternehmen nach Regionen enthält Abbildung 2.

---

[7]   Vgl. WIFO, 2010, 1 ff.

[8]   Datenquelle: OeNB, 2011, Internet. Bis 2009 endgültige Daten. Im Jahr 2006 zählten die Niederlande mit 4,9 Mrd. € Direktinvestitionen noch statt Kroatien zu den fünf Ländern mit den höchsten österreichischen Direktinvestitionen. Seit dem Jahr 2007 setzen sich die Top 5 allerdings konstant aus Deutschland, der Tschechischen Republik, Ungarn, Rumänien und Kroatien zusammen.

Direktinvestitionen nach Regionen (in Mio. €)					
Region	**2006**	**2007**	**2008**	**2009**	**2010**
Europa	72.667	91.310	95.461	98.597	109.059
Amerika	4.803	5.205	6.047	8.553	10.333
Asien	1.690	3.386	4.244	4.524	6.514
Ozeanien	1.014	1.109	1.183	1.868	2.348
Afrika	82	75	-63	-234	441

Abb. 2: Direktinvestitionen österreichischer Unternehmen nach Regionen[9]

Nicht nur große, börsennotierte Unternehmen wagen den Schritt in die Internationalisierung, sondern auch eine Vielzahl mittelständischer Unternehmen wie beispielsweise *TGW, Tiger Coatings, Trodat* oder *Wiesner Hager*,[10] die weltweit Produktionsstandorte besitzen.

Durch die Internationalisierung ergeben sich für Unternehmen enorme *Chancen*.[11] Einerseits können neue Absatzmärkte erschlossen werden und damit sowohl economies of scale als auch eine Stabilisierung von Gewinn- und Umsätzen durch Ausgleich verlorener Marktanteile im Inland mit Marktpositionen im Ausland erreicht werden. Beispielsweise sind die Wachstumswerte in einzelnen Industrien wie der Automobil-, der Luxusgüter- oder auch Nahrungsmittelindustrie stark von der guten Entwicklung in Asien getrieben. Andererseits können aber auch günstigere Beschaffungsmärkte genutzt werden. Speziell die Verlagerung von Produktionen nach Asien für arbeitsintensive Produkte (z.B. Textilindustrie oder Elektronikindustrie) erfolgt oftmals vor dem Hintergrund einer optimalen Nutzung des niedrigen Lohnniveaus in dieser Region. Für die Holzindustrie wiederum ist der Zugang zu günstigen Rohstoffen und Betriebsmitteln (Gas und Strom) in Osteuropa und Russland häufig ein wichtiges Motiv für die Verlagerung von Produktionsstätten.

Den Vorteilen einer Internationalisierung der Unternehmenstätigkeit steht eine Reihe von *Risiken* entgegen, die sich aus der unterschiedlichen Kultur des Gastlandes, divergierenden rechtlichen und institutionellen Rahmenbedingungen, schwankenden Wechselkursen sowie höherer Unsicherheit und Nachteilen gegenüber lokalen Anbietern ergeben.[12] Daraus resultieren auch einige Herausforderungen für das Controlling.[13] Vor allem die betriebswirtschaftliche Koordination aller in- und ausländischen Aktivitäten ist in einem international agierenden Unternehmen ungleich komplexer als in einem rein national tätigen Betrieb. Neben steigenden Anforderungen an die Informationsversorgungsfunktion des Controllings[14] sind auch die Planungs-, Kontroll- und Steuerungsinstrumente der Heterogenität der globalen Unternehmensstrukturen anzupassen.[15]

---

[9] Datenquelle: OeNB, 2011, Internet. Bis 2009 edgültige Daten.
[10] Vgl. *Steiner*, 2003, 149 ff.
[11] Vgl. *McDougall/Oviatt*, 1996, 25 und die dort zitierten Quellen. Für einen Überblick zu den Motiven der Internationalisierung vgl. *Wolfsgruber*, 2011, 63 f.
[12] Vgl. *McDougall/Oviatt*, 1996, 25; *Lu/Beamish*, 2001, 567; *Hitt* u.a., 2006, 853.
[13] Vgl. *Pausenberger/Roth* 1997, 581 f.; *Funk/Rossmanith*, 2008, 42; *Hoffjan*, 2009, 15 ff.
[14] Vgl. *Sanders/Carpenter*, 1998, 159.
[15] Vgl. *Hoffjan*, 2009, 3 und 22.

Pausenberger und *Roth* haben im Rahmen einer Studie als wesentliche Störfaktoren des internationalen Controllings Wechselkursschwankungen, variierende Länderrisiken, unterschiedliche rechtliche und ökonomische Rahmenbedingungen, konzerninterne länderübergreifende Lieferungen und Leistungen sowie kulturelle Distanz identifiziert.[16] All diese Faktoren beeinflussen die laufenden Controlling-Aktivitäten und führen zu entsprechenden *Informationsasymmetrien zwischen Mutter- und Tochterunternehmen*, die eine Steuerung und Beurteilung der ausländischen Einheiten oftmals zu einer großen Herausforderung werden lassen.[17] Neben divergierenden kulturellen Gepflogenheiten in Bezug auf Berichtsgenauigkeit, Zeithorizonte, Realitätsnähe von Planwerten und den Grad an Optimismus bzw. Pessimismus in Zwischenberichten[18] erschweren natürliche Barrieren wie Sprache, Zeitunterschiede oder geographische Entfernung[19] die Kommunikation und letztendlich die Zusammenarbeit.

3. Standardisierung zur Erhöhung der konzernweiten Transparenz

Eine der größten Herausforderungen für das Controlling von international agierenden Unternehmen ist sehr häufig die Schaffung einer *vergleichbaren Datenbasis* innerhalb des Konzerns, um sowohl eine optimale Verhaltenssteuerung als auch Entscheidungsunterstützung zu gewährleisten. Die Herausforderung startet bereits bei der Datengenerierung, da nationale Rechnungslegungssysteme oft stark differieren. So sind beispielsweise das deutsche HGB und das österreichische UGB stark am Vorsichtsprinzip orientiert, während die Rechnungslegung im angloamerikanischen Raum auf den true and fair view ausgerichtet ist.[20] Diese Problematik setzt sich bei Controlling- und Kostenmanagementkonzepten fort. In unterschiedlichen Kulturkreisen herrschen oft stark divergierende Auffassungen über die Ausgestaltung des Controllings.[21] Auch der Einsatz einzelner Controlling-Instrumente divergiert zwischen verschiedenen Ländern bzw. Kulturkreisen. Eines der prominentesten Beispiele dafür ist die Diskussion „Teilkosten- vs. Vollkostenrechnung". Während sich speziell im deutschsprachigen Raum komplexe und bis ins Detail ausgefeilte Kostenrechnungsinstrumente wie die Grenzplankostenrechnung durchgesetzt haben, kommen in amerikanischen Unternehmen hauptsächlich einfachere Kostenrechnungssysteme auf Vollkostenbasis zum Einsatz.[22] Darüber hinaus haben unterschiedliche Situationen und individuelle Herausforderungen der Tochtergesellschaften oftmals abweichende, wenngleich sinnvolle Entwicklungsrichtungen der einzelnen Konzernunternehmen mit sich gebracht.[23]

Der große Nachteil von differenzierten Controllingsystemen liegt in einer mangelhaften Vergleichbarkeit der Daten, die letztendlich dazu führt, dass Benchmarking-Ak-

---

[16] Vgl. *Pausenberger/Roth*, 1997, 584.
[17] Vgl. *Hoffjan/Weber*, 2007, 10; *Hoffjan*, 2009, 15 ff.
[18] Vgl. *Pausenberger/Roth*, 1997, 593.
[19] Vgl. *Hoffjan*, 2009, 196 f.
[20] Vgl. *Aschfalk-Evertz* , 2011, 4 ff.; *Guserl/Pernsteiner*, 2011, 15 ff.
[21] Es existiert eine Vielzahl an Studien, die den Einfluss kultureller Unterschiede auf das Controlling untersuchen, und Divergenzen in der Ausgestaltung des Kontrollsystems sowie einen Einfluss der nationalen Kultur auf die Einstellung der Manager zur Planung sowie auf die Planungspräzision aufzeigen. – Vgl. *Keplinger* u.a., 2011, 110 f. und die dort genannten Quellen. Neben der Kultur beeinflussen auch weitere Kontingenzfaktoren wie Umweltunsicherheit oder der Entwicklungsstand der externen Rechnungslegung die Ausgestaltung des Controllings. – Vgl. *Brandau/Hoffjan*, 2010a, 101.
[22] Vgl. *Hoffjan/Weber*, 2007, 28; *Krumwiede*, 2008, 38 ff.; *Winkelmayr/Feldbauer-Durstmüller*, 2009, 345.
[23] Vgl. *Hoffjan/Weber*, 2007, 27.

tivitäten zwischen Konzernunternehmen massiv erschwert werden und eine objektive Grundlage für die Entscheidungsunterstützung (zum Beispiel im Rahmen von konzerninternen Auftragsvergaben oder Produktionsverlagerungen) fehlt.[24] Je mehr Interpretationsspielraum Unternehmensdaten zulassen, desto größer ist auch die Gefahr, dass diese nicht richtig interpretiert werden. Standardisierte Daten ermöglichen dagegen eine transparentere Beurteilung der einzelnen Konzernbereiche und reduzieren subjektive Einflüsse und damit die Gefahr von suboptimalen Lösungen in Teilbereichen.[25] *Standardisierte Daten* erleichtern zudem die konzernweite Koordination und führen so zu Zeit- und Kostenvorteilen. Dadurch, dass die Daten schneller von den dezentralen Einheiten berichtet und von zentraler Stelle ausgewertet werden können, ergeben sich kürzere Bearbeitungszeiten, die gemeinsam mit Übungseffekten und Erfahrung zu einer Verbesserung der Effizienz des Controllings führen.[26] Für große börsennotierte Unternehmen, die innerhalb von wenigen Tagen eine Vielzahl an Tochterunternehmen konsolidieren müssen, ist ein Mindestmaß an Standardisierung sogar unabdingbar.[27] Ein weiterer Punkt, der für eine Vereinheitlichung von Controllingsystemen spricht, ist die Sicherung eines reibungslosen Organisationsablaufs. Je homogener die Abläufe in den verschiedenen Konzernunternehmen sind, desto geringer ist die Abhängigkeit von einzelnen Personen. Speziell bei kleinen Tochterunternehmen kann dies ein erheblicher Vorteil sein, da dort das gesamte Rechnungswesen und Controlling häufig nur von einigen wenigen Mitarbeitern betreut wird und unvorhergesehene Ausfälle daher zu erheblichen Störungen im Betriebsablauf führen können.

Trotz der vielen Vorteile, die eine Standardisierung von Controllingsystemen mit sich bringt, sollten auch deren Nachteile nicht außer Acht gelassen werden. In diesem Zusammenhang müssen vor allem die Gefahr einer zu schematischen Vorgehensweise bzw. die Vernachlässigung innovativer Lösungen durch Betriebsblindheit sowie Motivations- und Identifikationsprobleme bei den lokalen Mitarbeitern erwähnt werden.[28]

4. ERP-Systeme als Schlüsselelement zur Standardisierung des Controllings

Die *Standardisierung des Controllings* umfasst eine umfangreiche Bandbreite an Aktivitäten und reicht von zentral vorgegebenen Zielgrößen für die Tochtergesellschaften, einheitlichen Controllingdaten über standardisierte Controllingaufgaben und Controllinginstrumente.[29] Den Ausgangspunkt stellt dabei die Harmonisierung der Rechnungswesensysteme im Konzern dar. Hierbei bietet es sich an, als Konzernrechnungswesenstandard entweder IFRS oder US-GAAP zu wählen.[30] Ein einheitliches Konzernrech-

---

[24] Vgl. *Wolfsgruber*, 2011, 86.
[25] Vgl. *Wolfsgruber*, 2011, 86.
[26] Vgl. *Hoffjan/Weide*, 2006, 392; *Hoffjan/Weber*, 2007, 29; *Wolfsgruber*, 2011, 87.
[27] Vgl. *Hoffjan/Weber*, 2007, 28.
[28] Vgl. *Hoffjan/Weber*, 2007, 28 f.; *Wolfsgruber*, 2011, 87 f.
[29] Vgl. *Hoffjan/Weide*, 2006, 392.
[30] In einer empirischen Befragung österreichischer Industrieunternehmen zeigte sich, dass Unternehmen, die Teil eines internationalen Konzerns sind, signifikant häufiger auf internationale Rechnungslegungsstandards als Datenbasis für die Kostenrechnung zurückgreifen. – Vgl. *Wolfsgruber*, 2005, 215. In international tätigen deutschen Großkonzernen erwiesen sich die IFRS zudem als Treiber einer Standardisierung. – Vgl. *Hoffjan/Weide*, 2006, 399.

nungswesen ist insofern vorteilhaft, da die externe Unternehmensrechnung den wichtigsten Datenlieferant[31] des Controllings darstellt. Neben der Harmonisierung der externen Unternehmensrechnung muss darauf geachtet werden, dass eine klare Accounting Policy definiert wird, in der Buchungsregelungen für Kostenstellen, Aufwandskategorien, aber auch die Berechnung von Kennzahlen exakt festgelegt werden.[32] Nur auf Basis einheitlicher Konzernrichtlinien erstellte Daten ermöglichen eine homogene Informationsgrundlage und konzernweite Vergleichbarkeit.[33]

Die Vereinheitlichung des Rechnungswesens und der Controllingaktivitäten erfordert nicht zwangsläufig eine einheitliche betriebswirtschaftliche Software. Die Zusammenführung der Rechnungsweseninformationen kann zum Beispiel auch über „mappings" in einer Datenbank erfolgen. Zweifellos stellt ein vollintegriertes ERP-System jedoch die konsequenteste Umsetzung einer Vereinheitlichung dar, indem es die Standardisierung der Datenbasis maßgeblich unterstützt.[34] Durch eine einheitliche konzernübergreifend verwendete Software werden die Datensicherheit und Verlässlichkeit erhöht und der Arbeitsaufwand reduziert. Bei Datenbanklösungen bleibt für das zentrale Controlling immer der Unsicherheitsfaktor, ob alle lokalen Daten in die Datenbank eingegeben wurden und/oder frei von Manipulationen sind. ERP-Systeme ermöglichen dem Konzerncontrolling einerseits Einsicht in und Zugriff auf die lokalen Daten der Tochterunternehmen[35] und erschweren andererseits Manipulationen. Dadurch nehmen zentrale Informationssystem-Lösungen auch eine wichtige Rolle unter dem Aspekt der Compliance[36] und Prävention von Wirtschaftskriminalität ein. Generell gilt, dass die Kontrollmöglichkeiten umso zielgerichteter sind, je stringenter und umfassender die Geschäftsprozesse durch das ERP-System abgewickelt oder unterstützt werden.[37]

Unter einem *Enterprise-Resource-Planning(ERP)-System* wird ein betriebliches Informationssystem auf Basis einer Software verstanden, das die betriebliche Ressourcenplanung von Unternehmen unterstützt und dabei alle Funktionsbereiche von der Lagerhaltung über die Produktion und den Vertrieb bis hin zum Personalwesen sowie dem Controlling und Rechnungswesen umfasst und integriert, die erforderlichen Daten in einer einzigen Datenbank speichert und dabei einen Zugriff auf und die Verarbeitung von Daten in Echtzeit ermöglicht.[38] Einen großen Vorteil derartiger Lösungen stellt die hohe Transparenz über die gesamte Wertschöpfungskette dar, die sowohl bei der Entscheidungsunterstützung (hierbei vor allem in Hinblick auf Informationsqualität und Geschwindigkeit) als auch bei der Verhaltenssteuerung (durch die Einengung von Handlungsspielräumen und die Vorbeugung von Manipulationen) einen wertvollen Beitrag leistet. Da das ERP-System dem Mutterunternehmen real-time Zugriff auf die lokalen Daten der Töchter gewährt, werden Abhängigkeiten in Bezug auf Berichtspflichten, Ter-

---

[31] Vgl. *Pausenberger/Roth*, 1997, 583
[32] Der gewünschte Standardisierungsgrad bestimmt dabei Umfang und Detailliertheit der konzernweiten Vorgaben bzw. Accounting Policy.
[33] Vgl. *Hoffjan*, 2009, 192.
[34] Vgl. *Wolfsgruber*, 2011, 109.
[35] Vgl. *Wolfsgruber*, 2011, 109.
[36] Vgl. *Turner/Owhoso*, 2009, 41 ff.
[37] Vgl. *Asprion/Knolmayer*, 2009, S. 41.
[38] Vgl. *Al-Mashari* u.a., 2003, 353; *Heinzl/Brehm*, 2006, 408.

mintreue und Informationswahrheit reduziert.[39] Dieser Vorteil kommt zwar auch bei rein lokal agierenden Unternehmen zum Tragen, wiegt jedoch im internationalen Kontext nochmals stärker, denn je größer die räumliche und kulturelle Distanz, desto ausgeprägter sind die Informationsunterschiede zwischen der Konzernmutter und den Tochterunternehmen.[40]

Wie andere Standardisierungsinstrumente erhöhen einheitliche Software- und Rechnungswesenstandards zudem die Unabhängigkeit von einzelnen lokalen Personen. Sollten in kleinen Tochtergesellschaften unvorhergesehene Ausfälle auftreten, erleichtert ein vollintegriertes ERP-System, das an allen Standorten ident oder ähnlich ausgestaltet ist, das Finden einer Überbrückungslösung. Darüber hinaus verkürzen standardisierte Systeme die Einarbeitungszeit.[41]

5. Herausforderungen bei der Implementierung und dem Rollout von ERP-Systemen

5.1. Problemfelder im Zusammenhang mit ERP-Systemen

Trotz der Chancen, die ERP-Systeme für Unternehmen generell[42] bzw. das Konzerncontrolling im Speziellen (siehe Kapitel 4) mit sich bringen, existiert eine Reihe von Beispielen, bei denen der erhoffte Nutzen nicht realisiert werden konnte bzw. die ERP-Einführung das Unternehmen in große Schwierigkeiten brachte. So konnte beispielsweise *Hershey Foods* aufgrund einer ERP-Einführung in der Halloween-Saison 1999 seine Produkte nicht verschiffen,[43] im Fall des Wäscheproduzenten *Schiesser* verursachte die neue Betriebssoftware massive Lieferschwierigkeiten und war mitverantwortlich für die Insolvenz[44] und beim Pharmaunternehmen *Foxmeyer Drug* war die misslungene Implementierung eines ERP-Systems sogar primärer Konkursgrund.[45]

Neben den Störungen des Betriebsablaufs während der Implementierungsphase bzw. in der Anfangsphase nach der ERP-Einführung stellen vor allem der enorme *Zeitaufwand* und die hohen *Kosten* einer ERP-Implementierung Problempunkte dar. Selbst unter idealen Bedingungen beansprucht die Implementierung eines ERP-Systems viel Zeit und verursacht hohe Kosten (allein die Software-Kosten umfassen mehrere hunderttausend bis Millionen Euro, die sich durch die Einbeziehung von Beratern für die Auswahl, Konfiguration und Einführungsphase des Systems noch drastisch steigern können).[46] Die Vorteile der Implementierung werden darüber hinaus selbst bei einer erfolgreichen Implementierung erst Monate bis Jahre später sichtbar.[47]

Mit der Einführung von ERP-Systemen müssen oftmals Kompromisse in Hinblick auf die Flexibilität akzeptiert werden, da ERP-Systeme einem Unternehmen ihre eigene

---

[39] Vgl. *Wolfsgruber*, 2011, 109.
[40] Vgl. *Hoffjan/Weber*, 2007, 11.
[41] Vgl. *Hoffjan/Weber*, 2007, 29.
[42] Vgl. *Al-Mashari* u.a., 2003, 355 f.; *Gargeya/Brady*, 2005, 503.
[43] Vgl. *Grossman/Walsh*, 2004, 38.
[44] Vgl. *Kessler*, 2009, 32 f.
[45] Vgl. *Legare*, 2002, 21.
[46] Vgl. *Al-Mashari* u.a., 2003, 364; *Mitter/Wolfsgruber*, 2011, 37.
[47] Vgl. *Grossman/Walsh*, 2004, 39.

Logik aufdrücken und so zu standardisierten und normierten Prozessen zwingen.[48] Obwohl die ERP-Systeme einen gewissen Anteil an kundenspezifischen Modifikationen (Customizing) zulassen, erhöhen umfangreiche individuelle Anpassungen die Kosten und Dauer der Implementierung.[49] Zusätzlich muss beachtet werden, dass Abweichungen vom Standard auch im späteren Geschäftsbetrieb zusätzliche Kosten verursachen, da mit jedem Release-Wechsel (Implementierung einer höheren Version) die Veränderungen gegenüber dem Standard verloren gehen, da sie durch die Originaleinstellungen des Herstellers überschrieben werden.[50] Als Konsequenz einer ERP-Einführung muss sich ein Unternehmen daher anpassen oder seine Prozesse den Anforderungen des Systems entsprechend neu ausrichten.[51] Insofern ist eine ERP-Implementierung nicht nur eine technologische Veränderung, sondern beeinflusst auch die Organisation und Kultur eines Unternehmens.[52] Durch die konsequente Ausrichtung am ERP-System können Wettbewerbsvorteile beeinträchtigt werden oder sogar verloren gehen.[53]

Obwohl ERP-Systeme weltweiten, real-time Zugriff auf Unternehmensdaten erlauben und damit eine Rationalisierung der Informationsflüsse (in Bezug auf Zeit und Kosten) ermöglichen sowie entscheidend zur konzernweiten Zentralisierung von Informationen und Standardisierung von Prozessen beitragen (siehe Kapitel 4), kann die damit verbundene Vereinheitlichung auch kontraproduktiv wirken.[54] Stehen die betroffenen Unternehmen diesen Veränderungen und Eingriffen daher nicht offen gegenüber, kann die gesamte ERP-Einführung scheitern.[55]

Die Einführung eines ERP-Systems ist daher nicht ohne Risiken bzw. Gefahren. Im Folgenden werden die Herausforderungen in den einzelnen Phasen einer ERP-Implementierung beleuchtet und kritische Faktoren bzw. Handlungsempfehlungen aufgezeigt, um die Erfolgschancen einer ERP-Einführung durch eine frühzeitige Erkennung von Problemfeldern bzw. die Vermeidung der damit verbundenen Risiken zu erhöhen. Abbildung 3 gibt einen Überblick, welche Aspekte in den einzelnen Phasen kritisch sind und daher besondere Beachtung verdienen.

---

[48] Vgl. *Davenport*, 1998, 122 f.
[49] Vgl. *Marbert* u.a., 2003, 308.
[50] Vgl. *Hesseler*, 2009, 51 f.
[51] Vgl. *Wolfsgruber*, 2011, 92.
[52] Vgl. *Umble* u.a., 2003, 245.
[53] Vgl. *Davenport*, 1998, 125.
[54] Vgl. *Davenport*, 1998, 127 f.
[55] Vgl. *Gargeya/Brady*, 2005, 511.

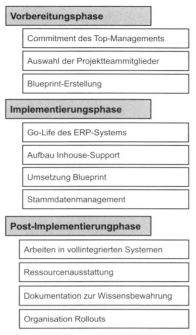

Abb. 3: Kritische Faktoren in den einzelnen Phasen einer ERP-Implementierung

5.2. Kritische Faktoren in der Vorbereitungsphase

Eine ERP-Einführung ist nur sinnvoll, wenn das *Top-Management* sich klar zur ERP-Einführung bekennt und die Implementierungsphase intensiv unterstützt.[56] Einerseits bestimmt das Top-Management die Vision und zukünftige Geschäftsstrategie, die sich auch im ERP-System widerspiegeln muss. Andererseits werden sich die Mitarbeiter nur dann in den Dienst der ERP-Implementierung stellen, wenn das Top-Management dessen Wichtigkeit durch die Bereitstellung adäquater Ressourcen für die demonstriert, die konzernweite Akzeptanz für das Projekt sicherstellt und innerhalb des gesamten Unternehmens eine offene Kultur für die mit der ERP-Einführung verbundenen Veränderungen[57] schafft. Auch in empirischen Studien kristallisierte sich das Commitment des Top-Managements als bedeutendster Erfolgsfaktor heraus.[58] Zudem hing die wahrgenommene Nützlichkeit und die tatsächliche Nutzung des ERP-Systems vom Support des Top-Managements ab.[59]

Das Commitment des Top-Managements darf sich dabei allerdings keineswegs nur auf die Initiierung des Einführungsprojektes beschränken, sondern hat auch die einzelnen Implementierungsschritte inklusive etwaiger Rollouts sowie die Postimplementierungsphase zu umfassen (siehe Kapitel 5.4).[60]

---

[56] Vgl. *Mitter/Wolfsgruber*, 2011, 38.
[57] Vgl. *Gargeya/Brady*, 2005, 511.
[58] Vgl. *Marbert* u.a., 2003, 307 f.; *Zhang* u.a., 2005, 69.; *García-Sánchez/Peréz-Bernal*, 2007, 300.
[59] Vgl. *Lin*, 2010, 335 ff.
[60] Vgl. *Al-Mashari* u.a., 2003, 357; *Heinzl/Brehm*, 2006, 422.

Die *Zusammensetzung des Projektteams*[61] hat großen Einfluss auf den späteren Projekterfolg.[62] Dementsprechend stellt die Auswahl der Projektmitglieder die größte Herausforderung in der Vorbereitungsphase dar. Das Projektteam setzt sich im Regelfall aus externen Beratern und eigenen Mitarbeitern (Key-Usern bzw. Schlüsselanwendern) zusammen.

Bei den *Key-Usern* sollten Mitarbeiter mit entsprechender Erfahrung herangezogen werden. Diese sind sensibilisiert, wo sich im täglichen Arbeitsablauf spezielle Anforderungen an das ERP-System ergeben. Darüber hinaus verfügen sie als gefragte Ansprechpartner im Unternehmen über eine hohe Reputation, sodass die Entscheidungskompetenz des Teams nicht in Frage gestellt wird. Sehr häufig werden Key-User-Rollen nicht von Abteilungsleitern, sondern von starken Mitarbeitern der zweiten Reihe wahrgenommen, um sowohl einen entsprechenden Erfahrungsschatz als auch eine ausreichende Freistellung vom Tagesgeschäft während der Implementierungsphase[63] sicherzustellen. Speziell in Hinblick auf eventuell geplante internationale Rollouts müssen die Projektmitglieder zudem sowohl über ausreichende Fremdsprachenkenntnisse verfügen als auch über einen längeren Zeitraum zu verstärkter Reisetätigkeit bereit sein.

Mit der Verpflichtung externer *Berater* kann die Wissensbasis im Unternehmen erweitert werden. Dieser Wissenserwerb wird in Verbindung mit ERP-Systemen häufig praktiziert und soll Wissensdefizite im eigenen Unternehmen durch den „Einkauf" externer Dienstleister ausgleichen, Lastspitzen abfedern, den internen Mitarbeitern eine Konzentration auf Kernaktivitäten ermöglichen und alternative Lösungsvorschläge generieren.[64] Dementsprechend sollten Consultants mit reicher Erfahrung aus ähnlich gelagerten Projekten gewählt werden. Für den Fall, dass internationale Rollout-Projekte geplant sind, sollten speziell jene Berater, die für den Finanz- und Controllingbereich sowie für den Vertrieb verantwortlich sind, bereits Projekte in den in Frage kommenden Ländern abgewickelt haben. Unterschiedliche rechtliche Rahmenbedingungen wie spezielle Zoll- oder Mehrwertsteuerregelungen können oftmals große Herausforderungen bei der Feinjustierung von ERP-Systemen darstellen.

Idealerweise sollten die Berater einfache Anforderungen selbst programmieren können, um kleinere Modifikationen sofort vorzunehmen bzw. zu testen. Dies verkürzt nicht nur die Bearbeitungszeit, sondern verbessert auch die Problemlösungsqualität, da es Key-Usern teilweise erhebliche Schwierigkeiten bereitet, ihre Wünsche und Anforderungen gegenüber den Programmierern exakt zu artikulieren.

Massive Kostenüberschreitungen bei ERP-Einführungen sind sehr häufig sowohl auf Zusatzanforderungen der Key-User während des Projektes als auch auf erheblichen Nachbetreuungsaufwand inklusive nachträglicher Systemmodifikationen zurückzuführen. Beide Kostenverursachungsgründe könnten durch einen qualitativ hochwertigen und für alle Beteiligten (d.h. sowohl Mitarbeiter als auch Berater) verbindlichen *Blueprint* eingedämmt werden. Im Blueprint[65] werden sämtliche Prozesse, Abläufe und Systemanforderungen exakt beschrieben und darauf aufbauend die Systemarchitektur fest-

---

[61] Vgl. dazu in der Folge *Mitter/Wolfsgruber*, 2011, 38.
[62] Vgl. *Umble* u.a., 2003, 245 f.; *García-Sánchez/Peréz-Bernal*, 2007, 300.
[63] Vgl. *Gargeya/Brady*, 2005, 501.
[64] Vgl. *Heinzl/Brehm*, 2006, 418.
[65] Vgl. *Mitter/Wolfsgruber*, 2011, 38.

gelegt. Dabei sollte im Rahmen der Anforderungsbeschreibung unbedingt auf eine eindeutige Formulierung geachtet werden.[66] Vor allem in Hinblick auf internationale Projekte, bei denen nicht alle Anforderungen von den einzelnen Entscheidungsträgern in ihrer Muttersprache formuliert werden können, sondern oftmals in der Konzernsprache kommuniziert werden müssen, stellt dies eine weitere Herausforderung dar.

Speziell mit zunehmender Größe des Projektteams wird auch die Anzahl an Ideen bezüglich möglicher Anforderungen an das ERP-System steigen. Es ist daher ratsam, dass die Projektleitung gemeinsam mit der Geschäftsführung eine Bewertung der einzelnen Anforderungen vornimmt und entsprechend der Wichtigkeit eine Kategorisierung nach A-, B, und C-Prioritäten durchführt. Die Erstellung des Anforderungskatalogs sollte in erster Linie auf Themenbereiche mit A-Priorität fokussiert sein.[67]

Die Blueprint-Erstellung ist ein zeitintensiver Arbeitsschritt und bringt die Problematik mit sich, dass die Projektteammitglieder das Gefühl haben, keine Projekt-Fortschritte zu erzielen, da die Ergebnisse noch nicht sichtbar sind.[68] Umso wichtiger ist es, den Projektmitgliedern vor Augen zu halten, dass mit der Implementierung von ERP-Systemen Arbeits- und Organisationsabläufe und Auswertungsmöglichkeiten für einen längeren Zeitraum festgelegt werden. Größere Änderungen in der Ausgestaltung des ERP-Systems sind später nur mehr schwer bzw. mitunter gar nicht mehr möglich und verursachen in allen Fällen hohe Kosten. Dementsprechend sollte die Wichtigkeit des Blueprints allen an der Einführung beteiligten Personen bewusst sein und es sollten ausreichend Zeit und Ressourcen für dessen Erstellung eingeplant werden.

Der Blueprint und die darin enthaltene Spezifikation der Anforderungen an das ERP-System bilden auch einen wesentlichen Baustein in der *Auswahl eines ERP-Systems*,[69] indem sie in der Evaluierungsphase als Bezugspunkt für die Ableitung der Auswahlkriterien herangezogen werden.[70]

In internationalen Unternehmen sind eventuell geplante Rollout-Projekte in Tochterunternehmen bereits bei der Blueprint-Erstellung zu bedenken. Nur wenn diese geplanten Erweiterungen in der Anfangsphase berücksichtigt wurden und entsprechend in das Gesamtkonzept eingearbeitet worden sind, ist eine perfekt abgestimmte, in sich schlüssige System-Architektur möglich.[71]

Die im Zusammenhang mit der Erstellung von Blueprints erforderliche Beschreibung von betrieblichen Abläufen bietet eine hervorragende Gelegenheit, bestehende Prozesse kritisch zu hinterfragen und gegebenenfalls zu optimieren. Durch die Einbeziehung externer Berater in die Blueprint-Erstellung kann insbesondere von den Erfahrungen dieser Experten profitiert und ein bedeutendes Optimierungspotential offengelegt werden.

5.3. Kritische Faktoren in der Implementierungsphase

Für den Arbeitsbeginn mit dem neuen ERP-System, dem sogenannten *Go-Life*, stehen grundsätzlich zwei verschiedene Organisationsvarianten zur Verfügung. Während bei

---

[66] Vgl. *Eggert/Gronau*, 2009, 25.
[67] Vgl. *Eggert/Gronau*, 2009, 27.
[68] Vgl. *Mitter/Wolfsgruber*, 2011, 38.
[69] Vgl. *Eggert/Gronau*, 2009, 25.
[70] Vgl. *Mitter/Wolfsgruber*, 2011, 38.
[71] Vgl. *Gargeya/Brady*, 2005, 510.

einer „Big Bang"-Lösung sämtliche Module zu einem exakt definierten Zeitpunkt gestartet werden, erfolgt bei einer stufenweisen Freischaltung die Inbetriebnahme der einzelnen Module Schritt für Schritt über einen längeren Zeitraum. Für die stufenweise Implementierung spricht das geringere Risiko. Umgekehrt muss beachtet werden, dass sich die Projektdauer verlängern wird und für den Zeitraum, in dem nur einzelne Module in Betrieb sind, zusätzliche (provisorische) Schnittstellen zu den anderen Systemen (Personalverrechnungs-, Buchhaltungs-, Warenwirtschaftssystem etc.) programmiert werden müssen. Die Risikoverringerung wird somit zu einem relativ hohen Preis erkauft.

Da in fast jedem Unternehmen die Personalkosten und die Mitarbeiteranzahl besonders streng überwachte Zielgrößen darstellen, scheint es auf den ersten Blick verlockend, den für ERP-Einführungen notwendigen IT-Support gänzlich mit externen Beratern abzuwickeln. Die externe Vergabe des Supports stellt auf den zweiten Blick jedoch eine sehr kostspielige Lösungsvariante dar. Wird ein Beratertag mit € 1.000 angenommen (eine übliche Richtgröße im IT-Bereich), würden sich die monatlichen Kosten auf über € 20.000 aufsummieren. Geht man davon aus, dass gute IT-Experten in einer Gehaltsbandbreite von ca. € 6.000 – € 8.000 inklusive Gehaltsnebenkosten pro Monat liegen, so könnte man in diesem Fall mindestens zwei eigene IT-Experten anstellen und dennoch Kosten sparen.[72] Speziell im Fall internationaler Rollout-Projekte, die sich oft über mehrere Jahre erstrecken, sollte sich der Aufbau eines eigenen *Inhouse-Support-Teams* lohnen.

Die Mitarbeiter des Inhouse-Supports sollten bereits während der Implementierungsphase intensiv in das Projekt eingebunden werden, um in dieser Zeit mit den Betriebsabläufen vertraut zu werden und durch aktive Mitarbeit Wissen aufzubauen. Zusätzlich muss die enge Zusammenarbeit der eigenen IT-Abteilung mit den externen Beratern dazu genutzt werden, durch Wissenstransfer internes Know-how zu entwickeln. Darüber hinaus sind gezielte Schulungen der eigenen IT-Mitarbeiter durch externe Anbieter möglich.[73]

Auf diese Weise sollte sich der Einsatz externer Berater nach durchgeführter Implementierung im ersten Standort eines Konzerns oder einer Unternehmensgruppe in der Folge deutlich reduzieren und externe Berater nur noch bei komplizierten Änderungen in Anspruch genommen werden, während Basisarbeiten von Key-Usern sowie weniger komplexe Einstellungsänderungen bzw. Neueinstellungen bei Rollout-Projekten vom eigenen Inhouse-Support durchgeführt werden. Abbildung 4 zeigt diese Rollenverteilung in Bezug auf Systemmodifikationen. Da die vorzunehmenden Systemeingriffe von den Basisarbeiten über die von Inhouse-Spezialisten zu lösenden Modifikationen bis zu den komplexen und von externen Consultants vorzunehmenden Anpassungen zahlenmäßig abnehmen, wurde eine Pyramide als Darstellungsform gewählt.

---

[72] Vgl. *Mitter/Wolfsgruber*, 2011, 39.
[73] Vgl. *Heinzl/Brehm*, 2006, 418.

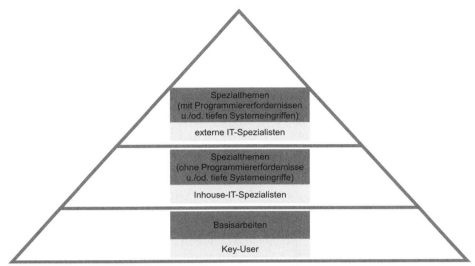

Abb. 4: Rollenverteilung bei Modifikationen am ERP-System[74]

Für eine Controllingabteilung könnte dies im Konkreten wie folgt aussehen: Die Key-User sind für das Anlegen von Kostenstellen und Kostenarten, das Festlegen von Umlagezyklen, die Einstellung von Fixkontierungen sowie die Definition der Zuschlagssätze zuständig. Aufgabe des Inhouse-Supports ist das Generieren von Berichten, für die Spezialmodule benötigt werden, wie bspw. bei *SAP* der Report-Painter. Modifikationen der Kalkulationsarchitektur sollten externe IT-Beratern vornehmen, da es sich dabei um funktionsübergreifende Systemeingriffe handelt, die Programmierkenntnisse erfordern und im Falle einer fehlerhaften Ausführung zu schwerwiegenden Systemstörungen führen können.

In der Implementierungsphase ist der erstellte *Blueprint umzusetzen*. Die darin festgelegte Systemarchitektur muss für alle Beteiligten verbindlich sein. Die Verlockung, vom Blueprint abzuweichen, ist sowohl für Berater als auch Mitarbeiter groß und kann auf folgende Gründe zurückgeführt werden. Einerseits entdecken die Systemanwender im Laufe der Implementierung die vielfältigen Möglichkeiten für Auswertungen und Analysen und möchten diese auch ausschöpfen. Andererseits kann es auch sein, dass Probleme erst bei der Systemimplementierung erkannt werden. Gerade Beratungsunternehmen können dann versuchen, dem unerfahrenen Kunden eine eventuell suboptimale Abweichung vom ursprünglichen Konzept nahezulegen.

Generell sollte darauf geachtet werden, dass Abweichungen vom Blueprint wenn irgendwie möglich zu vermeiden sind. Der Implementierungspartner sollte zusätzlich instruiert werden, dass von Key-Usern oder einzelnen Beratern veranlasste Abweichungen vom Blueprint nicht toleriert werden können und Änderungen nur auf Basis von der Projektleitung offiziell freigegebenen „Change Requests" akzeptiert werden. Nachträgliche Systemänderungen sollten auch deshalb über den Projektleiter abgewickelt werden, weil

---

[74]   Quelle: *Mitter/Wolfsgruber*, 2011, 39.

eine Änderung in einem Funktionsbereich oft Auswirkungen auf eine Reihe funktional nachgelagerter Anwendungen haben kann.

Die Bedeutung von Blueprints und deren exakte Umsetzung unterstreicht auch eine Untersuchung von US-Unternehmen, die SAP implementierten: 55% führten hier die Beibehaltung des ursprünglich aufgestellten Implementierungsplans als Erfolgsfaktor an.[75]

Exakte und richtige *Stammdaten* sind eine Grundvoraussetzung für ein stabil laufendes ERP-Programm.[76] Falsch hinterlegte Stücklisten, Fertigungsverfahren oder Preislisten verfälschen die Kalkulationen und führen in der Folge zu fehlerhaften Lagerbewertungen, Deckungsbeiträgen und Ergebnisrechnungen. Die Notwendigkeit korrekter Dateneingaben[77] sollte allen Mitarbeitern im Unternehmen bis in die Geschäftsführungsebene hinauf bewusst sein. Dementsprechend sollten sowohl die personellen als auch finanziellen Mittel für ein professionelles Stammdatenmanagement bereitgestellt werden.[78]

Im Zuge der Implementierung des ERP-Systems kann die Stammdatenbasis vom alten System in Bausch und Bogen übernommen oder gänzlich neu angelegt werden. Für eine pauschale Stammdatenübernahme spricht der kurzfristige Zeitgewinn im Rahmen der Go-Life-Phase. Dem steht hingegen ein mittel- und langfristig größeres Fehlerpotential sowie die verlorene historische Chance gegenüber, Stammdaten zu überprüfen und mitunter von Grund auf zu überarbeiten. Die Tatsache, dass gerade in der Anfangsphase einer ERP-Implementierung das neue IT-System unter extrem genauer Beobachtung steht und Fehler und Probleme in dieser Zeit besonders schwer wiegen, ist ein weiteres Argument dafür, die Stammdaten neu in das System einzupflegen.

5.4. Kritische Faktoren in der Postimplementierungsphase

Ein *voll integriertes ERP-System* stellt für die Mitarbeiter eines Unternehmens *Neuland* dar. Da die betroffenen Personen sehr häufig über viele Jahre an eine Software-Architektur gewöhnt waren, welche grundsätzlich als Stand-alone-Lösung bestanden hat, stellt sie die Einführung eines ERP-Systems vor Herausforderungen. In nicht-integrierten Systemen werden Daten teilweise durch händische Eingabe in Datenbanksysteme zu Berichten verarbeitet. Mit der manuellen Übernahme von Daten in weiterführende Programme kann die Datenbasis relativ leicht verändert werden, sodass die Anwender mehr Möglichkeiten besitzen, bei der Fehlerkorrektur und bei Systemschwierigkeiten zu improvisieren als bei vollintegrierten Systemen. Moderne ERP-Systeme verknüpfen alle Bereiche entlang der Wertschöpfungskette und nehmen diesen Datentransfer zwischen den betrieblichen Funktionsbereichen automatisch vor. Daher können keine Veränderungen erfolgen, ohne einen Domino-Effekt auszulösen und sämtliche Daten in allen nachgelagerten Bereichen zu verfälschen.[79]

Als Beispiel[80] können schlampige Korrekturen von falsch abgeschlossenen Fertigungsaufträgen angeführt werden. Durch eine falsche Mengenangabe bei der Rückmel-

---

[75] Vgl. *Gargeya/Brady*, 2005, 509.

[76] Vgl. *Freytag/Hartmann*, 2009, 71 f.

[77] Vgl. *Umble* u.a., 2003, 246.

[78] Vgl. *Mitter/Wolfsgruber*, 2011, 40.

[79] Vgl. *Umble* u.a., 2003, 246.

[80] Vgl. *Mitter/Wolfsgruber*, 2011, 40 f.

dung eines Fertigungsauftrages wird dem Fertigwarenlager irrtümlich ein zu hoher Mengenbestand zugebucht. In einer Stand-alone-Lösung konnte dieser Fehler einfach über eine Inventurbuchung nur lagerseitig behoben werden. Wird eine solche Inventurbuchung in einem ERP-System vorgenommen, wäre zwar der Lagerbestand wieder korrekt, sämtliche andere Statistiken und Berichte (z.B. Produktionsberichte, Plankostenrechnung) würden jedoch weiterhin falsche Werte ausweisen und de facto unbrauchbar sein.

Die Systemanwender sind daher darauf zu sensibilisieren, dass improvisierte Lösungen oder schlampig korrigierte Fehler Auswirkungen in nachgelagerten Funktionsbereichen aufwerfen. Inhouse-Trainings und externe Berater können den Schlüsselanwendern das Konzept und die hinter dem ERP-System stehende Logik näher bringen und sie dabei unterstützen, ein besseres Verständnis zu entwickeln, wie ihre Aufgaben mit anderen Funktionsbereichen im System zusammenhängen.[81] Generell muss darauf geachtet werden, dass sich bei ERP-Programmen ein erhöhter Kommunikationsbedarf zwischen verschiedenen Abteilungen ergibt.[82]

Die Aufgaben der Postimplementierungsphase umfassen die Betreuung der (End-) Anwender bei Fragen und Problemen, die Behebung von Fehlern in der Konfiguration bzw. in vorgenommenen Anpassungen sowie die Korrektur von falschen Buchungen, Kontierungen oder sonstigen Fehlern der Anwender, die (Re-)Konfiguration des ERP-Systems, die Vornahme von Release-Wechseln sowie die technische Betreuung des ERP-Systems.[83] Die Bewältigung dieser Aufgaben hängt entscheidend von der *Ressourcenausstattung* ab. Je höher die Mitarbeiterkapazität in den IT-Abteilungen und bei den Key-Usern in den Fachabteilungen, die für das ERP-System zur Verfügung steht, und je höher die finanziellen Ressourcen zum „Einkauf" externer Dienstleister, umso ausführlicher werden Aufgaben wie die Anwenderbetreuung und funktionale Änderungen erfüllt.[84] Vor diesem Hintergrund wird deutlich, wie entscheidend das Commitment des Top-Managements auch nach der Implementierung des ERP-Systems ist. Nur bei entsprechender Unterstützung durch die oberste Führungsebene stehen auch in späteren Phasen ausreichende Ressourcen zur Betreuung, Wartung und Anpassung des Systems sowie für Inhouse-Support bereit.

Im Rahmen der Erfüllung der mit der Nutzung des ERP-Systems verbundenen Aufgaben spielt Wissen eine bedeutende Rolle. Dabei gilt es, die im Zuge der einzelnen Implementierungsschritte gewonnenen Erfahrungen im Unternehmen so zu bewahren, dass darauf später bei Bedarf leicht zurückgegriffen werden kann. *Dokumentationen* bieten sich dabei als Instrument zur Wissensbewahrung an und sollten möglichst nutzerfreundlich gestaltet werden. Die Dokumentation von Konfigurationen, Prozessen und Modifikationen inklusive der damit verbundenen Entscheidungsgründe kann bei Release-Wechseln äußerst hilfreich sein.[85] Auch bei späteren Rollouts können sich diese Dokumentationen als wertvolle Unterstützung erweisen und den Implementierungsprozess beschleunigen.

---

[81] Vgl. *Zhang* u.a., 2005, 64 f.
[82] Vgl. *Al-Mashari* u.a., 2003, 359.
[83] Vgl. *Heinzl/Brehm*, 2006, 415.
[84] Vgl. *Heinzl/Brehm*, 2006, 416 f.
[85] Vgl. *Heinzl/Brehm*, 2006, 418.

In internationalen Konzernen oder Unternehmensgruppen stellt sich auch die Frage, ob im Sinne einer globalen Strategie die ERP-Einführung an sämtlichen Standorten gleichzeitig erfolgt oder eine stufenweise Implementierung mit einem Pilotprojekt und anschließenden Rollouts vorgenommen wird.[86] Generell wird die phasenweise Einführung als vorteilhafter angesehen, weil auf diese Weise Erfahrungen aus dem Pilotprojekt für eine effizientere Implementierung genutzt werden können.[87] Der Start der Rollouts sollte nicht zu schnell im Anschluss an die Piloteinführung erfolgen, da ansonsten Systemschwächen und Fehler mit jedem weiteren Rollout multipliziert werden. Darüber hinaus erfordert die Betreuung der Endanwender, die üblicherweise speziell in der Anfangsphase noch mit Anwendungsproblemen kämpfen, eine erhöhte Aufmerksamkeit und führt folglich zu einer größeren Arbeitsbelastung. In internationalen Rollouts ist diese Problematik besonders gravierend, da die Fehlerbehebung komplizierter und vor allem teurer ist. Einerseits fallen für das Projektteam bei Vorort-Einsätzen im Ausland zusätzlich Reisekosten und Leerzeiten an, andererseits wird die Fehlerbehebung durch Sprachbarrieren und Kommunikationsprobleme erschwert und dadurch langwieriger.[88]

Umgekehrt sollte das Ausrollen von ERP-Programmen auch nicht endlos lange hinausgezögert werden, da Spezialwissen wie bspw. das für bestimmte Customizing-Aktivitäten seitens der Schlüsselanwender erforderliche Know-how ohne Anwendungstraining im Zeitablauf verloren geht. Ebenso können Fluktuation oder Änderungen in der Unternehmensorganisation dazu führen, dass einzelne Mitarbeiter nicht mehr als Key-User zur Verfügung stehen.[89]

Im Vorfeld geplanter Rollouts ist eine offene Informationspolitik[90] des Konzerns gegenüber den Tochterunternehmen für den Projekterfolg essentiell. Dementsprechend sind die Erwartungen der Töchter an den Konzern sowie des Mutterunternehmens an die lokalen Einheiten im Vorfeld klar abzuklären und zu kommunizieren. Dabei sind auch kulturelle Unterschiede zwischen den Ländern zu beachten. Während Manager aus maskulinen low-context-Kulturen (wie Österreich) einen expliziten Kommunikationsstil sowie Informationen in schriftlicher Form (z.B. Protokolle, Dokumentationen) bevorzugen, wird in femininen high-context-Kulturen (wie Russland) implizit kommuniziert. Der Informationsaustausch ist durch eine stärkere Betonung verbaler Informationen, persönlicher Kontakte, Networking und informeller Informationsflüsse geprägt.[91]

Eigene Erfahrungen haben gezeigt, dass speziell in der späteren Rollout-Phase von lokalen Mitarbeitern häufig versucht wurde, das von der Zentrale vorgegebene Lösungspaket in kleinen Schritten wieder aufzuschnüren, um gewohnte Arbeitsabläufe oder Auswertungen nicht aufgeben zu müssen. Um Zeit- und Kostenüberschreitungen sowie Suboptima aus Konzernsicht zu vermeiden, ist daher unbedingt an der im Blueprint vorgesehenen Systemarchitektur festzuhalten.

---

[86] Vgl. *Bayrak*, 2007, 23.

[87] Vgl. *Umble* u.a., 2003, 247. Hier sind dieselben Argumente wie im Zusammenhang mit dem Go-Life-Szenario zu beachten.

[88] Vgl. *Mitter/Wolfsgruber*, 2011, 41.

[89] Vgl. *Mitter/Wolfsgruber*, 2011, 41.

[90] Vgl. *Gargeya/Brady*, 2005, 211.

[91] Vgl. *Keplinger* u.a., 2011, 111.

Da ERP-Systeme als Katalysator zur Verbreitung von Controlling-Know-how wirken,[92] kann das Ausrollen des ERP-Systems auch dazu genützt werden, im Konzern vorhandenes Controllingwissen in die internationalen Töchter zu exportieren. Auf diese Weise trägt das ERP-System nicht nur zu einer Standardisierung des Controllings bei, sondern unterstützt auch den Know-how-Transfer von der Mutter in die Tochterunternehmen und damit die Verbreitung der konzernweiten Controlling-Kompetenzen.

6. Fazit und Ausblick

Das Geschäftsumfeld hat sich für heimische Unternehmen in den letzten beiden Jahrzehnten stark verändert und ist unter anderem globaler geworden. Die Internationalisierung brachte für heimische Betriebe neben vielen Chancen auch große Herausforderungen. Insbesondere für das Controlling hat die Komplexität der Aufgabenbereiche stark zugenommen. Neben der Überwindung von zeitlichen, räumlichen und kulturellen Unterschieden sowie dem Management von Wechselkursschwankungen stellt die Aufbereitung und Zusammenführung unterschiedlicher Zahlenwerke aus den Tochterunternehmen zu einer einheitlichen, vergleichbaren Datenbasis die größte Herausforderung dar. Moderne vollintegrierte ERP-Systeme sind nicht zwangsläufig Voraussetzung für die Erfüllung der Controlling-Aufgaben in internationalen Unternehmen, können aber zweifellos einen wichtigen Beitrag dazu leisten, sowohl die Datensicherheit als auch die Effizienz zu erhöhen.

Trotz der Vorteile, die ERP-Systeme bieten, muss bedacht werden, dass die Einführung derartiger IT-Systeme in jedem Unternehmen auch mit Risiken verbunden ist. Implementierungserfolg und erwartete Nutzenvorteile ergeben sich nicht automatisch, sondern sind gerade im internationalen Kontext einer Vielzahl an Störfaktoren ausgesetzt. Faktoren wie Top-Management-Commitment, ein geeigneter Mix aus internen und externen Experten im Projektteam, Erstellung und zielstrebige Umsetzung des Blueprint, Auswahl eines passenden Go-Life-Szenarios, Aufbau von Inhouse-Support, konsequentes Stammdatenmanagement, Aufbau von Verständnis für integrierte Datensysteme sowie umsichtige Organisation der Rollouts können den Erfolg in der Einführungs- und Nutzungsphase positiv beeinflussen. Zu beachten ist jedoch, dass die vorgenommene Auflistung keinen Anspruch auf Vollständigkeit erhebt und dass diese kritischen Faktoren selten getrennt auftreten, sondern häufig zusammenhängen und einander bedingen. Gerade in internationalen Konzernen sind zudem Wechselwirkungen dieser Faktoren mit ökonomischen, rechtlichen und kulturellen Rahmenbedingungen zu beachten.

---

[92] So dürfte die starke Verbreitung der Grenzplankostenrechnung im deutschsprachigen Raum sowie das zunehmende angloamerikanische Interesse an diesem Konzept (siehe bspw. *Sharman/Vikas*, 2004, 28 ff.; *Krumwiede*, 2005, 27 ff. oder *Smith*, 2005, 36 ff.) auch darauf zurückzuführen sein, dass SAP das Grenzplankostenrechnungskonzept in ihrem R/3-CO-Modul systemtechnisch umgesetzt hat (vgl. *Cordes/Holzwarth*, 2006, 88; *Zwicker*, 2006, 14). Auch aus Interviews mit brasilianischen Konzernen stellte sich heraus, dass diese ihr Controlling-Know-how vor allem über die Implementierung etablierter ERP-Systeme importieren (*Brandau/Hoffjan*, 2010b, 308).

Literaturhinweise

Al-Mashari, M./Al-Mudimigh, A./Zairi, M., Enterprise resource planning: A taxonomy of critical factors, in: European Journal of Operational Research, Vol. 46 (2003), No. 2, 352–364.

Aschfalk-Evertz, A., Internationale Rechnungslegung, München 2011.

Asprion, P./Knolmayer, G.-F., Compliance und ERP-Systeme: Eine bivalente Beziehung, ZfCM, 53. Jg. (2009), Sonderheft 3, 40–47.

Bayrak, E. S., ERP-Einführungsstrategien, in: ERP Management, 3. Jg. (2007), H. 4, 21–24.

Brandau, M./Hoffjan, A., Comparative Management Accounting, in: DBW, 70. Jg. (2010a), H. 1, 101–104.

Brandau, M./Hoffjan, A., Controlling in BRIC-Staaten: Das Beispiel des Global Players Brasilien, 54. Jg. (2010b), H. 5, 304–308.

Cordes, P./Holzwarth, J., Grenzplankostenrechnung und Einzelkostenrechnung aus Sicht der Praxis, in: ZfCM, 50. Jg. (2006), Sonderheft 1, 87–93.

Davenport, T., Putting the enterprise into the enterprise system, in: Harvard Business Review, Vol. 76 (1998), No. 4, 121–131.

Eggert, S./Gronau, N., Modellbasierte Auswahl von ERP-Systemen, in: ZfCM, 53. Jg. (2009), Sonderheft 3, 24–30.

Freytag, C./Hartmann, F.W., Stammdatenmanagement als Grundlage für effiziente Geschäftsprozesse, in: Controller Magazin, 34. Jg. (2009), H. 2, 71–73.

Funk, W./Rossmanith, J., Internationalisierung der Rechnungslegung und des Controllings: Einflussfaktoren und Auswirkungen, in: Internationale Rechnungslegung und internationales Controlling, hrsg. von *Funk, W./Rossmanith, J.*, Wiesbaden 2008, 3–76.

García-Sánchez, N./Peréz-Bernal, L.E., Determination of Critical Success Factors in Implementing an ERP System: A Field Study in Mexican Enterprises: View From Practice, in: Information Technology for Development, Vol. 13 (2007), No. 3, 293–309.

Gargeya, V. B./Brady, C., Success and failure factors of adopting SAP in ERP system implementation, in: Business Process Management Journal, Vol. 11 (2005), No. 5, 501–516.

Grossman, T./Walsh, J., Avoiding the Pitfalls of ERP System Implementation, in: Information Systems Management, Vol. 21 (2004), No. 2, 38–42.

Guserl, R./Pernsteiner, H., Finanzmanagement: Grundlagen – Konzepte – Umsetzung, Wiesbaden 2011.

Heinzl, A./Brehm, L., Organisatorische Gestaltung und Erfolgsfaktoren der Postimplementierungsphase von ERP-Systemen, in: Die Unternehmung, 60. Jg. (2006), H. 6, 407–425.

Hesseler, M., Customizing von ERP-Systemen – Rollenbasierte Konzepte bieten neue Möglichkeiten für individuelle Anpassungen, in: ZfCM, 53. Jg. (2009), Sonderheft 3, 48–53.

Hitt, M. A./Tihanyi, L./Miller, T./Connelly, B., International Diversification: Antecedents, Outcomes, and Moderators, in: Journal of Management, Vol. 32 (2006), No. 6, 831–867.

Hoffjan, A., Internationales Controlling, Stuttgart 2009.

Hoffjan, A./Weber, J., Internationales Controlling – Steuerung von Auslandsgesellschaften, Weinheim 2007.

Hoffjan, A./Weide, G., Organisation des internationalen Controlling – Im Spannungsfeld zwischen Standardisierung und Differenzierung, in: Die Unternehmung, 60. Jg. (2006), H. 6, 389–406.

Keplinger, K./Mitter, C./Feldbauer-Durstmüller, B., Doing Business in Russia: Lessons for Management Accounting, Proceedings of The First International Conference RE-DETE 2011 (Researching Economic Development and Entrepreneurship in Transitional Economies), Faculty of Economics, University of Banja Luka, Banja Luka, (2011), 107–117.

Kessler, G., Voll in die Hose – Wird eine neue Betriebssoftware eingeführt, müssen alle Mitarbeiter damit umgehen können. Sonst droht die Pleite – wie bei Schiesser, in: Financial Times Deutschland, enable 03/2009, 32–33.

Krumwiede, K.R., Rewards and Realities of German Cost Accounting, in: Strategic Finance, Vol. 86 (2005), No. 10, 27–45.

Krumwiede, K., A Closer Look at German Cost Accounting Methods, in: Management Accounting Quarterly, Vol. 10 (2008), No. 1, 37–50.

Legare, T. L., The Role of Organizational Factors in Realizing ERP Benefits, in: Information Systems Management, Vol. 19 (2002), No. 4, 21–42.

Lin, H.-F., An investigation into the effects of IS quality and top management support on ERP system usage, in: Total Quality Management, Vol. 21 (2010), No. 3, 335–349.

Lu, J. W./Beamish, P.W., The internationalization and performance of SMEs, in: Strategic Management Journal, Vol. 22 (2001), Nos. 6-7, 565–586.

Marbert, V.A./Soni, A./Venkataramanan, M.A., Enterprise resource planning: Managing the implementation process, in: European Journal of Operational Research, Vol. 146 (2003), No. 2, 302–314.

McDougall, P.P./Oviatt, B.M., New Venture Internationalization, Strategic Change and Performance: A Follow-up Study, in: Journal of Business Venturing, Vol. 11 (1996), No. 1, 23–40.

Mitter, C./Wolfsgruber, H., Einführung von ERP-Systemen – Kritische Faktoren und Erfolgstreiber, in: Controller Magazin, 36 Jg. (2011), H. 1, 36–41.

OeNB, Stand der österreichischen Direktinvestitionen im Ausland nach Regionen, Wien 2011, http://www.oenb.at/isaweb/report.do?r-eport=950.3, Abruf am 26.11.2011.

Pausenberger, E./Roth, A., Störfaktoren im internationalen Controlling, in: zfbf, 49. Jg. (1997), H. 6, 580–596.

Sanders, G. and *Carpenter, M. A.*, Internationalization and firm governance: The roles of CEO compensation, top team composition and board structure, in: Academy of Management Journal, Vol. 41 (1998), No. 2, 158–178.

SAP, Geschäftsbericht 1997, Walldorf 1998.

SAP, Mehr erreichen: Geschäftsbericht 2010, Walldorf 2011.

Sharman, P.A./Vikas, K., Lessons from German Cost Accounting, in: Strategic Finance, Vol. 86 (2004), No. 6, 28–35.

Smith, C. S., Going for GPK: Still Moves towards this Costing System in the United States, in: Strategic Finance, Vol. 86 (2005), No. 10, S. 36–39.

Steiner,C.C., SMEs go Global – Thriving on a 24x7 global economy, Wien 2003.

Turner, L.D./Owhoso, V., Use ERP Internal Control Exception Reports to Monitor and Improve Controls, in: Management Accounting Quarterly, Vol. 10 (2009), No. 3, 41–50.

Umble, E.J./Haft, R.R./Umble, M.M., Enterprise resource planning: Implementation procedures and critical success factors, in: European Journal of Operational Research, Vol. 146 (2003), No. 2, 241–257.

WIFO, Österreichs Direktinvestitionen in Mittel- und Osteuropa, Presseinformation vom 4. März 2010.

Winkelmayr, I./Feldbauer-Durstmüller, B., Kostenrechnung im deutschsprachigen Raum und den USA: Gemeinsamkeiten und Unterschiede, in: Jahrbuch für Controlling und Rechnungswesen 2009, hrsg. von *Seicht, G.* Wien 2009, 335–359.

Wolfsgruber, H., Interne Unternehmensrechnung in der österreichischen Industrie: Stand und Entwicklungstendenzen, Wien 2005.

Wolfsgruber, I., Kostenrechnung in international tätigen österreichischen Konzernen der Industrie, Wien 2011.

Zhang, Z./Lee, M.K.O./Huang, P./Zhang, L./Huang, X., A framework of ERP systems implementation success in China: An empirical study, in: International Journal of Production Economics, Vol. 98 (2005), No. 1, 56–80.

Zwicker, E., „Die Planung und Verrechnung von Stromkosten in der Grenzplankostenrechnung" – Kilgers flexible Plankostenrechnung aus heutiger Sicht, in: ZfCM, 50. Jg. (2006), Sonderheft 1, 14–20.

Konvergenz des Rechnungswesens – State-of-the-Art in Österreich

Roman Rohatschek/Carina Öppinger/Daniela Schausberger

Management Summary

Vor dem Hintergrund der zunehmenden Verbreitung internationaler Rechnungslegungsstandards wird die Frage nach der Konvergenz des internen mit dem externen Rechnungswesen wieder verstärkt diskutiert. Ob bzw. inwieweit im Speziellen die International Financial Reporting Standards (IFRS) für eine derartige Konvergenz geeignet scheinen, wird im nachfolgenden Beitrag zunächst literaturgestützt aufgearbeitet. Schließlich stehen aufgrund der Veröffentlichung von Segmentberichten im Einklang mit IFRS 8 extern zugängliche Daten zur Verfügung, welche eine Beurteilung des State-of-the-Arts der Konvergenz speziell für österreichische börsenotierte Unternehmen erlauben sollen.

1. Einleitung

Bereits im Jahr 2000 prognostizierte *Küting* im Rahmen eines Festvortrages an der Hochschule St. Gallen den State-of-the Art der Rechnungslegung 2010 und konstatierte dabei zum einen verstärkten Bedeutungsverlust der nationalen Normengeber sowie zum anderen eine stärkere Verzahnung des externen als auch des internen Rechnungswesens, wobei er eine vollständige Konvergenz ausschloss.[1] Mit beiden Aussagen bewies *Küting*, wie der nachfolgende Beitrag zeigen wird, gute Voraussicht. Zielsetzung des vorliegenden Beitrages soll es sein, die in den letzten Jahren viel diskutierte Konvergenz des Rechnungswesens insbesondere vor dem Hintergrund der internationalen Rechnungslegung literaturgestützt aufzuarbeiten und anschließend den State-of-the-Art der Konvergenz zwischen externer und interner Unternehmensrechnung im Speziellen für den österreichischen Unternehmensstandort zu erheben.

2. Literaturüberblick

2.1. Konvergenz von externem und internem Rechnungswesen vor dem Hintergrund unternehmensrechtlicher Rechnungslegungsvorschriften

Wenn von Konvergenz des Rechnungswesens gesprochen wird, bezeichnet dies eine Annäherung von externer und interner Unternehmensrechnung. Häufig wird in diesem Zusammenhang auch von „Harmonisierung des Rechnungswesens"[2] bzw. seltener auch von „Integration"[3] oder „Konversion"[4] gesprochen. Bezüglich der Harmonisierungsrichtung wird sowohl in Literatur als auch Praxis überwiegend davon ausgegangen, dass diese nur zugunsten einer verstärkten Nutzung des externen Rechnungswesens erfolgen kann und die sog. Konvergenz letztlich zu einem Verzicht auf ein internes Rechnungswesen oder eine starke Reduzierung desselben führt.[5]

Nachfolgend wird in Abschnitt 2.1.1 dargelegt, weshalb sich vor allem in Kontinentaleuropa eine Trennung von externem und internem Rechnungswesen durchgesetzt hat,

---

[1] Vgl. *Küting*, 2000, 157.
[2] So bspw. bei *Küting/Lorson*, 1998, 483.
[3] Vgl. *Burger/Buchhart*, 2001, 549 ff.
[4] *Seeliger/Kaatz*, 1998, sprechen bspw. von der „Konversion des Rechnungswesens".
[5] Vgl. hierzu bereits *Küting/Lorson*, 1998, 488.

bevor hierauf aufbauend in Kapitel 2.1.2 die propagierten Vorteile des Verzichts dieser Zweiteilung und damit der geforderten Zusammenführung dieser beiden Rechensysteme kritisch gewürdigt werden sollen. Ein erstes Zwischenfazit soll bereits an dieser Stelle festhalten, ob bzw. inwieweit eine solche Konvergenz als sinnvoll erachtet werden kann.

2.1.1. Abgrenzung externes versus internes Rechnungswesen

Im kontinentaleuropäischen Raum besteht, im Gegensatz zum angloamerikanischen Raum, bereits seit Jahrhunderten sowohl in Praxis als auch Forschung eine strikte Trennung der Rechnungslegung in ein externes und ein internes Rechnungswesen, welche vorwiegend mit den unterschiedlichen Zielsetzungen der beiden Rechensysteme begründet wird.[6]

Das externe Rechnungswesen dient, wie der Bezeichnung „extern" bereits zu entnehmen ist, vorwiegend den externen Adressatengruppen eines Unternehmens (wie bspw. Anteilseigner, Kreditgeber, Lieferanten, Kunden, Mitarbeiter). Primär kommt dem externen Bereich daher eine Informationsfunktion zu. Darüber hinaus dient der Einzelabschluss des Unternehmens als Ausschüttungs- bzw. Steuerbemessungsgrundlage.[7]

Der dem externen Rechnungswesen zugrundeliegende Gedanke des Gläubigerschutzes und der damit verbundene Grundsatz der Vorsicht, die darauf ausgerichtet sind, den Gläubigern im Krisenfall ausreichend Haftungsmasse sicherzustellen, bewirken laut *Wala* u.a. allerdings in der Folge auch, dass die Vermögens- (aufgrund der Zulässigkeit stiller Reserven) sowie die Erfolgssituation (resultierend aus dem imparitätischen Realisationsprinzip) des Unternehmens teilweise verfälscht dargestellt werden.[8]

Aus den obigen Ausführungen folgt, dass die Zahlen der externen Rechnungslegung den unternehmerischen Planungs-, Kontroll- und Steuerungsaufgaben nicht genügen.[9] Für unternehmensinterne Zwecke wird daher ein frei von Vorschriften ausgestaltbares internes Rechnungswesen vorgesehen, welches den unternehmensinternen Adressaten als Datengrundlage dienen soll.[10]

2.1.2. Kritische Würdigung der propagierten Vorteile einer Konvergenz des Rechnungswesens

Als problematisch bei der gleichzeitigen Führung eines externen und eines internen Rechnungswesens wird erachtet, dass es aufgrund der beiden Zahlenwerke zu Interpretationsschwierigkeiten bzw. zu Zielkonflikten kommen könnte.[11] Schließlich liefern die beiden Rechenwerke bspw. eine Vielzahl an verschiedenen, teilweise voneinander abweichenden internen bzw. externen Ergebnisgrößen, was insbesondere dann zu Steuerungsunsicherheit führen dürfte, wenn unternehmensrechtlich ein Jahresfehlbetrag ermittelt wurde, andere Erfolgskennzahlen jedoch eine durchaus positive Entwicklung konstatieren. Welches die zentrale(n) Unternehmensmessgröße(n) sind, dürfte jedoch häufig schwierig festzulegen sein. Erfolgt die Steuerung des Unternehmens hingegen ba-

---

[6] Vgl. bspw. *Heyd*, 2001, 202.

[7] Vgl. hierzu bspw. *Wala* u.a., 2007, 1834.

[8] Mit weiteren Nachweisen *Wala* u.a., 2007, 1834.

[9] Vgl. *Haller*, 1997, 271.

[10] Vgl. *Haller*, 1997, 271; *Küting/Lorson*, 1998, 469; *Wala* u.a., 2007, 1834.

[11] Vgl. *Fleischer*, 2005, 191; *Wagenhofer*, 2006, 13.

sierend auf einem Zahlenwerk, könnten demzufolge Missverständnisse vermieden werden.[12]

Infolge des Verzichts auf eine interne Unternehmensrechnung werden auch Wirtschaftlichkeitsargumente vorgebracht, da durch Vereinheitlichung des Rechnungswesens Arbeitsvorgänge entfallen bzw. vereinfacht werden können.[13] Schließlich erhöht ein vereinheitlichtes Rechnungswesen, vor dem Hintergrund, dass dieses gesetzlichen Anforderungen genügen muss und i.d.R. durch die Abschlussprüfung überprüft wird, die Objektivität der Daten für unternehmensinterne Führungsentscheidungen.[14]

Diesen genannten Vorteilen müssen jedoch einige Kritikpunkte entgegengehalten werden. Zum einen sollten interne Rechnungen keinen regulativen Einschränkungen unterliegen, sondern maßgeschneidert für die Erfordernisse des Unternehmens erfolgen.[15] Ein konvergentes Rechnungswesen würde jedoch basierend auf gesetzlichen Regelungen und nicht aufgrund der Erfordernisse des Unternehmens erstellt werden.[16] Demzufolge erscheint fraglich, ob es zu einer Verbesserung der Qualität des Controllings, welches auf harmonisierten Daten basiert, kommen könnte.[17] Weiters ist in diesem Zusammenhang zu bedenken, dass gesetzliche Rechnungslegungsvorschriften relativ häufig Änderungen unterliegen, was künftig auch die interne Steuerung des Unternehmens beeinflusst.[18]

2.1.3. Zwischenfazit

§ 222 Abs. 2 UGB fordert eine möglichst getreue Darstellung der Vermögens-, Finanz- und Ertragslage des Unternehmens, sodass diese unternehmensrechtliche Generalnorm daher grundsätzlich durchaus die selben Ziele wie das interne Rechnungswesen verfolgen dürfte. Allerdings wird diese Generalnorm durch die Spezialnorm des Gläubigerschutzes durchbrochen, was, wie gezeigt wurde, darin resultiert, dass ein nach unternehmensrechtlichen Regelungen ausgestaltetes externes Rechnungswesen den Zielsetzungen der internen Rechnungslegung somit nicht entsprechen kann, und eine vollständige Konvergenz soweit nicht zielführend erscheint. Den internationalen Bilanzierungsstandards, welche darauf ausgerichtet sind, entscheidungsrelevante Informationen zu liefern, wird hier jedoch eine größere Eignung zugeschrieben. Der folgende Abschnitt behandelt daher die Problematik der möglichen Vereinheitlichung des externen und des internen Rechnungswesens vor dem Hintergrund der IFRS im Detail.

2.2. Vereinheitlichung des externen und internen Rechnungswesens bei Anwendung der IFRS

2.2.1. Eignung der IFRS für ein harmonisiertes Rechnungswesen

Weber und *Schäffer* konstatieren bei Anwendung der IFRS eine starke Annäherung der Zielsetzung von internem und externem Rechnungswesen, was in der Folge eine Zwei-

---

[12] Vgl. bspw. *Fleischer*, 2005, 191.
[13] Vgl. m.w.N. *Schaier*, 2007, 117.
[14] Vgl. *Troßmann/Baumeister*, 2005, 636.
[15] Vgl. *Wagenhofer*, 2006, 14 f.
[16] Vgl. *Fleischer*, 2005, 195.
[17] Vgl. *Wagenhofer*, 2006, 15.
[18] Mit weiteren Nachweisen *Wala* u.a., 2007, 1882.

teilung des Rechnungswesens verstärkt in Frage stellt.[19] Die Eignung der IFRS für die Harmonisierung von externem und internem Rechnungswesen soll nachfolgend kritisch gewürdigt werden, wobei im Einklang mit der Literatur hier insbesondere die Ergebnisrechnung, Verhaltenssteuerungsaspekte und die Investitionsrechnung gewürdigt werden sollen.[20]

2.2.1.1. Ergebnisrechnung

Unterschiede zwischen der externen Gewinn- und Verlustrechnung und der internen Erfolgsrechnung entstehen durch das Ausscheiden neutraler Aufwendungen und den Ansatz kalkulatorischer Zusatz- oder Anderskosten.

Mittels der neutralen Komponenten sollen nicht auf das Sachziel des Unternehmens bezogene Tätigkeiten ausgeschieden werden, was grundsätzlich nicht im Widerspruch zur externen Unternehmensrechnung steht, da sowohl nach UGB als auch IFRS ein operatives Ergebnis aus betrieblicher Tätigkeit separat ausgewiesen wird. Die IFRS erlauben jedoch weder in der GuV[21] noch im Anhang den Ausweis eines außerordentlichen Ergebnisses (IAS 1.87),[22] für gewisse Umstände ist allerdings ein gesonderter Ausweis gem. IAS 1.98 geboten.

Aus kalkulatorischen Kosten resultieren Diskrepanzen zwischen internem und externem Rechnungswesen, auf deren Ausprägung nachfolgend eingegangen wird:

Die kalkulatorische Abschreibung sollte jedoch mit der nach IFRS ermittelten Abschreibung problemlos harmonisiert werden können.[23] Der Ansatz von kalkulatorischen Wagnissen für nicht versicherte Einzelrisiken erscheint vor dem Hintergrund des IAS 37 zur Dotierung von Rückstellungen für ungewissen Verbindlichkeiten und Drohverlustrückstellungen mit dem Erwartungswert entbehrlich,[24] insbesondere da sich der Ansatz kalkulatorischer Wagnisse, unter anderem auch aufgrund des damit verbundenen Schätzermessens, ohnehin kaum durchgesetzt hat.[25]

Obwohl der Ansatz von kalkulatorischen Eigenkapitalzinsen in angloamerikanischen Ländern unüblich und ein Ansatz von Zinsen auf betriebsnotwendiges Eigenkapital nach IFRS ohnehin nicht erlaubt ist, können diese zwar nicht als Kostenkategorie, jedoch als separat auszuweisender Mindestgewinn Berücksichtigung finden.[26]

Folglich kann auch bei Verzicht auf kalkulatorische Kosten eine interne Ergebnisrechnung zweckdienlich durchgeführt werden,[27] wobei hierbei dem Umsatzkostenverfahren eine zentrale Rolle zukommen und dieses das national übliche Gesamtkostenverfahren verdrängen könnte.[28]

---

[19] Vgl. hierzu aktuell bspw. *Weber/Schäffer*, 2011.
[20] In Anlehnung an *Wala* u.a., 2007, 1835 ff.
[21] Die IFRS kennen in diesem Zusammenhang den Begriff der „Gesamtergebnisrechnung". Siehe hierzu IAS 1.81.
[22] Außergewöhnliche Posten sind jedoch gesondert darstellbar. Gewisse Sachverhalte werden außerdem periodenergebnisneutral im sog. OCI (other comprehensive income) abgebildet.
[23] Vgl. *Damberger* u.a., 2002, 29.
[24] Vgl. *Pfaff*, 1994, 1073 ff. i.V.m. *Barth/Barth*, 2004, 77 f.
[25] Vgl. *Kahle*, 2003, 781 i.V.m. *Messner*, 2006, 133.
[26] Vgl. *Barth/Barth*, 2004, 77; *Messner*, 2006, 132; *Wala* u.a., 2007, 1836.
[27] Vgl. *Weißenberger*, 2006, 411.
[28] Vgl *Dais/Watterott*, 2006, 470; *Engelbrechtsmüller/Fuchs*, 2007, 41; *Hennige*, 2007, 99.

2.2.1.2. Verhaltenssteuerungsaspekte

Einige Regelungen der IFRS sind aus Verhaltenssteuerungssicht problematisch. Die IFRS verbieten bspw. die Aktivierung bestimmter Ausgaben (wie Forschungskosten, Marketingkampagnen, etc.), welche eigentlich Investitionscharakter haben. Werden Manager nun mittels Erfolgskennzahlen beurteilt, kann dies einen falschen Beurteilungsmaßstab darstellen.[29] Ebenfalls problematisch ist der Ansatz von Vollkosten, da diese oftmals nicht die entscheidungsrelevanten Informationen liefern.[30]

Schließlich bieten die IFRS, wenn auch im Vergleich zum UGB in geringerem Ausmaß, aufgrund von diversen Wahlrechten Ermessensspielräume, was *Weißenberger* mit Blick auf die Manipulationsfreiheit der IFRS als kritisch erachtet.[31] Kritisch ist zu diesem Punkt allerdings anzumerken, dass sich auch gerade die interne Rechnungslegung durch ein völliges Fehlen verbindlicher Regelungen auszeichnet.

Weiters müssen, um die Zielsetzung des internen Rechnungswesens einer anreizkompatiblen Erfolgsrechnung sicherzustellen, von den Divisionen nicht beeinflussbare Geschäftsrisiken herausgefiltert werden können. Vor diesem Hintergrund stellt insbesondere die Fair-Value-Bilanzierung ein zentrales Problem dar, da Fair Values unabhängig vom Erfolg des Unternehmens und damit als zentrale Messgröße nicht geeignet sind.[32]

2.2.1.3. Investitionsrechnung

Die zentrale Zielsetzung von Unternehmen ist in aller Regel eine Unternehmenswertsteigerung. Steuerungsrechnungen sollten daher den Beitrag dezentraler Bereiche zur Steigerung des Shareholder Values messbar machen.[33]

Der Zusammenhang zwischen Periodenerfolg und Investitionsrechnung, die als Basis für die zahlungsstromorientierte Berechnung von Unternehmenswerten dient, wurde im deutschsprachigen Raum erstmals von *Lücke* thematisiert und demzufolge als *Lücke*-Theorem bezeichnet.[34] Grundaussage des *Lücke*-Theorems ist, dass sich der Kapitalwert einer Investition sowohl durch Diskontierung ihrer Zahlungsreihe als auch durch Diskontierung von Periodenerfolgen errechnen lässt, wobei als Voraussetzung gilt, dass die (undiskontierte) Summe der Zahlungsüberschüsse mit der (undiskontierten) Summe der Periodengewinne über den Planungszeitraum betrachtet übereinstimmen muss (Kongruenzprinzip).[35] Da der Periodenerfolg mit Hilfe von Residualgewinnen gemessen wird, welche aus Erträgen und Aufwendungen abzüglich kalkulatorischer Zinsen berechnet werden, sollte hier die Kosten- und Leistungsrechnung grundsätzlich, mit Ausnahme der kalkulatorischen Zinsen, pagatorisch orientiert erfolgen.[36]

---

[29] Vgl. *Wagenhofer*, 2006, 15 f.
[30] Vgl. *Wagenhofer*, 2006, 15.
[31] Vgl. *Weißenberger*, 2004, 75 sowie m.w.N. *Nobach/Zirkler*, 2006, 739.
[32] Mit weiteren Nachweisen *Wala* u.a., 2007, 1837. Teilweise ist die Fair-Value-Bilanzierung jedoch als Wahlrecht ausgestaltet bzw. erfolgt die Erfassung der aus der Bewertung zu Fair-Values resultierenden Beträge ergebnisneutral im OCI. Die Fair-Value-Bilanzierung stellt jedoch bspw. insbesondere in Zusammenhang mit *investment properties* eine sinnvolle Form der Bewertung dar.
[33] Vgl. *Baetge/Siefke*, 2000, 678 f.
[34] Ausführungen zum *Lücke*-Theorem finden sich bspw. bei *Ewert/Wagenhofer*, 2008, 64 ff.
[35] Vgl. *Küting/Lorson*, 1998, 492; *Baetge/Siefke*, 2000, 685.
[36] Vgl. *Baetge/Siefke*, 2000, 687.

Schließlich ergibt sich aus dem Kongruenzprinzip allerdings auch die Forderung, dass keine erfolgsneutralen Verrechnungen mit dem Eigenkapital erfolgen sollen,[37] wobei die IFRS dieser Forderung nicht gerecht werden können, da bspw. Wertanpassungen von Fair Values zumeist ergebnisneutral mit dem Eigenkapital verrechnet werden.[38] Obwohl diese Vorgehensweise aus Normalisierungsgesichtspunkten kostenrechnerisch natürlich zu begrüßen wäre,[39] kann die IFRS-Rechnungslegung letztlich hier keine geeigneten Kennzahlen liefern, da die Kapitalkosten zwar basierend auf Marktwerten berechnet werden, Periodenüberschüsse diese Fair-Value-Änderungen allerdings nicht oder nur zeitverzögert erfassen.[40]

2.2.1.4. Zwischenfazit

Die obigen Ausführungen blieben auf die Punkte Ergebnisrechnung, Verhaltenssteuerungsaspekte und Investitionsrechnung beschränkt. Ergänzend erwähnt werden soll an dieser Stelle jedoch, dass bspw. auch die Cashflow-Rechnung, die in einem IFRS-Abschluss jedenfalls enthalten sein muss, auf deren Eignung für eine Konvergenz geprüft werden müsste. Es konnte jedoch basierend auf obigen Darstellungen bereits gezeigt werden, dass auch bei Anwendung der IFRS eine vollständige Harmonisierung schwierig ist. Wenn eine Konvergenz erfolgen soll, so muss diese auf bestimmte Steuerungs- und Kontrollaufgaben des internen Rechnungswesens beschränkt bleiben. Planungsaufgaben, wie preispolitische Entscheidungen, Make-or-buy-Überlegungen etc. müssen laut *Wala* u.a. nach wie vor von der operativen Kostenrechnung wahrgenommen werden.[41]

2.2.2. Der Management Approach in der IFRS-Rechnungslegung

Während gängige Harmonisierungsbestrebungen davon ausgehen, dass Daten des externen Rechnungswesens interne Daten ersetzen sollen, verfolgen die IFRS bislang einen anderen Ansatz und greifen bewusst in diversen Standardstellen auf Kostenrechnungsdaten zurück und führen diese damit einer Zweitverwendung zu. Dieser Export von für interne Zwecke erstellte Daten in die IFRS-Rechnungslegung wird als „Management Approach" bezeichnet.[42]

Dieser Grundgedanke kann auch dem Framework entnommen werden, das festhält, dass die Finanzberichterstattung auf „information used by management" basieren soll (F.11). Dahinter steht die Überlegung, dass Controllingsysteme dem Management jene Informationen liefern, die eine Steuerung des Unternehmens in Richtung Unternehmenswertmaximierung erlauben, sodass diese Informationen auch für Investoren von Interesse sind.[43]

Die Zweitverwertung von Daten der internen Unternehmensrechnung für die IFRS-Rechnungslegung kann entweder durch direkte Übernahme von internen Daten in das

---

[37] Vgl. *Kahle*, 2003, 779.
[38] Vgl. *Weißenberger*/IGC, 2006, 355.
[39] Vgl. *Fleischer*, 2005, 196.
[40] Vgl. *Weißenberger*/IGC, 2006, 355.
[41] Vgl. *Wala* u.a., 2007, 1835.
[42] Vgl. *Küting/Lorson*, 1998, 488; *Weißenberger,* 2006, 410.
[43] Vgl. *Martin*, 1997, 29.

externe Reporting erfolgen oder aber auch nur durch Ableitung von externen Größen basierend auf internen Controllingdaten.[44]

Einige Beispiele für die Anwendung des Management Approaches werden nachfolgend dargestellt:

- Einen zentralen Anwendungsfall stellt die Segmentberichterstattung nach IFRS 8 dar.[45] IFRS 8 fordert, dass die Segmentabgrenzung basierend auf der internen Struktur des Unternehmens erfolgen soll. Weiters sollen die im Rahmen der externen Segmentberichterstattung offenzulegenden Daten jene sein, die auch unternehmensintern an den Entscheidungsträger berichtet werden.[46]

- Auch zur Feststellung der Umsatz- bzw. Gewinnrealisation bei Fertigungsaufträgen im Sinne des IAS 11 werden interne Unterlagen benötigt. Sofern das Ergebnis eines Fertigungsauftrages nämlich verlässlich schätzbar ist, muss dieser nach der POC-Methode (percentage of completion) bilanziert werden und müssen folglich Erträge und Aufwendungen entsprechend des Leistungsfortschrittes des Fertigungsauftrages am Abschlussstichtag erfolgen (IAS 11.22). Um eine verlässliche Schätzung des Fertigstellungsgrades zu ermöglichen, sind verschiedene Voraussetzungen zu erfüllen. Hierzu ist unter anderem ein Projektcontrolling erforderlich, das die relevanten Daten zur Verfügung stellen kann.[47]

- Zur Bestimmung der planmäßigen Abschreibungen des Sachanlagevermögens ist die jeweilige wirtschaftliche Nutzungsdauer (IAS 16.56) unter anderem unter Berücksichtigung interner Pläne über Nutzungsabsichten zu ermitteln. Insbesondere wenn ein Vermögenswert aus mehreren Komponenten mit unterschiedlichen Nutzungsdauern besteht, sind diese gesondert zu aktivieren und abzuschreiben (IAS 16.43). Auch hierfür kann eine im Rahmen des Controllings vorliegende Instandhaltungs- bzw. Kapitalbedarfsplanung Daten liefern.[48] Weiters besteht in den IFRS für Sachanlagen ein Wahlrecht zur Neubewertung, weshalb Wiederbeschaffungswerte, die im Rahmen der internen Rechnungen unter anderem zur Berechnung der kalkulatorischen Abschreibungen verfügbar sein sollten, eine Zweitverwendung in der IFRS-Rechnungslegung zugeführt werden.[49]

- Wertminderungen sind gem IAS 36.1 dann vorgesehen, wenn der beizulegende Zeitwert eines nichtfinanziellen Vermögenswertes unter dem Buchwert liegt. Immer wenn Anhaltspunkte für eine Wertminderung (triggering event) vorliegen, ist der erzielbare Betrag des Vermögenswertes als höherer Betrag von Nettoveräußerungspreis und Nutzungswert zu schätzen (IAS 36.7ff). Um triggering events identifizieren zu können, bedarf es eines Berichtsystems, wie es bspw. im Rahmen des Risikomanagements eingerichtet wurde. Der Nutzwert ermittelt sich aus dem Barwert der geschätzten Mittelzu- bzw. -abflüsse aus der fortgesetzten Nutzung und dem Abgang des Vermögenswertes bis zum Ende seiner Nutzungsdauer (IAS 36.30ff), wobei die

---

[44] Vgl. *Weißenberger/Maier*, 2006, 2077.
[45] Vgl. hierzu auch die folgenden Abschnitte sowie insbesondere Abschnitt 3.4, welcher sich im Detail mit den Bestimmungen des IFRS 8 auseinandersetzt.
[46] Vgl. hierzu ausführlich *Fink/Ulbrich*, 2007, 1 f.
[47] Vgl. *Weber* u.a., 2006, 44 ff.
[48] In Anlehnung an *Andrejewski/Böckem*, 2005, 79.
[49] Vgl. IGC/*Weißenberger*, 2006, 37.

Prognose der hierzu benötigten Cashflows auf den aktuellsten Finanzplanungen der Unternehmensleitung („management's best estimate"; IAS 36.33) basieren müssen. Weiters regelt IAS 36 die Bewertung von CGUs, welchen ein Goodwill zugeordnet wurde, wobei unter bestimmten Voraussetzungen erleichternd vorgesehen ist, dass hierfür die Entwicklung der betrachteten CGU seit dem letzten Impairment-Test analysiert und die Wahrscheinlichkeit bestimmt werden soll, dass der erzielbare Betrag niedriger als der Buchwert ist, wofür ein internes Reporting benötigt wird.[50]

- Auch im Zusammenhang mit selbst erstelltem immateriellen Vermögen werden interne Daten gefordert, da dieses nur aktiviert werden darf, wenn bereits eine sog. Entwicklungsphase (IAS 38.8) vorliegt, die mittels Planungssystemen und dem F&E-Projektcontrolling nachgewiesen wird. Die Höhe der Entwicklungskosten kann laut IASB mittels eines Kostenrechnungssystems bestimmt werden (IAS 38.62). Auch ein erworbener Goodwill darf nur angesetzt werden, wenn analysiert wird, für welche erworbenen Vermögenswerte der Kaufpreis bezahlt wurde. Da dies laut *Weißenberger* und *Maier* ohnehin im Rahmen eines M&A-Controllings erfolgt, werden bspw. Bewertungsgutachten in aller Regel bereits intern vorliegen.[51] Weiters erfolgt die Abschreibung von immateriellen Vermögen gemäß Leistungsverlauf, was ebenfalls interne Daten erfordert.

- Weitere Verknüpfungen zwischen den IFRS und der internen Rechnung im Sinne des Management Approaches ergeben sich unter anderem im Zusammenhang mit der Vorratsbewertung gemäß IAS 2, welche auf Grundlage der Kostenrechnung erfolgt,[52] sowie im Zusammenhang mit IAS 12, welcher, um die Werthaltigkeit aktiver Steuerabgrenzungsposten zu belegen, einen Nachweis über die künftige Profitabilität des Unternehmens erfordert, der bspw. mittels Planungsrechnungen[53] erbracht wird.

3. Empirische Untersuchung zum State-of-the-Art der Konvergenz des Rechnungswesens in Österreich

3.1. Forschungsproblematik

Die Frage nach dem optimalen Harmonisierungsgrad von internem und externem Rechnungswesen lässt sich nicht im Sinne der Ableitung einer allgemeinen Empfehlung beantworten. Das (optimale) Ausmaß an Konvergenz wird von mehreren unterschiedlichen Einflussgrößen geprägt, wie bspw. den unternehmensspezifischen Kosten und Nutzen einer Information oder dem unternehmensindividuellen Umfeld, sodass es keine allgemeingültige Formel für ein optimal integriertes Rechnungswesen geben kann.[54]

Diesen Ausführungen zufolge können Harmonisierungstendenzen bzw. der Harmonisierungsstand primär mittels empirischer Untersuchungen erhoben werden. Mangels Öffentlichkeitscharakter der Informationen des internen Rechnungswesens sind geeignete Daten für ausführliche, qualitativ hochwertige empirische Erhebungen jedoch rar.

---

[50] Vgl. *Weißenberger/Maier*, 2006, 2078.
[51] Vgl. *Weißenberger/Maier*, 2006, 2078 f.
[52] Gleiches gilt jedoch auch für das UGB und stellt keine Besonderheit der IFRS dar.
[53] Siehe hierzu auch den Beitrag von *Haider/Rohatschek* in diesem Band.
[54] Vgl. *Wagenhofer*, 2008, 161.

Zur Erforschung dieses komplexen Untersuchungsgegenstandes haben sich vor dem Hintergrund einer vorzeigbaren Repräsentativität zwei zentrale Untersuchungsansätze herausgebildet. Zum einen eignet sich der Untersuchungsgegenstand aufgrund der subjektiven Prägung besonders zur Exploration mittels direkter Befragung.[55] Zum anderen etablierte sich mit der Einführung des Management Approach als Grundprinzip der obligatorischen IFRS-Segmentberichterstattung die Dokumentenanalyse als zweite zentrale Untersuchungsmethode.[56] Die besondere Eignung der Segmentberichterstattung nach IFRS 8 als Untersuchungssubjekt zur Erhebung des Harmonisierungsstandes des Rechnungswesens liegt in der darin vermittelten Sichtweise des Managements begründet, wodurch Informationen des unternehmensinternen Berichtswesens der interessierten Öffentlichkeit zugänglich gemacht werden, auf deren Basis eine Einschätzung des Integrationsstandes des Rechnungswesens durch außenstehende Dritte möglich wird.[57]

3.2. Forschungsstand

Gegenwärtig liegt bereits eine Reihe an empirischen Studien vor, die sich unmittelbar oder zumindest mittelbar mit dem Integrationsstand des Rechnungswesens in Österreich beschäftigen.[58, 59] Gemeinsam ist diesen Erhebungen nicht nur die schriftliche bzw. in jüngerer Zeit zunehmend computergestützte Befragung als bisher einzig vorzufindende Erhebungsmethodik in Österreich, sondern weitgehend auch die grundsätzlichen Erkenntnisse, als in allen durchgeführten Untersuchungen, angetrieben von der unaufhaltsamen Internationalisierung von Wirtschaft und Wettbewerb sowie der u.a. daraus resultierenden IAS-Verordnung[60], eindeutige Harmonisierungstendenzen in Richtung partielle Integration[61] festgestellt werden konnten.[62] Darüber hinaus kann aus den für den österreichischen Wirtschaftsraum aktuellsten Forschungsergebnissen von *Denk/Duller/Pesendorfer* aus dem Jahr 2008 bei ca. 35 % der österreichischen börsenotierten Unternehmen eine vollständig abgeschlossene Harmonisierung des Rechnungswesens konsta-

---

[55] Vgl. *Wagenhofer*, 2008, 161 f.; *Blase/Müller*, 2009, 537.

[56] Vgl. *Wagenhofer*, 2008, 162; *Matova/Pelger*, 2010, 494 ff.

[57] Vgl. bspw. *Hoffjan/Trapp*, 2008, 1025 ff.; *Wagenhofer*, 2008, 162; *Blase/Müller*, 2009, 537 ff.; *Lopatta*, 2010, 515 ff.; *Matova/Pelger*, 2010, 494.

[58] Auch in Deutschland existieren zahlreiche nennenswerte empirische Untersuchungen, die die Harmonisierung des Rechnungswesens zum Gegenstand haben. Als Beispiele können angeführt werden *Horváth/Arnaout*, 1997; *Pellens* u.a., 2000; *Hoke*, 2001; *Haring/Prantner*, 2005 oder *Müller*, 2006.

[59] Vgl. *Haring/Prantner*, 2005; *Dorfer/Gaber*, 2006; *Weißenberger/Angelkort*, 2007; *Leitner/Rohatschek*, 2008; *Denk/Duller/Pesendorfer*, 2010; *Mitter/Krill*, 2011.

[60] Primäre Antriebsfeder für eine Integration des Rechnungswesens war jedoch nicht immer die zwingende Umstellung börsenotierter Konzernabschlüsse auf IFRS. So fanden *Weißenberger/Angelkort* in ihrer Studie heraus, dass 50 % der befragten österreichischen Unternehmen bereits vor der IFRS-Umstellung ein integriertes Rechnungswesen hatten, was ihrer Meinung nach zeigt, dass eine Integration auch nach UGB machbar ist. Vgl. *Weißenberger/Angelkort*, 2007, 28 f. i.V.m. 66. Zu vergleichbaren Ergebnissen kam auch *Wolfsgruber*. Vgl. *Wolfsgruber*, 2005, 215 ff.

[61] Die partielle Integration zeichnet sich durch eine Beschränkung des Konvergenzbereiches auf die obersten Hierarchieebenen (Gesamtunternehmens- und Segmentebene sowie ggf. die darunter liegende Ebene) aus. Vgl. IGC/*Weißenberger*, 2006, 50 ff.; *Weißenberger/Angelkort*, 2007, 50.

[62] Vgl. bspw. *Weißenberger/Angelkort*, 2007, 37 i.V.m. 50 und 66; *Denk/Duller/Pesendorfer*, 2010, 225.

tiert werden. Weitere 39 % befanden sich dieser Studie nach im Untersuchungszeitpunkt im bereits angelaufenen Harmonisierungsprozess.[63, 64]

Studien, welche die Harmonisierung von interner und externer Berichterstattung auf Segmentebene analysieren, liegen für Österreich derzeit noch nicht vor. Dies verwundert insofern, als Abschlussinteressenten dank der Hinwendung zum Management Approach seit dem Geschäftsjahr 2009 – bei frühzeitiger Anwendung des IFRS 8 bereits früher[65] – über die Segmentberichterstattung einen Einblick in die internen Steuerungsstrukturen gewährt werden, wodurch der Umsetzungsgrad einer konvergenten Unternehmenssteuerung unmittelbar im Abschluss des berichterstattenden Unternehmens gemessen werden kann.[66] Der vorliegende Beitrag analysiert somit erstmals für den österreichischen Raum Segmentinformationen auf ableitbare Konvergenzbestrebungen der Unternehmensrechnung. Orientierungshilfe bieten drei nennenswerte empirische Erhebungen hierzu aus Deutschland, die sich im Wesentlichen auf Segmentergebnisse als nach IFRS 8.21 berichtspflichtige finanzielle Segmentinformation konzentrieren. Im Detail versuchten die Vorreiterstudien von *Wagenhofer* (2008), *Blase/Müller* (2009) und *Matova/Pelger* (2010) unter Berücksichtigung der im Segmentbericht angegebenen korrespondierenden Überleitungsbeträge zwischen internem und externem Rechnungswesendaten, zu eruieren, inwieweit das berichtete konsolidierte Segmentergebnis vom berichteten externen Konzernergebnis abweicht.[67]

Wagenhofer stellte Segmentergebnisse bzw. Überleitungsrechnungen von fünf deutschen US-GAAP-Bilanzierern jenen von fünf vergleichbaren US-amerikanischen Unternehmen gegenüber.[68] Das Ergebnis seiner Untersuchung zeigt, dass trotz der traditionellen tradierten Rechnungslegung in Deutschland keine signifikanten Unterschiede zwischen deutschen und US-amerikanischen Unternehmen hinsichtlich des Integrationsstandes bestehen.[69, 70] *Blase/Müller* beschäftigten sich mit der Möglichkeit

---

[63] Die Ergebnisse von *Denk/Duller/Pesendorfer* sind mit jenen von *Haring/Prantner* aus dem Jahr 2005 vergleichbar. Vgl. *Haring/Prantner*, 2005, 151. Die Studie von *Weißenberger/Angelkort* zeigt einen vergleichsweise höheren Integrationsstand. Diese bediente sich allerdings auch einer wesentlich größeren Grundgesamtheit (159 Top-500 österreichische IFRS-Anwender). Vgl. *Weißenberger/Angelkort*, 2007, 16 i.V.m. 28 f.

[64] Vgl. *Denk/Duller/Pesendorfer*, 2010, 224.

[65] IFRS 8 „Operating Segments", Ausfluss eines short-term joint project zwischen IASB und amerikanischen FASB, wurde am 30.11.2006 verabschiedet. IFRS 8 wurde als Nachfolgeregelung des am risks and rewards-Ansatzes orientierten IAS 14 konzipiert und ist verpflichtend auf Geschäftsjahre anzuwenden die am 01.01.2009 oder später beginnen. Eine vorzeitige Anwendung seitens der Bilanzierenden ist gestattet. Im Falle einer vorzeitigen Anwendung von IFRS 8 ist allerdings ein entsprechender Vermerk darüber im Abschluss geboten. Vgl. IFRS 8.35.

[66] Vgl. IFRS 8. Siehe hierzu auch *Hoffjan/Trapp*, 2008, 1025 ff.; *Wagenhofer*, 2008, 162; *Blase/Müller*, 2009, 537 ff.; *Lopatta*, 2010, 515 ff.; *Matova/Pelger*, 2010, 494.

[67] Vgl. *Wagenhofer*, 2008, 162; *Blase/Müller*, 2009, 537 ff.; *Matova/Pelger*, 2010, 495 f.

[68] Vgl. *Wagenhofer*, 2008, 167 f.

[69] So enthielt wider Erwarten keine Überleitungsrechnung der deutschen US-GAAP bilanzierenden Unternehmen typische kalkulatorische Anpassung. Wagenhofer hat für die weitgehende Homogenität der Überleitungsrechnungen deutscher und US-amerikanischer US-GAAP-Bilanzierer zwei Erklärungsansätze. Einerseits könnte die internationale Ausrichtung vieler großer deutscher Unternehmen bereits vor Jahren zur Verfolgung eines konvergentes Rechnungswesens motiviert haben. Andererseits könnte auf dieser hohen Hierarchieebene des internen Rechnungswesens mangels ausreichender Nutzenstiftung kalkulatorischer Größen, pagatorisch gesteuert werden. Vgl. *Wagenhofer*, 2008, 173.

[70] Vgl. *Wagenhofer*, 2008, 173.

einer vorzeitigen IFRS-8-Anwendung bei DAX-, MDAX- und SDAX-Unternehmen in den Geschäftsberichten des Geschäftsjahres 2007.[71] Die empirischen Befunde lassen den Schluss zu, dass eine hohe Konvergenz von interner und externer Unternehmensrechnung besteht, was wiederum auf eine Steuerung der Segmente auf Grundlage von IFRS-Größen zurückgeführt wird.[72] Systematische Abweichungen in den Überleitungsrechnungen konnten die Autoren in Übereinstimmung mit den Erkenntnissen von *Wagenhofer* nicht feststellen.[73] *Matova/Pelger* untersuchten Segmentergebnisse bzw. Überleitungsrechnungen von vorzeitigen börsenotierten IFRS-8-Anwendern des Geschäftsjahres 2008 bzw. 2007/2008. Ähnlich wie in der Studie von *Blase/Müller* konnte ein hoher Konvergenzgrad von interner und externer Unternehmensrechnung nachgewiesen werden. Typische Zusatz- oder Anderskosten konnten in der Überleitungsrechnung ähnlich zu den Vorgängerstudien nicht festgestellt werden. *Matova/Pelger* unterstützen die in diesem Zusammenhang bereits aufgestellte These, dass vielfach die interne Unternehmenssteuerung bereits auf IFRS-Rechnungslegungsgrundsätzen basiert.[74]

3.3. Exkurs: Segmentberichterstattung nach IFRS 8

Den Kern des IFRS 8 bildet der Management Approach als neues Grundprinzip der disaggregierten externen Berichterstattung. Gefordert wird von dem neuen *core principle* die Ausrichtung der Segmentberichterstattung – sowohl hinsichtlich Segmentabgrenzung als auch Segmentinformation – an intern verwendeten Steuerungs- und Berichtsgrößen. Ziel ist es, dem Berichtsadressaten durch die Vermittlung einer Management-Sichtweise zu entscheidungsnützlicheren Informationen über die Vermögens-, Finanz- und Ertragslage zu verhelfen.[75]

Ausgehend vom internen Reporting sind für die Ableitung des Segmentberichtes als erstes die Geschäftssegmente zu identifizieren und abzugrenzen. IFRS 8.5 definiert ein operatives Segment als einen Unternehmensteil,

- der unternehmerische Aktivitäten ausübt, welche Erträge und Aufwendungen erzielen können,
- dessen Betriebsergebnisse in regelmäßigen Abständen vom Chief Operating Decision Maker im Rahmen der Entscheidungsfindung über die Ressourcenallokation und Leistungsbeurteilung überwacht werden und
- für den eine eigenständige finanzielle Informationsgrundlage existiert.

Stehen die allgemeinen Geschäftssegmente fest, müssen in einem zweiten Schritt jene Geschäftssegmente ausgewählt werden, die im Segmentbericht ausgewiesen werden sollen. Berichtspflichtig ist ein Segment, wenn es nicht nur anhand der Definitionskriterien des IFRS 8.5 abgegrenzt wurde oder durch Zusammenfassung von mehreren Segmenten

---

[71] Vgl. *Blase/Müller*, 2009, 539.
[72] Nach Angabe von *Blase/Müller* verweist jedes zweite untersuchte Unternehmen explizit im Segmentbericht auf die Übereinstimmung von internen Daten mit externen IFRS-Rechnungslegungsbestimmungen. Vgl. *Blase/Müller*, 2009, 542.
[73] Vgl. *Blase/Müller*, 2009, 541 ff.
[74] Vgl. *Matova/Pelger*, 2010, 497 ff.
[75] Vgl. IFRS 8.BC 6 ff. Siehe hierzu auch *Fink/Ulbrich*, 2007, 981 ff.; *Lopatta*, 2010, 522 ff.

im Sinne des IFRS 8.12[76] entstanden ist, sondern zumindest auch eines der in IFRS 8.13[77] angeführten Wesentlichkeitskriterien erfüllt.[78]

Für jedes berichtspflichtige Segment sieht IFRS 8 in weiterer Folge spezifische berichtspflichtige Informationen vor. Obligatorisch ist die Angabe einer Ergebnisgröße pro Segment, die intern zur Steuerung der Segmente eingesetzt wird.[79] Eine explizite berichtspflichtige Ergebniskennzahl gibt IFRS 8 folglich nicht vor. Vielmehr kann auch für jedes Segment eine eigene interne Ergebnisgröße berichtet werden.[80, 81] Segmentvermögen und -schulden sind dann anzuführen, wenn diese regelmäßig an die zentralen Entscheidungsträger kommuniziert werden. Werden darüber hinaus weitere Größen in die Ermittlung des Segmentergebnisses einbezogen oder in regelmäßigen Abständen dem Management berichtet, sind diese ebenso im Segmentbericht anzugeben.[82, 83]

Die konsequente Orientierung an der internen Organisations- und Berichtsstruktur bei der Erstellung des Segmentberichts kann zu einer Lücke zwischen Segmentbericht und dem nach externen Rechnungslegungsnormen erstellten Konzernabschluss führen.[84, 85] Um diese Lücke zu schließen und gleichsam die Qualität der Berichterstattung zu verbessern, fordert IFRS 8 eine Überleitungsrechnung für bestimmte Segmentbeträge auf deren externe Vergleichsgröße.[86, 87] Überzuleiten sind im Besonderen die Summe der Segmenterträge auf die Erträge des Unternehmens sowie die Summe der Segmentergebnisse auf das Periodenergebnis des Unternehmens vor Steuern und aufgegebenen Geschäftsbereichen.[88] Betreffend die konkrete Ausgestaltung der Überleitungsrechnung enthält IFRS 8 keine genauen Vorgaben. Ergänzend angemerkt wird lediglich, dass die in „sonstige Segmente" zusammengefassten nicht berichtspflichtigen Segmente getrennt

---

[76] IFRS 8.12 gestattet zur Vorbeugung eines information overload unter bestimmten Bedingungen, insbesondere aus Homogenitätsgesichtspunkten, die Zusammenfassung einzelner operativer Segmente zu berichtspflichtigen Geschäftssegmenten. Detailliert hierzu bspw. *Böckem/Pritzer*, 2010, 614 ff. oder *Lopatta*, 2010, 522 ff.

[77] IFRS 8.13 knüpft die Ausweispflicht operativer Segmente im Segmentbericht an bestimmte quantitative Schwellenwerte. Detailliert hierzu bspw. *Böckem/Pritzer*, 2010, 614 ff. oder *Lopatta*, 2010, 522 ff.

[78] Vgl. IFRS 8.12 f.

[79] Mögliche intern verwendete Ergebnisgrößen sind bspw. das Betriebsergebnis, Ergebnis vor Abschreibungen, Zinsen und Steuern (EBITDA), Ergebnis vor Zinsen und Steuern (EBIT), Ergebnis vor Steuern (EBT) oder der Jahresüberschuss. Vgl. statt vieler *Hoffjan/Trapp*, 2008, 1026.

[80] Zur hierdurch entstehenden Problematik siehe *Alvarez*, 2004, 148; *Hütten/Fink*, 2009, Rz 70.

[81] Vgl. IFRS 8.23.

[82] Die Unterpunkte a bis i des IFRS 8.23 führen in Frage kommende Größen an. Vgl. IFRS 8.23(a) bis (i).

[83] Vgl. IFRS 8.23.

[84] Die Generierung von Daten für das externe Reporting aus dem unternehmensinternen Rechnungswesen führt u.a. zum Ansatz kalkulatorischer Kosten, deren Ansatz im externen Rechnungsweisen eigentlich nicht gestattet ist. Vgl. z.B. *Kajüter/Barth*, 2007, 432.

[85] Vgl. *Hoffjan/Trapp*, 2008, 1026; *Lopatta*, 2010, 528.

[86] Der Überleitungsrechnung kommt damit nach IFRS 8 eine größere Bedeutung zu als noch nach IAS 14. Vgl. *Rogler*, 2009, 504.

[87] Vgl. IFRS 8.28.

[88] Fließen in die Segmentgröße steuerliche Aspekte ein, ist gleichfalls eine Überleitung auf das Unternehmensergebnis nach Steuern zulässig. Vgl. IFRS 8.28.

von der Überleitungsrechnung darzustellen sind und wesentliche Überleitungsbestandteile besonderen Berichtspflichten unterliegen.[89]

Höhe und Art der Überleitungsbeträge hinsichtlich des hier im Fokus stehenden Segmentergebnisses hängen zum einen von der Definition des Segmentergebnisses, zum anderen vom Umfang der segmentweise zugeordneten Ergebniskomponenten ab. Einfluss auf Höhe und Art der übergeleiteten Beträge üben zudem die zu eliminierenden intersegmentären Verflechtungen und der Grad der Übereinstimmung mit IFRS-Rechnungslegungsprinzipien aus.[90]

3.4. Zielsetzung und Aufbau der Untersuchung

Die hier vorgenommene empirische Erhebung untersucht IFRS-Segmentberichte österreichischer börsenotierter Unternehmen. Ziel ist die Gewinnung von empirischen Befunden über den Status quo der Integration von interner und externer Unternehmensrechnung auf Segmentebene. Im Fokus der Untersuchung stehen das Segmentergebnis sowie die damit verbundenen Überleitungen auf die entsprechenden IFRS-Werte, da dies in der integrierten Unternehmensrechnung eine zentrale Rolle spielt.[91] Differenzen zwischen internen und externen Segmentergebnissen können dabei aus von Innenumsätzen resultierenden eliminierungspflichtigen Zwischengewinnen sowie im Besonderen aus Zusatz- und Anderskosten resultieren.[92]

In einem ersten Schritt wird analysiert, inwieweit die in den Konzernabschlüssen publizierten aggregierten Segmentergebnisse dem jeweiligen Unternehmensergebnis entsprechen. Stimmen die beiden Größen überein, liegt ein vollständig integriertes Unternehmen vor. Im Falle von Abweichungen erfolgt in einem zweiten Schritt eine Analyse der Überleitung des Segmentergebnisses auf die korrespondierende Unternehmensgröße.[93] Um Verzerrungen der Untersuchungsergebnisse durch die Wahl der Segmentergebnisgröße zu vermeiden, ist die von IFRS 8.28 (b) grundsätzlich geforderte Überleitung auf das Ergebnis vor Steuern aus der gewöhnlichen Geschäftätigkeit für die vorliegende Untersuchung nicht relevant.[94] In Abhängigkeit von Art und Umfang der Differenzen liegt entweder eine weitgehende oder keine Integration vor. Demnach wird in der Studie in Anlehnung an *Matova/Pelger* zwischen folgenden drei Integrationsstufen unterschieden:

- *vollständige Integration*: Die Segmentergebnisse stimmen mit dem korrespondierenden Unternehmensergebnis zu 100 % überein. Die interne Ergebnisrechnung enthält keine kalkulatorischen Kosten.[95] Die Überleitung auf das konsolidierte Unterneh-

---

[89] Vgl. IFRS 8.28.
[90] Vgl. *Alvarez/Büttner*, 2006, 313. Siehe hierzu auch *Matova/Pelger*, 2010, 495.
[91] Vgl. *Weißenberger*, 2010, 433 ff.
[92] Vgl. *Blase/Müller*, 2009, 541.
[93] Aufgrund der mangelhaften Ausgestaltung vieler Segmentberichte ist eine ausschließliche Konzentration auf Überleitungsrechnungen nicht möglich. Vgl. hierzu auch die empirischen Erkenntnisse über die Qualität der disaggregierten Berichterstattung, insbesondere hinsichtlich der Ergebnisüberleitungen, von *Blase/Müller*, 2009, 540.
[94] Vgl. *Blase/Müller*, 2009, 542.
[95] Operative Entscheidungsrechnungen auf Produkt- und Prozessebene können nichtsdestoweniger eingeständige kalkulatorische Kosten ansetzen. Vgl. *Weißenberger*, 2010, 432 f.

mensergebnis beträgt folglich null. Eine vollständige Integration liegt ferner vor, wenn in der Überleitungsrechnung nur Eliminierungen im Rahmen der Konsolidierungsrechnung angeführt werden, als Konsolidierungseffekte für die Bestimmung des Integrationsgrades keine tragende Rolle spielen.[96]

- *weitgehende Integration*: Die Segmentergebnisse divergieren lediglich geringfügig vom Ergebnis lt. externer Erfolgsrechnung. Zur Erleichterung der Klassifikation wird eine Toleranzschwelle in Höhe von zwei Prozent eingeführt. Unternehmen, welche diesen Grenzwert nicht überschreiten, werden als weitgehend integriert eingestuft.

- *deutliche Abweichung*: Die Beträge der Überleitungsrechnung übersteigen die Toleranzschwelle von zwei Prozent.[97] Das betrachtete Unternehmen gilt als nicht integriert.

3.5. Grundgesamtheit und Erhebung der Daten

In die Untersuchung einbezogen werden alle zum Stichtag 31.08.2011 im ATX-Prime gelisteten Unternehmen. Zur Wahrung der Vergleichbarkeit werden Finanzdienstleister, wie Banken oder Versicherungen, ausgeschlossen, da diese spezifischen Regelungen zur Segmentberichterstattung unterliegen.[98] Weiters muss die Grundgesamtheit um ein börsenotiertes Unternehmen mit Ausweis eines einzigen Geschäftssegmentes[99] bereinigt werden.

Die Grundlage der empirischen Auswertung bilden die in den Konzernabschlüssen der Geschäftsjahre 2009 (bzw. 2008/2009), 2010 (bzw. 2009/2010) und 2010/2011[100] veröffentlichten Segmentberichte.

3.6. Ergebnisse der Untersuchung

3.6.1. Segmentergebnisgröße

In Ermangelung einer definitorischen Abgrenzung der Segmentergebnisgröße in IFRS 8 zeigen die analysierten Segmentberichte, wie der Darstellung in Abbildung 1 zu entnehmen ist, eine große Vielfalt an publizierten Ergebnisgrößen.[101] Als zentrale interne Steuerungsgröße von Segmenten hat sich das EBIT[102] etabliert, das mit 76 % die meistverwendete Kennzahl repräsentiert.[103] Das EBITDA stellt mit 28 % die am zweithäufigsten verwendete Steuerungsgröße dar. Weitere 10 % der untersuchten Unternehmen steuern anhand unternehmensspezifischer Größen, wobei es sich vielfach um adaptierte EBIT-

---

[96] Siehe ebenfalls *Blase/Müller*, 2009, 541 f.

[97] Vgl. *Matova/Pelger*, 2010, 498.

[98] Zu Anwendungs- und Auswirkungsfragen des IFRS 8 in Zusammenhang mit Kreditinstituten siehe *Löw*, 2005, 901 ff. oder *Krakuhn/Schütz/Weigel*, 2008, 287 ff.

[99] Hierbei handelte es sich um die Intercell AG, welche weltweit lediglich in einem einzigen Geschäftssegment agiert. Vgl. Geschäftsbericht der Intercell AG, 2010, 99.

[100] Berücksichtigung finden alle bis zum 31.08.2011 veröffentlichten Konzernabschlüsse. Die Konzernabschlüsse der betreffenden Jahre sind auf der Homepage der Wiener Börse (http://www.wienerborse.at) abrufbar.

[101] Vgl. IFRS 8.23. Ähnlich *Matova/Pelger*, 2010, 496.

[102] Zur Definition der an dieser Stelle angeführten Ergebnisgrößen siehe FN 79.

[103] Nach *Coenenberg/Haller/Schultze* wird das EBIT unter den Gewinngrößen am häufigsten berichtet. Vgl. *Coenenberg* u.a., 2009, 967.

Kennzahlen handelt.[104] Jeweils 3 % ziehen zur Steuerung des Segmenterfolgs das Ergebnis vor Steuern (EBT), den Umsatzerlös[105] oder das Ergebnis aus fortgeführten Aktivitäten nach Steuern heran. Fast 20 % der betrachteten Unternehmen setzen zur Steuerung des Segmenterfolgs mehr als eine der angeführten Ergebnisgrößen ein. Diesfalls ist gemäß IFRS 8.26 diejenige Messgröße im Segmentbericht anzuführen, die aus Sicht des Managements den IFRS-Regelungen am nächsten kommt. Diesem Berichtserfordernis kommen allerdings die wenigsten der davon betroffenen Unternehmen nach. Entgegen der grundsätzlichen Möglichkeit, für jedes Segment eigene Ergebnisgrößen zu verwenden,[106] konnten keine intersegmentären Divergenzen diesbzgl. festgestellt werden.

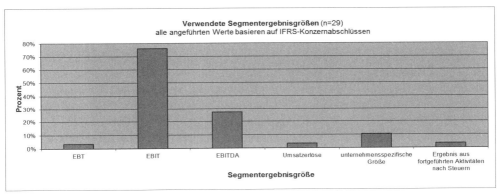

Abb. 1: Auswertung verwendeter Segmentergebnisgrößen

3.6.2. Integrationsgrad

Abbildung 2 gibt eine Übersicht über die Ergebnisse der Studie zum Integrationsgrad.[107] Dieser Darstellung ist zu entnehmen, dass mehr als die Hälfte aller betrachteten börsennotierten Unternehmen im Untersuchungszeitraum ein vollständig integriertes Rechnungswesen besitzen. In den Geschäftsjahren 2009 und 2010 weisen jeweils 65 % der Unternehmen eine vollständige Integration auf. Im laufenden Geschäftsjahr scheint sich dieser Trend fortzusetzen. Bis zu dem in der Untersuchung gewählten Stichtag haben acht Unternehmen bereits unterjährige Konzernabschlüsse veröffentlicht, von welchen vier ein vollständig harmonisiertes Rechnungswesen vorweisen können. Hervorzuheben ist in diesem Zusammenhang die Agrana Beteiligungs-AG, die im Geschäftsjahr 2010/2011

---

[104] So steuert die Palfinger AG bspw. ihre Segmente mittels dem EBIT zuzüglich dem Ergebnis aus der Beteiligung an assoziierten Unternehmen. Vgl. Geschäftsbericht 2010 der Palfinger AG, 94. Verbreitet sind auch EBIT-Größen bereinigt um Sondereinflüsse (z. B. Restrukturierungen). Vgl. bspw. Geschäftsbericht 2010/2011 der Agrana Beteiligungs-AG, 74.

[105] Dies ist bei der Schoeller-Bleckmann Oilfield Equipment AG der Fall, die in ihrem Geschäftsbericht des Geschäftsjahres 2009 anführt, ihr Segmentergebnis mittels Umsatzerlösen und Betriebsergebnis der Geschäftseinheiten zu steuern. Dem Angabeerfordernis nach IAS 8.26 wird nicht nachgekommen. Vgl. Geschäftsbericht der Schoeller-Bleckmann Oilfield Equipment AG, 2009.

[106] Dieser Wertmaßstab muss allerdings Gegenstand der internen Berichterstattung sein. Vgl. IFRS 8.23 i.V.m. IFRS 8.25.

[107] Zu den bei der Auswertung der analysierten Segmentberichte verwendeten Integrationsabstufungen und deren Abgrenzung siehe Abschnitt 3.4, 403 f.

entsprechend der empirischen Erhebungen erstmals ein harmonisiertes Rechnungswesen ausweist. In den vorangegangenen beiden Geschäftsjahren werden in der Segmentberichterstattung jeweils erhebliche Abweichungen zwischen Segmentergebnis und konsolidiertem Unternehmensergebnis festgestellt. Bei diesen vollständig integrierten Unternehmen entspricht die Summe der Segmentergebnisse jeweils zu 100 % dem korrespondierenden Unternehmensergebnis lt. externer Erfolgsrechnung. Die Überleitungsrechnungen betragen in diesem Falle entweder null bzw. werden diese erst gar nicht angeführt oder enthalten lediglich Konzern-Eliminierungen.

Der Anteil jener Unternehmen mit einem weitgehend integrierten Rechnungswesen schwankt im Untersuchungszeitraum zwischen 7 % und 12,5 %. Im Dreijahresdurchschnitt liegt der weitgehende Integrationsgrad bei 7,6 %.[108] Zurückzuführen sind diese Schwankungen mitunter auf die teilweise sehr unbefriedigenden Ausführungen in den Überleitungsrechnungen. So führt die Telekom Austria AG in den Überleitungsrechnungen der einzelnen Geschäftsjahre lediglich die aggregierte Differenz zwischen interner Steuerungsgröße und EBIT lt. externer Erfolgsrechnung an, ohne separate quantitative oder qualitative Aufzählung der einzelnen Bestandteile (sog. one-line-Überleitungsrechnung).[109, 110] Der Anstieg im Jahr 2011 resultiert vor allem aus der Änderung des Integrationsgrades bei der Voestalpine AG, welche im Untersuchungsjahr 2011 als weitgehend integriert eingestuft wird. In den Vorjahren liegen jeweils deutliche Abweichungen vor, sodass der Konzern betreffend 2010 und 2009 als nicht-integriert klassifiziert wird.

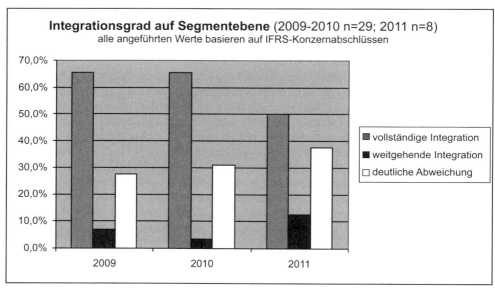

Abb. 2: Entwicklung des Integrationsgrades auf Segmentebene 2009–2011

---

[108] Vgl. Abb. 2.
[109] Vgl. *Blase/Müller*, 2009, 539.
[110] Vgl. Geschäftsbericht der Telekom Austria Group, 2009.

Deutliche Abweichungen, über den Korridor von 2 % hinaus, zwischen Segmentergebnis und Unternehmensergebnis finden sich bei ca. 30 % der betrachteten Unternehmen.

3.6.3. Überleitungsrechnung

Um Gründe für (deutliche) Abweichungen zwischen Segmentergebnis und Unternehmensergebnis auszumachen, werden bei Unternehmen mit identifizierten Abweichungen die veröffentlichten Überleitungsrechnungen analysiert. Auf verbale Erläuterungen der Differenzen wird zwar Rücksicht genommen, solche kommen allerdings in keinem Geschäftsbericht der in die Untersuchung einbezogenen Unternehmen vor.

Zur Systematisierung der Überleitungspositionen des Segmentergebnisses wird auf die Kategorisierungen von *Wagenhofer, Blase/Müller* und *Matova/Pelger* zurückgegriffen, die an die Erfordernisse dieser Studie angepasst werden. Die hier identifizierten Überleitungsposten können nach ihrem Konzept in sechs Überleitungskategorien eingeteilt werden.[111] Tabelle 1 vermittelt einen Übersicht über diese Kategorien und deren Häufigkeitsverteilung in den Segmentberichten des Geschäftsjahres 2010 bzw. 2009/2010,[112] wobei die Postenbezeichnungen der Überleitungsrechnung aus Gründen der besseren Darstellung und Vergleichbarkeit verallgemeinert wurden.

1	Konsolidierung	64 %
2	Zentrale Unternehmensaktivitäten, andere nicht-operative Tätigkeiten und Ergebnisse	6 %
3	Sonder- und Einmaleffekte	8 %
4	Abschreibungen	6 %
5	Finanzierungszinsen	0 %
6	Sonstige Eliminierungen	14 %

Tab. 1: Kategorisierung der Überleitungsposten & Häufigkeitsverteilung

Der *Kategorie (1)* sind Konsolidierungseffekte zuzuordnen, die für die Bestimmung des Harmonisierungsgrades jedoch unbedeutend sind. Da die Mehrheit der analysierten Unternehmen als vollständig integriert einzustufen ist, überwiegen in der Überleitungsrechnung deutlich Eliminierungen, die im Zuge der Konsolidierungsrechnung durchzuführen, für den Integrationsstand aber nicht weiter schädlich sind.[113]

In *Kategorie (2)* sind Aufwendungen aus segmentübergreifenden Unternehmensaktivitäten wie z.B. allgemeine Verwaltungstätigkeiten, Rechnungswesen oder Forschung und Entwicklung einzuordnen, die wegen ihrer zentralen Steuerung weitgehend dem Einflussbereich des Managements entzogen sind. Des Weiteren umfasst diese Kategorie nicht-operative Tätigkeiten bzw. Ergebnisse. Eine Zuordnung zu einzelnen Segmenten

---

[111] Vgl. *Wagenhofer*, 2008, 171 ff.; *Blase/Müller*, 2009, 542; *Matova/Pelger*, 2010, 498.

[112] Obgleich die Kategorisierung gem. Tabelle 1 auf alle Segmentberichte der Jahr 2009 bis 2011 Anwendung findet, wird hier nur die prozentuelle Verteilung der Überleitungsposten der im Jahr 2010 veröffentlichten Geschäftsberichte angegeben, als diesbzgl. lediglich geringfügige Änderungen vorliegen.

[113] Vgl. Tab. 1.

scheitert dabei entweder an den internen Berichtsgrundsätzen oder an der Eigenart der nicht-operativen Tätigkeiten bzw. Ergebnisse. In der vorliegenden Untersuchung fallen hierunter Ergebnisse aus assoziierten Unternehmen sowie Segmente, die nach IFRS 8 als nicht-operativ zu klassifizieren sind. Entsprechend der Häufigkeitsverteilung der Tabelle 1 ist diese Überleitungskategorie bei 6 % der Unternehmen dargestellt, wobei diese ausschließlich bei Unternehmen mit deutlichen Abweichungen vorkommt.

Unter *Kategorie (3)* sind Sonder- und Einmaleffekte im Zusammenhang mit Restrukturierungen, Veräußerungen, Währungsumrechnungsdifferenzen und Wertberichtigungen zu subsumieren. Diese heterogenen, teils einmaligen Überleitungsposten sind meist nicht von den Segmenten zu verantworten, da sie das Ergebnis gemeinschaftlicher Entscheidungen mit dem Unternehmensmanagement sind. Ausgewiesen werden derartige Sonder- bzw. Einmaleffekte bei 8 % der untersuchten Unternehmen mit deutlichen Abweichungen.[114] Ähnlich wie bei Kategorie (2) handelt es sich hierbei um eine typische Überleitungsdifferenz nicht-integrierter Unternehmen.

Kategorie (4) enthält Abschreibungen auf Sachanlagevermögen und immaterielle Vermögensgegenstände. Zu derartigen Anpassungen kommt es primär, wenn die Ergebnisgröße auf einer Cashflow- oder EBITDA-Variante basiert.[115] Überleitungsbeträge, die unter Kategorie (4) fallen, konnten bei einem weitgehend integrierten Unternehmen und einem mit deutlichen Abweichungen eruiert werden.

Kategorie (5) beinhaltet Finanzierungszinsen. Diese werden vom Segmenterfolg regelmäßig ausgeschlossen, als Finanzierungsentscheidungen in der Regel zentral getroffen werden, wodurch sich eine Aufspaltung auf operative Segmente erheblich erschwert. Ausgewiesen werden Finanzierungszinsen als Überleitungsposten einzig bei der Telekom Austria AG im Segmentbericht 2009.[116, 117]

Kategorie (6) fungiert als Auffangkategorie für alle seitens der Unternehmen nicht näher identifizierten bzw. erläuterten Überleitungsbeträge vom Segmentergebnis nach internen Bewertungsmaßstäben auf das korrespondierende Unternehmensergebnis nach externen IFRS-Bewertungsmaßstäben. Wie Tabelle 1 zu entnehmen ist, kommen unspezifizierte Überleitungsbeträge verglichen mit den anderen Kategorien relativ häufig vor.[118]

Entgegen der ursprünglichen Erwartung konnten, analog zu den empirischen Erkenntnissen hierzu aus Deutschland[119], in den Segmentberichten keine kalkulatorischen Kostenbestandteile im Sinne von Zusatz- oder Anderskosten nachgewiesen werden. Systematische Abweichungen der internen Ergebnisgrößen von IFRS-Werten können somit auch für den österreichischen Wirtschaftsraum nicht offengelegt werden. Es kann demnach die Vermutung aufgestellt werden, dass selbst bei Unternehmen ohne ein vollständig integriertes Rechnungswesen nicht zu vernachlässigende Berührungspunkte zwischen den beiden Ausprägungsformen des betrieblichen Rechnungswesens existieren.[120]

---

[114] Vgl. Tab. 1, 407.

[115] Vgl. *Wagenhofer*, 2008, 171.

[116] In den übrigen Geschäftsjahren werden bei keinem Unternehmen Finanzierungszinsen als Überleitungsposition genannt. Dennoch könnten Finanzierungszinsen Teil numerisch nicht aufgeschlüsselter Überleitungsrechnungen (Kategorie 6) sein.

[117] Vgl. Geschäftsbericht der Telekom Austria Group, 2009.

[118] Vgl. Tab. 1, 407.

[119] Siehe hierzu die Studien von *Wagenhofer*, 2008; *Blase/Müller*, 2009; *Matova/Pelger*, 2010.

[120] Ähnlich hierzu *Blase/Müller*, 2009, 542; *Matova/Pelger*, 2010, 500.

3.7. Diskussion

Die Ergebnisse hinsichtlich der verwendeten Segmentergebnisgrößen gleichen weitgehend jenen von *Matova/Pelger*.[121] Der in Studien größeren Umfangs bereits gewonnene Eindruck, wonach das EBIT die gängigste Ergebnisgröße ist, wird demzufolge ebenfalls bestätigt.[122] Weiters bestätigt die vorliegende Studie die weitläufige Verwendung von sog. pro forma-Ergebnisgrößen[123] in der internen Unternehmensrechnung österreichischer börsenotierter Konzerne.

Die Resultate zum Status quo der Harmonisierung des Rechnungswesens in Österreich zeigen, dass mehr als die Hälfte der untersuchten Unternehmen (zumindest auf Segmentebene) eine vollständige Konvergenz aufweisen. Dies ist vergleichbar mit den Studienergebnissen von *Weißenberger/Angelkort*, welche eine 80-prozentige Harmonisierung von internem und externem Unternehmensergebnis auf Segmentebene erheben konnten.[124] Angesichts des hohen Harmonisierungsgrades und fehlender signifikanter Überleitungsdifferenzen, wie – für die interne Unternehmensrechnung ansonsten übliche – Zusatz- oder Anderskosten, liegt der Schluss nahe, dass sich die interne Steuerung der Unternehmenssegmente weitgehend an IFRS-Rechnungslegungsgrundsätzen orientiert. Diese Hypothese wird von den ergänzenden Erläuterungen im Segmentbericht bzw. den Notes seitens der Unternehmen bestätigt. Annähernd jedes zweite Unternehmen verweist dezidiert im Segmentbericht auf den Einsatz des IFRS-Regelwerkes im internen Berichtswesen.[125, 126]

Der hohe Harmonisierungsgrad österreichischer börsenotierter Konzerne ist aus Sicht der Entscheidungsrelevanz der bereitgestellten Segmentinformationen positiv zu würdigen. Erhebliche Abweichungen zwischen den extern berichteten und den intern verwendeten Größen führen zu einem Vertrauensverlust in das publizierte Datenmaterial, als dies zeigt, dass die Entscheidungen des Managements auf Basis anderer Daten getroffen werden, als jene, die im Segmentbericht der Öffentlichkeit zugänglich gemacht werden. Dies steht im Widerspruch zu einer tatsachengetreuen Darstellung der Vermögens-, Finanz- und Ertragslage, da davon auszugehen ist, dass im Falle erheblicher Abweichungen dem Management Informationen vorliegen, die eher der ökonomischen Realität entsprechen als jene, die im Segmentbericht kundgemacht wurden.[127]

---

[121] Vgl. *Matova/Pelger*, 2010, 496.

[122] Siehe hierzu die Ausführungen von *Wagenhofer*, 2008, 169.

[123] Die Ergebniskennzahlen EBIT, EBITDA, EBT werden gemeinhin auch als „Pro-forma-Ergebnisse" bezeichnet. Vgl. *Coenenberg* u.a., 2009, 967. Zur Berechnung und genauen Definition siehe *Coenenberg* u.a., 2009, 966 ff.

[124] Vgl. *Weißenberger/Angelkort*, 2007, 51.

[125] Diese vom Management Approach induzierte Ausstrahlungswirkung externer Abbildungskonzeptionen auf das interne Abbildungs- und Steuerungssystem in Zusammenhang mit der Segmentberichterstattung wurde bereits von *Müller/Peske* auf Basis des Standardentwurfes vorhergesagt. Vgl. *Müller/Peske*, 2006, 824.

[126] *Blase/Müller* ziehen in ihrer Untersuchung den gleichen Schluss. Vgl. *Blase/Müller*, 2009, 542. Ähnlich auch *Wagenhofer*, 2008, 173; *Matova/Pelger*, 2010, 500.

[127] Vgl. *Müller/Peskes*, 2006, 823 f.; *Hoffjan/Trapp*, 2008, 1027.

4. Zusammenfassung

Obwohl die internationalen Rechnungslegungsstandards aufgrund ihrer verstärkten Ausrichtung an einer true and fair view des Unternehmens, die den Abschlussadressaten entscheidungsnützliche Informationen bereitstellen soll, besser für eine Konvergenz mit dem internen Rechnungswesen geeignet erscheinen als die primär vom Vorsichtsprinzip dominierten nationalen Regelungen, ist eine vollständige Konvergenz zum jetzigen Standpunkt dennoch kritisch zu sehen. Eine fundierte Kostenrechnung ist daher für bestimmte unternehmerische Entscheidungen weiterhin eine unverzichtbare Entscheidungsgrundlage (z.B. bei Make-or-buy-Überlegungen oder bei preispolitischen Entscheidungen).

In diversen Standardstellen greifen die IFRS jedoch bewusst auf interne Daten zurück und führen diese, entgegen der gängigen Harmonisierungsrichtung, einer Zweitverwendung in der externen Rechnung zurück. Dieses Vorgehen wird als „Management Approach" bezeichnet.

Mit IFRS 8 fand dieser an der Sichtweise des Managements orientierte Ansatz Eingang in die externe Segmentberichterstattung, wodurch eine direkte Messung der Abweichungen zwischen externem und internem Rechnungswesen aus veröffentlichten Unternehmensabschlüssen erstmals möglich wurde. Die im Rahmen dieses Beitrags durchgeführte Studie machte – analog zu bereits verfügbaren Studien hierzu aus Deutschland – von dieser Möglichkeit erstmals für den österreichischen Wirtschaftsraum Gebrauch und erhob aus den Segmentberichten österreichischer börsenotierter Konzerne den Harmonisierungsgrad von internem und externem Rechnungswesen. Im Zuge dieser empirischen Erhebung wurde bei der Mehrzahl der in die Untersuchung einbezogenen Unternehmen eine Integration von externer und interner Unternehmensrechnung nachgewiesen. Korrespondierend zu den Erkenntnissen aus Deutschland weisen im Durchschnitt (Dreijahresdurchschnitt 2009–2011) rund 60 % der untersuchten österreichischen börsenotierten Konzerne ein vollständig integriertes Rechnungswesen auf Segmentebene aus. Deutliche Abweichungen zwischen Segmentergebnis und Unternehmensergebnis finden sich bei ca. 30 % der betrachteten Unternehmen. Die Analyse der Überleitungsposten der Segmentergebnisse hat keine systematischen Abweichungen, die die Verwendung kalkulatorischer interner Rechnungen auf Segmentebene belegen würden, zu Tage gebracht. Hieraus lässt sich folgern, dass selbst bei Unternehmen mit deutlichen Abweichungen diese beiden Rechnungswesensysteme dennoch nicht gänzlich unabhängig voneinander konzipiert sind und klassischen kalkulatorischen Kosten auf Segmentebene keine besondere Bedeutung zukommt.

Literaturverzeichnis

Alvarez, M., Segmentberichterstattung und Segmentanalyse, Wiesbaden 2004.

Alvarez, M./Büttner, M., ED 8 Operating Segments, in: KoR 2006, 307–318.

Andrejewski, K./Böckem, H., Praktische Fragenstellungen bei der Implementierung des Komponentenansatzes nach IAS 16, Sachanlagen (Property, plant und equipment), in: KoR 2005, 75–81.

Baetge, J./Siefke, M., Lässt sich die offen zulegende Rechnungslegung so gestalten, dass sie eine zielkonforme Konzernsteuerung ermöglicht?, in: *Altenburger, O./Janschek, O./Müller, H.* (Hrsg.), Fortschritte im Rechnungswesen, Festschrift für Gerhard Seicht, 2. Auflage, Wiesbaden 2000, 675–704.

Barth, T./Barth, D., IAS/IFRS-Rechnungslegung und Unternehmenssteuerung, in: WISU 2004, 74–79.

Blase, S./Müller, S., Empirische Analyse der vorzeitigen IFRS-8-Erstanwendung – Eine Analyse der Harmonisierung von interner und externer Segmentberichterstattung im Rahmen der vorzeitigen Umstellung auf IFRS 8 bei DAX-, MDAX- und SDAX-Unternehmen, in: WPg 2009, 537–544.

Böckem, H./Pritzer, M., Anwendungsfragen der Segmentberichterstattung nach IFRS 8, in: KoR 2010, 614–620.

Burger, A./Buchhart, A., Integration des Rechnungswesens im Shareholder Value-Ansatz, in: DB 2001, 549–554.

Coenenberg, A. G./Haller, A./Schultze, W., Jahresabschluss und Jahresabschlussanalyse, 21. Aufl., Stuttgart 2009.

Dais, M./Watterott, R., Umstellung des externen und internen Rechnungswesens der Bosch-Gruppe auf IFRS, in: Controlling 2006, 465–473.

Damberger, P./Heyne, D./Renner, S., Anforderungen an ein ganzheitliches Rechnungswesen, in: Kostenrechnungspraxis 2002, Sonderheft 1, 23–32.

Denk, C./Duller, C./Pesendorfer, D., Konvergenz der Unternehmensrechnung: State of the Art bei Österreichs börsenotierten Unternehmen, in: RWZ 2010, 219–226.

Dorfer, A./Gaber, T., Controlling und Reporting vor dem Hintergrund der Anforderungen internationaler Rechnungslegungsstandards, 2011-07-07, http://www-classic.uni-graz.at/acce1www/downloads/Controlling_und_Reporting.pdf.

Engelbrechtsmüller, C./Fuchs, H., Annäherung der Segmentberichterstattung nach IFRS an das operative Controlling, in: RWZ 2007, 37–43.

Ewert, R./Wagenhofer, A., Interne Unternehmensrechnung, 7. Auflage, Berlin u.a. 2008.

Fink, C./Ulbrich, P. R., Verabschiedung des IFRS 8 – Neuregelung der Segmentberichterstattung nach dem Vorbild der US-GAAP, in: KoR 2007, 1–6.

Fink, C./Ulbrich, P., IFRS 8: Paradigmenwechsel in der Segmentberichterstattung, in: Der Betrieb 2007, 981–985.

Fleischer, W., Rolle des Controllings im Spannungsfeld internes und externes Reporting, in: *Horváth, P.* (Hrsg.), Organisationen und Geschäftsprozesse wirkungsvoll steuern, Stuttgart 2005, 189–200.

Haller, A., Zur Eignung der US-GAAP für Zwecke des internen Rechnungswesens, Controlling 1997, 270–276.

Haring, N./Prantner, R., Konvergenz des Rechnungswesens: State-of-the-Art in Deutschland und Österreich, in: Controlling 2005, 147–154.

Hennige, S., Controlling und Bilanzbuchhaltung wachsen zusammen: Wie zusätzliches Know-how den Marktwert steigert, in: BC 2007, 97–100.

Heyd, R., Zur Harmonisierung von internem und externem Rechnungswesen nach US-GAAP, in: Der Schweizer Treuhänder 2001, 201–214.

Hoke, M., Konzernsteuerung auf Basis eines intern und extern vereinheitlichten Rechnungswesens, Bamberg 2001.

Hoffjan, A./Trapp, R., Implikationen der internationalen Rechnungslegung für das Controlling: Folgen am Beispiel der Segmentberichterstattung nach IFRS 8, in: BBK 2008, 1021–1030.

Horváth, P./Arnaout, A., Internationale Rechnungslegung und Einheit des Rechnungswesens: State-of-the-Art und Implementierung in der deutschen Praxis, in: Controlling 1997, 254–269.

Hütten, C./Fink, C., Segmentberichterstattung, in: Haufe IFRS-Kommentar, hrsg. v. *Lüdenbach, N./Hoffmann, W.-D.*, 7. Aufl., Freiburg 2009, Rz 1–133.

IASB, IFRS 8, Basis for conclusions, 2011-08-17, http://eifrs.iasb.org/eifrs/files/166/bv2011_ifrs08_part%20b_119.pdf.

IGC/*Weißenberger, B.-E.*, Controller und IFRS, Freiburg 2006.

Kahle, H., Unternehmenssteuerung auf Basis internationaler Rechnungslegungsstandards?, in: zfbf 2003, 773–789.

Kajüter, P./Barth, D., Segmentberichterstattung nach IFRS 8 – Übernahme des Management Approach, in: Betriebs-Berater 2007, 428–434.

Krakuhn, J./Schütz, P./Weigel, W., Segmentberichterstattung nach IFRS 8: Umsetzung bei Kreditinstituten, in: IRZ 2008, 287–294.

Küting, K., Perspektiven der externen Rechnungslegung, in: Der Schweizer Treuhänder 2000, 153–168.

Küting, K./Lorson, P., Konvergenz von internem und externem Rechnungswesen: Anmerkungen zu Strategien und Konfliktfeldern, in: WPg 1998, 483–493.

Lopatta, K., IFRS und Controlling: Die Segmentberichterstattung als Schnittstelle zwischen externer und interner Unternehmensrechnung, in: Internationale Rechnungslegung und internationales Controlling, hrsg. von *Funk, W./Rossmanith, J.*, Wiesbaden 2010, 515–538.

Leitner, S./Rohatschek, R., Externe Rechnungslegung und Abschlussprüfung oberösterreichischer Familienunternehmen – eine empirische Betrachtung, in: Familienunternehmen, hrsg. von *Feldbauer-Durstmüller, B./Pernsteiner, H./Rohatschek, R./Tumpel, M.*, Wien 2008, 81–103.

Löw, E., Rechnungslegung für Banken nach IFRS, 2. Aufl., Wiesbaden 2005.

Matova, M. R./Pelger, C., Integration von interner und externer Segmentergebnisrechnung, in: KoR 2010, 494–500.

Martin, P., The management approach, in: CA magazine 1997, 29–30.

Messner, S., Sinn und Unsinn kalkulatorischer Kosten, in: Controller News 2006, 131–133.

Mitter, C./Krill, B., Einsatz und Bedeutung kalkulatorischer Kosten in Österreichs Industrie, in: RWZ 2011, 141–147.

Müller, M., Harmonisierung des externen und internen Rechnungswesens: Eine empirische Untersuchung, Dissertation, Ulm 2005.

Müller, S./Peskes, M., Konsequenzen der geplanten Änderungen der Segmentberichterstattung nach IFRS für Abschlusserstellung und Unternehmenssteuerung, in: Betriebs-Berater 2006, 819–825.

Nobach, K./Zirkler, B., Bedeutung der IFRS für das Controlling, in: KoR 2006, 737–748.

Pellens, B./Tomaszewski, C./Weber, N., Wertorientierte Unternehmensführung in Deutschland – Eine empirische Untersuchung der DAX 100-Unternehmen, in: Der Betrieb 2000, 1825–1833.

Pfaff, D., Zur Notwendigkeit einer eigenständigen Kostenrechnung, in: zfbf 1994, 1065–1084.

Rogler, S., Segmentberichterstattung nach IFRS 8 im Fokus von Bilanzpolitik und Bilanzanalyse (Teil 1), in: KoR 2009, 500–505.

Schaier, S., Konvergenz von internem und externem Rechnungswesen, Wiesbaden 2007.

Seeliger, R./Kaatz, S., Konversion und Internationalisierung des Rechnungswesens in Deutschland, in: Kostenrechnungspraxis 1998, 125–132.

Troßmann, E./Baumeister, A., Harmonisierung von internem und externem Rechnungswesen durch die Fair-Value-Bewertung?, in: *Bieg, H./Heyd, R.* (Hrsg.), Fair Value-Bewertung in Rechnungswesen, Controlling und Finanzwirtschaft, München 2005, 629–648.

Wagenhofer, A., Zusammenwirken von Controlling und Rechnungslegung nach IFRS, in: *Wagenhofer, A.* (Hrsg.), Controlling und IFRS-Rechnungslegung, Berlin 2006, 1–20.

Wagenhofer, A., Konvergenz von intern und extern berichteten Ergebnisgrößen am Beispiel von Segmentergebnissen, in: BFuP 2008, 161–176.

Wala, T./Knoll, L./Messner, S., Vor- und Nachteile einer Integration von internem und externem Rechnungswesen auf Basis der IFRS – Teil I, in: Deutsches Steuerrecht 2007, 1834–1838.

Wala, T./Knoll, L./Messner, S., Vor- und Nachteile einer Integration von internem und externem Rechnungswesen auf Basis der IFRS – Teil II, in: Deutsches Steuerrecht 2007, 1881–1883.

Weber, J./Schäffer, U., Einführung in das Controlling, 13. Auflage, Stuttgart 2011.

Weber, J./Weißenberger, B. E./Haas, C. A. J., IFRS revisited: Quo vadis Unternehmensrechnung?, Weinheim 2006.

Weißenberger, B. E., Integrierte Rechnungslegung und Unternehmenssteuerung: Bedarf an kalkulatorischen Erfolgsgrößen auch unter IFRS?, in: ZfCM 2004, Sonderheft 2, 72–77.

Weißenberger, B. E., Integration der Rechnungslegung unter IFRS, in: Controlling 2006, 409–415.

Weißenberger, B. E., IFRS für Controller, in: Internationale Rechnungslegung und internationales Controlling, hrsg. von *Funk, W./Rossmanith, J.*, Wiesbaden 2010, 425–454.

Weißenberger, B.E./Angelkort, H., Controller Excellence unter IFRS in Österreich, Wien 2007.

Weißenberger, B. E./IGC (Arbeitskreis „Controller und IFRS" der International Group of Controlling), Controller und IFRS: Konsequenzen einer IFRS-Finanzberichterstattung für die Aufgabenfelder von Controllern, in: BFuP 2006, 342–364.

Weißenberger, B. E./Maier, M., Der Management Approach in der IFRS-Rechnungslegung: Fundierung der Finanzberichterstattung durch Informationen aus dem Controlling, in: DB 2006, 2077–2083.

Wolfsgruber, H., Interne Unternehmensrechnung in der österreichischen Industrie, Wien 2005.

Performance Management für international tätige Familienunternehmen

Silvia Payer-Langthaler

Management Summary

FU weisen im Vergleich zu NFU hinsichtlich ihrer verschiedenen Subsysteme, der daraus resultierenden mehrdimensionalen Zielstruktur sowie der – je nach der Intensität des Einflusses der Eigentümerfamilie unterschiedlichen – Mitwirkung der Familienmitglieder im Managementprozess verschiedenste Besonderheiten auf. Daraus ergibt sich ein für FU charakteristischer mehrdimensionaler Erfolgsbegriff, welcher die Performance-Ziele des Unternehmens, der Familienmitglieder und/oder der Unternehmenseigentümer adäquat berücksichtigen muss.

Die Balanced Scorecard erhebt den Anspruch, den Unternehmenserfolg mehrdimensional abzubilden und zu steuern. Im folgenden Beitrag wird exemplarisch dargestellt, wie die zentralen Wertvorstellungen und Zielsetzungen der Eigentümerfamilie in die BSC aufgenommen werden können. Durch die Ergänzung der klassischen BSC-Perspektiven um die Dimension „familiness" werden zentrale familienspezifische Zielsetzungen in das Performance-Management-System integriert.

1. Einleitung

Familienunternehmen (FU) stellen sowohl im nationalen als auch im internationalen Kontext zweifellos den bedeutendsten Unternehmenstypus dar. Internationale Quellen lassen darauf schließen, dass der Anteil von FU an der Gesamtzahl der Unternehmen zwischen 60 und 85 % liegt.[1] In Österreich liefert die umfassende Studie von *Feldbauer-Durstmüller et al.*[2] einen Anhaltspunkt, wonach 46 % jener Unternehmen, die eine Mitarbeiteranzahl von größer 50 aufweisen, als FU klassifiziert werden können. Vergleiche von empirischen Erkenntnissen zum FU-Anteil in den unterschiedlichen Volkswirtschaften sind jedoch insofern problematisch, als in der aktuellen FU-spezifischen Fachliteratur bislang noch kein einheitliches Verständnis darüber existiert, wie FU von Nicht-Familienunternehmen (NFU) abzugrenzen sind[3], und Forschungsergebnisse grundsätzlich entscheidend davon abhängen, auf welcher Definition die Forschungsarbeiten basieren.[4] Es finden sich zwar verschiedene Ansätze und Versuche, das Forschungssubjekt „Familienunternehmen" zu definieren,[5] die wissenschaftliche Diskussion ist jedoch bislang zu keinem abschließenden Ergebnis gekommen.

Ein in internationalen Studien mittlerweile häufig angewendeter und (vorläufig) validierter Kategorisierungs-Ansatz von FU ist die von *Astrachan/Klein/Smyrnios* entwi-

---

[1] Vgl. *Astrachan/Shanker*, 2003, 212 ff.

[2] Vgl. *Feldbauer-Durstmüller* et al., 2012; *Duller* et al., 2011.

[3] Vgl. *Chua* et al., 1999, 19; *Ibrahim* et al., 2008, 96; *Wargitsch*, 2010, 78.

[4] Vgl. *Astrachan/Zellweger*, 2008, 85.

[5] In diesem Zusammenhang scheinen sich bislang zwei Ansätze durchzusetzen, der „components-of-involvement-approach" sowie der „essence-approach". Der components-of-involvement-approach differenziert FU durch die spezifischen Komponenten, z.B. durch das Ausmaß, indem sich die Eigentümerfamilie im Unternehmen engagiert bzw. an der Unternehmensführung beteiligt, durch den Anteil am Eigenkapital sowie durch das Ausmaß, indem das FU an die nachfolgende Generation übertragen wird. Im Unterschied dazu grenzt der essence-approach FU von NFU durch das jeweils spezifische Verhalten ab. Beide Ansätze spiegeln die grundlegende Idee wider, dass die Beteiligung einer Familie an einem Unternehmen zu relevanten Unterschieden führt.

ckelte F-PEC Skala des Familieneinflusses. Dabei werden FU als Unternehmen definiert, auf die eine oder mehrere Familien einen entscheidenden Einfluss durch Macht (power), Erfahrung (experience) und/oder Kultur (culture) ausüben.[6]

Während die volkswirtschaftliche und gesellschaftliche Bedeutung von FU seit jeher als enorm eingestuft wird, befasst sich die universitäre Forschung erst seit dem Ende der 80er Jahre explizit mit diesem Forschungsfeld. Im Hinblick auf die noch junge Forschungstradition ist es demnach wenig überraschend, dass gewisse Themenkomplexe bislang noch relativ unerforscht geblieben sind. Dazu zählen u.a. auch Fragestellungen im Zusammenhang mit der Ausgestaltung eines an die Spezifika von (internationalen) FU angepassten Performance-Measurement- bzw. Management-Systems.

Performance Management befasst sich mit der Steuerung des organisationalen Erfolges. In diesem Zusammenhang sind folgende Fragestellungen zu klären:[7]

- Welche zentralen Erfolgsdimensionen und -faktoren sind im Unternehmen vorherrschend und wie können diese abgebildet bzw. gemessen werden?
- Welche Erfolgsziele werden angestrebt?
- Welche (monetären und nicht monetären) Anreize bestehen für Führungskräfte, um die definierten Erfolgsziele zu erreichen?
- Welche Informationen sind notwendig, um den Unternehmenserfolg ganzheitlich zu steuern?

Performance Management umfasst demnach nicht nur die Erfolgsmessung (Performance Measurement), sondern insbesondere auch das (strategische) Ziel-, Anreiz- und Managementinformationssystem eines Unternehmens.

Die Frage nach der Ausgestaltung eines auf die Besonderheiten von FU abgestimmten Performance-Management-Systems bedingt zunächst die Klärung eines für FU adäquaten Erfolgsbegriffes. In der Literatur herrscht Einigkeit darüber, dass FU über ein komplexes und mehrdimensionales Zielsystem verfügen, welches finanzielle und nicht finanzielle sowie familien- und unternehmensorientierte Zielsetzungen integriert.[8] Die Verfolgung von multiplen Zielen wirft unweigerlich die Frage auf, wie Erfolg und Wertsteigerung angesichts dieser Komplexität von Beziehungen und Abhängigkeiten von Zielen noch messbar ist.[9] *Sharma* sieht in der bislang fehlenden eindeutigen Erfolgsdefinition einen Forschungsbedarf und schreibt dazu Folgendes: *„An important direction for the future is to understand the extent of alignment in the definition of success used by the key players of family firms.“*[10]

Der Beitrag ist wie folgt aufgebaut: Im nachfolgenden zweiten Kapitel werden zunächst die theoretischen Grundlagen der FU-Forschung aufbereitet. In diesem Zusammenhang werden insbesondere jene Besonderheiten von FU thematisiert, die im Hinblick auf Performance Management in (international tätigen) FU bedeutsam erscheinen. Dazu zählt das für FU charakteristische Zusammentreffen von unterschiedlichen Subsystemen (Familie, Unternehmen, Eigentümer, Gesellschaft), in denen jeweils andere

---

[6]   Vgl. *Astrachan/Klein/Smyrnios*, 2002; *Klein*, 2010, 14 ff.
[7]   Vgl. *Otley*, 2005, 81.
[8]   Vgl. *Hienerth/Kessler*, 2006, 115.
[9]   Vgl. *Zellweger/Mühlebach*, 2008, 38.
[10]   *Sharma*, 2004, 6.

Zielsetzungen verfolgt werden. In Abhängigkeit von der Intensität des Familieneinflusses ergeben sich in FU auch Besonderheiten im strategischen Management.

Das dritte Kapitel widmet sich der Balanced Scorecard, die als bedeutendstes Instrument des Performance Management gilt. Dabei liegt der Fokus primär auf der Darstellung der neueren internationalen Literatur sowie der Anwendung der BSC in FU.

In der FU-spezifischen Fachliteratur wird mehrfach gefordert, dass im Rahmen der Erfolgsmessung von (international tätigen) FU die spezifischen Besonderheiten – insbesondere der durch das Zusammenspiel unterschiedlicher Subsysteme bedingte Zielpluralismus – unbedingt berücksichtigt werden. Wenngleich in der BSC eine Möglichkeit gesehen wird, die angesprochene Integration der unterschiedlichen Zieldimensionen durchzuführen, werden der BSC-Einsatz in FU sowie eine etwaige Adaption der BSC an die Besonderheiten von FU in der theoretischen Betrachtung kaum thematisiert.

Der folgende Beitrag widmet sich diesem Themenkomplex, indem im vierten Kapitel eine BSC-Konzeption vorgestellt wird, die familienspezifische Zielsetzungen expliziert. Schließlich wird auch noch aufgezeigt, wie die BSC im Rahmen der Konzernsteuerung eingesetzt werden kann.

2. Familienunternehmen: theoretische Grundlagen und Begriffsverständnis

2.1. Begriffsabgrenzung

Wie bereits zu Beginn angedeutet, wird im deutschsprachigen Raum zur Abgrenzung zwischen FU und NFU häufig die *F-PEC-Skala* bzw. das *SFI-Konzept*[11], welches als Vorläufer des F-PEC gilt, herangezogen.[12] In beiden Konzepten stellt der Einfluss der Familie durch Macht – also durch Eigentum, Governance und Führungsbeteiligung – die Grundlage der Definition eines FU dar. Der Familieneinfluss (SFI) kann anhand der folgenden algebraischen Formel quantifiziert werden:

$$\text{If } S_{Fam} > 0 => \text{SFI}: \quad \frac{S_{Fam}}{S_{Total}} + \frac{MoSB_{Fam}}{MoSB_{Total}} + \frac{MoMB_{Fam}}{MoMB_{Total}} \geq 1$$

S	=	Stock
SFI	=	Substantial Family Influence
Fam	=	Family Member
MoSB	=	Members of Supervisory Board
MoMB	=	Members of Management Board

Abb. 1: Konzept des Substantial Family Influence (SFI)[13]

Demnach wird – auch im folgenden Beitrag – ein Unternehmen dann als FU klassifiziert, wenn die betreffende Familie einen Anteil am Eigenkapital des Unternehmens hält und

---

[11] SFI steht für Substantial Family Influence. Der SFI bildet die erste Säule im F-PEC-Konzept und kann somit mit der Power-Skala gleichgesetzt werden.
[12] Vgl. *Klein*, 2000.
[13] In Anlehnung an *Klein*, 2000, 158.

die Summe der Familienanteile am Eigenkapital, an Mitgliedern des Geschäftsleitungs-
organs und Mitgliedern des Kontrollorgans (Aufsichts- oder Beirat) mindestens eins ist.
Jene Unternehmen, welche über keinen substantiellen Familieneinfluss verfügen (deren
SFI kleiner als eins ist), gelten in der Folge als NFU.

In Bezug auf international tätige FU folgt der Beitrag den Ausführungen von *Haas*,
der internationale FU sowohl mit Hilfe einer qualitativen als auch einer quantitativen Dimension abgrenzt:[14]

- *Qualitative Dimension:*
  Die wirtschaftlichen Aktivitäten von international tätigen (Familien-)Unternehmen
  finden in mindestens zwei Nationen statt.
- *Quantitative Dimension:*
  Das Ausmaß der internationalen Tätigkeit trägt wesentlich dazu bei, die Unternehmensziele zu erreichen und die nachhaltige Existenz des Unternehmens zu sichern. Unternehmen mit einer Beteiligung an mindestens einem Direktinvestitionsunternehmen
  (stimmberechtigter Kapitalanteil von 10 % oder mehr) gelten stets als international tätig.[15]

2.2. Besonderheiten von (international tätigen) Familienunternehmen

Die Besonderheiten von (international tätigen) FU resultieren grundsätzlich aus der Tatsache, dass in FU – im Unterschied zu NFU – eine zusätzliche Stakeholder-Gruppe existiert, nämlich die Eigentümerfamilie.[16] Mit den daraus folgenden speziellen Stakehol-
der-Konstellationen gehen auch FU-spezifische Zielsysteme einher.[17] Die Eigentümerfamilie prägt – in Abhängigkeit von der Intensität des Familieneinflusses – die Vision,
die strategische Ausrichtung sowie das gesamte Werte- und Zielsystem des Unternehmens und beeinflusst Managemententscheidungen.[18]

Nachfolgend werden drei Charakteristika von FU einer näheren Betrachtung unterzogen, welche Auswirkungen auf die Ausgestaltung eines den Spezifika von FU entsprechenden Performance-Management-Systems haben. Dazu zählen:

- Koexistenz von mehreren Subsystemen
- Zielpluralismus bzw. mehrdimensionales Zielsystem
- Besonderheiten im strategischen Management von FU

2.2.1. Familienunternehmen als Zusammenspiel verschiedener Subsysteme

FU werden häufig als komplexe Systeme beschrieben, welche aus verschiedenen Subsystemen bestehen. Folgt man dem „*dual-system-approach*"[19], so ergeben sich zwei in-
terdependente Subsysteme, nämlich das Subsystem „*Familie*" und das Subsystem „*Unternehmen*". Im darauf aufbauenden „*Three-Circle model*"[20]wird der „*dual-system-approach*" um die Dimension „*ownership*" bzw. „*Eigentum*" ergänzt.

---

[14] Vgl. *Haas*, 2010, 53.
[15] Vgl. *Casillas/Acedo/Moreno*, 2007, 54 f.
[16] Vgl. *Zellweger/Nason*, 2008, 205.
[17] Vgl. *Wargitsch*, 2010, 79.
[18] Vgl. *Chua* et al., 1999, 22; *Achleitner* et al., 2010, 228.
[19] Vgl. *Lansberg*, 1983, 40 ff.
[20] Vgl. *Gersick* et al., 1997, 5 ff.

Da der primäre Zweck eines Unternehmens in der Regel darin besteht, den produzierten Output an die Außenwelt abzugeben, interagiert es in verschiedenster Weise mit seinem gesellschaftlichen Umfeld. Dadurch kann das Unternehmen von seiner Umwelt, aber auch vice versa die Umwelt durch das Unternehmen, beeinflusst werden.[21] Wie in der folgenden Abbildung 2 dargestellt, werden demnach die Subsysteme gemäß dem *„Three-Circle model"* nach *Gersick et al.* um die Dimension *„Gesellschaft"* ergänzt:

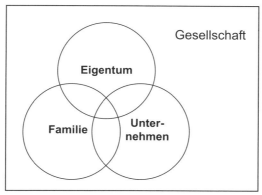

Abb. 2: Subsysteme im Familienunternehmen[22]

Zur erfolgreichen Führung eines FU kommt in der Folge der Koordination der spezifischen Interessen, die in den jeweiligen Subsystemen vorherrschen, eine herausragende Bedeutung zu.[23]*Horváth* weist in diesem Zusammenhang explizit darauf hin, dass ein für FU passendes Controllingsystem informierende und koordinierende Aufgaben in Bezug auf alle Subsysteme wahrzunehmen hat.[24]

2.2.2. Zielpluralismus

Aus dem für FU charakteristischen Zusammentreffen – oftmals auch divergierender – Subsysteme resultiert, dass FU im Vergleich zu NFU mit einem multiplen sowie komplexen Zielsystem[25] ausgestattet sind. FU werden einerseits häufig aus der Perspektive eines einzelnen Subsystems betrachtet, andererseits als System mit konfliktären Subsystemen, jedoch nur selten als ein ganzheitliches System.[26]

Aus der Unternehmensperspektive ist ein FU primär zielorientiert. Der grundsätzliche Unternehmenszweck besteht in der gewinnorientierten Produktion von Gütern und/oder Dienstleistungen. Betrachtet man ein FU aus dem Blickwinkel der Familie, so stehen die verwandtschaftlichen Beziehungen im Vordergrund, welche durch Verantwortungsbewusstsein gegenüber den Familienmitgliedern, Loyalität und Einheit geprägt sind.[27]

---

[21] Vgl. *Ulrich*, 1970, 14.
[22] In Anlehnung an *Gersick* et al., 1997, 6.
[23] Vgl. *Hiebl/Feldbauer-Durstmüller/Duller*, 2012, 2.
[24] Vgl. *Horváth*, 1999, 131.
[25] Vgl. *Sharma/Chrisman/Chua*, 1997, 7.
[26] Vgl. *Craig/Moores*, 2010, 78.
[27] Vgl. *Craig/Moores*, 2010, 78.

Nachfolgend werden die einzelnen Subsysteme hinsichtlich der jeweils vorherrschenden Zielstrukturen einer näheren Betrachtung unterzogen.

2.2.2.1. Eigentümer- bzw. managerspezifische Zielsetzungen

Der Unternehmenseigentümer entwickelt aufgrund seines persönlichen Engagements häufig eine emotionale Bindung an sein eigenes Unternehmen.[28] Infolge dieser starken Verflechtung zwischen Unternehmer und Unternehmen verfolgt der Firmeneigentümer in der Regel nicht nur finanzielle Zielsetzungen, sondern auch sozio-emotionale Ziele, die vom finanziellen Wert des Unternehmens unabhängig sind und sich nicht in monetärem Gegenwert ausdrücken lassen.[29] Dazu zählen beispielsweise Zielsetzungen wie Macht, Prestige, persönliche Reputation, Herausforderung, Aufrechterhaltung einer Familientradition und emotionale Verbindungen zwischen Familienmitgliedern.[30]

2.2.2.2. Unternehmens- bzw. organisationsspezifische Zielsetzungen

Damit eine Organisation langfristig existieren kann, muss Erfolg generiert werden. Erfolg ist demnach das Kriterium natürlicher Selektion: Unternehmen, die keinen Erfolg haben, können langfristig nicht am Markt bestehen. Organisationsspezifische Zielsetzungen sind daher grundsätzlich auf das Erfolgsziel eines Unternehmens ausgerichtet. In diesem Zusammenhang können u.a. folgende Zielsetzungen genannt werden: Umsatzwachstum, Steigerung des Unternehmenswertes, Erhöhung des Marktanteils, Gründung neuer Standorte bzw. Niederlassungen, Erhöhung der Mitarbeiteranzahl sowie der Produktqualität, Entwicklung innovativer Produkte, Arbeitsplatz- und Einkommenssicherheit für Mitarbeiter, Mitarbeiterzufriedenheit, gutes Image, Zufriedenheit der Lieferanten.[31]

Wachstum gilt generell als zentraler Erfolgsfaktor. Zunehmendes Wachstum bzw. eine zunehmende Internationalisierung zwingen ein Unternehmen zum Abbau von personenzentrierten Organisationsstrukturen, zu einer Professionalisierung des Personalmanagements, einem Ausbau des Kommunikations- und Berichtswesens sowie zu einer Formalisierung der Planungs- und Kontrollsysteme.[32]

Im Unterschied zu NFU wird FU ein geringeres Streben nach Wachstum unterstellt, was auch in empirischen Studien bestätigt wird.[33] In vielen FU wird Stabilität für wichtiger erachtet als Wachstum, da Wachstumsstrategien mit Risiko verbunden sind.[34] Die Risikoaversion von FU kann damit begründet werden, dass Fehlentscheidungen für einen Familienunternehmer schwerwiegendere Konsequenzen in Bezug auf sein Eigentum mit sich bringen als für einen familienfremden Manager. In FU werden Wachstumsziele nur in dem Ausmaß angestrebt, als damit spezifische Bedürfnisse von einzelnen Familienmitgliedern (z.B. Aufstiegsmöglichkeiten) befriedigt werden. Familienunternehmen verfolgen auch deshalb in einem geringeren Ausmaß Wachstumsziele, damit Eigentum und Kontrolle in einer Person bzw. in einer Familie vereint bleiben.[35]

---

[28] Vgl. *Achleitner* et al., 2010, 231.
[29] Vgl. *Zellweger/Astrachan*, 2008, 347 f.; *Gómez-Mejia*, 2007, 106.
[30] Vgl. *Zellweger/Nason*, 2008, 206.
[31] Vgl. *Zellweger/Nason*, 2008, 206.
[32] Vgl. *Graves/Thomas*, 2006, 211.
[33] Vgl. *Kotey*, 2005, 15.
[34] Vgl. *Kotey*, 2005, 5; *Tagiuri/Davis*, 1992, 53.
[35] Vgl. *Kotey*, 2005, 5; *Westhead*, 2003, 95.

Gallo/Garcia Pont sowie Fernández/Nieto stellen in ihren empirischen Untersuchungen fest, dass FU weniger häufig Exportziele verfolgen als NFU.[36] Die Entscheidung, ob ein Unternehmen (internationale) Wachstumsziele verfolgen kann bzw. möchte, ist grundsätzlich von den zur Verfügung stehenden Managementkapazitäten sowie den unternehmensspezifischen Ressourcen abhängig.[37] Internationale Expansion basiert auf der Grundannahme, dass jene Wettbewerbsvorteile, welche ein Unternehmen im heimischen Markt nutzen kann, auch im Ausland realisiert werden können. Faktoren, die eine internationale Expansion verhindern, sind häufig in einem Fehlen von entsprechenden Ressourcen, in der Ungewissheit bzw. der Komplexität des Internationalisierungsprozesses begründet.[38]

2.2.2.3. Familienspezifische Zielsetzungen

Eine Familie ist ein soziales System mit dem Zweck, die Bedürfnisse ihrer Mitglieder zu wahren. Die Familienmitglieder sind durch emotionale Beziehungen zueinander verbunden, woraus meist ein hohes Verantwortungsbewusstsein sowie Loyalität gegenüber der Familie resultieren.[39] In FU kommt es nun zu einer Konkurrenz bzw. Koexistenz von häufig in nicht finanziellen Zielsetzungen ausgedrückten Bedürfnissen der Unternehmerfamilie und meist finanziellen Organisationszielen: Die Familie agiert emotional, das Unternehmen objektiv; die Familie bietet Schutz für ihre Mitglieder, im Unternehmen herrscht Wettbewerb; die Familie garantiert uneingeschränkte Akzeptanz, während im Unternehmen der Stellenwert jedes Einzelnen durch seinen individuellen Beitrag bestimmt wird. Zu den familienspezifischen Zielsetzungen zählen u.a.: Erhaltung der finanziellen Unabhängigkeit, Sicherung der langfristigen Unternehmensexistenz, Erhaltung der Kontrolle innerhalb der Familie, Stabilität, Förderung der Zufriedenheit und des Wohlstandes der Familienmitglieder, Schaffung und/oder Erhaltung von Arbeitsplätzen und Karrieremöglichkeiten für Familienmitglieder, effektive Planung der Firmenübergabe bzw. Nachfolge innerhalb der Familie, Förderung einer familienspezifischen Unternehmenskultur, Erhaltung von Ruf, Status und Image der Eigentümerfamilie usw.[40]

2.2.2.4. Gesellschaftsbezogene Zielsetzungen

Wie bereits erwähnt, existiert zwischen Eigentümer und Unternehmen häufig eine sehr enge Verbindung, so dass Familienunternehmer das Unternehmen auch als eine Erweiterung der eigenen Person oder ihrer Familien wahrnehmen. Daraus resultieren auch eine höhere soziale Verantwortung sowie eine Integration von gesellschaftsbezogenen Zielsetzungen in das Zielsystem von FU. Wie die Studienergebnisse von *Dyer Jr./ Whetten*[41] am Beispiel der US-amerikanischen S&P 500 in einem Zehnjahresvergleich zeigen, agieren FU mit einem höheren sozialen Verantwortungsbewusstsein als NFU. Die Autoren begründen dies mit der Tatsache, dass das Image sowie der Ruf der Eigentümerfamilie untrennbar mit dem Unternehmen verbunden sind und die Familie daher

---

[36] Vgl. *Gallo/Garcia Pont*, 1996, 45 f.; *Fernández/Nieto*, 2005, 86.
[37] Vgl. *Graves/Thomas*, 2006, 208.
[38] Vgl. *Fernández/Nieto*, 2005, 78.
[39] Vgl. *Kotey*, 2005, 5.
[40] Vgl. *Kotey*, 2005, 5 f.; *Westhead*, 2003, 100; *Zellweger/Nason*, 2008, 206 f.
[41] Vgl. *Dyer Jr./Whetten*, 2006.

Handlungen vermeidet, die eine negative Publicity nach sich ziehen und dadurch das positive Image unterminieren.[42] Gesellschaftsbezogene Zielsetzungen können wie folgt lauten: Teilnahme an und/oder Unterstützung von sozialen, karitativen, kulturellen oder Umweltschutzinitiativen, Förderung von Non-Profit-Organisationen und/oder lokalen Vereinen sowie Schaffung und/oder Erhaltung von Arbeitsplätzen in wirtschaftlich schwachen Regionen usw.[43]

2.2.3. Besonderheiten im strategischen Management

Hinsichtlich der Besonderheiten im strategischen Management von FU wurden in der Literatur bislang nur wenige (teilweise auch widersprüchliche) Forschungsergebnisse publiziert.[44] Mehrheitlich herrscht jedoch Übereinstimmung dahingehend, dass zwischen FU und NFU signifikante Unterschiede im strategischen Planungsprozess sowie den daraus resultierenden Strategien bestehen. Dies wird einerseits durch die massive Einflussnahme der Eigentümerfamilie in den Strategiefindungsprozess begründet.[45] Andererseits wird aber auch gerade in der für FU charakteristischen, auf Vertrauen basierenden, informellen Gesprächskultur ein zentraler Wettbewerbsvorteil für FU gesehen,[46] was zudem auch das strategische Management von FU entscheidend prägt.[47]

Harris et al. identifizieren im Rahmen einer umfassenden Literaturrecherche folgende Faktoren, die den Strategiefindungsprozess von FU wesentlich beeinflussen:[48]

- Orientierung nach innen;
- langsameres Wachstum und geringere Beteiligung in internationalen Märkten;
- langfristige Perspektive;
- geringere Kapitalintensität sowie
- Streben nach Harmonie und Loyalität gegenüber den Mitarbeiter/innen.

Habbershon/Williams begründen die Besonderheit von FU in der sogen. *„familiness"*, einem einzigartigen Bündel an Ressourcen, die ihren Ursprung in der besonderen Interaktion zwischen der Familie, ihren Mitgliedern und dem Unternehmen haben.[49] Die Autoren beschreiben die besondere Ressourcenausstattung von FU als *idiosynkratisch*, weil es kaum FU gibt, die sich hinsichtlich ihrer Erfahrungen, Fähigkeiten, Organisationskultur oder Ressourcen gleichen. Aus der besonderen Ressourcenausstattung von FU entstehen in der Folge spezifische Fähigkeiten und schließlich Wettbewerbsvorteile, welche letztendlich in adäquaten Strategien festgehalten werden.

Sharma/Chrisman/Chua schlagen vor, die Unterschiede im strategischen Management zwischen FU und NFU anhand des in Abbildung 3 dargestellten strategischen Managementprozesses zu untersuchen, in dem jede Prozessphase (Zielanalyse bzw. -formulierung – Strategiefindung – Implementierung – strategische Kontrolle) einer genauen Analyse unterzogen wird. Dabei ist in jeder Phase besonderes Augenmerk auf die Fami-

---

42 Vgl. *Dyer Jr./Whetten*, 2006, 797 f.
43 Vgl. *Tagiuri/Davis*, 1992, 54; *Zellweger/Nason*, 2008, 206.
44 Vgl. *Gudmundson* et al., 1999, 27.
45 Vgl. *Ward*, 1988, 105; *Gudmundson* et al., 1999, 27.
46 Vgl. *Eddleston* et al., 2008, 41.
47 Vgl. *Craig/Moores*, 2010, 79.
48 Vgl. *Harris* et al., 1994.
49 Vgl. *Habbershon/Williams*, 1999, 8 ff.

lieninteressen bzw. auf jene Aspekte zu legen, die in strategischer Hinsicht eine besondere Relevanz für FU haben (kursive Darstellung).

Aus der Abbildung geht zudem hervor, dass es sich dabei um einen dynamischen und interaktiven Prozess handelt, welcher das Management vor spezifische Herausforderungen stellt.[50] In jedem Prozessstadium sind mögliche Alternativen zu evaluieren, zudem muss sichergestellt werden, dass adäquate Kontrollmechanismen stattfinden, um gegebenenfalls Gegensteuerungsmaßnahmen einzuleiten.

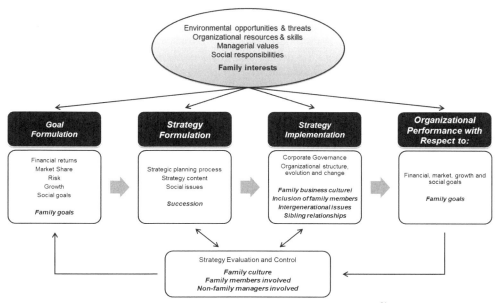

Abb. 3: Prozess des strategischen Managements nach *Sharma/Chrisman/Chua*[51]

Sharma führt in diesem Zusammenhang auch sehr deutlich aus, dass der Erfolg von Familienunternehmen maßgeblich davon abhängt, wie effektiv die Schnittstelle zwischen den Subsystemen „Familie" und „Unternehmen" gemanagt werden kann[52], und verweist diesbezüglich auch auf entsprechende empirische Befunde.[53]

Nachfolgend werden verschiedene theoretische Ansätze dargestellt, wie die Integration von familien- sowie unternehmensorientierten Zielsetzungen in FU erfolgen kann.

2.3. Konzeptionelle Ansätze zur Integration von familienorientierten und unternehmensorientierten Zielsetzungen

Ward ist einer der ersten Vertreter, der die Integration von familien- und unternehmensorientierten Zielsetzungen im Rahmen eines strategischen Managements fordert. Der

---

[50]   Vgl. *Chrisman/Steier/Chua*, 2008, 936.
[51]   *Sharma/Chrisman/Chua*, 1997, 3.
[52]   Vgl. *Sharma*, 2004, 5 f.
[53]   Vgl. *Olson* et al., 2003.

Autor sieht insbesondere in der strategischen Planung eine Lösung für die Integration von familienorientierten und unternehmensorientierten Zielsetzungen.[54] In einer umfangreichen empirischen Untersuchung stellt der Autor fest, dass FU grundsätzlich drei verschiedene Ausrichtungen verfolgen können:[55]

- Unternehmen, deren oberste Priorität beim Unternehmen liegt,
- Unternehmen, deren oberste Priorität bei der Familie liegt oder
- Unternehmen, deren oberste Priorität beim Familienunternehmen liegt.

Wer dem Unternehmen oberste Priorität einräumt, wird sich primär um die Anliegen der Kunden, der Aktionäre bzw. der Mitarbeiter kümmern. Unternehmensentscheidungen werden sich in der Folge am Primat der Gewinnmaximierung orientieren. Im Gegensatz dazu stehen jene Unternehmen, die dem Wohl der Eigentümerfamilie sowie den Anliegen der Familienmitglieder einen sehr hohen Stellenwert beimessen. In diesen Unternehmen stehen Zielsetzungen wie Familienglück und Zusammenhalt im Vordergrund, selbst wenn dies zu Lasten der finanziellen Zielsetzungen geht. Die dritte Ausrichtung sieht als oberste Priorität das Familienunternehmen. Hier wird ein Gleichgewicht zwischen den Bedürfnissen der Eigentümerfamilie und den unternehmensspezifischen Zielsetzungen angestrebt. In diesen Unternehmen ist man um Entscheidungen bestrebt, mit denen sowohl die Bedürfnisse der Familie befriedigt als auch die wirtschaftlichen Zielsetzungen des Unternehmens erreicht werden können. Gemäß *Ward* ist dieser Balanceakt im Rahmen der strategischen Planung zu bewerkstelligen. Dies stellt zwar eine enorme Herausforderung dar, gilt jedoch als Voraussetzung für das langfristige Bestehen sowohl der Familie als auch des Unternehmens.[56]

2.3.1. Vier-Felder-Matrix nach Sharma

Sharma verwendet zur konzeptionellen Beschreibung der Performance von FU eine Vier-Felder-Matrix[57], wobei die Hauptachsen einerseits die Dimension „Familie" und andererseits die Dimension „Unternehmen" repräsentieren. Dabei wird grundsätzlich unterstellt, dass nachhaltiger Erfolg in FU nur dann sichergestellt werden kann, wenn beide Dimensionen, sowohl die Familie – im Sinne einer gewissen Funktionalität – als auch das Unternehmen – ausgedrückt in wirtschaftlichen Größen –, erfolgreich sind:[58]

---

[54] Vgl. *Ward*, 1988, 105 ff.
[55] Vgl. *Ward*, 1987, 144.
[56] Vgl. *Ward*, 1988, 112.
[57] Vgl. *Sharma*, 2004, 7.
[58] Vgl. *Olson* et al., 2003, 642.

DIMENSION „FAMILIE"		
	positiv	**negativ**
positiv	**1** „Warme Herzen & Gefüllte Taschen" Hohes emotionales und hohes finanzielles Kapital	**2** „Gequälte Herzen & Gefüllte Taschen" Hohes finanzielles und geringes emotionales Kapital
negativ	**3** „Warme Herzen & leere Taschen" Hohes emotionales und geringes finanzielles Kapital	**4** „Gequälte Herzen & leere Taschen" Geringes finanzielles und geringes emotionales Kapital

Abb. 4: Performance von Familienunternehmen in Anlehnung an *Sharma*[59]

Unternehmen, welche dem ersten Quadranten angehören, sind in finanzieller Hinsicht erfolgreich und weisen gleichzeitig ein hohes Ausmaß an Familienharmonie auf, was ihnen hilft, sowohl finanzielle als auch familienbedingte emotionale Krisenzeiten weitgehend unbeschadet zu überwinden.[60]

Unternehmen im zweiten Quadranten sind charakterisiert durch Unternehmenserfolg, weisen jedoch in der Dimension „Familie" verschiedenste Spannungen auf oder sind gekennzeichnet durch gescheiterte familiäre Beziehungen. Beziehungsfragen werden in der Literatur generell als zentrale Einflussgröße für nachhaltigen Erfolg in FU dargestellt. Während gute Familienbeziehungen so manche Fehlentscheidung im Management kompensieren können, ist die gegenteilige Kompensation nur schwer nachvollziehbar.[61] Das langfristige Überleben von Unternehmen, welche diesem Quadranten angehören, ist laut *Sharma* maßgeblich davon abhängig, ob es gelingt, die diversen Unstimmigkeiten innerhalb der Eigentümerfamilie zu klären.[62]

Wie ebenfalls in Abbildung 4 ersichtlich, verfügen Unternehmen im dritten Quadranten zwar über ein hohes emotionales Kapital, weisen jedoch in finanzieller Hinsicht nur bescheidene Erfolge auf.[63] Intakte Beziehungen zwischen Familienmitgliedern können zwar in Zeiten finanzieller Schwierigkeiten dazu beitragen, dass Problemphasen im Unternehmen leichter überwunden werden. Eine nachhaltige Existenzsicherung bedingt jedoch insbesondere auch finanziellen Erfolg.

---

[59] Vgl. *Sharma*, 2004, 7.
[60] Als Beispiele für Unternehmen, die zu dieser Kategorie zählen, nennt *Sharma*: Haniel (D), Cranes papers, S. C. Johnson, J. M. Smucker, Cargill, Nordstorm (USA), Kikkoman (Japan), Beaudoin, Thomson & Molsons (Can), Antinori, Ferragamo, Torrini (I).
[61] Vgl. *Olson* et al., 2003, 639 ff.
[62] Vgl. *Sharma*, 2004, 8.
[63] Als Beispiele nennt *Sharma* in diesem Zusammenhang die kanadische Zeitungskette Southam, Agnelli's (I) und Ford (USA).

Unternehmen im vierten Quadranten weisen sowohl in der Dimension „Familie" als auch in der Dimension „Unternehmen" eine schwache Performance auf. Gelingt es den Unternehmen nicht, sich in die Richtung eines anderen Quadranten (2 oder 3) zu bewegen, so ist ein Scheitern wahrscheinlich.

Eine derartige Beschreibung von möglichen Erfolgskategorien in Familienunternehmen stellt jedoch eine starke Vereinfachung dar. *Sharma* zeigt in diesem Zusammenhang zukünftigen Forschungsbedarf auf und betont insbesondere die Notwendigkeit von verständlichen Modellen, um den mehrdimensionalen Erfolgsbegriff von FU adäquat abbilden zu können.[64]

2.3.2. Konzept der Subjektiven Erfolgszufriedenheit nach Mahto et al.

Gemäß den Ausführungen von *Mahto et al.* können sich FU grundsätzlich hinsichtlich ihrer primären Ausrichtung – Unternehmens- versus Familienorientierung – unterscheiden. Unternehmensorientierte FU verfolgen in erster Linie ökonomische Zielsetzungen und gleichen in vielerlei Hinsicht börsennotierten Gesellschaften mit einer Betonung von finanziellen Erfolgsgrößen. Im Unterschied dazu kommt in FU, in denen familienorientierte Zielsetzungen[65] einen hohen Stellenwert einnehmen, nicht monetären Zielsetzungen innerhalb des gesamten Zielsystems eine besondere Relevanz zu. Die Bedeutung von nicht ökonomischen Zielsetzungen variiert zwischen einzelnen FU. Empirische Untersuchungen zeigen diesbezüglich auch kein einheitliches Bild. Während *Feldbauer-Durstmüller/Wimmer*[66] für oberösterreichische Unternehmen keine signifikanten Unterschiede hinsichtlich der Dominanz von nicht monetären Zielsetzungen im Zielsystem von FU feststellen können, weisen andere (insbesondere internationale) Studien darauf hin, dass in einem Großteil von FU nicht monetäre Zielsetzungen einen höheren Stellenwert einnehmen als monetäre Zielsetzungen.[67]

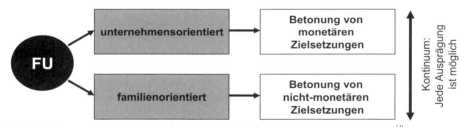

Abb. 5: Kontinuum zwischen unternehmens- und familienorientierten Zielsetzungen[68]

Mahto et al. entwickelten in diesem Zusammenhang das Konzept der Subjektiven Erfolgszufriedenheit.[69] Die Autoren gehen davon aus, dass der Erfolg von FU nicht anhand einer einzelnen finanziellen Erfolgsgröße dargestellt werden kann, sondern dass es pri-

---

64 Vgl. *Sharma*, 2004, 8.
65 Siehe in diesem Zusammenhang die Ausführungen in Kapitel 2.2.2.3.
66 Vgl. *Feldbauer-Durstmüller/Wimmer*, 2008, 34 ff.
67 Vgl. *Gomez-Mejia* et al., 2007, 106.
68 Eigene Darstellung, in Anlehnung an *Mahto* et al., 2010, 985 ff.
69 Vgl. *Mahto* et al., 2010.

mär um die subjektive Zufriedenheit der Eigentümerfamilie mit dem erzielten Unternehmenserfolg geht. Die Zufriedenheit der Familienmitglieder mit dem Unternehmenserfolg reflektiert, ob die tatsächlich erreichte Performance die Erfolgsziele der Eigentümerfamilie erfüllt. *Mahto et al.* zeigen in einer empirischen Untersuchung auf, dass die Zufriedenheit der Eigentümerfamilie mit dem Unternehmenserfolg wesentlich davon abhängig ist, in welchem Ausmaß

- sich die Eigentümerfamilie mit dem Unternehmen identifiziert,
- die Familienmitglieder interagieren und
- sich zum Unternehmen bekennen.

Bei den beschriebenen Ansätzen zur Integration von familien- und unternehmensorientierten Zielsetzungen handelt es sich jedoch um rein konzeptionelle Modelle, die für die weiterführende wissenschaftliche Diskussion sowie im Rahmen einer umfassenden Theoriebildung wertvolle Anhaltspunkte liefern. Die konkrete Ausgestaltung eines auf das spezifische Zielsystem von FU abgestimmten Performance-Measurement-Systems, welches sämtliche erfolgsrelevanten Zieldimensionen berücksichtigt und demnach dem mehrdimensionalen Erfolgsbegriff von FU Rechnung trägt, bleibt jedoch weitgehend offen.

Die Balanced Scorecard erhebt den Anspruch, den Unternehmenserfolg anhand verschiedenster Betrachtungsperspektiven mehrdimensional zu steuern. Es stellt sich nun die Frage, ob die BSC – durch eine entsprechende Adaptierung an die Besonderheiten von FU – auch die Integration der in FU existierenden unterschiedlichen Zieldimensionen positiv unterstützen kann, so dass eine ganzheitliche Erfolgssteuerung ermöglicht wird.

Im nachfolgenden Abschnitt wird nach einer kurzen Begriffsbestimmung die Balanced Scorecard als Instrument des Performance Management dargestellt. Schließlich wird der State-of-the-Art zum Performance Management in FU beschrieben.

3. Performance Measurement, Performance Management und Balanced Scorecard

3.1. Begriffsbestimmung und Einordnung in das Controlling

Wenngleich der Begriff „Performance" in der deutschsprachigen betriebswirtschaftlichen Literatur bislang noch keine eindeutige Übersetzung erfahren hat, so kann „Performance" doch in einer sehr allgemeinen Bedeutung mit „Leistung", „Performance Measurement" mit „Leistungsmessung" umschrieben werden.[70] Der Leistungsbegriff ist jedoch weit über Volks- und Betriebswirtschaft hinaus mit einer Fülle unterschiedlicher Bedeutungen versehen.[71]

Auch beim Versuch einer definitorischen Erfassung des Begriffes „Performance Measurement" zeigt sich – sofern überhaupt eine begriffliche Bestimmung erfolgt – eine

---

[70] Vgl. *Horváth/Seiter*, 2009, 394.
[71] Auf einen Überblick über verschiedene Definitionen des Leistungsbegriffes wird an dieser Stelle verzichtet. Siehe dazu insbesondere die Ausführungen von *Gleich*, 2001, 34 ff. sowie *Hilgers*, 2008, 9 ff.

große Bandbreite. Zur Unschärfe des Begriffes trägt zudem bei, dass einige Autoren Performance Measurement und Performance Management unterscheiden, wonach sich Performance Measurement auf die Messung und Abbildung, Performance Management auf die Steuerung dessen, was unter Performance verstanden wird, konzentriert.[72] Folgt man diesem Verständnis, so stellt Performance Measurement einen zentralen Teilbereich des Performance Management dar.

Bisher am weitesten verbreitet erscheint die Definition von *Neely*, wonach unter Performance Measurement der Prozess der Quantifizierung der Effizienz und Effektivität einer Aktion verstanden wird: „Performance measurement can be defined as the process of quantifying the efficiency and effectiveness of action. A performance measure can be defined as a metric used to quantify the efficiency and/or effectiveness of an action."[73]

Im Sinne eines koordinationsorientierten Controllingverständnisses stellt Performance Measurement ein Subsystem des Controllingsystems dar. Während sich das Controlling im Sinne von *Horváth* der Koordination des Steuerungssystems einer Organisation gesamthaft widmet[74], fokussiert Performance Measurement auf die Leistungsmessung und die in diesem Zusammenhang notwendige Entwicklung von Messkonzepten. Performance Measurement dient sowohl diagnose- als auch reporting- und steuerungsbezogenen Einsatzzwecken und deckt somit einen wesentlichen Teilaspekt des Controllings ab.[75]

Bei einer Beschreibung der besonderen Merkmale von Performance-Measurement-Systemen wird in der Literatur häufig eine Abgrenzung zu bzw. eine Gegenüberstellung mit traditionellen Kennzahlensystemen bzw. -systematiken vorgenommen. Dabei werden folgende Merkmale von Performance-Measurement-Systemen hervorgehoben:[76]

● Systematische Einbeziehung von nicht finanziellen Beobachtungsdimensionen, qualitativen Beschreibungen und von Kennzahlen, die frühzeitig auf eine bestimmte Ergebnisentwicklung hinweisen (sogen. Frühindikatoren).[77]
● Die Verknüpfung zwischen den verschiedenen Kennzahlen (in der Form von Ursache-Wirkungs-Beziehungen) gilt als systembegründendes Merkmal.
● Stringente Berücksichtigung von externen Anspruchsgruppen.
● Verschiebung des Planbezugs von einer operativen hin zu einer strategischen Ausrichtung und strikte Strategiefokussierung.
● Im Vordergrund steht die interne Steuerung, insbesondere der Aspekt der Strategieimplementierung.
● Betonung der Notwendigkeit von organisationsindividuellen Anpassungen.
● Beschränkung auf eine überschaubare Anzahl von Kennzahlen, insbesondere auf kritische Erfolgsfaktoren.

---

[72] Vgl. *Greiling*, 2009, 94.
[73] *Neely* et al., 1995, 80.
[74] Vgl. *Horváth*, 2009, 134.
[75] Vgl. *Horváth/Seiter*, 2009, 394.
[76] Vgl. *Greiling*, 2009, 101 ff.
[77] Die aus der traditionellen Kennzahlenliteratur bekannte begriffliche Abgrenzung zwischen Kennzahlen und Indikatoren, wonach Kennzahlen quantitativ erfassbare Sachverhalte in konzentrierter Form darstellen und Indikatoren stellvertretend (qualitative) Sachverhalte erfassen, welche sich aufgrund ihrer Komplexität einer exakten Messung entziehen, erfährt in den meisten Ansätzen des Performance Measurement nur wenig Beachtung (vgl. *Greiling*, 2009, 98 f.).

3.2. Balanced Scorecard als Instrument des Performance Management

Die Balanced Scorecard (BSC) wird in den führenden internationalen accountingspezi-fischen Fachzeitschriften[78] thematisiert[79]und ist in Theorie und Praxis das am weitesten verbreitete Performance-Management-Instrument.

Im Rahmen einer umfangreichen Zitationsanalyse identifizierte *Neely* zwischen 1981 und 2005 1.352 Artikel in 546 verschiedenen Zeitschriften, in denen der Begriff „Perfor-mance Measurement" entweder im Titel, als Schlüsselwort oder im Abstract genannt wurde. *Kaplan/Norton* sind die mit Abstand am häufigsten zitierten Autoren. Daraus folgt, dass der BSC-Ansatz das gesamte Forschungsfeld zum Performance Management maßgeblich geprägt hat.[80]

Die BSC war ursprünglich als Instrument des Performance Measurement angedacht, welches sowohl finanzielle als auch nicht finanzielle Kennzahlen beinhaltet. Auch aus dem Untertitel der 1992 erschienenen ersten Publikation zur BSC[81]*„measures that drive performance"* ist erkennbar, dass in den Konzeptanfängen die Leistungsmessung im Vordergrund stand. Die BSC ist jedoch kein statisches Gebilde.[82]*Kaplan/Norton* erkann-ten, dass das Hauptproblem vieler Unternehmen nicht in der Auswahl der richtigen Kennzahlen liegt, sondern in der Überbrückung von Strategiefindung und deren Umset-zung. Dies führte zur Weiterentwicklung der BSC zu einem strategischen Management-System,[83] in dem es nicht nur um die Verknüpfung von Strategie und Kennzahlen geht, sondern insbesondere auch um eine Verbindung der einzelnen Zielsetzungen und Kenn-zahlen durch Ursache-Wirkungs-Beziehungen.[84]

Die kausalen Verknüpfungen zwischen Zielsetzungen und Kennzahlen sowie deren grafischer Darstellung ist die zentrale Idee von Strategy Maps[85]. Im Mittelpunkt einer Strategy Map steht nicht die vollständige Beschreibung des Geschäftsmodells, sondern das Fokussieren auf Ziele mit hoher Wettbewerbsrelevanz und Handlungsnotwendigkeit sowie auf die damit verbundenen strategischen Kernbotschaften.

Während sich die ersten Arbeiten von *Kaplan/Norton* hauptsächlich mit dem BSC-Einsatz auf der Ebene einzelner Geschäftsbereiche beschäftigen, widmet sich das vierte von *Kaplan/Norton* erschienene Werk *„Alignment"*[86] der Entwicklung und dem Ein-satz von sog. Corporate Balanced Scorecards (CBSC). Eine CBSC unterscheidet sich fundamental von einer Geschäftsbereichs-BSC. Eine CBSC hilft dem Konzernmanage-ment bei der Entwicklung und Implementierung der Konzernstrategien und fokussiert die Koordination der einzelnen strategischen Geschäftsbereiche. Während die Ge-schäftsbereichs-BSC die Entwicklung und Implementierung der Geschäftsbereichsstra-

---

[78] Dazu zählen beispielsweise die Zeitschriften Accounting, Organizations and Society, The Accoun-ting Review, Journal of Management Accounting Research und Management Accounting Research.

[79] Vgl. *Norreklit*, 2000; *Ittner* at al., 2003; *Lipe/Salterio*, 2002; *Malmi*, 2001; *Speckbacher* et al., 2003.

[80] Vgl. *Neely*, 2005, 1266.

[81] Vgl. *Kaplan/Norton*, 1992 u. 1993.

[82] Vgl. *Speckbacher* et al., 2003, 362.

[83] Vgl. *Kaplan/Norton*, 1996; *Kaplan/Norton*, 2001b.

[84] Vgl. *Malmi*, 2001, 208; *Kaplan*, 2009, 1262.

[85] *Kaplan, R. S./Norton D. P.* (2000): Having Trouble with Your Strategy? Then Map It, in: Harvard Business Review, September-Oktober, 167–176.

[86] Vgl. *Kaplan/Norton*, 2006.

tegien sowie die Koordination funktionaler Strategien innerhalb der einzelnen Geschäftsbereiche zum Ziel hat, konzentriert sich die CBSC auf die Beziehungen zwischen Konzernmanagement und den Geschäftsführungen der einzelnen Geschäftsbereiche.[87]

Der BSC wird jedoch nicht nur ein positiver Nutzen im Rahmen der Strategiebeschreibung sowie -kommunikation zugesprochen, sie bietet auch eine wesentliche Unterstützung bei der Strategieimplementierung und -umsetzung. In der Folge entwickelten *Kaplan/Norton* fünf Managementprinzipien, die eine erfolgreiche Strategieumsetzung im Sinne einer „strategy-focused organization" (SFO) ausmachen:[88]

1. Mobilize change through executive leadership
2. Translate the strategy
3. Align the organization to the strategy
4. Motivate employees to make strategy their everyday job
5. Govern to make strategy a continual process.

Die jüngsten Publikationen von *Kaplan/Norton* widmen sich dem fünften SFO-Prinzip, der permanenten strategischen Steuerung.[89] Die Autoren entwickeln einen in sich geschlossenen Managementkreislauf, welcher Führungskräfte bei der Überwindung des Spannungsfeldes zwischen kurzfristig-operationalen Agenden und strategischen Prioritäten unterstützt. Dabei muss das Hauptaugenmerk auf einer Integration von bislang häufig isoliert betrachteten betrieblichen Funktionen und Prozessen liegen. Budgetierung, Finanz-, Personal- und Prozessmanagement müssen als System etabliert werden und dürfen nicht als unkoordinierte Subsysteme betrachtet werden.[90]

Vor dem Hintergrund des mehr oder weniger ausgeprägten Enthusiasmus der betriebswirtschaftlichen Praxis in Bezug auf die BSC-Implementierung und der Flut an Publikationen zu diesem Thema[91] muss sich das Konzept gegen den Vorwurf wehren, es sei eine reine Modeerscheinung[92] und kein in vielen Teilen innovativer Ansatz. In den letzten Jahren wurden auch verschiedenste Felder potenzieller Konzeptdefizite aufgezeigt. Dabei geht es insbesondere um die generell im Zusammenhang mit Performance Measurement kontrovers diskutierte Fragestellung, ob es gelingen kann, valide Ursache-Wirkungs-Ketten abzuleiten, bzw. ob die im BSC-Konzept propagierten generischen Ursache-Wirkungs-Beziehungen die Realität widerspiegeln.[93] Empirische Studien bestätigen, dass in vielen Fällen bei der BSC-Implementierung auf die Definition von Ursache-Wirkungs-Ketten verzichtet wird.[94] *Speckbacher* hat bereits in seiner ersten empirischen Analyse zum Anwendungsstand der BSC im deutschsprachigen Raum nachgewiesen, dass nur die Hälfte der BSC anwendenden Unternehmen auch Ursache-

---

[87] Vgl. *Kraus/Lind*, 2010, 266.
[88] Vgl. *Kaplan*, 2009, 1264; *Kaplan/Norton*, 2001a.
[89] Vgl. *Kaplan/Norton*, 2008.
[90] Vgl. *Kaplan*, 2009, 1266.
[91] Vgl. *Marr/Schiuma*, 2003, 682 f.
[92] Vgl. *Malmi*, 2001, 207.
[93] Vgl. *Norreklit*, 2000,70 ff.
[94] Vgl. *Ittner* et al., 2003; *Speckbacher* et al., 2003; *Malina/Selto*, 2001.

Wirkungs-Zusammenhänge zwischen den strategischen Zielen bzw. Zielgrößen definiert.[95]

In einer weiteren empirischen Untersuchung können *Speckbacher et al.* verdeutlichen, dass das BSC-Konzept grundsätzlich in drei verschiedenen Ausprägungen Anwendung finden kann, die nicht nur als typische Entwicklungsstufen der BSC im Rahmen der Implementierung interpretiert werden können, sondern insbesondere auch die Evolution des BSC-Konzeptes im Sinne von *Kaplan/Norton* reflektieren:[96]

- *Typ-I-BSC:* Multidimensionales Kennzahlensystem, das finanzielle und nicht finanzielle strategische Kennzahlen kombiniert.
- *Typ-II-BSC:* Typ-I-BSC, die zusätzlich die Strategie durch Ursache-Wirkungs-Beziehungen beschreibt.
- *Typ-III-BSC:* Typ-II-BSC, die die Strategie darüber hinaus – im Sinne von einem Managementsystem – implementiert und dazu Ziele, Maßnahmen sowie Zielwerte festlegt und die BSC direkt oder indirekt mit dem Anreizsystem verbindet.

Die Ergebnisse von *Speckbacher et al.* zeigen, dass 50 % der BSC-Anwender diese in Form einer Typ I BSC (ausgewogene Kennzahlenübersicht) implementiert haben. Die Verbindung zwischen Zielsetzungen, Kennzahlen und Strategie über Ursache-Wirkungs-Ketten (Typ II) oder der Ausbau zu einem Managementsystem (Typ III) inklusive der Verknüpfung mit einem Anreizsystem erfolgen in diesen Fällen nicht. Eine umfassende Anwendung der BSC als Managementsystem zur Strategieimplementierung (Typ III) können *Speckbacher et al.* nur bei 29 % der BSC-Unternehmen feststellen.[97]

Schachner et al. zeigen für mittelständische Unternehmen in Österreich und Süddeutschland ein ähnliches Bild, wonach mehr als drei Viertel der BSC-Anwender im Mittelstand auf die Ableitung und Darstellung von Ursache-Wirkungs-Ketten verzichten.[98] Dieser für das gesamte Konzept zentrale Aspekt wird somit in der Unternehmenspraxis oftmals gar nicht gesehen, womit den Unternehmen aber auch der daraus erwartete Nutzen hinsichtlich der strategiekonformen Ausrichtung der Handlungsträger entgehen dürfte.[99]

Vor diesem Hintergrund ist es nicht verwunderlich, dass manche Unternehmen eine weitere Beschäftigung mit dem BSC-Konzept ablehnen, weil sie sich von einem Einsatz keinen zusätzlichen Nutzen gegenüber dem bestehenden Management-Instrumentarium versprechen.[100] *Kaplan* schreibt dazu wie folgt:[101] *„Many academics, consultants and managers, however, continue to think erroneously of the scorecard as only a performance measurement system. Their knowledge and acquaintance with the scorecard is probably based only on reading the original 1992 Harvard Business Review article or the first half of the initial balanced scorecard book."*

Zusammenfassend kann jedoch festgehalten werden, dass die Balanced Scorecard – trotz aller vorgebrachten Kritikpunkte – sowohl in der theoretischen Diskussion als auch

---

[95] Vgl. *Speckbacher*, 2000, 807.
[96] Vgl. *Speckbacher* et al., 2003, 363.
[97] Vgl. *Speckbacher* et al., 2003, 372 f.
[98] Vgl. *Schachner* et al., 2006, 605.
[99] Vgl. *Speckbacher*, 2000, 807.
[100] Vgl. *Speckbacher*, 2000, 807.
[101] *Kaplan*, 2009, 1264.

in der betriebswirtschaftlichen Praxis das dominierende Performance-Management-Konzept darstellt.[102] Empirische Studien zeigen jedoch kein einheitliches Bild bezüglich des BSC-Implementierungsstandes. Den Studienergebnissen zufolge haben zwischen 20 und 60 % aller mittleren und großen Unternehmen eine BSC implementiert.[103] Der Grund für die heterogenen Forschungsergebnisse kann darin gesehen werden, dass sowohl in der Theorie als auch in der Praxis sehr unterschiedliche Vorstellungen über die konstituierenden Bestandteile der Balanced Scorecard herrschen.[104] In diesem Zusammenhang kritisieren z.B. *Kaplan/Norton*[105]*„many companies claim to have a Balanced Scorecard because they use a mixture of financial and non-financial measures"* und *De Geuser et al.*[106] schließen aus ihren Forschungsarbeiten: *"Our personal experience showed us that what one firm considers as a BSC, is very often quite different from what another calls a BSC."*

3.3. Performance Management in Familienunternehmen: State-of-the-Art

Aufgrund des bereits im Kapitel 2.2.2 beschriebenen Zielpluralismus in FU sowie der starken Verflechtung der einzelnen existierenden Subsysteme, die unterschiedlichen Steuerungsmechanismen unterliegen, ist eine Bewertung des Unternehmenserfolges von FU anhand von eindimensionalen finanziellen Performancegrößen nur schwer realisierbar.[107] Will man den Erfolg eines FU ganzheitlich abbilden und steuern, so ist es erforderlich, subjektive (familienorientierte) und objektive (unternehmensorientierte) sowie finanzielle (quantitative) und nicht finanzielle (qualitative) Performance-Ziele[108] im Rahmen des Performance Management zu berücksichtigen.

In diesem Kontext gestaltet sich die Frage der Auswahl jener Kriterien, welche zur Erfolgsbeurteilung herangezogen werden, bzw. der konzeptionellen Ausgestaltung des Performance Management in Familienunternehmen als besondere Herausforderung. *Mahto et al.* merken in diesem Zusammenhang an: *„(...) the multidimensionality of family business decision-making criteria complicates the application of performance measures relevant to publicly traded firms where decisions are largely made based on financial goals, especially the maximization of shareholder value."*[109]

Bisherige Forschungsaktivitäten zum Performance Management fokussieren primär den Einfluss der Familie auf die Unternehmensperformance,[110] wobei eine finanzielle Performancemessung (Gewinn, Umsatzerlöse, Eigenkapital und Eigenkapitalrendite sowie Shareholder Value) im Vordergrund steht.[111] Dabei wird die Gewinnmaximierung häufig als erstrangige oder sogar einzige Zielsetzung eines FU vorausgesetzt, was sich bei dem in FU vorherrschenden mehrdimensionalen Erfolgsbegriff als unzulänglich er-

---

[102] Vgl. *Neely*, 2005, 1267; *Marr/Schiuma*, 2003, 683.
[103] Vgl. *Rigby*, 2001; *Speckbacher* et al., 2003; *Neely*, 2005.
[104] Vgl. *Speckbacher* et al., 2003, 362.
[105] *Kaplan/Norton*, 2001, 94.
[106] *De Geuser* et al., 2009, 115.
[107] Vgl. *Mahto* et al., 2010, 985.
[108] Vgl. *Tagiuri/Davis*, 1992; *Astrachan/Zellweger*, 2008, 93.
[109] *Mahto* et al., 2010, 986.
[110] Vgl. *Anderson/Reeb*, 2003; *Jaskiewicz*, 2006; *Miller* et al., 2007.
[111] Vgl. *Chrisman* et al., 2005, 558; *Astrachan/Zellweger*, 2008, 92.

weist.[112] In diesem Zusammenhang werden auch Performance-Vergleiche zwischen FU und NFU vorgenommen,[113] was sich allerdings mangels einer allgemein gültigen einheitlichen Definition des Terminus „FU" sowie der unterschiedlichen Erfolgsmaßstäbe als problematisch erweist.

Aufgrund der Tatsache, dass Familienunternehmen meistens simultan finanzielle und nicht finanzielle Performance-Ansprüche zu befriedigen haben, besteht insbesondere die Notwendigkeit, die unterschiedlichen Performance-Dimensionen zu explizieren und deren wechselseitige Abhängigkeiten aufzuzeigen.[114]

Sharma et al. weisen darauf hin, dass die FU-Forschung noch keinen zufriedenstellenden Lösungsansatz dafür gefunden hat, um die unterschiedlichen strategischen Bedürfnisse und Zielsetzungen von Familie und Unternehmen zu integrieren.[115] Auch in der aktuellen Forschung ist – wenngleich erste (meist konzeptionelle) Ansätze bereits publiziert wurden[116] – noch nicht vollumfänglich erfasst worden, wie diese Mehrdimensionalität in die Performance-Messung integriert werden kann. *Sharma* fordert in diesem Zusammenhang: *„Comprehensive scales that measure the performance of family firms along various business and family dimensions will need to be developed and validated. (...) Future efforts can modify these scales to develop the equivalent of a 'Family Business Score Card'."*[117] Auch *Ibrahim et al.* sehen in in dieser Hinsicht eine Forschungslücke, was die Autoren dazu veranlasst, in ihrer *„Agenda for Future Research"* die Frage *„How can the needs of the organization and the family be balanced?"* aufzunehmen.[118]

Die BSC erhebt den expliziten Anspruch, den Unternehmenserfolg mehrdimensional abzubilden und zu steuern. Obwohl die BSC in theoretischer Hinsicht den Ansprüchen an ein Performance Management in FU gerecht werden kann, sind *Craig/Moores* bislang die einzigen Fachvertreter, die sich dem BSC-Einsatz in FU in konzeptioneller Hinsicht widmen.[119]

Die Autoren sehen in der BSC ein erfolgversprechendes Management-Instrument für FU, allerdings sind entsprechende Konzeptadaptierungen notwendig, so dass der für FU charakteristische Erfolgsbegriff abgebildet werden kann. *Craig/Moores* fügen jeder der von *Kaplan/Norton* vorgeschlagenen BSC-Perspektiven (Finanzen, Kunden, Interne Prozesse, Lernen & Entwicklung)[120] die Dimension „familiness" hinzu, innerhalb welcher erfolgskritische familienspezifische Zielsetzungen, Maßnahmen und Indikatoren definiert werden. Dadurch wird sichergestellt, dass die zentralen Werte und Zielsetzungen der Familie in der Strategieentwicklung und -umsetzung Berücksichtigung finden.

---

[112] Vgl. *Mahto* et al., 2010, 985; *Hienerth/Kessler*, 2006, 117.
[113] Vgl. *Astrachan/Shanker*, 2003; *Sharma*, 2004.
[114] Vgl. *Zellweger/Nason*, 2008, 204.
[115] Vgl. *Sharma* et al., 1997, 8.
[116] Vgl. *Ward*, 1988; *Sharma*, 2004; *Zellweger/Nason*, 2008; *Hienerth/Kessler*, 2006; *Mahto* et al. 2010.
[117] *Sharma*, 2004, 8.
[118] *Ibrahim* et al., 2008, 103.
[119] Vgl. *Craig/Moores*, 2005; *Craig/Moores*, 2010.
[120] Vgl. *Kaplan/Norton*, 1992, 72.

4. Konzeptionelle Ausgestaltung einer BSC für (international tätige) Familienunternehmen

4.1. Vision und Mission als strategische Basis

An der Spitze der Zielhierarchie steht eine allgemein und grundsätzlich gehaltene Vorstellung von der künftigen Rolle des Unternehmens. Im angelsächsischen Sprachraum werden neben den Begriffen „vision" bzw. „mission (statement)" auch noch die Bezeichnungen „philosophy" oder „charta" verwendet. Mit allen diesen Begriffen soll zum Ausdruck gebracht werden, dass am Beginn eines Strategieprozesses eine grundsätzliche Positionierung zu formulieren ist, die eine weit in die Zukunft gerichtete Orientierung markiert, also richtungsweisend ist.[121]

Während in der Literatur die Begriffe Mission und Vision gelegentlich synonym verwendet werden, treffen *Kaplan/Norton* eine bewusste Differenzierung. Die Mission gibt Antwort auf die Frage, warum ein Unternehmen existiert, welche hauptsächlichen Wertvorstellungen dem Geschäft zu Grunde liegen und woran das Unternehmen bzw. deren Eigentümer glaubt/glauben. Die Unternehmensvision *„creates a clear picture of the company's overall goal (...) the strategy identifies the path intended to reach that destination"*.[122]

In FU besteht insbesondere die Notwendigkeit, die grundsätzlichen Überzeugungen und Wertvorstellungen der Eigentümerfamilie, welche in der Folge das gesamte Unternehmen prägen, festzuhalten. *Craig/Moores* schlagen in diesem Zusammenhang vor, die Mission eines FU entlang der *F-PEC-Skala* nach den Dimensionen Macht, Erfahrung und Kultur[123] zu definieren.[124]

Nachfolgend werden exemplarisch einige Auszüge aus einem F-PEC-Statement, welche schließlich die Grundlage für die Mission und die Vision eines FU darstellen, aufgezeigt:[125]

- Das Unternehmen verpflichtet sich zu der Form eines eigentümergeführten Unternehmens mit einem Eigentumsanteil der Holding von mindestens xy %.
- Der Vorstand besteht aus xy Familienmitgliedern und xy familienfremden Managern.
- Die zentrale Aufgabe der Vorstandsmitglieder besteht in der Festlegung der strategischen Ausrichtung des Unternehmens sowie in der Sicherstellung einer nachhaltigen Entwicklung.
- Wir schätzen die Einbindung und die Leistungen der Familienmitglieder im Management und verpflichten uns, die Familientradition sowie die ethischen Wertvorstellungen der Firmengründer fortzusetzen.

Allein die Aussicht auf finanziellen Wertzuwachs wird in der Regel nicht ausreichen, um eine Familie langfristig zusammenzuhalten. In einem FU muss es gelingen, eine ganzheitliche Vision zu formulieren, die über finanzielle Aspekte hinausgeht und sowohl für

---

[121] Vgl. *Bea/Haas*, 2009, 74.
[122] *Kaplan/Norton*, 2001, 19.
[123] Vgl. *Astrachan* et al., 2002, 45 ff.
[124] Vgl. *Craig/Moores*, 2005, 110 f.
[125] Vgl. *Craig/Moores*, 2005, 111.

das Unternehmen, seine Mitarbeiter und Kunden als auch die Familie und die Eigentümer sinnstiftend ist.[126]

Einer klaren und von allen Organisationsmitgliedern geteilten Vision wird heute gerade vor dem Hintergrund zunehmender Wettbewerbsdynamik und -komplexität (Wettbewerbsdynaxität) eine sehr hohe Bedeutung zugewiesen. Dies gilt insbesondere auch im Zusammenhang mit der Realisierung von internationalen bzw. transnationalen Strategien.[127]

Nachdem das Selbstverständnis der Organisation sowie die grundlegende strategische Ausrichtung im Rahmen einer Vision bzw. Mission festgelegt worden sind, können in der Folge die strategischen Zielsetzungen abgeleitet werden.

4.2. Dimensionen einer FU-BSC

4.2.1. Finanzielle Perspektive

FU weisen hinsichtlich ihrer finanziellen Zielsetzungen einige Besonderheiten auf, die auch Auswirkungen auf die Strategiefindung im Unternehmen haben. Empirische Ergebnisse bestätigen, dass für FU nicht die kurzfristige Gewinnmaximierung im Vordergrund steht, sondern langfristige Performance-Ziele.[128] Aufgrund der persönlichen Verbundenheit der Eigentümerfamilie mit dem Unternehmen und des daraus resultierenden hohen Verantwortungsbewusstseins für den Fortbestand des Unternehmens werden familienspezifischen Zielsetzungen – im Vergleich zu unternehmensspezifischen Zielsetzungen – eine sehr hohe Priorität eingeräumt.[129] Bis zu einem gewissen Grad ist man in FU auch dazu bereit, auf Profitabilität und finanziellen Erfolg zu verzichten, um persönliche Interessen zu verwirklichen.[130]

Aufgrund der genannten Besonderheiten kann der finanzielle Erfolg eines FU bzw. NFU nicht anhand derselben Performance-Größen gemessen werden.[131] *Craig/Moores* schlagen vor, die spezifischen finanziellen Zielsetzungen der Eigentümerfamilie separat in die BSC aufzunehmen:[132]

---

[126] Vgl. *Zellweger/Mühlebach*, 2008, 37.

[127] Vgl. *Wunder*, 2004, 24.

[128] Vgl. *Tagiuri/Davis*, 1992, 52.

[129] Vgl. *Kotey*, 2005, 5.

[130] Vgl. *Schachner* et al., 2006, 600.

[131] Vgl. *Mahto* et al., 2010, 986.

[132] Vgl. *Craig/Moores*, 2005, 114. Die Ausführungen beziehen sich auf „The Smith Family business", ein australisches Einzelhandelsunternehmen, das sich auf Küchenausstattung spezialisiert hat. Das Unternehmen wurde 1976 gegründet und betreibt mittlerweile 15 Niederlassungen mit 100 Beschäftigten.

Finanzielle Perspektive		
Wie sollen wir uns gegenüber unseren Stakeholdern verhalten, um finanziell erfolgreich zu sein?	**Ziele**	**Kennzahlen/Indikatoren/ Maßnahmen**
	Wachstum managen	
	• Kontrollierbares Wachstum ermöglichen bzw. aufrecht halten	• Umsatzwachstum • Anstieg der Bruttogewinnspanne • Anstieg des durchschnittlichen Umsatzes/Kunde • Fixkosten halten
	Familie	
	• Finanzielle Absicherung der Gründergeneration sicherstellen	• Professionelle Berater bestellen, die die persönlichen Bedürfnisse der Unternehmensgründer identifizieren
	• Versichern, dass die finanziellen Interessen der Eigentümerfamilie realisierbar sind	• Budgets der kommenden fünf Jahre müssen die Altersvorsorge der Unternehmensgründer beinhalten
	• Entwickeln von Kriterien für die Bewertung von wirtschaftlichen Möglichkeiten der Familienmitglieder	• Business-Pläne für jedes vorgeschlagene unternehmerische Vorhaben erstellen

Tab. 1: Finanzielle Perspektive inkl. familienspezifischer Zielsetzungen[133]

4.2.2. Kundenperspektive

Die Kundenperspektive reflektiert jene strategischen Unternehmensziele, die bezüglich der Kunden- und Markterwartungen zur Erreichung der finanziellen Zielsetzungen notwendig sind. Im Kern geht es somit um die Erfüllung der klassischen Aufgaben des Marketingmanagements mit dem Ziel, durch verstärkte Kundenorientierung den Kundennutzen die Kundenzufriedenheit und die Kundenbindung zu erhöhen, was in der Folge positive Auswirkungen auf den ökonomischen Erfolg zeigt.

Da in FU dem Werteverständnis der Unternehmerfamilie i.d.R. eine zentrale Bedeutung zukommt, ist es vorteilhaft, die spezifischen Wertvorstellungen auch im Rahmen der Kundenperspektive zu integrieren. In diesem Zusammenhang geht es insbesondere um den Aspekt, wie das FU seitens der Kunden wahrgenommen wird:

---

[133] In Anlehnung an *Craig/Moores*, 2005, 114.

Kundenperspektive		
	Ziele	**Kennzahlen/Indikatoren/ Maßnahmen**
	Kundenfokus verstärken	
Wie sollen wir gegenüber unseren Kunden auftreten?	• Feststellen, wer unsere Kunden sind	• Marktanalysen durchführen
	• Feststellen und Verstehen der (spezifischen) Kundenbedürfnisse	• Kundenbefragungen durchführen
	• Anbieten einer herausragenden Service- und Produktqualität	• Umfangreiche Schulungsmaßnahmen für das Personal ermöglichen
	Familie	
	• Intensive Kommunikation der Wertvorstellungen der Eigentümerfamilie, so dass jeder MA eine konkrete Vorstellung darüber hat	• Jede geeignete Situation und Möglichkeit nutzen, um darzustellen, dass wir darauf stolz sind, ein Familienunternehmen zu sein
	• Alle Kunden sollen uns als Familienunternehmen wahrnehmen	

Tab. 2: Kundenperspektive inkl. familienspezifischer Zielsetzungen[134]

4.2.3. Interne Prozess-Perspektive

In der Perspektive der internen Prozesse werden insbesondere jene abgebildet, die zur Erreichung der strategischen Zielsetzungen herausragend beherrscht werden müssen. Voraussetzung dazu ist allerdings eine vorherige Identifikation der erfolgskritischen Prozesse (Kernprozesse) durch das Management.[135] In FU spielen in diesem Zusammenhang vor allem der Einfluss der Unternehmerfamilie auf die Prozessgestaltung sowie die (langfristige) Vorbereitung der Unternehmensnachfolge eine zentrale Rolle. In der nachfolgenden Abbildung werden beispielhaft die strategischen Zielsetzungen hinsichtlich der internen Prozesse eines FU dargestellt, wobei die familienspezifischen Zielsetzungen wiederum besonders hervorgehoben werden:

---

[134] In Anlehnung an *Craig/Moores*, 2005, 115.
[135] Vgl. *Kaplan/Norton*, 1997, 25.

Interne Prozesse		
	Ziele	**Kennzahlen/Indikatoren/Maß-nahmen**
	Systeme & Strukturen	
	• Adäquate Systeme einführen • Optimierung der operationalen Strukturen	• Analyse und Bewertung der bestehenden Systeme und Strukturen
	Mitarbeiterzufriedenheit	
	• Verbesserung der Urlaubsbestimmungen • Verbesserung der Anreizsysteme	• Analyse der bestehenden Bestimmungen • Entwickeln von Alternativmodellen in Zusammenarbeit mit den Mitarbeiter/innen
Was müssen wir tun, um unser Unternehmen zu professionalisieren?	**Wissensmanagement**	
	• Erfahrungsaustausch fördern und stärken	• Überprüfung der bestehenden Besprechungsstruktur und -kultur • Budgetäre Zuweisung für das Thema vorsehen
	Offenheit & Transparenz	
	• Zu mehr Transparenz motivieren	• Bei allen Unternehmensmitgliedern das Bewusstsein für die Stärken des Unternehmens sowie für die angestrebten Entwicklungspfade verstärken
	Familie	
	• Alle Familienmitglieder sollen Kenntnis über die wesentlichen erfolgskritischen Unternehmensprozesse haben.	• Abteilungsübergreifende Managementteams kreieren • Einen Familienrat gründen
	• Integration der Familienmitglieder in die zentralen Managemententscheidungen	

Tab. 3: Interne Prozesse inkl. familienspezifischer Zielsetzungen[136]

4.2.4. Innovations- und Entwicklungs-Perspektive

Die Zielsetzungen der Lern- und Entwicklungsperspektive beschreiben die Infrastruktur, welche notwendig ist, um die Ziele der anderen Perspektiven zu erreichen, so dass ein lang-

---

[136] In Anlehnung an *Craig/Moores*, 2005, 115.

fristiges Wachstum und eine kontinuierliche Verbesserung gesichert sind. Dabei werden von *Kaplan/Norton* die Notwendigkeit von Investitionen in die Zukunft – vor allem in den Bereichen Weiterbildung, Informationstechnologien und Systeme – besonders betont.[137]

Insgesamt kristallisieren sich in dieser Betrachtungsdimension drei Schwerpunkte heraus: die Qualifizierung von Mitarbeitern, die Leistungsfähigkeit der Informationssysteme und die Motivation und Zielausrichtung der Organisationsmitglieder. Die angesprochenen Zielgrößen dienen dabei nicht nur der Umsetzung der aktuellen Strategie, sondern schaffen auch die Voraussetzungen für eine künftige Wandlungs- und Anpassungsfähigkeit. Auch in dieser Perspektive sind die familienspezifischen Zielsetzungen zu ergänzen:

Innovationen und Lernen		
	Ziele	**Kennzahlen/Indikatoren/ Maßnahmen**
	Offene Kultur	
Wie können wir den Verbesserungs- und Change-Prozess nachhaltig gestalten?	• Eine offene und auf Gemeinschaft ausgerichtete Unternehmenskultur etablieren, um für aktuelle und potenzielle Mitarbeiter attraktiv zu bleiben bzw. zu sein	• Mitarbeiterzufriedenheit • Fluktuation
	Vielfalt	
	• Streben nach einer höheren Mitarbeiterdiversität	• Vielfalt bezüglich der Fähigkeiten und Interessen der Mitarbeiter
	Chancen	
	• Weiterbildungsmöglichkeiten für motivierte und geeignete Mitarbeiter anbieten	• Zugänge zu Weiterbildungsmöglichkeiten für Mitarbeiter schaffen • Inhouse-Zertifikate etablieren
	Innovationen	
	• Mitarbeiter auf allen Ebenen im Unternehmen zu Innovationen motivieren	• Mitarbeiter über innovative Ideen informieren und in den Entwicklungsprozess involvieren
	Familie	
	• Lern- und Entwicklungsmöglichkeiten für Familienmitglieder schaffen	• Universitäre Ausbildung und Praxiserfahrungen außerhalb des eigenen Unternehmens sammeln

---

[137] Vgl. *Kaplan/Norton*, 1997, 27.

Wie können wir den Verbesse-rungs- und Change-Prozess nachhaltig gestalten?	● Das eigene Unternehmen verstehen lernen	● Familienmitglieder in Management- und Arbeitsteams integrieren
	● Managementfähigkeiten entwickeln	● Analyse und Überprüfung der Leistungen der einzelnen Familienmitglieder
	● Lernen loszulassen	● Übergabeprozess rechtzeitig planen

Tab. 4: Innovationen und Lernen inkl. familienspezifischer Zielsetzungen[138]

4.3. BSC als Instrument zur Konzernsteuerung

Ziel der Konzernsteuerung ist eine strategiekonforme Gestaltung, Lenkung und Steuerung des Gesamtkonzerns. Trotz der grundsätzlichen Möglichkeit zur Generierung von ökonomischen Vorteilen für jedes Mitglied im Konzernverbund besteht durch die Trennung der Verantwortlichkeiten stets die Gefahr, dass einzelne Konzernteile ihren Nutzen zu Lasten anderer Verbundunternehmen optimieren. Dies führt aus Konzernsicht zu einem suboptimalen Zustand, der eine erfolgreiche Strategieumsetzung maßgeblich behindern kann. Aufgabe der Konzernsteuerung ist es nun, die dezentralen Organisationseinheiten zu koordinieren und einheitlich auszurichten. Besonderes Augenmerk liegt hierbei auf der Klärung eines einheitlichen Strategieverständnisses bzw. auf der Abstimmung zwischen den Zielen, Strukturen und Prozessen.[139]

Die klassische BSC-Konzeption ermöglicht aufgrund ihrer primär dezentralen Ausrichtung meist keine adäquate Berücksichtigung von internen oder externen Überlappungen einzelner Geschäftseinheiten oder konzernweit verfolgter Horizontalstrategien. Liegen jedoch starke Verflechtungen der dezentralen Einheiten vor, wird der BSC-Ansatz der Unternehmensrealität nur mehr begrenzt gerecht. In international agierenden Konzernen verfügen die einzelnen Geschäftseinheiten und Funktionsbereiche oft über eigene BSCs. Vielfach bilden diese BSCs jedoch lediglich die entsprechende Geschäftseinheits- oder Funktionsstrategie ab und stellen den konkreten Wertbeitrag zur Unternehmensstrategie nicht genügend ins Zentrum.

In diesem Fall könnte sich ein integriertes BSC-Konzept als sinnvoll erweisen, welches die Scorecards der einzelnen Geschäftsfelder, Tochterunternehmungen, Niederlassungen etc. miteinander koppelt. Dabei werden einerseits Leistungsparameter in die BSC aufgenommen, welche zur Abbildung der individuellen Besonderheiten der jeweiligen dezentralen Einheit notwendig erscheinen. Andererseits werden in der Konzern-BSC (Corporate BSC) Kennzahlen und Indikatoren zur Verwendung gelangen, die zur zentralen Konzernsteuerung erforderlich sind.[140]

Die finanzielle BSC-Perspektive eröffnet naturgemäß die besten Möglichkeiten zur konzernweiten Standardisierung von Kennzahlen sowie zur Aggregation einzelner Ge-

---

[138] In Anlehnung an *Craig/Moores*, 2005, 118.
[139] Vgl. *Weiss*, 2004, 9 ff.
[140] Vgl. *Lube*, 1997, 245.

schäftsfelder. Insgesamt ist bei der Entwicklung einer Konzern-BSC auf jene bereichs-übergreifenden Messgrößen das Hauptaugenmerk zu legen, welche sowohl ein integriertes Monitoring der Konzernentwicklung als auch die Einzelsteuerung der jeweiligen Geschäftsfelder ermöglichen. Die folgende Abbildung zeigt exemplarisch die Verbindung zwischen Geschäftsfeld-Scorecards und deren Aggregation zu einer Konzern-Scorecard. Dabei werden bereichsübergreifende – und damit auf Konzernebene aggregierbare – Messgrößen *kursiv* dargestellt:

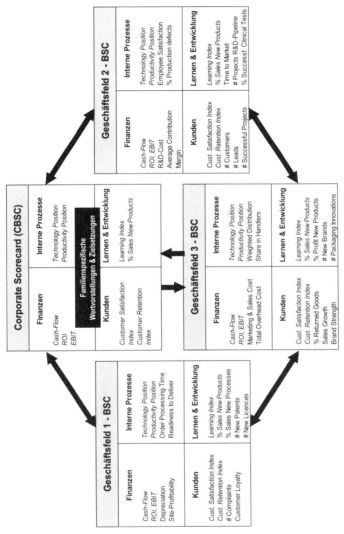

Abb. 6: Verbindung der Geschäftsfeld-Scorecards mit der Corporate Scorecard (CBSC)[141]

---

[141] In Anlehnung an *Lube*, 1997, 246.

Der Einsatz der BSC als Instrument zur Konzernsteuerung wurde bislang nur selten in empirischen Forschungsarbeiten thematisiert. Eine der wenigen Ausnahmen stellt die Arbeit von *Kraus/Lind* dar.[142] Die Autoren untersuchen 15 schwedische, multinational agierende Unternehmen hinsichtlich der Anwendung der BSC auf Konzernebene. Zusammenfassend kommen *Kraus/Lind* zu folgenden Ergebnissen:[143]

- Die Corporate BSC (CBSC) hat nur geringe Auswirkungen auf die Konzernkontrolle sowie auf die Steuerung der dezentralen Einheiten;
- bei der CBSC stehen finanzielle Kennzahlen im Vordergrund, während nicht-monetären Größen auf Konzernebene nur eine geringe Bedeutung beigemessen wird;
- der Hauptgrund für die Konzentration auf finanzielle Größen (und somit für die Vernachlässigung von nicht monetären Faktoren) ist der steigende Druck der Kapitalmärkte;
- jene Kennzahlen, die seitens der Finanzanalysten vorwiegend zur Beurteilung der Marktsituation herangezogen werden (Cash Flow, EBITDA, ROCE, Earnings per Share [EPS]), finden in der Folge auch meistens Einzug in das interne Steuerungssystem von international agierenden Unternehmen.

Werden FU in konzern- bzw. konzernähnlichen Strukturen geführt, so stellt sich – je nach der Intensität des Einflusses der Eigentümerfamilie – die Frage, wie es gelingen kann, in einem komplexen System die zentralen Anliegen, Zielsetzungen und Wertvorstellungen der Eigentümerfamilie im Kommunikations- und Steuerungssystem des Unternehmens so zu verankern, dass die familienspezifischen Inhalte adäquat in die einzelnen operativen Einheiten transportiert werden können. Wenngleich die Integration von familienspezifischen Zielsetzungen auf Konzernebene wohl kaum Reportingzwecken dient, so kann die BSC doch im Zusammenhang mit der einheitlichen und expliziten Darstellung sowie der konzernweiten Kommunikation der zentralen Zielausrichtung sowie der Wertvorstellungen der Eigentümerfamilie einen wertvollen Beitrag leisten.

5. Fazit

FU weisen im Vergleich zu NFU hinsichtlich ihrer verschiedenen Subsysteme, der daraus resultierenden mehrdimensionalen Zielstruktur sowie der – je nach der Intensität des Einflusses der Eigentümerfamilie unterschiedlichen – Mitwirkung der Familienmitglieder im Managementprozess verschiedenste Besonderheiten auf. Daraus ergibt sich ein für FU charakteristischer mehrdimensionaler Erfolgsbegriff, welcher die Performance-Ziele des Unternehmens, der Familienmitglieder und/oder der Unternehmenseigentümer adäquat berücksichtigen muss. Die Klärung des Erfolgsbegriffes bzw. die Antwort auf die Fragestellung „Wann ist ein FU erfolgreich?" liefert zentrale Anhaltspunkte für die Erfolgsmessung sowie für die konkrete Ausgestaltung eines auf die Bedürfnisse von FU abgestimmten Performance-Management-Systems.

Während in der facheinschlägigen (internationalen) Literatur zum strategischen bzw. zum Performance Management in FU mehrfach die Forderung erhoben wird, die in FU koexistierenden unterschiedlichen Zieldimensionen zu integrieren, werden in verschiedensten Forschungsarbeiten zur Unternehmensperformance von FU mehrheitlich eindimensionale Performance-Maße verwendet.

---

[142] Vgl. *Kraus/Lind*, 2010.
[143] Vgl. *Kraus/Lind*, 2010, 275 ff.

Die Balanced Scorecard erhebt den Anspruch, den Unternehmenserfolg mehrdimensional abzubilden und zu steuern. Im Beitrag wurde exemplarisch dargestellt, wie die zentralen Wertvorstellungen und Zielsetzungen der Eigentümerfamilie in der Strategieentwicklung und -umsetzung berücksichtigt und so in das Steuerungssystem integriert werden können. Die familienorientierten Ziele weisen häufig einen nicht monetären Charakter auf, so dass die Zielerreichung in der Regel mit Hilfe von qualitativen Indikatoren abzubilden ist.

Durch die Ergänzung der klassischen BSC-Perspektiven um die Dimension „familiness" erfolgt eine Klärung – und in der Folge eine explizite Darstellung – der familienspezifischen Zielsetzungen sowie der ethischen Grundprinzipien, die den Charakter des Unternehmens entscheidend prägen. Da der BSC im Rahmen der Kommunikation eine zentrale Funktion zukommt, liefert dies auch einen entscheidenden Beitrag für die unternehmensweite Verbreitung der Strategien sowie der Wertvorstellungen der Unternehmerfamilie.

Literaturverzeichnis

Achleitner, A. K./Bock, C./Schraml, S./Welter, J. (2010): Zielstrukturen in Familienunternehmen: Empirische Hinweise auf die Beziehung zwischen Unternehmens- und Familienzielen, in: ZfKE 58 (3), 227–258.

Anderson, R. C./Reeb, D. M. (2003): Founding family ownership and firm performance: Evidence from the S&P 500, in: Journal of Finance, 58 (3), 1301–1328.

Astrachan, J. H./Klein, S. B./Smyrnios, K. X. (2002): The F-PEC Scale of Family Influence: A Proposal for Solving the Family Business Definition Problem, in: Family Business Review, 15 (1), 45–58.

Astrachan, J. H./Shanker, M. C. (2003): Family businesses' contribution to the U.S. economy: A closer look, in: Family Business Review 16 (3), 211–219.

Astrachan, J. H./Zellweger, T. (2008): Die Performance von Familienunternehmen: Literaturübersicht und Orientierungshilfe für künftige Forschungsarbeiten, in: ZfKE 56 (1/2), 83–108.

Bea, F. X./Haas, J. (2009): Strategisches Management, Stuttgart.

Chrisman, J. J./Chua, J. H./Sharma, P. (2005): Trends and Directions in the Development of a Strategic Management Theory of the Family Firm, in: Entrepreneurship Theory & Practice, September 2005, 555–575.

Chrisman, J. J./Steier, L. P./Chua, J. H. (2008): Toward a Theoretical Basis for Understanding the Dynamics of Strategic Performance in Family Firms, in: Entrepreneurship Theory & Practice, November 2008, 935–947.

Chua, J. H./Chrisman, J. J./Sharma, P. (1999): Defining the family business by behaviour, in: Entrepreneurship Theory and Practice 23 (4), 19–39.

Craig, J./Moores, K. (2005): Balanced Scorecards to Drive the Strategic Planning of Family Firms, in: Family Business Review 18 (2), 105–122.

Craig, J./Moores, K. (2010): Strategically aligning family and business systems using the Balanced Scorecard, in: Journal of Family Business Strategy 1, 78–87.

Casillas, J. C./Acedo, F. J. (2005): Internationalization of Spanish family SMEs: Analysis of family involvement, in: International Journal of Globalization and Small Business 1 (2), 134–151.

De Geuser, F./Mooraj, S./Oyon, D. (2009): Does the Balanced Scorecard Add Value? Empirical Evidence on its Effect on Performance, in: European Accounting Review 18 (1), 93–122.

Duller, C./Feldbauer-Durstmüller, B./Mitter, C. (2011): Corporate Governance and Management Accounting in Family Firms: Does Generation Matter?, International Journal of Business Research, Volume 11, Number 1, 29–46.

Dyer Jr., W. G./Whetten, D. A. (2006): Family firms and social responsibility: Preliminary evidence from the S&P 500, in: Entrepreneurship Theory and Practice 30, 785–802.

Eddleston, K. A./Kellermans, F. W./Sarathy, R. (2003): Resource configuration in family firms: Linking resources, strategic planning and technological opportunities to performance, in: Journal of Management Studies 45 (1), 26–50.

Feldbauer-Durstmüller, B./Duller, C./Greiling, D. (2012): Strategic Management Accounting in Austrian Family Firms, International Journal of Business Research, Volume 12, Number 1, 26–42.

Fernández, Z./Nieto, M. J. (2005): Internationalization Strategy of Small and Medium-Sized Family Businesses: Some Influential Factors, in: Family Business Review 18 (1), 77–89.

Gallo, M. A./Garcia Pont, C. (1996): Important Factors in Family Business Internationalization, in: Family Business Review 9 (1), 45–59.

Gersick, K. E./Davis, J. A./McCollom Hampton, M./Lansberg, I. (1997): Generation to generation: Life cycles of the family business. Boston, MA:.

Gleich, R. (2001): Das System des Performance Measurement, München.

Gomez-Mejia, L. R./Hynes, K. T./Nunez-Nickel, M./Moyano-Fuentes, H. (2007): Socioemotional wealth and business risk in family-controlled firms: Evidence from Spanish olive oil mills, in: Administrative Science Quarterly 52, 106–137.

Graves, C./Thomas, J. (2006): Internationalization of Australian Family Businesses: A Managerial Capabilities Perspective, in: Family Business Review 19 (3), 207–224.

Greiling, D. (2009): Performance Measurement in Nonprofit-Organisationen, Wiesbaden.

Gudmundson, D./Hartman, E. A./Tower, C. B. (1999): Strategic orientation: Differences between family and non-family firms, in: Family Business Review 12 (1), 27–39.

Haas, T. (2010): State-of-the-Art des Controllings in international tätigen Familienunternehmen. Systemtheoretische Konzeption & empirische Studie, Passau.

Habbershon, T. G./Williams, M. L. (1999): A Resource-Based Framework for Assessing the Strategic Advantages of Family Firms, in: Family Business Review 12 (1), 1–25.

Harris, R./Martinez, J./Ward, J. L. (1994): Is strategy different for the family-owned business?, in: Family Business Review 7 (2), 159–174.

Hiebl, M. R. W./Feldbauer-Durstmüller, B./Duller, C. (2012): Die Organisation des Controllings in österreichischen und bayerischen Familienunternehmen, in: Zeitschrift für KMU und Entrepreneurship.

Hienerth, C./Kessler, A. (2006): Measuring Success in Family Businesses: The Concept of Configurational Fit, in: Family Business Review 19 (2), 115–134.

Horváth, P. (1999): Controlling in der Familienunternehmung, in: *Maquardt, E./Maurer, F.* (Hrsg.): Freies Unternehmertum. Voraussetzungen einer demokratischen Gesellschaft, Rietheim-Weilheim, 121–136.

Horváth, P. (2009): Controlling, 11. Auflage, München.

Horváth, P./Seiter, M. (2009): Performance Measurement, in: Die Betriebswirtschaft, Jg. 69/3, 393–413.

Ibrahim, N. B./Angelidis, J. P./Parsa, F. (2008): Strategic Management of Family Businesses: Current Findings and Directions for Future Research, in: International Journal of Management 25 (1), 95–110.

Ittner, C. D./Larcker, D. F./Randall, T. (2003): Performance implications of strategic performance measurement in financial services firms, in: Accounting, Organizations and Society 28, 715–741.

Jaskiewicz, P. (2006): Performance-Studie börsennotierter Familienunternehmen in Deutschland, Frankreich und Spanien, Köln.

Kaplan, R. S. (2009): Conceptual Foundations of the Balanced Scorecard, in: *Chapman, C./Hopwood, A./Shields, M.* (Hrsg.): Handbook of Management Accounting Research 3, Oxford, 1253–1269.

Kaplan, R. S. (2009): Conceptual Foundations of the Balanced Scorecard, in: *Chapman, C./Hopwood, A./Shields, M.* (Hrsg.): Handbook of Management Accounting Research 3, Oxford, 1253–1269.

Kaplan, R. S./Norton, D. P. (1992): The Balanced Scorecard: measures that drive performance, in: Harvard Business Review, January-February, 71–79.

Kaplan, R. S./Norton, D. P. (1993): Putting the Balanced Scorecard to work, in: Harvard Business Review, September-October, 134–147.

Kaplan, R. S./Norton, D. P. (1996): Using the Balanced Scorecard as a Strategic management System, in: Harvard Business Review, January-February, 75–85.

Kaplan, R. S./Norton D. P. (2000): Having Trouble with Your Strategy? Then Map It, in: Harvard Business Review, September-Oktober, 167–176.

Kaplan, R. S./Norton, D. P. (2001a): The strategy-focused Organization: How Balanced Scorecard Companies Thrive in the New Competitive Environment, Boston, MA.

Kaplan, R. S./Norton, D. P. (2001b): Transforming the Balanced Scorecard from performance measurement to strategic management, in: Accounting Horizons 15 (1), 87–104; 15 (2), 147–160.

Kaplan, R. S./Norton, D. P. (2006): Alignment: Using the Balanced Scorecard to Create Corporate Synergies, Boston, MA.

Kaplan, R. S./Norton, D. P. (2008): Mastering the management system, in: Harvard Business Review, January, 57–62.

Klein, S. B. (2000): Family Businesses in Germany: Significance and Structure, in: Family Business Review 13 (3), 157–182.

Klein, S. B. (2010): Familienunternehmen. Theoretische und empirische Grundlagen, 2. Auflage, Köln.

Kotey, B. (2005): Goals, management practices, and performance of family SMEs, in: International Journal of Entrepreneurial Behaviour & Research 11 (1), 3–24.

Kraus, K./Lind, J. (2010): The impact of the corporate balanced scorecard on corporate control – A research note in: Management Accounting Research 21 (2010), 265–277.

Lansberg, I. S. (1983): Managing Human Resources in Family Firms: The Problem of Institutional Overlag, in: Organizational Dynamics, vol. 12, no. 3, 39–46.

Lipe, M. G./Salterio, S. (2000): The balanced scorecard: judgmental effects of common and unique performance measures, in: The Accounting Review 75 (3), 283–298.

Lube, M. M. (1997): Strategisches Controlling in international tätigen Konzernen. Aufgaben – Instrumente – Maßnahmen, Wiesbaden.

Mahto, R. V./Davis, P. S./Pearce II, J. A./Robinson Jr., R. B. (2010): Satisfaction With Firm Performance in Family Businesses, in: Entrepreneurship Theory and Practice, September 2010, 985–1001.

Malina, M./Selto, F. H. (2001): Communication and controlling strategy: an empirical study of the effectiveness of the balanced scorecard, in: Journal of Management Accounting Research 13, 47–90.

Malmi, T. (2001): Balanced Scorecards in Finnish Companies: A Research Note, in: Management Accounting Research 12, 207–220.

Marr, B./Schiuma, G. (2003): Business performance measurement – past, present and future, in: Management Decision 41 (8), 680–687.

Miller, D./Le Breton-Miller, I./Lester, R. H./Cannella, A. A. Jr. (2007): Are family firms really superior performers?, in: Journal of Corporate Finance 13/5, 829–858.

Neely, A. (2005): The evolution of performance measurement research. Developments in the last decade and a research agenda for the next, in: International Journal of Operations & Production Management 25 (12), 1264–1277.

Neely, A./Gregory, M./Platts, K. (1995): Performance measurement system design. A literature review and research agenda, in: International Journal of Operations & Production Management 15 (4), 80–116.

Norreklit, H. (2000): The balance on the balanced scorecard – a critical analysis of some of its assumptions, in: Management Accounting Research 11, 65–88.

Olson, P. D./Zuiker, V. S./Danes, S. M./Stafford, K./Heck, R. K. Z./Duncan, K. A. (2003): Impact of family and business on family business sustainability, in: Journal of Business Venturing 18 (5), 639–666.

Otley, D. (2005): Performance management: a framework for analysis, in: *Berry, J./Broadbent, J./Otley, D.* (Hrsg.): Management Control. Theories, issues and performance, 2nd edition, Palgrave Mcmillan, 79–95.

Rigby, D. (2001): Management tools and techniques: a survey, in: California Management Review, vol. 43, no. 2, 139–160.

Schachner, M./Speckbacher, G./Wentges, P. (2006): Steuerung mittelständischer Unternehmen: Größeneffekte und Einfluss der Eigentums- und Führungsstruktur, in: Zeitschrift für Betriebswirtschaft 76 (6), 589–614.

Sharma, P. (2004): An overview of the field of family business studies: Current status and direction for the future, in: Family Business Review 17 (1), 1–36.

Sharma, P./Chrisman, J./Chua, J. (1997): Strategic Management of the Family Business: Past Research and Future Challenges, in: Family Business Review 10 (1), 1–35.

Speckbacher, G./Bischof, J. (2000): Die Balanced Scorecard als innovatives Managementsystem. Konzeptionelle Grundlagen und Stand der Anwendung in deutschen Unternehmen, in: Die Betriebswirtschaft 60 (4), 795–810.

Speckbacher, G./Bischof, J./Pfeiffer, T. (2003): A descriptive analysis on the implementation of Balanced Scorecards in German-speaking countries, in: Management Accounting Research 14, 361–387.

Tagiuri, R./Davis, J. A. (1992): On the goals of successful family companies, in: Family Business Review 5/1, 43–62.

Ulrich, H. (1970): Die Unternehmung als produktives soziales System, 2. Auflage, Bern.

Ward, J. L. (1987): Keeping the Family Business Healthy: How to Plan for Continuing Growth, Profitability, and Family Leadership. San Francisco.

Ward, J. L. (1988): The Special Role of Strategic Planning for Family Businesses, in: Family Business Review 1 (2), 105–117.

Wargitsch, C. (2010): Management Control in Familienunternehmen, Frankfurt/Main.

Weiss, H.-J. (2004): Integrierte Konzernsteuerung. Ganzheitliches Führungsinstrumentarium zur Umsetzung wertorientierter Strategien, Wiesbaden.

Westhead, P. (2003): Company performance and objectives reported by first and multigeneration family companies: a research note, in: Journal of Small Business and Enterprise Development 10 (1), 93–105.

Wunder, T. (2004): Transnationale Strategien. Anwendungsorientierte Realisierung mit Balanced Scorecards, Wiesbaden.

Zellweger, T. M./Astrachan, J. H. (2008): On the Emotional Value of Owning a Firm, in: Family Business Review 21 (3), 347–363.

Zellweger, T. M./Mühlebach, C. (2008): Strategien zur Wertsteigerung in Familienunternehmen. Das Konzept potentialorientierte Familyness, Bern.

Zellweger, T. M./Nason, R. S. (2008): A Stakeholder Perspective on Family Firm Performance, in: Family Business Review 21 (3), 203–216.

Anforderungen an die Steuerplanung durch IAS 12 – Ein Vergleich mit § 198 Abs. 9 und 10 UGB

Roman Rohatschek/Juliane Haider

Management Summary

Die Bedeutung latenter Steuern nimmt in der Planungsrechnung sowohl des Steuer- und Rechnungswesens als auch des Controllings einen bedeutenden Platz ein, da sie eine gemeinsame, auf gleichen Prämissen beruhende Planung erfordert. Probleme ergeben sich daher nicht nur aus der Ungewissheit zukünftiger Ereignisse, sondern auch aus den zahlreichen Überschneidungen mit Planungsrechnungen anderer Bereiche. Besondere Vorsicht ist dabei in Unternehmen mit einer Verlusthistorie geboten, denn hier bedarf es stichhaltiger Gründe für die Werthaltigkeit der künftigen Steueransprüche.

1. Einleitung

1.1. Bedeutung latenter Steuern

Aufgrund der immer weiter abnehmenden Bedeutung der Unternehmensbilanz für die Steuerbilanz bzw. einer völligen Unabhängigkeit des Konzernabschlusses nach IFRS von der Steuerbilanz ist die Korrelation zwischen dem ausgewiesenen, tatsächlichen Ertragsteueraufwand und dem Jahresüberschuss kaum noch bis gar nicht mehr ersichtlich. Durch den Ausweis latenter Steuern soll dieser Zusammenhang zwischen Unternehmens- und Steuerbilanz wieder hergestellt werden.[1]

Daher kann selbst bei völliger Abkoppelung der Unternehmens- von der Steuerbilanz eine Auseinandersetzung mit steuerlichen Vorschriften im Rahmen der Jahresabschlusserstellung und -prüfung nicht ausbleiben, da sowohl die in der Unternehmensbilanz ausgewiesenen Steuerrückstellungen und der Steueraufwand als auch die latenten Steuern zu bilden bzw. zu prüfen sind. Je weiter sich Unternehmens- und Steuerbilanz in diesem Sinne voneinander entfernen, desto wichtiger wird die Befassung mit jenen Abschlussposten, die mit der Ertragsbesteuerung in Verbindung stehen.[2]

Latente Steuern haben daneben große Auswirkungen auf die Ermittlung der effektiven Steuerquote,[3] die sich aus der Ermittlung von Unternehmens- und Steuerbilanz sowie permanenten Ergebnisunterschieden ergeben können.[4] Eine beliebte Kennziffer in diesem Zusammenhang stellt heute die Konzernsteuerquote dar, welche den effektiven Steueraufwand eines Konzerns ins Verhältnis zum Ergebnis vor Steuern stellt. Die Konzernsteuerquote dient der Beurteilung, ob die Steuerpolitik und -planung eines Konzerns effizient ist.[5]

1.2. Problemstellung

Zwar unterscheiden sich IAS 12 und § 198 Abs. 9 und 10 UGB beträchtlich, so etwa hinsichtlich der Verpflichtung zur Bildung aktiver Steuerlatenzen in IAS 12 im Ver-

---

[1]   Vgl. z.B. *Herzig*, 2003b, 430 (435 f.); *Hirschberger*, 2011, 617 (617); *Müller/Kreipl*, 2011, 1701 (1701); auch *Schlager*, 2010, 112.

[2]   Vgl. *Herger*, 2003 H 6, 16 (II. 4). Dies gilt natürlich umso mehr für einen nach IFRS erstellten Konzernabschluss, für den die Maßgeblichkeit nicht gilt.

[3]   Vgl. *Herzig*, 2003b, 430 (439).

[4]   Vgl. *Meyer/Ruberg*, 2010a, 1538 (1540f.).

[5]   Daher werden Konzerne wohl eine möglichst niedrige Steuerquote im Vergleich zu anderen Konzernen anstreben, um zu zeigen, dass ihre Steuerabteilung internationale Steuergefälle effizient nutzen kann. Ansonsten ist die Leistung einer Steuerabteilung eher schwer messbar. Vgl. *Herzig/Dempfle*, 2002/1, 1 (1); *Müller*, 2002, 1684 (1684f.); *Herzig*, 2003a, 80 (80); *Herzig*, 2003b, 430 (431ff.).

gleich zu einem Ansatzwahlrecht im UGB,[6] in beiden Fällen gilt jedoch, dass ein Aktivposten nur „in dem Maße zu bilanzieren ist, wie es wahrscheinlich ist, dass ein zu versteuerndes Ergebnis verfügbar sein wird" (IAS 12.25), bzw. nur dann zu bilden ist, wenn „sich der zu hohe Steueraufwand in späteren Geschäftsjahren voraussichtlich aus(gleicht)" (§ 198 Abs. 10 UGB).

Daher soll im Folgenden auf die Frage eingegangen werden, warum eine umfassende Steuerplanung für die Unternehmen überhaupt relevant ist. Es soll gezeigt werden, welche Anforderungen IAS 12 und § 198 Abs. 9 und 10 UGB an eine Steuerplanung stellen bzw. auf welche Kriterien im Rahmen einer solchen Steuerplanung verstärkt Rücksicht zu nehmen ist.

Probleme treten hierbei für den Rechtsanwender vor allem im Bereich der Entscheidungsvorbereitung und -findung auf, aber auch hinsichtlich der Berechnung zukünftiger Steuergestaltungsmöglichkeiten. Allen Planungsproblemen immanent ist die schwierige Beurteilung der Wahrscheinlichkeit zukünftiger Sachverhalte. Daneben darf die Bedeutung der Steuerplanung für das Erreichen einer optimalen Konzernsteuerquote nicht unterschätzt werden.

Zur Diskussion dieser Problemstellungen soll jeweils auf die internationalen Vorschriften eingegangen werden, um diese gegebenenfalls in einem zweiten Schritt um Besonderheiten in den nationalen Vorschriften zu ergänzen. Zunächst soll ein jedoch ein kurzer Überblick über die grundlegenden Bestimmungen zu den latenten Steuern in den internationalen und nationalen Rechnungslegungsvorschriften gegeben werden.

2. Steuerplanung im Zusammenhang mit dem Ausweis latenter Steuern

2.1. Grundlagen und Methoden latenter Steuern

2.1.1. Internationale Vorschriften

Die Berechnung latenter Steuern dient der zutreffenden Erfassung zukünftiger Steuerbe- und -entlastungen. Die antizipierten Steuerwirkungen bestimmen sich durch die Höhe einer temporären Differenz zwischen dem Wertansatz nach IFRS und Steuerrecht am Abschlussstichtag und die Höhe des Steuersatzes bei deren Auflösung.[7]

Die IFRS folgen dabei dem Temporary-Konzept, welches den vollständigen Ausweis von Vermögensgegenständen und Schulden im Fokus hat und daher in erster Linie auf den unterschiedlichen Wertansatz der Vermögenswerte und Schulden am Abschlussstichtag abstellt. Somit werden sowohl ergebnisneutral als auch ergebniswirksam entstandene Differenzen berücksichtigt, wenn sie im Jahr der Umkehrung ergebniswirksam werden.[8] Auf den Zeitpunkt der Umkehrung kommt es dabei nicht an.[9]

IAS 12 folgt der Liability Method (Verbindlichkeitenmethode), wonach nicht nur die richtige Periodisierung des Steueraufwands erreicht, sondern auch das Vermögen zutref-

---

[6] Darüber hinaus gibt es noch weitere Unterschiede, welche an dieser Stelle ausgeklammert werden, da sie im Hinblick auf die zu beantwortende Fragestellung keine Relevanz haben.

[7] Vgl. *Freiberg*, 2011, 83 (83).

[8] Zu differenzieren ist die Ergebniswirksamkeit im Periodenergebnis und im sonstigen Gesamtergebnis: Latente Steuern sind dann im Periodenergebnis erfolgswirksam zu bilden, wenn auch die Wertdifferenz in diesem entstanden ist, und im Gegensatz dazu im sonstigen Ergebnis zu erfassen, wenn auch die Wertdifferenz im sonstigen Gesamtergebnis entstanden ist.

[9] Vgl. *Fröhlich*, 2007, 259; *Moser*, 2010 H 6, 23 (25).

fend ausgewiesen werden soll. Daher sind bei der Steuerabgrenzung jene Steuersätze heranzuziehen, welche im Zeitpunkt der Umkehrung der Differenzen gelten werden.[10]

Gem IAS 12.15 und 12.24 besteht sowohl für passive als auch für aktive latente Steuern ein Bilanzierungsgebot. Dabei sind aktive und passive Wertansätze bilanziell getrennt darzustellen, d.h. es sind die Ansätze für latente Steuern auf der Aktiv- und auf der Passivseite der Bilanz gesondert zu betrachten.[11, 12]

Hinsichtlich der aktiven latenten Steuern schränkt IAS 12.25 das Ansatzgebot dahingehend ein, dass ein latenter Steueranspruch nur in dem Maße zu bilanzieren ist, wie es wahrscheinlich ist, dass ein zu versteuerndes Ergebnis verfügbar sein wird, gegen das die abzugsfähige temporäre Differenz verwendet werden kann.[13]

Bei der Beurteilung, ob ein entsprechendes zu versteuerndes Ergebnis vorliegen wird, gegen das die aktiven Steuerlatenzen verrechnet werden können, sind gem IAS 12.36 folgende Fragstellungen zu beachten:

- Hat das Unternehmen ausreichende zu versteuernde temporäre Differenzen in Bezug auf die gleiche Steuerbehörde und das gleiche Steuersubjekt, woraus zu versteuernde Beträge erwachsen, gegen die noch nicht genutzte Verluste oder noch nicht genutzte Steuergutschriften vor ihrem Verfall verwendet werden können?[14]

- Ist es wahrscheinlich, dass das Unternehmen zu versteuernde Ergebnisse erzielen wird, bevor die noch nicht genutzten Verluste oder noch nicht genutzten Steuergutschriften verfallen?

- Stammen die noch nicht genutzten steuerlichen Verluste aus identifizierbaren Ursachen, welche aller Wahrscheinlichkeit nach nicht wieder auftreten?

- Stehen dem Unternehmen Steuergestaltungsmöglichkeiten zur Verfügung, in jenen Perioden steuerliche Ergebnisse zu erzeugen, gegen die noch nicht genutzte Verluste oder noch nicht genutzte Steuergutschriften verwendet werden können?[15]

---

[10] Das heißt, dass bei ursprünglich nicht berücksichtigten Steuersatzänderungen die in der Vergangenheit gebildeten Steuerabgrenzungsposten korrigiert werden müssen. Vgl. *Deutsch/Rohatschek*, 2007, 106.

[11] Vgl. *Moser*, 2010 H 6, 23 (25).

[12] Gem. IAS 12.74 sind latente Steueransprüche und -schulden dann – und nur dann – zu saldieren, wenn das Unternehmen ein einklagbares Recht zur Aufrechnung tatsächlicher Steuererstattungsansprüche gegen tatsächliche Steuerschulden hat und die latenten Steueransprüche und -schulden sich auf Ertragsteuern beziehen, die von der gleichen Steuerbehörde erhoben werden für entweder dasselbe Steuersubjekt oder für unterschiedliche Steuersubjekte, die beabsichtigen, in jeder zukünftigen Periode, in der die Realisierung erheblicher Beträge an latenten Steuerschulden bzw -ansprüchen zu erwarten ist, entweder den Ausgleich der tatsächlichen Steuerschulden und Erstattungsansprüche auf Nettobasis herbeizuführen oder gleichzeitig mit der Realisierung der Ansprüche Verpflichtungen abzulösen.

[13] Dies gilt nur dann nicht, wenn der latente Steueranspruch aus dem erstmaligen Ansatz eines Vermögenswertes oder einer Schuld zu einem Geschäftsvorfall stammt, der kein Unternehmenszusammenschluss ist und zum Zeitpunkt des Geschäftsvorfalls weder das handelsrechtliche Periodenergebnis noch das zu versteuernde Ergebnis beeinflusst. Siehe z.B. *Rohatschek*, 2008, 182f.

[14] Gibt es ausreichend zeitkongruente passive Steuerlatenzen, so kann von einer wahrscheinlichen Verwertbarkeit ausgegangen werden, da, sollten künftig nie mehr Gewinne zur Absorption der noch nicht genutzten Verluste oder noch nicht genutzten Steuergutschriften entstehen und daher die Verwertbarkeit der aktiven Steuerlatenz ausgeschlossen sein, gegenläufig auch die passiven latenten Steuern entfallen muss. Vgl. *Hoffmann*, 2006, § 26 Rz. 39.

[15] Vgl. *Hoffmann*, 2006, § 26 Rz. 34; *Ballwieser/Kurz*, 2007, Abschn. 15 Rz. 29f.; *Pawelzik*, 2009, Rz. 2617; auch *Herzig* u.a., 2009, 2615 (2619).

Kann im Zuge der Wahrscheinlichkeitsbeurteilung eines zukünftigen zu versteuernden Ergebnisses der Nachweis der Wahrscheinlichkeit nicht erbracht werden, scheidet eine Aktivierung latenter Steuern aus.[16]

Wie oben ausgeführt, erlaubt IAS 12 den Ansatz aktiver latenter Steuern unter anderem auch dann, wenn sich dem Unternehmen Steuergestaltungsmöglichkeiten zur Erzeugung von zu versteuerndem Ergebnis in geeigneten Perioden bieten.[17,18] Gem. IAS 12.30 sind Steuergestaltungsmöglichkeiten Aktionen, die das Unternehmen setzen würde, um das zu versteuernde Ergebnis in einer bestimmten Periode zu erzeugen oder zu erhöhen, bevor ein steuerlicher Gewinn- oder Verlustvortrag verfällt.

2.1.2. Nationale Vorschriften

Das UGB folgt auch der Verbindlichkeitenmethode, d.h. es soll nicht nur die richtige Periodisierung des Steueraufwands erreicht, sondern auch das Vermögen zutreffend ausgewiesen werden.[19]

Im Gegensatz zu den IFRS folgt das UGB jedoch dem sog Timing-Konzept, d.h. es werden nur Steuerdifferenzen erfasst, die sich sowohl bei ihrer Entstehung als auch bei ihrer Umkehr in der G&V-Rechnung niederschlagen.[20] Zwar enthält § 198 Abs. 9 und 10 keine Regelungen zur zeitlichen Dimension der voraussichtlichen Steuerbe- oder -entlastung, nach der h.M.[21] sind jedoch, unter Berufung auf das Going-concern-Prinzip, die langfristigen zeitlichen Unterschiede als sog quasi-permanente Differenzen[22] nicht in die Steuerabgrenzung einzubeziehen.[23]

Gem. § 198 Abs. 9 UGB ist eine Rückstellung für passive latente Steuern zu bilden, wenn die effektive Steuerbelastung geringer ist als die fiktive Steuerbelastung.[24] Nach

---

[16]   Vgl. *Ballwieser/Kurz*, 2007, Abschn. 15 Rz. 29, 31.

[17]   Vgl. IAS 12.29 (b) i.V.m. IAS 12.36.

[18]   Neben diese objektive Möglichkeit der Berücksichtigung von zukünftigen Steuergestaltungsmöglichkeiten tritt subjektiv gesehen der Wille des Unternehmers, diese Gestaltungsmöglichkeiten auch zu nutzen. Vgl. dazu *Lüdenbach*, 2011, StuB 15/2011, 583 (584).

[19]   Vgl. z.B. *Moser*, 2010 H 6, 23 (25); siehe dazu weiter oben Kap. 2.1.1.

[20]   Z.B. *Fröhlich*, 2007, 259; *Moser*, 2010 H 6, 23 (25).

[21]   Zu dieser Diskussion in Österreich vgl. z.B. *Bach/Hopf*, 1997, W 27 ff.; *Lichtenberger*, 1997, 21; *Moser*, 2007, 490 ff.; *Nowotny*, 2011, § 198 Rz. 170; kritisch *Rohatschek*, 2000, 36 f.

[22]   Quasi-permanente Differenzen gleichen sich im normalen Geschäftsverlauf nicht wieder aus bzw. ihre Umkehr ist nicht absehbar, sondern es bedarf zu einer Umkehrung einer besonderen Disposition des Unternehmens, welche im Extremfall erst die Liquidation ist. Obwohl die quasi-permanenten Differenzen häufig als dritte Gruppe der Ergebnisdifferenzen eingestuft werden, handelt es sich hierbei grundsätzlich lediglich um eine Untergruppe der zeitlich beschränkten Differenzen. Vgl. *Rohatschek*, 2000, 36 f.

[23]   Vgl. *Hopf/Bach*, 1998, 350

[24]   Ist der dem laufenden Geschäftsjahr und den früheren Geschäftsjahren zuzurechnende Steueraufwand zu niedrig, weil der nach den steuerrechtlichen Vorschriften zu versteuernde Gewinn niedriger als das „unternehmensrechtliche" Ergebnis ist, und gleicht sich der zu niedrige Steueraufwand in späteren Geschäftsjahren voraussichtlich aus, so ist in Höhe der voraussichtlichen Steuerbelastung nachfolgender Geschäftsjahre eine Rückstellung zu bilden und in der Bilanz gesondert auszuweisen oder im Anhang gesondert anzugeben. (...) *Hirschberger* spricht in diesem Zusammenhang davon, dass dem Bilanzadressaten in diesem durch den Ansatz von passiven latenten Steuern vermittelt wird, „dass sich der Fiskus als ‚stiller Gesellschafter' am Wert des Vermögensgegenstands beteiligt"; *Hirschberger*, 2011, 617 (618).

§ 198 Abs. 10 UGB[25] können aktive latente Steuern gebildet werden, wenn die effektive Steuerbelastung größer als die fiktive ist und sich der zu hohe Steueraufwand in späteren Geschäftsjahren voraussichtlich ausgleicht.[26] Im Gegensatz zu IAS 12 und auch zum deutschen HGB ist der Ansatz latenter Steuern für Verlustvorträge nicht erlaubt.[27]

Aktive und passive Abgrenzungsbeträge sind in der Folge zu saldieren, sodass jeweils nur ein Posten angesetzt werden kann (Gesamtdifferenzbetrachtung); dieser ist entweder gesondert auszuweisen oder im Anhang anzugeben. Die aktive Abgrenzung ist gem. § 226 Abs. 2 UGB mit einer Ausschüttungssperre gekoppelt.[28]

Die Frage nach dem Ausnutzen des Aktivierungswahlrechts von Steuerlatenzen stellt sich vor allem dann, wenn Unternehmen oder Konzerne mit hohen Verlusten konfrontiert sind,[29] steuerliche Wertansätze niedriger sind als unternehmensrechtliche oder steuerliche Aufwendungen nur zeitversetzt abzugsfähig sind; hier ist die zukünftige Entwicklung der steuerpflichtigen Ergebnisse notwendigerweise in die Betrachtung einzubeziehen.

2.2. Organisation der Steuerplanung und Entscheidungsfindung

Da, wie oben gezeigt, die Möglichkeit der Bildung aktiver Steuerlatenzen von einem zukünftigen zu versteuernden Ergebnis abhängt, ist für den Ansatz aktiver latenter Steuern eine verlässliche Steuerplanung erforderlich.[30] Eine verlässliche Prognose des zukünftigen steuerlichen Ergebnisses bedarf der Festlegung der strategischen Unternehmens- und steuerlichen Ergebnisplanung für jedes einzelne Steuersubjekt (im Konzern).[31]

Besonders für Konzernunternehmen erfordert die Ermittlung der zu verbuchenden und im Anhang auszuweisenden Steuerlatenzen im Vorfeld unternehmens- bzw. konzerninterne Organisation. Es müssen Maßnahmen getroffen werden, die eine Erfassung der Differenzen zunächst auf Ebene der Handelsbilanz II und dann auch auf Konzernebene ermöglichen.[32]

---

[25] Ist der dem Geschäftsjahr und früheren Geschäftsjahren zuzurechnende Steueraufwand zu hoch, weil der nach den steuerrechtlichen Vorschriften zu versteuernde Gewinn höher als das „unternehmensrechtliche" Ergebnis ist, und gleicht sich der zu hohe Steueraufwand in späteren Geschäftsjahren voraussichtlich aus, so darf in Höhe der voraussichtlichen Steuerentlastung nachfolgender Geschäftsjahre ein Abgrenzungsposten auf der Aktivseite der Bilanz gebildet werden, der gesondert auszuweisen ist. (...)

[26] So ähnlich *Moser*, 2010 H 6, 23 (24); *Urnik* u.a., 2008, 332 (333).

[27] Vgl. *Kozikowski/Fischer*, 2010, HGB § 274 Rn. 40 f.; zur österreichischen Rechtslage *Moser*, 2010, H 6, 23 (25).

[28] Vgl. *Egger* u.a., 2007, 255; *Nowotny*, 2011, § 198 Rz 168. Der Vorteil eines saldierten Ausweises liegt für den Steuerpflichtigen in einer höheren Eigenkapitalquote bzw. eine verringerte Bilanzsumme kann positiv im Hinblick auf die Größenmerkmale nach § 221 UGB sein; vgl. dazu *Hirschberger*, Latente Steuern in der Buchhaltung, BBK 13/2011, 617 (626).

[29] Gerade im Fall aktueller oder vergangener Verluste ist jedoch besonderes Augenmerk auf die Prüfung zu legen, ob in Zukunft überhaupt ausreichende Gewinne zu erwarten sind, vgl. PWC, 2009, 13040; KPMG, 2010, 885; Deloitte, 2010, 691. Zur Bildung bzw. Umkehr latenter Steuern in Verlustjahren siehe weiter unten.

[30] Vgl. *Kozikowski/Fischer*, 2010, HGB § 274 Rn. 42; *Bolik/Linzbach*, 2010, 1587 (1587).

[31] Vgl. *Schick*, 2009, IAS 12 Rn. 83.

[32] Vgl. *Pawelzik*, 2009, Rz. 2675.

2.2.1. Anforderungen an die Planungsprämissen

An die erforderliche Steuerplanung sind hohe Anforderungen zu stellen. Die Planungsprämissen sollten konsistent mit anderen Planungsrechnungen des Unternehmens sein, wenn diese z.B. im Rahmen einer Werthaltigkeitsprüfung von Sachanlagen zur Anwendung kommen.[33] Hierzu kann festgehalten werden, dass eine sachgerechte Umsetzung nur durch eine interdisziplinäre Zusammenarbeit von Steuerabteilung, Controlling und Rechnungswesen möglich ist. Stimmen diese unternehmensinternen Planungen nicht mit steuerlichen Beurteilungsebenen überein, so sind Überleitungsrechnungen notwendig,[34] wovon in der Praxis wohl in den häufigsten Fällen auszugehen ist.

Für die Ableitung der benötigten Planwerte kann zwar prinzipiell auf unternehmensinterne Planungsrechnungen zurückgegriffen werden, jedoch kommt ein undifferenzierter Rückgriff auf die Planungsergebnisse des Controllings nicht in Betracht. Ein solcher kann vielmehr nur dann vorgenommen werden, wenn der zugrunde liegende Planungsprozess, das Planungsverfahren und die wesentlichen Annahmen und die immanenten Berechnungen angemessen sind. Die Angemessenheit kann wohl anhand der Erkenntnisse der betriebswirtschaftlichen Entscheidungslehre beurteilt werden.[35]

So ist z.B. in Bezug auf Wertminderungstests nach IAS 36 besonders darauf zu achten, dass die Planungsprämissen des Rechnungs- und Steuerwesens bzw. Controllings übereinstimmen: Prinzipiell werden Wertminderungen auf einer „Vor-Steuern"-Basis gerechnet, d.h. „Vor-Steuer"-Cashflows und -Abzinsungsrate. In der Praxis werden jedoch häufig „Nach-Steuern"-Ergebnisse zur Berechnung verwendet. Dabei kann der jeweils andere Wert jedoch nicht schlicht durch Multiplizieren mit der oder Dividieren durch die Steuerbelastung berechnet werden, denn zusätzliche Differenzen können sich z.B. durch zeitliche Unterschiede der Steuer-Cashflows oder der steuerlichen Bemessungsgrundlagen ergeben.[36]

Diese Problematik soll anhand des folgenden Beispiels zu Wertminderungen nach IAS 36 demonstriert werden:[37]

Beispiel:

Bilanzansatz Vermögenswert A	*500*
Steuerwert Vermögenswert A	*400*
Steuersatz Körperschaftsteuer	*25 %*
*Passive latente Steuer ([400–500] * 25 %)*	*–25*
Voraussichtliche zukünftige Cashflows aus Anlage	*300*

---

[33] Vgl. *Kozikowski/Fischer*, 2010, HGB § 274 Rn. 42.
[34] Vgl. *Meyer/Ruberg*, 2010a, 1538 (1543).
[35] Dazu *Meyer/Ruberg*, 2010a, 1538 (1542).
[36] Vgl. KPMG, 2010, 743 f.
[37] Dieses Beispiel ist zur Veranschaulichung stark vereinfacht; eine mögliche Diskontierung wird nicht berücksichtigt. Beispiel angelehnt an KPMG, 2010, 744 f.

Zunächst ist zu bestimmen, ob sich ein Wertminderungsbedarf ergibt:

Zukünftige Cashflows	*300*
*– Körperschaftsteuer (300 * 25 %)*	*75*
*+ Tax Amortisation Benefits (TAB)[38] on Value in Use[39] (VIU * 25 %)*	*75[40]*
	300

Es kommt zur Wertminderung um 200 (500–300). Unter der Annahme, dass der steuerliche Buchwert gleich bleibt, wird aus einer passiven latenten Steuern i.H.v. 25, eine aktive Steuerlatenz i.H.v. 25 ([400–300] * 25 %).

Wäre der Steuerwert i.H.v. 400 zur Bestimmung des *TAB* herangezogen (400 * 25 % = 100), wäre ein Teil des *TAB* doppelt gezählt worden, da er bei der Berechnung der Steuerlatenz nochmals berücksichtig würde.[41]

Obwohl dieses Beispiel stark vereinfacht wurde, kann damit gezeigt werden, dass die Daten aus den diversen Planungsrechnungen eines Unternehmens in der Regel ohne Anpassung für die Steuerplanung im Hinblick auf latente Steuern nicht übernommen werden können.

2.2.2. Anforderungen an die Planung im Konzern

Besonderes Augenmerk im Zuge der steuerlichen Planungsrechnung im Konzern sollte auf die Akquisition bzw. auf bestehende Tochtergesellschaften gelegt werden. Beim Erwerb von Tochtergesellschaften kann es zu sog. *outside basis differences* kommen, d.h. zu temporären Differenzen zwischen dem bilanziellen und dem steuerlichen Buchwert des Tochterunternehmens.[42] Eine solche Differenz kann z.B. dann vorliegen, wenn es in den Folgejahren im Tochterunternehmen nicht ausgeschüttete Gewinne gibt, die zu einem höheren IFRS-Ansatz führen, oder wenn es zu einer Wertminderung kommt und der IFRS-Ansatz somit unter den steuerlichen Buchwert fällt.[43]

Solche temporären Differenzen sind ständig anzupassen, z.B. bei Wechselkursänderungen oder Profitabilitätsschwankungen der Tochterunternehmung. Hierbei ist zu unterscheiden: Stammt die temporäre Differenz z.B. aus Wechselkursänderungen, so ändert sich nur der Betrag der bereits ausgewiesenen Steuerlatenz, es kommt nicht zur Auflösung. Im Gegensatz dazu führt ein geplanter Verkauf bzw. eine Ausschüttung von Dividenden zur Auflösung der Steuerlatenz.[44]

Im Gegensatz zu den *outside basis differences* sind sog. *inside basis differences I* Differenzen, die sich auf Ebene des Tochterunternehmens vor Konsolidierungsmaßnahmen

---

[38] Tax Amortisation Benefit = abschreibungsbedingte Steuervorteile.

[39] Value In Use (VIU) = Nutzungswert.

[40] Berechnung:
TAB = 25 % * VIU
VIU = 300 – 75 + TAB
legt man diese Gleichungen zusammen, ergibt sich:
TAB = 25 % * (300 – 75 + TAB)
TAB = 75

[41] Vgl. KPMG, 2010, 744 f.

[42] Vgl. *Schick*, 2009, IAS 12 Rn. 188; *Schulz-Danso*, 2009, § 25 Rz. 137 ff.

[43] Vgl. PWC 2009, 13164 f.

[44] Vgl. KPMG, 2010, 911.

durch Vergleich von Steuerwert und Buchwert nach IFRS ergeben. Der auf ihnen beruhende Ausweis latenter Steuern kann grundsätzlich unverändert in die IFRS-Bilanz II übernommen werden, wo sie dann im Rahmen der Folgekonsolidierung weiterzuentwickeln sind.[45]

Davon zu unterscheiden sind sog *inside basis differences II*, welche sich aufgrund konsolidierungsspezifischer Bewertungsanpassungen ergeben. Für die Erstellung eines Konzernabschlusses kann es erforderlich sein, dass die Buchwerte der Vermögenswerte und Schulden der Einzelabschlüsse an konzerneinheitliche Bilanzierungs- und Bewertungsmethoden angepasst werden.[46] Dadurch können Veränderungen bestehender temporärer Differenzen ausgelöst oder auch neue temporäre Differenzen generiert werden. Ebenso wie bei *inside basis differences I* erfolgt die Ermittlung der *inside basis differences II* nicht auf Ebene der Obergesellschaft, sondern auf Ebene der einzubeziehenden Unternehmen im Rahmen der sog. IFRS-Bilanz II.[47]

2.2.3. *Zeitliche Planung*

Planung i.S.d. betriebswirtschaftlichen Entscheidungslehre ist die am Unternehmensziel orientierte Bewertung von Handlungsalternativen, d.h. Planung ist die „gedankliche Vorbereitung zielgerichteter Entscheidungen".[48] Demnach endet die Planung mit der Bildung einer Rangreihe der möglichen Alternativen. Entscheidung ist dann die Wahl der optimalen Handlungsalternative.[49]

Zeitlich gesehen kann die Planung in folgende Teilaspekte untergliedert werden:

● kurzfristige, operative Feinplanung
● mittelfristige taktische Planung
● langfristige, strategische Planung.[50]

Der betriebswirtschaftlichen Entscheidungstheorie folgend dienen vor allem steuerliche Ergebnisse des Feinplanungszeitraums als Grundlage für die Bestimmung der künftigen Verlustvortragsnutzung.[51] So sieht auch etwa das dHGB vor, dass steuerliche Verlustvorträge bei der Berechnung aktiver latenter Steuern in Höhe der innerhalb der nächsten fünf Jahre zu erwartenden Verlustverrechnung zu berücksichtigen sind.[52]

Im Gegensatz zum dHGB kennen weder die IFRS noch das UGB konkrete zeitliche Vorgaben an den Planungszeitraum.[53] Nach IFRS hängt der Detailplanungszeitraum von der Planbarkeit zukünftiger Ergebnisse ab, die sich nach unternehmensindividuellen Kriterien bemisst.[54]

Fraglich ist nun, ob die in § 274 dHGB vorgesehene Beschränkung auf fünf Jahre als genereller Prognosezeitraum geeignet ist oder ob flexible Vorgaben wie in IAS 12 vorzuziehen sind.

---

[45] Vgl. *Schick*, 2009, IAS 12 Rn. 187.
[46] So IAS 27.28 und 28.26.
[47] Vgl. *Schick*, 2009, IAS 12 Rn. 186.
[48] *Wöhe*, 2010, 76.
[49] Vgl. *Wöhe*, 2010, 92.
[50] Man spricht bei diesem Planungsmodell von „rollender Planung". Vgl. *Wöhe*, 2010, 84.
[51] Vgl. *Meyer/Ruberg*, 2010a, 1538 (1540 f.).
[52] Vgl. § 274 Abs. 1 dHGB.
[53] So *Meyer/Ruberg*, 2010a, 1538 (1540 f.); *Bolik/Linzbach*, 2010, 1587 (1588).
[54] Vgl. *Meyer/Ruberg*, Die Erstellung von Planungsrechnungen als Voraussetzung für die Bilanzierung latenter Steuern – Anwendungsfelder, Anforderungen, Zweifelsfragen, DStR 2010, 1538 (1540 f.).

Die Steuerplanung i.Z.m. latenten Steuern wird wohl in aller Regel keine strategische Planung sein, da ein zu langfristiger Planungsrahmen im Hinblick auf die Ziele der Steuerplanung zu vage Ergebnisse liefern dürfte. Die geforderte Steuerplanung dürfte sich also auf einen kurz- und mittelfristigen Zeitraum beschränken. Dennoch sollte die tendenzielle Ertragssituation außerhalb des Detailplanungszeitraums nicht außer Acht gelassen werden. Denn auch hier bedarf es einer tendenziellen Aussage, ob nach Ende des Detailplanungszeitraums ebenfalls mit steuerlichen Ergebnissen gerechnet werden kann.[55]

Besondere Beachtung bei der langfristigen Steuerplanung ist dem Bestand bzw. Überhang an passiven latenten Steuern, deren Umkehrung erst nach Ende des Detailplanungszeitraums erfolgt, zu schenken. Liegen passive und aktive latente Steuern im gleichen Ausmaß vor und sollen die Steuerverpflichtungen die Grundlage für die Erfassung der Steueransprüche sein, so muss zunächst beurteilt werden, wann die Umkehrung der einzelnen abzugsfähigen temporären Differenzen erfolgt. Das Vorhandensein von passiven latenten Steuern, die sich erst nach Ende des Detailplanungszeitraums umkehren, ist insofern relevant, als sie als Werthaltigkeitsnachweis für aktive latente Steuern dienen, wenn deren Werthaltigkeit nicht ausschließlich anhand von künftigen steuerlichen Ergebnissen belegt werden kann.[56]

Dies kann durch folgendes Beispiel illustriert werden: *„Erfolgt die Umkehrung der abzugsfähigen temporären Differenzen beispielsweise in zwei Jahren, während die zu versteuernde temporäre Differenz voraussichtlich nicht innerhalb der nächsten zehn Jahre eintritt, darf ein latenter Steuervorteil nicht erfasst werden, wenn die Steuergesetzgebung eine Beschränkung von Verlustvorträgen auf fünf Jahre vorsieht.“*[57]

Ein ähnliches Problem ergibt sich auch bei einer unreflektierten Saldierung von temporären Differenzen pro Bilanzposten. Hat ein Unternehmen etwa im Sachanlagevermögen zu versteuernde temporäre Differenzen von TEUR 1.000, welche sich über fünf Jahre auflösen, und gleichzeitig abzugsfähige Differenzen i.H.v. TEUR 500, welche sich über zwanzig Jahre auflösen, so wird übersehen, dass die Werthaltigkeit der langfristigen aktiven Latenz zum überwiegenden Teil nicht mit der kurzfristigen passiven Latenz begründet werden kann.[58]

Zusammenfassend kann gesagt werden, dass die potentielle Unbeschränktheit des Planungszeitraums, wie sie in IAS 12 vorgesehen ist, einem fixen Planungshorizont u.E. vorzuziehen ist, da nur so branchen- und unternehmensspezifische Gegebenheiten berücksichtigt werden können. Zwar sinkt allgemein die Prognosesicherheit mit zunehmendem Planungshorizont, es kann jedoch der Fall eintreten, dass Erträge sicher nach

---

[55]   Vgl. *Meyer/Ruberg*, 2010a, 1538 (1540 f.). So können etwa nach *Schulz-Danso* latente Steuern auf Verlustvorträge auch dann aktiviert werden, wenn sie zwar innerhalb des Planungshorizonts nicht vollständig realisiert werden können, die Planungsrechnung jedoch auf reinen Jahresbudgets beruht, die nicht über eine ewige Rente auf zukünftige Perioden verfügen. Weist eine solche Planungsrechnung eine ausreichend positive Tendenz vor, so kann mit einer Fortsetzung dieser positiven Tendenz über den Planungszeitraum hinaus gerechnet werden. Anderes gilt dementsprechend, wenn im letzten Planungsjahr eine ewige Rente eingerechnet wurde und dennoch kein vollständiger Abbau steuerlicher Verlustvorträge erreicht wird. Vgl. *Schulz-Danso*, 2009, § 25 Rz. 74.

[56]   Vgl. *Meyer/Ruberg*, 2010a, 1538 (1540 f.).

[57]   Beispiel entnommen aus *Ballwieser/Kurz*, 2007, Abschn. 15 Rz. 38.

[58]   Vgl. *Meyer/Ruberg*, 2010a, 1538 (1542).

dem fünften Planungsjahr anfallen. Gleichzeitig kann es vorkommen, dass der Planungshorizont eines Unternehmens weniger als diesen Zeitraum ausmacht. Die Fünf-Jahres-Grenze kann und soll u.E. jedoch einen Anhaltspunkt darstellen.[59]

2.3. Bildung und Verwendung der Steuerlatenzen in Verlustsituationen

Generell ist im Hinblick auf die Bilanzierung latenter Steuern zu beachten, dass die mit dem Abbau der latenten Steuern verbundenen Erhöhungen oder Minderungen des steuerlichen Ergebnisses nur dann zu unmittelbaren Steuerbe- oder -entlastungen führen, wenn der Abbau in eine steuerliche Gewinnphase fällt. Fällt der Abbau in eine Verlustphase, so kommt es im Zeitpunkt des Abbaus lediglich zu einer Erhöhung oder Minderung des steuerlichen Verlusts; ob es letztlich zu einer steuerlichen Be- oder Entlastung kommt, hängt davon ab, ob dieser Verlustvortrag in weiterer Zukunft nutzbar ist oder nicht. Daher sind steuerliche Beschränkungen, wie z.B. eine zeitliche Begrenzung des Verlustvortrags, bei der Prognose ebenso zu berücksichtigen wie bestehende Beschränkungen des Prognosehorizonts.[60]

Fraglich ist, ob aus einem Passivüberhang temporärer Differenzen objektivierbar auf künftige Gewinne geschlossen werden kann. Dies wäre nur dann der Fall, wenn aus dem Abbau einer zu versteuernden Differenz mit hinreichender Wahrscheinlichkeit ein steuerlicher Gewinn resultiert. *Meyer/Ruberg* unterscheiden hierbei zwei Szenarien:

- Abbau in einer steuerlichen Gewinnphase: Werden passive latente Steuern in Gewinnphasen abgebaut, führt dies zu einem höheren Ergebnis und damit unmittelbar zu einer steuerlichen Belastung der Abbauperiode, die grundsätzlich zur Verlustverwertung zur Verfügung steht.
- Abbau in einer steuerlichen Verlustphase: Der Abbau passiver latenter Steuern in einer Verlustphase führt lediglich dazu, dass die Entstehung eines steuerlichen Verlusts verhindert wird. Wäre ein resultierender Verlustvortrag werthaltig gewesen, kommt es zu einer Belastung in nachgelagerten Perioden.[61]

Effektiv mildert der Ansatz aktiver latenter Steuern für bestehende Verlustvorträge die in einem Geschäftsjahr eingetretenen Verluste bereits im Entstehungsjahr, wodurch eine höhere Profitabilität ausgewiesen wird. Es besteht jedoch die Gefahr, dass im Falle einer Verschlechterung der Gewinnprognose die neuen Verluste durch die wegen nunmehr mangelnder Wahrscheinlichkeit zukünftiger Gewinne erforderlichen Abschreibungen auf die aktiven latenten Steuerlatenzen für Verlustvorträge noch verstärkt werden.[62]

Weist ein Unternehmen eine Verlusthistorie auf, so ist zu unterscheiden: Hat das Unternehmen in den letzten Jahren[63] ausschließlich Verluste erwirtschaftet, so darf es latente Steuern nur dann aktivieren, wenn es zukünftige Gewinne substantiert nachweisen

---

[59] So auch *Herzig* u.a., 2009, 2615 (2619); ähnlich *Schulz-Danso* u.a., 2008, 443 (444 f.). Kritisch *Schick*, 2009, IAS 12 Rn. 84. Anderer Ansicht etwa *Bolik/Linzbach*, die es für sinnvoll halten, den Planungszeitraum auf maximal fünf Jahre zu beschränken, *Bolik/Linzbach*, 2010, 1587 (1588).

[60] Vgl. *Meyer/Ruberg*, 2010a, 1538 (1539); auch z.B. PWC, 2009, 13042 f.; KPMG, 2010, 887.

[61] Dazu *Meyer/Ruberg*, 2010b, 2094 (2097).

[62] Vgl. *Schick*, 2009, IAS 12 Rn. 89.

[63] *Schulz-Danso* schlägt unter Verweis auf US-GAAP-Standard FAS 109 vor, auf einen Zeitraum von drei Jahren abzustellen; vgl. *Schulz-Danso*, 2009, § 25 Rz. 77 f.

kann. Indizien hierfür können der erfolgreiche Abschluss einer Restrukturierung, die Stilllegung verlustreicher Betriebe oder eine gute Auftragslage sein.[64] Ist die Ursache für den Verlust hingegen eindeutig zu identifizieren und ist er einmaliger Natur, so sollte dies bei der Wahrscheinlichkeitsbeurteilung zukünftiger Gewinne berücksichtigt werden.[65]

Hat ein Unternehmen bisher ausschließlich Anlaufverluste erwirtschaftet, so ist ein Ansatz aktiver latenter Steuern auf Verlustvorträge nach Ansicht der Literatur schlechthin ausgeschlossen. Etwas anderes gilt nur dann, wenn das Unternehmen nachweisen kann, dass es kurzfristig in einen Gewinnbereich kommt, z.B. durch die erfolgreiche Anmeldung von Patenten.[66]

Auch der Planungstreue der Vergangenheit ist Bedeutung zuzumessen, v.a. da es sich bei Planungsrechnungen stets um subjektive Einschätzungen des Managements handelt.[67] So ist es z.B. in aller Regel unproblematisch, wenn ein Unternehmen mit einer konstanten Gewinnhistorie aktive latente Steuern ansetzt, solange es keine Beweise gibt, dass sich dies in Zukunft ändern wird.[68]

Die Problematik des Ansatzes aktiver latenter Steuern im Falle eines dauerhaft verlustbringenden Unternehmens kann an folgendem Beispiel gezeigt werden:[69]

Beispiel:

Ein Unternehmen hat im Jahr X1 einen Verlust erwirtschaftet und am 31. 12. X1 folgende temporäre Differenzen identifiziert:

- *Temporäre Differenzen i.H.v. EUR 4.000 aufgrund vorgezogener steuerlicher Abschreibungen auf Vermögenswert A, die sich in den Jahren X2 und X3 umdrehen, und*
- *temporäre Differenzen i.H.v. EUR 2.800 aufgrund längerer steuerlicher Nutzungsdauer von Vermögenswert B, die sich in den Jahren X2–X5 umdrehen werden.*

Das Unternehmen erwartet für die Jahre X2 und X3 Verluste. Der Steuersatz beträgt 25 %, ein Verlustvortrag ist möglich, nicht jedoch ein Verlustnachtrag.

Voraussichtlich werden sich die temporären Differenzen in den folgenden Jahren wie folgt auflösen:

	X2	*X3*	*X4*	*X5*
Vorzeitige Abschreibung Vermögenswert A	*–2.000*	*–2.000*	*–*	*–*
Längere steuerliche Nutzungsdauer von Vermögenswert B	*700*	*700*	*700*	*700*

Am 31.12.X1 bestehen daher passive Steuerlatenzen i.H.v. EUR 1.000 (= 25 % * 4.000) und aktive Steuerlatenzen i.H.v. 350 (= 25 % * 1.400), wobei hinsichtlich Vermögenswert B noch abzugsfähige temporäre Differenzen offenbleiben. Hierbei ist allerdings zu

---

[64]   Vgl. *Schulz-Danso*, 2009, § 25 Rz. 77 f.; *Schulz-Danso* u.a., 2008, 443 (444 f.); Deloitte, 2010, 691.
[65]   Vgl. *Kozikowski/Fischer*, 2010, HGB § 274 Rn. 42.
[66]   Etwa *Schulz-Danso*, 2009, § 25 Rz. 77 f.; *Schulz-Danso* u.a., 2008, 443 (444 f.); PWC, 2009, 13044.
[67]   Vgl. *Schulz-Danso*, 2009, § 25 Rz. 74. Ähnlich *Kozikowski/Fischer*, 2010, HGB § 274 Rn. 42.
[68]   Vgl. KPMG, 2010, 885.
[69]   Beispiel in Anlehnung an Deloitte, 2010, 685.

beachten, dass diese Umdrehung in den Perioden X4 und X5 erfolgt, in denen keine zeitkongruenten passiven Steuerlatenzen zur Verfügung stehen. Daher müssten im Rahmen der Steuerplanung entweder anderweitige passive Steuerlatenzen oder sonstige Steuergestaltungsmöglichkeiten gefunden werden, um den Ansatz aktiver Steuerlatenzen rechtfertigen zu können. In diesem Beispiel ist dies kaum wahrscheinlich, da sich das Unternehmen im Beobachtungszeitraum kontinuierlich in einer Verlustzone befindet, es sei denn, es gibt ausreichende Indizien, die einen Ansatz rechtfertigen.[70]

Für einen möglichen Ansatz sprechen folgende Indizien: bestehende Verträge oder Auftragsrückstände, die ausreichend steuerliches Einkommen generieren; bestehender Überschuss des bilanziellen Buchwerts der Vermögenswerte über deren Steuerwert in ausreichender Höhe und eine bislang solide Umsatz- und Gewinnentwicklung; Abschluss von Restrukturierungsmaßnahmen als Grundlage für nachhaltige Kosteneinsparungen und Effizienzsteigerungen; Verluste in Vorjahren aufgrund von Einmaleffekten.

Gegen eine Ansatzmöglichkeit können folgende Indizien sprechen: in der Vergangenheit ungenutzte verfallene Verlustvorträge, in Zukunft erwartete Verluste, unsichere künftige Ereignisse, die bei negativem Ausgang die künftige Geschäftstätigkeit sowie die Gewinnsituation beeinflussen, oder eine ungünstige Branchenentwicklung.[71]

2.4. Ausnutzen von Steuergestaltungsmöglichkeiten

IAS 12.29 (b) erlaubt den Ansatz aktiver latenter Steuern unter anderem auch dann, wenn sich dem Unternehmen Steuergestaltungsmöglichkeiten zur Erzeugung von zu versteuerndem Ergebnis in geeigneten Perioden bieten. Gem. IAS 12.30 sind Steuergestaltungsmöglichkeiten Aktionen, die das Unternehmen ergreifen würde, um das zu versteuernde Ergebnis in einer bestimmten Periode zu erzeugen oder zu erhöhen, bevor ein steuerlicher Gewinn- oder Verlustvortrag verfällt. Als Beispiele für Steuergestaltungsmöglichkeiten nennt IAS 12.30 die Besteuerung von Zinserträgen auf Grundlage eines Zufluss/Abfluss-Prinzips; das Hinausschieben von zulässigen Abzügen vom zu versteuernden Ergebnis; den Verkauf mit folgendem Lease-back von Vermögensgegenständen, die einen Wertzuwachs erfahren haben, für die aber der Steuerwert noch nicht berichtigt wurde; der Verkauf eines Vermögenswertes, der steuerfreies Ergebnis erzeugt, damit ein anderer Vermögenswert gekauft werden kann, der zu zu versteuerndem Ergebnis führt. Auch ein Forderungsverzicht durch Gesellschafter kann zur Optimierung führen.[72]

Stehen zu aktivierenden latenten Steuern zeitkongruente passive Steuerlatenzen gegenüber, so stellt die Bejahung der Werthaltigkeit der aktiven Steuerlatenzen i.d.R. kein Problem dar. Lediglich für den durch die passiven Steuerlatenzen nicht gedeckten Teil müssen realistische Steuerplanungen vorliegen, um entsprechende steuerliche Gewinne darzulegen, mit denen die Mehrerträge aus der Auflösung der aktiven Steuerlatenzen verrechnet werden können. Im zweiten Fall bedarf es daher einer ausführlichen Dokumentation der steuerlichen Ergebnisentwicklung.[73]

---

[70] Vgl. Deloitte, 2010, 685.
[71] Aufzählung vgl. *Schick*, 2009, IAS 12 Rn. 74 f.; *Bolik/Linzbach*, 2010, 1587 (1587).
[72] So *Schulz-Danso*, 2009, § 25 Rz. 75.
[73] Vgl. *Lüdenbach*, 2011, 583 (583). DRS 18.23b spricht i.d.Z. von einer „substantiierten Dokumentation".

An die Dokumentation der steuerlichen Planungsrechnung sind hohe Anforderungen zu stellen. Die Steuerplanung hat dabei sowohl eine objektive als auch eine subjektive Komponente:

- Objektiv gesehen setzt die Berücksichtigung von Steuergestaltungsmöglichkeiten natürlich deren zukünftige Verfügbarkeit voraus.
- Subjektiv gesehen ist der Wille des Unternehmers erforderlich, diese Gestaltungsmöglichkeiten auch zu nutzen.[74] Dies heißt, dass in jenen Fällen, in welchen eine objektive Steuergestaltungsmöglichkeit nicht ohne Kosten und Risiken umsetzbar ist, ihre Berücksichtigung nur in Frage kommt, wenn spätestens bis zur Bilanzaufstellung eine Analyse der Verfügbarkeit und Vorteilhaftigkeit vorgenommen wurde und aufgrund der Analyse der Wille zur Ausnutzung dieser Gestaltungsmöglichkeit besteht.[75]

Ohne eine solche Analyse im Zeitpunkt der Bilanzaufstellung fehlt es also nicht nur an der Kenntnis der Vorteilhaftigkeit und Verfügbarkeit, sondern auch am dokumentierten Umsetzungswillen selbst, und eine Aktivierung der Steuerlatenzen kommt nicht in Betracht. Wird in einem späteren Jahr entdeckt, dass im Jahr des erstmaligen Ansatzes der aktiven Steuerlatenzen eine solche Planungsrechnung nicht existiert, liegt ein Fehler vor, der nach IAS 8 bei Wesentlichkeit eine Fehlerkorrektur zur Folge hat, und zwar auch dann, wenn das Unternehmen in einem späteren Jahr eine solche Ergebnisrechnung „nachträglich" erstellt hat.[76]

Hervorzuheben ist außerdem, dass es sich bei den vom Standard vorgesehenen Steuergestaltungsmöglichkeiten nicht um die für unseren Rechtskreis typische Steuerpolitik zur Minimierung des Steuerbarwerts handelt, vielmehr spricht IAS 12.29 (b) von Steuergestaltungsmöglichkeiten zur „Erzeugung eines zu versteuernden Ergebnisses".[77] Es ist zwar prinzipiell zutreffend, dass die Generierung von zu versteuerndem Ergebnis zur Verwendung aktivierter Steuerlatenzen führt, im Sinne einer optimalen Steuerplanung sollten zu versteuernde Ergebnisse jedoch nicht generiert, sondern lediglich in das Verwendungsjahr verlagert werden. Besitzt das Unternehmen die Möglichkeit, Steuerergebnisse durch Gestaltungsmöglichkeiten in den Planungszeitraum zu verlagern, so darf es Steuerlatenzen aktivieren, und gleichzeitig kommt es durch die Verlagerung in einer anderen Periode zu einem niedrigeren zu versteuernden Ergebnis.[78]

Dies könnte z.B. durch den Verkauf von Anlagegütern und späteres Lease-back gelingen: Anstatt das Anlagegut bis zum Ende der Nutzungsdauer (Annahme: diese liegt außerhalb des Detailplanungszeitraums) zu halten, kann es im Verwendungsjahr verkauft und können daraus stille Reserven realisiert werden. In zukünftigen Perioden führen dann die Leasingaufwendungen zu einem verminderten Steuerergebnis.[79]

Kann das Unternehmen derartige Steuervorteile nutzen, so können aktive latente Steuern gebildet werden. Kann davon ausgegangen werden, dass zwischenzeitlich ande-

---

[74] Vgl. KPMG, 2010, 886; Ernst & Young, 2010, 1744.
[75] So *Lüdenbach*, 2011, StuB 15/2011, 583 (584).
[76] Vgl. dazu mit einem Beispiel *Lüdenbach*, 2011, StuB 15/2011, 583 (584).
[77] Vgl. dazu auch KPMG, 2010, 886; Ernst & Young, 2010, 1744.
[78] In diesem Sinne *Herzig/Dempfle*, DB 2002/1, 1 (4); *Herzig*, 2003b, 430 (445).
[79] IAS 12.30.

re zu versteuernde temporäre Differenzen generiert werden können, so darf das Unternehmen aktive latente Steuern auch dann ansetzen, wenn es bereits weiß, dass es die Steuergestaltungsmöglichkeiten voraussichtlich nicht nutzen wird.[80]

2.5. Wahrscheinlichkeitsbeurteilung

Kann im Zuge der Wahrscheinlichkeitsbeurteilung eines zukünftigen zu versteuernden Ergebnisses der Nachweis der Wahrscheinlichkeit nicht erbracht werden, scheidet eine Aktivierung latenter Steuern aus.[81]

Grundlegend können zwei Definitionen von Wahrscheinlichkeit unterschieden werden:

- Objektiv ermittelte Wahrscheinlichkeit: Zum einen kann Wahrscheinlichkeit eine mathematisch-statistische Größe darstellen, die dem Gesetz der großen Zahl unterliegt, z.B. bei der Bildung von Gewährleistungsrückstellungen.[82] Diese Definition hilft bei der Beurteilung von zukünftigem zu versteuerndem Ergebnis nicht weiter, da eine zukünftige Gewinnvorhersage eines Unternehmens nicht dem Gesetz der großen Zahl unterliegen kann.

- Subjektiv ermittelte Wahrscheinlichkeit: Zum anderen kann eine Wahrscheinlichkeitsbeurteilung aus einer subjektiven Glaubensaussage resultieren, wobei es sich bei einer subjektiven Schätzung naturgemäß lediglich um vernünftige Glaubensaussagen handelt. Auch eine Rechnung mit gewichteten Eintrittswahrscheinlichkeiten führt hierbei höchstens zu einer Scheinquantifizierung.[83]

IAS 12 selbst definiert den Begriff der Wahrscheinlichkeit nicht,[84] daher muss wohl auf andere Standards zurückgegriffen werden.[85] Wahrscheinlichkeit i.S.d. IFRS bedeutet, dass der Eintritt eines bestimmten Ereignisses zwar nicht mit Sicherheit prognostiziert werden kann, aber doch ernsthaft damit zu rechnen ist.[86] IFRS 5 und IAS 37 definieren *wahrscheinlich* wie folgt: „Es spricht mehr dafür als dagegen."[87] Nach einem Teil der Lehre wird daher ein Wahrscheinlichkeitsgrad von 75 bis 80 % verlangt;[88] nach der herrschenden Lehre reicht jedoch ein Wahrscheinlichkeitsgrad von 50 %.[89]

Diese Definition taugt jedoch zur Lösung einer konkreten Wahrscheinlichkeitsbeurteilung in der Praxis wenig; theoretisch müssten nämlich alle Punkte pro und contra Eintritt aufgelistet und bewertet werden, was in der Praxis nicht handhabbar ist.[90]

---

[80] Vgl. *Ballwieser/Kurz*, 2007, Abschn. 15 Rz. 39.

[81] Vgl. *Ballwieser/Kurz*, 2007, Abschn. 15 Rz. 29, 31; PWC, 2009, 13039.

[82] Etwa *Hoffmann*, 2006, § 21 Rz. 29 f.; *Wöhe*, 2010, 93.

[83] Etwa *Hoffmann*, 2006, § 21 Rz. 29 f.; *Wöhe*, 2010, 93.

[84] Auch *Hoffmann*, 2006, § 21 Rz. 24; *Herzig* u.a., 2009, 2615 (2619); Deloitte, 2010, 655.

[85] Obwohl Begriffe eines Standards nicht zwangsweise die gleiche Bedeutung wie in einem anderen Standard haben, so ist in diesem Fall mangels Alternativen wohl dennoch auf diese Definition zurückzugreifen; vgl. Deloitte, 2010, 655.

[86] Vgl. *Hoffmann*, 2006, § 21 Rz. 29 f.

[87] IFRS 5, Anhang A; auch IAS 37.15.

[88] So *Loitz/Rössel*, 2002, 645 (648); *Küting/Zwirner*, 2003, 301 (304); *Wiley* u.a., 2008, Abschn. 15 Rn. 35.

[89] Diese Grenze stimmt auch mit den US-GAAP überein (SFAS 109.17e). Vgl. *Schick*, 2009, IAS 12 Rn. 66; *Schulz-Danso*, 2009, § 25 Rz. 48; *Herzig*, 2003b, 430 (443); *Zwirner/Künkele*, 2009, 182 (183).

[90] Vgl. *Hoffmann*, 2006, § 21 Rz. 25–28; *Artmann*, 2000, 3.

Die US-GAAP verstehen den Wahrscheinlichkeitsbegriff i.S.d. allgemeinen Sprachgebrauchs bzw. definieren als *probable, was „likely to occur"* ist. Im Gegensatz dazu wäre ein zukünftiges Ereignis nur *reasonably probable,* wenn *„the chance of the future event or events occurring is more than remote but less than likely".Remote* wäre dann wiederum *„the chance of the future event or events occuring is slight".* Diese Begriffsbestimmungen bieten jedoch auch keine Quantifizierbarkeit.[91]

Nach der Rechtsprechung des BFH ist die Wahrscheinlichkeit im Einzelfall auf der Grundlage objektiver, am Abschlussstichtag vorliegender Tatsachen aus der Sicht eines sorgfältigen und gewissenhaften Kaufmanns zu beurteilen. Darüber hinaus muss der Steuerpflichtige ernsthaft mit seiner Inanspruchnahme, d.h. dem Eintreten des Ereignisses, rechnen.[92]

Ähnlich äußerte sich auch der VwGH zur Frage der Wahrscheinlichkeit bei Rückstellungen; diese seien wahrscheinlich, wenn der Aufwand „ernsthaft droht, also mit einer gewissen Wahrscheinlichkeit voraussehbar ist".[93]

Bei der Wahrscheinlichkeitsbeurteilung ist auf Erfahrungswerte aus der Vergangenheit zurückzugreifen. Eine nur abstrakte oder entfernte Vermutung, für die keine greifbaren Anhaltspunkte gegeben sind, genügt nicht; allerdings ist auch nicht gefordert, dass eine an Sicherheit grenzende Wahrscheinlichkeit vorliegt.[94]

In der Praxis ergeben sich dennoch Probleme bei der Abschätzung von Wahrscheinlichkeiten, da es sich regelmäßig um subjektive Einschätzungen handelt. Wahrscheinlichkeit lässt sich, wie *Pawelzik/Theile* aufzeigen, allgemein kaum quantifizieren; konkrete Wahrscheinlichkeitsbeurteilungen suggerieren vielmehr häufig Scheingenauigkeit.[95]

2.6. Steuerlatenzen und Steuerquote

Eine beliebte Kennziffer im Rahmen der Abschlussanalyse stellt heute die Konzernsteuerquote dar. Die Konzernsteuerquote setzt den effektiven Steueraufwand eines Konzerns ins Verhältnis zum Ergebnis vor Steuern; sie sagt in einem internationalen Konzern nichts über die Höhe der Unternehmensbesteuerung in einem einzelnen Staat aus. Die Konzernsteuerquote dient der Beurteilung, ob die Steuerpolitik und -planung eines Konzerns effizient ist, wobei diese Beurteilung zum einen durch die Anteilseigner und zum anderen durch die Geschäftsführung und die Steuerabteilung selbst wahrgenommen werden kann.[96, 97]

---

[91] Vgl. *Hoffmann,* 2006, § 21 Rz. 29.

[92] Die Rechtsprechung des BFH erging zu Rückstellungen; vgl. BFH 20.8.2008 I R 19/07, BFHE 222, 494; 27.1.2010 I R 103/08, BFHE 228, 91, BStBl. II 2010, 614 m.w.N.; 30.1.2002 I R 68/00, BFHE 197, 530, BStBl. II 2002, 688; 19.10.1993 VIII R 14/92, BFHE 172, 456, BStBl. II 1993, 891.

[93] Vgl. VwGH 26.6.1990, 89/14/0266.

[94] Vgl. *Artmann,* 2000, 3.

[95] Vgl. *Pawelzik/Theile,* 2009, Rz. 2323.

[96] Daher werden Konzerne wohl eine möglichst niedrige Steuerquote – im Vergleich zu anderen Konzernen – anstreben, um zu zeigen, dass ihre Steuerabteilung internationale Steuergefälle effizient nutzen kann. Ansonsten ist die Leistung einer Steuerabteilung eher schwer messbar. Vgl. *Herzig/Dempfle,* 2002/1, 1 (1); *Müller,* 2002, 1684 (1684 f.); *Herzig,* 2003a, 80 (80); *Herzig,* 2003b, 430 (431 ff.).

[97] Die Konzernsteuerquote errechnet sich auf Basis des Konzernergebnisses, obwohl dieses für die Besteuerung keine Relevanz hat. Ebenso ist der im Konzernabschluss ausgewiesene Steueraufwand nicht der Steueraufwand des Konzerns als solchen, sondern derjenige der einzelnen Konzerngesellschaften. Vgl. *Herzig,* 2003b, 430 (439).

Der Ausweis von latenten Steuern hat große Auswirkungen auf die Ermittlung der effektiven Steuerquote für die unterjährige Rechnungslegung: Die Ermittlung der effektiven Steuerquote kann insofern von Bedeutung sein, als sich aus der Ermittlung von IFRS-Abschluss und steuerlichem Ergebnis sowie permanenten Ergebnisunterschieden Auswirkungen auf die Steuerquote ergeben können.[98]

Ziel der betrieblichen Steuerpolitik ist die Steuerbarwertminimierung.[99] Fraglich ist nun, wie eine rein auf Minimierung des Steuerbarwerts ausgerichtete Steuerpolitik mit einer Zielvorgabe zu vereinbaren ist, die auf eine Minimierung der Konzernsteuerquote ausgerichtet ist.[100]

Steuerliche Gestaltungen, welche ausschließlich die tatsächliche Steuerbelastung verringern, laufen im Hinblick auf den Ansatz latenter Steuern ins Leere, wenn eine Absenkung des tatsächlichen Steueraufwands mit einer entsprechenden Erhöhung des latenten Steueraufwands korrespondiert bzw. wenn ein Anstieg des tatsächlichen Steueraufwands durch den latenten Steuerertrag nivelliert wird. Die rein zeitliche Verlagerung steuerlicher Ergebnisse beeinflusst daher die Konzernsteuerquote nicht,[101] vielmehr verhindert die Einbeziehung von latenten Steuern eine rein rechentechnische Volatilität der Konzernsteuerquote, die nicht sachgerecht wäre, da sie nur temporäre Steuerbelastungsänderungen wiedergibt.[102]

Im Hinblick auf die Konzernsteuerquote muss eine effiziente Steuerpolitik daher darauf abzielen,

- steuerliche Ineffizienzen zu verhindern: dazu gehört etwa, die Nichtabziehbarkeit von Betriebsausgaben und den Anfall nicht anrechenbarer Quellensteuern zu vermeiden, und
- das internationale Steuergefälle zu nutzen und nach Möglichkeit sog. weiße Einkünfte[103] zu generieren.[104]

In beiden Fällen wird ersichtlich, dass es für die Optimierung der Konzernsteuerquote eines konzernweiten Steuercontrollings bzw. einer länderübergreifenden Steuerplanung bedarf.[105]

Als Beispiel für effiziente Steuerpolitik könnte z.B. die Anschaffung bzw. das Halten von Internationalen Schachtelbeteiligungen gem. § 10 KStG angeführt werden. Im Rahmen des Schachtelprivilegs können Beteiligungserträge steuerfrei vereinnahmt werden: Dem Unternehmen fließen also Beträge zu, welche zwar die tatsächliche Steuerlast erhöhen, aber keine Auswirkungen auf die Bildung von Steuerlatenzen haben.

---

[98] Zu den folgenden Punkten vgl. *Meyer/Ruberg*, 2010a, 1538 (1540 f.).

[99] So wird etwa die steuerliche Vorverlagerung von Aufwendungen zur Steuerstundung genutzt, wobei die so berechneten Werte häufig zu einer Abweichung von den Konzernbilanzwerten führen, wenn die Konzernbilanz eine andere Abschreibungspolitik verfolgt.

[100] Vgl. *Herzig/Dempfle*, 2002/1, 1 (4); *Herzig*, 2003b, 430 (445).

[101] Vgl. *Herzig/Dempfle*, 2002/1, 1 (4 f.).

[102] Vgl. *Kröner/Benzel*, 2008, § 12 Rn. 10.

[103] Weiße Einkünfte sind Einnahmen, die zwar prinzipiell der Ertragsteuer unterliegen, jedoch im Idealfall (aus Sicht des steuerlichen Gestalters) in beiden betroffenen Staaten steuerfrei sind; vgl. *Rödl*, 2007, 19.I. Rn. 7.

[104] Beide Vorschläge sollten jedoch auch in einer auf Steuerbarwertminimierung gerichteten Steuergestaltung Beachtung finden.

[105] Vgl. *Herzig/Dempfle*, 2002/1, 1 (5).

Es wäre hingegen keine sinnvolle Steuerpolitik, wenn Unternehmen einzig oder vorrangig durch Senkung der latenten Steuern versuchen würden, die Konzernsteuerquote zu reduzieren. Dies würde zwar auf den ersten Blick Effizienz des Steuercontrollings vortäuschen, wäre betriebswirtschaftlich jedoch sinnlos, dass es zu keiner Reduktion des tatsächlichen Steueraufwands kommt. Zweck der Steuerplanung muss es vielmehr sein, den tatsächlichen Steueraufwand ohne gleichzeitigen Anstieg der latenten Steuern zu senken.[106]

3. Zusammenfassung

Die Diskrepanz zwischen Unternehmens- und Steuerbilanz nimmt stetig zu bzw. löst sich zwischen IFRS-Abschlüssen und steuerlicher Gewinnermittlung sogar völlig auf. Durch den Ausweis latenter Steuern soll dieser Zusammenhang zwischen Unternehmens- und Steuerbilanz wieder hergestellt werden.

Die korrekte Herstellung dieses Zusammenhangs erfordert jedoch die Zusammenarbeit von Rechnungs- und Steuerwesen bzw. Controlling. Dies betrifft natürlich vor allem auch eine gemeinsame Planungsrechnung aller drei Abteilungen, welche auf den gleichen Prämissen beruht.

An eine solche Steuerplanung sind hohe Anforderungen zu stellen, denn hier stellen sich nicht nur die Probleme der Ungewissheit zukünftiger Ereignisse, sondern es gibt darüber hinaus auch zahlreiche Überscheidungen mit Planungsrechnungen anderer Bereiche, z.B. Wertminderungstests nach IAS 36. Besondere Vorsicht ist in Unternehmen mit einer Verlusthistorie geboten: Hier bedarf es einer genauen Planung der zukünftigen Jahre bzw. der zur Verfügung stehenden Steuergestaltungsmöglichkeiten. Die sorgfältige Planung und Optimierung latenter Steuern hat als Ziel, die Konzernsteuerquote zu senken.

Literaturverzeichnis

Artmann, Rückstellungen für Umweltschutzverbindlichkeiten, RdU 2000, 3.

Ballwieser/Kurz, in *Ballwieser* u.a., Wiley-Kommentar zur internationalen Rechnungslegung nach IFRS 2007, 3. Aufl., Chichester 2007.

BFH 19.10.1993 VIII R 14/92, BFHE 172, 456, BStBl. II 1993, 891

BFH 30.1.2002 I R 68/00, BFHE 197, 530, BStBl. II 2002, 688

BFH 20.8.2008 I R 19/07, BFHE 222, 494

BFH 27.1.2010 I R 103/08, BFHE 228, 91, BStBl. II 2010, 614

Bolik/Linzbach, Verluste und Zinsschranke in der Bilanzierung latenter Steuern, DStR 2010, 1587.

Deloitte, iGAAP 2011, 4. Auflage, London/Edinburgh 2010.

Deutsch/Rohatschek, Sonderfragen der Bilanzierung, 3. Auflage, Wien 2007.

Egger/Samer/Bertl, Der Jahresabschluss nach dem Unternehmensgesetzbuch, Band 1, 12. Auflage, Wien 2007.

Ernst & Young, International GAAP 2010, Band 2, Chichester 2010.

---

[106] Vgl. *Herzig*, 2003b, 430 (445 f.).

Fröhlich, Konzernrechnungslegung kompakt, Wien 2007.

Herger, Der Einfluss des Steuerrechts und der Bilanzpolitik auf die handelsrechtliche Jahresabschlussprüfung, VWT 2003 H 6, 16 (2003a).

Herzig, Bedeutung latenter Steuern für die Konzernsteuerquote, in *Wollmert/Schönbrunn/Jung/Siebert/Henke*, Wirtschaftsprüfung und Unternehmensüberwachung (FS Lück), XXX 2003b, 430.

Herzig, Gestaltung der Konzernsteuerquote – eine neue Herausforderung für die Steuerberatung?, WPg-Sonderheft 2003, 80.

Herzig/Bohn/Götsch, Auswirkungen des Zusammenspiels von Zins- und Verlustvortrag auf die Bilanzierung latenter Steuern im HGB-Einzelabschluss, DStR 2009, 2615.

Herzig/Dempfle, Konzernsteuerquote, betriebliche Steuerpolitik und Steuerwettbewerb, DB 2002/1, 1.

Hirschberger, Latente Steuern in der Buchhaltung, BBK 13/2011, 617.

Hoffmann, Haufe IFRS Kommentar, 4. Aufl., 2006.

Hopf/Bach, Zur Abgrenzung latenter Steuern, ecolex 1998, 350–351.

Kozikowski/Fischer, in Beck'scher Bilanzkommentar, 7. Aufl., XXX 2010.

KPMG, Insights into IFRS, 7th edition, XXXX 2010/11.

Kröner/Benzel, in *Kessler/Kröner/Köhler*, Konzernsteuerrecht, 2. Aufl., XXXX 2008.

Küting/Zwirner, WPg 2003, 301.

Lichtenberger, Bilanzierung latenter Steuern, ecolex 1997, 21–22.

Loitz/Rössel, DB 2002, 645.

Lüdenbach, Werthaltigkeit aktiver latenter Steuern bei Steuergestaltungsoptionen, StuB 15/2011, 583–584.

Meyer/Ruberg, Die Erstellung von Planungsrechnungen als Voraussetzung für die Bilanzierung latenter Steuern – Anwendungsfelder, Anforderungen, Zweifelsfragen, DStR 2010, 1538 (2010a).

Meyer/Ruberg, Bekanntgabe von DRS 18 Latente Steuern – Partielle Aufhebung der Begrenzung des Prognosehorizonts bei Verlustvorträgen, DStR 2010, 2094 (2010b).

Moser, Latente Steuern auf quasi-permanente Differenzen im unternehmensrechtlichen Einzelabschluss unter besonderer Berücksichtigung von umgründungsbedingten Bewertungsdifferenzen in Beteiligungsansätzen, SWK 10/2007, 490.

Moser, Latente Steuern in UGB und IFRS – die große „Unbekannte" in der Rechnungslegung, Aufsichtsrat aktuell 2010 H 6, 23–26.

Müller, Die Konzernsteuerquote – Modephänomen oder ernst zu nehmende Kennziffer?, DStR 2002, 1684.

Müller/Kreipl, Passive latente Steuern und kleine Kapitalgesellschaften, DB 2011/31, 1701–1706.

Nowotny, in *Straube* (Hrsg), UGB Band II.

Pawelzik/Theile, in *Heuser/Theile*, IFRS Handbuch, 4. Aufl., XXXX 2009.

PWC, Manual of Accouting IFRS 2010, London 2009.

Rödl, in *Wabnitz/Janovsky*, Handbuch Wirtschafts- und Steuerstrafrechts, 3. Aufl., XXXX 2007.

Rohatschek, Bilanzierung latenter Steuern im Einzel- und Konzernabschluss, Wien 2000.

Rohatschek, Rechnungslegung nach IFRS, 3. Aufl., Wien 2008.

Schick, in Münchener Kommentar zum Bilanzrecht, München 2009.

Schlager, Herausforderungen für die Steuerberatung durch Unternehmensbilanzgesetzgebung und Maßnahmen zur Steueraufkommenssicherung, WT 03/2010, 112.

Schulz-Danso, in *Bohl/Riese/Schlüter*, Beck'sches IFRS-Handbuch, 3. Aufl., XXXX 2009.

Schulz-Danso/Esser/Brendle, Die Aktivierung latenter Steuern auf Zinsvorträge nach IAS 12, IRZ 1/2008, 443.

Urnik/Haas/Niedermoser, Der Ansatz latenter Steuern im Einzelabschluss nach dem Bilanzrechtsmodernisierungsgesetz (BilMoG): Ein Weg für Österreich?, RWZ 2008, 332.

VwGH 26. 6. 1990, 89/14/0266.

Wiley/Epstein/Mirza/Ballwieser, IFRS 2008.

Wöhe, Einführung in die Allgemeine Betriebswirtschaftslehre, 24. Aufl., XXXX 2010.

Zwirner/Künkele, Bedeutung latenter Steuern in wirtschaftlich unruhigen Zeiten, IRZ 5/2009, 182.

Kulturelle Einflüsse auf das Internationale Controlling

Elisabeth Schopf

Management Summary

Das „Internationale Controlling" ist durch eine vermehrte Zahl an Auslandsgesellschaften gesteigerter Komplexität und erhöhtem Koordinationsaufwand ausgesetzt. Die unterschiedliche kulturelle Umwelt trägt zur erhöhten Komplexität im internationalen Controlling bei. Breit angelegte Kulturstudien verdeutlichen anhand ausgewählter gesellschaftlicher Aspekte die deutliche Diskrepanz zwischen den Kulturfaktoren. Dies wird anhand des Beispiels von Österreich und den arabischen Ländern dargestellt. Diese Faktoren, angewendet auf ausgewählte Aspekte des Budgetierungsprozesses, zeigen, dass Kultur eine nicht zu vernachlässigende Auswirkung auf die Effizienz und Effektivität des Budgetierungsprozesses hat. Eine entsprechende Sensibilisierung von Managern und Mitarbeitern auf kulturelle Besonderheiten der Auslandsgesellschaften ist zielführend, um zum Unternehmenserfolg beizutragen.

1. Problemstellung

Länderübergreifende Wirtschaftsaktivitäten nahmen in den vergangenen Jahren und nehmen laufend zu. Die Zahl der Direktinvestoren ist in der Zeit von 1990 bis 2009 von 679 auf 1.249 angestiegen. Die Unternehmen der Direktinvestoren im Ausland sind im gleichen Zeitraum von 1.127 auf 4.473 Unternehmen gewachsen.[1]

Diese neue Perspektive einer globalen Welt und der Internationalisierung der Unternehmen bringt für die Unternehmensführung neue Herausforderungen mit sich. Als Beispiel sei hier der Versuch der Etablierung einer „Welt AG" von Daimler zu sehen. Die Autobauer Daimler-Benz sowie Chrysler gaben 1998 ihre Fusion bekannt. Nach nur neun Jahren der Zusammenarbeit wurde aufgrund von massiven Verlusten Chrysler an den Finanzinvestor Cerberus verkauft.[2] Nicht zuletzt wird die unterschiedliche Kultur der beiden Unternehmen – Daimler mit deutschen Wurzeln und Chrysler als amerikanisches Unternehmen – für das Scheitern verantwortlich gemacht.

Ebenso kann die Bedeutung von Kultur in der Europäischen Union veranschaulicht werden. Die einzelnen Länder innerhalb der EU verfügen über unterschiedliche Institutionen wie Regierungen, Rechtssysteme, Unternehmen, Gemeinden usw. Diese Institutionen folgen der Kultur des jeweiligen Mitgliedslandes. Aus diesem Grund können gleiche Gesetze in den einzelnen Mitgliedstaaten zu unterschiedlichen Ergebnissen bzw. unterschiedlichem Erfolg führen. Ein weiteres Beispiel ist der Niedergang des Kommunismus in der früheren Sowjetunion und weiten Teilen Osteuropas. Die Einführung des Kapitalismus gemäß dem westlichen Standard hat anfangs nur geringen Anklang gefunden.

Diese Beispiele zeigen, dass allzu oft der Faktor Kultur als Unternehmensumwelt ignoriert bzw. ihm zu wenig Beachtung geschenkt wird, was häufig bedeutende wirtschaftliche Auswirkungen haben kann. Führungskräfte und Manager sind in einer bestimmten Kultur aufgewachsen und von ihren Werten geprägt. Um deren Verhalten verstehen zu können, muss ihr kultureller Hintergrund analysiert werden.[3] Kulturunterschiede führen

---

[1]   Vgl. OeNB, 2011, 32.
[2]   Vgl. *Spiegel*, 2007.
[3]   Vgl. *Hofstede/Hofstede*, 2005, 20.

dazu, dass die Führung und die Steuerung des Unternehmens verschiedenartig wahrgenommen werden.[4]

Es liegt nahe, dass auch das Controlling als Subsystem des Führungssystems von den gleichen interkulturellen Problemen geprägt ist. In der Vergangenheit wurden und werden nach wie vor Controllinginstrumente, welche in einem bestimmten Kulturumfeld entwickelt wurden, in Länder eines anderen Kulturkreises eingeführt. Beispiele dafür sind „Kaizen Costing" aus Japan, Tableau de Bord aus Frankreich oder wertorientierte Unternehmenssteuerung aus den USA.[5] Individuelles Verhalten und besonders dessen Steuerung ist häufig von der Kultur abhängig.[6] Der kulturelle Hintergrund von Controllern und Managern kann zu unterschiedlichen Reaktionen auf das Planungs- und Kontrollsystem führen. Ebenso ist bei der Bereitstellung von Controllingdaten eine kulturell bedingte subjektive Interpretation der Informationen zu berücksichtigen. Je weiter zwei Kulturen hinsichtlich der kulturellen Distanz voneinander entfernt sind, desto größer sind in der Regel auch die Unterschiede in den Controllingsystemen. Viele Beispiele zeigen, wie sich kulturelle Unterschiede im Controlling auswirken können. Einige sollen nachfolgend dargestellt werden:[7]

- Internationale Unternehmenszusammenschlüsse – unterschiedlich gewachsene Controllingsysteme treffen aufeinander und eine Entscheidung über ein System muss gefällt werden.
- Internationale Beteiligungsunternehmen – die Auswahl, welches Controllingsystem innerhalb des Unternehmens zur Steuerung der Auslandsgesellschaften eingeführt wird.
- Anforderungen innerhalb des Controllings – sowohl von Seiten des Zentralcontrollings als auch von Seiten der Tochtergesellschaft werden Controller mit unterschiedlichen Anfragen und Aufgaben konfrontiert, welche kulturellen Verzerrungen ausgesetzt sind.
- Interpretation von Daten – im Zuge der Budgetierung durch den Zentralcontroller sowie als Basis für Zielsetzungen für Management und Mitarbeiter.

Ein schwer definierbarer Begriff wie die Kultur wird in der doch eher technokratischen Prägung des Controllings allerdings selten berücksichtigt. Controller schrecken tendenziell vor einem solchen „weichen" Begriff zurück, da dieser schwer zu quantifizieren ist.

Dieser Beitrag soll einen Einblick in das oftmals unbeachtete Themengebiet ermöglichen: In Kapitel 2 wird eine Begriffsdefinition sowie eine Abgrenzung der Termini Controlling und Management Accounting vorgenommen. Kapitel 3 konzentriert sich auf die Kultur, die Begriffsdefinition, stellt die Abgrenzung zwischen Landes- und Unternehmenskultur dar und beschreibt die Messbarkeit von Kultur im Controlling. Kapitel 4 gibt einen Einblick in Auswirkungen von Kultur auf das Controlling am Beispiel der Budgetierung. Österreich und die arabischen Länder werden beispielhaft dargestellt. Abschließend zeigt Kapitel 5 mögliche praxisrelevante Formen der Berücksichtigung von Kultur im Controlling.

---

[4] Vgl. *Adler*, 1997, 154.
[5] Vgl. *Hoffjan/Weber*, 2007, 13.
[6] Vgl. hierzu auch *Weber/Meyer*, 2005, 3.
[7] Vgl. *Hoffjan/Weber*, 2007, 14.

2. Internationales Controlling

2.1. Begriffsdefinition

Controlling als Subsystem des Führungssystems koordiniert – je nach Definition des Controllings – Führungsteilsysteme in unterschiedlichem Ausmaß. Als Werkzeug zur Unterstützung der Unternehmensführung verwendet das Controlling das Informations-, Planungs- und Kontrollsystem. Diese Standard-Charakteristika des Controllings gelten ebenfalls für das internationale Controlling; wobei das internationale Controlling noch zusätzliche Spezifika aufweist.[8]

Zünd (1979) hat das internationale Controlling mit dem Schlagwort *„Andere Umwelt – anderes Controlling"* einprägsam formuliert.[9] Der meist geringere Informationsstand über das Gastland und die Auslandsgesellschaft sowie die gesteigerte Komplexität, die mit der Internationalisierung verbunden ist, führen zu einem erhöhten Koordinationsaufwand, der dem Controlling in internationalen Unternehmen bzw. dem *„internationalen Controlling"* eine noch größere Bedeutung zukommen lässt, als in rein nationalen Unternehmen.[10] *Hoffjan* (2009) spricht in diesem Zusammenhang von multiplem Koordinationsbedarf, der erschwert wird, da es für dezentrale Controlling-Einheiten keine universellen Gestaltungsempfehlungen gibt, sondern die Ausgestaltung von der jeweiligen (System-)Umwelt abhängt.[11]

2.2. Abgrenzung Controlling–Management Accounting

Für die Fragestellung des Einflusses von Kultur auf das Controlling ist es sinnvoll, eine Abgrenzung des im deutschsprachigen Raum verwendeten Terminus Controlling gegenüber dem im angloamerikanischen Raum verwendeten Management Accounting[12] zu geben. In der amerikanischen Literatur gibt es zur Begriffsdefinition von *Management Accounting* unterschiedliche Ansätze und Begriffsverwendungen:[13]

Eine sehr weit gefasste Definition ist jene des Institute of Management Accountants (IMA®), welche die Definition der Profession darstellt:

"Management accounting is a profession that involves partnering in management decision making, devising planning and performance management systems, and providing expertise in financial reporting and control to assist management in the formulation and implementation of an organization's strategy."[14]

Horngren u.a. (2009) sprechen vom *Management Control System (MCS)*, welches als Instrument des Management Accounting verstanden werden kann. Sie verstehen unter einem Management Kontrollsystem ein Instrument zur Erfassung und Verwendung/In-

---

8   Auf eine detaillierte Analyse der Controlling-Konzeptionen, der Controlling-Ziele und -Aufgaben soll in diesem Beitrag verzichtet werden. Für eine detaillierte Analyse derselben soll u.a. auf *Weber/ Schäffer*, 2008, 19 ff., *Horváth*, 2009, 3 ff., *Küpper*, 2008, 3 ff. verwiesen werden.

9   Vgl. *Zünd*, 1979, 18.

10   Vgl. *Meckl*, 2000, 19; *Meckl*, 2006, 94, 219; *Scherm/Süß*, 2001, 361.

11   Vgl. *Hoffjan*, 2009, 14.

12   Synonym zu Management Accounting wird auch Management Control, Managerial Accounting verwendet.

13   Vgl. *Malmi/Brown*, 2008, 288; *Fisher*, 1998, 47 ff.

14   *Williams*, 2009, 23.

terpretation von Information. Zudem wird darin die Unterstützung und Koordination der Planungs- und Kontroll-Entscheidungen innerhalb der gesamten Organisation verstanden sowie die Führungsunterstützung von Managern und deren Mitarbeitern:

"a management control system is a means of gathering and using information to aid and coordinate the planning and control decisions throughout an organization and to guide the behaviour of its managers and other employees".[15]

Sie unterscheiden MCS in formale und informale Kontrollsysteme. Formale Kontrollsysteme haben klare Regeln und Vorschriften sowie Merkmale der Leistungsmessung und Anreizsysteme, welche die Steuerung des Verhaltens von Managern und Mitarbeitern vornehmen soll. Informale Kontrollsysteme beinhalten geteilte Werte und Normen des Unternehmens und der Mitarbeiter.[16]

Beide Definitionen zeigen Parallelen zur deutschsprachigen Definition als Führungsunterstützungssystem mittels Informations-, Planungs- und Kontrollsystem, sind jedoch nicht völlig identisch. Für die weitere Darstellung soll die unterschiedliche Entwicklung von deutschem und anglosächsischem Controlling und Management Accounting allerdings nicht weiter als zu differenzierende Konzepte dargestellt werden. Es wird angenommen, dass die international gestiegene Komplexität für beide Systeme gleichermaßen gilt und der kulturelle Einfluss sowohl auf das deutsche als auch das anglosächsische System Auswirkungen hat.

3. Kultur

3.1. Begriffsdefinition

Kultur hat im heutigen Sprachgebrauch eine enorme Vieldeutigkeit. Das liegt im Wesen der Kultur, eine „Dimension von Dimensionen"[17] zu sein. Diese Dimension ist „zugleich Rahmen und Produkt der Etablierung des Menschen".[18] Sie kann betrachtet werden als die Entwicklung des Menschen über Zeit, die jedoch über den leiblich anwesenden Menschen hinausweist, Sinnzusammenhänge und Bedeutungen manifestiert, welche über die Lebensdauer eines Menschen hinweg anhalten.[19]

Durch ebendiese Vielfältigkeit gibt es keine eindeutige, allgemein anerkannte Beschreibung von Kultur.[20] Folgende Definitionen werden von *Hofstede* (1980) und *House et al. (2004)* verwendet:

Hofstede (1980): *"Culture is the collective programming of the mind that distinguishes the members of one group or category of people from others."*[21]

House et al. (2004): *„Culture can be described as shared motives, values, beliefs, identities, and interpretations or meanings of significant events that result from common experiences of members of collectives that are transmitted across generations".*[22]

---

[15] *Horngren* u.a., 2009, 795.
[16] Vgl. *Horngren* u.a., 2009, 796.
[17] *Orth*, 2000, 7.
[18] *Orth*, 2000, 7.
[19] Vgl. *Orth*, 2000, 7, 246.
[20] Vgl. *Keller*, 1982, 114; *Adekola/Sergi*, 2007, 163; *Schneider/Hirt*, 2007, 47.
[21] *Hofstede*, 1980, 13.
[22] *House* u.a., 2004, 15.

Diese beiden Definitionen sind Versuche, die vielschichtigen Formen von Kultur in eine Form zu bringen, um diese fassen zu können. Kultur selbst unterteilt sich in verschiedenen Ausprägungsformen und -ebenen: Landeskultur[23], Unternehmenskultur[24], Gesellschaftskultur, Branchenkultur, Professionskultur, Abteilungskultur, Hierarchiekultur, Alters- bzw. Generationskultur oder auch Geschlechterkultur u.v.m.

Für die Kultur als Einflussfaktor auf das Controlling ist die Unterscheidung von Landes- oder auch Nationalkultur versus Unternehmenskultur relevant.

3.2. Landeskultur versus Unternehmenskultur

3.2.1. Landeskultur

Landeskultur umfasst die Gesamtheit der Grundannahmen, Werte, Normen, Einstellungen und Überzeugungen eines Landes. Diese drückt sich in einer Vielzahl von Verhaltensweisen und Artefakten aus und ist die Antwort auf die vielfältigen Anforderungen, die an ein Land gestellt werden, und die sich im Laufe der Zeit herausgebildet hat.[25]

Im Sinne von Kultur als „Welt des Menschen" kann die Landeskultur als über die Zeit entwickelte gemeinsame Weltanschauung von Menschen in einem bestimmten geografischen Bereich (dem eines Landes) bezeichnet werden. Folgende Funktionen können ihr zugerechnet werden:[26]

- Identitätsstiftungsfunktion bzw. Koordinations- und Integrationsfunktion – die Kultur, welche die gemeinsamen Werte und Praktiken eines Landes darstellt, bildet eine enge Verbundenheit und schafft eine Identität und das Gefühl der Zusammengehörigkeit
- Stabilisierungsfunktion – das Teilen der gleichen Weltanschauung ermöglicht Stabilität in der Gesellschaft
- Ordnungsfunktion – die geteilten Werte und Praktiken vermitteln dem Land eine implizite Ordnung
- Motivationsfunktion – allein die Zugehörigkeit zu einer Kultur kann Individuen motivieren bzw. bewegen (dabei spielt oft die Religion eine bedeutende Rolle, z.B. in islamischen Ländern)
- Sinnstiftungsfunktion – kognitive Muster erleichtern die individuelle Orientierung und wirken sinnstiftend, da Kultur Handlungen eine tiefere Bedeutung beimisst
- Orientierungsfunktion – Kultur hilft Individuen bei der Entscheidung, was als richtig und was als falsch gilt. Das eigene Verhalten kann somit in diesen Bezugsrahmen gesetzt werden und dient als Orientierung.
- Komplexitätshandhabungsfunktion – durch einen kulturellen Filter können bestimmte Handlungen mit komplexen Ursachen und Wirkungen leichter verständlich gemacht bzw. kanalisiert werden
- Legitimationsfunktion – Kultur ermöglicht die Rechtfertigung von Verhalten und Handlungen nach innen und außen

---

[23] Oftmals wird Landeskultur auch als Nationalkultur bezeichnet, im vorliegenden Beitrag sollen die beiden Begriffe synonym verwendet werden.

[24] Unternehmenskultur wird auch oft mit dem Begriff Organisationskultur bezeichnet; diese beiden Begriffe sollen im Folgenden synonym verwendet werden.

[25] Vgl. *Kutschker/Schmid*, 2004, 666.

[26] Vgl. *Schneider/Hirt*, 2007, 48 f.; *Kutschker/Schmid*, 2004, 660 ff.

3.2.2. Unternehmenskultur

Unternehmenskultur kann als die Summe aller Wissensvorräte, Überzeugungen, Wertvorstellungen und Verhaltensnormen definiert werden, welche durch Erfahrungen im Laufe der Unternehmensentwicklung angesammelt worden sind. Diese prägen das Denken und Handeln im Unternehmen.[27] Das Unternehmen wird von Außenstehenden als eigenes Kultursystem betrachtet und organisatorische Handlungen vor dem Hintergrund der kulturellen Verfasstheit des Systems interpretiert.[28]

Die Grundprämissen des Unternehmens werden im Rahmen der Sozialisation weitergegeben. Darunter wird der Prozess verstanden, durch den *„der Mensch zum Mitglied einer Gesellschaft oder Kultur wird".*[29] Im internationalen Unternehmen sollen mittels Sozialisation die Werte und Einstellungen der Mitarbeiter verschiedener Unternehmenseinheiten angeglichen werden, um eine homogene Unternehmenskultur zu erhalten.[30] Durch psychologische Beeinflussung der Mitarbeiter wird in internationalen Unternehmen, welche eine Vielzahl an Landeskulturen vereinen, eine harmonisierte Unternehmenskultur geschaffen. Dazu ist es jedoch unabdingbar, dass die Unternehmenskultur die unterschiedlichen Landeskulturen zu integrieren vermag.[31] Unternehmenskultur soll jedoch keinesfalls als Landeskultur gesehen werden. Die Unternehmenskultur ist eine eigenständige Prägung, die nur zum Teil von der Landeskultur beeinflusst ist.[32]

Keller (1990) unterscheidet vier Funktionen der Unternehmenskultur:[33]

- Ordnungsfunktion – die Fähigkeit der Unternehmenskultur, durch gemeinsame, von allen Organisationsmitgliedern geteilte Wertvorstellungen Ordnung in sozialen Systemen zu bilden
- Stabilisierungsfunktion – Problemlösungen werden in Form von Wissen, Werten und Normen über die Zeit hinweg erhalten und wirken damit stabilisierend
- Sinnvermittlungsfunktion – die Unternehmenskultur gibt den Handlungen der Organisationsmitglieder eine tiefere Bedeutung. Auf ihr aufbauend können Sachverhalte interpretiert, bewertet und darauf aufbauend eine Entscheidung getroffen werden, die „sinnvoll" ist.
- Rationalisierungsfunktion – in Unternehmen als arbeitsteiligen Organisationen unterstützen gemeinsame Werte, Entscheidungsabläufe und Lernvorgänge effiziente Prozesse.

Kultur als ein Einflussfaktor in internationalen Unternehmen ist einer Vielzahl von Wechselwirkungen ausgesetzt. Eine klare Abgrenzung, welche Reaktion eines Mitarbeiters von seiner Nationalkultur und welche von der Unternehmenskultur beeinflusst ist, kann u.U. schwer sein. Die folgenden Ausführungen zum kulturellen Einfluss sollen allerdings rein aus der Perspektive eines Einflusses der Landes- oder auch Nationalkultur gesehen werden.

---

[27] Vgl. *Meckl*, 2000, 45 f.; *Schreyögg*, 2008, 363.
[28] Vgl. *Schreyögg*, 2008, 363.
[29] *Wiswede*, 1998, 46.
[30] Vgl. *Jaeger*, 1997, 2020–2021.
[31] Vgl. *Welge*, 1999, 15.
[32] Vgl. *Schreyögg*, 2000, 784 f.
[33] Vgl. *Keller*, 1990, 213 ff.

3.3. Messbarkeit von Kultur im Controlling

3.3.1. Kulturstudien als Messgrößen

Um Kultur im Controlling messbar zu machen, bedarf es einer bestimmten Klassifizierung der Landeskultur. Im folgenden Abschnitt sollen sowohl die weithin bekannte und auch häufig zitierte Kulturstudie von *Gert Hofstede*[34] als auch eine neuere Kulturstudie von GLOBE dargestellt werden.

	Hofstede-Studie	GLOBE-Studie
Erstpublikation	1978 (Arbeitspapier) 1980 (Monographie)	1999 (Konzeption 1994)
Erhebungspopulation	ca. 116.000 IBM-Mitarbeiter (Hauptstudie) ca. 2300 Studenten ("Asien-Studie")	> 10.000 Befragte von 150 Forschern
Erhebungszeitraum	1966-1973, einige Ergänzungen zu späteren Zeitpunkten (Hauptstudie) Anfang der achtziger Jahre ("Asien-Studie")	4 Phasen: – Konzept seit 1994 – Erhebung ca. 1995-1999 – Experimentelle Designs nach 2003
Erhebungsumfang	(1) 60 Fragen (Hauptstudie) (2) 40 Fragen ("Asien-Studie")	(1) Länderprofile (2) Wertefragen (3) Führungsstile und -effizienz
Zahl der Länder	(1) meist Rückgriff auf 40, für manche spätere Analysen 53 Länder (Hauptstudie) (2) 23 Länder ("Asien-Studie")	61 Länder
Zahl der Dimensionen	5 inkl. "Asien-Studie"	9 Wertedimensionen 6 Führungsstile
Bezeichnung der Dimensionen	– Machtdistanz – Unsicherheitsvermeidung – Individualismus/Kollektivismus – Maskulinität/Feminität – Langfrist-/Kurzfristorientierung	– Machtdistanz – Unsicherheitsvermeidung – Institutioneller Kollektivismus – In-Group Kollektivismus – Durchsetzungsfähigkeit – Geschlechter-Gleichheit – Zukunftsorientierung – Leistungsorientierung – Humanorientierung
Genese der Dimensionen	Korrelations- und Faktoranalysen	Literatur, Operationalisierung und multivariater Test

Tab. 1: Vergleich der Kulturstudien von *Hofstede* und GLOBE[35]

3.3.2. Die Kulturstudie von Hofstede

Die Kulturstudie von *Hofstede* (1980) ist eine der bedeutendsten interkulturellen Studien der vergangenen Jahre und Jahrzehnte. Seine 1980 erschienene Studie ist das Ergebnis einer elfjährigen Forschungsarbeit in der Zeit von 1967 bis 1978, welche er innerhalb des Konzerns IBM durchführte. Sein Ziel war es, Daten über die Einstellungen und Wer-

---

[34] Vgl. *Harrison/McKinnon*, 1999, 484 f.
[35] In Anlehnung an *Kutschker*, 2007, 3.

te von Beschäftigten mittels quantitativer Erhebungsmethoden zu sammeln. Diese Studie ergab folgende vier Kulturdimensionen:

- *Machtdistanz:*[36] Die Dimension beschreibt das Maß, in dem Mitglieder von Organisationen oder Institutionen die ungleiche Machtverteilung akzeptieren bzw. hinnehmen.[37] Diese Ausprägung wird mit dem Power Distance Index (PDI) gemessen. Je höher ein PDI, desto größer ist die Machtdistanz in der Gesellschaft und desto mehr wird von den schwächeren Mitgliedern der Gesellschaft die ungleiche Machtverteilung akzeptiert bzw. erwartet. Ungleichheit kann sich auf Prestige, Reichtum oder Macht beziehen, wobei kulturelle Gesellschaften unterschiedliches Gewicht auf diese Faktoren legen. In Unternehmen bezieht sich Machtdistanz zumeist auf Hierarchiestufen bzw. das Verhältnis zwischen Führungskraft und Mitarbeiter.[38] Machtdistanz wird in dieser Konstellation als intrapersonelle Macht oder auch als Einfluss zwischen Führungskraft und Mitarbeiter definiert, je nachdem, wie diese vom „Schwächeren" der beiden (Mitarbeiter) empfunden wird.[39]
- *Unsicherheitsvermeidung:*[40] Der Faktor beschreibt das Maß, in dem Mitglieder einer Gesellschaft mit Unsicherheit bzw. Ambivalenz umgehen und sich damit wohlfühlen. Mit unsicheren bzw. ambivalenten Situationen ist gemeint, dass diese neu sind, überraschend, sich von gewöhnlichen Situationen unterscheiden. Kulturen mit hoher Unsicherheitsvermeidung versuchen, solche „unberechenbaren" Situationen durch Verhaltensregeln, Gesetze und Vorschriften zu vermeiden. Gesellschaften mit hoher Unsicherheitsvermeidung sind meist emotionaler und unruhiger, solche mit niedriger Unsicherheitsvermeidung begegnen neuen Situationen mit mehr Gelassenheit und Toleranz, benötigen weniger Gesetze und Regelungen. Die Unsicherheitsvermeidung wird mit dem Uncertainty Avoidance Index (UAI) gemessen.
- *Individualismus/Kollektivismus:* Diese Dimension beschreibt das Ausmaß, in dem Individuen eigenständig oder in Gruppen organisiert sind. Individualismus zeichnet Gesellschaften aus, in denen die Beziehungen zwischen Individuen lose und locker sind. Sie sind auf ihr eigenes Wohlergehen, das Wohlergehen ihrer Familie sowie auf die Erreichung der persönlichen Ziele fokussiert. Kollektivismus beschreibt Personen als Mitglieder einer Gruppe. Diese Mitglieder sind von Geburt an in fest zusammenhängende, in sich geschlossene Gruppen, sog. „In-Gruppen", eingebunden. Dies zeigt

---

[36] Die Bezeichnung Machtdistanz stammt vom niederländischen Experimentalsoziologen *Mauk Mulder*. Vgl. *Mulder*, 1976, 1977.

[37] Diese Ungleichheit wird jedoch von unten (nicht von oben) bestimmt. Dadurch wird das Ausmaß an Ungleichheit in einer Gesellschaft sowohl von den Mitarbeitern wie auch vom Management gutgeheißen. Vgl. *Hofstede*, 1992, 306.

[38] Vgl. *Hofstede*, 2001, 79.

[39] Der Terminus Machtdistanz wurde vom niederländischen Sozialpsychologen *Mauk Mulder* übernommen. Dieser basiert seine Machtdistanz-Theorie auf Labor- und Feldexperimenten mit einfachen sozialen Strukturen. *Mulder* (1977) definiert „Macht" bzw. „power" als *„the potential to determine or direct (to a certain extent) the behavior of another person or other persons more so than the other way round,"* und power distance as *„the degree of inequality in power between a less powerful Individual (I) and a more powerful Other (O), in which I and O belong to the same (loosely or tightly knit) social system".* *Mulder*, 1977, 90.

[40] Den Terminus „Unsicherheitsvermeidung" übernahm Hofstede von *Cyert/March*, 1963: „A Behavioral Theory of the Firm", zit. nach *Hofstede*, 2001, 145.

sich in Gesellschaften, die einen starken familiären Fokus haben, wo im Austausch für Schutz in der Gruppe dauerhafte Loyalität erwartet wird.[41] Dieses Maß wird mit dem Individualismus-Index (IDV) gemessen.

- *Maskulinität/Feminität:* Diese Ausprägung bezieht sich auf die gesellschaftlichen Werte. Maskuline Kulturen prägt ein hohes Maß an Wettbewerb, Arbeit dominiert über die Familie, starke Charaktere werden bewundert. Feminine Werte im Gegensatz dazu sind Mitgefühl, sich um andere bzw. Schwächere zu kümmern, eine Balance zwischen Arbeit und Familie zu schaffen. Dieser Wert wird mittels Masculinity-Index (MAS) gemessen.

In einer weiteren Studie im Jahr 1988[42] kam die fünfte Dimension – Langfrist- versus Kurzfristorientierung – hinzu.

- *Langfrist- versus Kurzfristorientierung:* Die Langfristorientierung spiegelt Wertvorstellungen einer Gesellschaft wie Sparsamkeit, Beharrlichkeit und Durchhaltevermögen wider. Beispiele für die Langfristorientierung sind Respekt für Tradition, Erfüllung sozialer Verpflichtungen, persönliche Beständigkeit und Stabilität sowie die „Wahrung des Gesichts". Werte der Kurzfristorientierung sind bspw. schnelle Zielerreichung und kurzfristige Maximierung von Ergebnissen. Diese Wertvorstellungen sind von der Lehre des Konfuzius abgeleitet, betreffen aber ebenso Länder, die keine konfuzianische Vergangenheit haben.[43] Langfrist- versus Kurzfristorientierung wird mit dem Long-Term-Orientation Index (LTO) gemessen.

3.3.3. Die Kulturstudie von GLOBE

Eine der umfangreichsten Kulturstudien der letzten Jahr ist das GLOBE-Projekt (Global Leadership and Organizational Behavior Effectivness), welches von *Robert J. House* (1991) entwickelt wurde. Das Projekt war ursprünglich auf Führung (Leadership)[44] fokussiert, wurde später jedoch um die Aspekte der Nationalkulturen und Organisationskulturen erweitert. Im Zeitraum von 1994 bis 1997 haben 170 freiwillige Mitarbeiter Daten von rund 17.300 Managern in 951 Organisationen in 62 verschiedenen Ländern abgefragt, welche zu einem der folgenden drei Industriezweige gehörten: Nahrungsmittelindustrie, Finanzdienstleistung, Telekommunikationsservice. *House* u.a. (2004) zielten in ihrer Studie auf eine Nachbildung von *Hofstedes* Untersuchung ab, um diese danach auch zu erweitern:

„We have a very adequate dataset to replicate Hofstede's (1980) landmark study and extend that study to test hypotheses relevant to relationships among societal-level variables, organizational practices, and leader attributes and behavior."[45]

GLOBE befragte ihre Stichprobe mittels 78 Fragen, die Hälfte dieser Fragen bezog sich auf das Beschreiben der Kultur, wie sie momentan ist (Praktiken), die andere Hälfte

---

[41] Vgl. *Hofstede*, 1992, 307.

[42] Vgl. *Hofstede/Bond*, 1988, 4 ff.

[43] Vgl. *Hofstede*, 1992, 311.

[44] Leadership unter GLOBE wurde definiert als „the ability of an individual to influence, motivate, and enable others to contribute toward the effectiveness and success of the organizations of which they are members." *House* u.a., 2004, 15.

[45] *House* u.a., 2004, XXV.

darauf, wie die Kultur sein sollte (Werte). Die Studie identifizierte damit 9x2 Punktezahlen (Scores) für jedes Land; neun davon, wie die Kultur momentan ist, neun, wie sie sein sollte.

GLOBE erweiterte *Hofstedes* Dimensionen von fünf auf neun: Die Dimensionen Machtdistanz und Unsicherheitsvermeidung wurden beibehalten (die Interpretation jedoch etwas verändert). Kollektivismus wurde unterschieden in institutionellen Kollektivismus und „In-Group"-Kollektivismus. Maskulinität/Feminität wurde in die Dimensionen Durchsetzungsvermögen und Geschlechter-Gleichheit unterschieden.[46] Langfristorientierung wurde in Zukunftsorientierung umbenannt. Die zwei Dimensionen Leistungsorientierung und Humanorientierung wurden neu hinzugefügt.

- *Machtdistanz:*[47] darunter versteht GLOBE das Maß, in dem Mitglieder einer Organisation oder Gesellschaft akzeptieren, dass Macht auf höheren Ebenen einer Organisation oder Gesellschaft konzentriert wird.
- *Unsicherheitsvermeidung*[48] wird in GLOBE als das Maß verstanden, in dem Mitglieder einer Organisation oder Gesellschaft versuchen, Unsicherheit zu vermeiden, indem sie sich auf soziale Normen, Rituale und bürokratische Praktiken beziehen. Menschen in Ländern mit hoher Unsicherheitsvermeidung versuchen aktiv, die Wahrscheinlichkeit von unvorhersehbaren Ereignissen in der Zukunft – welche das Funktionieren einer Organisation oder Gesellschaft behindern können – zu reduzieren.
- *Kollektivismus I* (Institutioneller Kollektivismus): damit bezeichnet GLOBE das Maß, in dem organisationale und soziale institutionelle Praktiken eine kollektive Verteilung der Mittel und ein kollektives Handeln wertschätzen und fördern.
- *Kollektivismus II* (In-Group-Kollektivismus):[49] darunter versteht GLOBE das Maß, zu dem Individuen Stolz, Loyalität und Gruppenzusammenhalt in ihren Organisationen und Familien ausdrücken.
- *Durchsetzungsfähigkeit:* damit beschreibt GLOBE das Maß, in dem Individuen in Organisationen und Gesellschaften sich in sozialen Beziehungen durchsetzen, jemanden konfrontieren oder sich aggressiv verhalten.
- *Geschlechter-Gleichheit:* darunter versteht GLOBE das Maß, in dem eine Organisation oder Gesellschaft Unterschiede in Geschlechterrollen minimiert und gleichzeitig Geschlechtergleichheit bzw. Gleichstellung fördert.
- *Zukunftsorientierung:*[50] beschreibt das Maß, zu dem Individuen in Organisationen und Gesellschaften sich mit zukunftsorientiertem Verhalten beschäftigen, wie bspw.

---

[46] GLOBE erachtete die Trennung von *Hofstedes* Maskulinität-Dimension in zwei Variablen für notwendig, da aus ihrer Sicht zahlreiche Variablen für den Maskulinitäts-Index nicht relevant erschienen. Vgl. *House* u.a., 2004, 13.

[47] Machtdistanz wurde ursprünglich von *Mulder* (1971) kreiert als Maß von Machtdistanz zwischen Vorgesetzten und Untergebenen. Darauf basierend hat *Hofstede* (1980) die Dimension von Machtdistanz und Unsicherheitsvermeidung auf das soziale Niveau der Analyse erhöht. Vgl. *House* u.a., 2004, 13.

[48] Unsicherheitsvermeidung hat eine lange Geschichte im Zusammenhang mit der Diskussion in der Organisations-Verhaltens-Literatur, konzeptionalisiert von *Cyert* und *March* (1963) als ein organisationales Attribut.

[49] Dieser Faktor geht auf die Forschung von *Triandis* (1995) zurück.

Planung, in die Zukunft investieren und individuelle bzw. kollektive Belohnung auf einen späteren Zeitpunkt verschieben.

- *Leistungsorientierung:*[51]ist das Maß, in dem eine Organisation oder Gesellschaft ihre Mitglieder für Leistungssteigerung und Exzellenz ermutigt und belohnt.
- *Humanorientierung:*[52] ist das Maß, in dem Individuen in Organisationen oder der Gesellschaft ihre Mitglieder zu Fairness, Freundlichkeit, Altruismus, Großzügigkeit, Hilfsbereitschaft und Güte ermutigen und Individuen dafür belohnt werden.

4. Auswirkungen von Kultur auf das Controlling am Beispiel der Budgetierung

4.1. Auswahl von Aspekten der Budgetierung

Das Budget wird in die Zentralfunktionen Planung – Realisation – Kontrolle (im engeren Sinn) mit der übergeordneten Funktion der Kommunikation und Koordination innerhalb des Unternehmens gegliedert.[53] Dieser Prozess wird durch die Kopplung an das Anreizsystem[54] des Unternehmens erweitert.

Horngren u.a. (2009)[55] folgend kann der Budgetierungsprozess (Budget Control System – BCS) in drei wesentliche Teilbereiche getrennt werden: (1) die Unterstützung von Kommunikation und Koordination innerhalb der Unternehmensteilbereiche, (2) den Planungsprozess/die Implementierung und (3) die Kontrolle/Beurteilung der Leistung.[56] Der Budgetierungsprozess wiederholt sich üblicherweise jährlich in Unternehmen.

Die operative Planung beinhaltet bereits den Input der übergeordneten Unternehmensziele sowie der strategischen Planung und wird üblicherweise als Detailplanung bezeichnet, welche die Umsetzung des strategischen Plans in operative Detailpläne tätigt. Mittels Koordination der unterschiedlichen Unternehmensteilbereiche und -subsysteme fließen die Informationen in die gesamtunternehmensbezogene Planung, aus der sich der Finanz- und Liquiditätsbedarf für die nächste(n) Periode(n) ableiten lässt.

Der gesamtunternehmensbezogene Plan bildet häufig die Basis für Ziele im Sinne der Zielerreichung für den Mitarbeiter, um einen bestimmten Bonus zu erhalten.

---

[50] Dieser Faktor geht auf die Forschung von *Kluckhohn/Strodtbeck* (1961) zurück.
[51] Dieser Faktor geht auf die Forschung von *McClelland* (1961) zurück.
[52] Dieser Faktor geht auf die Forschung von *Kluckhohn/Strodtbeck* (1961) zurück. Diese Dimension nannten sie „Human Nature as Good vs. Human Nature as Bad". Ebenso flossen *Putnams* (1993) Arbeit in Bezug auf die bürgerliche Gesellschaft und *McClellands* (1985) Konzeptionalisierung der eingegliederten Motive in die Bildung des Faktors ein.
[53] Vgl. *Horváth*, 2009, 205.
[54] Unter Anreizsystem soll hier bspw. ein MBO-System (Management by Objectives) verstanden werden, ein Zielsystem, woran Mitarbeiter am Ende einer Budgetperiode gemessen werden.
[55] Vgl. *Horngren* u.a., 2009, 209 f.
[56] Vgl. *Ueno/Wu*, 1993, 20.

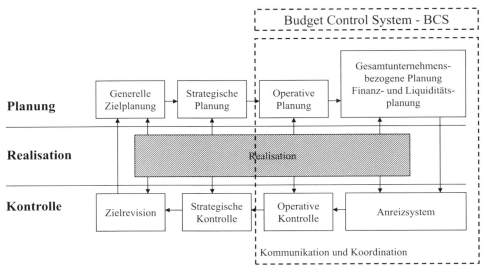

Abb. 1: Schematische Darstellung eines BCS – Budget Control Systems[57]

Für die Analyse der kulturellen Auswirkungen wurden die drei Teilbereiche Planung, Realisation und Kontrolle in folgende sechs Budgetierungsaspekte gegliedert:

- Kommunikation und Koordination
  - Kommunikation und Koordination von Budgets
- Planungsprozess/Realisation
  - Planungszeitraum
  - Strukturierung des Budgetprozesses
  - Budgetpartizipation
- Kontrolle/Anreizsystem
  - Kontrollmöglichkeit des Budgets
  - Budgetspielräume

4.2. Beispiel Österreich – arabische Länder

Je weiter Kulturdimensionen voneinander getrennt sind, desto stärker wird auch der kulturelle Einfluss auf das System Controlling, auf die Interpretation von Controlling-Informationen und damit auf die Steuerung des Unternehmens. Im Folgenden sollen die im vorangegangenen Abschnitt dargestellten Aspekte der Budgetierung am Beispiel der österreichischen und auch der arabischen Kulturdimensionen analysiert werden.

Die arabischen Länder wurden als Vergleich zu Österreich ausgewählt, da diese Wachstumsländer vermehrt auch für österreichische Unternehmen relevant sind. Arabische Unternehmen beteiligen sich verstärkt an österreichischen Firmen. Vice versa versuchen auch österreichische Unternehmen im arabischen Raum Fuß zu fassen, weshalb ein Einblick in die kulturellen Unterschiede von immer größerer Relevanz ist. Aufgrund

---

[57] In Anlehnung an *Horngren* u.a., 2009, 209 ff.

der räumlichen Distanz und auch der unterschiedlichen geschichtlichen Entwicklung sind bei diesen beiden Ländern außerdem ex ante größere kulturelle Unterschiede zu erwarten als beispielsweise zwischen westeuropäischen Staaten.

Österreich wurde sowohl in der Studie von *Hofstede* als auch bei GLOBE individuell untersucht und entsprechende Länderscores wurden von den Autoren definiert. Bei der Analyse der arabischen Staaten hat *Hofstede* folgende Länder einbezogen: Ägypten, den Irak, Kuwait, den Libanon, Libyen, Saudi Arabien und die Vereinigten Arabischen Emirate. Die Kulturdimensionen wurden dabei gesamthaft für die Region ermittelt und nicht für die einzelnen Länder. GLOBE wiederum untersuchte ein unterschiedliches Länderset im arabischen Raum und subsumierte diese Länder unter dem Kulturcluster „Mittlerer Osten". Sie untersuchten in diesem Set die Länder Qatar, Türkei, Ägypten, Kuwait und Marokko.

Bei der Untersuchung soll der Fokus der Analyse auf den *Hofstede*-Dimensionen liegen, die GLOBE-Dimensionen sollen primär einer zusätzlichen Untermauerung dienen.

Abbildung 2 stellt die Länderscores von *Hofstede* im Vergleich Österreich–arabische Länder dar, während Abbildung 3 die entsprechenden GLOBE-Werte grafisch wiedergibt.

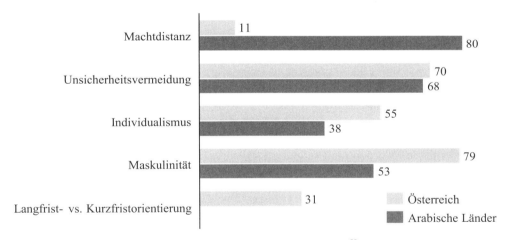

Abb. 2: Klassifizierung der Untersuchungsländer anhand von *Hofstede*[58]

Die größten Unterschiede bei den *Hofstede*-Dimensionen ergeben sich mit 69 Punkten in der Dimension Machtdistanz, gefolgt von Maskulinität mit 26 Punkten Unterschied und auch Individualismus mit 17 Punkten Unterschied. Der Bereich Langfrist- vs. Kurzfristorientierung kann aufgrund fehlender Werte für den arabischen Raum nicht im Detail analysiert werden.

---

[58] Vgl. *Hofstede*, 2001, 79 ff.

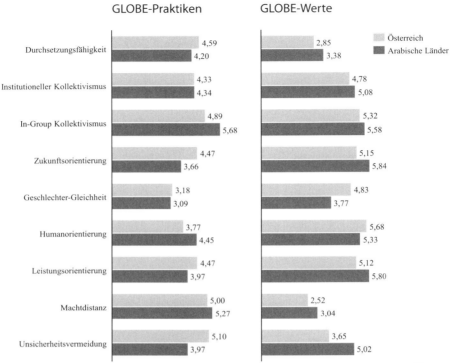

GLOBE-Praktiken   GLOBE-Werte

Abb. 3: Grafische Darstellung der GLOBE-Praktiken und -Werte der Untersuchungsländer[59]

4.2.1. Kommunikation und Koordination

Eine bedeutende Funktion der Budgetierung ist die Koordination, zu der auch eine entsprechende Kommunikation beiträgt. Zahlreiche Autoren[60] bestätigen die Bedeutung von Kommunikation und Koordination für die Effektivität von Budgetprozessen. *Ueno/ Sekaran* (1992) sowie *Ueno/Wu* (1993) fanden Evidenz für die höhere Tendenz US-amerikanischer Unternehmen gegenüber japanischen Unternehmen in Bezug auf Kommunikation und Koordination innerhalb des Budgetprozesses. Individualismus war hierbei die beeinflussende Kulturdimension.[61]

Innerhalb von internationalen Unternehmen ist diese Koordinationsfunktion durch die gestiegene Komplexität von noch höherer Bedeutung. Die Organisationsformen des internationalen Controllings sind sehr unterschiedlich ausgestaltet und bedürfen eines verstärkten Fokus, um den Regelkreislauf aufrechtzuerhalten. Zusätzlich ist eine funktionierende Kommunikation und Koordination sowohl von Muttergesellschaft zu Auslandsgesellschaft als auch vice versa für die Reduzierung von dysfunktionalen Aspekten des Budgets relevant. Vor allem die Konsolidierung der Teilpläne der Tochtergesellschaften in die Muttergesellschaft ist ein kritischer Aspekt.

---

59   Vgl. *House* u.a., 2004, 742 ff.
60   Vgl. *Horváth*, 2009, 56, 83; *Weber/Schäffer*, 2008, 274; *Ewert/Wagenhofer*, 2008, 356.
61   Vgl. *Ueno/Sekaran*, 1992, 663.

Abgeleitet von der Agency-Theorie[62] wird davon ausgegangen, dass Individuen ihren eigenen Nutzen maximieren wollen. Die Koordination ist von hoher Bedeutung, um die einzelnen Budgetpläne auf das Gesamtunternehmensziel hin auszurichten. In individualistischen Kulturen, in denen der eigene Vorteil dem der Gruppe vorgezogen wird, ist demnach – im Sinne der Koordinationsfunktion – ein hohes Maß an Koordination und Kommunikation zu erwarten.[63] Das Merkmal kollektivistischer Kulturen ist es, die Gruppe (bzw. das Unternehmen) über die Einzelinteressen des Individuums zu stellen. Die Gruppenzugehörigkeit, Loyalität und die indirekte Verpflichtung implizieren eine „natürliche" Koordination im Interesse des Gesamtunternehmensziels. In kollektivistischen Kulturen ist anzunehmen, dass Regeln und Vorschriften des Systems aufgrund der Loyalität der Mitglieder der Gesellschaft zum System befolgt werden.[64]

Daraus resultierend ist anzunehmen, dass in Österreich, einem Land mit höheren Individualismuswerten nach *Hofstede* und geringeren Werten des institutionellen Kollektivismus nach GLOBE (vgl. Abbildung 2 und Abbildung 3), ein höheres Maß an Kommunikation und Koordination notwendig ist, um das Unternehmensziel zu erreichen, als in den arabischen Ländern, welche eher kollektivistische Kulturen darstellen.

4.2.2. Planung/Implementierung

4.2.2.1. Planungszeitraum

Langfristige vs. kurzfristige Budgets beziehen sich auf den Zeitraum, für den Budgets erstellt werden. Viele Unternehmen erstellen Budgets einmal jährlich, andere Unternehmen folgen dem Prinzip eines roulierenden Budgets (quartalsweise Anpassung). Häufig haben Unternehmen zusätzlich zu den jährlichen Budgets längerfristige Budgets (oder häufig auch Mittelfristplanung), welche über einen Zeithorizont von drei bis fünf oder mehr Jahren reichen. Eine Funktion des Budgets ist, Unsicherheit der Zukunft zu reduzieren, denn es schließt die Lücke vom Status heute zu dem vorgegebenen/erwünschten Status in der Zukunft. In Ländern mit hoher Unsicherheitsvermeidung dient das Budget auch dazu, die „Angst" der Manager über einen längeren Zeitraum zu reduzieren.

Unsicherheitsvermeidung wird demnach als Einflussfaktor für die Wahl von langfristigen vs. kurzfristigen Budgets gesehen. *Hofstede* (1980) betont, dass Mitglieder von Ländern mit hoher Unsicherheitsvermeidung Wege suchen, diese Unsicherheit zu reduzieren; einer dieser Wege ist die Budgetplanung. Österreich liegt nach *Hofstedes* Untersuchung bei diesem Wert mit 70 am höchsten, jedoch relativ dicht gefolgt von den arabischen Ländern mit 68. Die Dimension der Unsicherheitsvermeidung bei GLOBE ist invers für Praktiken vs. Werte. Für diese Argumentation soll deshalb nur die Praktiken-Dimension von GLOBE verwendet werden.

---

[62] Bei der Agency-Theorie handelt es sich um die Analyse der Auftraggeber(Prinzipal)-Auftragnehmer(Agenten-)Beziehung. In einer Prinzipal-Agenten-Situation wird eine Person oder Personengruppe (Agent) damit beauftragt, Leistungen im Interesse einer anderen Person bzw. Personengruppe (Prinzipal) zu erbringen. In dieser Konstellation werden sowohl Entscheidungs- als auch Ausführungskompetenzen delegiert. Dabei wird davon ausgegangen, dass der Agent primär seinen eigenen Nutzen maximieren will, was zwangsläufig zu Problemen führt, falls sich die Interessen von Prinzipal und Agenten nicht decken. Vgl. *Homburg*, 2001, 67; *Küpper*, 2008, 82; *Picot* u.a., 2005, 47.

[63] Vgl. *Ueno/Sekaran*, 1992, 663; *Sekaran/Snodgrass*, 1986, 211 ff.

[64] Vgl. *Ueno/Wu*, 1993, 22.

Neben Unsicherheitsvermeidung kann Individualismus als eine erklärende Variable für den Planungszeitraum herangezogen werden. In einer individualistischen Kultur steht das Wohl des Einzelnen über dem Wohl der Gruppe. *Hofstede* (1980) merkt an, dass diese Tatsache zu einer kalkulatorischen Einbindung bei der Budgetplanung in individualistischen Kulturen führt und zu einer moralischen Einbindung in kollektivistischen Kulturen.[65] Dieses Faktum beeinflusst auch die Zustimmung zu langfristiger Planung und langfristigen Budgets für das Wohle des Unternehmens im Gegensatz zu einer kurzfristigen Optimierung. Viele längerfristige strategische Themen wie bspw. eine Produkteinführung führen kurzfristig möglicherweise zu geringeren Einnahmen etc., machen sich aber langfristig bezahlt. Die Tatsache, dass die kurzfristigen Erfolge durch langfristige strategische Entscheidungen limitiert werden, wird in individualistischen Kulturen vermutlich nicht auf Wohlwollen stoßen.[66] *Daley* u.a. (1985) sahen Evidenz für diese Tatsache und fanden in ihrer Untersuchung, dass japanische Manager längerfristige Budgets höher bewerten als amerikanische Manager.[67] Da die Werte für Unsicherheitsvermeidung beinahe gleichauf liegen und basierend auf der höheren Individualismus-Dimension in Österreich vs. den arabischen Ländern ist anzunehmen, dass Österreich zu kurzfristigeren Budgets als die arabischen Länder tendiert.

4.2.2.2. Strukturierung

Im Sinne der Koordinationsfunktion bedienen sich Unternehmen bei der Budgeterstellung häufig formaler Prozessanweisungen und Regelungen. Sog. „Budget manuals" werden häufig in Unternehmen ausgegeben und dienen als Handbuch mit Basisannahmen zu den im jeweiligen Unternehmen bedeutenden Marktdaten (bspw. Konjunkturdaten, Wechselkursen) und dem Planungszeitraum sowie möglicherweise bestimmten Abgabefristen.

Regeln und Prozeduren sind – ähnlich wie beim Aspekt der Kommunikation und Koordination – üblicherweise eine Art von Koordinationsmechanismus im Sinne der Agency-Theorie, um klare Anweisungen bspw. für Basisannahmen zu geben, individuelle Meinungen und Wünsche hintanzuhalten und auf ein gemeinsames Unternehmensziel hinzuarbeiten (quasi die „Top-down"-Vorgabe zu berücksichtigen). Es liegt nahe, dass die Dimension Individualismus/Kollektivismus in diesem Zusammenhang eine Rolle spielt. Individualistische Kulturen werden demnach eher die Notwendigkeit zur Erstellung von Budget-Manuals sehen als kollektivistische Kulturen.

Eine weitere Dimension, welche diesbezüglich einen Einfluss haben kann, ist die Unsicherheitsvermeidung. Budget-Handbücher dienen als eine Art Leitfaden – jede Form von Anleitung und Regeln bietet Mitgliedern von Ländern mit hoher Unsicherheitsvermeidung eine Form von „gefühlter Sicherheit".

Österreich liegt bei der Individualismus-Dimension mit einem Wert von 55 höher als die arabischen Länder (mit einem Wert von 38). Bei der Dimension der Unsicherheitsvermeidung erzielt Österreich einen Wert von 70 und die arabischen Länder einen Wert von 68. Für Individualismus wird die GLOBE-Dimension „Institutioneller Kollektivis-

---

[65] Vgl. *Hofstede*, 1980, 166.
[66] Vgl. *Harrison* u.a., 1994, 250 f.
[67] Vgl. *Daley* u.a., 1985, 102.

mus" herangezogen. Die arabischen Länder erzielen bei den „GLOBE-Werten" ebenso wie bei *Hofstede* eine höheren Score als Österreich, bei den Praktiken liegen die Werte beinahe gleichauf. Aus diesem Grund ist anzunehmen, dass die Notwendigkeit formaler Regeln und Kontrolle in Österreich höher ist als in den arabischen Ländern.

4.2.2.3. Partizipation

Um einen Budgetspielraum zu kreieren, ist einerseits die Möglichkeit zur Bildung notwendig (Budgetpartizipation), andererseits auch der Anreiz, den Spielraum zu bilden.[68] In Bezug auf Budgetpartizipation sind zumindest noch zwei weitere Faktoren zu berücksichtigen: Der erste Faktor bezieht sich auf die Motivationsrolle der Partizipation: bekannte westliche Motivationstheorien[69] betonen, dass Beachtung, Einfluss und Leistung (Achievement) primäre Motivatoren sind. Partizipation zählt mittels Beachtung und Einfluss zu diesen und es liegt somit nahe, dass auch Partizipation als Motivationsfaktor gilt.[70]

Dieser Motivationsfaktor kann jedoch kulturell verzerrt sein. *Kanungo* (1983)meint in diesem Zusammenhang, dass, obwohl Motivation von Mitarbeitern möglicherweise in allen Kulturen notwendig ist, das Ausmaß kulturell bedingt unterschiedlich sein kann.[71] So fand *Yu* (1991) Evidenz für die Notwendigkeit, das *Herzberg*-Modell für den chinesischen Raum zu modifizieren, bevor es dort effektiv eingesetzt werden kann.[72] Vor diesem Hintergrund muss Partizipation in der Budgeterstellung nicht notwendigerweise in Europa gleich erfolgreich sein wie im asiatischen/arabischen Raum.

Der zweite Faktor bezieht sich auf den Führungsstil: Obwohl der partizipative Führungsstil häufig auch in nicht westlichen Ländern eingesetzt wird, ist er nicht in allen Kulturen akzeptiert, wie diverse Studien für den asiatischen Raum belegt haben.[73]

Machtdistanz wird als Einflussfaktor für die Budgetpartizipation gesehen. Mitglieder von Kulturen mit hoher Machtdistanz akzeptieren eine ungleiche Verteilung von Macht. Es wird erwartet, dass die Führungskraft klare Entscheidungen trifft und Mitarbeiter nicht eingebunden werden. Vielmehr würden die Mitarbeiter es als Zeichen von Schwäche interpretieren, würde der Vorgesetzte sie in diese Angelegenheiten einbinden. In Ländern mit geringer Machtdistanz ist die Macht in Unternehmen oder Organisationen gleich verteilt. Mitarbeiter möchten in Entscheidungsfragen, wie sie bspw. im Planungs- und Kontrollprozess auftreten, mit einbezogen werden. Sie verlangen eine Begründung für unausgewogene Machtverhältnisse. Österreich weist sowohl nach *Hofstede* als auch nach GLOBE eine geringere Machtdistanz als die arabischen Länder auf, weshalb angenommen wird, dass die Budgetpartizipation in Österreich höher ist als in den arabischen Ländern.

---

[68] Vgl. *Schiff/Lewin*, 1970, 259 ff.; *Young*, 1985, 829 ff.
[69] Vgl. *Alderfer*, 1972; *Herzberg* et. al., 1959; *Maslow*, 1954; *McClelland*, 1975.
[70] Vgl. *Tsui*, 2001, 127.
[71] Vgl. *Kanungo*, 1983, 119 ff.
[72] Vgl. *Yu*, 1991, 5 ff.
[73] Vgl. *Deyo*, 1978; *Redding/Casey*, 1976; *Redding/Richardson*, 1986. Die Studien zeigen, dass oftmals der autoritäre Führungsstil, bei dem Entscheidungen vom Management allein gefällt werden, in Asien präferiert wird.

4.2.3. Kontrolle/Anreizsystem

4.2.3.1. Kontrollmöglichkeit des Budgets

Sofern Manager die Elemente des Budgets tatsächlich unter eigener Kontrolle haben und sie damit selbst positiv oder auch negativ beeinflussen können, ist eine hohe Kontrollmöglichkeit gegeben. Falls die Elemente von der Umwelt beeinflusst werden können, spricht man von einer geringen Kontrollmöglichkeit.[74] Das Prinzip, dass zahlreiche Elemente innerhalb des Budgets nicht unter Einfluss des Managers stehen[75] und oftmals nicht mehr zeitgemäß sind, wird häufig von Kritikern der traditionellen Budgetierung angeprangert. Um die Kontrollmöglichkeit von Budgets sicherzustellen, ist es notwendig, Budgetabweichungen an eine Personenverantwortlichkeit zu binden.[76]

Individualistische Kulturen, welche das Eigeninteresse vor das Gruppeninteresse stellen und deren Ziele zumeist auf die individuelle Leistung konzentriert sind, werden eher bestrebt sein, die Budgetziele unter ihrer Kontrolle zu haben, um sodann auch den häufig damit verbundenen Bonus zu erhalten. In kollektivistischen Kulturen sind Ziele des Anreizsystems häufig auf Gruppenleistungen konzentriert. Das System wird deshalb individuelle Abweichungen vom Budget ausgleichen und die Gruppe im Durchschnitt bewerten, weshalb kleinere positive oder negative Änderungen in der Soll/Ist-Abweichung für kollektivistische Kulturen weniger Relevanz haben werden.

Österreich hat nach *Hofstede* im Vergleich zu den arabischen Ländern mit einem Wert von 55 (gegenüber 38) ein höheres Maß an Individualismus, ebenso nach GLOBE ein geringeres Maß an Kollektivismus. Daher ist zu erwarten, dass österreichischen Unternehmen einen höheren Wert auf die Kontrollmöglichkeit von Budgets legen als Unternehmen in den arabischen Ländern.

4.2.3.2. Budgetspielraum

Young (1985) zeigte in seiner Studie Evidenz, dass die Budgetpartizipation, gepaart mit der Existenz von Informationsasymmetrie zwischen Vorgesetzten und Mitarbeitern, es Letzteren ermöglicht, Budgets zu „manipulieren", bspw. den Umsatz zu erhöhen oder die Kosten zu senken. Er fand außerdem Evidenz, dass risikoaverse Mitarbeiter ein höheres Maß an Budgetspielraum kreieren als weniger risikoaverse.[77] Der Budgetspielraum wird umso größer, je stärker der Fokus auf die Erreichung der Budgetziele gerichtet wird.[78] *Huang/Chen* (2009) fanden zudem in ihrer Studie heraus, dass die positive

---

[74] In der angloamerikanischen Literatur wird dieser Terminus als „Responsibility Accounting" bezeichnet. Ein solches „responsibility accounting" soll entweder alle unkontrollierbaren Kosten ausschließen oder im Reporting eine Trennung von kontrollierbaren vs. unkontrollierbaren Kosten einführen. Vgl. *Horngren* u.a., 2009, 224.

[75] Beispiele hierfür sind Preise für Rohstoffe, welche der Einkaufsmanager verantwortet, jedoch auch vom Marktpreis beeinflusst werden. Ebenso kann das Volumen der Produktion sowohl vom Produktionsmanager beeinflusst werden (Einstellungen an der Maschine etc.) als auch von der Qualität der zur Verfügung gestellten Rohstoffe, welche der Produktionsmanager nicht direkt beeinflussen kann, da diese vom Einkaufsmanager geprüft wurden. Vgl. *Horngren* u.a., 2009, 224.

[76] Vgl. *Ueno/Wu*, 1993, 25.

[77] Vgl. *Young*, 1985, 838.

[78] Vgl. *Merchant*, 1985, 201 ff. *Hofstede* bezeichnet diesen „Druck", welcher von den Vorgesetzten auf die Budget-Zielerreichung hin ausgeübt wird, als „budget emphasis". Vgl. *Hofstede*, 1970.

Einstellung gegenüber einem Budgetspielraum abnimmt, wenn Mitarbeiter eine positive Einstellung gegenüber dem Budgetprozess haben (d.h. sie möchten einen gut funktionierenden Prozess, um ein effizientes Budgetsystem sicherzustellen).[79]

Mitarbeiter haben üblicherweise mehr Detailwissen über ihre Aufgabe als ihre Vorgesetzten. Letztere verwenden deshalb häufig partizipative Budgetierung als Mittel, um diese detaillierteren Informationen zu generieren und Unsicherheit zu vermeiden.[80] Verzerrte Budgets bringen für Mitarbeiter den Vorteil der leichten Erreichbarkeit von Zielsetzungen bei Verknüpfung mit dem Budget. Gleichzeitig reduzieren sie das Risiko, den monetären oder nicht monetären Anreiz bzw. Bonus zu erhalten. Den Unterschied zwischen geplanten Leistungszielen und der tatsächlichen Leistungsfähigkeit nennt man Budgetspielraum, „budgetary slack".[81] Die Forschung zu diesem Themenbereich reicht bis in die 1950er Jahre zurück.[82] *Onsi* (1973) leitet „budgetary slack" von „organisational slack" ab. Er beschreibt „budgetary slack" als einen Effekt, der durch Imperfektionen im organisatorischen Prozess der Ressourcenallokation entsteht. Die Höhe des erzeugten Budgetspielraums hängt seiner Meinung nach u.a. vom Erfolg des Unternehmens und dem Umsatzwachstum ab. Die Kosten eines Unternehmens werden einerseits in guten Zeiten durch die Bildung von Budgetspielräumen steigen. Andererseits können in schlechteren Zeiten Kosteneinsparungen durch die Verwendung der Budgetspielräume erreicht werden.[83] Nichtsdestotrotz steht ein Budgetspielraum in Konflikt mit den Unternehmenszielen, da dieser zur ineffizienten Verteilung und Verwendung von Ressourcen führt.[84]

Lukka (1988) spricht von einem engeren Terminus „budgetary slack", welcher sich hin zu einem weiter gefassten Terminus „budgetary bias" entwickelt.[85] *Lukka (1988)* teilt den Terminus „budgetary bias" in zwei Subkomponenten: „budgetary slack" und „upward-bias". Unter „budgetary slack" versteht er die Tatsache, dass Budgetzahlen von den Erstellern dieser Zahlen bzw. Annahmen bewusst niedriger dargestellt werden, um diese einfacher zu erreichen. Unter „upward-bias" versteht er den gegenteiligen Effekt, absichtlich ein zu optimistisches Budget abzugeben.[86] Im vorliegenden Beitrag wird unter Budgetspielraum ein Spielraum „nach oben" verstanden, also bewusst niedrigere Werte zu melden, als die Budgetersteller selbst als realistisch annehmen würden, um die Erreichbarkeit von Zielen zu vereinfachen. Eine weitere Unterscheidung ist in diesem

---

[79] *Huang/Chen*, 2009, 669.

[80] Vgl. *Douglas/Wier*, 2005, 162; *Young*, 1985, 829.

[81] Vgl. *Douglas/Wier*, 2005, 159 f.; *Young*, 1985, 830.

[82] In der Management-Accounting-Literatur wurde „slack" im Zusammenhang mit dem Budget erstmals in den 1950er Jahren untersucht, eine der ersten Arbeiten dazu kam von *Argyris* (1952). Vgl. *Lukka*, 1988, 281.

[83] Vgl. *Onsi*, 1973, 535. *Onsi* sieht in der Bildung eines Budgetspielraums auch einen stabilisierenden Faktor für die Organisation. In „guten" wirtschaftlichen Zeiten wird durch die Bildung von Budgetspielräumen die Anpassung nach oben langsamer und reduziert zu ambitionierte Erwartungen. In „schlechten" wirtschaftlichen Zeiten bietet dieser Budgetspielraum einen *„pool of emergency resources"* und Möglichkeiten, die Erwartungen zu erfüllen bzw. den Abschwung zu lindern. *Onsi*, 1973, 536.

[84] Vgl. *van der Stede*, 2000; *Webb*, 2002; *Yuen*, 2004.

[85] Vgl. *Lukka*, 1988, 281.

[86] Vgl. *Lukka*, 1988, 283.

Zusammenhang zwischen einem „forecast error" – Fehler in der Vorschau – und dem „budgetary slack" – Budgetspielraum – zu treffen. Fehler in der Vorschau werden unbeabsichtigt gemacht, ein Budgetspielraum ist im Gegensatz dazu üblicherweise beabsichtigt.[87]

Neben der Möglichkeit, Budgetspielräume zu bilden (Budgetpartizipation), muss auch ein Anreiz zur Bildung von Budgetspielräumen gewährleistet sein.[88] Frühere Untersuchungen fanden Evidenz für den Einfluss von Vergütungsschemen und anderen budgetbasierten Anreizen auf die Bildung von Budgetspielräumen.[89] Studien von *Kim* (1992) und *Young* (1985) inkludierten individuelle Persönlichkeitsattribute in ihre Untersuchung und fanden Evidenz für den Effekt von Risikovermeidung und sozialem Druck (z.B. *„ to avoid being accused of shirking or misrepresenting productive capability "*[90]). Der soziale Druck entspricht vor allem dem Prinzip des chinesischen „face", unter allen Umständen das Gesicht zu wahren. In der chinesischen Kultur ist „face" eine Konsequenz aus der Zugehörigkeit zu einer Gruppe (Kollektivismus) und Status. „Face" wird bewahrt, indem man sich konform zur sozialen Norm verhält. Im Unterschied zur Kultur in westlichen Ländern wäre der Verlust des Gesichts „face" im chinesischen Raum ungleich schwieriger und würde zu höherer Verlegenheit führen als ein Verstoß gegen die soziale Norm im westlichen Kulturkreis. So würde zwar das nicht Erreichen des Budgetziels als unrühmlich betrachtet werden, schlimmer wäre es jedoch im chinesischen Kulturkreis, des Betrugs verdächtigt zu werden. Aus diesem Grund wird erwartet, dass der Anreiz zur Bildung von Budgetspielräumen hier sehr niedrig ist.[91]

Um eine vermeintliche Unsicherheit – jene des Budgets und die damit verbundenen Anreize – nicht zu erreichen, wird angenommen, dass Unsicherheitsvermeidung eine hohe Motivation zur Bildung von Spielräumen in Budgets darstellt. Basierend auf den höheren Werten für Unsicherheitsvermeidung ist anzunehmen, dass Österreich einen höheren Anreiz zur Bildung von Budgetspielräumen hat als die arabischen Länder.

Neben Unsicherheitsvermeidung wird erwartet, dass Maskulinität und Individualismus/Machtdistanz einen Einfluss auf die Bildung von Budgetspielräumen haben. Maskulinität wird stark mit Wettbewerb, Anerkennung, Bestätigung und Durchsetzungsfähigkeit assoziiert. Individualismus stellt eigene Ziele in den Mittelpunkt, kombiniert mit Machtdistanz ergeben sich folgende Erwartungen: In Ländern mit großer Machtdistanz/ Individualismus werden Budgetanreize in höherem Ausmaß verwendet als in Ländern mit niedrigen Werten bei diesen Dimensionen. Allerdings wird auch eine strengere Kontrolle vom Management zur Erreichung der Budgetziele vorausgesetzt. Daraus wird abgeleitet, dass die Bildung von Budgetspielräumen in Österreich höher ist als in den arabischen Ländern.

---

[87] Vgl. *Osni*, 1973, 538.
[88] Vgl. *Harrell/Harrison*, 1994, 569 ff.
[89] Vgl. *Jennergren*, 1980, 180 ff.; *Chow* u.a., 1988, 111 ff.; *Waller*, 1988, 87 ff.
[90] *Young*, 1985, 832.
[91] Vgl. *Douglas/Wier*, 2005, 164.

Aspekt des Budgetierungsprozesses	Kulturdimension	Österreich	Arabische Länder
Kommunikation und Koordination	Individualismus	höhere Kommunikation und Kooridnation	geringere Kommunikation und Koordination
Planungszeitraum von Budgets	Unsicherheitsvermeidung / Individualismus	kurzfristigere Budgets	längerfristigere Budgets
Strukturierung von Budgetprozessen	Unsicherheitsvermeidung / Individualismus	mehr formale Regeln und Kontrolle	geringere formale Regeln und Kontrolle
Budgetpartizipation	Machtdistanz	höhere Budgetpartizipation	geringere Budgetpartizipation
Kontrollmöglichkeit von Budgets	Individualismus	erhöhter Wert der Kontrollmöglichkeit von Budgets	geringerer Wert der Kontrollmöglichkeit von Budgets
Budgetspielräume (Anreiz)	Unsicherheitsvermeidung	höherer Anreiz zur Bildung von Budgetspielräumen	niedrigerer Anreiz zur Bildung von Budgetspielräumen
Budgetspielräume (Bildung)	Maskulinität/Individualismus/Machtdistanz	höhere Bildung von Budgetspielräumen	niedrigere Bildung von Budgetspielräumen

Tab. 2: Erwartete kulturelle Auswirkungen auf ausgewählte Budgetierungsaspekte

5. Berücksichtigung von Kultur im Controlling

Die Darstellung der unterschiedlichen Kulturdimensionen in Verbindung mit Budgetierungsaspekten soll einen ersten Einblick geben, wie stark die Kultur Controllingsysteme beeinflussen kann. Um diesen Aspekt in der Controllingorganisation zu verankern, sollen im Folgenden mögliche Herangehensweisen für die Berücksichtigung von Kultur innerhalb des Controllings von Unternehmen dargestellt werden.

In Anlehnung an die Analyse der Kulturdimensionen zwischen Österreich und den arabischen Ländern wäre es für internationale Unternehmen aufschlussreich, eine Analyse ihrer Tochterunternehmen hinsichtlich der Kulturfaktoren und der kulturellen Distanz durchzuführen und transparent zu machen. Hier wird es vermutlich zielführend sein, vorerst den Fokus auf die bedeutendsten Tochtergesellschaften des Unternehmens zu legen. Dies ermöglicht dem Management – neben der Datengewinnung –, die Mitarbeiter auf das Thema zu sensibilisieren. In der Praxis sind vor allem auch der persönliche Austausch der Controller und die Diskussion bspw. im Budgetprozess hilfreich, um Kenntnisse über Auffassungs- oder Interpretationsunterschiede zu erlangen.

Ein verzerrender Faktor, welcher hier berücksichtigt werden muss, ist der Einfluss der Unternehmenskultur. Die vorangegangene Analyse wurde bewusst auf die Nationalkultur fokussiert. Nichtsdestotrotz entwickelt jedes Unternehmen auch eine eigenständige Unternehmenskultur. Diese kann unter Umständen gegenläufig zur Nationalkultur sein. Vor allem in sehr großen internationalen Unternehmen könnte sich eine derart starke Unternehmenskultur entwickeln, zu der sich die Mitarbeiter zugehörig fühlen, dass sie die Nationalkultur übersteigt. Das könnte zur Folge haben, dass Nationalkulturunterschiede nicht im gleichen Ausmaß zum Ausdruck kommen, wie diese bei den Kulturvariablen festgestellt werden. Im Extremfall kann die Nationalkultur auch ausgeschaltet werden, wenn Mitarbeiter stark von bestimmten Unternehmenszielen gesteuert werden.

Nichtsdestotrotz erscheint es hilfreich, die festgestellten kulturellen Unterschiede systematisch in ein Controlling-Informationssystem einfließen zu lassen und Dateninterpretationen vor dem kulturellen Hintergrund zu evaluieren.

Am Beispiel Österreich versus Arabische Emirate kann dies wie folgt verdeutlicht werden:

Belegt durch die hohe Unsicherheitsvermeidung in Österreich, aber auch in den arabischen Ländern ist zu erwarten, dass vermehrt Budgetspielraum geschaffen wird, um ebendiese „Unsicherheit", welche von den makroökonomischen Faktoren, aber auch internen Unsicherheiten beeinflusst wird, abzufangen. Mit diesem Wissen ist möglicherweise ein Top-down-Ziel für die Budgetierung zielführender als ein Bottom-up-Prozess. Idealerweise wird hier ein zweiseitiger Prozess, sowohl top-down als auch bottom-up, erfolgen.

Um Mitarbeiter auf den kulturellen Aspekt im Controlling aufmerksam zu machen, können Kulturtrainings die entsprechende Kultur-Sensibilität wecken. Das Topmanagement kann zum einen vor dem Hintergrund der kulturellen Unterschiede Zielsetzungen entsprechend anpassen, um Verzerrungen auszugleichen. Zum anderen helfen, wie in vielen großen Unternehmen installiert, detaillierte Budgetanleitungen bzw. Planungsvorgaben. Darin werden makroökonomische Erwartungen, Fixkostensteigerungen etc. vom Konzern vorgegeben und stark zentral gesteuert. Dies ist jedoch im Wesentlichen nur bei zentralistisch gesteuerten Unternehmen gut praktisch verwendbar.

6. Zusammenfassung und Ausblick

Internationale Unternehmen sind einer deutlich erhöhten Komplexität ausgesetzt, ein bedeutender Einflussfaktor dabei ist die unterschiedliche kulturelle Unternehmensumwelt. Breit angelegte Kulturstudien verdeutlichen die oftmals stark abweichenden Dimensionskriterien anhand unterschiedlicher Messaspekte. Davon abgeleitet zeigt sich die Relevanz des kulturellen Einflusses auf das internationale Controlling zwischen Österreich und den arabischen Nationen, welche in diesem Zusammenhang noch nicht komparativ dargestellt wurden.

Um die unterschiedliche Kultur entsprechend berücksichtigen zu können, wird für eine Sensibilisierung des Controllingsystems plädiert. Vor allem auch für die Akteure innerhalb des Controllings ist die sensible Wahrnehmung von kulturellen Unterschieden relevant. Manager sowohl in Österreich als auch in den arabischen Ländern sollen sich intensiver des kulturellen Einflusses bewusst werden und systematisch auf die kulturellen Unterschiede aufmerksam gemacht werden, um ihre Controlling-Prozesse so effizient und konfliktfrei wie möglich zu gestalten.

Literaturverzeichnis

Adekola, A./Sergi, B. S., Global Business Management: A Cross-cultural Perspective, Hampshire 2007.

Adler, N.J., Organizational Behavior, 3rd Ed., Cincinnati, Ohio 1997.

Alderfer, C.P., Existence, relatedness and growth: human needs in organizational settings, New York 1972.

Chow, C.W./Waller, J.C./Waller, W.S., Participative Budgeting: Effects of a Truth-inducing Pay Scheme and Information Asymmetry on Slack and Performance, in: The Accounting Review, Vol. 63, 1988, 111–122.

Cyert, R.M./March, J.G., A behavioral theory of the firm. Englewood Cliffs, NJ 1963.

Daley, L./Jiambalvo, J./Sundem, L.G./Kondo, Y., Attitudes Toward Financial Control Systems in the United States and Japan, in: Journal of International Business Studies, Fall 1985, 91–110.

Deyo, F.C., Local foremen in multinational enterprise: a comparative case study of supervisory role-tensions in Western and Chinese factories of Singapore, in: Journal of Management Studies, Vol. 15, October 1978, 308–317.

Douglas, P.C./Wier, B., Cultural and Ethical Effects in Budgeting Systems: A Comparison of US and Chinese Managers, in: Journal of Business Ethics, Vol. 60, 159–174.

Ewert, R./Wagenhofer, A., Interne Unternehmensrechnung, 7. Auflage, Berlin/Heidelberg 2008.

Fisher, J.G., Contingency theory, management control systems and firm outcomes: past results and future directions, in: Behavioral Research in Accounting, Vol. 10, 1998 (supplement), 47–57.

Harrell, A./Harrison, P., An Incentive to Shirk Privately-held Information and Managers' Project Evaluation Decisions, in: Accounting, Organizations and Society, Vol. 19, 1994, 569–577.

Harrison, G.L./McKinnon, J.L./Panchapakesan, S./Leung, M., The Influence of Culture on Organizational Design and Planning and Control in Australia and the United States Compared with Singapore and Hong Kong, in: Journal of International Financial Management and Accounting, Vol. 5, Issue 3, 1994, 242–261.

Harrison, G.L/McKinnon, J.L., Cross-cultural Research in Management Control Systems Design: A Review of the Current State, in: Accounting, Organizations and Society, Vol. 24, 1999, 483–506.

Herzberg, F./Mausner, B./Snyderman, B., The motivation to work, New York 1959.

Hoffjan, A./Weber, J., Internationales Controlling – Steuerung von Auslandsgesellschaften, Advanced Controlling, Band 57, Weinheim 2007.

Hoffjan, A., Internationales Controlling, Stuttgart 2009.

Hofstede, G. H., The Game of Budget Control, 2nd Ed., Assen 1970.

Hofstede, G., Culture's Consequences: International Differences in Work-Related Values, Beverly Hills 1980.

Hofstede, G./Bond, M.H., The Confucius connection: from cultural roots to economic growth, in: Organizational Dynamics, Vol. 16, No. 4, 1988, 4–21.

Hofstede, G., Die Bedeutung von Kultur und ihren Dimensionen im Internationalen Management, in: *Kumar, B.N./Haussmann, H.* (Hrsg.): Handbuch der Internationalen Unternehmenstätigkeit, München 1992, 303–324.

Hofstede, G., Culture's consequences: Comparing values, behaviors, institutions, and organizations across nations, 2nd edition, Thousand Oaks 2001.

Hofstede, G./Hofstede, G.J., Cultures and Organizations: Software of the Mind, New York 2005.

Homburg, C., Hierarchische Controllingkonzeption: theoretische Fundierung eines koordinationsorientierten Controlling, Heidelberg 2001.

Horngren, C.T./Srikant, M.D./Foster, G./Rajan, M./Ittner, C., Cost Accounting: A Managerial Emphasis, 13th Ed., New Jersey, 2009.

Horváth, P., Controlling, 11. Auflage, München 2009.

House, R.J./Hanges, P.J./Javidan, M./Dorfman, P.W./Gupta, V., Culture, Leadership, and Organizations: The GLOBE Study of 62 Societies, Thousand Oaks 2004.

Huang, C.-L./Chen, M.-L., The Effect of Attitudes towards the Budgetary Process on Attitudes towards Budgetary Slack and Behaviors to create Budgetary Slack, in: Social Behavior and Personality, 2009, Vol. 37, Issue 5, 661–672.

Jaeger, A. M., Steuerung, personale, in: *Macharzina, K./Welge M. K.* (Hrsg.): Handwörterbuch Export und Internationale Unternehmung, Stuttgart 1997, 2018–2022.

Jennergren, P., On the Design of Incentives in Business Firms-A Survey of Some Research, in: Management Science, 1980, 180–201.

Kanungo, R. N., Work alienation: a pancultural perspective, in: International Studies in Management and Organization, Vol. 13, Spring/Summer 1983, 119–138.

Keller, E., Management in fremden Kulturen: Ziele, Ergebnisse und methodische Probleme der kulturvergleichenden Managementforschung, Bern-Stuttgart 1982, zugl. Dissertation, St. Gallen 1980.

Keller, A., Die Rolle der Unternehmenskultur im Rahmen der Differenzierung und Integration der Unternehmung. Dissertation, Stuttgart 1990.

Kim, D.C., Risk Preferences in Participative Budgeting, in: The Accounting Review, Vol. 67, 1992, 303–318.

Kluckhohn, C./Strodtbeck, F.L., Variations in Value Orientations, Westport 1961.

Küpper, H.-U., Controlling: Konzeption, Aufgaben, Instrumente, 5. Auflage, Stuttgart 2008.

Kutschker, M./Schmid, S., Internationales Management, 3. Auflage, München 2004.

Kutschker, M., Interkulturelles Management, in: Enzyklopädie der Betriebswirtschaftslehre/HWO – Handwörterbuch Unternehmensführung und Organisation, Stuttgart 2007.

Lukka, K., Budgetary Biasing in Organisations: Theoretical Framework and Empirical Evidence, in: Accounting, Organization and Society, Vol. 13, 1988, 281–301.

Malmi, T./Brown, D.A., Management control systems as a package – Opportunities, challenges and research directions, in: Management Accounting Research, Vol. 19, 2008, 287–300.

Maslow, A.H., Motivation and personality, New York 1954.

McClelland, D., The achieving society, Princeton 1961.

McClelland, D., Power: the inner experience, New York 1975.

McClelland, D., Human motivation, Princeton 1985.

Meckl, R., Controlling in internationalen Unternehmen, München 2000.

Meckl, R., Internationales Management, München 2006.

Merchant, K.A., Budgeting and the Propensity to Create Budgetary Slack, in: Accounting, Organizations and Society, Vol. 10, 1985, 201–210.

Mulder, M., Power equalization through participation, in: Administrative Science Quarterly, Vol. 16, 1971, 31–38.

Mulder, M., Reduction of power differences in practice: The power distance reduction theory and its applications, in: *Hofstede, G./Kassem, M.S.* (Hrsg.): European Contributions to Organization Theory, 1976, 79–94.

Mulder, M., The daily power game, Leiden, Netherlands: Martinus Nijhoff 1977.

Picot, A./Dietl, H./Frank, E., Organisation – eine ökonomische Perspektive, Stuttgart 2005.

Putnam, R.D., Making democracy work, Princeton 1993.

OeNB, Sonderheft Statistiken: Direktinvestitionen 2009, Wien 2011.

Onsi, M., Factor Analysis of Behavioral Variables Affecting Budgetary Slack, in: The Accounting Review, Vol. 48, 1973, 535–548.

Orth, E. W., Was ist und was heißt „Kultur"? Dimensionen der Kultur und Medialität der menschlichen Orientierung, Würzburg 2000.

Redding, S./Casey, T.W., Managerial beliefs among Asian managers, in: *Taylor, R.L/ O'Connell, M.J./Zawacki, R.A./Warwick, D.D.* (Hrsg.): Proceedings of the Academy of Management 36th Annual Meeting, Academy of Management, Mississippi 1976.

Redding, S./Richardson, S.A., Participative management and its varying relevance in Hong Kong and Singapore, in: Asia Pacific Journal of Management, Vol. 3, 1986, 76–98.

Scherm, E./Süß, S., Internationales Management. Eine funktionale Perspektive, München 2001.

Schiff, M./Lewin, A., The impact of people on budgets, in: The Accounting Review, Vol. 45, Issue 2, 1970, 259–268.

Schneider, U./Hirt, C., Multikulturelles Management, München 2007.

Schreyögg, G., Unternehmenskultur im internationalen Kontext, in: *Clermont/Schmeisser/Krimphove* (Hrsg.): Personalführung und Organisation, München 2000, 781–793.

Schreyögg, G., Organisation. Grundlagen moderner Organisationsgestaltung, 5. Aufl., Wiesbaden 2008.

Sekaran, U./Snodgrass, C.R., A Model for Examining Organizational Effectiveness Cross-Culturally, in: Advances in International Comparative Management, Vol. 2, 1986, 211–232.

Spiegel (2007): Ende der Welt AG: Daimler trennt sich von Chrysler, 2010-10-16, http://www.spiegel.de/wirtschaft/0,1518,482735,00.html.

Triandis, H.C., Individualism and collectivism, Boulder 1995.

Tsui, J.S.L., The impact of culture on the relationship between budgetary participation, management accounting systems, and managerial performance: An analysis of Chinese and Western managers, in: The International Journal of Accounting, Vol. 36, 2001, 125–146.

Ueno, S./Sekaran, U., The Influence of Culture on Budget Control Practices in the USA and Japan: An Empirical Study, in: Journal of International Business Studies, Fourth Quarter 1992, 659–674.

Ueno, S./Wu, F.H., The Comparative Influence of Culture on Budget Control Practices in the United States and Japan, in: The International Journal of Accounting, Vol. 28, 1993, 17–39.

Van der Stede, W. A., The relationship between two consequences of budgetary controls: Budgetary slack creation and managerial short-term orientation, in: Accounting, Organizations and Society, Vol. 25, August 2000, 609–622.

Waller, W.S., Slack in Participative Budgeting. The Joint Effect of a Truth-inducing Pay Scheme and Risk Preferences, in: Accounting, Organizations and Society, Vol. 13, 1988, 87–98.

Webb, R. A., The impact of reputation and variance investigations on the creation of budget slack, in: Accounting, Organizations and Society, Vol. 27, No. 4-5, 2002, 361–378.

Weber, J./Meyer, M., Controlling im Spannungsfeld der Internationalisierung, in: *Weber, J./Meyer, M.* (Hrsg.): Internationalisierung des Controllings: Standortbestimmungen und Optionen, Wiesbaden 2005, 3-8.

Weber, J./Schäffer, U., Einführung in das Controlling, 12. Auflage, Stuttgart 2008.

Welge, M., Informale Steuerungsmechanismen zur Optimierung globaler Geschäfte, in: *Kutschker, M.* (Hrsg.): Management verteilter Kompetenzen in multinationalen Unternehmen, Wiesbaden 1999, 1–24.

Williams, K., IMA issues new definition of Management Accounting, in: Strategic Finance, Vol. 90, Issue 7, 2009, 23.

Wiswede, G., Soziologie. Grundlagen und Perspektiven für den wirtschafts- und sozialwissenschaftlichen Bereich, Landsberg/Lech 1998.

Young, S.M., Participative Budgeting: The Effects of Risk Aversion and Asymmetric Information on Budgetary Slack, in: Journal of Accounting Research, Vol. 23, 1985, 829–842.

Yu, W., Motivational and demotivational factors in enterprises, in: Chinese Journal of Applied Psychology, Vol. 6, 1991, 5–14.

Yuen, D. C., Goal characteristics, communication and reward systems, and managerial propensity to create budgetary slack, in: Managerial Auditing Journal, Vol. 19, Issue 4, 2004, 517–532.

Zünd, A., Zum Begriff des Controlling – Ein umweltbezogener Erklärungsversuch, in: *Goetzke, W./Sieben, G.* (Hrsg.): Controlling – Integration von Planung und Kontrolle, Köln 1979, 15–26.

Zünd, A., Controlling und Revision der internationalen Unternehmenstätigkeit, in: *Kumar, B.N./Haussmann, H.* (Hrsg.): Handbuch der Internationalen Unternehmenstätigkeit, München 1992, 913–930.

Zur Notwendigkeit eines Steuercontrollings trotz der Berücksichtigung von Steuerlatenzen in der internationalen Rechnungslegung

Sabine Urnik/Michaela Fellinger

Management Summary

In kapitalmarktorientierten und am internationalen Markt tätigen Konzernen wird die Konzernsteuerquote als Ziel- und Kontrollgröße sowie als Messgröße zur Beurteilung von Konzernsteuerabteilungen eingesetzt. Da die Konzernsteuerquote nicht auf Zins- und Liquiditätseffekte reagiert, ist diese nur durch Maßnahmen, welche die Gesamtsteuerbelastung senken, zu steuern. Aufgrund des nach internationalen Rechnungslegungsgrundsätzen gem. IAS 12 verpflichtenden Ansatzes aktiver und passiver latenter Steuern wird die an Zahlungsströmen orientierte Betrachtungsweise klassischer Bilanzpolitik vernachlässigt. Dies steht im Widerspruch zum allgemeinen Ziel der Steuerplanung, welches an der Steuerbarwertminimierung ausgerichtet wird. Zudem werden die klassischen Ziele der Steuerbilanzpolitik, die sich auf das Ausnutzen steuerlicher Bilanzierungs- und Bewertungswahlrechte sowie Bewertungsspielräume konzentrieren, irrelevant, weil die Absenkung des tatsächlichen Steueraufwandes mit einer entsprechenden Erhöhung des latenten Steueraufwandes korrespondiert. Der Beitrag zeigt im Ergebnis die Notwendigkeit, die jeweiligen Liquiditätsbezüge der entsprechenden Steuerzahlungen im System der Kennzahlen zur Beurteilung von Konzernsteuerabteilungen zu integrieren.

1. Themenzugang und Abgrenzung

Der hier zu untersuchende Themenbezug ist im Schnittstellenbereich mehrerer Teildisziplinen der Betriebswirtschaftslehre – dem Controlling, der Betriebswirtschaftlichen Steuerlehre sowie der Betriebswirtschaftlichen Unternehmensführung – angesiedelt. Dabei kann das Controlling in einem koordinationsorientierten Konzept[1] als ein Subsystem der Führung gesehen werden, „das Planung, Steuerung und Kontrolle mit der Informationsversorgung zielorientiert koordiniert".[2] Innerhalb des Planungsprozesses des Unternehmens kommt dem Controlling insofern eine besondere Bedeutung zu, als auf Basis der Teilkomplexe Zielplanung, Potenzialplanung und Aktionsplanung ein „integriertes Planungssystem" geschaffen werden soll. Dabei ist die „Unternehmensplanung als Instrument der Unternehmensführung […] nicht frei von Grenzen".[3] Planung ist als eine Prognoseerstellung keine exakte Wissenschaft, da sich Umweltentwicklungen nicht (immer) vorhersehen lassen.[4] Aus der Sicht der Funktion des Controllings wird es der Unternehmensführung nun ermöglicht, „die Unternehmung zielorientiert an Umweltveränderungen anzupassen und die dazu erforderlichen Steuerungsaufgaben wahrzunehmen".[5]

Da sich an die durch die Unternehmensführung getroffenen Entscheidungen i.d.R. steuerliche Konsequenzen knüpfen, kommt der „Steuerwirkungslehre" als Teildisziplin

---

[1] Zur steigenden Bedeutung der Koordinationsfunktion des Controllings in der jüngeren Vergangenheit vgl. *Haeseler*, 2010, 383. Zur Übersicht der wesentlichen Vertreter des koordinationsorientierten Controllingansatzes siehe *Barth/Barth*, 2008, 36.

[2] *Horváth*, 1993, 322.

[3] *Hammer*, 2011, 83.

[4] Ausführlich zu den Mängeln der Planung siehe bspw. *Hammer*, 2011, 84.

[5] *Horváth*, 1993, 322.

der Betriebswirtschaftlichen Steuerlehre besondere Bedeutung zu:[6] Dabei wird die Wirkung von Steuernormen einerseits im Kontext der konstitutiven Unternehmensentscheidungen (insbesondere Standort- und Rechtsformentscheidungen; Entscheidungen hinsichtlich möglicher Unternehmenskonzentrationen bzw. -aufspaltungen), andererseits in Bezug auf weitere bedeutsame nicht-konstitutive Entscheidungen im Zusammenhang mit der operativen Planung[7] untersucht.[8]

Dabei führt die Berücksichtigung der Besteuerung häufig zu einer Änderung in der Rangfolge von Handlungsalternativen. Werden Steuern bei der Formulierung von Entscheidungsmodellen daher (völlig) ausgeklammert, führt dies zum Vorwurf der fehlenden Praxisrelevanz und Realitätsferne der Betriebswirtschaftslehre.[9] Die „Gestaltung" der Besteuerung – ebenfalls eine Teildisziplin der Betriebswirtschaftlichen Steuerlehre – bedeutet nun, dass die die Steuerpflicht auslösenden Sachverhalte (innerhalb des rechtlich zulässigen Rahmens) beeinflussbar sind. Der diesbezügliche laufende Prozess, bei dem die jeweiligen – insbesondere konstitutiven – Aspekte revolvierend in Bezug auf ihre steueroptimale Ausgestaltung überprüft werden, ist nicht nur wegen der Gewichtigkeit der steuerlichen Belastung der Unternehmensgewinne unerlässlich, vielmehr macht die mit der Besteuerung verbundene Ungewissheit aufgrund der Komplexität, Unbestimmtheit und Unbeständigkeit der steuerlichen Vorschriften eine entsprechende laufende Planung notwendig.[10]

Ohne an dieser Stelle die Diskussion der Aufgaben oder Ziele des Steuercontrollings weiter zu vertiefen (siehe hierzu ausführlich bereits *Machtinger* in diesem Band), soll in unserem Verständnis das Steuercontrolling das im Prozess der Planung entstehende Aufgabenbündel insbesondere der Steuerplanung, der Steuerkontrolle und -verwaltung erfüllen.[11] In einer Organisationseinheit betrachtet[12], stellt das Steuer-Controlling eine zentralisierte Koordinationsstelle dar, die für die Berücksichtigung von Steuerwirkungen in der Unternehmensplanung sorgt und eine Abstimmung dergestalt vornimmt, dass die Erreichung der Ziele des Unternehmens sichergestellt werden kann.[13] In Bezug auf international tätige Unternehmen erfordern Steuerplanungsaufgaben freilich einen erhöhten Koordinationsbedarf, da vor dem Hintergrund der national unterschiedlich ausgestalteten Steuersysteme das jeweils individuelle Steuerbelastungssystem und seine jeweiligen Vorteile zu analysieren, laufend zu beobachten und in einem gemeinsamen Fokus zu optimieren sind. Es werden Besteuerungslücken ausgenutzt, welche durch das Zusammenwirken von unterschiedlichen nationalen Steuerrechtsbestimmungen oder Doppelbesteuerungsabkommen der Staaten entstehen.

---

[6] Neben der Steuerwirkungslehre gelten die Steuerrechtsnormendarstellung, die Steuerplanungslehre und die normative Steuerlehre als Teilbereiche der Betriebswirtschaftlichen Steuerlehre. Ausführlich zu den Teilbereichen und Methoden der Betriebswirtschaftlichen Steuerlehre siehe *Djanani/Pummerer*, 2010, 8 ff.

[7] Zur Bedeutung der operativen Planung in Bezug auf funktionsbezogene und faktorbezogene Pläne sowie deren Verbindung zur Betriebswirtschaftlichen Steuerlehre siehe *Urnik/Fellinger*, 2012, 140 f.

[8] Vgl. *Haeseler*, 2010, 383.

[9] Vgl. *Herzig/Zimmermann*, 1998, 1141–1150 unter Hinweis auf *Fischer*, 1974, 5.

[10] Vgl. *Horváth*, 2009, 246 f. m.w.N.

[11] Vgl. *Horváth*, 2009, 246 m.w.N.

[12] Vgl. *Haeseler*, 2010, 395.

[13] Vgl. *Horváth*, 2009, 254.

Nimmt man die Konzernsteuerquote als Ziel- und Kontrollgröße sowie als Messgröße zur Beurteilung von Konzernsteuerabteilungen[14], wird durch den gem. IAS 12 verpflichtenden Ansatz von latenten Steuern in der internationalen Rechnungslegung zunächst eine kompensatorische Wirkung ersichtlich: In die Konzernsteuerquote soll nicht jene Steuerbelastung einfließen, die sich durch die Ausnutzung steuerlicher Wahlrechte ergibt und sich daher im Zeitablauf wieder ausgleicht, sondern eine Steuerbelastung, die sich bei einer unmittelbaren Besteuerung des nach internationalen Vorschriften ermittelten Ergebnisses ergibt. Diese temporären Unterschiede in den Bemessungsgrundlagen werden daher einerseits zwischen unternehmensrechtlicher und steuerrechtlicher Ermittlung des Gewinns und andererseits zwischen steuerrechtlicher Gewinnermittlung und internationaler Rechnungslegung durch die Berücksichtigung latenter Steuerpositionen in der Bilanz und Gewinn- und Verlustrechnung ausgeglichen. Aus diesen Überlegungen kann zunächst zu Recht abgeleitet werden, dass als zentrale Aufgabe des Steuercontrollings in international auftretenden Konzernen die Identifizierung von permanenten Differenzen, die sich im Zeitablauf nicht ausgleichen und für die keine Steuerabgrenzungen zu bilden sind, gesehen wird. Die Konzernsteuerquote ist daher nur durch permanente Differenzen wie bspw.[15] steuerfreie Erträge und nicht abzugsfähige Betriebsausgaben sowie insbesondere von der Höhe der tariflichen Steuersätze auf Unternehmensgewinne beeinflussbar.[16] (Auch) Diese Überlegungen werden im Beitrag von *Machtinger* in diesem Band ausführlich dargelegt.

Weil die Konzernsteuerquote nicht auf eine rein zeitliche Verlagerung steuerlicher Ergebnisse reagiert, soll in diesem Beitrag nun der Frage nachgegangen werden, ob im Zuge des Steuercontrollings in internationalen Konzernen einer der Hauptaufgaben der Steuerplanung[17], die auf die optimale Gestaltung der Bilanzierungs- und Bewertungswahlrechte ausgerichtet ist, nun keine bzw. nur geringere Bedeutung zugemessen werden könnte. Darüber hinaus soll in Bezug auf die Verwendung der Konzernsteuerquote, die keine Zins- und Liquiditätseffekte abbildet, überlegt werden, ob diese den geeigneten Maßstab zur Beurteilung von Konzernsteuerabteilungen darstellen kann.

Hierzu wird zunächst das Konzept der latenten Steuern näher vorgestellt, ferner der Bezug zum Steuercontrolling im Rahmen der Steuerplanung hergestellt und schließlich untersucht, anhand welcher Adaptierungen andere Maßgrößen außerhalb der Konzernsteuerquote für die Beurteilung einer effektiven Steuerpolitik von kapitalmarktorientierten Unternehmen, die ihren Jahresabschluss nach internationalen Rechnungslegungsstandards aufzustellen haben, zu ermitteln wären.

---

[14] Vgl. bspw. *Aktay/Ries*, 2008, 761. Zu den weiteren Funktionen siehe *Herzig/Dempfle*, 2002, 1. Insbesondere durch den Einfluss der Steuerquote auf die Kennzahl „earnings per share" entwickelt sie Bedeutung auch aus Sicht potenzieller Kapitalgeber.

[15] Ursachen für permanente Differenzen wären etwa in Bezug auf steuerlich nicht abzugsfähige Aufwendungen bspw. Repräsentationsaufwendungen oder in Bezug auf steuerfreie Erträge bspw. Schachtelbeteiligungserträge i.V.m. steuerfreien Veräußerungsgewinnen: vgl. *Nowotny*, 2011, § 198 Rz. 172.

[16] Vgl. *Zielke*, 2006, 2587; *Machtinger* in diesem Band. Zur Nutzung von Steuersenkungspotenzialen im Zusammenhang mit der Vermeidung steuerlicher Ineffizienz und der Nutzung des internationalen Steuergefälles und der Generierung sog. weißer Einkünfte siehe *Herzig/Dempfle*, 2002, 5 ff. Zur beispielhaften Berechnung siehe etwa *Spengel/Kamp*, 2008, 519 ff.

[17] Vgl. *Horváth*, 2009, 249 ff. m.w.N.

2. Das Konzept der latenten Steuern nach IAS 12

2.1. Grundlegendes

Die Definition, der Ausweis und die Darstellung der Steuerquote sind in IAS 12 geregelt.

Im Zuge des dort verankerten Liability-Konzepts (Temporary-Konzept), dessen Ziel der zutreffende Ausweis der Vermögenslage ist, sind aktive und passive Steuern zwingend zu bilanzieren.[18] Im Sinne dieses bilanzorientierten, statischen Ansatzes bezieht man sich auf Differenzen, die aus Bewertungsunterschieden resultieren, die in ihrer Entstehung als auch in ihrer Abwicklung zu unterschiedlichen Wertansätzen (Buchwerten) von Vermögensgegenständen und Schulden zwischen Konzern- und Steuerbilanz führen. Durch den Bezug auf den Bilanzansatz der Vermögenswerte und Schulden unterliegen nach dem Temporary-Konzept neben erfolgswirksamen Differenzen auch jene Unterschiede den Vorschriften für latente Steuern, welche nicht ergebniswirksam gebildet wurden.[19] Dies betrifft erfolgsneutrale Bilanzdifferenzen, die etwa dann entstehen, wenn die Aufwertung eines Vermögenswertes direkt in die Neubewertungsrücklage (Eigenkapital) gebucht wird.[20] Multipliziert man die Differenz zwischen Buchwert einer Bilanzposition der Konzernbilanz und dem entsprechenden Wert der Steuerbilanz mit dem Steuersatz, so ergibt sich daraus eine latente Steuerschuld bzw. -forderung. IAS 12.47 stellt klar, dass der auf das Steuersubjekt „Unternehmen" bezogene Steuersatz im Zeitpunkt der Umkehr des Effekts, der zum Stichtag gültig oder angekündigt ist, anzuwenden ist; bei von der Gewinnhöhe abhängigen unterschiedlichen Steuersätzen ist nach IAS 12.49 ein durchschnittlicher Ertragsteuersatz zu verwenden.[21] Die Notwendigkeit von Steuerabgrenzungen ergibt sich in Österreich für Kapitalgesellschaften: Es ist daher ein linearer Körperschaftsteuersatz von 25 % anzusetzen. Eine Abzinsung der Steuerabgrenzungsbeträge ist nicht vorzunehmen.[22]

Voraussetzung ist, dass sich diese Wertdifferenzen im Zeitablauf auch wieder umkehren, es sich also um temporäre Differenzen handelt.[23] Ebenfalls ist die Berücksichtigung von quasi-permanenten Differenzen vorgesehen. Quasi-permanente Differenzen sind Abweichungen, die sich erst am Ende der Lebensdauer eines Unternehmens

---

[18] Vgl. auch IAS 12.15 und 12.24. Latente Steuern haben in den Abschlüssen nach IFRS erheblichen Umfang und sind daher von großer Bedeutung: siehe die Nachweise bei *Zwirner/Busch/Reuter*, 2003, 1046.

[19] Vgl. *Pellens* u.a., 2008, 221; *Schulz-Danso*, 2009, § 25 Rz. 38 ff.; *Striegel*, 2011, IAS 12 Rn. 6.

[20] Vgl. *Risse*, 2010, 25 f.

[21] Andere ertragsunabhängige Steuern (bspw. Grunderwerb-, Grund-, Gesellschaftsteuer), die beim Erwerb von Vermögenswerten zu aktivieren sind bzw. sofort Aufwand der Periode darstellen, bleiben bei der Ermittlung des Zählers der Steuerquote unberücksichtigt: Sie mindern allerdings als ratierlicher Aufwand oder Sofortaufwand zur Gänze den Nenner dieser Kennziffer. Vgl. auch *Spengel/Kamp*, 2008, 515 f.; *Zielke*, 2006, 2585.

[22] Vgl. IAS 12.53 und für die Begründung das Abzinsungsverbotes IAS 12.54. Vgl. u.a. auch *Striegel*, 2011, IAS 12 Rn. 92; *Schulz-Danso*, 2009, § 25 Rz. 174 f.

[23] Ausführlich zu den Ansatzkriterien siehe IAS 12.24 i.V.m. IAS 12.35 ff.; zu den Ausnahmen beim erstmaligen Ansatz von Vermögenswerten und Schulden siehe IAS 12.15 und 12.24; zu den Sonderregelungen für Anteile an Tochterunternehmen, assoziierte Unternehmen und Joint Ventures siehe IAS 12.39 und IAS 12.44.

ausgleichen oder zur Umkehr einer besonderen Disposition des Bilanzierenden bedürfen.[24]

Zudem sieht IAS 12.34 bis 36 die Bilanzierung von latenten Steuern für Verlustvorträge, die zu einem ökonomischen Vorteil führen, vor. Als Tatbestandsvoraussetzung muss wahrscheinlich ein künftig zu versteuerndes Ergebnis zur Verfügung stehen, welches gegen die angesetzten Steuerabgrenzungspositionen verrechnet werden kann. Als subjektive Einschätzung unterliegt diese Regelung einem für das Management nicht unerheblichen Spielraum; einen Zeitraum für diese Prognose gibt IAS 12 nicht vor.

Von besonderer Bedeutung ist die Verpflichtung zur Veröffentlichung einer Überleitungsrechnung, mit der der Unterschied zwischen effektiver Ertragsteuerbelastung und dem für den Konzern maßgebenden Konzernsteuersatz dokumentiert wird.

2.2. Unterschiede in den Buchwerten von Vermögenswerten und Schulden

Die aktiven oder passiven Steuerlatenzen können durch folgende Wertdifferenzen der Buchwerte auftreten:

Aktive latente Steuern	Passive latente Steuern
Aktivposten (Vermögenswerte): **Wertansatz Konzernbilanz < Wertansatz Steuerbilanz**	**Aktivposten** (Vermögenswerte): **Wertansatz Konzernbilanz > Wertansatz Steuerbilanz**
Passivposten (Verbindlichkeiten oder Rückstellungen): **Wertansatz Konzernbilanz > Wertansatz Steuerbilanz**	**Passivposten** (Verbindlichkeiten oder Rückstellungen): **Wertansatz Konzernbilanz < Wertansatz Steuerbilanz**

Während also künftige geringere steuerliche Bemessungsgrundlagen zu einer künftigen geringeren Ertragsteuerbelastung und daher zur Bildung eines Aktivpostens für latente Steuern führen, ergeben künftige höhere Steuerbemessungsgrundlagen künftige höhere Steuerbelastungen und werden über eine Steuerverbindlichkeit berücksichtigt.
Zu einem Aktivierungsgebot führen Umstände[25], bei denen

- Vermögenswerte in der Konzernbilanz niedriger bewertet werden als in der Steuerbilanz (etwa durch eine kürzere Nutzungsdauer; durch eine nach dem Impairment-Test vorgenommene Abschreibung) oder Vermögenswerte in der Steuerbilanz angesetzt werden, in der Konzernbilanz jedoch ein Aktivierungsverbot vorgesehen ist;
- Schulden in der Konzernbilanz höher bewertet werden als in der Steuerbilanz (bspw. durch die i.R.d. der Fair-value-Bewertung vorgesehenen Aufwertungsmöglichkeiten)

---

[24] Aufgrund der dem UGB zu Grunde gelegten Prämisse des Going Concern dürfen im nationalen Unternehmensrecht jedoch solche Differenzen, die sich ggf. erst bei Aufgabe des Geschäftsbetriebes umkehren, nicht angesetzt werden: vgl. *Bach/Hopf*, 1997, W 30. Zu den quasi-permanenten Differenzen zählen etwa abweichende Buchwerte des nicht abnutzbaren Vermögens: vgl. z.B. *Schulz-Danso*, 2009, § 25 Rz. 42.
[25] Zu Beispielen für aktive Steuerabgrenzungen siehe bspw. *Bach/Hopf*, 1997, W 30 f.; *Denk* u.a., 2010, 459.

bzw. Schulden in der Konzernbilanz, nicht hingegen in der Steuerbilanz anzusetzen sind (etwa aufgrund der Beschränkungen i.Z.m. Rückstellungen in § 9 i.V.m. § 14 EStG).

In der internationalen Rechnungslegung ist allerdings zu überprüfen, ob eine spezifische Ausnahmeregelung besteht: als nicht abgrenzungsfähige Ausnahmen gelten[26]

- erfolgsneutrale Unterschiede bei Erstverbuchungen (IAS 12.24 [b], 12.33);
- Differenzen aus Beteiligungen, bei denen das die Beteiligung haltende Unternehmen ihre Auflösung bestimmen kann und die Auflösung wahrscheinlich nicht in naher Zukunft zu erwarten ist (IAS 12.44).

Zu einem Passivierungsgebot führen Umstände[27], bei denen

- Vermögenswerte in der Konzernbilanz höher bewertet werden als in der Steuerbilanz (etwa bei längeren Nutzungsdauern, höheren aktivierungsfähigen Herstellungskosten, steuerlich nicht anerkannten Anschaffungskosten, Neubewertung der langfristigen Vermögenswerte, Aufwertungsverpflichtung nach erfolgter Impairment-Abwertung) bzw. Vermögenswerte in der Konzernbilanz, nicht hingegen in der Steuerbilanz angesetzt werden (bspw. das Aktivierungsverbot selbst erstellter immaterieller Wirtschaftsgüter);
- Schulden in der Konzernbilanz niedriger bewertet sind als in der Steuerbilanz (bspw. durch die Abzinsung bei langfristigen Schulden) bzw. Schulden in der Steuerbilanz, nicht hingegen in der Konzernbilanz angesetzt sind (etwa im Bereich von Rückstellungen).

Als nicht abgrenzungsfähige Ausnahmen gelten

- Differenzen aus einem Goodwill, für den keine steuerliche Abschreibung zusteht (IAS 12.15 [a], 12.21);
- erfolgsneutrale Unterschiede bei Erstverbuchungen eines Vermögenswertes oder einer Schuld, falls diese Differenzen nicht aus einer Unternehmensakquisition resultieren (IAS 12.15 [b], 12.22);
- Differenzen aus Beteiligungen, bei denen das die Beteiligung haltende Unternehmen ihre Auflösung bestimmen kann und die Auflösung wahrscheinlich nicht in naher Zukunft zu erwarten ist (IAS 12.15, 12.39)

Folgendes Beispiel soll die Errechnung und Entwicklung von aktiven Steuerlatenzen durch Vergleich der Buchwerte dokumentieren:

Beispiel:

In Periode 01 wird nach internationalen Grundsätzen eine pauschale Drohverlustrückstellung i.H.v. 10 gebildet. Steuerlich ist die Bildung einer pauschalen Rückstellung nicht erlaubt (vgl. § 9 Abs. 3 EStG). In Periode 02 werden 2, in Periode 03 wird der restliche Rückstellungsbetrag i.H.v. 8 schlagend. Der Unternehmenssteuersatz beträgt 25 %.

---

[26] Vgl. bspw. *Pellens* u.a., 2008, 224; *Schulz-Danso*, 2009, § 25 Rz. 93 ff.
[27] Zu Beispielen für passive Steuerabgrenzungen siehe bspw. *Bach/Hopf*, 1997, W 30 f.; *Denk* u.a., 2010, 459.

Durch die Bildung einer aktiven latenten Steuerposition muss die temporäre Differenz, die in künftigen Perioden zwingend einen Umkehreffekt intendiert, berücksichtigt werden.

	Jahr 01		Jahr 02		Jahr 03	
	Konzern-bilanz	Stl. An-satz	Konzern-bilanz	Stl. An-satz	Konzern-bilanz	Stl. An-satz
Umsatz	100	100	100	100	100	100
Zuführung RSt	−10	−				
Inanspruchnahme RSt				−2		−8
So. Aufwand	−40	−40	−40	−40	−40	−40
Jahresergebnis vor Steuern	50	60	60	58	60	52
Laufender Steueraufwand	−15	−15	−14,5	−14,5	−13	−13
Latente Steuern	2,5[28]		−0,5		−2,0	
Gesamter Steueraufwand	−12,5	−15	−15	−14,5	−15	−13
Jahresergebnis nach Steuern	37,5	45	45	43,5	45	39
Steuerquote[29]	25 %	25 %	25 %	25 %	25 %	25 %

Oben angeführtes Beispiel führt also zu temporären Unterschieden, die in künftigen Perioden steuerlich abzugsfähige Beträge begründen und die steuerliche Bemessungsgrundlage mindern, wenn die Schuld erfüllt wird. Diese Differenz liegt vor, wenn der Buchwert des Passivums einen höheren Wert aufweist als der steuerliche Wert. Durch die aktiv- oder passivseitige Aufnahme in der Bilanz kommt es als Gegenbuchung zudem zu einer Erweiterung der Position „Steuern vom Einkommen und Ertrag" in der Gewinn- und Verlustrechnung. Neben dem effektiven Steueraufwand beinhaltet diese Position nunmehr auch latente Ertragsteueraufwendungen oder -erträge.

2.3. Berücksichtigung steuerlicher Verlustvorträge

Neben dem Umstand, dass die Bilanzierung aktiver latenter Steuern auf abzugsfähigen temporären Differenzen, die im Zeitpunkt der Umkehrung zu einer Minderung der steuerlichen Bemessungsgrundlage führen, basiert, können ferner steuerliche Verlustvorträ-

---

[28] Berechnet aus: (Wert der Rückstellung nach IFRS – steuerlicher Wert der Rückstellung) * 25 % (Steuersatz).

[29] Gesamter Steueraufwand in % des Jahresergebnisses vor Steuern.

ge, die durch die Minderung des steuerlichen Ergebnisses im Zuge einer Verlustverrechnung gleichfalls in der Zukunft einen Steuervorteil erbringen, eine aktive Steuerlatenz begründen.[30] Der ökonomische Vorteil dieser Steuerlatenz ist nach den Vorgaben von IAS 12 gesetzlich zwingend zu aktivieren, sofern aufgrund von Planungsrechnungen in zukünftigen Perioden mit Gewinnen gerechnet werden kann. Evident ist die große Unsicherheit in der Einschätzung, ob mit einer Steuerbelastung in den Folgeperioden überhaupt gerechnet werden kann, um die künftige Nutzung des ökonomischen Steuervorteils zu ermöglichen. Dass eine Wahrscheinlichkeit der Verlustnutzung über 50 % liegt („more likely than not"), wird umso schwieriger argumentierbar, als Verlustvorträge in der Vergangenheit nicht genutzt werden konnten. Die Werthaltigkeit ist an jedem Bewertungsstichtag zu überprüfen.[31] Folgendes **Beispiel** soll die Bildung aktiver Steuerlatenzen durch Verlustvorträge verdeutlichen:[32]

Beispiel:

Ein Unternehmen weist per 31.12.01 erstmals einen unbeschränkt vortragsfähigen Verlust i.H.v. € 500.000,– aus. Das Unternehmen prognostiziert für die folgenden fünf Jahre jeweils € 150.000,– als nach internationalen Grundsätzen ermitteltes Konzernergebnis. Ferner verfügt das Unternehmen per 31.12.01 über aktive latente Steuern aus temporären Differenzen i.H.v. € 600.000,–, die sich gleichmäßig über die folgenden sechs Jahre auflösen werden, sowie passive latente Steuern aus temporären Differenzen i.H.v. € 150.000,–, die sich voraussichtlich in den nächsten drei Jahren auflösen werden: Auch diese nicht „nachhaltig" anfallenden Komponenten gehen in die Ergebnisprognose ein. Der Steuersatz beträgt konstant 25 %.

	Konzernergebnis nach IFRS	Auflösung aktiver latenter Steuern	Auflösung passiver latenter Steuern	Steuerliches Ergebnis
01	150.000	−100.000	50.000	100.000
02	150.000	−100.000	50.000	100.000
03	150.000	−100.000	50.000	100.000
04	150.000	−100.000		50.000
05	150.000	−100.000		50.000
Gesamtes steuerliches Ergebnis = maximal verrechenbarer Verlustvortrag				400.000
Aktive latente Steuer aus steuerlicher Verlustverrechnung (25 %)				100.000

---

[30] Vgl. IAS 12.34; *Pellens* u.a., 2008, 223 f.; *Striegel*, 2011, IAS 12 Rn. 15, 38.
[31] Vgl. *Pellens* u.a., 2008, 223 f.; *Schulz-Danso*, 2009, § 25 Rz. 50 ff., 61 ff., 73 ff. und 176; *Striegel*, 2011, IAS 12 Rn. 62, 72, 84.
[32] Vgl. *Urnik/Haas/Niedermoser*, 2008, 332 f.; ähnlich bspw. *Kirsch*, 2008, 285; *Pellens* u.a., 2008, 224 m.w.N.

Ein Teil (€ 400.000,–) der gesamten Höhe von € 500.000,– an Verlusten ist daher in zukünftigen positiven Ergebnissen gedeckt; diese Verlustvorträge führen zu latenten Steuerforderungen in Höhe von € 100.000,– und werden als Vermögenswert behandelt. Ein voll ausgleichsfähiger Verlust bleibt daher ohne positive oder negative Auswirkung auf die Konzernsteuerquote. Wirkt sich ein Verlust steuerlich nicht aus, verringert sich durch den Verlust zunächst der Jahresüberschuss; in Bezug auf den im Zähler unverändert gebliebenen Steueraufwand wirkt sich dies negativ auf die Steuerquote aus. Gleichzeitig ist ein steuerlicher Verlustvortrag, der in keiner latenten Steuerposition berücksichtigt werden kann, ein Indiz für eine nachhaltig schlechte Ertragslage des Unternehmens.[33]

Weist der Konzern ein negatives Konzernergebnis aus und sind die zu Grunde liegenden Verluste werthaltig, führt die Erfassung latenter Steuern auf die Verluste zu einem Steuerertrag: Setzt sich die Konzernsteuerquote aus einem negativen Zähler (Steuerertrag) und einem negativen Nenner (negatives Jahresergebnis vor Steuern) zusammen, liegt die Besonderheit in der Interpretation der Konzernsteuerquote darin, dass sich die Unternehmung dann in einer besseren steuerlichen Situation befindet, wenn die tatsächliche Konzernsteuerquote in diesem Fall die erwartete Steuerquote übersteigt.[34]

In Österreich sind Verlustvorträge zeitlich unbegrenzt vortragsfähig. Obwohl in Österreich durch die Verlustverrechnungsgrenze lediglich 75 % des Einkommens an Verlusten in einer Periode verrechnet werden dürfen, werden latente Steuern nach IAS 12 nicht abgegrenzt, wodurch sich auch eine zeitlich unterschiedliche Nutzung des Verlustvortrages nicht auf die Höhe des Bilanzansatzes auswirkt. Ein Abschlag ist nicht vorzunehmen, weil die Verlustverrechnungsgrenze nicht zu einer betragsmäßigen effektiven Kürzung, sondern lediglich zu einer Verlängerung der Nutzungsperiode führt.[35]

2.4. Steuerliche Überleitungsrechnung

Nach IAS 12.81 ist als Teil des Anhanges in einer Überleitungsrechnung (Tax Rate Reconsiliation) erläuternd die Steuerquote darzustellen, indem entweder die Überleitung vom erwarteten zum tatsächlichen Steueraufwand gezeigt oder die Überleitung vom erwarteten zum effektiven Steuersatz dokumentiert wird. Als Steuersatz wird i.d.R. der Steuersatz des Sitzlandes der Muttergesellschaft angewendet.[36] Als Beispiel[37] für eine mögliche Gliederung einer Überleitungsrechnung soll folgende Tabelle dienen; die Struktur der Überleitungsrechnung wird in IAS 12 nicht standardisiert vorgegeben:[38]

---

[33] Vgl. *Spengel/Kamp*, 2008, 523.
[34] Vgl. *Hannemann/Pfeffermann*, 2003, 730.
[35] Vgl. *Kirsch*, 2008, 286 Fn. 36.
[36] Vgl. *Spengel/Kamp*, 2008, 516; vgl. auch die Ergebnisse bei *Aktay/Ries*, 2008, 762 f.
[37] Modifiziert in Anlehnung an *Zielke*, 2006, 2586.
[38] Zu detaillierteren Gliederungsbeispielen einer Überleitungsrechnung vgl. bspw. *Kirsch*, 2003, 703 ff.; *Kirsch*, 2008, 282 ff.; *Dahlke/Eitzen*, 2003, 2237 ff.; *Loitz*, 2008, 1393 f.; *Schulz-Danso*, 2009, § 25 Rz. 197 ff.; *Striegel*, 2011, IAS 12 Rn. 116 f.

Beträge in T€	01	02
Konzernergebnis vor Steuern	1.000	1.500
* inländischer erwarteter Steuersatz (KöSt)	25 %	25 %
Erwarteter Steueraufwand auf das Konzernergebnis	250	375
+/–Modifikationen aufgrund struktureller Einflussfaktoren		
Periodische Einflussfaktoren		
Steueranteil auf permanent steuerfreie Erträge[39]	–140	–135
Steueranteil Unterschiede aus inländischen Steuersätzen	–	–
Steueranteil Unterschiede aus ausländischen Steuersätzen[40]	–30	–
Steueranteil für steuerlich permanent nicht abzugsfähige Betriebsausgaben[41]	+90	+90
Steueranteil für nicht anrechenbare ausländische Quellensteuern	–	–
Aperiodische Einflussfaktoren		
Steueranteil auf steuerfreie Beteiligungsveräußerungen[42]		–10
Periodenfremde tatsächliche Ertragsteuern[43]	+40	
Steueranteil für steuerlich nicht abzugsfähige Goodwill-Abschreibungen		
+/–Modifikationen aufgrund von Steuerreformen		
Tatsächlicher ausgewiesener Ertragsteueraufwand	210	320
Sonstige Steuereffekte[44]		
Effektiver Steuersatz	21 %	21,33 %

Mit der Überleitungsrechnung werden Hinweise auf strukturelle Komponenten der Konzernsteuerquote oder Sondereffekte gegeben; sie zeigt darüber hinaus die wesentlichen Anknüpfungspunkte zur Reduktion des Ertragsteueraufwands. Bezugnehmend auf diese Positionen der Überleitungsrechnung sollen steuergestalterische Maßnahmen durchgeführt werden.

---

[39] Bspw. befreite Schachtelbeteiligungserträge gem. § 10 KStG.
[40] Bspw. Nutzung des internationalen Steuergefälles; komplexe Finanzierungsstrategien.
[41] Beispiele wären etwa: Korrekturen zu Abschreibungen aus Anlagevermögen (resultierend aus steuerlich nicht anerkannten unangemessenen Anschaffungskosten sowie steuerrechtlich nicht anerkannter Abschreibungsmethoden bzw. Nutzungsdauern), pauschale Wertberichtigung von Forderungen gem. § 6 Z 2a EStG, Beteiligungsabschreibungen, für welche das Steuerrecht gem. § 12 Abs. 3 Z 2 KStG eine Verteilung über sieben Jahre vorsieht, steuerlich nicht (in der Höhe) zulässige Rückstellungen gem. § 9 EStG; steuerlich nicht abzugsfähige Ausgaben gem. § 12 KStG i.V.m. § 20 EStG (z.B. steuerlich nicht abzugsfähige Spenden, Repräsentationskosten und Bewirtungsaufwendungen, Aufsichtsratsvergütungen).
[42] Bspw. befreite Schachtelbeteiligungsveräußerungen gem. § 10 KStG.
[43] Bspw. Steuernachzahlungen bzw. Steuergutschriften im Rahmen von Betriebsprüfungen.
[44] Zur Bedeutung dieser Position vgl. *Aktay/Ries*, 2008, 763 f.

3. Die klassischen Ziele der Steuerplanung

Aus betriebswirtschaftlicher Sicht stellen Steuern negative Zielbeiträge dar, die die Vorteilhaftigkeit unternehmerischer Entscheidungen beeinflussen können. Unternehmen werden in Anbetracht der negativen Wirkung von Steuerzahlungen bestrebt sein, diese so weit wie möglich zu vermeiden bzw. zu minimieren. Betriebswirtschaftliche Steuerplanung ergänzt daher die betriebswirtschaftliche Planung, die durch auf die Zukunft gerichtete Entscheidungen hinsichtlich der Handlungsalternativen den betrieblichen Prozessablauf als Ganzes und in seinen Teilbereichen festlegt. Da die steuergesetzlichen Materien regelmäßig durch zum Teil umfangreiche Reformen verändert werden, bedarf es einer kontinuierlichen Befassung mit den steuerlichen Vorschriften und einer ständigen Rückkoppelung zur Abstimmung der Erreichung der Unternehmensziele.[45]

Weil die steuerrechtlichen Bemessungsgrundlagen nicht unmittelbar an wirtschaftlich relevante Zielgrößen anknüpfen, wird die optimale Handlungsalternative durch die Besteuerung verstärkt beeinflusst. Ersichtlich wird dies insbesondere im Bereich der Investitionsplanung, bei der Investitionsentscheidungen auf Basis der Ermittlung eines Kapitalwerts getroffen werden, der sich bereits in seiner konzeptionellen Herleitung erheblich vom steuerrechtlichen Gewinn unterscheidet. Im Bereich der Investitionsplanung und der Beurteilung anhand von (dynamischen) Investitionsrechenverfahren im Rahmen des Kapitalwertmodells ist zunächst auszuführen, dass entscheidungsorientiert aufgezeigt werden soll, ob und in welchem Ausmaß wirtschaftlich vergleichbare Sachverhalte unter Berücksichtigung von Steuern unterschiedlich behandelt werden. Dabei ist das Ziel „Maximiere das Nettoergebnis nach Steuern" jedenfalls dann sinnvoll, wenn sich bei Einzelentscheidungen mehrere Alternativen lediglich durch ihre Steuerwirkungen unterscheiden: Auch bei gleich hoch erwarteten Einzahlungen führt etwa eine kürzere Nutzungsdauer von Investitionen in das Anlagevermögen durch eine dadurch zunächst erzielte geringere Gewinnbesteuerung zu einem entsprechenden Steuerbarwertvorteil.[46]

Der Kapitalwert einer Investition ergibt sich als Summe der auf einen Zeitpunkt t0 abgezinsten Ein- und Auszahlungen: Die Gewinnbesteuerung unter Berücksichtigung von Begünstigungen knüpft dabei an die Überschüsse abzüglich der Abschreibungen an, d.h. die Höhe der Steuerlast hängt wesentlich von der Höhe der steuerlich zulässigen (planmäßigen oder außerplanmäßigen) Abschreibung ab, wobei der Investitionsbetrag eben nicht als (erste) Auszahlung in t0 zu berücksichtigen ist, sondern für Zwecke der Steuerberechnung ratierlich im Zuge der Abschreibung. Gewinnsteuern (unter Berücksichtigung von Begünstigungen) stellen im Kapitalwertmodell eine zusätzliche Auszahlung dar, die den Kapitalwert der Investition vermindert.[47]

Da diese steuerlichen Modellrechnungen unter „Unsicherheit" zu erstellen sind, ist über das Steuercontrolling ein revolvierender Bezugsrahmen herzustellen, der Planvollziehung, Plandurchsetzung sowie Kontrolle gewährleistet: Die oben angesprochenen Unsicherheiten beziehen sich auf Steuerrechtsänderungen im Planungszeitraum, ferner auf Unsicherheiten über die wirtschaftlichen Folgen einer angekündigten Steuerrechts-

---

[45] Vgl. ausf. *Urnik/Fellinger*, 2012, 141 ff.
[46] Vgl. *Helml*, 2003, 641 m.w.N.
[47] Vgl. *Horváth*, 2009, 252.

änderung im Planungszeitraum sowie auf die Umwelt bei unverändertem Steuerrecht im Planungszeitraum.[48]

Die Konzernsteuerquote reagiert auf eine rein zeitliche Verlagerung steuerlicher Ergebnisse nicht: Während in den Barwert der Steuerzahlungen der zukünftige Steueraufwand nur in diskontierter Form eingeht, werden in der Konzernsteuerquote bestimmte zukünftige Steuerwirkungen in Form von latenten Steuern berücksichtigt, ohne dass eine Abzinsung erfolgt. Zudem werden die klassischen Ziele der Steuerbilanzpolitik, die sich (auch in dem oben aufgezeigten Barwertmodell) auf das Ausnutzen steuerlicher Bilanzierungs- und Bewertungswahlrechte sowie Bewertungsspielräume konzentrieren, irrelevant, weil die Absenkung des tatsächlichen Steueraufwandes mit einer entsprechenden Erhöhung des latenten Steueraufwandes korrespondiert.[49]

Auch ist in Bezug auf die Berechnung der Konzernsteuerquote der Zeitpunkt der Verlustverrechnung irrelevant. Unter Zins- und Liquiditätsaspekten ist eine sofortige Verlustverrechnung einer Bemessungsgrundlagenverringerung in späteren Jahren allerdings vorzuziehen. Im Zuge der Steuerbarwertbetrachtung sind Verlustverrechnungen umso vorteilhafter, je früher sie durchgeführt werden können.[50]

Um die an Zahlungsströmen orientierte Betrachtungsweise klassischer Bilanzpolitik auch im internationalen Gefüge zu integrieren, wäre die Betrachtung der Konzernsteuerquote um einen liquiditätsbezogenen Aspekt zu erweitern. Diese Erweiterung erscheint insbesondere dann erforderlich, wenn nach einer (zusätzlichen) Messgröße zur Beurteilung von Konzernsteuerabteilungen gesucht wird.

4. Erweiterung der Analyse unter Cashflow-Aspekten

Da die Konzernsteuerquote nicht auf Zins- und Liquiditätseffekte reagiert, ist sie nur durch Maßnahmen, welche die Gesamtsteuerbelastung senken, zu steuern.[51] Die Steuerabteilung sollte bei Fokussierung auf die Konzernsteuerquote jedoch ebenso Maßnahmen setzen, welche die Konzernsteuerquote nicht beeinflussen, den Steuerbarwert jedoch senken.[52] Dies erreicht die klassische Steuerbilanzpolitik durch die Nutzung von Wahlrechten bzw. Spielräumen, um Aufwendungen zeitlich vorzuziehen, Erträge in zukünftige Perioden zu verschieben und um Verlustvorträge so früh wie möglich zu nutzen.[53] Im Unterschied zur Beeinflussung des tatsächlichen Steueraufwandes bei der Konzernsteuerquote stehen als Ansatzpunkte nicht nur die Höhe der jeweiligen steuerpflichtigen Erträge, des steuerlichen Aufwandsabzuges bzw. des steuerlichen Verlustabzuges zur Verfügung, sondern auch deren zeitliche Verwirklichung.[54]

Um die dabei auftretenden Cashflow-Wirkungen in einem Kennzahlenbezug aufzeigen zu können, wäre die Analyse der Konzernsteuerquote in ihrer Zusammensetzung aus

---

[48] *Schneider*, 1996, 47.
[49] Dies gilt jedenfalls dann, wenn keine Abzinsung der latenten Steuern erfolgt: kritisch *Herzig*, 2003, 84 f.
[50] Vgl. *Spengel/Kamp*, 2008, 523 f.
[51] Vgl. *Spengel/Kamp*, 2008, 517.
[52] Vgl. *Herzig/Dempfle*, 2002, 4 f.
[53] Vgl. *Zielke*, 2006, 2586.
[54] Vgl. *Lühn*, 2007, 552 ff.

Cash-Steuerquote und latenter Steuerquote zu erweitern. Dabei ist die Cash-Steuerquote als Anteil des laufenden unmittelbar zahlungswirksamen Steueraufwandes oder -ertrages am Jahresergebnis vor Steuern zu ermitteln. Die latente Steuerquote ergibt sich, indem der erst in Zukunft zahlungswirksame Steueraufwand zum Jahresergebnis vor Steuern in Bezug gesetzt wird.[55]

Die Zahlungswirksamkeit der laufenden Steuern (wie laufende Vorauszahlungen, Zahlungen für Vorjahre oder Abschlusszahlungen des laufenden Jahres) können bereits dem Cashflow-Statement der Kapitalflussrechnung entnommen werden: Gemäß IAS 7.35 sind diese gesondert auszuweisen und können daher in die „Cash-Tax Rate" direkt einfließen. Dieser Betrag könnte zudem in die Kennziffer „Present Value of Taxes" (laufender Steueraufwand eines Jahres durch 1+i) einfließen, durch die auch die Barwerte potenzieller zukünftiger Steuerzahlungen prognostiziert werden und diese im Planungshorizont einer Unternehmung mit unterschiedlichen Szenarien abgebildet werden können. Erweitert zu einer „Present Value Quota" steht im Nenner das Konzernergebnis vor Steuern, das nach internationalen Rechnungslegungsgrundsätzen ermittelt und ebenfalls auf den Planungszeitpunkt abgezinst wurde: In dieser Kennziffer werden daher der Zeitpunkt der Zahlung von Ertragsteuern und deren liquiditätsmäßiger Abfluss berücksichtigt. Um die Analyse zu vertiefen, könnte darüber hinaus eine Aufteilung des Steueraufwandes vorgenommen werden, um jene Effekte, welche die laufenden Geschäftsfälle des Unternehmens betreffen, von solchen, die außerordentlichen Vorgängen zuzurechnen sind, zu isolieren.[56]

Aufgrund der Schwäche, die der Kennzahl „Konzernsteuerquote" durch die fehlende Berücksichtigung von Liquiditäts- und Zinseffekten innewohnt, wird die „klassische" Steuerplanung, die im Fokus der Betriebswirtschaftlichen Steuerlehre durchgeführt werden soll, daher keineswegs hinfällig. Vielmehr wird durch die Berücksichtigung von Liquiditätsaspekten bei der Zielausrichtung „Steuerbarwertminimierung" die Steuerbilanzpolitik in ihrer Bedeutung angehoben. Steuerbilanzielle Gestaltung ist daher weiterhin im Aufgabenbereich eines (internationalen) Steuercontrollings zu berücksichtigen, wenn die Empfehlung, neben der Konzernsteuerquote weitere Faktoren als Maß zur Beurteilung von Steuerabteilungen heranzuziehen, aufgegriffen wird.

Literaturverzeichnis

Aktay, T./Ries, C., Konzernsteuerquote und steuerliche Überleitungsrechnung als Instrument zur Beurteilung betrieblicher Steuerpolitik – Eine empirische Auswertung von Konzernabschlüssen, in: Die Wirtschaftsprüfung 2008, Heft 16, 761–768.

Bach, H./Hopf, G., Latente Steuern im Einzelabschluß, in: SWK 1997, Heft 13, W 27–34.

Barth, T./Barth, D., Controlling, 2. Aufl., München 2008.

Bea, F. X./Friedl, B./Schweitzer, M. (Hrsg.), Allgemeine Betriebswirtschaftslehre Band 3: Leistungsprozess, 9. Aufl., Stuttgart 2006.

Striegel, A., IAS 12, in: *Buschhüter, M./Striegel, A.* (Hrsg.), Kommentar Internationale Rechnungslegung IFRS, Wiesbaden 2011.

---

[55] Vgl. hierzu und zur beispielhaften Berechnung in Bezug auf die Verwertung von Verlusten *Hannemann/Pfeffermann*, 2003, 732.

[56] Vgl. *Risse*, 2010, 31 ff.

Dahlke, J./Eitzen, B. von, Steuerliche Überleitungsrechnung im Rahmen der Bilanzierung latenter Steuern nach IAS 12, in: Der Betrieb 2003, Heft 56, 2237–2243.

Denk, C./Feldbauer-Durstmüller, B./Mitter, C./Wolfsgruber, H., Externe Unternehmensrechnung – Handbuch für Studium und Bilanzierungspraxis, 4. Aufl., Wien 2010.

Djanani, C./Pummerer, E., Methodologische Grundlagen, in: *Bertl, R./Djanani, C./Eberhartinger, E./Hirschler, K./Kofler, H./Tumpel, M./Urnik, S.* (Hrsg.), Handbuch der österreichischen Steuerlehre, Band I Teil 1, 3. Aufl., Wien 2010, 1–22.

Fischer, L., Zu einigen Problemen einer entscheidungsorientierten betriebswirtschaftlichen Steuerlehre, in: *Jacob, H.* (Hrsg.), Besteuerung und Unternehmensführung, Wiesbaden 1974, 5–7.

Haeseler, H. R., Steuer-Management und Steuer-Controlling, in: *Haeseler, H. R./Hörmann, F.*, Controlling & Tax Management. Kritische Überlegungen zu Unternehmenssteuerung, Bankmanagement und Finanzmarktaufsicht, Rechnungslegung, Abschlussprüfung und Corporate Governance, Wien 2010, 381–402.

Hammer, R. M., Planung und Führung, 8. Aufl., München 2011.

Hannemann, S./Pfeffermann, P., IAS-Konzernsteuerquote: Begrenzte Aussagekraft für die steuerliche Performance eines Konzerns, in: Betriebs-Berater 2003, Heft 14, 727–733.

Helml, H., Steuerplanung und Steuercontrolling bei Risikofinanzierung unter besonderer Berücksichtigung von Haftungsaspekten für Wirtschaftstreuhänder, in: *Kofler, G. W./Polster-Grüll, B.* (Hrsg.), Private Equity und Venture Capital, Wien 2003, 631–683.

Herzig, N., Gestaltung der Konzernsteuerquote – eine neue Herausforderung für die Steuerberatung? in: WPg-Sonderheft 2003, 80–92.

Herzig, N./Dempfle, U., Konzernsteuerquote, betriebliche Steuerpolitik und Steuerwettbewerb, in: Der Betrieb 2002, Heft 1, 1-8.

Herzig, N./Zimmermann, M., Steuercontrolling – Überflüssige Begriffsverbindung oder sinnvolle Innovation? in: Der Betrieb 1998, Heft 23, 1141–1150.

Horváth, P., Controlling, 11. Aufl., München 2009.

Horváth, P., Controlling, in: *Kosiol, E./Chiemlewicz, K./Schweitzer, M.* (Hrsg.), Handwörterbuch des Rechnungswesens, 3. Auflage, Stuttgart 1993, Sp. 322–334.

Kirsch, H., Latente Steuern im handelsrechtlichen Jahresabschluss nach den Vorstellungen des Bilanzrechtsmodernisierungsgesetzes (BilMoG), in: Die Steuerberatung 2008, Heft 7, 282–290.

Kirsch, H., Steuerliche Berichterstattung im Jahresabschluss nach IAS/IFRS, in: DStR 2003, Heft 41, 703–708.

Loitz, R., Latente Steuern nach dem Bilanzrechtsmodernisierungsgesetz (BilMoG) – Nachbesserungen als Verbesserungen? in: Der Betrieb 2008, Heft 26, 1389–1395.

Lühn, A., Der Einfluss latenter Steuern auf die Steuerplanung, in: KOR 2007, Heft 10, 550–560.

Nowotny, Ch., § 198, in: *Straube, M.*(Hrsg.), Wiener Kommentar zum Unternehmensgesetzbuch, Rechnungslegung, Wien 2011.

Pellens, B./Fülbier, R. U./Gassen, J./Sellhorn, T., Internationale Rechnungslegung, 7. Aufl., Stuttgart 2008.

Risse, R., Steuercontrolling und Reporting. Konzernsteuerquote und deren Bedeutung für das Steuermanagement, 1. Aufl., Wiesbaden 2010.

Schneider, D., Grundzüge der Unternehmensbesteuerung, 6. Aufl., Wiesbaden 1996.

Schulz-Danso, M., § 25, in: *Bohl, W./Riese, J./Schlüter, J.* (Hrsg.), Beck´sches IFRS-Handbuch, Kommentierung der IFRS/IAS, 3. Aufl., München 2009.

Spengel, C./Kamp, A., Steuerkonsolidierung – Konzernsteuerquote, in: *Freidank, C.-C./Peemöller, V. H.* (Hrsg.), Corporate Governance und Interne Revision – Handbuch für die Neuausrichtung des Internal Auditings, Berlin 2008, 513–528.

Steinmann, H./Schreyögg, G., Management. Grundlagen der Unternehmensführung, 6. Aufl., Wiesbaden 2005.

Urnik, S./Fellinger, M., Die Rolle des Steuer-Controllings in ausgewählten Funktionsbereichen der operativen Planung, in: *Kaltenbrunner, K. A./Urnik, S.* (Hrsg.), Unternehmensführung – State oft the art und Entwicklungsperspektiven, FS Hammer, München 2012, 137–158.

Urnik, S./Haas, A./Niedermoser, A., Der Ansatz latenter Steuern im Einzelabschluss nach dem Bilanzrechtsmodernisierungsgesetz (BilMoG): Ein Weg für Österreich? in: RWZ 2008, Heft 11, 332–336.

Zielke, R., Internationale Steuerplanung zur Optimierung der Konzernsteuerquote, in: Der Betrieb 2006, Heft 48, 2585–2594.

Zwirner, Ch./Busch, J./Reuter, M., Abbildung und Bedeutung von Verlusten im Jahresabschluss – Empirische Ergebnisse zur Wesentlichkeit von Verlustvorträgen in deutschen Konzernabschlüssen, in: DStR 2003, Heft 25, 1042–1049.

Management von Zins- und Währungsrisiken in Unternehmen

Helmut Pernsteiner/Mark R. Ayoub

Management Summary

Die Rahmenbedingungen für international operierende Unternehmen haben sich stark verändert und stellen das Finanz- und Risikomanagement vor neue Herausforderungen. Das aktuell dynamische Zins- und Wechselkursumfeld kann einen drastisch negativen Einfluss auf die wirtschaftliche Lage international tätiger Unternehmen haben.

Die Absicherungsoptionen gegen Zins- und Währungsrisiken sind vielfältiger und komplexer geworden und die Volatilitäten an den Kredit- und Kapitalmärkten sind deutlich gestiegen. Der vorliegende Beitrag soll einen Überblick über das heutige Zins- und Währungsrisikomanagement aus Sicht der Unternehmensfinanzierung mit einer Brücke zum Controlling geben.

1. Bedeutung von Zins- und Währungsrisiken für das Risikomanagement

1.1. Risiko und Risikomanagement-Prozess

Unternehmen sind im Allgemeinen einer Fülle von verschiedenartigen *Risiken* ausgesetzt. Darunter fallen strategische, politische, rechtliche und vor allem finanzielle Risiken. Das Finanz-Risikomanagement befasst sich mit Letzteren. Wird die Gesamtrisikoposition des Unternehmens aktiv und systematisch gesteuert, so kann das als *Risikomanagement* bezeichnet werden.[1]

Unter *Finanzrisiken* werden Risiken verstanden, die sich auf die Zahlungsmittelebene auswirken, also auf Ein- und Auszahlungen. Das potenzielle Auseinanderfallen zwischen prognostizierten und tatsächlich geflossenen Geldbeträgen stellt ein Risiko dar und kann bei einer negativen Abweichung zu einem verminderten Cashflow für das Unternehmen führen. Im weiter gefassten Sinne des Begriffes Risiko stellt eine positive Abweichung jedoch auch die Chance auf einen zusätzlichen Cashflow für das Unternehmen dar, der durch spekulative Transaktionen lukriert werden kann.[2]

Die Preise für Güter, Forderungen und Verbindlichkeiten werden von Marktpreismechanismen beeinflusst, können im Zeitablauf schwanken und werden deshalb auch als Marktpreisrisiken klassifiziert.[3]

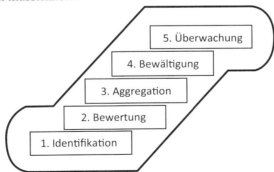

Abb. 1: Der Risikomanagement-Prozess als Rolltreppe

---

[1]   Vgl. *Guserl/Pernsteiner*, 2011, 423.
[2]   Vgl. *Pernsteiner/Andeßner*, 2009, 137.
[3]   Vgl. *Guserl/Pernsteiner*, 2011, 459.

Finanzielle Risiken können neben den Liquiditäts- auch die Rentabilitätsziele des Unternehmens negativ beeinflussen und den Unternehmensfortbestand gefährden, weshalb ein Risikomanagementsystem erforderlich ist.

Der *Prozess des Risikomanagements* kann in fünf revolvierende Prozessschritte unterteilt[4] und mit dem Kreislauf einer Rolltreppe verglichen werden. Der Risikomanagement-Prozess beginnt mit einer Risikoidentifikation unter Einbezug der Auswirkung und Fristigkeit der Risiken. Im zweiten und dritten Schritt werden die Risiken bewertet und eine Aggregation verschiedener Risiken simuliert, um zu erfahren, wie sich der Eintritt multipler Risiken auf die Finanzsituation des Unternehmens auswirkt. Bei der Bewertung werden spezielle Messverfahren wie beispielsweise der sogenannte Value at Risk unter Zuhilfenahme finanzmathematischer und statistischer Methoden eingesetzt.[5] Die Bewältigung der Risiken stellt den vierten Schritt dar, wobei unter Kostengesichtspunkten die drei möglichen Strategien Vermeidung, Absicherung und Selbsttragung des Risikos gegeneinander abgewogen werden müssen. Schritt fünf bezweckt die Überwachung der Risiken, den kontinuierlichen Vergleich der drei Strategien und die Steuerung durch Anpassung der verfolgten Strategie.

Das Finanz-Risikomanagement international operierender Unternehmen und Konzerne steuert vor allem Zins- und Währungsrisiken.

1.2. Bedeutung von Zins- und Währungsrisiken

Bei finanziellen Risiken, die aus Marktpreisschwankungen resultieren, handelt es sich neben Portfoliorisiken, die im Weiteren nicht betrachtet werden, insbesondere um Zins- und Währungsrisiken.

Allgemeine *Zinsänderungsrisiken* haben Einfluss sowohl auf die Rentabilität der veranlagten Mittel als auch seitenverkehrt auf die Außenfinanzierung des Unternehmens, insbesondere die Kreditzinsen. Zinsen werden nämlich neben der Fristigkeit maßgeblich von dem allgemeinen gesamtwirtschaftlich vorherrschenden volatilen Zinsniveau beeinflusst und können ein Risiko für die Finanzierungskosten eines Unternehmens darstellen. Bei einer Erhöhung des allgemeinen Zinsniveaus kommt es meistens zu einem Anwachsen des Zinsaufwands bzw. der Zinszahlungen. Ob fest- oder variabel verzinste Fremdkapitalinstrumente genutzt werden, schwankende Marktzinsen wirken sich auf all diese Positionen aus. Dies kann auch Unternehmensanleihen betreffen, deren Zinssatz gegebenenfalls an die Zinsentwicklung des Kapitalmarktes angepasst wird.[6]

Sogar Staatsanleihen, bei denen in der Vergangenheit kein spezifisches Zinsänderungsrisiko zu steuern war, unterliegen diesen Risiken, wie jüngst in Zeiten der europäischen Staatsschuldenkrise an den Märkten zu beobachten ist.

Ein dem allgemeinen Zinsänderungsrisiko artverwandtes Problem, das Risiko aus *schwankenden Wechselkursen*, wirkt sich auf Fremdwährungspositionen von international tätigen Unternehmen aus. Im Außenhandel sehen sich Unternehmen Wechselkursschwankungen ausgesetzt, die oftmals sogar mit Zinsänderungen einhergehen.[7] Bei

---

4   Vgl. *Pernsteiner/Andeßner*, 2009, 138 f.
5   Vgl. Guserl/*Pernsteiner*, 2011, 465 ff. und die dort angegebene weiterführende Literatur.
6   Vgl. *Olfert/Reichel*, 2008, 340.
7   Vgl. *Pernsteiner/Guserl*, 2011, 460; *Stocker*, 2006, 28 f.

Fremdwährungsgeschäften ohne Absicherung können entsprechende Cashflowminderungen resultieren.

1.3. Risikocontrolling und Risikoreporting

Das *Risikocontrolling* betrifft den fünften Schritt im Risikomanagement-Prozess, die Überwachung. „Das Risikomanagement darf kein Parallelsystem (‚Insellösung') in der Steuerung eines Unternehmens darstellen, sondern der Risikomanagement-Prozess ist mit dem bestehenden Controlling-Regelkreis eng zu verzahnen."[8]

Die Kontrolle und Steuerung der Risiken erfolgt dabei durch kontinuierliche Regelkreise aus Soll-Ist-Vergleichen und die Initialisierung von Maßnahmen zur Erreichung der Soll-Werte.[9]

Die Aufgabe des *Risikoreportings* besteht in der Dokumentation des Risikomanagement-Prozesses. Die Dokumentation dient der standardisierten und systematisierten Berichterstattung über relevante finanzielle Risikofaktoren im Unternehmen zum einen *bottom-up* an interne Adressaten, wie das Management und die Aufsichtsorgane, und zum anderen an spezifische externe Adressaten, wie Wirtschaftsprüfer und Ratingagenturen.[10]

2. Zinsrisikomanagement

2.1. Problemstellung für Unternehmen

Zinsschwankungen stellen für alle Unternehmen ein erhebliches Finanzierungsrisiko dar, umso mehr, je höher ihr Verschuldungsgrad und damit der Fremdkapitalanteil an der Kapitalstruktur sind. Bei den meisten Unternehmen ist die Veranlagung von Mitteln unbedeutender als das verzinsliche Fremdkapital. Im deutschsprachigen Wirtschaftsraum finanzieren sich Unternehmen historisch bedingt und aufgrund des stark ausgeprägten Haus- und Kernbankenprinzips mit mehr Fremdkapital, als dies beispielsweise im angelsächsischen Raum der Fall ist. Unabhängig davon, ob die eingesetzten Fremdkapitalinstrumente fix oder variabel verzinst werden, spielen die allgemeinen Marktzinsen und deren Schwankungen eine gewichtige Rolle, da sie in jedem Fall die Kosten der Fremdkapitalfinanzierung beeinflussen, und stellen ein nicht vernachlässigbares Risiko dar. Steigt der Marktzins, steigen auch die Kosten der Fremdkapitalfinanzierung, was in Branchen und Geschäftsbereichen mit niedrigen Margen Investitionen aufgrund zu hoher Finanzierungskosten unrentabel werden lassen kann. Diese Mechanismen betreffen ebenso die Veranlagung von Kapital. Deshalb müssen sich Unternehmen gegen diese Schwankungen absichern, wozu verschiedene Instrumente zur Verfügung stehen, die im Folgenden erläutert werden.

2.2. Absicherungsinstrumente

Vor allem Derivate spielen in der Praxis eine große Rolle zur Absicherung von Zinsrisiken. Damit lassen sich Zinspositionen mit vernachlässigbaren Liquiditätswirkungen zeitnah und mit transparenten Kosten verändern.[11]

---

[8]   *Guserl/Pernsteiner*, 2011, 436.
[9]   Vgl. *Guserl/Pernsteiner*, 2011, 253 ff. und die dort angegebene weiterführende Literatur.
[10] Vgl. *Denk/Exner-Merkelt/Ruthner*, 2008, 134.
[11] Vgl. *Guserl/Pernsteiner*, 2011, 476.

Die wichtigsten Instrumente zur Absicherung des Zinsänderungsrisikos sind Forward Rate Agreements, Swaps, Futures und Optionen.

2.2.1. *Forward Rate Agreements*

Das Forward Rate Agreement (FRA) ist ein *Zinstermingeschäft*, das außerbörslich gehandelt wird. Es ermöglicht, einen Zinssatz für einen künftigen Zeitraum zu fixieren und damit abzusichern. Die Vertragsparteien vereinbaren dabei, Zinszahlungen zu tauschen. Diese Vereinbarung kann für eine Absicherung gegen einen etwaigen Zinsanstieg getroffen werden.

Es wird vereinbart, dass von den Parteien zu einem bestimmten Zeitpunkt in der Zukunft ein Betrag zu zahlen ist. Die Höhe des Betrags hängt vom Volumen, der Laufzeit und der Zinsdifferenz zwischen

1. FRA-Zinssatz bei Vertragsschluss und
2. dem Marktzinssatz in der Zukunft ab.

Es können sich daraufhin zwei Szenarien einstellen: Entwickelt sich der Referenzzinssatz für den Marktzinssatz so, dass der zuvor vereinbarte FRA-Zinssatz höher ist, dann muss der Käufer eines FRA am sog. Settlement-Tag eine Ausgleichszahlung leisten. Im gegenteiligen Fall, also wenn der aktuelle Referenzzinssatz höher ist als der FRA-Zinssatz, muss der Verkäufer des FRA die Ausgleichszahlung leisten.

Die Grundpositionen des Kaufs und Verkauf eines FRA-Satzes sind in Abbildung 2 mit folgenden beispielhaften Parameterwerten abgetragen:[12]

- FRA-Satz 4 %
- Zinsperiode ein Jahr
- Nominalkapital 1 Million €.

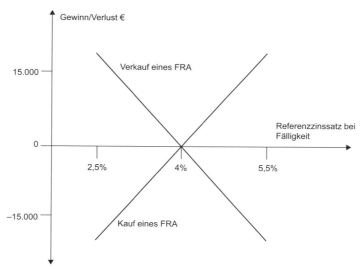

Abb. 2: Gewinn/Verlustprofile einer Vereinbarung eins FRA-Satzes

[12] Vgl. *Rudolph/Schäfer*, 2010, 128 f.

Liegt der Referenzzinssatz bei Fälligkeit bei 4 %, so fließen zwischen den Vertragsparteien keine Zahlungen. Liegt der Referenzzinssatz aber beispielsweise bei 5,5 %, so muss der Verkäufer den Zins zahlen, der sich aus Zinssatzdifferenz von 5,5 % und 4 % bezogen auf das Kapital von 1 Million € errechnet, also 15.000 €. Liegt der Referenzzinssatz beispielsweise bei 3,5 %, so muss der FRA-Käufer eine Ausgleichszahlung an den Verkäufer in Höhe von 5.000 € leisten.

Üblicherweise werden FRAs zur *kurzfristigen Absicherung* von Zinsänderungsrisiken eingesetzt, d.h. für einen Zeitraum von bis zu zwei Jahren. Sie können ebenso zur Zinssicherung sowohl bestehender als auch künftiger Kredite und Kapitalanlagen genutzt werden. Als Weiterentwicklung der FRA können die Instrumente Caps, Floors und Collars verstanden werden. Sie weisen einen optionalen Charakter auf und werden hier unter dem Kapitel Zinsoptionen vorgestellt.

Die *Vorteile* von FRAs liegen klar auf der Hand. Zum einen bieten sie eine hohe Flexibilität der Absicherung, denn Laufzeit und Volumen können individuell festgelegt werden. Zum anderen schonen sie die Liquidität, da keine Kapitalbeträge fließen. Das hat auch zur Folge, dass eine Bilanzverlängerung ausbleibt und bestehende Banklinien wenig belastet werden. Zu guter Letzt sind die Transaktionskosten verhältnismäßig gering.[13] Jedoch hat in den letzten Jahren die Bedeutung von FRAs zu Gunsten der Futures und Optionen stark abgenommen.

2.2.2. Zinsswaps

Ein Zinsswap ist ein weiteres Zinsderivat, bei dem die Vertragsparteien *zinsvariable in zinsfixe* Verbindlichkeiten und umgekehrt tauschen. Auch hier fließen keine Kapitalbeträge, sondern lediglich die Zinszahlungen auf festgelegte Nennbeträge. Als Referenzzinssatz für die variablen Zinsen werden gängigerweise Interbankenzinsen, also der EURIBOR oder der LIBOR, herangezogen.[14]

2.2.3. Zinsfutures

Grundsätzlich können hinsichtlich Futures aus Unternehmenssicht folgende Motive vorliegen:

- Hedging: Hierbei werden Risikopositionen mittels eines Gegengeschäfts abgesichert bzw. glattgestellt.
- Arbitrage: Dabei werden räumlich oder zeitlich bedingte Preisunterschiede für Güter oder Positionen ausgenutzt.
- Spekulation: Hierbei werden bewusst Marktrisiken in Erwartung günstiger Kursänderungen übernommen.

Futures wurden ursprünglich zur Absicherung von Preisschwankungen bei Rohstoffgeschäften, beispielsweise von Kaffee oder Kautschuk, genutzt und stellten demnach Warentermingeschäfte dar.

Financial Futures hingegen sind vom Warenhandel losgelöst und können als Underlying unterschiedliche Finanzinstrumente haben; bei Zinsfutures sind es Zinsen. Ein

---

[13] Vgl. *Guserl/Pernsteiner*, 2011, 477 f.
[14] Vgl. *Guserl/Pernsteiner*, 2011, 479.

Zinsfuture ist im Gegensatz zum FRA ein an der regulierten Börse gehandeltes, standardisiertes Termingeschäftswertpapier. Die Vereinbarung der Vertragsparteien beinhaltet die Lieferung einer Zinszahlung, zu der sich der Verkäufer verpflichtet, und die Verpflichtung zur Abnahme durch den Käufer. Hierbei fallen die Zeitpunkte des Vertragsabschlusses und der Erfüllung auseinander.

Die Verpflichtungen von Käufern und Verkäufern von Futures müssen bei der Börse, die als sog. Clearing-Stelle fungiert, abgesichert werden. Sicherheiten können Wertpapiere oder Geld darstellen. Bei Vertragsabschluss ist ein Ersteinschuss (Initial Margin) zu leisten, bei entsprechender Kursänderung während der Laufzeit müssen Nachschüsse (Variation Margin) geleistet werden. Die Gewinne und Verluste werden börsentäglich ermittelt. Etwaige Wertveränderungen werden automatisch durch eine Anpassung der Margin-Leistung ausgeglichen. Ziel ist es, dass eine Vertragspartei davor bewahrt wird, Future-Verluste anzusammeln, die im schlimmsten Fall bei Fälligkeit so hoch sind, dass sie nicht ausgeglichen werden können.

Für die Wahl von Futures als Absicherungsinstrument gegen Zinsänderungsrisiken oder zur Spekulation spricht der im Vergleich zum Direkterwerb des Basiswerts geringe Kapitaleinsatz. Jedoch gehen damit erhebliche Risiken aufgrund mitunter hoher Volatilitäten des Underlyings sowie betragsmäßig hoher Volumina der Transaktionen mittels Hebelwirkung einher. Damit können Zinsfutures hohe Verlustpotenziale bergen.[15]

2.2.4. Zinsoptionen

Zinsoptionen sind *bedingte Termingeschäfte*, die außerbörslich, also *over the counter* (OTC), oder standardisiert an Terminbörsen gehandelt werden. Sie sind in den 80er und 90er Jahren des vergangenen Jahrhunderts populär geworden. Die Vertragsparteien haben unterschiedliche Rechte und Pflichten sowie ein voneinander abweichendes mögliches Gewinn- und Verlustprofil, was auch als asymmetrisches Risikoprofil bezeichnet werden kann. Eine ausgeübte Option kann durch Lieferung eines Underlying oder durch Barausgleich bedient werden.

Der Käufer erwirbt das *Recht,* gegen Zahlung einer Optionsprämie eine bestimmte Menge eines Basiswerts zu einem späteren Zeitpunkt (europäische Option) oder auch innerhalb eines festgelegten zukünftigen Zeitraums (amerikanische Option) von einer anderen Partei zu einem im Voraus festgesetzten Basispreis zu kaufen (Call-Option) oder an eine andere Partei zu verkaufen (Put-Option).

Für den Käufer besteht das Recht, aber nicht die Pflicht, einen Kauf bei Fälligkeit der Option dann zu tätigen. Der Käufer einer Option wird diese nur ausüben, wenn ihm dadurch im Zeitpunkt der Ausübung ein Gewinn entsteht. Der Käufer kann die Option ebenso verfallen lassen. Er wird dies tun, wenn der Marktpreis den Bezugspreis nicht erreicht, wobei er dann lediglich einen Verlust in Höhe der Optionsprämie tragen muss.[16]

Die Basistypen an Zinsoptionen sind Caps, Floors und Collars. Ein *Cap* ist die vertragliche Vereinbarung einer Zinsobergrenze und sichert den Käufer gegen einen Zinsanstieg des Referenzzinssatzes über diese Obergrenze ab. Ein *Floor* hingegen ist die vertragliche Vereinbarung einer Zinsuntergrenze. Ein *Collar* bietet die Kombination aus

---

[15]   Vgl. *Guserl/Pernsteiner*, 2011, 481 f.

[16]   Vgl. *Guserl/Pernsteiner*, 2001, 483 f.

Zinsober- und Zinsuntergrenze und wird durch den Kauf von Caps und den Verkauf von Floors realisiert.[17]

Die Grundpositionen des Kaufs und des Verkaufs einer Zinsobergrenze bzw. *Cap* sind in Abbildung 3 mit folgenden beispielhaften Parameterwerten abgetragen:[18]

- Cap 6 %
- Zinsperiode ein Jahr
- Nominalkapital 1 Million €
- Cap-Prämie 0,7 %.

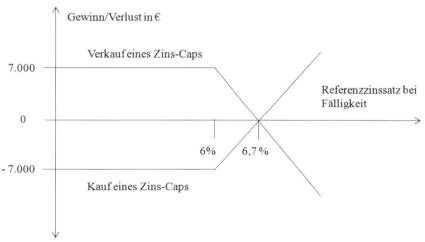

Abb. 3: Gewinn/Verlustprofil einer Vereinbarung einer Zinsobergrenze

Liegt der Referenzzinssatz in diesem Beispiel bei Fälligkeit unterhalb von 6 %, so wird der Käufer seine Option verfallen lassen. Ist der Referenzzinssatz bei Fälligkeit aber beispielsweise auf 7,5 % gestiegen, so steht dem Käufer des Cap eine Ausgleichszahlung in Höhe von 1,5 % bezogen auf das Nominalkapital, also 15.000 €, zu. Bei einem Referenzzinssatz von 6,7 % entspricht der zu leistende Ausgleichsbetrag exakt der Cap-Prämie.

3. Währungsrisikomanagement

3.1. Problemstellung für Unternehmen

International tätige Unternehmen, vor allem Exportunternehmen, sind in besonderem Maße Fremdwährungsrisiken ausgesetzt. Diese betreffen die Volatilität der Wechselkurse und sich daraus ergebende Risiken. Aus finanzwirtschaftlicher Sicht kann Währungsrisiko zunächst allgemein als die Unsicherheit über die Höhe der zukünftigen Zahlungsströme in inländischer Währung aufgrund einer unsicheren und nicht vorhersehbaren künftigen Wechselkursentwicklung verstanden werden.

---

[17] Vgl. bspw. *Hull*, 2010, 463 ff. für ein tiefergehendes Verständnis der genannten Zinsoptionen.
[18] Vgl. *Rudolph/Schäfer*, 2010, 118 f.

Das *Währungsrisiko* berechnet man als Produkt aus dem Wechselkursrisiko und dem Exposure. Das Wechselkursrisiko wird dabei als die Volatilität der historischen Kurse ausgedrückt. Das Exposure meint hingegen die durch das Wechselkursrisiko beeinflussten Bilanzposten.[19]

Die Reduktion des Exposures kann als Primärziel des Währungsrisikomanagements in Unternehmen betrachtet werden, da es das Währungsrisiko senkt. Dies wäre beispielsweise dadurch möglich, dass das Unternehmen versucht, zunehmend Geschäfte in Heimatwährung abzuschließen. Die Währungsrisiken eines Unternehmens werden ferner durch die drei Risikokategorien Transaktionsrisiko, Translationsrisiko und ökonomisches Risiko bestimmt.[20]

- *Transaktionsrisiko* ergibt sich aus dem zeitlichen Auseinanderfallen zwischen der Entstehung von Forderungen/Verbindlichkeiten und deren Zahlung, wobei sich die entsprechenden Werte durch Wechselkursschwankungen verändern können.
- *Translationsrisiko* bedeutet mögliche Wertschwankungen bei der Umrechnung von originär in Fremdwährung ausgedrückten Bilanzpositionen.
- *Ökonomisches Risiko*: Darunter werden Auswirkungen auf Wettbewerbsfähigkeit, Marktanteile und zukünftige Cashflows verstanden.

3.2. Klassische Absicherungsinstrumente

3.2.1. Allgemeine Instrumente

Risiken aus schwankenden Wechselkursen können unter Umständen auch vermieden werden, so dass sich für Unternehmen erst gar kein Absicherungsbedarf ergibt. Bei entsprechender Marktmacht kann ein Lieferant, der in ein Fremdwährungsausland exportiert, beispielsweise dem Importeur vorschreiben, dass die Transaktion in aus Sicht des Lieferanten heimischer Währung fakturiert wird. Somit bestünde kein Währungsrisiko.

Alternativ können strategische Entscheidungen, wie die Wahl von Fertigungsstandorten sowie Beschaffungs-, Produktions- und Absatzentscheidungen, erheblichen Einfluss auf Währungsrisiken haben. Beispielsweise lassen derzeit amerikanische und europäische Automobilhersteller vermehrt Produktionsanlagen in Schwellenländern wie China oder Brasilien bauen, um u.a. den steigenden Absatz in diesen Regionen gegen Wechselkursrisiken ex ante abzusichern. Daneben spielen auch heute noch altbewährte operative interne und externe Maßnahmen, wie Währungsklauseln, Leading, Lagging, Netting und Matching, neben Termingeschäften, Derivaten und neuartigen Instrumenten eine bedeutende Rolle.[21]

3.2.2. Termingeschäfte

Bei dem Abschluss von Devisentermingeschäften treffen die Vertragsparteien eine Vereinbarung, Währungen zu einem künftigen Zeitpunkt zu tauschen. Kurs und Termin werden dabei bereits zum Zeitpunkt des Geschäftsabschlusses festgelegt.[22]

---

[19] Vgl. *Rietsch*, 2008, 19.
[20] Vgl. *Ertl*, 2000, 419 ff.
[21] Vgl. zu diesen Instrumenten bspw. *Prätsch/Schikorra/Ludwig*, 2007, 239 ff.
[22] Vgl. *Guserl/Pernsteiner*, 2011, 490.

Am Fälligkeitstag tauschen die Vertragspartner wie vereinbart die Währungsbeträge aus. Terminkurse weichen üblicherweise von den Kassakursen ab. Dabei werden Aufschläge als Report und Abschläge als Deport im Vergleich zum aktuellen Kurs bezeichnet. Diese Auf- und Abschläge geben die Zinsdifferenz zwischen den gehandelten Währungen wieder. Eine Laufzeit von drei Tagen bis fünf Jahren für ein Termingeschäft ist für alle frei konvertierbaren Währungen möglich. Üblicherweise werden die Devisentermingeschäfte bis zum Ende der Laufzeit gehalten und bei Fälligkeit erfolgen die vereinbarten Zahlungen. Vor Ablauf eines Termingeschäfts kann durch die Bildung einer Gegenposition das ursprüngliche Termingeschäft neutralisiert, also glattgestellt, werden.[23]

3.2.3. Devisenswaps

Der Devisenswap besteht aus Devisenkassa- und Devisentermingeschäft. Hierbei werden im Gegensatz zum Zinsswap die Vertragsparteien Kapitalbeträge tauschen, und zwar am Anfang und am Ende der Laufzeit.

- Bei Vertragsabschluss wird beispielsweise vereinbart, dass eine gekaufte Währung zu einem bereits jetzt *festgelegten Termin* in der Zukunft wieder zurückverkauft wird. Dies wird im Falle eines kurzfristigen Fremdwährungsbedarfs interessant sein. Ein gängiges Beispiel wäre der Fall, dass der Fremdwährungseingang aus einem Devisenterminkauf fällig wird, wobei der eigentliche Fremdwährungsbedarf erst nachgelagert vorliegt.
- Der Fremdwährungseingang aus dem Devisenterminkauf kann auf einen nachgelagerten Termin hinausgeswapt oder veranlagt werden, bis der eigentliche Fremdwährungsbedarf anfällt. Der Swap ist aber häufig die Variante mit den geringsten Transaktionskosten und deshalb zu bevorzugen.
- Der Terminverkaufskurs ergibt sich dann aus dem Kaufkurs und einem aufgeschlagenen Swap, wobei der Swap aus der Zinsdifferenz der Währungen entsteht.[24]

3.3. Derivative Instrumente

3.3.1. Devisenoptionen

In den 80er Jahren des zwanzigsten Jahrhunderts wurde das Portefeuille aus klassischen Absicherungsinstrumenten gegen Währungsrisiken um Devisenoptionen erweitert. Wie auch bei Devisentermingeschäften und Devisenswaps üblich, werden Devisenoptionen überwiegend außerbörslich gehandelt.

Die Devisenoption gewährt dem Käufer das *Recht,* aber nicht die Verpflichtung, einen bestimmten Währungsbetrag zu einem vorher festgelegten Basispreis innerhalb einer bestimmten Laufzeit bzw. zu einem bestimmten Verfalltag zu kaufen bzw. zu verkaufen. Für dieses Recht ist eine Optionsprämie an den sogenannten Stillhalter zu zahlen. Die Risiken sind asymmetrisch zwischen Optionskäufer und Stillhalter verteilt, d.h. der Käufer trägt lediglich das Risiko versenkter Kosten in Höhe der Prämie, der Stillhalter hingegen theoretisch ein unbegrenztes Risiko.

---

[23] Vgl. *Guserl/Pernsteiner*, 2011, 491.
[24] Vgl. *Guserl/Pernsteiner*, 2011, 496 f.

Im Vergleich zu Devisentermingeschäften weisen Devisenoptionen üblicherweise höhere Transaktionskosten auf. Dies ist der Preis für die zusätzliche Chance auf Kursgewinne trotz Absicherung gegen drohende Kursverluste.

Die Laufzeit einer Devisenoption kann einen Tag bis fünf Jahre betragen, wobei diese in allen frei konvertierbaren Währungen abgeschlossen werden können. Devisenoptionen ermöglichen Unternehmen sowohl die Absicherung gegen Währungsrisiken als auch die Spekulation auf Kursgewinne.[25]

3.3.2. Devisenfutures

Die standardisierte, börsengehandelte Variante von Devisentermingeschäften stellen Devisenfutures dar. Devisenfutures weisen folgende Charakteristika auf:

- Das Termingeschäft löst bei Devisenfutures die vertragliche Verpflichtung zum Kauf oder Verkauf einer Währung zu einem festgelegten Termin am Ende der Laufzeit aus. Die Einlösung wird hierbei auf die Zahlung der Gewinn- oder Verlustdifferenzen limitiert.
- Käufer und Verkäufer von Devisenfutures hinterlegen – ähnlich wie bei Zinsfutures – Sicherheiten zur Absicherung ihrer Verpflichtungen.
- Für die Absicherung von Währungsrisiken mittels Futures ist das sogenannte Basisrisiko charakteristisch. Bei starken Kursbewegungen oder fundamentalen Änderungen kann der jeweilige Verkaufskurs des Futures vom Grundgeschäft abweichen. Bei Spekulationen mit Futures sind die Gewinn- und Verlustmöglichkeiten bei entsprechender Kursentwicklung unbegrenzt. Mit relativ geringem Kapitaleinsatz können hohe Volumina bewegt werden. Damit wird eine beträchtliche Hebelwirkung erzeugt, die bei der Spekulation auch hohe Verluste bedeuten kann.[26]

3.4. Neuartige Instrumente des Währungsrisikomanagements

3.4.1. Payment Factory

Der Zentralisierungsgedanke beim Zahlungsverkehr innerhalb des Konzernverbunds, der hinter den klassischen Instrumenten[27] Netting und Cash Pooling steht, kann mithilfe der Payment Factory auf die konzernexternen Zahlungsströme ausgeweitet werden. Es bestehen verschiedene Systeme zur Steuerung des Konzernzahlungsverkehrs.[28] Jedoch kann die Payment Factory allgemein definiert werden als ein Instrument zur zentralen Steuerung des konzernexternen Zahlungsverkehrs. Die Payment Factory zielt darauf ab, die Transaktionskosten des Cross-border-Zahlungsverkehrs zu reduzieren. Hierzu werden Auslandsauszahlungen und die damit verbundenen Wechselkursrisiken weitestgehend vermieden.[29]

---

[25] Vgl. *Guserl/Pernsteiner*, 2011, 493 f.
[26] Vgl. *Guserl/Pernsteiner*, 2011, 496.
[27] Vgl. zu diesen Instrumenten bspw. *Prätsch/Schikorra/Ludwig*, 2007, 239 ff.
[28] Bspw. können entweder ausschließlich der Inlandszahlungsverkehr oder nur der Auslandszahlungsverkehr oder beide im Namen der einzelnen Konzerngesellschaften oder der Konzernmutter gesteuert werden.
[29] Vgl. *Konter/Wagner*, 2007, 106.

Darüber hinaus können folgende Vorteile der Payment Factory zugeschrieben werden:[30]

- Erhöhte Effizienz durch aggregierten Zahlungsverkehr auf Konzernebene
- Minimierung der Anzahl der Fremdwährungskonten
- Optimierte Vorhaltung der Liquidität und zentrale Transparenz des konzernweiten Valutastands
- Erhöhte Transparenz des Zahlungsverkehrs auf Konzernebene

In der Summe tragen diese Vorteile einer Payment Factory zu einem verbesserten Fremdwährungsmanagement bei. Die Konsolidierung der Cross-border-Transaktionen über die zentralisierten Verrechnungskonten ermöglicht dem Konzern die Transparenz über das kumulierte Brutto-Währungsexposure und ein konzernweit gebündeltes Hedging gegen das verbleibende Netto-Exposure.[31]

Die *Effizienzsteigerung* des Fremdwährungsmanagements lässt sich aber nur durch eine aufwändige und investitionsträchtige Umstrukturierung der Kreditorenbuchhaltung herbeiführen. Zusätzlich muss eine Anbindung der Kreditorenbuchhaltung an das Treasury geschaffen werden. Die skizzierten Vorteile der Payment Factory können nur in vollem Umfang realisiert werden, wenn alle Töchter in die zentralisierten Prozesse eingebunden werden. In Ermangelung eines Beherrschungsvertrags der Mutter ist eine vertragliche Regelung, zur Verpflichtung der Konzerngesellschaften den gesamten Zahlungsverkehr über die internen Verrechnungskonten zu steuern, unabdingbar.[32]

3.4.2. Inhouse Bank

Multinationale Konzerne lagerten die Devisensicherungsgeschäfte ihrer Tochtergesellschaften aufgrund anfallender Währungskonvertierung in der Vergangenheit üblicherweise an externe Banken aus und steuerten das Währungsrisiko somit dezentral. Mithilfe einer sog. Inhouse Bank können Konzerne das Währungsmanagement hingegen *zentral steuern*, wobei ebendiese die Währungen der Töchter konvertiert. Die Notwendigkeit der Absicherungsgeschäfte wird bei dieser Organisation von den einzelnen Töchtern auf die Inhouse Bank abgewälzt, so dass sich diese für das gesamte kumulierte Währungsexposure gegen drohende Kursverluste bei externen Banken absichern muss.[33]

Die Inhouse Bank übernimmt zusätzlich das *Netting*, also die Saldierung der offenen Fremdwährungspositionen zwischen den Konzerngesellschaften. Die Steuerung des konzerninternen Zahlungsverkehrs reduziert somit die Fremdwährungszahlungen und damit automatisch das Wechselkursrisiko. Die konzernweiten Liquiditätsreserven werden dadurch konzentriert und das Volumen des Währungsexposure reduziert.[34] Das verbleibende Netto-Exposure kann wiederum bei externen Banken abgesichert werden[35], ist aber in jedem Fall durch das Cash Pooling konzernweit erfassbar[36] und steigert somit die Transparenz beim Risikomanagement von Wechselkursrisiken im Konzernverbund. Zu

---

30 Vgl. *Million* et al., 2010, 237.
31 Vgl. *Million* et al., 2010, 238 f.
32 Vgl. *Gleich/Horváth/Michel*, 2011, 137.
33 Vgl. *Klinger/Hornstein*, 2007, 129.
34 Vgl. *Fastrich/Hepp*, 1991, 308.
35 Vgl. *Mayer-Friedrich*, 2007, 337 f.
36 Vgl. *Jakobmeister/Baltzer*, 2007, 365.

guter Letzt ermöglicht die Zentralisierung der Währungsabsicherung im Vergleich zur dezentralen Variante deutliche Transaktionskostenvorteile wegen der höheren Volumina von getätigten Devisensicherungstransaktionen.

4. Zusammenfassung

International agierende Unternehmen sehen sich Zinsänderungs- und Währungsrisiken ausgesetzt, die die Bilanz ihres operativen Geschäfts gefährden und sogar in existenzielle Nöte bringen können. Das Portefeuille aus Absicherungsinstrumenten ist in der Vergangenheit größer und vielfältiger geworden. Beispielsweise können hier die Payment Factory und die Inhouse Bank als neuartige Instrumente des Währungsrisikomanagements angeführt werden.

Die Wahl des geeigneten Absicherungsinstruments ist komplex und hängt von verschiedenen, darunter auch unternehmensstrategischen, Faktoren ab. Sie kann nur im Einklang mit einem strukturierten Risikomanagement und damit der Verbindung zum Controlling im allgemeinen Interesse des Unternehmenswertwachstums getroffen werden.

Literaturverzeichnis

Denk, R./Exner-Merkelt, K./Ruthner, R., Corporate Risk Management. Unternehmensweites Risikomanagement als Führungsaufgabe, 2. Aufl., Wien 2008.

Fastrich, H./Hepp, S., Währungsmanagement international tätiger Unternehmen, Stuttgart 1991.

Jakobmeister, P./Baltzer, D., Automatisierung im Währungsmanagement, in: Praxishandbuch Treasury Management, hrsg. von *Steitz, M./Seethaler, P.,* Wiesbaden 2007, 363–376.

Klinger, O./Hornstein, J., Die Inhouse Bank in einem global operierenden Industrieunternehmen, in: Praxishandbuch Treasury Management, hrsg. von *Steitz, M./Seethaler, P.,* Wiesbaden 2007, 117–131.

Konter, D./Wagner, F., Die Payment Factory, in: Praxishandbuch Treasury Management, hrsg. von *Steitz, M./Seethaler, P.,* Wiesbaden 2007, 105–115.

Mayer-Friedrich, M., Eignung des Cash Managements für den Umgang mit Währungsrisiken in KMU, in: Finanz Betrieb, Heft 6, 2007, 335–339.

Million, C./Zucknick, M./Ruping, R., Von der eindimensionalen zur mehrdimensionalen, risikoorientierten Liquiditätsplanung, in: Finanz Betrieb, Heft 4, 2010, 236–339.

Olfert, K./Reichel, C., Finanzierung, 14. Aufl., Ludwigshafen am Rhein 2008.

Pernsteiner, H./Andeßner, R., Finanzmanagement kompakt, 3. Aufl., Wien 2009.

Pernsteiner, H./Guserl, R., Finanzmanagement, Grundlagen – Konzepte – Umsetzung, Wiesbaden 2011.

Prätsch, J./Schikorra, U./Ludwig, E., Finanzmanagement, 3. Aufl., Heidelberg 2007.

Rietsch, M., Messung und Analyse des ökonomischen Wechselkursrisikos aus Unternehmenssicht: Ein stochastischer Simulationsansatz, Frankfurt am Main 2008.

Rudolph, B./Schäfer, K., Derivative Finanzmarktinstrumente, Eine anwendungsbezogene Einführung in Märkte, Strategien und Bewertung, 2. Aufl., Heidelberg 2010.

Kostenrechnung in international tätigen Industriekonzernen

Ines Wolfsgruber

Management Summary

Der vorliegende Beitrag präsentiert ausgewählte Ergebnisse einer im Jahr 2011 veröffentlichten Studie zur Kostenrechnung international tätiger österreichischer Industriekonzerne.[1] Im ersten Teil des Beitrags wird im Speziellen auf die grundlegende Ausgestaltung und die eingesetzten Instrumente eingegangen. Hierbei zeigt sich, dass nach wie vor die traditionellen Instrumente vorherrschen. Im zweiten Teil wird insbesondere der Einfluss der IAS/IFRS und der Konzernorganisationsform auf die Ausgestaltung der Kostenrechnung beleuchtet. Ein Ergebnis daraus ist, dass IAS/IFRS-bilanzierende Unternehmen häufiger angeben, eine Harmonisierung des Rechnungswesens zu verfolgen. Dies kann aber nicht durch signifikante Ergebnisse hinsichtlich des Ansatzes kalkulatorischer Positionen oder den Verzicht auf eine kalkulatorische Erfolgsrechnung nachgewiesen werden.

1. Einleitung

Die österreichische Wirtschaft ist mit einer Exportquote von 58,3% des BIP im Jahr 2011 international stark verflochten. Zur besseren Bearbeitung der ausländischen Märkte gründen oder erwerben österreichische Unternehmen Tochterunternehmen im Zielland. Die zunehmende Internationalisierung stellt die interne Unternehmensrechnung und das Controlling vor neue Anforderungen, wodurch deren Ausgestaltung hohe Praxisrelevanz erlangt. Die Bestandsaufnahme der vorliegenden empirischen Studien zur Kostenrechnung in Konzernen zeigt jedoch ein erhebliches Defizit. Während zum Status quo der Kostenrechnung in unverbundenen Unternehmen in der Vergangenheit empirische Erhebungen durchgeführt wurden, fehlen bislang umfassende Ergebnisse zur Ausgestaltung der Kostenrechnung in Konzernen.[2]

Auf Grund der bestehenden Forschungslücke in diesem Themenbereich wurde eine empirische Untersuchung in international tätigen österreichischen Industriekonzernen durchgeführt. Die in der Folge präsentierten Ergebnisse stellen somit den Status quo der Ausgestaltung der Kostenrechnung in Konzernen dar.

Der vorliegende Beitrag erläutert im ersten Teil die Realisierungsmöglichkeiten einer Konzernkostenrechnung, die verfolgten Zwecksetzungen der Kostenrechnung sowie die aktuell eingesetzten Instrumente. Im zweiten Teil des Beitrags wird die Fragestellung beleuchtet, inwiefern die IAS/IFRS und die Konzernorganisationsform die Ausgestaltung der Kostenrechnung beeinflussen. Der Beitrag schließt mit der Zusammenfassung der zentralen Ergebnisse.

Die empirische Studie umfasst sämtliche österreichische Konzernmutterunternehmen der Industrie, die der Konzernrechnungslegungspflicht unterliegen und mindestens ein ausländisches Tochterunternehmen halten. Diese Kriterien erfüllen 109 Konzerne, welche die Grundgesamtheit der Untersuchung bilden. Als Erhebungsinstrument diente ein standardisierter elektronischer Fragebogen. Im Rahmen der telefonischen Kontaktaufnahme sagten elf Unternehmen die Teilnahme an der Untersuchung ab. Die Leiter des

---

[1]   Vgl. *Wolfsgruber*, 2011.
[2]   Vgl. *Kajüter*, 2003, 22.

(Konzern-)Controllings der verbliebenen 98 Unternehmen wurden schließlich im November 2009 per E-Mail kontaktiert. Die Befragung endete im Dezember 2009. Mit der beschriebenen Erhebungsmethode konnte ein Rücklauf von 28 Fragebögen erzielt werden. Dies entspricht einer Rücklaufquote von 25,7 %.[3]

2. Grundlagen der Kostenrechnung in Konzernen

2.1. Realisierungsmöglichkeiten einer Konzernkostenrechnung

Die Aufbereitung konzernbezogener Kostenrechnungsdaten kann grundsätzlich durch zwei verschiedene Ansätze erfolgen. Einerseits können sie kumulativ aus den Daten der jeweiligen Tochterunternehmen erstellt werden. In diesem Fall dienen die Daten der jeweiligen Tochterunternehmen der Finanzbuchhaltung, der Kostenrechnung oder eine Kombination dieser Daten als Basis. Dadurch können Kostenrechnungsinformationen aus verschiedenen Perspektiven – entweder jener auf das einzelne Tochterunternehmen oder derjenigen auf den Konzern – zur Verfügung gestellt werden, ohne zwei losgelöste Systeme führen zu müssen. Andererseits kann die Konzernkostenrechnung als eigenständiges System etabliert sein. Bei dieser Ausgestaltung wird neben der nationalen Kostenrechnung, die Konzernkostenrechnung als unabhängiges Kostenrechnungssystem geführt.[4]

Eine kumulative Ermittlung konzernbezogener Daten kann entweder durch ein konzernweit einheitliches Kostenrechnungssystem oder durch eine Überleitung der lokalen Daten auf die benötigen Konzerndaten erfolgen. Die Vorgabe eines konzernweit einheitlichen Abrechnungssystems durch das Mutterunternehmen stellt eine zentrale Lösung dar. Dies bedeutet, dass das Kostenrechnungssystem standardisiert wird und keine nationalen Lösungen in Betracht kommen. Für die Ausgestaltung der Kostenrechnung liegen in der Regel keine von externen Institutionen vorgegebenen verpflichtenden Normen in den verschiedenen Ländern vor. Daher sind in der Einflussnahme auf die Kostenrechnung dem Konzernmutterunternehmen beinahe keine Grenzen gesetzt. Lediglich die Ermittlung der Herstellungskosten für das externe Rechnungswesen muss möglich sein.[5] Eine stärker dezentrale Lösung stellt die Möglichkeit dar, aus den lokalen Daten die benötigten Konzerndaten mit Hilfe einer Überleitungsrechnung zu generieren. Dadurch werden sowohl Landesspezifika als auch Konzerngesichtspunkte berücksichtigt und wird somit beiden Adressaten Rechnung getragen. Eine Überleitung der Daten der nationalen Kostenrechnung auf die Konzernkostenrechnung erfordert allerdings, dass die Grunddaten der Tochterunternehmen in sehr detaillierter Form vorliegen.[6]

Das System einer eigenständigen Konzernkostenrechnung sieht vor, dass die nationale Kostenrechnung unabhängig von und parallel zur Konzernkostenrechnung geführt wird, d.h. zwei voneinander unabhängige Kostenrechnungssysteme. Dies führt dazu,

[3] Zur detaillierten Studienbeschreibung vgl. *Wolfsgruber*, 2011, 243 ff.
[4] Vgl. *Währisch*, 2003, 77 ff.
[5] Beispielsweise müssen nach US-GAAP die Herstellungskosten auf Vollkostenbasis ermittelt werden. Vgl. *Müller/Wulf*, 2000, 135.
[6] Vgl. *Währisch*, 2003, 77 ff.

dass es zu einer wesentlichen Komplexitätssteigerung im Vergleich zur Möglichkeit eine Vereinheitlichung mittels Brückenrechnung kommt.[7]

Die Ergebnisse der empirischen Untersuchung zeigen, dass 67 % der Unternehmen zur Ermittlung konzernbezogener Daten auf die Finanzbuchhaltungsdaten der Tochterunternehmen zurückgreifen. 63 % beziehen die Kostenrechnungsdaten der Tochterunternehmen mit ein. Nur 8 % haben ein unabhängig geführtes Konzernkostenrechnungssystem implementiert und weitere 8 % ermitteln gar keine konzernbezogenen Daten (Tab. 1). Als Ergebnis kann daher festgehalten werden, dass in der Unternehmenspraxis die konzernbezogenen Kostenrechnungsdaten aus den Daten der Tochterunternehmen generiert werden und somit die kumulative Ermittlung vorherrscht.

Bereitstellung konzernbezogener Daten Mehrfachnennungen möglich; n = 24	absolut	relativ
Kostenrechnungsdaten der Tochterunternehmen	15	62,5 %
unabhängig geführtes Konzernkostenrechnungssystem	2	8,3 %
Daten der Finanzbuchhaltung der Tochterunternehmen	16	66,7 %
keine konzernbezogenen Daten	2	8,3 %
Sonstiges	1	4,2 %

Tab. 1: Bereitstellung konzernbezogener Daten

2.2. Aufgaben der Kostenrechnung in Konzernen

Schmalenbach sah die Kontrolle der Betriebsgebarung, die Beobachtung von Strukturwandlungen, die Preiskalkulation und die Betriebslenkung als Kostenrechnungszwecke, wobei er die Kontrolle der Betriebsgebarung und die Preiskalkulation als Hauptzwecke hervorhebt.[8] In der neueren Literatur werden die Abbildung und Dokumentation, die Planung und Steuerung, die Kontrolle und die Verhaltenssteuerung als Kostenrechnungszwecke gesehen.[9] Diese Aufgaben werden auch von der Unternehmenspraxis als essentiell eingestuft.[10] Zur Erfüllung dieser Zwecke muss die Kostenrechnung entsprechend ausgestaltet sein,[11] wobei jeweils unterschiedliche Anforderungen an die Ausgestaltung der Kostenrechnung gestellt werden.

Die Schaffung einer Kosten- und Leistungstransparenz stellt bei stark vernetzten Konzernen ein zentrales Problemfeld dar,[12] gleichzeitig ist diese aber auch Voraussetzung zur Entscheidungsunterstützung und zur Verhaltenssteuerung. Dies spiegelt sich auch in den empirischen Ergebnissen der Studie wider. Die Controlling-Leiter der befragten österreichischen international tätigen Konzerne sehen die Schaffung einer Kosten- und Leistungstransparenz als die essentiellste Aufgabe. An zweiter Stelle liegen die Entscheidungsunterstützung und die Bereitstellung einer Datenbasis für weitere Analy-

---

[7] Vgl. *Währisch*, 2003, 77 ff.
[8] Vgl. *Schmalenbach*, 1963, 15 ff.
[9] Vgl. u.a. *Coenenberg/Fischer/Günther*, 2009, S. 21 ff.; *Schweitzer/Küpper*, 2008, 27 ff.
[10] Vgl. *Wolfsgruber*, 2005, 208 f.
[11] Vgl. *Seicht*, 2002, 226.
[12] Vgl. *Pausenberger/Roth*, 1997, 583 ff.; *Wolfsgruber*, 2011, 110 ff.

sen und Rechnungen. Der Kalkulation der Kostenträger kommt mit den dritthäufigsten Nennungen ebenfalls noch eine hohe Bedeutung zu (Tab. 2). Entgegen dem Trend in der wissenschaftlichen Literatur[13], sich vermehrt auf die Funktion der Verhaltenssteuerung zu konzentrieren, sieht die Unternehmenspraxis diese Aufgabe im Vergleich zu den anderen Aufgaben als relativ unbedeutend an. In Bezug auf die Verhaltenssteuerung werden die aktuellen Forschungsergebnisse von *Friedl u.a.*[14] aus dem Jahr 2009 gestützt. Auch diese Studie kommt zum Ergebnis, dass der Zweck der Verhaltenssteuerung der Mitarbeiter relativ unbedeutend ist.

Aufgaben der Kostenrechnung Mehrfachnennungen möglich; n = 24	wichtigste Aufgabe	zweit- wichtigste Aufgabe	dritt- wichtigste Aufgabe
Schaffung einer Kosten- und Leistungstransparenz	13	8	1
Entscheidungsunterstützung	11	6	3
Bereitstellung einer Datenbasis für weitere Analysen und Rechnungen	11	4	3
Kalkulation der Kostenträger	10	5	3
Ermittlung von Lagerbestandswerten	8	3	3
Ermittlung von Verrechnungspreisen	5	6	4
Verhaltenssteuerung der Tochterunternehmen	5	4	7
Verhaltenssteuerung der Mitarbeiter	2	6	6
Preisrechtfertigung gegenüber Abnehmern	0	2	12

Tab. 2: Aufgaben der Kostenrechnung im Konzern

Betrachtet man die Ergebnisse von *Wolfsgruber*[15], bietet sich ein relativ ähnliches Bild im Vergleich zur vorliegenden Studie. Auch in dieser Fremderhebung wird die Schaffung einer Kosten- und Leistungstransparenz am häufigsten genannt. Die Aufgabe der Entscheidungsunterstützung wird ebenfalls essentiell eingestuft. Der Kalkulation der Kostenträger wird hier mehr Bedeutung beigemessen als in der vorliegenden Studie. Wesentlich häufiger wird in der Studie von *Wolfsgruber* auch die Aufgabe der Verhaltenssteuerung genannt.

2.3. Kostenrechnungsbasissysteme und Spezialrechnungen des Kostenmanagements

In der Kostenrechnung werden in Abhängigkeit vom verfolgten Rechenzweck unterschiedliche Basissysteme und Spezialrechnungen eingesetzt. Die Zwecksetzung der Planung und Entscheidung ist hinsichtlich des zeitlichen Horizonts des Entscheidungsproblems zu diffe-

---

[13] Vgl. dazu beispielsweise *Pfaff*, 1995a; *Pfaff*, 1995b; *Riegler*, 1997; *Wagenhofer*, 1997.

[14] Vgl. *Friedl* et al., 2009, 111 f.; *Friedl* u.a. erhoben die Bedeutung der Aufgaben der Kostenrechnung mit einer Rankingskala. Als Rankingwerte waren 1 für gar nicht zutreffend bis 5 voll zutreffend auswählbar.

[15] Vgl. *Wolfsgruber*, 2005, 208 f.

renzieren. Strategische Entscheidungen können durch die Prozesskostenrechnung, die Produktlebenszyklusrechnung, das Target Costing sowie durch den Einsatz wertorientierte Kennzahlen, jeweils in Abhängigkeit vom Entscheidungsproblem, unterstützt werden.[16]

Für die operative Entscheidungsunterstützung lässt sich aus der Zwecksetzung der Planung und Entscheidung die Anforderung einer Plankostenrechnung ableiten. Planungsrechnungen dienen einerseits als Basis für die Entscheidungsfindung, indem die Auswirkungen bestimmter Handlungsalternativen ermittelt werden. Andererseits werden sie auch als Grundlage für den Entscheidungsvollzug herangezogen. Auf Basis von Planungsrechnungen können Zielvereinbarungen durch das Festlegen verbindlicher Kosten-, Erlös- und Ergebnisziele getroffen werden.[17] Weiters ist es zur Erfüllung der operativen Entscheidungsfunktion erforderlich, eine Teilkostenrechnung zu implementieren, um den Entscheidungsobjekten die jeweils relevanten Kosten und Erlöse zuzuordnen. Eine Vollkostenrechnung ist zur Entscheidungsunterstützung nicht geeignet. Zusammenfassend kann daher festgehalten werden, dass eine Plankostenrechnung auf Teilkostenbasis zur operativen Entscheidungsunterstützung einzusetzen ist.[18]

Die Ergebnisse der eingesetzten Kostenrechnungssysteme im Konzern werden in Tab. 3 dargestellt. In der Zentrale sowie in den Tochterunternehmen ist die Istkostenrechnung auf Vollkostenbasis das am häufigsten eingesetzte Kostenrechnungssystem. An zweiter Stelle liegt in der Zentrale die flexible Plankostenrechnung auf Vollkostenbasis, gefolgt von der Grenzplankostenrechnung. In den Tochterunternehmen wird die Istkostenrechnung auf Teilkostenbasis am zweithäufigsten verwendet. An dritter Stelle ist die Grenzplankostenrechnung zu finden. Die relative Einzelkostenrechnung nach *Riebel* hat in der österreichischen Unternehmenspraxis keine Bedeutung erlangt.

Eingesetzte Kostenrechnungsbasissysteme; Mehrfachnennungen möglich; n = 24	in der Zentrale		in den Tochterunternehmen	
	absolut	relativ	absolut	relativ
Istkostenrechnung auf Vollkostenbasis	15	62,5 %	16	66,7 %
Flexible Plankostenrechnung auf Vollkostenbasis	11	45,8 %	6	25,0 %
Grenzplankostenrechnung	9	37,5 %	7	29,2 %
Istkostenrechnung auf Teilkostenbasis	7	29,2 %	10	41,7 %
Prozesskostenrechnung	5	20,8 %	2	8,3 %
Starre Plankostenrechnung	4	16,7 %	2	8,3 %
Sonstiges Kostenrechnungssystem	1	4,2 %	2	8,3 %
Relative Einzelkostenrechnung nach *Riebel*	0	0,0 %	0	0,0 %

Tab. 3: Eingesetzte Basissysteme der Kostenrechnung in der Zentrale und in den Tochterunternehmen

---

[16] Vgl. *Wolfsgruber*, 2011, 229.
[17] Vgl. *Coenenberg/Fischer/Günther*, 2009, 22.
[18] Auch *Weber* kommt in seiner Analyse zu diesem Ergebnis. Vgl. *Weber*, 2005, 104. In der Literatur zur Kostenrechnung in Konzernen wird meistens das System der flexiblen Grenzplankostenrechnung als Grundlage für die Entwicklung herangezogen. Vgl. *Kajüter*, 2003, 20 und die dort angegebenen Quellen.

Die Gegenüberstellung der verfolgten Kostenrechnungszwecke und der dazu eingesetzten Kostenrechnungsbasissysteme zeigt eine Diskrepanz auf. Die Kostenrechnungszwecke der Schaffung einer Kostentransparenz, der Entscheidungsunterstützung und der Bereitstellung einer Datenbasis für weitere Rechnungen würden durch eine Teilkostenrechnung besser unterstützt werden.[19] Dennoch kommen in der Unternehmenspraxis häufiger Vollkostenrechnungssysteme zum Einsatz.[20]

Die österreichische Studie von *Wolfsgruber* aus dem Jahr 2005 zeigte, dass die Istkostenrechnung auf Vollkostenbasis am häufigsten als Kostenrechnungssystem eingesetzt wird und sich 78,6 % der Unternehmen für eine Form der Plankostenrechnung entscheiden.[21]

Auch in den empirischen Fremderhebungen in deutschen Unternehmen wurde die Dominanz von Vollkosten-, Istkosten- und Plankostenrechnungssystemen bestätigt. *Friedl et al.* ermittelten einen Einsatzgrad der Istkostenrechnung von 95,6 % und 91,1 % für die Plan- oder Grenzplankostenrechnung.[22] *Homburg et al.* erhoben im Jahr 1998, dass 73,5 % der Unternehmen eine Vollkostenrechnung und rund 47 % eine Deckungsbeitragsrechnung laufend einsetzen und 83,2 % der Unternehmen eine Plankostenrechnung zumindest fallweise anwenden.[23]

Die Anwenderzahl der Prozesskostenrechnung der vorliegenden Studie bestätigt die österreichischen Studienergebnisse von *Wolfsgruber* aus dem Jahr 2005. In dieser Untersuchung gaben 21 % der Unternehmen an, die Prozesskostenrechnung anzuwenden.[24] Für Deutschland kann im Zusammenhang mit der Prozesskostenrechnung auf Grund der vorliegenden Fremderhebungen von einem höheren Anwendungsgrad ausgegangen werden. *Friedl u.a.* ermittelten 31 % Anwender der Prozesskostenrechnung.[25] *Franz/ Kajüter* erhoben 1997 und 2002 sowie *Kajüter* 2005 für die Prozesskostenrechnung jeweils einen Wert von rund 50 %. Ein Grund für den deutlich höheren Einsatzgrad in Deutschland könnte sein, dass in den angeführten Studien auch Banken und Versicherungen einbezogen wurden. Die Prozesskostenrechnung wird häufig als ideales Instrument für Dienstleistungsunternehmen eingestuft.[26]

Die Ergebnisse zum Einsatz der Spezialrechnungen des Kostenmanagements zeigen, dass rund ein Drittel der Unternehmen Target Costing und ca. 25 % die Produktlebenszyklusrechnung im Einsatz haben (Tab. 4). Der Vergleich der Ergebnisse des Target Costing mit früheren Fremderhebungen zeigt, dass in der aktuellen Studie dieses Instrument in geringerem Ausmaß Verwendung findet. Ein Grund für den geringeren Anwendungsgrad des Target Costing und der Produktlebenszyklusrechnung in den Tochterunternehmen könnte sein, dass Produktentwicklungen überwiegend von der Zentrale vorangetrieben werden und die beiden Instrumente dort zur Prozessunterstützung eingesetzt werden.

---

[19] Vgl. *Weber*, 2005, 104.

[20] Vgl. *Feldbauer-Durstmüller/Wolfsgruber/Duller*, 2011, 112.

[21] Vgl. *Wolfsgruber*, 2005, 212 f.

[22] Vgl. *Friedl* u.a., 2009, 112.

[23] Vgl. *Homburg* et al., 1998, 16.

[24] Vgl. *Wolfsgruber*, 2005, 212 ff.

[25] Vgl. *Friedl* et al., 2009, 112.

[26] Vgl. *Mayer/Conters/von der Hardt*, 2005, 126.

Spezialrechnungen des Kostenmanagements; Mehrfachnennungen möglich; n = 24	in der Zentrale		in den ausländischen Tochterunternehmen	
	absolut	relativ	absolut	relativ
Target Costing	7	29,2 %	3	12,5 %
Produktlebenszyklusrechnung	6	25,0 %	3	12,5 %
Keine	13	54,2 %	15	62,5 %

Tab. 4: Spezialrechnungen des Kostenmanagements

Im Vergleich zu den bisherigen Studienergebnissen aus Deutschland zeigen sich hinsichtlich des Anwendungsgrads des Target Costing entscheidende Unterschiede. In den empirischen Ergebnissen von *Franz/Kajüter* aus den Jahren 1997 und 2002 sowie in der Folgestudie von *Kajüter* 2005 konnte ein Einsatzgrad von über 50 % festgestellt werden.[27] Das Target Costing gilt nach *Kajüter* in der Automobil- und Elektronikindustrie bereits als Standard und auch im Maschinenbau kommt es überdurchschnittlich oft zur Anwendung, wobei häufig ein fallweiser Einsatz erfolgt.[28] Diese Ergebnisse bestätigen daher die bereits 1998 durchgeführte Studie von *Homburg et al.*, die ebenfalls erhob, dass der fallweise Einsatz des Target Costing vorherrscht.[29]

Im Vergleich zur Studie von *Wolfsgruber* aus dem Jahr 2005 ist der Einsatzgrad der Produktlebenszyklusrechnung in der österreichischen Industrie in der vorliegenden Studie etwas höher.[30] Die Gegenüberstellung der Ergebnisse mit den in Deutschland durchgeführten Fremderhebungen zeigen mit einer Anwendung von 25 % hingegen ein ähnliches Bild (Tab. 5). Auch für die Produktlebenszyklusrechnung ermittelte *Kajüter* einen verstärkten Einsatz in der Automobil- und Elektronikindustrie sowie im Maschinenbau. Durch eine isolierte Betrachtung dieser drei Branchen wurde eine Anwendungshäufigkeit der Produktlebenszyklusrechnung von ca. 50 % für Deutschland erhoben.[31]

Ausgewählte Studienergebnisse für Deutschland	n	Einsatzgrad		
		Prozesskostenrechnung	Target Costing	Produktlebenszyklusrechnung
Franz/Kajüter (1997)	89	52 %	54 %	27 %
Franz/Kajüter (2002)	98	48 %	59 %	28 %
Kajüter (2005)	116	46 %	55 %	26 %

Tab. 5: Ausgewählte Studienergebnisse für Deutschland

---

[27] Vgl. *Franz/Kajüter*, 1997, 486 ff.; *Franz/Kajüter*, 2002, 579 ff.; *Kajüter*, 2005, 91f.
[28] Vgl. *Kajüter*, 2005, 92.
[29] Vgl. *Homburg* et al., 1998, 16.
[30] Vgl. *Wolfsgruber*, 2005, 254.
[31] Vgl. *Kajüter*, 2005, 92.

3. Einfluss der Internationalisierung auf die Kostenrechnung

3.1. Harmonisierung des internen und externen Rechnungswesens

Unter den Schlagworten „Einheitlichkeit",[32] „Harmonisierung",[33] „Konvergenz",[34] „Integration",[35] „Vereinheitlichung"[36] oder „Konversion"[37] der Rechnungslegung wird seit Anfang der 90er Jahre eine Diskussion über eine Annäherung zwischen dem internen und dem externen Rechnungswesen geführt.[38] Die Diskussion entbrannte ausgehend von der Ankündigung *Zieglers*[39], das interne Rechnungswesen in der *Siemens AG* umzustrukturieren. In weiterer Folge wurde die Harmonisierungsdiskussion vor allem auch in Bezug auf die internationalen Rechnungslegungsstandards geführt[40] und diskutiert, ob diese zur Konzernsteuerung auf externer Basis geeignet seien und in welchen Bereichen das Harmonisierungspotential zwischen dem externen und dem internen Rechnungswesen liege. Auch Ergebnisse empirischer Studien zeigen, dass IAS/IFRS-bilanzierende Unternehmen eher eine Harmonisierung des Rechnungswesens durchgeführt haben oder anstreben als Unternehmen, welche auf die Rechnungslegungsnormen des UGB zurückgreifen.[41]

Die Antworten zur Vereinheitlichung des Rechnungswesens zeigen, dass rund 30 % diese bereits abgeschlossen haben und sich 17 % der Unternehmen gerade in der Umsetzung befinden. Weitere 30 % planen, eine Harmonisierung vorzunehmen. Für 21 % der Unternehmen ist die Angleichung des internen und externen Rechnungswesens kein Thema (Tab. 6). Die genaue Analyse zeigt, dass IAS/IFRS-bilanzierende Unternehmen das interne und externe Rechnungswesen signifikant häufiger harmonisiert haben als UGB-bilanzierende Unternehmen (p = 0,003).

Harmonisierung des Rechnungswesens n = 23	absolut	relativ
Ja, die Harmonisierung ist abgeschlossen	7	30,4 %
Ja, die Harmonisierung ist in Umsetzung	4	17,4 %
Ja, die Harmonisierung ist in Planung	7	30,4 %

---

[32] Vgl. *Coenenberg*, 1995.

[33] Vgl. *Feldbauer-Durstmüller/Denk*, 2004; *Günther/Zurwehme*, 2008; *Heyd*, 2001b; *Janschek*, 1999; *Küting/Lorson*, 1999; *Wussow*, 2004.

[34] Vgl. *Kirsch/Ewelt*, 2008; *Klein*, 1999; *Küting/Lorson*, 1998a; *Schaier*, 2008; *Simons/Weißenberger*, 2008; *Simons/Weißenberger*, 2009a; *Simons/Weißenberger*, 2009b.

[35] Vgl. *Hax*, 2002; *Hebeler*, 2006; *Kerkhoff/Thun*, 2007; *Küpper*, 1999; *Wala/Knoll/Messner*, 2007a; *Wala/Knoll/Messner*, 2007b; *Weißenberger*, 2004; *Weißenberger*, 2006a.

[36] Vgl. *Hoke*, 2001; *Kümpel*, 2002.

[37] Vgl. *Seelinger/Kaatz*, 1998.

[38] Obwohl in den angeführten Begriffen Bedeutungsunterschiede liegen, werden diese im Folgenden synonym verwendet. Der Grund dafür liegt in der Tatsache, dass sich alle Begriffe mit der gleichen Problemstellung befassen und auch in der Literatur meist nicht unterschieden wird. Vgl. *Schaier*, 2007, 108.

[39] Vgl. *Ziegler*, 1994, 177 ff.

[40] Vgl. *Haller*, 1997; *Heyd*, 2001; *Janschek*, 1999; *Kahle*, 2003; *Kerkhoff/Thun*, 2007; *Klein*, 1999; *Küting/Lorson*, 1998c; *Wala/Knoll/Messner*, 2007a; *Wala/Knoll/Messner*, 2007b; *Weißenberger*, 2006a; *Wenninger*, 2001.

[41] Das zeigen beispielsweise die empirischen Ergebnisse von *Müller*, 2006, 154 f.

| Nein, eine Harmonisierung war immer gegeben | 0 | 0,0 % |
| Nein, eine Harmonisierung ist kein Thema | 5 | 21,7 % |

Tab. 6: Harmonisierung des Rechnungswesens

Vergleicht man diese Werte mit dem Harmonisierungsstand der bisher durchgeführten Studien, so ist festzustellen, dass der Anteil der Unternehmen, die eine Harmonisierung bereits abgeschlossen haben, eher gering ausfällt. In den rein österreichischen Studien von *Wolfsgruber*,[42]*Wagenhofer/Engelbrechtsmüller*[43] und *Weißenberger/Angelkort*[44] lagen die Werte jeweils darüber. In den beiden letztgenannten Studien war der Anteil sogar mehr als doppelt so hoch. Bei Betrachtung des Anteils der Unternehmen, für welche die Harmonisierung grundsätzlich von Bedeutung ist (rund 79 %), liegen die Werte dieser Studie im Vergleich mit den bisherigen Ergebnissen wieder im Einklang bzw. im Vergleich mit der Studie von *Wolfsgruber*[45] (rund 48 %) darüber. Die Gegenüberstellung der Ergebnisse mit den in Deutschland durchgeführten Studien von *Horváth/Arnaout, Hoke* und *Müller* zeigt, dass der Anteil der Unternehmen, die eine Harmonisierung bereits abgeschlossen haben, im Mittelfeld liegt. Gemäß der Studie von *Horváth/Arnaout*[46] haben 22 %, in der Studie von *Hoke*[47] 36 % und entsprechend den Ergebnissen von *Müller*[48] 48 % der Unternehmen den Harmonisierungsprozess bereits abgeschlossen.

3.2. Einfluss der Internationalisierung auf die Datenbasis der Kostenrechnung

Sofern eine Harmonisierung des Rechnungswesens erfolgt, wird auf den Ansatz kalkulatorischer Positionen verzichtet.[49] Je nach Ausmaß der angestrebten Konvergenz und je nach verfolgtem Rechenzweck kann dies alle oder nur bestimmte kalkulatorische Kostenarten umfassen. Bei einer vollständigen Nivellierung wird die Kostenrechnung zur „Aufwandsrechnung".[50]*Weißenberger* stellte durch einen Vergleich von Studien einen Bedeutungsverlust kalkulatorischer Positionen in der Unternehmenspraxis fest (Tab. 7). Aus der Übersicht geht klar hervor, dass der Anteil der Unternehmen, welche kalkulatorische Abschreibungen ansetzen, stetig abnimmt. Die Ausnahme sind die kalkulatorischen Zinsen, die in wertorientierten Steuerungssystemen Eingang finden.[51]

---

[42] Vgl. *Wolfsgruber*, 2005, 220 f.
[43] Vgl. *Wagenhofer/Engelbrechtsmüller*, 2006, 22.
[44] Vgl. *Weißenberger/Angelkort*, o.J., 28 f.
[45] Vgl. *Wolfsgruber*, 2005, 220 f.
[46] Vgl. *Horváth/Arnaout*, 1997, 261 f.
[47] Vgl. *Hoke*, 2001, 161 f.
[48] Vgl. *Müller*, 2006, 189 ff.
[49] Die Thematik über den Ansatz kalkulatorischer Positionen wurde sowohl in der Praxis als auch in der wissenschaftlichen Literatur über lange Zeit diskutiert und ist mit der Themenstellung der Harmonisierung des Rechnungswesens neu entfacht worden. Zur Kritik am Ansatz kalkulatorischer Positionen siehe *Ramsauer*, 1987; *Weiss*, 1988; *Männel*, 1997. Eine Befürwortung des Ansatzes bzw. eine differenzierte Betrachtung in Bezug auf die Kostenrechnungszwecke findet sich beispielsweise in *Mus*, 1988, bzw. *Seicht*, 1999.
[50] Vgl. *Küting/Lorson*, 1998a, 489.
[51] Vgl. *Weißenberger*, 2004, 72. Im Widerspruch dazu steht die Begründung von *Währisch*, der den signifikant niedrigeren Ansatz kalkulatorischer Zinsen in konzerngebundenen Unternehmen im Vergleich zu alleinstehenden Unternehmen darin sieht, dass konzerngebundene Unternehmen die Steuerung der Kapitalverteilung über andere Instrumente, wie wertorientierte Kennzahlen, vornehmen. Vgl. *Währisch*, 2000, 688.

	Forst/ Meyer (1981)	Becker (1984)	Kind (1986)	Hauer (1994)	Lang/ Schauer (1996)	Währisch (1998)	Wolfs- gruber (2005)
kalk. Abschrei-bung	74 %	72 %	72 %	83 %	79 %	46 %	60 %
kalk. Zinsen	68 %	51 %	51 %	76 %	65 %	88 %	55 %
kalk. Wagnisse		32 %	28 %	39 %	33 %	20 %	50 %[52]
kalk. Unterneh-merlohn	1 %	45 %	28 %	19 %	25 %	11 %	n.r.
kalk. Eigenmiete	25 %	–	–	30 %	31 %	13 %	n.r.
keine	16 %	25 %	23 %	12 %	16 %	k.A.	k.A.

Tab. 7: Bedeutung kalkulatorischer Positionen in der Unternehmenspraxis[53]

In der österreichischen Studie über die Kostenrechnung in international tätigen Konzernen wurde ebenfalls die Frage nach dem Ansatz kalkulatorischer Positionen gestellt. Unternehmen, für welche die Harmonisierung des Rechnungswesens Relevanz aufweist, wurden gefragt, welche kalkulatorischen Positionen vor der Harmonisierung angesetzt wurden und welche kalkulatorischen Kostenarten nach der Angleichung des internen und externen Rechnungswesens noch erfasst werden (Tab. 8).

Ansatz kalkulatorischer Positio-nen Mehrfachnennungen mög-lich; n = 18	vor der Harmonisierung		nach der Harmonisierung		eliminierte kalk. Kostenarten	
	absolut	relativ	absolut	relativ	absolut	relativ
kalkulatorische Abschreibung	14	77,8 %	5	27,8 %	9	50,0 %
kalkulatorische Zinsen	10	55,6 %	5	27,8 %	5	27,8 %
kalkulatorische Wagnisse	4	22,2 %	2	11,1 %	2	11,1 %
kalkulatorische Vor- bzw. Nach-laufkosten	3	16,7 %	2	11,1 %	1	5,6 %
kalkulatorische Materialkosten	3	16,7 %	2	11,1 %	1	5,6 %
keine kalkulatorischen Kosten	1	5,6 %	3	16,7 %	n.b.	n.b.

Tab. 8: Ansatz kalkulatorischer Positionen vor und nach der Harmonisierung des Rechnungswesens in der laufenden Kostenrechnung

Das Ergebnis zeigt deutlich, dass die Unternehmen im Rahmen des Harmonisierungs-prozesses auf einzelne – jedoch meist nicht auf alle – kalkulatorische Positionen verzichten. Lediglich zwei Unternehmen, die vor der Angleichung des Rechnungswesens kalkulatorische Positionen ansetzten, haben nach der Vereinheitlichung alle kalkulatori-

---

[52] Die Frage, welche kalkulatorischen Wagniskosten angesetzt werden, wurde von 50 % der Unternehmen beantwortet. Es wird daher davon ausgegangen, dass diese Frage nur von den Unternehmen beantwortet wurde, die kalkulatorische Wagniskosten berücksichtigen.

[53] In Anlehnung an und Erweiterung von *Weißenberger*, 2004, 73.

schen Positionen eliminiert. Die Vertreter der Unternehmenspraxis verstehen daher unter einer Harmonisierung des Rechnungswesens nicht eine vollkommene Angleichung der Wertebasis des internen und externen Rechnungswesens. Dem Ansatz kalkulatorischer Positionen kommt daher in der Unternehmenspraxis durchaus noch Bedeutung zu. Zwar kommen weniger Positionen zum Ansatz, jedoch haben sich jene Unternehmen, welche die Harmonisierung bereits abgeschlossen haben oder planen, erneut bewusst für den Ansatz bestimmter kalkulatorischer Positionen entschieden. Die Überprüfung der Hypothese, dass die Anwendung der IAS/IFRS zu einer geringeren Anzahl kalkulatorischer Positionen als bei der Bilanzierung nach UGB führt, bringt kein signifikantes Ergebnis (p = 0,768 bzw. p = 0,170).[54]

Da der Ansatz kalkulatorischer Positionen vor allem im deutschsprachigen Raum Tradition hat und international weitgehend unbekannt ist, wurden in der Studie die Unternehmen weiters befragt, ob auch in den ausländischen Tochterunternehmen die gleichen kalkulatorischen Kostenarten zum Ansatz kommen. Untenstehende Tabelle (Tab. 9) zeigt, dass die kalkulatorischen Positionen mehrheitlich auch in den ausländischen Tochterunternehmen angesetzt werden. Zumindest in den ausländischen Tochterunternehmen österreichischer Konzernmutterunternehmen ist daher der Ansatz kalkulatorischer Positionen bekannt. Dadurch kann es auch zu einem Export der deutschsprachigen Kostenrechnungsphilosophie kommen.[55]

Ansatz kalkulatorischer Positionen in ausländischen Tochterunternehmen; n = 24	absolut	relativ
ja	18	75,0 %
nein	6	25,0 %

Tab. 9: Ansatz kalkulatorischer Positionen in ausländischen Tochterunternehmen

3.3. Einfluss der Internationalisierung auf die Erfolgsrechnung

Im Zusammenhang mit der Harmonisierung des Rechnungswesens wird vor allem auf das Modell der partiellen Integration des Rechnungswesens von *Weißenberger* Bezug genommen. Dieses spricht sich für den Ansatz kalkulatorischer Positionen auf der Produkt- und Prozessebene aus und gegen den Ansatz kalkulatorischer Positionen auf den obersten Hierarchieebenen.[56] Die oben vorgestellten Untersuchungsergebnisse zum Ansatz kalkulatorischer Positionen haben gezeigt, dass diese unabhängig vom Bilanzierungsstandard in der Unternehmenspraxis angesetzt werden.

In weiterer Folge soll daher die Frage beantwortet werden, ob auch auf der Ebene der Erfolgsrechnung von den Werten des externen Rechnungswesens abgewichen wird und inwiefern die IAS/IFRS darauf Einfluss nehmen. 83,3 % der Unternehmen gaben an, ein buchhalterisches konsolidiertes Konzernergebnis zu ermitteln.[57] 16,7 % der Unterneh-

---

[54] Zur detaillierten Beschreibung der statistischen Tests vgl. *Wolfsgruber*, 2011, 264.

[55] *Vikas* begründet einen Wissensexport der deutschsprachigen Kostenrechnungssysteme auch mit dem Einsatz von ERP-Systemen des deutschsprachigen Raums im Ausland. Vgl. *Vikas*, 2006, 36 f.

[56] Vgl. *Weißenberger*, 2006a, 412; *Weißenberger*, 2006b, 72; *Weißenberger*, 2008, 442.

[57] Da alle Unternehmen der Konzernrechnungslegungspflicht unterliegen, müssen sie auch alle ein konsolidiertes Konzernergebnis ermitteln. Daher hätte diese Antwortalternative auch von allen Unternehmen gewählt werden müssen.

men ermitteln ein eigenes kalkulatorisches Ergebnis und 12,5 % leiten ein kalkulatorisches aus dem buchhalterischen Ergebnis ab.

In Abhängigkeit vom Bilanzierungsstandard wurde eine Kreuztabelle erstellt (Tab. 10). Die Ergebnisse dieser Tabelle zeigen, dass 42,9 % der Unternehmen, die ausschließlich nach UGB bilanzieren, und 83,3 % der Unternehmen, die ausschließlich nach IAS/IFRS bilanzieren, keine eigene kalkulatorische Konzernerfolgsrechnung erstellen. Während das Verhältnis, ob eine kalkulatorische Konzernerfolgsrechnung erstellt wird oder darauf verzichtet wird, bei der Bilanzierung nach UGB noch relativ ausgeglichen ist, fällt das Ergebnis bei der Anwendung der IAS/IFRS klar gegen die Erstellung einer kalkulatorischen Konzernerfolgsrechnung aus. Dennoch konnte kein signifikanter Unterschied festgestellt werden (p = 0,095).

Kalkulatorische Erfolgsrechnung		ausschließliche Bilanzierung nach		Gesamt
		UGB	IAS/IFRS	
wird nicht erstellt	Anzahl	3	10	13
	in %	42,9 %	83,3 %	68,4 %
wird erstellt	Anzahl	4	2	6
	in %	57,1 %	16,7 %	31,6 %
Gesamt	Anzahl	7	12	19
	in %	100,0 %	100,0 %	100,0 %

Tab. 10: Kreuztabelle: Erstellung kalkulatorische Erfolgsrechnung bei Bilanzierung nach UGB bzw. IAS/IFRS

Der Einfluss der IAS/IFRS als Katalysator für eine Harmonisierung konnte daher auch im Zusammenhang mit der Erstellung einer Konzernerfolgsrechnung nicht bestätigt werden. Die Unternehmenspraxis setzt daher auch auf der obersten Steuerungsebene auf den Ansatz kalkulatorischer Positionen und folgt dem in der Literatur propagierten Verzicht auf eine kalkulatorische Erfolgsrechnung auf der Konzernebene[58] nicht uneingeschränkt. Möglicherweise wird der Nutzen der höheren Steuerungsqualität einer kalkulatorischen Erfolgsrechnung in der Unternehmenspraxis höher bewertet und aus diesem Grund darauf zurückgegriffen. Eine weitere Erklärung wäre das Vorliegen mehrerer Geschäftsfelder, für welche ohnehin keine kostenlosen externen Daten zur Verfügung stehen, weshalb interne Daten Verwendung finden müssen und sich der Aufwand für die Erstellung einer kalkulatorischen Konzernerfolgsrechnung in Grenzen hält.

4. Einfluss der Konzernorganisationsform auf die Kostenrechnung

4.1. Konzernorganisationsformen

Ein häufiges Differenzierungsmerkmal von Konzernen stellt jenes nach dem Aufgabenumfang des Mutterunternehmens dar.[59] Die Gliederung der Konzerntypen nach diesem

---

[58] Vgl. u.a. *Weißenberger*, 2006a, 412.
[59] Vgl. *Hoffmann*, 1992, 554; *Vahs*, 2007, 176 f.

Kriterium unterscheidet den Stammhauskonzern (operative Holding), die Managementholding und die Finanzholding.

Sofern die konzernleitende Gesellschaft gleichzeitig auch das wirtschaftlich bedeutendste Konzernunternehmen darstellt, wird von einem Stammhauskonzern gesprochen. Das Stammhaus ist selbst operativ am Markt tätig und nimmt gleichzeitig die Aufgaben der operativen und strategischen Leitung des Konzerns wahr. Der Unternehmenswert soll durch den direkten Einfluss auf die Wertschöpfung in den einzelnen Unternehmensbereichen und durch eine intensive Koordination im Konzern gesteigert werden. Die Organisationsform des Stammhauskonzerns bildet sich meistens durch die Internationalisierung eines Kerngeschäftsfeldes, welches im Laufe der Zeit stark gewachsen ist. Die Tochterunternehmen bringen zwar Detailwissen in den Konzern ein, sind in der Regel aber wesentlich kleiner bzw. wirtschaftlich unbedeutender oder üben nur ergänzende bzw. unterstützende Tätigkeiten für das Stammhaus aus. Weiters liegen meist ein homogenes Leistungsprogramm und eine enge Verflechtung zwischen der Konzernobergesellschaft und den Tochterunternehmen vor.[60] Der Stammhauskonzern ist daher durch ein zentrales Führungskonzept gekennzeichnet. Die Entscheidungsmacht über operative Tätigkeiten, wie die Nutzung gemeinsamer Ressourcen, die Vorgaben zur Prozessgestaltung und eine detaillierte Top-down-Ergebnisplanung, liegt genauso im Stammhauskonzern wie die Vorgabe strategischer Ziele.[61]

Die Organisationsform der Managementholding wird mit steigender Bedeutung der Tochterunternehmen und Heterogenität des Leistungsprogramms gebildet, weil dem Stammhauskonzern das Wissen, um den Konzern auch operativ zu führen, fehlt. Daher werden die Führungsaufgaben zwischen den Tochterunternehmen und der Konzernzentrale aufgeteilt. Die Managementholding leitet den Konzern strategisch und nimmt Aufgaben, wie z.B. die Allokation von Finanzmitteln, den Kauf und Verkauf von Tochtergesellschaften, die Koordination von Forschung und Entwicklung sowie Planung und Einsatz der Führungskräfte und des Führungskräftenachwuchses im Konzern, wahr. Allerdings werden in den Tochtergesellschaften auch Funktionalstrategien, beispielsweise für die Bereiche Beschaffung, Produktion und Absatz, ausgearbeitet und in Abstimmung mit der Managementholding umgesetzt. Den Tochterunternehmen kommt daher wesentlich mehr Autonomie zu als in einem Stammhauskonzern. Der Managementholding liegt daher ein dezentrales Führungskonzept zu Grunde.[62]

Die Finanzholding stellt den Gegenpol zum Stammhauskonzern dar und delegiert alle Funktionen und damit verbundenen Entscheidungen – mit Ausnahme der Finanzierungsfunktion – an die Tochtergesellschaften. Diese nehmen daher sowohl die operative als auch die strategische Leitung selbst wahr. Die Tochter- und Beteiligungsgesellschaften werden als Anlageobjekte gesehen und über Finanzkennzahlen gelenkt, die von der Zentrale vorgegeben werden. Weiters werden die Tochterunternehmen durch die Besetzung der obersten Führungspositionen beeinflusst.[63] Finanzholdings sind meist die Füh-

---

[60] Vgl. *Everling*, 1981, 2549; *Hoffmann*, 1992, 554; *Hungenberg*, 1992, 349; *Kreikebaum/Gilbert/Reinhardt*, 2002, 139 ff; *Kutschker/Schmid*, 2008, 599 ff.; *Scheffler*, 2004, Sp. 684; *Theopold*, 1993, 167 ff.; *Vahs*, 2007, 177.

[61] Vgl. *Hungenberg*, 1992, 349; *Weber* et al., 2001, 10.

[62] Vgl. *Hoffmann*, 1992, 554; *Hungenberg*, 1992, 350; *Kreikebaum/Gilbert/Reinhardt*, 2002, 136 ff.; *Kutschker/Schmid*, 2008, 604 f.; *Naumann*, 1993, 237 ff.; *Schulte*, 1992, 32; *Vahs*, 2007, 179 f.

[63] Vgl. *Hoffmann*, 1992, 554; *Hungenberg*, 1992, 350; *Kreikebaum/Gilbert/Reinhardt*, 2002, 135; *Kutschker/Schmid*, 2008, 606 ff.; *Schulte*, 1992, 32 f.; *Vahs*, 2007, 180 f.; *Werdich*, 1993, 308.

rungsspitze von Großkonzernen mit sehr heterogenen Geschäftsfeldern, in welchen die Nutzung von Synergiepotentialen kaum möglich ist und somit durch Kooperation zwischen den Tochterunternehmen keine Wertsteigerungen erzielt werden können. Durch die starke Divergenz der Geschäftsbereiche und die fehlenden gemeinsamen Wertschöpfungsaktivitäten ist keine Möglichkeit gegeben, Ressourcen gemeinsam zu nutzen oder Know-how zwischen den einzelnen Geschäftsfeldern zu transferieren.[64]

4.2. Einfluss der Konzernorganisationsform auf die Organisation der Kostenrechnung

Weber et al. untersuchten im Jahr 2001 die Beziehungen zwischen der Controllerorganisation und den Führungskonzepten der Konzerne. Die Ergebnisse zeigen, dass Stammhauskonzerne den größten Zentralisierungsgrad an Controlleraufgaben vorweisen. Dies ist auch an den durchzuführenden Aufgaben mit hohem Detaillierungsgrad zu erkennen. Managementholdings und Finanzholdings beschäftigen sich hingegen großteils mit der Erfüllung strategischer Funktionen (Tab. 11).[65]

	Stammhauskonzern	Managementholding	Finanzholding
Strategische Funktionen	Unternehmensplanung Sonderanalysen Unternehmensbereichscontrolling Beteiligungscontrolling	Unternehmensplanung Risikomanagement Beteiligungscontrolling Geschäftsfeldanalysen Investitionscontrolling Prozesscontrolling	Geschäftsfeldcontrolling Unternehmensakquisitionen
Operative Funktionen	Kostenrechnung IT-Technik/MIS Kostencontrolling Produktcontrolling Controllingmethoden	Betriebswirtschaftliche Grundsatzfragen Bilanzen und Steuern	Betriebswirtschaftliche Grundsatzfragen

Tab. 11: Aufgaben des Konzerncontrollings in unterschiedlichen Konzernformen[66]

Der Zusammenhang zwischen der Konzernorganisationsform und der Organisation der Kostenrechnung wurde daher auch in der vorliegenden Studie untersucht. Die Verteilung der Konzernorganisationsformen der befragten Unternehmen fällt mit 59,1 % mehrheitlich auf die Managementholding. Knapp über 30 % der Konzernmutterunternehmen sind als Stammhauskonzern zu bezeichnen. Nach dem Prinzip der Finanzholding sind 9,1 % der Konzerne organisiert (Tab. 12). Weiters gaben nur 40,9 % der Konzerne an, die Kostenrechnung zentral organisiert zu haben. Der Großteil der Unternehmen hat daher keine zentrale Organisation der Kostenrechnung (Tab. 13).

---

[64]   Vgl. *Hungenberg*, 1992, 349 f.; *Kreikebaum/Gilbert/Reinhardt*, 2002, 135.
[65]   Vgl. *Weber* u.a., 2001, 14 f. und 26 f.
[66]   Quelle: *Weber* u.a., 2001, 27.

Konzernorganisationsform n = 22	absolut	relativ
Stammhauskonzern	7	31,8 %
Managementholding	13	59,1 %
Finanzholding	2	9,1 %

Tab. 12: Konzernorganisationsformen

Zentrale Organisation der Kostenrechnung n = 22	absolut	relativ
Ja	9	40,9 %
Nein	13	59,1 %

Tab. 13: Zentrale Organisation der Kostenrechnung

Die Ergebnisse zur Standardisierung der Kostenrechnung werden in Tabelle 14 präsentiert. Jeweils die Hälfte der Unternehmen hat die Kostenrechnung standardisiert bzw. nicht standardisiert. Über 70 % der Unternehmen, welche die Kostenrechnung gegenwärtig noch keiner Standardisierung unterworfen haben, geben an, dies in Zukunft vornehmen zu wollen.

Standardisierung der Kostenrechnung n = 22	absolut	relativ
ja	11	50,0 %
nein	11	50,0 %
Standardisierung geplant n = 11	absolut	relativ
ja	8	72,7 %
nein	3	27,3 %

Tab. 14: Standardisierung der Kostenrechnung

Die Standardisierung der Kostenrechnung soll gleichermaßen durch den Einsatz von Konzernstandards und mit Hilfe eines ERP-Systems erreicht werden (Tab. 15). Alle Konzerne, die bisher keine Standardisierung vorgenommen haben, wollen diese mit Hilfe eines ERP-Systems durchführen. 82 % der Controllingleiter stimmen daher auch der Aussage zu, dass der Einsatz eines ERP-Systems die Standardisierung der Kostenrechnung fördert.

Standardisierungsmaßnahmen	Standardisierung vorgenommen n = 11		Standardisierung geplant n = 8	
	absolut	relativ	absolut	relativ
Konzernstandards	9	81,8 %	5	62,5 %
ERP-System	8	72,7 %	8	100,0 %
Sonstiges	1	9,1 %	0	0,0 %

Tab. 15: Durchgeführte und geplante Standardisierungsmaßnahmen

Hoffjan/Weide[67] bekunden dem internationalen Controlling eine deutliche Standardisierungstendenz. Von dieser Tendenz kann auch in dieser Studie ausgegangen werden. Immerhin haben elf von 22 Unternehmen die Kostenrechnung bereits standardisiert und acht Unternehmen planen dies vorzunehmen. 86,4 % der Konzernmutterunternehmen werden daher in Zukunft eine standardisierte Kostenrechnung vorliegen haben.

Eine oftmals angewandte Standardisierungsmaßnahme ist der Erlass von Konzernstandards. Der am häufigsten bereits eingeführte Konzernstandard betrifft die Erfolgsrechnung, gefolgt von der Kostenarten- und Kostenstellenrechnung (Tab. 16). Konzernstandards erleichtern die Kommunikation von Richtlinien im Konzern. Sie ermöglichen beispielsweise, die Grundform und eine entsprechende Qualität eines Berichts vorzugeben und sicherzustellen.[68]

Konzernstandards Mehrfachnennungen möglich; n = 13	bereits eingeführt		geplant	
	absolut	relativ	absolut	relativ
Erfolgsrechnung	11	84,6 %	2	15,4 %
Kostenartenrechnung	10	76,9 %	3	23,1 %
Kostenstellenrechnung	10	76,9 %	3	23,1 %
Kalkulation	9	69,2 %	3	23,1 %
Liefer- und Leistungsverflechtung im Konzern	9	69,2 %	3	23,1 %

Tab. 16: Eingeführte und geplante Konzernstandards

Inwiefern ein Zusammenhang zwischen der Konzernorganisationsform und der Organisation der Kostenrechnung besteht, wurde mit Hilfe des *Fisher-Exact-Tests* überprüft. Dazu wurden die Ergebnisse jeweils in einer Kreuztabelle zusammengefasst. Die Kreuztabelle zeigt, dass bei 42,9 % der Stammhauskonzerne und bei 40 % der Nicht-Stammhauskonzerne die Kostenrechnung zentral organisiert ist. 57,1 % der Stammhauskonzerne und 60 % der Nicht-Stammhauskonzerne weisen keine zentrale Organisation der Kostenrechnung auf (Tab. 17). Das Ergebnis des *Fisher-Exact-Tests* bringt kein signifi-

---

[67] Vgl. *Hoffjan/Weide*, 2006, 398.
[68] Vgl. *Feldbauer-Durstmüller/Wolfsgruber/Duller*, 2011, 115.

kantes Ergebnis (p = 0,628). Das in der Literatur[69] konstatierte zentralistische Führungs-konzept eines Stammhauskonzerns konnte daher in dieser Studie nicht nachgewiesen werden.

Organisation der Kostenrechnung		Konzernorganisationsform		Gesamt
		Stammhaus-konzern	Kein Stamm-hauskonzern	
Zentrale Organisation	Anzahl	3	6	9
	in %	42,9 %	40,0 %	40,9 %
Keine zentrale Organisation	Anzahl	4	9	13
	in %	57,1 %	60,0 %	59,1 %
Gesamt	Anzahl	7	15	22
	in %	100,0 %	100,0 %	100,0 %

Tab. 17: Kreuztabelle: Konzernorganisationsform und Organisation der Kostenrechnung

Die Kreuztabelle zum Einfluss der Konzernorganisationsform und zur Standardisierung der Kostenrechnung zeigt, dass 57,1 % der Stammhauskonzerne und 46,7 % der Nicht-Stammhauskonzerne die Kostenrechnung standardisiert haben. Keine Standardisierung liegt bei 42,9 % der Stammhauskonzerne und bei 53,3 % der Nicht-Stammhauskonzerne vor (Tab. 18). Ein Zusammenhang zwischen der Standardisierung der Kostenrechnung und der Konzernorganisationsform konnte daher ebenfalls nicht festgestellt werden (p = 0,500).

Organisation der Kostenrechnung		Konzernorganisationsform		Gesamt
		Stammhaus-konzern	Kein Stamm-hauskonzern	
Standardisiert	Anzahl	4	7	11
	in %	57,1 %	46,7 %	50,0 %
Nicht standardisiert	Anzahl	3	8	11
	in %	42,9 %	53,3 %	50,0 %
gesamt	Anzahl	7	15	22
	in %	100,0 %	100,0 %	100,0 %

Tab. 18: Kreuztabelle: Konzernorganisationsform und Standardisierung der Kostenrechnung

4.3. Einfluss der Konzernorganisationsform auf die Erfolgsrechnung

Die Konzernorganisationsform hat lt. *Weißenberger*[70] auch Einfluss auf die Harmonisie-rung der internen und externen Ergebnisrechnungen auf den nachgelagerten Manage-

---

[69]   Vgl. *Hoffmann*, 1992, 554; *Hungenberg*, 1992, 350; *Kreikebaum/Gilbert/Reinhardt*, 2002, 136 ff.; *Hoffjan/Weide*, 2006, 398; *Kutschker/Schmid*, 2008, 604.
[70]   Vgl. *Weißenberger*, 2003, 203 f.

mentebenen. Die verschiedenen Delegationsbeziehungen in den einzelnen Konzernorganisationsformen werden nachfolgend dargestellt (Tab. 19). Die Linien veranschaulichen die Delegationsbeziehungen, wobei die dicke Linie die zunehmende Intensität der organisatorischen Verflechtung zwischen der Unternehmensleitung und den Tochterunternehmen repräsentiert. Zur Steuerung dezentraler Einheiten ist die Zuverlässigkeit von Rechengrößen von enormer Bedeutung, vor allem wenn die Beurteilung mit den Erfolgsgrößen verbunden ist. Auf Grund der asymmetrischen Informationsverteilung muss den Entscheidungsträgern der dezentralen Einheiten ein hoher Anreiz zu zielkonformem Verhalten geboten werden. Diese Informationsrente möchte die Unternehmensleitung natürlich so gering wie möglich halten. Kalkulatorische Größen würden den dezentralen Einheiten einen großen Handlungsspielraum ermöglichen. Eine Verzerrung pagatorischer Rechengrößen ist wesentlich schwieriger, da es nicht möglich ist, Kosten vorzutäuschen, denen nicht tatsächlich eine Ausgabe gegenübersteht. Aus diesem Vorgehen können dezentrale Einheiten nur sehr beschränkt Nutzen ziehen. Pagatorische Rechengrößen weisen einen höheren Zuverlässigkeitsgrad als kalkulatorische Größen auf, da diese normiert sind und einer Kontrolle durch den Wirtschaftsprüfer unterliegen.[71]

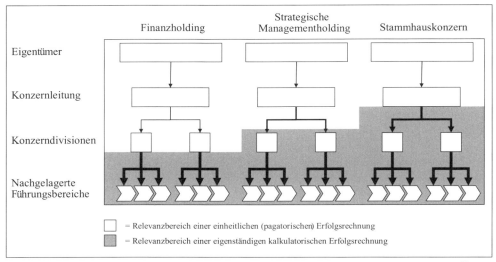

Tab. 19: Relevanzbereich einer kalkulatorischen Erfolgsrechnung je Konzernorganisationsform[72]

Die Relevanzbereiche einer einheitlichen bzw. einer eigenständigen internen Erfolgsrechnung können innerhalb der drei Konzernorganisationsformen identifiziert werden. Vor allem auf der oberen Delegationsebene, zwischen den Eigentümern und der Konzernleitung bzw. zwischen der Konzernleitung und der Divisionsleitung der Finanzholding und teilweise im strategischen Managementkonzern, wäre die Erstellung einer eigenständigen internen Erfolgsrechnung auf Grund der erforderlichen Informationen zu aufwändig und kostenintensiv. Aus diesem Grund wird auf die externe Rechnungsle-

[71] Vgl. *Küpper*, 1995, 40 f.; *Küting/Lorson*, 1998c, 2305 f.; *Wenninger*, 2001, 31.
[72] Quelle: *Weißenberger*, 2003, 206.

gung zurückgegriffen[73] Weiters ist die Autonomie der Tochterunternehmen bei der Organisationsform einer Finanz- oder Managementholding so groß, dass lediglich die Manager dieser Unternehmensbereiche zu zielkonformem Verhalten motiviert werden müssen. Wie diese Ziele erreicht werden, obliegt den Entscheidungen des Managements.[74] Für die Verhaltenssteuerung zwischen den Konzerndivisionen und den Funktionsbereichen bzw. auch zwischen der Konzernleitung und den Divisionen von Stammhauskonzernen kann aber davon ausgegangen werden, dass der Nutzen durch die optimierte Steuerung mit Hilfe von eigenständigen internen Erfolgsrechnungen durch die Erstellungskosten nicht aufgehoben wird.[75]

Die Studienergebnisse (Tab. 20) zu dieser Thematik zeigen, dass keine Finanzholding eine eigenständige interne Erfolgsrechnung anfertigt; aber auch Stammhauskonzerne erstellen mehrheitlich keine eigenständige Erfolgsrechnung. Der *Fisher-Exact-Test* kommt daher zu keinem signifikanten Ergebnis ($p = 0{,}417$). Ein Zusammenhang zwischen der Konzernorganisationsform und der Erstellung einer kalkulatorischen Erfolgsrechnung konnte daher nicht nachgewiesen werden.

Eigenständige kalkulatorische Erfolgsrechnung		Konzernorganisationsform		Gesamt
		Stammhaus-konzern	Finanzholding	
genannt	Anzahl	3	0	3
	in %	42,9 %	0,0 %	33,3 %
nicht genannt	Anzahl	4	2	6
	in %	57,1 %	100,0 %	66,7 %
gesamt	Anzahl	7	2	9
	in%	100,0 %	100,0 %	100,0 %

Tab. 20: Kreuztabelle: Konzernorganisationsform und eigenständige kalkulatorische Erfolgsrechnung

5. Zusammenfassung

Die Mehrheit der österreichischen Industriekonzerne ermittelt konzernbezogene Daten aus Basis der Datengrundlage der Tochterunternehmen und damit in kumulativer Form. Als zentrale Aufgaben der Kostenrechnung werden die Schaffung einer Kosten- und Leistungstransparenz, die Entscheidungsunterstützung und die Bereitstellung einer Datenbasis für weitere Analysen gesehen. Die erstgenannte Aufgabe stellt ein zentrales Problemfeld in stark vernetzten Konzernen dar und bildet gleichzeitig die Voraussetzung für alle weiteren Analysen. Daher muss hier die Schwerpunktsetzung erfolgen. Als Kostenrechnungsbasissystem wird meist die Istkostenrechnung mit der Plankostenrechnung jeweils auf Vollkostenbasis kombiniert. Bei der Gegenüberstellung der verfolgten Kostenrechnungszwecke und des eingesetzten Basissystems ist eine Diskrepanz zu er-

---

[73] Vgl. *Weißenberger*, 2003, 207.
[74] Vgl. *Schaier*, 2007, 130.
[75] Vgl. *Weißenberger*, 2003, 207.

kennen. Eine Teilkostenrechnung würde für die genannten Kernaufgaben der Kostenrechnung eine geeignetere Basis darstellen.

Die Untersuchungen zum Einfluss der IAS/IFRS haben gezeigt, dass IAS/IFRS-bilanzierende Unternehmen signifikant häufiger angeben, das interne und externe Rechnungswesen harmonisiert zu haben. Im Harmonisierungsprozess wird allerdings nicht auf alle kalkulatorische Positionen verzichtet und es konnte nicht nachgewiesen werden, dass IAS/IFRS-bilanzierende Unternehmen weniger kalkulatorische Positionen ansetzen. Auf Ebene der Erfolgsrechnung wird von IAS/IFRS-bilanzierenden Unternehmen zwar häufiger auf einen kalkulatorische Erfolgsrechnung verzichtet, ein signifikanter Einfluss der IAS/IFRS kann allerdings auch hier nicht bestätigt werden.

In der wissenschaftlichen Literatur wird ein Einfluss der Konzernorganisationsform auf die Organisation der Kostenrechnung konstatiert. Dieser Zusammenhang konnte mit der vorliegenden Studie nicht nachgewiesen werden. Die Konzernorganisationsform hat weder Einfluss auf den Zentralisierungs- noch auf den Standardisierungsgrad der Kostenrechnung. Allerdings ist eine klare Standardisierungstendenz erkennbar. Mehr als 70 % der Unternehmen, welche die Kostenrechnung noch keiner Standardisierung unterzogen haben, planen dies für die Zukunft.

Literaturverzeichnis

Coenenberg, A. G., Einheitlichkeit oder Differenzierung von internem und externem Rechnungswesen: Die Anforderungen der internen Steuerung, in: DB42/1995, 2077–2083.

Coenenberg, A. G./Fischer, T. M./Günther, T., Kostenrechnung und Kostenanalyse, 7. Aufl., Stuttgart 2009.

Everling, W., Konzernführung durch eine Holdinggesellschaft, in: DB 1981, 2549–2554.

Feldbauer-Durstmüller, B./Denk, C., Harmonisierung des Rechnungswesens unter besonderer Berücksichtigung der Zwischen- und Segmentberichterstattung, in: Jahrbuch für Controlling und Rechnungswesen 2004, hrsg. von *Seicht, G.*, Wien 2004, 137–160.

Feldbauer-Durstmüller, B./Wolfsgruber, I./Duller C., Kostenmanagement in österreichischen Industriekonzernen, in: ZfCM 2/2011, 111–116.

Franz, K.-P./Kajüter, P., Kostenmanagement in Deutschland. Ergebnisse einer empirischen Untersuchung in deutschen Großunternehmen, in: Kostenmanagement, hrsg. von *Franz, K.-P./Kajüter, P.*, Stuttgart 1997, 481–502.

Franz, K.-P./Kajüter, P., Kostenmanagement in Deutschland. Empirische Befunde zur Praxis des Kostenmanagements in deutschen Unternehmen, in: Kostenmanagement, hrsg. von *Franz, K.-P./Kajüter. P.*, 2. Aufl., Stuttgart 2002, 569–585.

Friedl, G./Frömberg, K./Hammer, C./Küpper, H.-U./Pedell, B., Stand und Perspektiven der Kostenrechnung in deutschen Großunternehmen, in: ZfCM2/2009, 111–116.

Fröhlich, C., Praxis der Konzernrechnungslegung, 2. Aufl., Wien 2007.

Günther, T./Zurwehme, A., Harmonisierung des Rechnungswesens – Stellschrauben, Informationswirkung und Nutzenbewertung, in: BFuP 2/ 2008, 101–121.

Haller, A., Zur Eignung der US-GAAP für Zwecke des internen Rechnungswesens, in: Controlling 4/1997, 270–276.

Hax, H., Integration externer und interner Unternehmensrechnung, in: Handwörterbuch Unternehmensrechnung und Controlling, hrsg. von *Küpper, H.-U./Wagenhofer, A.*, 4. Aufl., Stuttgart 2002, Sp. 758–767.

Hebeler, C., Harmonisierung des internen und externen Rechnungswesens, Wiesbaden 2003.

Heyd, R., Zur Harmonisierung von internem und externem Rechnungswesen nach US-GAAP, in: Der Schweizer Treuhänder 3/2001, 201–214.

Hoffjan, A./Weide, G., Organisation des internationalen Controlling – Im Spannungsfeld zwischen Standardisierung und Differenzierung, in: Die Unternehmung 6/2006, 389–406.

Hoffmann, F., Konzernorganisationsformen, in: WiSt 11/1992, 552–553.

Hoke, M., Konzernsteuerung auf Basis eines intern und extern vereinheitlichten Rechnungswesens. Empirische Befunde vor dem Hintergrund der Internationalisierung der Rechnungslegung, Bamberg 2001.

Homburg, Ch./Weber, J./Aust, R./Karlshaus, J. T., Interne Kundenorientierung der Kostenrechnung, Ergebnisse der Koblenzer Studie, Vallendar 1998.

Horváth, P./Arnaout, A., Internationale Rechnungslegung und Einheit des Rechnungswesens, in: Controlling 4/1997, 254–269.

Hungenberg, H., Die Aufgaben der Zentrale, in: zfo 6/1992, 341–354.

Janschek, O., Führt die Orientierung an internationalen Rechnungslegungsstandards zu einer Harmonisierung von internem und externem Rechnungswesen?, in: Jahrbuch für Controlling und Rechnungswesen `99, hrsg. von *Seicht, G.*, Wien 1999, 93–128.

Kahle, H., Unternehmenssteuerung auf Basis internationaler Rechnungslegungsstandards?, in: zfbf 8/2003, 773–789.

Kajüter, P., Theoretische Grundlagen der Kostenrechnung im Konzern, in: Kostenrechnung im international vernetzten Konzern, hrsg. von *Franz, K.-P./Hieronimus, A.*, zfbf-Sonderheft 49, Düsseldorf 2003, 13–28.

Kajüter, P., Kostenmanagement in der deutschen Unternehmenspraxis, in: zfbf 2/2005, 79–100.

Kerkhoff, G./Thun, S., Integration von internem und externem Rechnungswesen, in: Controlling 8/9/2007, 455–461.

Kirsch, H., Konzernkostenrechnung als Controllinginstrument, in: Controlling 4/1998, 210–216.

Kirsch, H. J./Ewelt, C., Die Konvergenz von internem und externem Rechnungswesen: Vereinfachung und Qualitätssteigerung durch Vereinheitlichung, in: Einfachheit in Wirtschaftsinformatik und Controlling, hrsg. von *vom Brocke, J./Becker, J.*, München 2008, 307–320.

Klein, G. A., Unternehmenssteuerung auf Basis der International Accounting Standards, München 1999.

Kreikebaum, H./Gilbert, D. U./Reinhardt G. O., Organisationsmanagement internationaler Unternehmen, 2. Aufl., Wiesbaden 2002.

Kümpel, T., Vereinheitlichung von internem und externem Rechnungswesen, in: WiSt 6/2002, 343–345.

Küpper, H.-U., Unternehmensplanung und -steuerung mit pagatorischen oder kalkulatorischen Erfolgsrechnungen, in: Unternehmensrechnung als Instrument der internen Steuerung, hrsg. von *Schildbach T./Wagner F. W.*, zfbf-Sonderheft 34, 1995, 19–50.

Küpper, H.-U., Zweckmäßigkeit, Grenzen und Ansatzpunkte einer Integration der Unternehmensrechnung, in: Integration der Unternehmensrechnung, hrsg. von *Küpper, H.-U./Männel, W.*, krp-Sonderheft 3, 1999, 5–11.

Küting, K./Lorson, P., Konvergenz von internem und externem Rechnungswesen: Anmerkungen zu Strategie und Konfliktfeldern, in: WPg 11/1998a, 483–493.

Küting, K./Lorson, P., Grundsätze eines Konzernsteuerungskonzepts auf „externer" Basis (Teil II), in: BB 45/1998c, 2303–2309.

Küting, K./Lorson, P., Harmonisierung des Rechnungswesens aus Sicht der externen Rechnungslegung, in: krp-Sonderheft 3, 1999, 47–57.

Kutschker, M./Schmid, S., Internationales Management, 6. Aufl., München 2008.

Männel, W., Zur Problematik des Rechnens mit kalkulatorischen Kosten, in: krp-Sonderheft 1, 1997, 5–12.

Mayer, R./Coners, A./von der Hardt, G., Anwendungsfelder und Aufbau einer Prozesskostenrechnung, in: Prozessmanagement umsetzen, hrsg. von *Horváth & Partners*, Stuttgart 2005, 123–140.

Müller, M., Harmonisierung des externen und internen Rechnungswesens, Wiesbaden 2006.

Müller, S./Wulf, I., Zentrale Unterschiede einer Rechnungslegung gemäß HGB, US-GAAP und IAS, in: Investororientierte Unternehmenspublizität, hrsg. von *Lachnit, L./Freidank, C.-C.*, Wiesbaden 2000, 124–162.

Mus, G., Überlegungen zur Zweckmäßigkeit einer Gleichsetzung von Aufwand und Kosten, in: krp 3/1998, 113–116.

Naumann, J.-P., Strategische Holding, in: Konzernhandbuch, hrsg. von *Hoffmann, F.*, Wiesbaden 1993, 235–304.

Pfaff, D., Der Wert von Kosteninformationen für die Verhaltenssteuerung in Unternehmen, in: Unternehmensrechnung als Instrument der internen Steuerung, hrsg. von *Schildbach T./Wagner F. W.*, zfbf-Sonderheft 34, 1995a, 119–156.

Pfaff, D., Kostenrechnung, Verhaltenssteuerung und Controlling, in: Die Unternehmung 6/1995b, 437–455.

Ramsauer, H., Der (Aufwands-)äquivalente Kostenbegriff, in: krp 3/1987, 117–121.

Riegler, C., Verhaltenssteuerung und Kostenmanagement von Produktinnovationen, in: krp 6/1997, 348–350.

Schaier, S., Konvergenz von internem und externem Rechnungswesen, Bedarf für eine Neustrukturierung des Rechnungswesens?, Wiesbaden 2007.

Schaier, S., Erklärungsansätze für eine Konvergenz von internem und externem Rechnungswesen, in: BFuP 2/2008, 122–136.

Scheffler, E., Konzernorganisation, in: Handwörterbuch Unternehmensführung und Organisation, hrsg. von *Schreyögg, G./Werder, A. von*, 4. Aufl., Stuttgart 2004, Sp. 680–688.

Schmalenbach, E., Kostenrechnung und Preispolitik, 8. Aufl., Köln 1963.

Schulte, C., Die Holding als Instrument zur strategischen und strukturellen Neuausrichtung von Konzernen, in: Holding-Strategien, hrsg. von *Schulte, C.*, 1992, 17–58, Wiesbaden.

Schweitzer, M./Küpper, H.-U., Systeme der Kosten- und Erlösrechnung, 9. Aufl., München 2008.

Seelinger, R./Kaatz, S., Konversion und Internationalisierung des Rechnungswesens in Deutschland, in: krp 3/1998, 125–132.

Seicht, G., Brauchen Unternehmen noch „kalkulatorische Kosten"?, in: RWZ 9/1999, 262–265.

Simons, D./Weißenberger, B. E., Die Konvergenz von externem und internem Rechnungswesen – Kritische Faktoren für die Entwicklung einer partiell integrierten Rechnungslegung aus theoretischer Sicht, in: BFuP 2/2008, 137–160.

Simons, D./Weißenberger, B. E., „Different costs for different purposes" vs. „one version of the truth"?, Zur Konvergenz von externer und interner Rechnungslegung im deutschsprachigen Raum (Teil 1), in: WiSt 8/2009a, 390–395.

Simons, D./Weißenberger, B. E., „Different costs for different purposes" vs. „one version of the truth"? Zur Konzergenz von externer und interner Rechnungslegung im deutschsprachigen Raum (Teil 2), in: WiSt 9/2009b, 446–451.

Theopold, K., Operative Holding, in: Konzernhandbuch, hrsg. von *Hoffmann, F.*, Wiesbaden 1993, 165–233.

Vahs, D., Organisation, 6. Aufl., Stuttgart 2007.

Vikas, K., Relevance Lost – Relevance Confirmed, in: Jahrbuch für Controlling und Rechnungswesen 2006, hrsg. von *Seicht, G.*, Wien 2006, 27–42.

Wagenhofer, A., Kostenrechnung und Verhaltenssteuerung, in: Kostenmanagement, Aktuelle Konzepte und Anwendungen, hrsg. von *Freidank, C.-C./Götze, U./Huch, B./Weber, J.*, 1997, 57–78, Berlin u.a.

Wagenhofer, A./Engelbrechtsmüller, C., Controlling und Reporting vor dem Hintergrund der Anforderungen von Internationalen Rechnungslegungsstandards, Graz/Linz 2006. URL: http://www.kpmg.at/de/files-/Controlling_und_Reporting.pdf,   Abfrage: 03.11.2007.

Währisch, M., Der Ansatz kalkulatorischer Kostenarten in der industriellen Praxis, in: zfbf 7/2000, 678–695.

Währisch, M., Die Berücksichtigung nationaler kostenrechnerischer Aspekte beim Aufbau einer internationalen Konzernkostenrechnung, in: Kostenrechnung im international vernetzten Konzern, hrsg. von *Franz, K. P./Hieronimus, A.*, zfbf-Sonderheft 49, Düsseldorf 2003, 71–80.

Wala, T./Knoll, L./Messner, S., Vor- und Nachteile einer Integration von internem und externem Rechnungswesen auf Basis der IFRS – Teil 1, in: DStR 41/2007a, 1834–1838.

Wala, T./Knoll, L./Messner, S., Vor- und Nachteile einer Integration von internem und externem Rechnungswesen auf Basis der IFRS – Teil 2, in: DStR 42/2007b, 1881–1883.

Weber, J., Gestaltung der Kostenrechnung, Wiesbaden 2005.

Weber, J./Hunold, C./Prenzler, C./Thust, S., Controllerorganisation in deutschen Unternehmen, Vallendar 2001.

Weiss, W., Zur Aktualität der kalkulatorischen Kosten, in: krp 4/1988, 163–167.

Weißenberger, B. E., Anreizkompatible Erfolgsrechnung im Konzern. Grundmuster und Gestaltungsalternativen, Wiesbaden 2003.

Weißenberger, B. E., Integrierte Rechnungslegung und Unternehmenssteuerung: Bedarf an kalkulatorischen Erfolgsgrößen auch unter IFRS?, in: ZfCM-Sonderheft 2, 2004, 72–77.

Weißenberger, B. E., Integration der Rechnungslegung unter IFRS, Ergebnisse des Arbeitskreises „Controller und IFRS" der International Group of Controlling, in: Controlling 8/9/2006a, 409–415.

Weißenberger, B. E., Ergebnisrechnung nach IFRS und interne Performancemessung, in: Controlling und IFRS-Rechnungslegung, hrsg. von *Wagenhofer, A.*, Berlin 2006b, 49–79.

Weißenberger, B. E., Controller und IFRS, Konsequenzen der IFRS-Finanzberichterstattung für die Controlleraufgaben, in: Internationale Rechnungslegung und Internationales Controlling, hrsg. von *Funk, W./Rossmanith, J.*, Wiesbaden 2008, 425–454.

Weißenberger, B. E./Angelkort, H., Controller Excellence unter IFRS in Österreich, Wien, o.J.

Wenninger, W., Internationale Rechnungslegung als Instrument der Unternehmenssteuerung, in: Internationale Rechnungslegung – Konsequenzen für Unternehmensführung, Rechnungswesen, Standardsetting, Prüfung und Kapitalmarkt, hrsg. von *Coenenberg, A. G./Pohle, K.*, Stuttgart 2001, 27–43.

Werdich, H., Finanzholding, in: Konzernhandbuch, hrsg. von *Hoffmann, F.,* Wiesbaden 1993, 305–345.

Wolfsgruber, H., Interne Unternehmensrechnung in der österreichischen Industrie, Wien 2005.

Wolfsgruber, I., Kostenrechnung in international tätigen österreichischen Konzernen der Industrie, Wien 2011.

Wussow, S., Harmonisierung des internen und externen Rechnungswesens mittels IAS/IFRS, unter Berücksichtigung der wertorientierten Unternehmenssteuerung, München 2004.

Ziegler, H., Neuorientierung des internen Rechnungswesens für das Unternehmens-Controlling im Hause Siemens, in: zfbf 2/1994, 175–188.

Autorenverzeichnis

Aschl, Franz, MMag. Dr., Senior Manager der KPMG Alpen-Treuhand AG in Linz. Seine Tätigkeitsschwerpunkte liegen in den Bereichen Konzernrechnungslegung, IFRS, Optimierung von Abschlussprozessen, Konzernsteuerplanung und -reporting.

Ayoub, Mark, Dipl.-Kfm., Universitätsassistent am Institut für betriebliche Finanzwirtschaft, Abteilung für Corporate Finance, Johannes Kepler Universität Linz.

Bach, Heribert, Mag., Wirtschaftsprüfer und Steuerberater, Partner bei LeitnerLeitner Audit Partners GmbH, Linz.

Becker, Wolfgang, Dipl.-Kfm., DDr., Univ.-Prof., Inhaber des Lehrstuhls für Unternehmensführung & Controlling und wissenschaftlicher Direktor des Deloitte Mittelstandsinstituts an der Universität Bamberg.

Birklbauer, Karl, Mag., Wirtschaftsprüfer und Steuerberater, Director bei LeitnerLeitner Audit Partners GmbH, Linz.

Denk, Christoph, MMag., Dr., Lektor am Institut für Controlling und Consulting, Johannes Kepler Universität Linz und Geschäftsführer, Wirtschaftsprüfer und Steuerberater in der Steuerberatungskanzlei G&P Wirtschafts-Prüfung GmbH, Graz.

Eisl, Christoph, Mag., Dr., Prof. (FH), Professor für Controlling und Koordinator des Masterstudiengangs CRF, Fachhochschule Oberösterreich, Fakultät für Management in Steyr.

Feldbauer-Durstmüller, Birgit, Mag., Dr., Univ.-Prof., Vorstand des Instituts für Controlling und Consulting, Johannes Kepler Universität Linz.

Fellinger, Michaela, MMag., Dr., Assistenzprofessorin am Bereich Rechnungslegung und Steuerlehre an der Paris Lodron Universität Salzburg.

Fritz-Schmied, Gudrun, Mag., Dr., ao. Univ.-Prof., lehrt am Institut für Finanzmanagement an der Alpen-Adria-Universität Klagenfurt.

Fuchs, Harald, Mag. (FH), Dr., Wirtschaftsprüfer und Steuerberater, leitet als Head of Global Accounting leitet er das Rechnungswesen und Konzernrechnungswesen der Lenzing AG, daneben FH-Lektor, Fachvortragender und Fachautor.

Gfall, Iris, Dipl.-Ing., Wirtschaftsprüferin und Steuerberaterin, Partnerin in der Kanzlei Baumgartner & Grienschgl GmbH, Graz.

Greiling, Dorothea, Dipl.-Kfm., Dr., Univ.-Prof., Vorstand des Instituts für Management Accounting, Johannes Kepler Universität Linz.

Haas, Thomas, Mag., Dr., Controlling-Leiter der Fröling Heizkessel- und Behälterbau Ges.m.b.H., Grieskirchen.

Haider, Juliane, Mag., LL.B., Universitätsassistentin am Institut für Unternehmensrechnung und Wirtschaftsprüfung, Johannes Kepler Universität Linz und Mitarbeiterin im Bereich TAX bei Ernst&Young.

Herbst, Alexander, Mag., Wissenschaftlicher Mitarbeiter am Institut für Finanzmanagement der Alpen-Adria-Universität Klagenfurt.

Hofer, Peter, Mag., DI, Professor für Controlling, Fachhochschule Oberösterreich, Fakultät für Management in Steyr

Keplinger, Ksenia, Mag., Doktorandin am Institut für Controlling und Consulting, Johannes Kepler Universität Linz, Controlling-Mitarbeiterin, Fabasoft International Services GmbH, Linz.

Koitz, Wilhelm, Mag., Dr., Wirtschaftsprüfer und Steuerberater, Partner in der Kanzlei Baumgartner & Grienschgl GmbH, Graz.

Leitner-Hanetseder, Susanne, MMag., Dr., Universitätsassistentin am Institut für Unternehmensrechnung und Wirtschaftsprüfung, Johannes Kepler Universität Linz sowie Lektorin an der FH Steyr.

Machtinger, Carina, Mag., Absolventin der Johannes Kepler Universität Linz, Spezialisierung auf Betriebswirtschaftliche Steuerlehre, Unternehmensrechnung und Wirtschaftsprüfung.

Mayr, Albert, Mag., Dr., Prof. (FH), Professor für Controlling, Fachhochschule Oberösterreich, Fakultät für Management in Steyr und Regionalleiter des Internationalen Controllervereins in Österreich.

Mitter, Christine, Mag., Dr., Prof. (FH), Fachbereichsleiterin für Controlling und Finance am Studiengang Betriebswirtschaft der Fachhochschule Salzburg sowie Lektorin am Institut für Controlling und Consulting der Johannes Kepler Universität Linz und der Fachhochschule Kufstein.

Öller, Waltraud, Mag., Universitätsassistentin am Institut für Management Accounting, Johannes Kepler Universität Linz.

Öppinger, Carina, MMag., Universitätsassistentin am Institut für Unternehmensrechnung und Wirtschaftsprüfung, Johannes Kepler Universität Linz.

Payer-Langthaler, Silvia, Mag., Dr., Universitätsassistentin am Institut für Controlling und Consulting, Johannes Kepler Universität Linz.

Pernsteiner, Helmut, Mag., Dr., o.Univ.-Prof., Vorstand des Instituts für betriebliche Finanzwirtschaft, Abteilung für Corporate Finance, Johannes Kepler Universität Linz.

Rebhan, Elisabeth, Mag., Dr., Mitarbeiterin bei KPMG Austria AG sowie Lektorin an der FH Steyr und am Institut für Unternehmensrechnung und Wirtschaftsprüfung der Johannes Kepler Universität Linz.

Reischl, Markus, Dipl.-Kfm., Assistant Manager im Bereich Accounting Advisory der KPMG Alpen-Treuhand AG in Linz. Er berät schwerpunktmäßig in den Bereichen Accounting/IFRS, Konsolidierung und Prozessoptimierung.

Rohatschek, Roman, Mag., Dr., Univ.-Prof., Vorstand des Instituts für Unternehmensrechnung und Wirtschaftsprüfung, Johannes Kepler Universität Linz.

Schausberger, Daniela, Mag., Universitätsassistentin am Institut für Unternehmensrechnung und Wirtschaftsprüfung, Johannes Kepler Universität Linz.

Schopf, Elisabeth, Mag., Leitung Beteiligungsmanagement Plastics, Strategic Advisor Refining & Marketing, OMV Aktiengesellschaft, Wien.

Ulrich, Patrick, Dipl.-Kfm., Dr., wissenschaftlicher Assistent/Habilitand am Lehrstuhl für Unternehmensführung & Controlling und Projektleiter am Deloitte Mittelstandsinstitut an der Universität Bamberg.

Urnik, Sabine, Mag., Dr., Univ.-Prof., Professorin für Rechnungslegung und Steuerlehre am Fachbereich Sozial- und Wirtschafswissenschaften und Koordinatorin des Schwerpunktes Recht, Wirtschaft und Arbeitswelt, Paris Lodron Universität Salzburg.

Wolfsgruber, Horst, Mag., Dr., Finance-Director der Milupa GmbH Austria sowie Lektor am Institut für Controlling und Consulting der Johannes Kepler Universität Linz.

Wolfsgruber, Ines, Mag., Dr., Controllerin in einem international tätigen österreichischen Industrieunternehmen und Lektorin am Institut für Controlling und Consulting, Johannes Kepler Universität Linz.

Stichwortverzeichnis